비정규직 근로자를 위한
노동법 해설

비정규직 근로자를 위한
노동법 해설

김남훈 지음

KSI 한국학술정보(주)

비정규직은 일시적인 인력수급 불균형의 해소라는 원래의 취지와는 달리 노동시장의 유연화라는 미명 아래 손쉬운 인건비 절감을 위한 수단으로 악용되어 지배적인 고용형태로 자리잡기 시작했다. 게다가 더욱 심각한 문제는 비정규직은 한 번 "비정규직의 덫"에 걸린 후 비정규직을 탈피하기가 쉽지 않다는 것이다. 즉 노동시장은 1차 노동시장과 2차 노동시장으로 확연히 구분되어 있어 진입장벽을 뚫기가 쉽지 않은데, 한국노동연구원의 조사결과에서도 비정규직 근로자는 5년 뒤에도 비정규직으로 일하고 있는 비율이 68%에 달해 정규직으로 전환되기가 쉽지 않은 것으로 나타났다. 그러나 이러한 일반화된 고용형태와 열악한 근로조건에도 불구하고 최소한의 권리와 법적인 보호를 받지 못하는 경우가 비일비재하며, 불법과 탈법이 난무하는 경우가 많다. 이러한 상황에도 불구하고 비정규직 근로자는 노동력의 공급과잉에 따른 협상력 부재와 정규직 근로자의 무관심 속에서, 근로조건에 불만이 있는 경우 개인적인 능력의 문제로 돌리며 이직으로 근로관계를 청산하는 악순환이 되풀이되고 있다.

이러한 현실 속에서 이 책은 비정규직 근로자가 알고 있어야 할 기본적인 법률상의 규정과 내용을 쉽게 풀이하는 데 주안점을 두었다. 그리고 제목과 주요 내용을 비정규직을 위주로 근로기준법에 대하여 설명하는 방식을 취하였으나, 근로기준법은 대부분의 규정이 정규직과 비정규직을 구분하여 적용하는 것이 아니므로, 정규직 근로자로서 근로기준법을 참조하거나 학습하는 데도 도움이 될 것으로 보인다.

이 책의 1부에서는 전체 근로자의 절반을 차지하게 된 비정규직 근로자의 유형과 증가 원인을 분석하였으며, 이에 대한 사회·경제적인 파급효과 및 문제점 등을 지적하였다. 2부에서는 채용에서 퇴직까지 비정규직 근로자가 알아두어야 할 노동법 상의 법률규정, 판례, 노동부 행정지침 등에 대하여 근로기준법을 중심으로 설명하였다. 특히 근로계약, 근로시간, 임금, 퇴직금, 해고 등의 주요 사안에 대하여는 상세히 설명하였고, 근로자의 권리가 침해되었을 경우의 구제방법과 절차에 대하여도 안내하였다. 3부에서 7부까지는 2006년 제정된 비정규직 관련 법률을 반영하여 계약직 근로자, 파견근로자, 단시간근로자, 일용직 근로자, 도급근로자 및 특수형태 근로자 등 비정규직 근로자의 유형별로 관련 법률규정과 판례, 노동부 지침 등을 중심으로 해설하였다. 8부에서는 실업급여 등과 관련된 고용보험제도와 산재보험 등 사회보험제도에 대하여 설명하였으며, 마지막으로 9부에서는 비정규직에 관한 정치·경제적 분석과 비정규직 근로자에 대한 전망 및 노동시장의 과제를 제시하였다. 많은 부분을 할애할 수는 없었지만 노동법 이외에 경제학, 경영학, 철학, 심리학, 사회학, 생물학 등 학제적 종합의 관점에서 비정규 노동에 대한 종합적인 전망과 과학적인 시각을 가질 수 있도록 하였다.

이러한 비정규직 문제가 과잉생산된 비정규직 관련 담론과 새로운 법률의 제정을 통하여 문제가 해결된다면 더할 나위 없이 좋겠지만, 사회적 생산관계의 최종적 모순과 적대의 형태로서 드러나는 비정규직 문제는 이러저러한 비정규직 근로자 보호에 대한 대증요법식의 노동법을 제정하거나 개정한다고 해결되지는 않을 것으로 보인다. 문제의 해결을 위해서는 현재의 원근법적인 역사적 전망을 넘어선 사회·경제적 토대에 대한 객관화된 문제의 제기와 시각이 필요하며, 이를 통하여 잡다한 형태의 관념론적이며 허위적으로 인본주의적인 휴머니즘과 정치적 구호를 단호히 배격하는 것에서 문제해결의 실마리를 찾을 수 있을 것이다.

비정규 노동은 노동의 미래의 모습일 것이다. '만인에 대한 만인의 대체 가능성'이란 비정규노동이 처한 현실 속에서 해법을 찾기란 쉽지 않아 보이며, 최근에 제정된 비정규직 관련 법률에서도 실마리를 찾을 수 없기는 마찬가지이다. 다만 비정규 노동이 생산한 서비스와 생산물의 가치에 합당하는 정당한 임금이 지급되기 위해서는, 게임의 법칙이 지배하는 자유시장의 논리에 맡겨서는 되지 않는다는 것은 명백한 것처럼 보인다. 이를 위해서는 새로운 법의 제정과 집행만으로 가능하지는 않을 것인데, 법과 시장으로 통제되지 않는 부분에 관해서는 장기적으로 산업구조의 고도화를 통하여 — 저임금으로 유지되는 저부가가치 산업의 구조조정을 통하여 미숙련 노동을 탈피하는 데서 — 비정규 노동을 최소화하고, 동시에 소득재분배를 위한 복지국가 모델의 조속한 도입을 통하여 근본적인 문제점을 해결하여야 할 것으로 보인다.

이 책을 효율적으로 읽는 방법과 순서에 대하여 언급하자면, 첫째로 이 책은 처음부터 끝까지 읽기에는 다소 지루하고 개인별로 불필요한 부분이 있을 수 있으므로, 예를 들어 기간제근로자 또는 파견근로자와 관련된 내용을 알고 싶은 경우에는, 우선 제2부 근로기준법을 기본적으로 숙지하고, 제3부 기간제근로자 또는 제4부 파견근로자 부분을 읽은 후 제8부 사회보험제도 부분으로 옮겨가시기 바란다. 제3부 기간제근로자에서부터 제7부 특수형태근로자의 해설부분은 제2부 근로기준법을 토대로 각각의 비정규직 형태별로 특수한 내용이나 유념하여야 할 내용들만을 선별적으로 기술하였다. 그리고 제1부 비정규직 근로자의 현황과 종류, 제9부 비정규 노동의 정치경제학에 대한 부분은 비정규 노동에 대한 이론적 배경과 문제점 및 향후 전망에 대하여 이론적 관심이 있는 독자라면 꼭 읽어보시기를 부탁드린다.

마지막으로 본서가 출간되기까지 언제나 격려와 조언을 아껴주지 않으신 중원노무법인의 문중원 노무사님과 신화법무법인의 백준현 변호사님 그리고 본서의 출간을 쾌히 승낙하여 주신 한국학술정보의 채종준 사장님과 책이 나오기까지 수고를 아끼지 않으신 한세진 편집팀장님과 출판기획팀의 임은정 님, 편집 및 교정을 맡아주신 편집부 직원 여러분, 그리고 본서가 출간되기까지 많은 도움을 주신 여러분들의 도움에 진심으로 감사드리며, 본서가 산업현장에서 묵묵히 일하고 있는 비정규직 근로자의 권익 향상에 조금이라도 도움이 되기를 바란다.

2008년 5월
김남훈

목 차

제6부 일용직 근로자 / 373

제8부 사회보험제도 / 471

제 1 부

비정규직 근로자의
현황과 종류

국민들 가운데 하층민의 생활조건이 개선되는 것이 사회에 유익하다고 보아야 하는가? 불리하다고 보아야 하는가? 그 대답은 언뜻 보기에도 매우 분명한 것 같다. 각종 하인과 노동자, 직공들은 거대한 정치사회의 구성원 가운데 대부분을 차지한다. 그 대부분의 생활조건을 개선하는 것이 결코 사회 전체에 불리한 것으로 간주될 수 없다. 그 구성원 대부분이 가난하고 비참하다면, 어느 사회라도 번영하거나 행복할 수 없다. 뿐만 아니라 국민 전체의 의식주를 공급하는 노동자들이 노동력의 대가로 생겨난 생산품을 함께 공유하며, 적정 수준의 의식주를 영위한다는 것은 공평하기 그지없는 일이다.

- 애덤 스미스의 "국부론" 중에서 -

그대들이 세계라고 부르는 것. 그것은 우선 그대들에 의해 창조되어야 한다. 이 세계는 그대들의 이성, 그대들의 심상(心象), 그대들의 의지, 그대들의 사랑 안에서 만들어져야 한다! 그대들 인식하는 자들이여. 그러면 그대들은 그대들의 행복에 도달하게 되리라! 그대들 인식하는 자들이여, 아무런 희망도 없으면서 어떻게 삶을 참고 견디려 하는가? 도저히 파악할 수 없는 것 속에서, 비이성적인 것 속에서 그대들이 태어나야 할 까닭은 없는 것이다.

- 니체의 "차라투스라는 이렇게 말했다" 중에서 -

1장 : 비정규직 근로자 현황

    한국 노동시장에서 비정규직의 비율은 어느 정도이며, 비정규직의 근로조건과 형태는 어떻게 나타나고 있을까?

    우선 논란이 되고 있는 비정규직의 비율에 대해서 살펴보면, 우리나라에서 비정규 근로자가 전체 근로자에서 차지하는 비율은 점점 증가하여 고용의 형태가 정규직에서 비정규직 중심으로 급속히 변화하고 있다.

    2006년 12월 현재 공식적인 통계[1])에서도 우리나라 비정규직 노동자 수가 전체 임금노동자의 50%대에 근접하고 있다. 통계청 고용동향자료를 보더라도 1997년 54%에 달하던 상용근로자의 비율은 1997년, 1998년의 외환위기를 겪은 후 47~48%대로 줄어들었으며, 그만큼 비정규직 근로자의 비율이 증가한 후 안정된 상태를 보이고 있다. 2006년 12월 통계청의 고용동향 자료에서는 임금근로자 1,572만여 명 중 비정규직 근로자가 약 738만여 명, 47%에 이르고 있다.

---

1) 비정규직 근로자에 대한 통계자료는 비정규직에 대한 개념 정의와 산정기준의 차이로 인하여 기관별로 차이가 존재한다.

표 1. 비정규직 근로자 비율

(단위:%)

구 분	1997	1999	2001.12	2003.12	2004.12	2005.12	2006.12
상용2)	54.1	48.3	48.4	50.7	51.5	52.2	53.1
임시	41.6	33.4	34.9	34.5	33.6	33.7	33.3
일용	14.3	18.3	16.7	14.8	14.9	14.1	14.1

◆ 통계청 고용동향자료 각 연도 참조.

그리고 통계상으로 나타난 임시직과 일용직의 비율이 47%일 뿐이며, 사실상 비정규직으로 볼 수밖에 없는 파견근로, 사내하청, 위장도급, 용역 등의 비정규직 근로자를 포함하면 그 비율은 훨씬 증가된다.

게다가 구조조정을 위하여 분사 및 아웃소싱이라는 형태로 조직을 슬림화시킨 후 사실상 모기업의 100% 하청 내지 도급 업체로 전락한 경우 사실상의 정규직으로 보기는 어려울 것이다. 그 외에 근로자로 간주되지 않으며 자영업자?3)로 분류되는 학습지교사, 보험설계사, 지입차주, 채권추심역 등 간접고용의 형태로 사용되는 특수형태 근로자4) 등을 포함하면 고용불안에 시달리는 사실상의 비정규직 근로자의 비율은 전체 근로자의 절반을 훨씬 상회하여 60%에 근접할 것으로 추정된다.

---

2) 통계청 자료의 상용근로자란 임금을 목적으로 근로를 제공하는 자로서 1년 이상의 기간을 정하여 사업체에 고용된 자를 말한다.
3) 입사 시 기업 측에서는 사전에 근로자성 여부의 논란의 소지를 없애기 위하여 근로자에게 사업자등록증을 소지하게 한 후 개인 사업자로 근무하게 하는 경우가 많다.
4) 통계청이 2006년 8월 실시한 경제활동부가조사 결과에 따르면 특수형태 근로자는 62만 명이나 조사기관에 따라 90여만 명으로 추정되기도 한다.

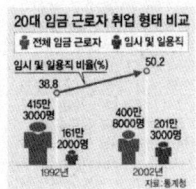

A26 2004년 1월 27일 화요일   사 회

20代 근로자 절반이 임시-일용직

2002년말 통계… "고용불안 심각한 수준"

20대 봉급생활자 2명 가운데 1명 이상이 고용 상태가 불안한 임시직이나 일용직인 것으로 나타났다.

통계청이 26일 내놓은 '경제활동인구 연보'에 따르면 2002년 말 현재 만 20~29세인 국내 전체 임금 근로자(400만8000명) 중 임시직(162만2000명)과 일용직(39만1000명)을 합친 비율은 50.2%(201만3000명)로 절반을 넘어섰다.

같은 해 기준으로 30대(30~39세) 임금근로자의 임시 및 일용직 비율이 44.3%라는 점을 감안하면 20대 취업자들의 고용 상태가 상대적으로 더 불안한 셈이다.

40대와 50대의 임시 및 일용직 비율도 각각 50.9%와 57.1%로 20대보다는 높다. 하지만 이들 세대가 명예퇴직 등으로 직장을 떠나는 사례가 많다는 점을 고려하면 새로 직장을 구하는 비중이 높은 20대 취업자들의 고용 불안이 심각한 수준임을 보여주는 것이라고 통계청은 설명했다.

10년 전과 비교해도 20대 취업자들의 고용 불안이 가중되고 있음을 알 수 있다.

2002년 말 기준으로 10년 전인 1992년에 20대 임시 및 일용직 비율이 38.8%에 그쳤던 것과 비교하면 10년 사이에 11.4%포인트나 뛰어올랐다.

20대 취업자의 고용 불안은 취업시간 분포에서도 그대로 나타난다.

2002년 말 현재 고용주와 자영업자를 포함한 20대 취업자 448만6000명 중 5.1%인 23만명은 주당 근로시간이 27시간 미만이었다.

송진흡기자 jinhup@donga.com

그림 1. 20대 근로자 비정규직 비율[5)

임금 수준에서도 격차가 많이 나타나고 있는데, 2001년 통계청의 "경제활동인구 부가조사"에 따르면 임시직 근로자의 월평균 임금총액은 90만1천 원으로 정규직의 159만9천 원의 56.4%수준이며, 일용직의 월평균임금은 71만6천 원으로 상용직의 44.8%에 불과한 것으로 나타났다. 2004년 통계청의 "경제활동인구 부가조사"에서도 일용직 근로자의 월평균 임금총액은 83만7천 원으로 정규직 임금인 177만 원의 47% 수준이며, 기간제(계약직)근로자의 월평균임금은 118만7천 원으로 정규직의 67%에 미치지 못하였으며, 2006년의 조사에서는 전체 비정규직 근로자의 월평균임금은 119만8천 원으로 정규직의 63% 수준으로 나타났다.

---

5) 동아일보, 2004.1.27.

표 2. 근로형태별 월평균 임금[6)]

(단위: 만 원,%)

	전체 근로자	기간제	시간제	파견 근로	용역 근로	특수 고용	일일근로
2003. 6~8평균	146.6	108.2	49.9	110.4	87.1	127.2	80.5
2004. 6~8평균	154.2	118.7	53.9	127.2	92.2	139.0	83.7
2005. 6~8평균	159.3	125.8	52.2	131.6	94.8	142.2	86.0
2006. 6~8평균	165.6	129.3	55.1	126.1	93.3	132.2	87.3

통계청은 '05년 8월 실시한 '경제활동인구 부가조사 결과'를 19일 발표했다. 임금근로자 100명 중 근로계약 기간이 설정된 기간제근로자는 18명꼴인 것으로 나타났다. 또 파견·용역·특수고용·가내·일일근로 등 비전형 근로자는 14명, 소정 근로시간이 36시간 미만인 시간제 근로자는 7명꼴인 것으로 각각 조사됐다. 지난 8월 전체 임금근로자 1천496만8천 명 중 고용될 때 근로기간이 설정된 기간제근로자는 272만8천 명으로 18.2%에 달해 1년 전보다 비중이 1.1%포인트 높아졌다. 이에 비해 파트타임 등 소정 근로시간이 36시간 미만인 시간제 근로자는 104만4천 명으로 임금근로자에서 차지하는 비중이 1년 전 7.4%에서 7.0%로 낮아졌으며 비전형 근로자도 204만1천 명으로 비중이 14.2%에서 13.6%로 하락했다. 비전형 근로자를 유형별로 보면 일용직 등 일일근로가 71만8천 명으로 임금근로자의 4.8%를 차지했고 보험설계사 등 특수고용직 63만3천 명(4.2%), 용역근로 43만1천 명(2.9%), 가내근로 14만1천 명(0.9%), 파견근로 11만8천 명(0.8%) 등 순이다. 전체 임금 근로자의 평균 근속기간은 4년 6개월로 1년 전 조사 때보다 1개월이 늘었다. 근로형태별로는 기간제 2년 1개월, 시간제 11개월, 파견근로 2년 4개월, 용역근로 2년 1개월, 특수고용 3년 3개월, 가내근로 1년 2개월, 일일근로 2개월 등이다. 지난 6~8월중 임금근로자의 월평균 임금은 159만3천 원으로 작년 동기보다 3.3% 늘었다. 이 중 기간제근로자는 125만8천 원으로 6.0% 늘었고 파견근로 131만6천 원(3.5%), 용역근로 94만8천 원(2.8%), 일일근로 86만 원(2.7%), 특수고용

---

6) 통계청, 경제활동인구 부가조사 결과 각 연도 참조.

142만2천 원(2.3%), 가내근로 56만7천 원(2.7%) 등도 증가했지만 시간제는 52만2천 원으로 3.2% 줄었다. 정규직 등 나머지는 180만4천 원으로 3.6% 증가했다.[7]

또한 사회보험 가입률도 노동부의 '03년 사업체근로실태조사에 따르면 비정규직 형태별로 29~43%에 불과하고, 상여금, 퇴직금, 유급휴가, 연월차 적용률도 계약직 근로자(기간제근로자)의 경우에도 31~41%에 그치는 등 정규직 근로자에 비하여 열악한 근로조건에 처해 있다.[8] 그러나 이러한 비정규직 근로자도 근로기준법 대부분의 조항을 적용받고 있음에도 불구하고, 이에 대한 인식이 미흡하고 체계적인 보호가 이루어지지 않고 있는 실정이다.

표 3. 직장 내 근로복지 수해비중[9]

(단위:%)

구 분	퇴직금	상여금	시간외 수당	유급휴가
전체 임금근로자	54.1	52.1	43.6	45.0
기간제근로	43.8	38.9	31.0	34.5
시간제근로	1.8	1.8	2.5	1.4
파견근로	51.1	48.3	37.2	40.2
용역근로	44.3	30.4	27.9	25.0
특수고용	10.8	10.5	7.1	8.6
일일근로	0.1	0.1	1.7	0.1

우리나라 비정규직의 임금수준이 정규직의 50% 수준에 불과한 것은 외국과 비교해서도 지나치게 낮은 수준인 것으로 조사됐다. 26일 한국은행 조사국의 전광명 과장과 이해인 조사역이 공동 작성한 '우리나라 노동시장의 이원화 실태 분석' 보고서에 따르면 지난 2002년 비정규직의 임금이 상용직의 53.4%에서 2003년에는 49.7%로 낮아졌다. 또 시간제근로와 파견·용역근로, 특수고용형태 등 대안적 고용관계

---

7) 연합뉴스, 2005.10.19.
8) 통계청, 경제활동인구 부가조사 결과, 2005.
9) 통계청, 경제활동인구 부가조사 결과, 2005.

근로자의 임금은 2002년 48.1%에서 2003년 41.1%로 떨어졌다. 즉 상용직 근로자의 월평균 임금이 100만 원이라고 할 때 시간제 파견근로자의 임금은 41만 원에 불과한 셈이다. 이러한 비정규직의 임금수준은 유럽연합(EU) 국가들의 임시직 임금이 상용직의 70% 정도인 점을 감안할 때 직무나 개인별 특성을 고려하더라도 현저히 낮은 수준으로 여겨진다. 경제협력개발기구(OECD)의 2002년 고용통계에 의하면 유럽 국가들 가운데 주 30시간 이상 일하는 근로자를 대상으로 한 상용직 대비 임시직 임금의 비중은 ▲독일이 83%, ▲벨기에 79%, ▲덴마크 78%, ▲핀란드 77%, ▲영국 74%, ▲이탈리아 72%, ▲프랑스 71% 등이었다. 이 밖에 ▲그리스, 아일랜드 67%, ▲포르투갈 65%, ▲네덜란드 63%, ▲스페인 53% 등은 상대적으로 임시직의 임금비중이 낮았으나 한국보다는 높았다. 보고서를 작성한 전 과장은 "정규직 대비 임시직의 임금비중이 높은 국가들의 경우 노동시장의 유연화 정책에 따라 근로시간에 비례해 임금을 보장하는 성격이 강하고 스페인과 같이 상대적으로 임시직의 임금비중이 낮은 국가는 비정규직을 정규직으로 전환시키면서 고용보장을 강화하는 데 치중하는 편"이라고 설명했다.[10]

---

10) 연합뉴스, 2005.1.26.

2장 : 비정규직 근로자란?

　현재 비정규직 근로자에 대한 통일된 기준이나 법적인 정의는 없는 실정이나, '고용의 지속성 여부'가 정규직과 비정규직을 나누는 주요한 기준으로 볼 수 있다.

　일반적으로 정규직 사원이 아닌 근로자들을 통칭하여 비정규직 근로자라고 부르고 있으며 계약직 근로자(기간제근로자), 파견근로자, 파트타이머(단시간근로자), 용역, 임시직 등 그 고용형태가 다양하고 복잡하며 여러 가지 명칭으로 불리어지고 있는데, 텔레마케팅, 보험영업 등의 특정 직종에서 많이 사용되고 있다.

　잡코리아(www.jobkorea.co.kr)가 올 1월~10월까지 자사 사이트에 등록된 기업들의 채용공고를 바탕으로 "2005 정규직·비정규직 비율"을 조사했다. '비정규직 직원채용 비율이 가장 높았던 직종'은 △보험설계·보험영업·자산설계 직종으로 전체 채용공고의 62.0%인 과반수 비정규직 직원 채용을 위한 공고였던 것으로 드러났다. 이 외에는 △학습지·어학·유치원교사 직종(47.1%)과 △아웃바운드 텔레마케터 직종(44.1%)도 비정규직 직원 채용공고가 과반수에 가까웠다.[11]

---

11) 연합뉴스, 2005.12.14.

표 4. 비정규직 채용비율 상위 10개 직종

(단위:%)

NO	직 종	비정규직 채용비율	NO	직 종	비정규직 채용비율
1	보험설계 · 영업 · 자산설계	62.0	6	조사분석 · 리서치 · 통계 · 사서	30.8
2	학습지 · 어학 · 유치원 교사	47.1	7	창작 · 문학 · 예술	30.5
3	텔레마케팅(아웃바운드)	44.1	8	응용프로그래머	29.7
4	초중고 교사, 입시학원 강사	35.4	9	외국어 번역 · 통역	28.1
5	고객지원 · 상담 · 인바운드 TM	35.0	10	시스템 분석 · 설계 · PM	27.2

◆ 출처: 잡코리아.

Ⅰ. 계약직 근로자

계약직 근로자(이하 '기간제근로자'라 지칭)란 노동관계법에서 계약기간을 정하여 고용된 근로자로 기간의 종료에 의하여 근로계약은 종료하게 된다.

노동관계법에서는 '기간제근로자'라는 명칭으로 사용되고 있는데, 일반적으로 계약기간은 1년 또는 1년 이내의 기간으로 정하여진다. 이러한 기간제근로자에게도 계약기간 이외의 부분에 대해서는 정규직 근로자와 마찬가지로 근로기준법이 당연히 적용된다. 그리고 '06년 12월 제정된 "기간제및단시간근로자의보호등에관한법률"에 의하여 사용자는 기간제근로자라고 하더라도 2년을 초과하여 사용할 때에는 사실상 기간의 정함이 없는 근로자인 정규직 근로자로 간주된다. 이러한 경우 계약기간 만료에 따른 재계약 거부는 사실상 해고에 해당되므로[12] 근로기준법 제23조에 의한 정당한 이유가 있어야 한다.

---

12) 근로기준법 제23조 (해고 등의 제한) ① 사용자는 근로자에게 정당한 이유 없이 해고, 휴직, 정직, 전직, 감봉 기타 징벌을 하지 못한다.

Ⅱ. 파견근로자

파견근로자란 파견사업주에 의해 고용된 후 그 고용관계를 유지하면서 사용사업
주의 지휘명령을 받아 근로에 종사하는 근로자를 말하는데, 파견법이 제정된 후 급
속하게 늘어나고 있다.

파견근로는 콜센터 텔레마케터, 비서, 자동차 운전원, 수위 등에 대하여 근로자파
견대상업무가 한정되어 있다.

Ⅲ. 단시간근로자

단시간근로자[13]란 1주 동안의 근로시간이 그 사업장에서 같은 종류의 업무에 종
사하는 통상 근로자의 근로시간에 비하여 짧은 근로자를 말하며 흔히 파트타이머로
불리고 있다.

이러한 단시간근로자의 근로조건은 근로시간에 비례하여 통상근로자와 균등한 처
우를 하여야 하며, 근로기준법이 적용되어 해고에 관한 규정이 적용되고 유급주휴
일, 연월차휴가, 생리휴가, 출산휴가 등이 주어진다. 단, 4주간을 평균하여 1주간의
근로시간이 15시간 미만인 경우에는 퇴직금, 휴일, 연월차유급휴가 등의 규정은 적
용되지 않는다.

'06년 12월 제정된 '기간제및단시간근로자보호등에관한법률'에서는 단시간근로자

---

13) 근로기준법 제2조 (정의) 8. "단시간근로자"란 1주 동안의 소정근로시간이 그 사업장에
서 같은 종류의 업무에 종사하는 통상근로자의 1주 동안의 소정근로시간에 비하여 짧은
근로자를 말한다.

로 고용하여 과다하게 초과근로를 시키는 폐단을 시정하기 위하여 초과근로시간을
1주간에 12시간 이내로 제한하였다.

Ⅳ. 일용근로자

　일용근로자[14][15]란 명시적 또는 묵시적으로 근로계약을 1일 단위로 체결하고 그날
의 근로가 끝나는 경우 계속 고용이 보장되지 않는 근로자로 3개월 이내의 기간을
정하여 고용되는 자이다. 건설현장의 근로자 등이 대표적인 경우이다.

　일용근로자에게도 근로기준법이 당연히 적용되며,[16] 근로기준법에 의한 유급 주
휴일, 휴일근무수당, 연·월차유급휴가 등에 관한 규정이 적용되며, 일용근로자가
계속 근로하여 3개월 이상 근로하고 해고되는 경우에는 근로기준법의 규정에 의하
여 해고예고를 하거나 해고수당을 지급하여야 한다.[17]

　또한 일용직 근로자가 1년 이상 계속 근로한 경우, 계속근로연수 1년에 대하여

---

14) 노동부 노동용어 해설에 다르면 일용근로자란 일일 고용되는 자 또는 3개월 이내의 기
　　간을 정하여 고용되는 자를 말함. 다만 3월을 초과하여 계속 고용하는 자는 제외함.
15) 일용근로자라 함은 고용기간이 1일로서 그날의 근로종료에 따라 사용종속관계가 일단 종
　　료되고 필요에 따라 하루하루를 그 기간으로 하여 사용하는 근로자를 말한다. 1983.5.12,
　　근기 1451-12200.
16) 근로기준법상 근로자라 함은 직업의 종류를 불문하고 사업 또는 사업장에서 임금을 목
　　적으로 근로를 제공한 자를 말하는 것인바, 일용근로자의 경우도 당연히 근로기준법이
　　적용됨. 1983.1.21, 근기 1456-1697.
17) 일용근로자라 함은 1일 근로할 것을 약정하여 근로하는 자를 말하며 같은 형태로서 계
　　속 반복하여 사용하였을 때에는 상용근로자와 같이 주휴일과 월차가 발생한다. 물론 위
　　와 같이 일용근로자가 계속 근로하여 주휴일에 근로하였다면 당연히 주휴수당을 지급하
　　여야 한다. 그리고 일용근로자가 계속 근로하여 3개월 이상 근로하고 해고되는 경우에
　　는 근로기준법의 규정에 의하여 해고예고를 하거나 해고수당을 지급하여야 한다. 다만,
　　3개월 미만인 경우에는 해고예고의 적용이 제외된다. 1982.4.2, 근기 1455-9231.

평균임금의 30일분 이상을 퇴직금으로 지급하여야 한다.[18] 그러나 노무를 제공한 일수에 따라 일당을 정산하여 받으며, 사용종속관계하에서 임금을 목적으로 근로를 제공하는 근로자로 보기 어려운 경우, 즉 서로 대등한 당사자로서 일회적으로 일정 기간 일의 완성을 목적으로 한 노무도급계약을 체결한 것으로 보이는 경우에는 근로자로 보기에는 부족하다고 하는 경우도 있다.[19]

Ⅴ. 임시직 근로자

임시직 근로자란 일시적으로 생긴 업무의 공백을 메우기 위해 고용되는 자로 근로시간과 근로일이 정하여져 있는 경우이다. 육아휴직 등 정규직 근로자의 휴직기간 중 임시직을 고용하는 경우 등을 예로 들 수 있다. 통상적으로 임시직 근로자로 지칭되는 경우가 많지만, 근로기준법상의 기간제근로자의 범위에 포함된다.

임시직 근로자에게도 근로기준법이 적용되며 계약기간 동안은 고용이 보장된다.

Ⅵ. 아르바이트

아르바이트도 임금을 목적으로 근로를 제공하는 자로 당연히 근로기준법이 적용되며,[20] 월 60시간 이상 근무자라면 고용보험의 적용을 받게 된다.

---

18) 1987.2.2, 근기 01254-1538.
19) 2000.12.13, 춘천지법 2000노 407.

특히 아르바이트의 경우는 미성년자인 경우가 많은데 15세 미만인 자에 대하여는 고용을 금지시키고 있다. 이러한 15세 이상 18세 미만인 미성년자의 근로시간은 1일에 7시간, 1주일에 40시간을 초과하지 못하며, 오후 10시부터 오전 6시 사이의 시간 및 휴일에 근로시키지 못하게 하고 있다.

Ⅶ. 도급근로자

도급근로자란 업무를 도급받은 도급회사에 고용된 근로자가 업무를 발주한 기업의 업무를 위하여 독립사업장 또는 발주한 기업의 사업장 내에서 근무하는 자를 말하는데, 도급은 업무를 발주한 기업의 근로자로는 인정되지 않으며 직접적으로 근로기준법의 적용을 받지 않는다. 그러나 형식적으로 도급계약이 되어 있다 하더라도 계약형식에 관계없이 실질적으로 근로자가 업무를 발주한 기업의 사용자에게 임금을 목적으로 종속적인 관계에서 근로를 제공하는 경우에는 근로기준법상의 근로자에 해당된다.[21][22][23]

특히 근로자성 여부를 둘러싸고 논란의 여지가 있는 부분으로는 도급의 한 형태

---

20) 1984.9.22, 근기 1451–19712.
21) 도급계약의 형식을 취했다 하더라도 작업내용 및 수행과정이 사용자에 의하여 결정되고 근무시간 및 근무장소에 구속받으며, 사용자가 제공한 시설과 기구를 이용하고 사용자의 지휘명령을 거부할 경우 제재가 뒤따르는 등 사용종속성이 인정되는 상태에서 근로를 제공하고 그 대가로 임금을 지급받는 경우라면 근로기준법상 근로자로 보아야 한다. 즉 이러한 경우 도급제 근로자도 근로기준법이 적용되므로 법정수당, 연월차, 퇴직금 등의 보호를 받는다. 1992.5.28, 근기 01254–760.
22) 형식적으로 노무도급계약의 외관을 띠고 있는 용역계약 체결자도 근로자에 해당한다. 1991.7.26, 대법 90다 20251.
23) 생활정보지 배포요원이 용역계약 형태를 취하였다 하더라도 근로형태가 사용종속관계를 유지하면서 구체적인 지휘감독을 받아 업무를 수행하고 있다면 근로자로 볼 수 있다. 2000.6.8, 근기 68207–1733.

로 통상 개인사업주와 근로자의 중간적 성격인 특수형태 근로자로 불리는 '개인도급'의 범주를 들 수 있는데, 학습지 교사, 캐디, 운전기사, 보험모집인, 채권추심역 등 여러 업종에서 다양한 형태로 도급(용역)계약직 또는 위임계약직 등의 형태로 운용되고 있다. 최근에는 정규직 근로자 및 파견근로자가 사실상의 도급근로자로 대체되고 있는 추세인데, 아웃소싱, 사내하청, 분사, 하도급 등의 여러 가지 형태로 나타나고 있다.

Ⅷ. 특수형태 근로자

2003년 논란이 되었던 화물연대 파업에서의 지입차주의 경우와 같이 도급의 한 형태로 개인사업자와 근로자의 성격을 절반씩 띠고 있는 골프장 캐디, 학습지 교사, 보험설계사, 지입차주, 채권추심역, 방송국 구성작가 등을 통상 '특수형태 근로자'라고 한다.

통계청의 용어해설에 따르면 '특수형태 근로자'란 독자적인 사무실, 점포 또는 작업장을 보유하지 않았으면서 비독립적인 형태로 업무를 수행하면서도, 다만 근로제공의 방법, 근로시간 등을 독자적으로 결정하면서, 개인적으로 모집·판매·배달·운송 등의 업무를 통해 고객을 맞이하여 상품이나 서비스를 제공하고 그 일을 한 만큼 소득을 얻는 근로형태를 갖는 근로자를 말한다.

일반적으로 기업에서는 이러한 근로자에 대하여 '사업자등록증'을 소지하게 한 후 근무하게 하는 경우가 많은데, 사업자등록증을 소지한 근로자라는 모순적인 형태를 띠게 된다. 현재 판례는 특수형태 근로자를 근로기준법상의 근로자로 인정하지 않고 있다.

3장 : 비정규직 근로자 증가의 원인과 문제점

Ⅰ. 비정규직 근로자 증가의 원인

 한국의 노동시장에서 1998년을 전후로 하여 비정규직 근로자가 갑자기 증가하게 된 이유는 무엇일까?

  첫째로는 '노동의 유연화'라는 경제환경의 변화에 대한 기업의 전략적인 대응결과로 볼 수 있다.

  기업 측에서는 계속되는 경기변동 및 생산기술과 산업구조의 변화를 적극적이고 능동적으로 대처하기 위하여 종신고용에 대한 부담을 더 이상 수용하기 어려워졌다. 이에 따라 근로자를 핵심인력과 비핵심적인 주변 인력으로 구분하여 핵심인력에 대해서는 계속고용에 대한 혜택을 부여하는 동시에, 비핵심적인 주변 인력에 대해서는 경기변동 및 산업구조의 변화에 대한 노동의 수량적 유연성을 확보하는 안전판 역할을 수행하게 하고 있다.

  노동의 유연화 전략은 고용수준, 노동과정 등 고용관계의 탄력적 변화를 통해 환경의 다양성이나 변화에 적응할 수 있는 능력 또는 적응력을 높이는 데 그 목적이 있다. 따라서 이러한 노동의 '유연화전략'을 추구하는 기업은 '유연적기업'의 형태를 갖추게 된다. '유연적기업'은 그 노동력을 두 범주로 구분한다. 먼저 기업의 중앙에는 수적으로 적고 안정적인 핵심집단이 있는데, 이 집단은 기업의 핵심적인 활동을 수행하고 높은 수준의 훈련, 직무안정, 그리고 여타의 혜택을 누리게 된다. 반면, 그 주변에는 수적으로 다수이고 유동적인 근로자들이 위치하는데, 이들은 지속적·장기적으로 노동하지는 않으며 다양한 형태의 시간제 노동, 단기계약 노동이나 임시노동을 하게 된다. 이러한 변동적 요소에 해당되는 주변 노동집단에 있어서는 수량적 유연화 전략이 추구된다.[24)

경쟁의 심화와 변덕스러운 경제에 직면한 많은 기업들은 핵심인력을 감축하고 시장의 계절별, 심지어 월별, 주별 추세에 신속히 대응하기 위하여 구하기 쉽고 자르기 쉬운 임시직을 고용하고 있다. 인적자원 전문가인 허친스는 1990년대 혁명은 적시고용(just-in time employment)을 향해 나아가고 있다. "기업체는 사람을 회사가 필요할 때에만 쓸 것이다. 그 결과는 대단히 심각하다."고 경고한다.[25)

이렇게 정규직 근로자에 대한 고용유지의 부담을 비정규직 근로자로 대체함에 따라, 비정규직 근로자는 1997년 금융위기 이후 기하급수적으로 증가하기 시작하여, 2006년 12월 통계청의 고용동향자료에서는 전체 근로자의 47%를 차지하는 등 우리나라 노동시장에서 지배적인 고용형태로 자리잡게 된 것이다.

둘째, 비정규직 근로자는 단지 인건비가 저렴하다는 이유로 무분별하게 확산되는 측면이 있다.[26)
2004년 8월 통계청의 경제활동인구조사 부가조사 결과에 따르면 비정규직 월평균 임금(115만 원)은 정규직(177만 원)의 65.3% 수준이며, 사회보험 가입률도 약 40%로 정규직의 85% 수준과 큰 차이가 있다.[27) 2005년 8월의 조사결과에서 월평균임

---

24) 최종태, 현대인사관리론, 박영사, 2000, 800~801쪽.
25) 제레미 리프킨, 노동의 종말, 민음사, 1996. 259쪽.
26) 비정규직 관련법에서 차별시정제도를 도입함에 따라 동일 직무에 대한 명시적인 임금차별은 일정부분 해소될 것으로 보이지만, 특정의 직무에 대하여는 비정규직으로만 사용하는 등 기존의 인적자원관리 전략은 지속될 것으로 보인다.
27) 2005 노동백서, 노동부, 2005.

금은 각각 115만 원, 184만 원으로 정규직의 62.5%, 2006년의 8월의 조사결과는 비정규직의 월평균임금이 119만 원으로 정규직 190만 원의 62.6%에 불과한 것으로 나타나는 등 비정규직 사용이 인건비 절감의 주요한 요인으로 작용하고 있다.

조건부 노동자 쪽으로의 움직임은 임금을 삭감하고 의료보험, 연금, 병가 및 유급휴가와 같이 돈이 많이 드는 복지성 지급을 회피하기 위한 경영자의 장기적인 전략의 일환이다. 멤피스에 위치한 나이키사의 배급소에는 시간당 13달러 이상의 임금 및 부가급부를 받는 120명의 영구직 직원들이 60명에서 255명에 달하는 임시직 직원과 함께 일하고 있다. 임시직 인력은 미국 최대의 임시직 서비스 회사인 노렐서비스에 의해 공급이 된다. 임시직 서비스회사는 직원 1명당 6.5달러의 시간급을 받아 이 중 일부를 노렐에서 챙기고 나머지가 각 노동자에게 돌아가게 되는데 이는 나이키 영구직 직원의 시간당 보상액의 약 절반에 해당한다. 영구직 직원이 임시직 직원과 똑같은 일을 함에도 불구하고 커다란 임금격차가 존재한다.[28)

셋째로는 이미 취업되어 있는 근로자인 '내부자'(ins)와 직장을 찾고 있는 실업자인 '외부자'(outs) 간의 차별 문제로 파악할 수 있다.[29)30)31)

내부자(취업되어 있는 근로자, 노동조합)의 외부자(실업자)에 대한 차별이 원인으

28) 제레미 리프킨, 노동의 종말, 민음사, 1996, 258쪽.
29) 내부자·외부자이론에 따르면 노동시장이 노조에 의해 주도되어 높은 수준의 임금이 유지될 수 있다고 본다. 노동시장에 나오는 노동자는 노조가입자 혹은 내부자(insider)와 노조가입자 혹은 외부자(outsider)로 양분된다. 내부자는 임금협상과정에서 외부자(더 낮은 임금수준에서도 기꺼이 일할 의사가 있는 외부의 취업희망자)를 고려하지 않고 높은 임금수준을 얻어내려 한다. 기업은 노동이동에 따르는 비용 때문에 내부자를 외부자로 쉽게 대체하지 못하고 노조의 요구를 수용한다. 안국신, 현대거시경제학, 박영사, 1995, 597쪽 참조.
30) 내부자·외부자이론에서는 기업이 노동이동에 따르는 비용 때문에 내부자를 외부자로 쉽게 대체하지 못한다고 가정하고 있으나, 실제 현실에서는 노동법에서 해고가 거의 불가능하여 내부자를 외부자로 대체하지 못하고 있으며, 이러한 상황에서 노동조합의 교섭력이 높은 임금수준을 보장해 주는 역할을 하고 있다.
31) The common effect of these entry barriers is to give a marked advantage to the person who are the "ins" over those who are the "outs" in the competition for jobs. Kaufman · Hotchkiss, The Economics of labor markets, THOMSON, 2006.

로 작용하는데, 현재 기득권을 가지고 있으며 정규직으로 취업 중인 내부자는 교섭력을 통하여 자신의 계속적 고용과 유리한 근로조건을 보장받으려 하고, 이에 따라 기업 측에서는 실업자인 외부자를 정규직으로 채용할 여지가 줄어들게 된다.

그 결과 기업 측에서는 정규직보다 비정규직 채용을 선호하게 되며 비정규직의 채용이 양산되는 현상이 나타나게 된다. 그리하여 기업의 내부에는 생산성이 0에 가까운 불완전취업자(정규직)가 존재하기도 하는 반면에, 비정규직의 형태로 충원되는 신규인력은 동일한 직무를 수행하고 더 높은 노동강도를 요구받으면서도 50% 정도에 불과한 임금수준과 열악한 근로조건을 감내하기를 요구받고 있는 모순적인 상황이 발생하기도 한다. 현재 우리나라 노동시장에서는 이러한 내부자의 외부자에 대한 차별문제가 청년실업 등 세대 간의 소득 불평등 문제로 나타나고 있다.[32)]

일부 대기업의 강성 노조는 기성세대의 '일자리 기득권'을 보호해 주지만, 젊은 세대에게는 일자리 진입을 막는 장벽에 다름 아니다. 입사(入社) 때 수천만 원씩의 '뒷돈'이 오간 일도 있는 현대·기아차 생산직 부문. 공고(工高)를 갓 졸업한 신세대에게 이곳은 이미 진입 불가능한 직장이 되고 있다. 울산 A공고 취업반 담당 양모 교사는 "현대차에 실습나가는 학생은 있어도 입사하는 예는 없다"며 "예전엔 많이 뽑았는데 그 시절이 언젠지 기억도 안 난다"고 했다. 작년 이 학교 졸업생 중 재벌 계열사에 입사한 학생은 1명. 그것도 지방기능경시대회 입상자에 대한 특례로 채용됐을 뿐이다. 현대차 생산직 근로자(정규직)의 평균 연령은 38세(작년 기준). 10년 전보다 7세 높아졌다. 정년을 채우는 근로자는 늘어난 반면 정규직으로 입사하는 인력은 상대적으로 적기 때문이다. 반면 사내 하도급 작업은 대부분 젊은 세대 몫이다. 현대차 비정규직노조 관계자는 "비정규직 일의 절대 비중을 차지하는 조립라인의 경우 20대 후반에서 30대 초반이 주류"라고 말했다. 철강·조선 등 이른바 정통 수출 주력업종의 생산현장에서는 대부분 비슷한 구조다. 배 모(26) 씨는 한 시중은행 지점에서 비정규직 청원경찰로 일하고 있다. 고교 졸업 후 일자리를 찾아 백방으로 뛰었지만 그에게 제시되는 선택지는 비정규직뿐이었다. 월급 99만 원. "우리 세대는 기성세대 정규직의 고임금과 일자리를 뒷받침하기 위

---

32) 노동조합이 막강한 힘을 발휘하는 나라, 노동자 보호를 위한 법제가 잘 정비된 나라일수록 역설적으로 실업률이 높다. 베커 교수는 이를 '승자의 저주'로 표현했다. 종국적으로 승자가 스스로 재앙을 불러들인다는 것이다. 2005.9.21, 중앙일보.

해 채용되는 세대죠. 저임금에다 언제라도 잘릴 수 있는 조건을 받아들이지 않으면 일할 기회조차 없어요." 이제 '세대'는 비정규직이냐 정규직이냐를 가르는 중요한 기준이 됐다. B시중은행의 경우 전체 직원의 30%인 7156명이 비정규직이다. 이들의 평균 연령은 31.4세. 반면 정규직 평균 연령은 38.6세다. C시중은행도 정규직 37.5세, 비정규직 30.1세로 비슷하다. 노동부에 따르면 지난해 비정규직의 50%가 20~30대였다.[33]

표 5. 청년 실업률 추이[34][35]

(단위:%)

연 도	'98	'99	'00	'01	'02	'03	'04	'05	'06
청년 실업률	12.2%	10.9%	8.1%	7.5%	6.9%	6.6%	7.3%	8.0%	7.9%
전체 실업률	7.0%	6.3%	4.4%	4.0%	3.3%	3.6%	3.7%	3.7%	3.5%

※ 청년층 15~29세임.

넷째로는 노동시장 유연화를 제도적으로 뒷받침하는 노동관계법 등 제도적 요인의 영향도 비정규직 증가의 주요한 원인으로 파악할 수 있다.

우리나라 노동시장에서 비정규직이 급격하게 증가하게 된 시기도 근로자파견법이 제정된 시기와 일치하는데, 1998년 '파견근로자보호에관한법률'이 제정된 후 기업 측에서는 비서, 운전기사, 사무보조 인력 등 특정 직무에 대하여 비정규직으로 대체하기 시작하여 현재는 해당 직무에 대하여는 비정규직으로 고용하는 것이 일반화되었다.

우리나라가 경제협력개발기구(OECD) 국가 가운데 2번째로 비정규직 근로자를 채용하기 쉬운 나라로 분류됐다. 이와 함께 해고에 대한 법적 규제는 12번째로 엄격한 것으로 나타나 사용주가 근로자를 퇴직시키기가 비교적 어려운 것으로 분석됐다. 27일 노동부에 따르면 세계은행 그룹(World bank group)은 최근 'Doing business in 2004,

---

33) 조선일보, 2005.11.8.
34) 청년 실업률이 2006년 전체 실업률 3.5%, 2005년 3.7%에 2004년 3.7% 등에 비하여 상당히 높은 수준을 유지하고 있음을 알 수 있다.
35) 통계청 '경제활동인구조사' 각 연도.

근로자 고용과 해고'라는 보고서를 통해 아이슬란드와 룩셈부르크를 제외한 OECD 29
개국의 고용관련법 규정 등을 비교 분석한 결과 한국을 2번째로 시간제와 계약직 등
비정규직 근로자를 채용하기 쉬운 국가로 분류했다. 한국은 비정규직 채용이 용이한
나라로 미국과 덴마크, 영국, 오스트리아 등과 공동 2위를 차지했으며, 해고사유와 해
고절차, 통보기간 등 근로자 해고에 대한 우리나라의 법적규제는 12번째로 엄격한 것
으로 조사됐다. 근로자를 해고하기가 가장 쉬운 노동법을 갖고 있는 나라는 미국이었
고 일본과 영국, 오스트레일리아, 오스트리아, 덴마크, 터키 등 이 그 뒤를 따랐다. 반
면 해고에 대한 법적 규제가 가장 강력한 국가는 포르투갈이었다. 아울러 한국은 근로
시간과 유급휴가, 최저임금 등 근로자의 고용조건에 대한 평가부문에서 법적 규제가 6
번째로 엄격한 것으로 분류됐다. 이는 우리나라의 노동법이 다른 선진국에 비해 정규
직 근로자에 대해 잘 보호해 주고 있다는 이야기다. 고용조건에 대한 법 규제가 가장
강력한 나라는 헝가리와 폴란드였고 그 다음은 터키와 벨기에, 슬로바키아 등의 순이
었다. 세계은행 그룹은 이 3개 부문을 종합, 평가한 결과 한국의 고용 규제 제도가 13
번째로 엄격하다고 분석했다.

(서울 / 연합뉴스)[36]

다섯째, 실업률의 증가도 비정규직 증가의 중요한 요인으로 작용하고 있다.
사회 전반적으로 높은 실업률은 노동의 공급량 증가[37]로 나타나고 이에 따라 더
낮은 임금과 열악한 근로조건을 수용하고 노동력을 제공할 의사가 있는 근로자가
증가하게 되고, 기업에서도 양질의 인력을 비정규직으로 채용할 여지가 충분하게
되었다.

온라인 취업포털 인크루트(www.incruit.com)가 연도별 비정규직 지원자를 조사해 8
일 발표한 결과에 따르면 지난 99년 전체 비정규직 지원자의 33.5%에 불과하던 20대
가 지난해에는 전체 지원자의 71.2%로 급등했다. 지난 99년의 경우 전체 비정규직 지

---

36) 조선일보, 2003.11.27.
37) 1차적으로 다소 경직적인 정규직 노동시장에서 고용되지 못한 노동력이 상대적으로 완
    전경쟁적인 2차 노동시장(비정규 노동시장)으로 쇄도하게 되며, 증가된 비정규 노동의
    공급과 기업의 노동수요가 교차하는 곳에서 비정규 노동의 임금이 결정되게 된다. 그러
    나 이 균형가격은 처음의 정규직 임금수준보다 더 낮은 수준에서 결정된다.

원자 4천930명 중 30대가 62.4%(3천78명)로 가장 많았으며 20대는 그 절반 정도인 33.5%(1천653명)에 불과했다. 그러나 2000년에는 전체 지원자 1만9천984명 중 20대의 비율이 47.1%로 30대의 48.6%에 육박했으며 2001년에는 20대 64.5%, 30대 32.2%로 상황이 역전됐다. 20대의 비정규직 지원자 비율은 2002년에는 67.2%까지 높아졌다가 지난해에는 71.2%를 기록하며 처음으로 70%대를 넘어섰다. 불과 4년새 20대 비정규직 지원자 비율이 배 이상 늘어난 셈이다. 같은 기간 전체 구직자 중 비정규직 지원자 비율도 지난 99년 6.4%에서 2003년에는 81.9%로 급격히 늘어났다. 비정규직 지원자 중 여성비율 상승도 눈에 띄는 현상이다. 99년 전체 비정규직 지원자 4천930명 중 32.3%이던 여성 비율은 2000년 39.2%, 2001년 41.7%, 2002년 43.9%, 2003년 43.7% 등으로 꾸준히 높아졌다. 같은 기간 남성의 비율은 99년 67.7%, 2000년 60.8%, 2001년 58.3%, 2002년 56.1%, 2003년 56.3% 등으로 낮아졌다. 인크루트 이광석 대표는 "극심한 취업난에 시달리는 사회초년생들이 일단 비정규직이라도 취업하고 보자는 심리가 확산되고 있다"면서 "비정규직이라도 경력을 쌓아 자신이 희망하는 기업에 취업하는 징검다리로 활용한다면 좋은 기회가 될 것"이라고 말했다.

(서울＝연합뉴스)[38]

여섯째, 임시직이나 일용직 등 비정규직의 비율이 높을 수밖에 없는 서비스 업종의 비중 증대가 비정규직의 증가와 관련이 있다고 할 수 있다.

유통업, 음식료업, 금융업 등의 서비스업은 제조업과는 달리 노동 서비스의 저장이 불가능하고, 총생산비에 대한 노동비용의 비중이 높으므로 노동수요를 탄력적으로 조절[39]할 수밖에 없어 비정규직의 비율이 상대적으로 높게 나타난다.[40]

일곱 번째, 자본의 유기적 구성의 고도화를 들 수 있다.

잉여가치를 증대시키고 자본축적을 촉진하는 자본주의적 확대재생산 과정에서는 기계화가 급속도로 진행되기 때문에, 노동자 일인당의 기계장비율이 증가할 뿐만

---

38) 조선일보, 2004.2.8.
39) 노동수요의 탄력성은 총생산비 중에서 노동비용이 차지하는 비중에 의하여도 영향을 받는다. 배무기, 노동경제학, 경문사, 1989, 88쪽.
40) 2005년 산업별 생산성 지표에서 전산업의 노동소득분배율(기업이 창출한 부가가치 중에서 노동에 배분된 몫의 비중)은 47%인 반면 서비스업은 76%에 이른다.

아니라 공장자동화, 사무자동화 등 노동절약적 기술진보로 인하여 노동자 한 사람
이 가공 처리하는 원료와 보조 원료의 양도 크게 증가하고 있다. 따라서 자본주의
적 발전과정에서는 '자본의 기술적 구성'[41]은 점차로 상승하게 된다. 말하자면 동일
한 수량의 생산수단이 필요로 하는 노동자의 수는 감소되는 경향이 있는데, 이러한
기계화의 진전에 따라 자본의 기술적 구성이 고도화되면 '자본의 유기적 구성'[42]도
고도화한다.[43]

그리고 잉여가치를 증가시키기 위하여 경쟁적으로 채택하는 새로운 기술체계는
노동자의 고용을 상대적 혹은 절대적으로 감소시킬 뿐만 아니라 고용에 많은 영향
을 끼치게 되는데, 기계의 광범위한 사용과 끊임없는 개량 때문에 기계의 조작방법
이 단순화되어 체질이 보다 약한 노동인구나 비숙련노동인구도 생산에 참가할 수
있게 된다. 그리하여 청소년 노동자나 여성노동자가 크게 증가하여 새로운 노동공
급원을 형성할 뿐만 아니라 성인노동자와 숙련노동자를 축출하게 된다.[44]

분업이 증대되는 것과 같은 정도로 노동은 단순화된다. 노동자의 특수한 숙련은 가치
없는 것이 된다. 그는 육체적 기력이나 정신적 기력을 활용할 필요가 없는 간단하고
단조로운 생산력으로 변화된다. 그의 노동력은 누구나 할 수 있는 노동력이 된다. 따라
서 경쟁자들이 사방으로부터 그에게 육박해 오며, 게다가 우리가 기억해야 할 것은 노
동이 단순할수록 이를 습득하는 데 필요한 생산비는 더욱 적어지며, 임금은 더욱 아래
로 내려간다는 것이다.[45]

---

41) 생산수단의 수량과 취업노동자의 수의 비율을 '자본의 기술적 구성'이라고 부른다.
42) 생산과정에 투입된 자본의 구성 및 비율을 자본의 유기적 구성이라 한다.
43) 뒤메닐과 레비는 자본의 유기적 구성의 고도화에 따라 이윤율이 하락하고 축적이 둔화
되었으며, 이로 인한 위기는 노동에 대한 억압적 착취를 강화해서라도 위기를 탈출하려
는 자본의 의도에 따라 이전 시기의 노동조건의 종말을 가져왔으며, 그에 따라 임금의
증가는 정체하거나 크게 둔화되었고 사회보호 시스템을 해체하려는 시도가 등장하고
'고용불안'이 광범위하게 확산되었다고 본다. 제라르 뒤메닐·도미니크 레비, 자본의 반
격, 필맥, 2006. 30쪽 참조.
44) 김수행, 정치경제학원론, 한길사, 1988, 94~99쪽 참조.
45) 김세균, "임금노동과 자본", 칼 맑스 프리드리히 엥겔스 저작선집Ⅰ, 박종철 출판사,
1991, 568쪽.

현재 한국 노동시장에서 비정규직의 대다수를 차지하는 부분이 일시적이고 계절적인 노동수요로 인하여 비정규직이 양산되는 것이 아니라, 대체 가능한 저숙련, 저부가가치 직무에서 비정규직이 대다수를 구성하고 있다는 점은 이에 대한 명백한 증거일 것이다.

그 외에도 여러 가지 요인을 들 수 있는데 거시적으로는 전 지구적으로 진행되는 신자유주의적인 자본의 무한경쟁체제, 비정규직의 비중이 높은 여성의 경제활동인구의 증가,[46] 산업구조와 기술의 급격한 변화,[47] 주기적인 경기변동,[48] 금융화[49] (financialization)에 따른 축적양식의 변화 등의 요인이 복합적으로 작용한 결과로 보여진다.

> 28일 인터넷 취업포탈 잡링크가 기업체 1,253개사를 대상으로 조사한 결과 41.5%(520개사)가 올해 '비정규직 채용을 확대하겠다'고 응답한 것으로 나타났다. 비정규직을 지난해 수준으로 채용하겠다는 기업은 31.5%(395개사), '채용축소'는 18.6%(233개사), '채용계획 없다'는 8.4%(105개사)였다. 업종별로는 유통·서비스·판매 업종이 28.5%(327개사)로 가장 많았으며, 건설·제조 15.5%(178개사), 식·음료 13.4%(154개사), 전기·전자·반도체 10.1%(116개사), 기계·철강·자동차 9.1% (105개사), 금융 7.5%(86개사), IT 7.1%(81개사), 제약 5.5%(63개사) 순으로 많았다. 비정규직 사원 채용 이유는 '인건비 절감'(39.8%), '인력운영의 신축성 확보'(32.3%)가 가장 많은 것으로 나타났다. '전문인력 확보'는 6.3%(72개사)였다.[50]

---

46) 통계청의 성별경제활동인구 DB에 따르면 2005년 여성경제활동 참가율은 50%를 넘어서고 있다.
47) 산업구조와 기술이 급격하게 변할 경우에는 기존의 인력을 활용하는 것보다 새로운 기술과 지식을 습득하고 노동시장에 진입하는 신규인력을 활용하는 것이 훨씬 효율적이다.
48) 비정규인력은 경기불황 시에 인력의 감축이 상대적으로 용이하다.
49) 금융화는 Krippner에 따르면 주된 이윤 증식이 거래와 상품을 통해서보다는 금융적 경로를 통해서 이루어지는 축적양식을 말한다. 이러한 금융화에 의하여 기업의 지배구조는 주주가치 극대화라는 금융시장의 명령을 반영하여 단기적 이익을 추구하게 되고 노동시장에 부정적인 영향을 미치게 된다. Krippner, Greta R "The financializatoin of the American economy", Socio-Economic Review, Vol.3, 2005 참조.
50) 조선일보, 2004.1.28.

표 6. 비정규직 사용 이유 [51]

구 분	내 용	비율(%)
인력유연성	인력조정 용이	79.5%
	해고가 용이	38.3%
	단기적 업무	49.5%
	계절적 / 일시적 필요	49.2%
비용 절감	기본급	60.6%
	상여금, 제수당	46.9%
	법정복리후생비	24.5%
	법정외 복리후생비	36.8%
업무 특성	단순업무	68.7%
	정규직 기피 업무	29.8%
	특별한 지식 · 기술	19.5%
노사문제 회피		18.0%

Ⅱ. 비정규직 근로자 증가의 문제점

비정규직의 증가는 개별기업의 입장에서는 명시적 비용으로 인건비를 절감할 수 있으며, 경기변동에 대한 노동의 유연성 확보를 통하여 고용유지에 대한 부담을 더 는 등 많은 긍정적 요인을 가져다주었다. 그러나 이러한 노동시장의 유연화가 가져 온 비정규직 비율의 증가는 어떠한 문제점을 발생시키고 있는 것일까?

첫째, 노동시장의 유연화로 인하여 고용구조가 취약해지고 근로자는 고용불안에 시달리게 되었다.

비정규직 채용이 고용의 일반적인 형태[52]로 나타남에 따라 비정규직 취업자 중

---

51) 한국노동연구원, 사업체패널조사 제1차 연도, 2002.

다수가 정규직 취업을 원하고 있지만 비정규직으로 취업을 하고 있어 노동시장의 고용구조가 취약하고 불안정해지고 있다. 실제로 노동부 구인구직 사이트인 WorkNet을 통해 비정규직으로 취업한 근로자들 중 72%가 정규직 취업을 원했던 것[53]으로 나타나고 있어 비정규직 증가와 함께 고용구조가 취약해지고 근로자에게 는 고용불안정이 심각한 문제로 나타나고 있다.

둘째, 노동시장의 거래비용이 증가하고 있다.

노동시장은 비교적 대기업이며, 비교적 높은 임금과 양호한 근로조건하에 놓여 있는 1차노동시장[54][55]과 고용기간이 짧고, 승진가능성이 적으며, 저임금과 열악한 근로조건을 가진 2차노동시장[56]으로 이원화[57]되어 있는데, 기업 측에서는 인건비 절감을 위하여 기업내 조직의 리엔지니어링을 통하여 내부노동시장의 일부분을 2차 노동시장으로 유연하게 구조화시키게 되고, 결국 1차노동시장의 일정 부분의 수요 를 2차노동시장으로 대체하였다. 그리하여 실제 비슷한 수준의 교육을 받은 근로자 라도 입직문(정규직 또는 비정규직)의 차이에 따라 같은 기업 내에서도 근로조건의 우열이 발생하게 되는데,[58] 자신의 근로조건에 불만을 가진 2차노동시장에 속하게

---

52) 고전학파 경제학에 따라 노동시장이 완전경쟁적이라면 상품으로서의 노동은 수요와 공 급에 따라 거래량(고용량)과 가격(임금)이 결정되는 노동시장에서 원칙적으로 비정규 노 동을 전제로 하는 시장이라고 볼 수 있다.

53) 주간내일신문 324호, 2000.3.22.

54) 1차노동시장 내의 직무들은 고임금, 양호한 근로조건, 고용의 안정성, 승진 및 승급의 기 회, 공평성, 적절하고 합리적인 노무관리 등의 특성을 가지고 있다. 배무기, 노동경제학, 경문사, 1989, 99쪽.

55) 1차노동시장은 대기업으로, 노조가 있으며, 기술적 우위를 가지고 있는 기업에서 발달되 어 나타나는데, 이러한 기업들의 특징은 내부노동시장으로 진입하는 신규채용 인력에 대 하여 세심하게 선별적인 작업을 거쳐 채용을 한다. Kaufman·Hotchkiss, The Economics of labor markets, THOMSON, 2006, 301쪽.

56) 2차노동시장내의 직무들은 저임금, 저수준의 부가급여, 열악한 근로조건, 높은 노동이동, 승진기회의 결여, 자의적인 관리감독, 고용의 불안정 등을 특징으로 한다. 배무기, 노동 경제학, 경문사, 1989, 99쪽.

57) 1차노동시장과 2차노동시장으로 구분하는 의의는 양 시장 간의 근로자의 이동이 제한적 이며 양 시장이 상당한 의미에서 서로 독립적이어서 서로 다른 조건하에서 고용과 임금 등이 결정된다는 점에 있다. 배무기, 노동경제학, 경문사, 1989, 99쪽.

58) 직무경쟁이론에 따르면 노동시장의 직무의 수와 종류는 상당히 제한적이어서 고정적인

된 근로자는 1차노동시장으로 진입하기 위하여 계속적인 탐색을 하게 되고 이에 따른 탐색비용을 지불해야 한다.

또한 근로자는 탐색과정에서의 탐색비용뿐만 아니라, 채용에서 유리한 조건을 가지기 위하여 개인의 인적자본에 대한 투자를 직접 수행하여 사회적 평균 이상의 숙련과 기술을 계속 유지하여 한다는 부담감도 가지게 되었다.

◆ 이중노동시장이론(Dual labor market theory)

노동시장을 1차노동시장과 2차노동시장으로 구분하는 분단시장 또는 이중노동시장이론은 노동시장이 내부노동시장,[59][60][61] 차별, 노동조합 등의 요인에 의하여 분단 또는 이동이 제한되어 있다고 한다. 즉 성, 인종, 학력, 이전의 직업경력 등에 의하여 오명(stigmatizing effect)이 쓰여 있어 2차 부문의 근로자들은 교육이나 직업능력개발 등의 노력을 경주하더라도 1차노동시장에의 진입이 제한되어 있다고 본다. 그 결과로 낮은 임금을 받아들이게 되고, 장래성과 발전성이 없는 직업에 종사하면서 높은 이직률을 보이게 된다.[62] 반면 1차노동시장은 흔히 노조가 조직되어 있으며, 기술적 우위를 가지고 있는 대기업들에서 흔히 발견되는데 이러한 기업들의 채용에서의 가장 중요한 특징은 직장내 교육(OJT)과 교육훈련에 대한 많은 비용이 투입된 근로자들로 이루어진 잘 발달

임금과 제한된 일자리에 대하여 근로자들이 줄을 서서 기다리는 상태가 노동공급의 현상이라고 한다. 배무기, 노동경제학, 경문사, 1989, 98쪽.

59) 내부노동시장이란 낮은 직급은 신규채용을 하고 이들의 근무형태를 관찰하며, 이들 중에서 높은 직급의 직책을 부여하는 신규채용방식이다. 김재원, 노동경제학, 법문사, 1997. 66쪽.

60) 기업 내의 규칙이나 관리가 노동시장의 기능을 대신함으로써 노동시장 기능이 기업 내로 옮겨진 현상을 내부노동시장이라고 한다. 김유배, 노동경제학, 박영사, 2006, 18쪽.

61) 공간적 분화나 경계긋기와 깊이 맞물려 있는 내부노동시장은 자신의 경계 안에 있는 노동자들을 상품화의 온전한 효과로부터 보호했지만, 내부노동시장을 가진 주요 기업들은 자신의 노동력 중 일정 비율을 보호벽의 바깥에 남겨뒀다. 기업은 보호벽 밖에 있는 이들을 시간제 노동자나 임시직 노동자로 대우했고, 권리와 부가급여도 줄여갔다. 비버리 J 실버, 노동의 힘, 그린비, 2005.

62) The dualist argue that because minority workers are trapped in the secondary sector, they then adapt to the low wages and dead-end nature of secondary jobs by engaging in frequent job changing. Kaufman·Hotchkiss, The Economics of labor markets, THOMSON, 2006, 300~303쪽 참조.

된 내부노동시장이다. 따라서 이러한 기업들은 내부노동시장의 입직문(enter-levels position in the internal labor markets)에 대하여 엄격한 기준을 적용하여 채용을 결정하게 된다.

이중노동시장이론에는 Doeringer and Piore와 Reich Edwards & Gordon의 두 가지 이론적 접근방법이 있는데 Doeringer and Piore는 노동시장과 생산물시장에서의 수요, 공급의 불확실성이 노동시장 이중화의 원인이라고 본다. 즉 상품수요의 안정적인 부분은 1차부문의 근로자에 의하여 생산되고, 나머지 변동적인 상품에 대한 수요는 1차부문 및 2차부문의 근로자에 의하여 생산된다. 그리하여 노동시장의 불확실성이 2차부문의 근로자들에게 전가될 수 있다고 본다.

반면에 Reich Edwards & Gordon은 노동시장 분단의 원인이 노동과 자본의 갈등이라는 측면과 더불어 생산과정에 대한 통제(분할 지배 전략)에 기초해 있다고 본다. 즉 분단노동시장은 이윤을 유지하기 위한 자본의 전략의 하나이며, 이윤을 얻기 위한 작업장에서의 통제기법의 다양한 형태라고 본다.[63]

셋째, 사회적으로 투하된 인적자본에 대한 매몰비용(Sunk cost)이 증가하고 있다.

1차노동시장에 진입을 하지 못하게 된 근로자 중 일부는 2차노동시장에서의 근로조건에 만족을 하지 못하고 취업을 포기하게 된다.[64] 그리하여 취업에 대한 의사는 있었으나 취업을 포기하게 된 근로자가 증가하게 되었다.[65]

결국 이러한 근로자에 대하여 사회적으로 투하된 인적자본에 대한 매몰비용(Sunk cost)이 증가되고 있는 것이다.[66]

---

63) Ben Fine, Labor market theory, ROUTLEDGE, 1998. 121~124쪽 참조.
64) 취업을 포기하게 되면 더 이상 실업자에 포함되지 않으며, 비경제활동인구로 분류되게 된다.
65) 취업확률이 적은 경우 구직활동을 하던 사람들도 구직을 포기하거나 노동공급을 줄이는 것을 '실망노동자효과'라 한다. 김재원, 노동경제학, 법문사, 1997. 85쪽.
66) 사회적으로 투하된 인적자본에 대한 매몰비용의 증가는 노동시장의 유연화를 강제할 수밖에 없는 급격한 산업환경의 변화에 기인하는 측면이 크다. 그러나 교육정책 및 인력정책의 운용에도 많은 문제점이 있는 것으로 보이는데, 일례로 지나친 고등교육의 확대와 노동의 수요와 동떨어진 노동 공급은 노동시장의 수요와 괴리가 있어 고학력 실업자를 양산하고 있으며, 일부 직종에서는 높은 실업률과 저임금이 해소될 여지가 존재하지 않는 등 거시적 측면에서 노동시장과 연계된 국가의 교육정책 및 인력정책의 조율이 필요

　재작년 A대학 경영학과를 졸업한 박 모(29) 씨는 숱한 기업체, 금융회사에 입사지원서를 제출했지만 모두 낙방했다. "몇 명 뽑지도 않는 대기업 공채에 해외 MBA(경영학 석사), 공인회계사 출신들이 수두룩하게 원서를 내는데, 그런 경쟁을 어떻게 뚫을 수 있겠어요?" 박 씨는 결국 구직(求職)활동을 한동안 중단하기로 결심했다. 실력을 더 키우지 않으면 번듯한 직장을 구하기가 불가능하다는 판단에서다. 그는 올가을부터 국내 대학들이 문을 여는 MBA 과정에 들어갈 생각이다. 작년에 B대학 영문과를 졸업한 김 모(24) 씨는 취업전선에 나선 지 10개월 만에 다시 학교도서관으로 돌아왔다. 처음에는 웬만한 중소기업체에라도 취직한다는 생각이었지만, 예외 없이 모두 임시직이라 마음이 내키지 않았다. 경기가 풀리면 취업시장이 좀 나아지겠지 하는 막연한 생각으로 요즘 토익(TOEIC) 공부를 하고 있다. 최근 청년층 일자리가 급속히 줄어드는 가운데, 일자리를 포기하는 20대들이 크게 늘고 있다. 4년제 대학을 나오고도 중소·중견 기업에 노크해 번번이 고배를 마시자 아예 '구직활동 포기'를 선언하고 빈둥빈둥 놀고 있는 '이태백'들이 허다하다. 16일 통계청이 발표한 '2월 고용동향'에 따르면 지난달 20~29세 청년층 취업자 수는 405만3000명으로, 작년 2월(425만5000명)에 비해 4.7%(20만2000명)나 줄었다. 이 같은 감소폭은 외환위기 직후인 1999년 3월(−5.9%) 이후 6년 11개월 만에 가장 큰 것이다. 통계청은 "20대 청년층이 좋은 일자리를 확보하기 위해 장기간 취업 준비를 하는 경우가 늘고 있다"며 "취업 준비에 지친 나머지 구직활동에 실망을 느끼고 단념하는 청년들도 많아지고 있다"고 분석했다. 통계청 자료에 따르면, 지난달 비(非)경제활동인구 중 구직 단념자는 13만8000명으로 작년 같은 기간보다 4000명 증가했다. 구직 단념자 수는 작년 8월 14만8000명을 기록한 이후 5개월 만의 최대치이며, 지난해 11월부터 3개월 연속 늘어가는 추세다.[67]

　넷째, 기업 측에서도 고용유지에 대한 부담 대신에 노동의 유연화에 대한 명시적인 비용으로 노동력에 대한 거래비용뿐만 아니라 조직몰입도 저하에 따른 팀워크나 집단 생산성 저하, 잦은 입·퇴사에 따른 업무단절과 비효율 및 이에 따른 교육비용 등을 추가로 부담하게 되었다.

한 것으로 보인다.
67) 조선일보, 2006.3.17.

표 7. 제조업 정규직과 비정규직의 이직률 및 결근율 비교[68] (단위:%)

구 분	고용형태	전산업	제조업	비제조업
이직률	정규직	11.56	11.21	12.50
	비정규직	24.03	22.26	28.16
결근율	정규직	3.86	3.38	5.65
	비정규직	7.34	7.40	7.13

다섯째, 비정규직의 증가를 통하여 개별기업의 입장에서는 단기적으로 노동의 유연성 확보를 통하여 경기변동에 대한 위험을 회피하고, 비용절감으로 일시적인 경쟁력을 확보할 수 있을지라도 이러한 이 개별기업의 인력운용은 결과적으로 저인건비로 유지되는 후진적인 산업구조를 지속시키며,[69][70] 한국경제가 지속적으로 추구하여야 할 산업의 구조조정과 산업구조의 고도화를 저해하게 될 것이다.

(한국개발연구원(KDI)이 2005.3.7. 발표한 '한국의 산업경쟁력 종합연구' 보고서에 따르면 지난 2000년 기준으로 한국의 전체 산업 노동생산성(취업자 1인당 부가가치 생산액)은 미국을 100으로 했을 때 34.8에 불과하다)

여섯째, 개별기업의 과도한 비정규직의 증가는 소득분배의 왜곡을 가져오고, 경기침체기에 실업자를 양산하여 사회불안을 야기하고 국민의 삶의 질의 지속적인 저하를 가져오게 될 것이다.

---

68) 김주일, "비정규노동의 인사노무관리", 임금연구 제11권 2호, 경총, 2003, 14쪽.
69) 근로자의 생산성이 선진국에 비하여 절반 정도에 미치지 못하고 있는 상황이지만, 이는 근로자 1인당 자본투하량이 절대적으로 적으며, 이에 따른 1인당 자본장비율이 선진국 수준에 미치지 못하고 있는 데 따른 필연적인 결과이다.
70) 기계가 약간의 생산부문들에서 사용될 때 다른 부문들에 대해서는 노동의 과잉을 일으키며, 그 결과 임금이 노동력의 가치 이하로 하락하게 되어 기계의 사용이 방해되며, 기계의 사용이 불필요하고 흔히는 불가능하게 된다. 영국인들은 미국인들이 발명한 쇄석기를 사용하지 않고 있는데, 그 이유는 이 작업을 하는 불쌍한 사람들은 그들의 노동의 매우 적은 부분에 대해서만 보수를 받으므로, 기계는 자본가들의 생산비를 증가시키기 때문이다. K. 맑스, 자본론 I (하), 비봉출판사, 1990. 501~502쪽.

예를 들면 비정규직 증가와 상당한 관련이 있는 것으로 보여지는 소득분배구조의 현 상황을 보면 노무현 정권하의 저소득층에 대한 추가적인 각종 복지정책에도 불구하고, 통계청의 2007년 3분기 도시근로자가구 가계수지 동향 자료에서 상위 20%에 속하는 가구의 월평균 소득이 717만 원으로 하위 20%의 근로자가구가 버는 월평균 소득 130만 원의 5.5배를 기록했으며, 이는 지난 2002년 3분기의 5.1배에 비해 그 격차가 점차 확대되고 있는 상황이다.[71][72]

이러한 소득분배구조의 왜곡은 결과적으로 임금근로자 가처분 소득의 감소로 유효수요를 감소시켜 투자와 소비의 위축으로 경제의 선순환 구조를 저해하게 될 것이다. 실제로 한국경제는 2003년 말부터 2004년까지 수출의 호조세에도 불구하고 400만 명에 달하는 신용불량자로 인하여 내수침체는 물론이고 금융시스템의 위기에 대한 우려까지 제기되었다.[73]

이랜드 사태 등 비정규직 문제가 심각한 사회문제로 떠오른 가운데 이른바 '우리 사회안전망의 끝자락'이라는 개인파산 신청자들 가운데 절반 이상이 비정규직이라는 조사 결과가 나왔다. 최근 개인 파산을 신청한 박 모(59) 씨는 생활비로 빌린 돈 1천만 원을 갚지 못해 결국 이곳저곳에서 돈을 빌려 막다 막다른 길에 몰렸다. 직장에서 늘 해고의 불안에 시달린다는 박씨는 빚을 갚고 싶은 마음은 굴뚝같지만 월급으로는

---

71) 이러한 소득격차는 실제적인 노동생산성과 생산성 기여분에 따른 소위 말하는 능력에 따른 소득격차가 아니라, 사회적 분업의 전략적 위치에 따른 교섭력, 수요와 공급에 따라 결정되는 노동시장의 구조, 산업 간 또는 기업규모에 따른 임금격차, 신체(성별, 학력, 지연, 연령 등)에 집적된 근로자 간의 미시적 권력배분의 문제가 복합적으로 작용하여 나타나게 되는 사회적으로 생산된 잉여가치의 근로자 간의 배분 및 이전의 결과로 보인다.

72) 정신활동과 육체활동, 향유와 노동, 생산과 소비가 상이한 개인들에게 귀속될 가능성 및 그 현실성까지 분업과 함께 주어져 있기 때문에 이 세 가지 계기, 즉 생산력, 사회적 상태 및 의식이 서로서로 모순에 빠질 수 있다. 김세균, 칼 맑스 프리드리히 엥겔스 저작 선집 1, "독일이데올로기", 박종철 출판사, 1991, 212쪽.

73) 신용불량자의 증가가 전적으로 비정규직 근로자의 증가에 기인한다고 볼 수는 없다. 즉 외면적으로는 정부의 신용카드 정책의 실패와 금융회사의 리스크 관리시스템의 부재로 보아야 할 것이나, 본질적으로는 사회적으로 생산된 부에 대한 불균등한 분배 구조에 기인하는 측면이 크다고 보아야 할 것이다.

가족들 생활비도 턱없이 부족하다며 눈물을 흘린다. 박 씨는 "120만 원을 받아서 열심히 살았지만 반지하에서 다섯 가족 먹고 살기도 쉽지 않다. 열심히 일하며 살아가려 하지만 몸도 아프고 나이도 많아, 비정규직인 저를 회사가 계약을 계속 할지도 모르는 상황이다." "저는 살아갈 길이 막막하기만 하다"고 한탄했다. 최근 비정규직 해고 문제로 촉발된 이랜드 사태가 자신의 일만 같다는 박 씨는 임금 120만 원에 6개월마다 계약을 해야 하는 '비정규직' 마을버스 운전자이다. 또 다른 개인파산 신청자인 이 모 씨(40)도 한 의류가게의 비정규직으로 박 씨처럼 살얼음 같은 삶을 살아가고 있다. 이렇게 우리 사회의 낭떠러지 바로 앞에 선 사람들은 사업실패자나 도박중독자 등이 아닌 대부분 평범한 비정규직 종사자인 것으로 한 정당의 조사 결과 확인됐다. 민주노동당 경제민주화운동본부는 지난 1월부터 최근까지 개인파산 신청자 250명을 상대로 조사한 결과 응답자의 50.6%가 대형마트 계산원, 가게 점원 등 비정규직인 것으로 조사됐다고 밝혔다. 이 조사에 따르면 이 가운데 정규직은 약 1.2%였으며 구직 중이라는 응답자가 38%, 자영업 종사자는 6%로 집계됐다. 또 조사 대상의 약 33%가 부족한 생활비 때문에 빚이 계속 늘어났다고 응답해 적은 급여가 빈곤을 가속화하고 있는 것으로 나타났다. 도박이나 사치 등으로 빚이 늘고 있다는 응답자는 1.2%였으며, 보증채무는 9.2%, 사업자금을 이유로 든 응답자는 27.8%였다. 이선근 민노당 경제민주화운동본부장은 "보통 파산은 사업실패나 빚보증 등 급작스럽게 일어난다고 사람들은 생각하는데 우리가 주위에서 흔히 볼 수 있는 사람들이 생활비 때문에 파산을 하고 있다. 특히 비정규직들이 파산 신청자의 절반을 차지한다는 사실은 우리 사회 안정에 크게 위험스러운 것"이라고 지적했다.[74]

일곱 번째, 사회 전체적으로 양산된 잉여인력이 비생산적인 산업부문이나 사실상의 실업자로 분류할 수 있는 전통적인 산업부문으로 집중되게 되며, 이에 따라 실업자에 대한 사회복지비용과 사회적 비용의 증가로 귀결되어 최종적으로는 국가적인 비용으로 전가될 것이다. 즉 기업의 이익은 사유화하는 반면 이에 수반되는 비용은 사회화하는 과정에서 국가적인 사회적 비용과 부담이 늘어가고 있는 것이다.[75][76] 기

74) 노컷뉴스, 2007.8.16.
75) 금융연구원에 의하면 2003년 경제성장률은 2.9%였는데, 카드사태가 없었다면 한국경제는 4~5%의 성장이 가능했을 것이라고 밝혔다.
76) 결국은 이러한 과정에서 기업과 국가 간의 노동력 재생산 시스템의 괴리가 발생할 수

업의 입장에서 최적의 선택이 사회적 국가적인 차원에서 최적의 상태가 아닐 수 있는 것이다. 결국은 누군가 사회적 비용을 부담하던지 궁핍화의 과정을 방치하는 결과로 나아갈 것으로 보인다. 2003년 카드사태의 예를 보더라도 사상 최대의 순이익을 기록하고 있는 대기업과 달리, 급증하는 개인파산과 개인워크아웃제도 등으로 인한 소비자금융부문에서의 신용위기는 이에 대한 명백한 증거일 것이다.[77]

있으며, 자본의 재생산 과정에서 축적체제의 진부화를 가져올 수도 있을 것이다.

[77] 2003년 말 400만 명에 육박하는 신용불량자 수와 LG카드 사태는 이에 대한 단적인 예이다.

4장 : 제 · 개정 법률 주요 내용 및 입법추진 현황[78]

I. 관련 현황

정부에서는 외환위기 이후 급격히 증가한 비정규직에 대하여 근로감독 강화, 사회보험 및 복지확충과 능력개발기회 확대 등 보호대책을 추진해 왔으며, 비정규 근로의 남용을 방지하고, 균등대우 원칙 확립을 통한 부당한 차별 해소에 역점을 두어 법률 개정을 추진하였으며, '06.12.21. 기간제 및 단시간근로의 남용을 제한하기 위한 법률이 제정되었다. 다만, 제정법에서는 특수형태 근로자의 보호에 대한 내용이 포함되지 않았으며, 고용 유형별 구체적인 쟁점에 대하여 노사정 간의 이견이 해소되지 않아 향후 많은 문제점과 갈등이 예상된다.

---

78) 비정규직 보호 법률 해설 참조, 노동부, 2006.

Ⅱ. 내용

1. 차별해소

비정규직과 정규직에 대한 차별금지 원칙을 명문화하고, 노동위원회를 통한 차별 시정 절차를 마련하여 조정을 통해 분쟁이 해결될 수 있도록 하고, 조정이 성립되면 재판상 화해의 효력을 부여하여 실효성을 제고하였다. 확정된 시정명령을 이행하지 않을 경우 1억 원 이하의 과태료를 부과하는 등의 벌칙이 부과된다.

2. 기간제근로자의 사용기간 제한

기간제근로의 사용기간에 대한 제한이 없어서 근로계약을 장기간 반복하여 갱신하는 폐단을 해결하기 위하여, 기간제근로자의 경우 총사용기간을 2년으로 제한하였으며 2년을 초과하여 사용할 때에는 정규직 근로자로 간주되게 된다. 다만, 특정 프로젝트 완성, 일시적 결원 근로자의 대체, 근로자의 학업·직업훈련 이수, 전문직종, 55세 이상 근로자의 경우에는 2년을 초과하여 기간제근로자로 사용이 가능하다.

3. 파견근로자 보호

동일한 파견근로자를 2년을 초과하여 계속 사용할 경우 사용사업주에게 직접 고용의무 근로자로 간주하는 고용의무를 부과하였으며, 파견기간 초과 이외의 파견대상업무 위반, 무허가 파견 등 모든 불법파견에 대해서도 2년 초과 시 직접고용의무[79] 부과를 명문화하였다. 또한 직접 고용할 때 준수해야 할 근로조건의 기준을

규정하여 동종근로자가 있는 경우에는 동일한 대우를, 없는 경우에는 기존의 근로
조건보다 저하되는 것을 금지하였으며, 불법파견의 경우 사용사업주에 대한 벌칙이
1년 이하 징역, 1천만 원 이하 벌금에서 3년 이하, 2천만 원 이하로 벌칙이 강화되
었다.

4. 단시간근로자의 근로조건 보호

법정근로시간(1주 40시간 또는 44시간) 이내라도 소정근로시간을 초과하는 근로
시간을 1주 12시간으로 제한하였다. 단시간근로자로 고용하여 사실상 정규직 근로
자처럼 사용하더라도 법정근로시간까지 할증임금이 지급되지 않았던 문제점을 해결
하기 위하여 도입되었다. 또한 사용자의 부당한 연장근로 지시에 대한 거부권을 명
시하였으며, 근로조건에 대한 분쟁을 사전에 방지하기 위하여 임금, 근로계약기간,
근로시간 등 중요 근로조건에 대한 서면명시 의무를 신설하였다.

5. 특수형태 근로자 권익보호

보험모집인, 학습지 교사, 골프장 캐디 등 근로자와 자영업자의 중간 영역에 있는
특수고용관계종사자는 판례상 근로자로 인정되고 있지 않아 근로기준법의 보호를
받지 못하였는데, '08.7.1부터 종래 근로기준법상 근로자로 인정되지 않아 산재보험
의 적용대상에서 제외되었던 특수형태 근로자(골프장캐디, 보험설계사, 학습지 교사,
레미콘 기사 등)도 업무상 재해를 당한 경우 산재법이 적용되게 된다.

---

79) 고용의무란 사용사업주가 파견기간 초과, 대상업무 위반 등 일정 요건을 충족할 경우 파
    견근로자를 직접 고용하여야 하는 것을 말한다.

Ⅲ. 시행 시기

　제정된 비정규직 관련 법률은 '07년 7월부터 시행하되, 중소기업의 부담을 감안하여 300인 미만 기업에 대한 차별시정 관련 조항은 다음과 같이 단계적으로 시행된다.

- 300인 이상·공공부문: '07.7.
- 100인~299인: '08.7.
- 100인 미만: '09.7.

제 2 부

비정규직 근로자와
근로기준법

공장법(오늘날의 근로기준법)의 일반화에는 다음과 같은 두 가지의 사정이 결정적인 역할을 한다. 그 하나는 자본은 사회의 어떤 한 지점에서 국가의 통제를 받게 될 때에는 다른 모든 지점들에서 더욱더 무모하게 보상을 받으려고 한다는 것이 끊임없이 반복되는 경험적인 사실이며, 또 다른 하나는 자본가 자신이 경쟁조건의 평등, 즉 노동착취에 대한 규제의 균등화를 요구하고 있다는 것이다.

- K. 맑스의 "자본론" 중에서 -

규율[1]은 다수의 인간을 질서정연하게 배치하기 위한 기술이라고 말할 수 있다. 신체의 힘을 가장 값싼 비용의 '정치적인' 힘으로 환원시키고, 또한 유용한 힘으로 극대화시키는 단일화한 기술과정이다. 어떤 규율의 수락은 계약을 통해서 인정될 수 있다. 그런데 그 규율이 부과되는 방법, 그것으로 작동되는 메커니즘, 사람들 사이의 불가역적인 종속관계, 언제나 같은 쪽에 고정되어 있는 과잉권력, 공통의 규정을 기준으로 삼고 있으면서 상이한 성원들 간에 이루어진 입장의 불평은 규율 중심적 관계와 계약적인 관계를 대립시키고, 후자가 규율의 메커니즘을 갖게 되는 순간부터 그 관계를 체계적으로 부정하게 된다. "예를 들면, 얼마나 많은 현실적 방법들이 노동계약의 법률적 약속과 다르게 이루어지는지를 우리는 잘 알고 있다." 공장에서의 규율은 무엇보다 중요한 것이다. 더욱이 법률체계가 보편적 규범에 의거하여 법적 주체를 규정하는 반면에 규율은 사람들을 특징짓고, 분류하며, 특정화한다. 어떤 척도에 따라 배분하고 어떤 기준을 삼아서 분할하며, 개개인을 상호 비교해서 서열화하고, 극단적인 경우에는 자격을 박탈하고 무효로 만든다. 여하간 규율은 통제를 행하고 스스로의 권력의 불균형을 작동시키는 그러한 공간이나 시간 속에서 결코 완전하지는 않지만, 그렇다고 해서 결코 무효화하지는 않는, 법률의 일시적 중지를 행한다.

- 미셸 푸코의 "감시와 처벌" 중에서 -

---

1) 푸코에게 규율은 형식적으로는 평등주의적인 법적구조의 설립으로 은폐되어 있지만, 본질적으로는 비평등주의적이고 비대칭적인 권력이 행사되는 방식이라고 본다.

1장 : 근로기준법이란?

I. 근로기준법의 의의

근로자는 사용자와 형식적으로는 대등한 당사자이지만 실제로는 사용자의 지휘 명령하에 종속되어 있는 경제적 약자이다. 이에 따라 '국가가 근로자 보호를 위하여 근로관계에 개입하여 제정한 근로조건의 최저기준을 정한 법률'이 근로기준법이다.

이러한 근로기준법은 근로자의 생존권을 보장하기 위하여 "근로조건의 기준은 인간의 존엄성을 보장하기 위하여 법률로 정한다"라고 규정한 헌법 제32조[1])에 그 근거를 두고 있으며, 근로기준법 제1조[2])에서는 근로조건의 기준을 정하여 근로자의 기본적 생활을 보장, 향상시키며 균형 있는 국민경제의 발전을 꾀하는 것을 목적으로 한다고 규정하고 있다.

---

1) 헌법 제32조 ① 모든 국민은 근로의 권리를 가진다.
   ② 모든 국민은 근로의 의무를 진다.
   ③ 근로조건의 기준은 인간의 존엄성을 보장하도록 법률로 정한다,
   ④ 여자의 근로는 특별한 보호를 받으며, 고용, 임금 및 근로조건에 있어서 부당한 차별을 받지 아니한다.
   ⑤ 연소자의 근로는 특별한 보호를 받는다.
2) 근로기준법 제1조 (목적) 이 법은 헌법에 의하여 근로조건의 기준을 정함으로써 근로자의 기본적 생활을 보장, 향상시키며, 균형 있는 국민경제의 발전을 꾀하는 것을 목적으로 한다.

Ⅱ. 근로기준법의 주요 내용

근로기준법은 12개장 116개조와 부칙 17개조로 구성되어 있으며, 근로기준법의 시행을 위해 부속되어 있는 근로기준법 시행령과 근로기준법 시행규칙이 있다.

제1장은 총칙으로 근로기준법의 목적, 기본원칙, 적용범위, 기본적 용어(근로자, 사용자, 임금)에 대한 정의를 규정하고 있다. 제2장 근로계약에서는 계약기간, 해고, 퇴직금 등 근로계약의 체결에서 종료까지의 근로조건의 보호에 관한 규정을, 제3장 임금에서는 임금의 지불방법, 휴업수당, 임금의 소멸시효 등에 관한 규정을 두고 있다. 제4장 근로시간과 휴식에서는 기준근로시간, 연장근로의 제한, 휴일, 연장수당, 연월차휴가에 관한 근로조건의 기준을 정하고 있으며, 제5장에서는 여자와 소년에 대한 근로조건의 기준을 규정하고 있다. 8장과 9장에서는 재해보상과 취업규칙에 관하여 각각 규정하고 있다.

2장 : 근로기준법의 근로자와 사용자의 개념

Ⅰ. 근로기준법의 적용을 받는 근로자의 개념

일반적으로 통용되는 의미에서 근로자는 근로소득으로 생활하는 자를 말한다.

그러나 근로기준법에서의 근로자의 개념은 일반적으로 사용되는 근로자의 개념과는 다소 차이가 있다. 경제학에서 정의하고 있는 경제주체 및 경제활동인구로서의 임금근로자와도 일치하지 않으며, 또한 경영학에서의 기업 내 소속 구성원으로서의 근로자와도 그 개념이 동일하지 않다.

그러면 근로기준법에서 말하는 근로자의 개념을 파악해야 될 중요한 이유는 무엇일까? 근로기준법에서 근로자의 개념이 중요한 이유는 근로기준법상의 근로자에 해당이 되어야 근로기준법의 적용을 받을 수 있다는 것이다.[3]

최근에 논란이 되고 있는 화물연대의 지입차주, 보험모집원, 골프장 캐디, 학습지교사 등의 경우와 같이 일상적으로 사용되고 있는 근로자의 개념과는 다른 근로기준법상의 근로자에 해당되어야 근로기준법의 보호 대상으로 퇴직금, 임금, 휴일, 휴가 등을 적용받을 수 있는 것이다.

---

[3] 근로기준법상의 근로자는 최저임금법, 산업안전보건법, 산업재해보상보험법의 근로자의 개념과 동일하다.

특히 사회적으로 다양한 형태로 운용되고 있는 비정규직의 경우 논란의 여지가 많으며, 근로자와 사용자 모두 근로기준법상의 근로자에 해당되는지를 따져 적법하게 운영하고 이에 대한 권리를 행사하여야 할 것이다. 다만, 근로기준법상의 근로자 여부를 판단하는 것이 사실상 쉬운 것이 아니므로 다음의 원칙과 기준들을 참고하여야 할 것이다.

1. 직종의 종류

근로기준법 등 노동관계법의 적용을 받는 근로자의 범위는 어디까지일까?

근로기준법 제2조[4]에서는 근로자에 대한 정의를 직업의 종류와 관계없이 임금을 목적으로 사업이나 사업장에 근로를 제공하는 자를 말한다고 규정하고 있다.

따라서 임금을 목적으로 사용종속 관계에서 근로를 제공하는 경우, 계약의 형식이 도급계약 또는 위임계약인가를 구분하지 않으며, 근로형태에 대하여 상용근로자, 일용근로자, 임시직 근로자 및 단시간근로자를 달리 보지 않는다. 판례에서도 근로기준법 2조의 요건을 갖추는 경우 계약의 형식이 도급계약,[5] 위임계약, 파트타이머뿐만 아니라 일용직 근로자,[6][7] 불법체류자 등도 근로기준법상의 근로자에 해당된다.[8]

즉 "임금, 근무일수 등 근로조건에 대한 일부의 사정이 정규직 근로자와 다르다

---

4) 근로기준법 제2조 (정의) ① 1. "근로자"란 직업의 종류와 관계없이 임금을 목적으로 사업 또는 사업장에 근로를 제공하는 자를 말한다.
5) 형식적으로는 도급의 형태를 취하였으나, 실체에 있어서 도급공들이 회사에서 제공하는 장비 및 자재를 가지고 회사가 제공하는 장소에서 근로를 제공하였다면 그 수급인은 도급근로자로서 근로기준법의 적용을 받는다.
6) 근로기준법상 근로자라 함은 직업의 종류를 불문하고 사업 또는 사업장에서 임금을 목적으로, 근로를 제공한 자를 말하는 것인바, 일용직 근로자의 경우도 당연히 근로기준법이 적용된다. 1983.1.21, 근기 1455-1697.
7) 일용 및 시간제 고용(파트타임 근무)인 경우에도 근로기준법이 적용된다. 1988.6.7, 근기 01254-8898.
8) 근로기준법상의 근로자라 함은 일용, 상용 등의 명칭 여하에 불구하고 임금을 목적으로 근로를 제공하는 자를 모두 포함한다. 1979.12.8, 법무 811-28909.

고 하여 비정규직 근로자를 근로기준법상의 근로자가 아니라고 할 수는 없다"고 보고 있다.

2. 사용종속관계

근로기준법상 근로자인지의 여부를 판단하는 가장 중요한 기준으로 사용종속관계를 들 수 있다. 이에 대하여 노동부 지침[9])에서는 사용종속관계하에서 사용자의 지휘와 명령을 받아 근로를 제공하는 것으로 근로자인지의 여부를 판단하고 있다.

즉 근로기준법상의 근로자에 해당되는지 여부는 그 계약이 민법상의 고용계약이든 또는 도급계약이든 그 계약의 형식에 관계없이 실질에 있어서 근로자가 사업장에서 임금을 목적으로 종속적인 관계에서 사용자에게 근로를 제공하였는지 여부에 따라 판단하여야 하는 것이며, 이를 판단함에 있어서는 업무의 내용이 사용자에 의하여 정하여지고, 취업규칙, 복무규정, 인사규정 등의 적용을 받으며 업무수행 과정에 있어서도 사용자로부터 구체적이고 직접적인 지휘감독을 받는지 여부, 사용자에 의하여 근무시간과 근무장소가 지정되고 이 구속을 받는지 여부, 근로자 스스로가 제3자를 고용하여 업무를 대행케 하는 등의 대상적 성격을 갖고 있는지 여부와 기본급이나 고정급이 정하여져 있는지 여부 및 근로소득세의 원천징수 여부 등 보수

---

9) 근로기준법상 근로자인지의 여부(1988.4.8, 근기01254-6463)
　　근로기준법상 근로자란 사용종속관계하에 놓여 있는 자가 그 상대방으로부터 노무제공의 대가로 임금을 지급받고 사용자의 지휘와 명령을 받아 그 감독하에서 근로를 제공하는 자인바, 근로기준법상 근로자의 구체적 판단은 아래의 기준에 의할 것.
　　1. 근로자가 업무를 수행함에 있어 사용자로부터 정상적인 업무수행명령과 지휘·감독에 대하여 거부할 수 없어야 함.
　　2. 시업과 종업시간이 정하여지고 작업장소가 일정장소로 특정되어 있어야 함.
　　3. 업무의 내용이 사용자에 의하여 정하여지고 업무의 수행과정도 구체적으로 지휘감독을 받아야 함.
　　4. 지급받은 금품이 업무처리의 수수료 성격이 아닌 순수한 근로의 대가이어야 함.
　　5. 상기내용이 충족되고, 복무위반에 대하여는 일반근로자와 동일하게 징계 등 제재를 받아야 함.

에 관한 사항, 근로제공 관계의 계속성과 사용자에의 전속성의 유무와 정도, 사회보
장제도에 관한 법령 등 다른 법령에 의하여 근로자로서의 지위를 인정받는지 여부,
양 당사자의 경제 사회적 조건 등을 종합적으로 고려하여 판단하여야 한다.

3. 임금을 목적으로 근로를 제공

근로기준법상 근로자란 임금을 목적으로 근로를 제공하는 자를 말하는데, 보수가
임금의 성격을 가지고 있어야 한다.[10][11][12][13][14] 즉 지급받은 금품이 업무처리의 수수
료 성격이 아닌 순수한 근로의 대가로서 지급되어야 한다. 일반적으로 보수가 근로
시간에 따라 지급받기로 하거나,[15] 기본급이나 고정급이 정하여져 있는 경우가 해당
된다.

그러나 임금에 대하여 근로소득 등이 부과되어 원천 징수될 뿐만 아니라, 고용보
험이 적용되었다고 하더라도, 별도로 사업자등록을 하고 본부로부터 구체적이고 직
접적인 지휘·감독을 받지 않은 채 자신의 권한과 책임하에서 근무할 근로자들도
스스로 임면하는 등 자신의 역량에 따라 대행사업의 가입자 범위를 확장하는 경우

---

10) 기본급여와 활동보조비를 지급받으면서, 공무원의 근무시간에 준하여 복무하고 국민연금
　　까지 가입한 자는 근로의 대가로서 임금을 지급받는 근로자에 해당한다. 1991.11.8, 대법
　　91누 5198.
11) 프로야구 선수는 보수결정이 인기 등 특수요인에 의존되고 있는 면이 많다는 점 등을
　　들어 근로자로 볼 수 없다고 한다. 1983.11.1, 징수 1458−27309.
12) 학원강사가 수강생의 수에 따라 결정되는 수입(수강료)의 일정비율을 학원과 배분하는 경
　　우라면 이는 사용종속관계하에서 임금을 목적으로 근로를 제공하는 근로자라고 보기 어
　　렵다. 1993.12.24, 근기 68207−2617.
13) 학습지 회사와 업무위탁계약을 체결한 학습지교사는 수수료가 신규회원의 증가나 월회비
　　의 수금실적에 따라 그 지급 여부 및 지급액이 결정되는 것이어서 종속적인 관계에서의
　　근로제공의 대가로서의 임금이라고 보기 어렵다. 1996.4.26, 대법 95다 20348.
14) 기본적 고정급여가 정해지거나 지급되지 않고 완성한 양복 상의 또는 하의 1장당 일정액
　　의 보수만이 지급되어 왔다면 근로자로 보기 어렵다. 2001.8.21, 대법 2001도 2778.
15) 1995.10.10, 서울고법 94구 34618.

등에 있어서는 종속적인 관계에서 임금을 목적으로 근로를 제공하는 근로기준법상의 근로자로 보지 않는다.[16]

4. 유형별 근로자 인정 여부

➤ 학원강사

학원강사가 근로기준법상 근로자인지의 여부는 그 근무형태의 사용종속관계에 따라 판단되며,[17] 일반적으로 입시학원의 종합반 강사[18]는 근로자로 판단하고 있으나, 단과반 강사[19]는 근로기준법상의 근로자로 보지 않는다. 또한 학원강사가 매월 강의시간과 과목을 정한 강의계획서를 학원에 제출하고 그 강의계획서에 따라 강의를 할 뿐 강의내용, 방법, 과정 등에 있어 학원의 구체적인 업무지시 및 지휘감독이 없는 상태에서 강의시간 수, 업무의 질과는 무관하게 수강생의 수에 따라 결정되는 수입의 일정비율을 학원과 배분하는 경우라면 이는 근로자로 보기 어렵다.[20]

---

16) 2003.8.19, 서울행법 2002구합 40576.
17) 학원강사가 근로자인지의 여부는 그 근무형태에 따라 사용종속관계에 대한 사실관계를 조사하여 판단할 사항으로 일반적인 기준은 다음과 같음
   1. 업무의 내용이 사용자에 의하여 정하여지고 업무의 수행과정도 구체적으로 지휘 감독을 받는지 여부.
   2. 근로자가 업무를 수행함에 있어 사용자로부터 정상적인 업무수행명령과 지휘감독에 대하여 거부할 수 있는지 여부.
   3. 시업과 종업시각이 정하여지거나 사용자의 구속을 받는 근로시간이 구체적으로 정하여져 있는지 여부
   4. 지급받은 금품이 업무처리의 수수료 성격이 아닌 순수한 근로의 대가인가 여부.
   5. 복무위반에 대하여 제재를 받는지 여부. 1990.9.3, 근기 01254-12276.
18) 2006.11.10, 서울지법 2004 가단 69638.
19) 입시학원 운영자의 시설 내에서 수강생에게 강의를 하고 매월 수강료 수입금의 일정비율을 분배받기로 한 입시학원 단과반 강사는 그 업무수행과정에서 학원 측으로부터 강의내용 등에 대하여 구체적이고 직접적인 지휘·감독을 받지 아니하는 등 여러 사정을 종합하여 볼 때 사용종속관계하에서 임금을 목적으로 근로를 제공하는 근로자라 볼 수 없다. 1996.7.30, 대법 96도 732.
20) 1993.12.24, 근기 68207-2617.

☺ 학원에서 근무한 강사의 근로자성이 인정되는 요소[21]

학원의 강의시간표에 의하여 학원에서 제공하거나 정한 교재로 강의를 하며 강의진
도도 시험 때까지 마치도록 하는 등 구체적인 지휘감독을 받는 경우, 강의 이외의 업무
로서 학원 측에서 담임을 맡기고 담임으로서 임무를 부여하고 담임의 임무를 해태할
경우 담임을 주지 않는 등 제재를 가하는 경우, 시업시각과 종업시각이 명시적으로 정
해져 있지 않으나 본수업과 야간수업에 맞추어 담임으로서 학생들의 출결사항 등을 확
인하도록 되어 있어 사실상 출퇴근에 제약을 받는 경우, 학생들에게 설문조사를 하여
반응이 좋지 않은 강사는 권고사직을 시키거나, 학원 측의 허락을 받고 다른 학원에서
강의를 하여야 하거나 한 적이 있는 경우, 학원 측 의도대로 응하지 않을 경우 수업을
배정하지 않고 제재를 가하는 경우 등은 근로자성이 인정되는 요소에 해당된다.

☹ 학원에서 근무한 강사의 근로자성이 부인되는 요소

기본급여가 없이 강의시간 수에 따라 성과급제로 급여를 받으며, 개인사업소득자로
신고되어 사업소득세를 납부하거나,[22] 사용자의 지휘감독을 받지 않고 본인의 강의일
정에 따라 강의를 진행하고 있으며, 시업과 종업시간이 정해진 것도 아니어서 출퇴근
보고를 하고 있지 않고, 강의시간 이외의 시간에 여유가 있는 경우에 다른 학원에서도
강의를 하는 경우 근로기준법상의 근로자로 보기 어렵다.

➤ **학습지 교사**

학습지 등을 제작 판매하는 회사와 위탁업무계약을 체결한 교육상담교사의 경우, 회
사로부터 지급받는 수수료는 신규 회원의 증가나 월회비의 등록에 따른 회비의 수금
실적이라는 객관적으로 나타난 위탁업무의 이행 실적에 따라서만 그 지급 여부 및 지
급액이 결정되는 것이어서 종속적인 관계에서의 근로제공의 대가로서의 임금이라 보기
어려우며, 업무수행의 시간이 정함이 없는 등 근로자로 볼 수 없다.[23][24][25]

---

21) 2000.10.16, 근기 68207-3194.
22) 2000.10.16, 근기 68207-3194.

➤ 대학교 시간강사

대학교들에서 강의를 담당한 시간강사는 전임강사와 같은 정규 근로자에게서 발견할 수 있는 근로자로서의 징표, 즉 정해진 기본급이나 고정급을 지급받고, 근로제공관계가 계속적이며, 특정 사용자에게 전속되어 있는 등의 특징을 결여하고 있으나, 이러한 특징의 흠결은 시간제 근로자에게 일반적으로 나타나고 있는 현상이다. 대학교들의 시간강사는 종속적 지위에서 대학교들을 설립·운영하는 원고들에게 근로를 제공하였다 할 것이므로 근로기준법 소정의 근로자에 해당한다.[26]

➤ 골프장 캐디

일반적으로 골프장에서 일하는 캐디는 골프장 시설운영자와의 사이에 근로계약, 고용계약 등의 노무공급계약을 전혀 체결하고 있지 않고, 내장객의 경기보조업무를 수행한 대가로 내장객으로부터 캐디피라는 명목으로 봉사료만을 수령하고 있을 뿐, 사용종속관계하에서 임금을 목적으로 근로를 제공하는 근로기준법 소정의 근로자로 보지 않는다.[27][28][29]

노동부 행정해석[30]에서도 기존의 입장을 변경하여 골프장 경기보조원(캐디)에 대하여 더 이상 근로자성을 인정하기가 어렵다고 입장을 변경하였다. 그러나 캐디의 노무관리에 관하여 일정한 책임과 권한을 부여받은 캐디마스터가 직·간접적으로 규제를 하는 경우 회사 측과 캐디 간에는 실질적으로 사용종속관계에서 임금을 목적으로 근로를 제공하는 근로자에 해당한다고 보는 것이 타당하다고 판단된다.[31]

---

23) 1996.3.8, 대법 94누 15639.
24) 1996.4.26, 대법 95다 20348.
25) 2003.6.12, 서울행법 2003구합 537.
26) 2004.11.18, 서울행법 2003구합 36642.
27) 1996.7.30, 대법 95누 13432.
28) 2001.9.18, 중노위 2001부해 209.
29) 2002.2.7, 서울행법 2001구 33013.
30) 2003.4.8, 근기 68207-418.
31) 2000.5.13, 근기 68207-1451.

➤ 보험설계사

일반적으로 보험설계사는 보험회사와 위임에 가까운 관계에 있어 회사의 직접적 지휘감독을 받지 않으며, 취업시간 및 장소에 대한 제한이 없는 등 임금에 의한 노무지휘관계에 있는 근로자로 보지 않는다.[32] 판례에서도 보험설계사는 제공한 근로의 내용이나 시간과는 관계없이 보험설계사 제수당 지급규정에 의하여 오로지 자신의 노력으로 체결된 보험계약의 계약고, 수급액 등 실적에 따라 그 지급항목 및 지급액이 결정되는 수당을 받고 있는 등 근로시간 및 근로내용이 회사에 의하여 지배, 관리된다고 볼 수 없으므로 종속적인 관계에서 근로를 제공하였다고 할 수 없어 근로기준법상의 근로자에 해당되지 아니한다고 판단한다.[33][34]

➤ 업무위임계약을 체결한 채권추심역

차량구매에 따른 할부금융을 실시하고 동 채권을 갚지 않는 채무자로부터 채권을 회수하는 경우 그 금액을 일정 비율로 분배하는 조건으로 업무위임계약을 체결하여 업무를 수행하는 경우 근로기준법상의 근로자로 보기 어렵다.[35]

➤ 방송구성작가 · 리포터 · MC · DJ

구성작가가 회사에 대하여 종속적인 관계에서 노무를 제공한다고 할 수 없으므로, 노동조합법상 근로자에 해당한다고 할 수 없고, 리포터 · MC · DJ의 경우에도 회사에 대하여 종속적인 관계에서 노무를 제공하는 근로자에 해당한다고 할 수 없다.[36]

➤ 소사장

대법원 판례는 근로기준법상의 근로자의 해당 여부와 판단 여부를 "종전에는 단순한 근로자에 불과하였다가 어떠한 계기로 하나의 경영주체로서의 외관을 갖추고

---

32) 1981.1.23, 법무 811-2351.
33) 2001.1.28, 대법 98두 9219.
34) 2001.4.16, 중노위 부해 637 · 638, 부노 166 · 167.
35) 2000.9.28, 중노위 2000부해 317.
36) 2003.11.16, 서울고법 2003누 72.

종전의 사용자(모기업)와 도급계약을 맺는 방법으로 종전과 동일 내지 유사한 내용의 근로를 제공하게 된 경우(이른바 소사장의 형태를 취한 경우)에는, 근로기준법상의 근로자에 해당하는지 여부를 판단함에 있어서 스스로 종전의 근로관계를 단절하고 퇴직한 것인지 아니면 그 의사에 반하여 강제적 형식으로 소사장의 형태를 취하게 되었는지 여부, 사업계획·손익계산·위험부담 등의 주체로서 사업운영에 독자성을 가지게 되었는지 여부, 작업수행과정이나 노무관리에 있어서 모기업의 개입 내지 간섭의 정도, 보수지급방식과 보수액이 종전과 어떻게 달라졌으며 같은 종류의 일을 하는 모기업 소속 근로자에 비하여는 어떠한 차이가 있는지 여부 등을 참작하여야 한다.”[37]고 보고 있다. 즉 기존 기업 중 일부 생산부문의 인적 조직이 이른바 소사장기업이라는 별개의 기업으로 분리된 경우 그 소사장기업에 고용된 채 기존 기업의 사업장에서 기존 기업의 생산업무에 종사하는 자를 기존 기업의 근로자로 보기 위해서는 그가 소속된 소사장기업이 사업주로서 독자성이 없거나 독립성을 결여하여 기존 사업의 한 부서와 동일시할 수 있는 등 그 존재가 형식적, 명목적인 것에 지나지 아니하고, 사실상 당해 근로자는 기존 기업과 사용종속관계에 있다고 평가될 수 있어야 한다.[38]

> ### 콜마케터

　웹콜마케터들이 정보서비스 위탁판매회사인 사용자와 사이에 일종의 위임계약인 업무위탁계약 형식의 계약을 체결하였고, 사업소득세를 원천징수 당하였으며, 고용보험, 산재보험, 의료보험, 국민연금에 가입하지 아니하였다고 하더라도, 웹콜마케터들의 업무내용이 사용자에 의하여 정하여졌고, 사용자의 복무수칙과 보수 등에 관한 준칙으로 마련한 사업장 관리지침의 적용을 받았으며, 업무수행 과정에 있어서도 사용자의 구체적이고 직접적인 지휘·감독을 받았고, 근무시간과 근무장소에 대해 엄격한 구속을 받았으며, 근무장소에 출근하여 영업활동을 하면 영업실적이 없더라도 매달 고정적으로 근무일수에 따른 영업선급금을 지급받는 등 여러 가지 사정에 비추어, 웹콜마케터들이 실질에 있어 종속적인 관계에서 사용자에게 근로를 제공한 근로기준법상의 근로자에 해당한다.[39]

➤ 외판원

외판원은 일반적으로 구체적 지휘감독을 받음이 없이 재량에 의하여 업무가 수행되고 보수도 외판실적이나 수금실적에 의하여 지급된다면 근로관계에 있다기보다는 도급관계에 있다할 것이므로 근로자로 취급되기 어려우나, 외판원에게 회사에의 출근의무가 부과되고 매일 근무상황을 보고받고 계약권유의 장소나 상대방에 대하여 개별적 구체적 지시를 받거나 매월 고정급을 지급받는 등 그 실태에 있어서 일반사원과 동일한 제재를 받는 경우라면 근로기준법상의 근로자로 보아야 한다.[40]

➤ 광고영업사원

광고영업사원에게 출근의무가 부과되고 매일매일 근무상황을 보고받고 광고계약 권유의 장소나 상대방에 대하여 개별적, 구체적으로 지시를 하고 매월 고정급을 정하며 회사에 대한 손해나 성적불량으로 일반사원과 동일한 제재를 하는 등 구체적 근무실태에 있어서 노무제공에 대한 구체적 지휘감독을 하는 경우라면 근로기준법상의 근로자로 판단되어야 한다.[41] 판례에서도 사장이 외근사원의 제반 업무를 관장할 뿐만 아니라 그 채용 및 해고를 담당하고, 외근사원이 제반업무를 성실히 수행하지 못하고 해고사유에 해당할 때에는 인사조치할 권한을 가지고 있으며, 회사를 사업장으로 하는 국민연금과 건강보험에 각각 가입하고 있는 경우 근로자로 보고 있다.[42] 그러나 업무의 내용이나 수행방법 및 근무장소나 근무시간 등에 관하여 회사로부터 구체적이고 직접적인 지휘감독을 받지 않은 채 자신의 비용과 책임하에 광고유치업무를 수행하며, 기본급 내지 고정급을 따로 정함이 없이 광고유치실적에

---

39) 2005.1.14, 서울지법 2004노 2705.
40) 1987.3.19, 근기 01254-4493.
41) 1980.11.26, 법무 811-30812.
42) 2001.6.26, 대법 99다 5484.

따라 수수료를 지급받고 이에 대하여 사업소득세를 납부한 경우 근로자라고 볼 수 없다.[43]

➤ 성과급 영업사원(매점 영업사원)

판례는 철도역 구내 및 열차 내 영업장에서 식품 등을 판매하는 성과급 영업사원이 근로기준법상 근로자에 해당한다고 보고 있다.[44] 대법원 판례에서도 성과급 영업원이 소속장의 지휘 감독을 받아 지정된 매점에서 상품판매 및 이와 관련된 제반 업무를 수행하면서 판매일지를 작성하고 매출액의 일정 비율에 해당하는 금액을 성과급으로 지급하고 있을 뿐만 아니라 상여금과 퇴직금을 지급받고 있을 경우 근로기준법 소정의 근로자라고 본다.[45]

➤ 정수기 회사 용역기사

용역기사의 업무내용과 업무량이 회사로부터 배당받은 업무에 의하여 전적으로 결정되고, 회사로부터 퇴직금과 유사한 계약해지 위로금을 지급받는 등 용역기사를 근로기준법상의 근로자로 볼 수 있는 일정한 사정이 없지 아니하나, 용역기사에게는 출퇴근시간, 업무처리계획과 방법에 관하여 원고로부터 어떠한 지시나 감독을 받지 않는 점, 용역기사는 그의 희망에 따라 업무활동지역을 배정받고 그 소유의 차량과 통신장비를 이용하여 업무를 처리하며 원고로부터 기본급 내지 고정급 없이 업무처리실적에 따라 용역수수료를 지급받고 이에 관하여 사업소득세가 원천징수되고 있는 점, 용역기사에게는 회사소속 근로자에게 적용되는 직장의료보험, 국민연금, 고용보험 등 사회보장제도뿐만 아니라 취업규칙도 적용되지 않는 점 등 용역기사가 회사에 대하여 종속적인 근로관계에 있었다고 보기 어려우므로 근로기준법상의 근로자에 해당한다고 볼 수 없다.[46]

---

43) 2001.2.1, 서울행법 2000구 12453.
44) 1998.8.21, 서울행법 98구 3241.
45) 2000.11.24, 대법 99두 10209.
46) 2003.5.13, 서울행법 2002구합 31978.

➤ 정수기 회사의 코디 및 팀장

정수기 회사의 코디와 팀장이 수행한 업무의 내용이 회사에 의하여 일방적으로 정하여졌고, 업무수행에 필요한 도구 등을 회사로부터 교부받아 사용하다가 계약해지 시에 반환한 점, 팀장은 지국장을 통하여 코디는 지국장 및 팀장을 통하여 회사로부터 업무에 관한 지시를 받고 업무실적 제고를 독려받은 점, 업무를 게을리 하거나 교육을 받지 않은 경우에는 업무계약을 해지하거나 보수에서 일부를 공제한 점 등을 보면 종속적인 노동관계에 있었다고 할 것이므로 퇴직금을 청구할 수 있는 근로자로 보아야 한다.[47]

➤ 신문판매요원

신문보급소의 해당 지역 내에서 판촉활동 업무를 수행하게 되는 신문판매요원이 1년 단위로 확장요원위탁계약을 갱신하면서 종속적인 관계에서 신문판매 확장업무를 수행하여 온 경우 근로기준법 소정의 근로자에 해당한다.[48]

➤ 지입차주(화물자동차 운수사업자)

화물자동차 1대를 운수회사에 지입한 후 차주 겸 운전사로서 자동차를 운전하면서 고정된 업무를 처리하는 것이 아니고 그때그때 주문에 따라 화물을 실어 나르는 업무에 종사하는 지입차주의 경우 회사로부터 급여를 받는 일이 없고 자신의 계산하에 운송수입금 전액을 자신의 수입으로 하되, 다만, 회사에 대하여는 지입료 및 제세공과금만을 납부하고 회사는 보험 등 행정적 업무를 대신 처리하여 주는 방식으로 자동차를 운행하여 왔다면 근로기준법 소정의 근로자에 해당한다고 할 수 없다.[49][50][51] 그러나 운송수입금 전액을 회사에서 관리하고 회사로부터 임금협정서에 의

---

47) 2004.11.5, 서울지법 2003가합 61868.
48) 1996.10.29, 대법 95다 53171.
49) 1989.10.24, 대법 89누 4888.
50) 화물 자동차를 구입하여 운수회사에 지입한 후 회사에는 지입료와 제세공과금만을 납부하고, 자동차의 운행에 관하여는 전적으로 자신의 책임 아래 운전기사를 고용하고 자신도 차주 겸 운전사로 그 자동차를 운전하면서 화물운송업에 종사한 지입차주는 그 지입

해 매월 고정적 임금을 지급받거나, 출퇴근의 구속을 받고 회사에서 정한 배차시간과 노선에 따라 운행하며, 업무수행·명령에 지휘감독을 거부할 때 복무위반에 대한 제재가 있다면 근로기준법에 의한 근로자로 볼 수 있다.[52][53][54]

◆ **화물자동차 운수사업자의 근로기준법상 지위에 대한 행정해석[55]**

- 개별화물자동차운송사업의 등록을 한 운송사업자
  → 차주개인이 사업주로 근로기준법상의 사용자가 됨
- 화물운수회사에 현물출자한 지입차주 겸 운전자
  → 화물자동차를 구입하여 운수회사에 지입한 후 본인명의로 사업자등록을 하고, 자신의 계산하에 수입금 전액을 자신의 수입으로 하되 회사에는 지입료와 제세공과금만을 납부하고, 자동차의 운행에 관하여는 전적으로 자신의 책임 아래 운전기사를 고용하고 자신도 차주 겸 운전자로 그 자동차를 운전하면서 화물운송사업에 종사하는 경

회사로부터 임금을 받을 것을 목적으로 근로를 제공하는 자라 할 수 없어 근로기준법이 정한 근로자에 해당하지 않는다. 1996.11.29, 대법 96누 11181.

51) 지입차주가 자기 명의로 사업자 등록을 하고 사업소득세를 납부하면서 기사를 고용하여 지입차량을 운행하고 지입회사의 배차담당 직원으로부터 물건을 적재할 회사와 하차할 회사만을 지정하는 최초 배차배정을 받기는 하나 그 이후 제품운송에 대하여 구체적인 지시를 받지는 아니할 뿐만 아니라 실제 운송횟수에 따라 운임을 지입회사로부터 지급받아 온 경우, 지입차주가 지입회사의 지시·감독을 받는다거나 임금을 목적으로 지입회사에 종속적인 관계에서 노무를 제공하는 근로자라고 할 수 없다는 이유로 지입회사와 지입차주 사이에 대내적으로 사용자와 피용자의 관계가 있다고 볼 수 없다. 2000.10.6, 대법 2000다 30240.

52) 2001.9.29, 근기 68207 – 3301.

53) 2002.3.15, 근기 68207 – 1062.

54) 취업규칙을 적용받지는 아니하였으나, 회사가 정해 준 업무만을 수행할 뿐 자신 소유의 차량을 이용한 다른 영업행위를 할 수 없었던 것으로 보이며, 회사에서 정한 운행시간 및 운행노선에 따라 차량을 운행하고 운행일지를 제출하는 등 구체적이고 개별적인 지시·감독을 받아 차량을 운행한 것으로 보이는 점 등의 사정을 종합하면 형식적으로는 화물운송계약을 체결한 독립한 개인사업자인 것처럼 보이지만 그 실질은 임금을 목적으로 종속적인 관계에서 근로를 제공하는 근로자라 할 것이다. 2007.11.29, 서울행법 2007구합 2241.

55) 2000.3.10, 근기 68201 – 695.

우에는 근로기준법상의 근로자로 볼 수 없으며, 아울러 지입차주가 직접 고용한 근로자에 대하여는 지입차주가 사업주로서 근로기준법상의 사용자임.

➤ 차량을 임차하여 운행 중인 택시 운전기사(도급 택시근로자)

월급제로 근무하던 택시운전기사가 사납금 형태로 월일정액을 지불하기로 계약하고 차량을 운행한 경우의 근로자 여부는 월일정액을 회사 측에 지불하기로 계약하고 매월 일정액을 사납금 형태로 지불하였으나 사실상 차량을 임차하여 운행한 임차료에 해당하며, 회사 측으로부터 출퇴근 등 근무시간, 차량배차, 근무장소 등 차량을 운행함에 있어 회사의 지휘 감독을 받지 아니하여 근로자로 볼 수 없다.[56][57]

◆ 택시 등의 지입차주 겸 운전자에 대한 법적용[58]

- 지입차주에 관하여 대법원은 운송사업장에서의 차주이면서 운전업무에 종사하는 자는 근로의 대상으로 금품을 받는 것을 목적으로 근로를 제공하는 자가 아니므로 근로기준법의 적용을 받는 근로자라 할 수 없다.[59]
- 지입차주 겸 운전자가 사실상의 자동차 소유자로서 자기의 계산으로 사업을 행한다 하더라도 이러한 사업경영방법은 회사와 차주의 합의에 의한 내부적인 관행에 불과하며, 대외적으로 회사가 사업의 경영주체인 근로기준법상의 사업주이므로 차주 겸 운전자는 근로기준법상 근로자라 할 것임.

➤ 레미콘 운송사업주

레미콘 운송사업주는 취업규칙이나 복무규정, 인사규정의 적용이 없고, 예정물량, 근무장소에 엄격한 구속을 받는 편이 아니다. 또한 제3자를 고용하여 업무를 대행

---

56) 2000.12.21, 근기 68207-3965.
57) 취업규칙이 적용되지 않으며, 업무수행과정에서 사용자로부터 구체적·개별적 지휘·감독을 받지 않은 점, 출퇴근 시간이나 근무장소 등에 구속을 받지 않은 점 등에 비추어 볼 때 근로자로서의 성격을 인정하기 어렵다. 2007.10.5, 중노위 2007부해 590.
58) 2000.3.10, 근기 68201-695.
59) 1989.10.24, 대법 89누 4888, 대법 72도 334

하는 것이 불가능하지 않고, 차량의 명의와 소유권이 있어 그 책임하에 차량관리를 할 뿐만 아니라 각자 사업자등록을 하여 사업소득세 및 부가가치세를 납부하는 등 근로기준법상의 근로자에 해당한다고 할 수 없다.[60][61][62]

➤ 하역노조 조합원

하역노조원이 출하자의 상품에 대해 하역업무를 수행하고 도매시장법인이 출하자로부터 하역비를 통합징수하여 노조에 지급하는 경우 도매시장법인과 개별 하역노조원 사이에는 종속적 관계에서 근로를 제공하고 그 대가로 임금을 지급받기로 하는 근로계약이 체결되었다고 볼 수 없어 근로자로 볼 수 없다.[63][64]

➤ 114안내 재택근무요원

근무장소를 자택으로 지정하는 근로계약을 체결하여 출퇴근 의무는 없으나 사용자에 의하여 근무시간이 지정되고 이에 구속되며, 업무수행에 필요한 시설과 장비를 제공받고 소정근로시간에 대한 기본급을 시간급 임금으로 지급하며, 근무를 소홀히 하는 경우 경고처분 등 징계조치 및 근로계약을 즉시 해지하며, 회사의 인사규정을 적용하고, 필요한 경우 근무형태의 변경이 가능한 경우 근로자에 해당한다.[65]

➤ 전공의 및 수련의

공개채용시험에 합격한 후 일정기간 수련의로 채용되어 병원 측의 지휘·감독하

---

60) 1997.2.14, 대법 96누 1795.
61) 2002.5.31, 서울행법 2002구 47197.
62) 2002.7.4, 서울행법 2002구합 1779.
63) 2001.11.23, 근기 68207-4002.
64) 다수의 하역회사와 항운노동조합 간에 근로자공급계약이 체결되고 이에 따라 항운노동조합에서 근로자공급계약이 체결되고 이에 따라 항운노동조합에서 불특정 다수의 조합원을 공급하여 노무를 제공하게 하는 경우라면 개별 하역회사와 개별조합원 간에 근로관계의 당사자로서 개별적인 근로계약이 성립했다고 볼 수 없다고 사료되며, 따라서 하역회사에서 항운노동조합에게 근로자공급의 대가로 지급되는 금품은 근로기준법에 의한 임금으로 볼 수 없다고 사료됨. 2001.8.16, 근기 68207-2643.
65) 2000.6.27, 근기 68207-1940.

에 근로계약에 정한 바에 따라 출퇴근 시간의 제약을 받고 매월 고정급 및 일정급
의 상여금을 근로의 대가로 받고 있는 경우 근로기준법상의 근로자에 해당된다.[66]
판례도 전공의가 비록 전문의시험 자격취득을 위한 필수적인 수련과정에서 수련병
원에서 근로를 제공하였다 하더라도 전공의의 지위는 피교육자적인 지위와 함께 병
원에서 정한 진료계획에 따라 근로를 제공하고 그 대가를 받는 근로자로서의 지위도
아울러 가지고 있다고 할 것이고, 또한 병원 측의 지휘감독 아래 노무를 제공함으로써
실질적인 사용·종속관계가 있다고 할 것이므로 근로기준법상의 근로자에 해당한다고
본다.[67][68][69]

> **간병인**

  근로기준법은 적용대상을 사업 또는 사업장으로 정하고 있으므로 간병인과 환자 측
의 관계는 이러한 사업 또는 사업장에 해당한다고 볼 수 없으며, 근로기준법의 적용이
배제되는 가사사용인에 가깝다.[70]

> **취로사업 참여자**

  저소득층 내지 생활보호대상자의 생활안정 및 근로를 통한 자립·자활 차원에서 국
민기초생활보장법에 의거 시행되는 취로사업의 경우 사회보장적 차원에서 행해진다 하
더라도 동 사업에 참여하는 대상자는 근로를 제공하면서 근로의 대가성이 인정될 수
있는 보수를 받는다고 볼 수 있으므로 근로기준법상 근로자에 해당된다고 본다.[71]

> **임원**

  임원은 상근이거나 비상근이거나 근로자로서 고용되는 것이 아니고 주주총회에서

---

66) 1981.5.8, 근기 1455-1424.
67) 1991.11.8, 대법 91다 27730.
68) 1989.7.11, 대법 다카 21296.
69) 2001.3.23, 대법 2000다 39513.
70) 2001.7.27, 근기 68207-2409.
71) 2001.9.24, 근기 68207-32378.

선임된 사업주체의 구성원으로 근로기준법에 의한 사용자로 보아야 한다. 그러나 회사의 임원이라고 하더라도 회사로부터 위임받은 사무를 처리하는 이외에 일정한 노무를 담당하고 그 대가로 일정한 보수를 지급받아 왔다면 근로기준법상의 근로자라고 할 수 있다.[72] 즉 지위가 형식적·명목적인 것이고 실제로는 매일 출근하여 업무집행권을 갖는 사용자의 지휘 감독 아래 일정한 근로를 제공하면서 그 대가로 일정한 보수를 받는 관계에 있다거나 또는 회사로부터 위임받은 사무를 처리하는 이외에 일정을 노무를 담당하고 그 대가로 일정한 보수를 지급받아 왔다면 근로기준법상의 근로자로 보아야 한다.[73][74][75] 대법원 판례에서도 명목상 감사의 직함을 겸하기는 하였지만 실질적으로는 기술영업부장으로서 기술 및 영업 분야의 업무에 종사한 경우 근로자로 보고 있다.[76]

➤ 외국인

외국인이 산업기술연수제도에 의하여 국내기업에 산업기술연수생으로 배정되어 그 기업과의 사이에 연수계약을 체결하였다고 하더라도 외국인 연수자가 해당 기업의 사업장에서 지시와 감독을 받으면서 근로를 제공하고 그 대가로 임금을 받아왔다면 그 외국인 연수자는 근로기준법 소정의 근로자에 해당한다.[77][78][79]

---

72) 2002.8.23, 대법 2001다 41568.

73) 1997.12.23, 대법 97다 44393.

74) 이사 등의 직책을 가진 자라도 법령, 정관 등의 규정에 의하여 업무집행권을 가진 자의 감독을 받아 사실상 노무에 종사하고 임금을 받는다면 근로기준법상의 근로자로 볼 수 있다. 1999.7.24, 근기 68207-1800.

75) 집행이사가 취업규정상 원고 회사의 직원에 포함되지 않을 뿐 아니라 보수 및 처우에 있어서도 임원과 유사하게 대우받고 있고, 본부장으로 재임할 당시에는 경영협의회에 참여하여 소관 업무에 관한 집행권을 행사하는 부분이 있다 하더라도 실질적으로 임원과 동등한 지위와 권한을 부여받은 것이 아닐 뿐만 아니라, 이러한 권한 및 직무는 대표이사의 지휘·감독을 받고 있다 할 것이므로, 그 실질에 있어 사업장에서 임금을 목적으로 종속적인 관계에서 사용자에게 근로를 제공하는 근로기준법 소종의 근로자에 해당한다. 2005.05.27, 대법 2005두 524.

76) 2002.8.23, 대법 2001다 41568.

77) 1995.12.22, 대법 95누 2050.

78) 1997.3.28, 대법 96도 694.

> ➤ 현장 실습생으로 일한 고등학생

  산업교육진흥법에 의거하여 교육과정의 일부로서 공고생이 향후 산업에 종사하는
데 필요한 지식·기술·태도 습득을 목적으로 표준협약서에 따라 현장실습이 이루
어지는 경우라면 임금을 목적으로 근로를 제공하는 것으로 보기는 어렵다.[80]

> ➤ 대리운전기사·퀵서비스 배달원

  대리운전기사는 운전업체와 '업무위탁서비스계약'이라는 도급계약을 체결하고 동
업자적인 입장에서 업무를 수행하며, 회사로부터 근무시간·장소 등에 대한 통제를
거의 받지 않으며, 중개수수료, 보험료, 이동 간 교통비, 휴대폰 사용비 등 부대비용
을 대리운전기사가 부담하고 있는 등 일반적으로 근로기준법 소정의 근로자에 해당
되지 않는다.

  또한 퀵서비스 배달요원도 위탁계약을 체결하고 고객으로 받은 배송료에서 알선
료, 부대비용을 제외한 금액을 소득으로 받고 있으며, 본인 소유의 오토바이를 가지
고 수주받은 배송물량을 배달하는 체계로 운영되는 경우에는 근로기준법상의 근로
자로 판단되지 않는다.

---

79) 2006.10.27, 대법 2006다 53627.
80) 2002.5.4, 근기 68207-1833.

표 8. 근로자성 여부 판단 예시

판단기준	LPG 가스배달원	퀵서비스 배달기사
업무내용 지정 여부	○	○
최업규칙 적용 여부	× (무단결근 또는 작업거부 시 별도의 징계는 없고 근로계약 해지사유가 됨)	× (지각, 결근 시 제재 없이 3회 무단 결근 시 계약 해지)
업무수행 지휘 감독	○	×
근무시간, 장소 구속	○ (출퇴근시간이 정해져 있고, 회사 측에서 지정한 장소에서 대기)	△ (근로시간이 형식적으로 정해져 있을 뿐 이에 엄격하게 구속되지 않고, 다만 회사 사무실에서 대기)
업무 대체성	○	-
보수의 대상성	○ (근로계약서상 근로자성 및 임금성을 인정)	×
기본급 유무	× (기본급 없이 실적에 따라 지급)	×
사용자에의 전속성	○	○ (사직서 제출)
다른 법령상의 근로자성	×	×
비품·원자재·작업도구 소유관계	△ (차량은 배달원 소유이고, 계약상은 소요경비를 배달원이 부담토록 하고 있으나, 근로계약 시 차량유지비를 포함하여 단가를 책정)	× (오토바이는 배달기사의 소유이며, 배달수행상의 소요 경비 및 사고에 대한 책임도 부담)
종합적 판단	○	×

II. 근로기준법상의 사용자의 개념

1. 사용자의 개념

근로기준법의 사용자란 사업주 또는 사업경영담당자 그 밖에 근로자에 관한 사항에 대하여 사업주를 위하여 행위하는 자를 말한다.[81] 근로기준법상의 사용자는 근로기준법에서 정한 근로조건의 최저기준을 준수하여야 하며, 이를 위반한 경우 근로기준법 위반의 벌칙이 적용된다.

2. 사용자의 유형

1) 사업주

'사업주'란 사업의 경영주체로 근로자를 사용하여 사업을 하는 자를 말한다. 법인인 경우 그 법인 자체, 개인기업의 경우에는 기업주 개인이다.

➤ 입주자 대표회의(아파트)

아파트 자치회가 근로자를 직접 사용한 경우에는 아파트 자치회가 사용자가 되며, 아파트 자치회로부터 아파트관리와 관련된 권한 일체를 위임받은 위탁업체가 근로자를 사용한 경우에는 그 위탁업자가 사용자가 된다.[82] 그러나 아파트 입주자 대표자회의가 관리사무소 직원들의 업무내용을 정하고 그 업무수행 과정에 있어 구

---

81) 근로기준법 제2조 (정의) ① 2. 사용자란 사업주 또는 사업경영담당자, 그 밖에 근로자에 관한 사항에 관하여 사업주를 위하여 행위하는 자를 말한다.
82) 1997.4.4, 근기 68207-438.

체적·개별적인 지휘·감독을 행하고 있다고 볼 수 없는 경우 입주자 대표회의가 그 관리사무소 직원들과 근로계약관계에 있는 사용자라고 볼 수 없다.[83][84][85]

◆ 아파트 관리사무소에 근무하는 근로자의 사용자[86]

아파트관리사무소에 근무하는 근로자의 사용자가 누구인지에 대하여는 아파트관리사무소를 입주자대표회의가 직접 운영하는지, 외부의 관리업체와 위탁계약을 체결하여 운영하는지에 따라 달리 판단될 수 있는 것임. 아파트관리사무소에 종사하는 근로자를 입주자대표회의가 직접 고용하여 임금을 지급하고 업무수행에 관하여 지휘·감독을 하는 등 직접 운영하는 경우라면 입주자대표회의의 대표를 사용자라 볼 수 있을 것이나, 외부의 관리업체가 입주자대표회의와 아파트 관리운영에 관한 위탁계약 등을 체결하고 관리사무소장 등 근로자를 고용하여 운영하는 경우라면 경비용역업체를 사용자로 보아야 할 것이다.

➢ 독립채산부서

독립채산부서가 자기의 책임 아래 사업자등록을 하고 각종 사회보험의 가입자가 되며 소속 근로자의 채용, 임금결정, 업무수행, 지도감독 및 징계 등 독자적인 인사·노무관리를 행하는 경우라면 독립채산부서의 대표자가 동 부서의 근로자에 대하여 근로기준법상 사용자의 책임을 지게 될 것이다.[87][88] 그러나 지부별로 사업자등록이

---

83) 1999.7.12, 대법 99마 628.
84) 1999.8.24, 서울행법 99구 8915.
85) 2001.1.5, 대법 2000두 2686.
86) 2004.2.16, 근기-767.
87) 2001.7.26, 근기 68207-2398.
88) 지부를 독립채산제로 운영하면서 사업자등록을 자신의 명의로 하고 부가가치세를 납부하는 등 피신청인 책임하에 대행사업 등에 관한 권한을 행사한 사실이 인정되는바, 피신청인은 지부 운영 등에 독자적인 권한을 가지고 있었으며 달리 신청인으로부터 구체적인 업무지시를 받았다거나 업무명령에 복종하여 일을 하였다는 확정이 없는 점 등 여러 가지 사정을 종합하면, 피신청인은 신청인과 사용종속관계가 성립된다고 할 수 없으므로 근로기준법상의 근로자로 보기 어렵다. 2004.8.23, 중노위 2004부해 207.

되어 있고 독립채산제로 지부를 운영한다 하더라도 지부장이 지부의 수익금을 임의로 사용할 수 있는 것이 아니라 규정이나 이사회의 결의에 따라 운영하여야 하고, 지부장을 포함한 직원들이 규정에 정해진 임금만을 지급받을 뿐이며, 직원채용과 징계에 대한 권한이 없는 경우에는 근로자로 본다.[89]

2) 사업경영담당자

'사업경영담당자'란 사업경영 일반에 관하여 책임을 지는 자로서 사업주로부터 사업경영의 전부 또는 일부에 대하여 포괄적으로 위임을 받고 대외적으로 기업을 대표하거나 대리하는 자를 말하며,[90] 대표이사, 법정관리인 등이 이에 해당된다.

3) 근로자에 관한 사항에 관하여 사업주를 위하여 행위하는 자

'근로자에 관한 사항에 관하여 사업주를 위하여 행위하는 자'란 인사, 급여, 노무관리 등 근로조건의 결정 또는 근로의 실시에 관하여 사업주 측으로부터 직접, 간접으로 일정한 권한과 책임을 부여받아 지휘·명령·감독을 하는 자를 말한다.[91]

구체적으로는 이사나 감사 등 임원, 공장지배인, 회계책임자, 비서, 노동관계에 관한 사무담당자, 인사권의 전부 또는 일부를 행사할 수 있는 인사업무 담당자가 해당된다.

---

89) 2004. 11.19, 서울고법 2003누 16213.
90) 대판 1988.11.22, 88도 1162.
91) 2006.5.11, 대법 2005도 8364.

3장 근로기준법의 원칙

근로기준법은 헌법상[92])의 근로자의 생존권을 보장하기 위하여 근로조건의 기준을 정한 법[93])으로, 근로자의 생존권 보장의 실현을 위하여 다음과 같은 여러 가지 원칙을 정하고 있다.

I. 근로조건의 개념

근로[94])조건이란 임금, 근로시간, 휴일, 휴가, 해고, 재해보상 등을 모두 포함하는

---

92) 헌법 제32조 ① 모든 국민은 근로의 권리를 가진다.
　　② 모든 국민은 근로의 의무를 진다.
　　③ 근로조건의 기준은 인간의 존엄성을 보장하도록 법률로 정한다.
　　④ 여자의 근로는 특별한 보호를 받으며, 고용, 임금 및 근로조건에 있어서 부당한 차별을 받지 아니한다.
　　⑤ 연소자의 근로는 특별한 보호를 받는다.
93) 근로기준법 제1조 (목적) 이 법은 헌법에 따라 근로조건의 기준을 정함으로써 근로자의 기본적 생활을 보장, 향상시키며, 균형 있는 국민경제의 발전을 꾀하는 것을 목적으로 한다.

것으로 근로자의 직장에 있어서의 일체의 대우를 말하는데, 근로기준법에서 정하는 근로조건은 최저기준으로 이 기준을 이유로 근로조건을 낮출 수 없다.[95]

II. 근로조건의 결정

근로조건은 근로자와 사용자가 동등한 지위에서 자유의사에 따라 결정되어야 한다.[96] 따라서 기존 근로조건의 내용을 사용자가 근로자에게 임의로 불이익하게 변경하지 못한다.[97]

III. 균등한 처우

사용자는 근로자에 대하여 남녀의 성을 이유로 차별적 대우를 하지 못하며, 국적, 신앙, 또는 사회적 신분을 이유로 임금, 근로시간, 승진, 복리후생 등 근로조건에 대한 차별적 대우를 하지 못한다.[98] [99][100] 특히 여성에 대하여는 남녀고용평등법에서 모집

---

94) 근로기준법 제2조 (정의) ① 2. "근로"란 정신노동과 육체노동을 말한다.
95) 근로기준법 제3조 (근로조건의 기준) 이 법에서 정하는 근로조건은 최저기준이므로 근로관계 당사자는 이 기준을 이유로 근로조건을 낮출 수 없다.
96) 근로기준법 제4조 (근로조건의 결정) 근로조건은 근로자와 사용자가 동등한 지위에서 자유의사에 따라 결정하여야 한다.
97) 월급근로자를 일용근로자로 근로자와 합의 없이 사용주 일방이 변경할 수 없다. 1978.5.2, 법무 811-9042.
98) 근로기준법 제6조 (균등한 처우) 사용자는 근로자에 대하여 남녀의 성을 이유로 차별적

과 채용, 임금, 교육, 배치, 승진, 정년퇴직 및 해고 등에서 남녀차별을 금지하고 있다.

그러나 근무성적, 근로의 성질, 내용 및 근로형태 등에 따른 합리적인 기준에 의한 차별은 균등처우에 위반되지 않는다.[101] 따라서 근로자의 기능·능률 등을 고려하여 근로계약을 체결하였다면 비록 동일직종에 종사하는 근로자 간 임금 등 근로조건에 차이가 있다 하더라도 이를 균등처우의 위반이라 볼 수 없을 것이다.[102]

'06년 12월 제정된 기간제및단시간근로자보호등에관한법률 제8조에서는 근로기준법 제6조와는 별도로 기간제근로자 또는 단시간근로자임을 이유로 동종 또는 유사한 업무에 종사하는 정규직 근로자에 비하여 차별적 처우를 하지 못하게 규정하였으며, 차별적 처우를 받은 경우 기간제근로자 또는 단시간근로자는 노동위원회에 그 시정을 신청할 수 있게 하였다.

사용자가 근로기준법 제6조를 위반한 경우에는 500만 원 이하의 벌금이 부과된다.

Ⅳ. 강제 근로의 금지

사용자는 폭행, 협박, 감금 그 밖에 정신상 또는 신체상의 자유를 부당하게 구속하는 수단으로써 근로자의 자유의사에 어긋나는 근로를 강요하지 못한다.[103]

대우를 하지 못하고, 국적·신앙 또는 사회적 신분을 이유로 근로조건에 대한 차별적 처우를 하지 못한다.

99) 명예퇴직을 실시하는 경우 경제적 충격이 상대적으로 덜한 부부직원의 일방을 대상으로 정하는 것은 아내인 사원이 퇴직하는 사례가 많을 수밖에 없다는 사정만으로 근로기준법이 정하는 남녀차별에 반하여 여성을 차별한 것이라고 볼 수 없다. 2002.5.17, 서울고법 2001나 1661.

100) 2002.11.8, 대법 2002다 35379.

101) 직위별로 정년을 달리하는 제도는 성별, 국적, 신앙, 사회적 신분을 이유로 한 차별적 대우가 아니므로 근로기준법의 균등처우에 반하는 것은 아니다. 1994.6.29, 근기 68207 - 1043.

102) 1994.2.1, 근기 68207 - 237.

즉 퇴직하려는 근로자에게 사표수리를 거부하면서 계속 근로하게 하는 경우에는 근로자의 자유의사에 반하는 강제 근로에 해당되므로, 사용자는 근로자에게 근로를 강요할 수 없다.

V. 중간착취의 배제

누구든지 법률에 따르지 아니하고는 영리로 다른 사람의 취업에 개입하거나 중간인으로서 이익을 취득하지 못한다.[104] 따라서 직업안정법과 파견근로자보호법에 의해 법률에 허용되는 경우를 제외하고는 다른 사람의 취업에 개입하여 소개비, 수수료 등의 형태로 임금의 일부를 갈취할 수 없다.

최근 고용형태가 다양화됨으로써 용역업체를 활용하거나 파견근로자를 사용하는 기업이 늘어나고 있는데, 파견사업에 대하여는 그동안 직업안정법상의 근로자공급금지 위반으로 처벌을 받아 왔으나 근로자파견법을 제정하여 한정된 직종에 대하여 근로자파견의 근거를 마련하였다.

그러나 도급의 형태로 사실상 근로자를 파견하여 시설관리용역, 사무처리 서비스용역 등의 업무가 이루어지는 경우 직업안정법 제33조에서 금지하고 있는 근로자공급사업에 해당되어 동법에 위배될 뿐만 아니라 근로기준법 제9조에도 위반된다. 근로기준법 제9조를 위반하여 중간착취를 한 자는 5년 이하의 징역 또는 3,000만 원 이하의 벌금에 처해진다.

---

103) 근로기준법 제7조 (강제 근로의 금지) 사용자는 폭행, 협박, 감금, 그 밖에 정신상 또는 신체상의 자유를 부당하게 구속하는 수단으로써 근로자의 자유의사에 어긋나는 근로를 강요하지 못한다.
104) 근로기준법 제9조 (중간착취의 배제) 누구든지 법률에 따르지 아니하고는 영리로 다른 사람의 취업에 개입하거나 중간인으로서 이익을 취득하지 못한다.

4장 : 근로기준법의 적용범위

　　근로기준법도 다른 법과 마찬가지로 장소 및 사람에 대하여 적용의 범위를 정하고
있다. 근로기준법도 국내법이므로 국내에서 성립한 근로관계에 대하여 적용[105][106]이
되므로 외국회사의 국내지점에도 국내 근로기준법과 노동관계법이 적용이 되며,[107]
국내 법인에 의해 채용되어 외국으로 파견되어 근무하는 경우에도 적용이 된다.[108]

Ⅰ. 적용범위

　　근로기준법은 상시 5명 이상의 근로자를 사용하는 모든 사업 또는 사업장에 적용

---

[105] 각국의 법령은 속지주의의 법리가 일반적으로 승인되고 있으므로 국내의 외국인 사업
도 법령 또는 조약상 속인주의를 인정하는 특별한 규정이 없는 한 속지주의의 원칙에
따라 국내의 근기법령이 적용된다. 2000.7.6, 근기 68207-2041.

[106] 국내에서 효력을 갖지 못하는 외국법원의 판결을 이유로 국내 소재 공장의 생산을 중
단하고 근로자를 일괄 해고하는 것은 정당한 해고로 볼 수 없다. 1994.2.17, 근기 68207
-313.

[107] 2006.7.6, 서울고법 2005누 16668.

[108] 2006.2.6, 근로기준팀-628.

되므로 그 사업의 업종, 영리추구 여부 등에 관계없이 5명 이상을 사용하는 사업인
경우 근로기준법이 적용된다.

$$상시고용근로자수 = \frac{일정사업기간내의고용근로자연인원수}{일정사업기간내의사업장가동일수}$$

여기에서 상시라고 하는 것은 상태적이라고 하는 뜻으로 근로자 수가 때때로 5명
미만이 되는 경우가 있어도 상태적으로 보아 5명 이상이 되는 경우에는 근로기준법
이 적용된다.[109]

Ⅱ. 근로기준법의 일부를 적용하는 사업장
(4인 이하 영세사업장의 근로자)

1. 적용되는 규정

영세사업장인 상시 4인 이하의 근로자를 사용하는 사업 또는 사업장에는 근로기준
법의 일부 규정이 적용되는데, 근로기준법의 기본원칙, 근로계약, 임금에 관한 규정,
휴게 및 주휴, 해고관련 규정(해고시기의 제한, 해고의 예고)과 재해보상 가운데 휴
업보상, 장해보상, 유족보상 등의 규정이 적용된다.

---

109) 1993.2.1, 근기 01254-150.

표 9. 상시 4인 이하의 근로자를 사용하는 사업장에 적용되는 근로기준법[110]

구 분	적용 규정
제1장 총칙	제1조부터 제13조까지의 규정
제2장 근로계약	제15조, 제17조, 제18조, 제19조 제1항, 제20조부터 제22조까지의 규정, 제 23조 제2항, 제26조, 제35조부터 제42조까지의 규정
제3장 임금	제43조부터 제45조까지의 규정, 제47조부터 제49조까지의 규정
제4장 근로시간과 휴식	제54조, 제55조, 제63조
제5장 여성과 소년	제64조, 제65조 제1항 · 제3항(임산부와 18세 미만인 자로 한정한다), 제66조부터 제69조까지의 규정, 제70조 제2항 · 제3항, 제71조, 제72조, 제74조
제6장 안전과 보건	제76조
제8장 재해보상	제78조부터 제92조까지의 규정

1) 근로계약

▶ 근로기준법의 근로조건에 미치지 못하는 근로조건은 무효이다.

▶ 사용자는 근로계약을 체결할 때에 근로자에게 근로조건을 명시하여야 한다.

▶ 명시된 근로조건이 사실과 다를 경우 손해배상을 청구하거나 즉시 계약을 해지할 수 있다.

▶ 해고를 하고자 할 때에는 30일 전에 예고를 하여야 하며, 그렇지 않을 경우 30일분 이상의 통상임금을 지급하여야 한다.

2) 임금

▶ 임금은 통화로 직접 근로자에게 그 전액을 지급하여야 한다.

---

110) 근로기준법 시행령 제7조 (적용범위) 관련 별표 1.

3) 근로시간과 휴식

▶ 사용자는 근로시간이 4시간인 경우에는 30분, 8시간인 경우에는 1시간 이상의 휴게시간을 근로시간 도중에 주어야 한다.
▶ 사용자는 근로자에 대하여 1주일에 평균 1회 이상의 유급휴일을 주어야 한다.

4) 여성과 소년

▶ 사용자는 18세 미만인 자를 도덕상 또는 유해 위험한 사업에 사용하지 못한다.
▶ 사용자는 임신 중의 여성에 대하여 산전과 산후를 통하여 90일의 보호휴가를 주어야 한다.

5) 재해보상

▶ 근로자가 업무상 부상 또는 질병에 걸리면 요양보상, 휴업보상, 장해보상, 유족보상 등을 받을 수 있다.

2. 적용이 되지 않는 규정

근로기준법 시행령 제7조 별표 1에서 규정하고 있지 않은 사항에 대해서는 근로기준법이 적용되지 않는다. 주요 내용을 살펴보면 다음과 같다.

1) 해고 등의 제한

▶ 근로기준법 제23조 1항[111)]이 적용되지 않으므로 사용자는 근로기준법상의 해고의 요건을 충족시키지 않아도 된다.

▶ 근로기준법 제28조[112]가 적용되지 않아, 사용자가 정당한 이유 없이 해고·휴직·정직·전직·감봉 등 기타 징벌을 한 때에도 노동위원회에 구제신청을 할 수 없다.[113]

2) 연장근로의 제한 및 연장·야간·휴일근로수당

▶ 근로기준법 제53조[114]가 적용되지 않으므로 연장근로의 제한을 받지 않는다.
▶ 근로기준법 제56조[115]가 적용되지 않으므로 연장·야간·휴일근로에 대하여 가산수당을 지급하지 않아도 된다.

3) 휴가

▶ 연차유급휴가[116] 및 생리휴가[117]에 대한 규정이 적용되지 않는다.

4) 퇴직금

▶ 근로기준법 제34조가 적용되지 않았으므로 4인 이하 사업장에서 사용자는 근로자에게 퇴직금을 지급할 의무가 없었으나,[118] 2005년 퇴직급여보장법의 제정으로 퇴직금제도가 근로자 5인 미만 사업장에 대해서도 확대 적용되었다. 단, 5인 미만

---

111) 근로기준법 제23조 (해고 등의 제한) ① 사용자는 근로자에게 정당한 이유 없이 해고, 휴직, 정직, 전직, 감봉 그 밖의 징벌을 하지 못한다.
112) 근로기준법 제28조 (부당해고 등의 구제신청) ① 사용자가 근로자에게 부당해고를 하면 근로자는 노동위원회에 구제신청을 할 수 있다.
113) 노동위원회를 통한 구제신청이 되지 않는 것이며, 법원에 소송을 제기할 수는 있다.
114) 근로기준법 제53조 (연장근로의 제한) ① 당사자 간에 합의하면 1주간에 12시간을 한도로 근로시간을 연장할 수 있다.
115) 근로기준법 제56조 (연장·야간·휴일근로) ① 사용자는 연장근로와 야간근로 또는 휴일근로에 대하여는 통상임금의 100분의 50 이상을 가산하여 지급하여야 한다.
116) 근로기준법 제60조 (연차유급휴가).
117) 근로기준법 제73조 (생리휴가).
118) 1991.6.17, 임금 32240-8652.

사업장의 경우에는 사업주의 부담능력과 준비기간을 고려하여 2008년 이후 2010
년을 넘지 않는 기간 내에서 대통령령이 정하는 날부터 적용하도록 경과규정을
두었다.

3. 근로자 보호를 위한 기타 법률 규정

상시 4인 이하 사업장에서 일부 적용되는 근로기준법 이외에 근로자 보호를 위한
노동관계법의 규정을 살펴보면 다음과 같다.

1) 민법

노동관계법은 민법의 특별법이라고 볼 수 있다. 따라서 근로기준법이 우선적으로
적용되지만 근로기준법이 적용되지 않거나 규정이 없는 사항에 대하여는 노무제공을
목적으로 하는 계약인 민법상의 고용에 관한 규정이 적용된다.

(1) 고용의 의의

고용이란 당사자 일방이 상대방에 대하여 노무를 제공할 것을 약정하고 이에 대
하여 보수를 지급할 것을 약정함으로써 성립하는 계약을 말한다.

> ▶ 민법 제655조(고용의 의의) 고용은 당사자 일방이 상대방에 대하여 노무를 제공할
> 것을 약정하고 상대방이 이에 대하여 보수를 지급할 것을 약정함으로써 그 효력이
> 생긴다.

(2) 사용자의 의무

사용자의 주된 의무는 노무를 제공한 대가로 약정한 시기에 보수를 지급하는 것
이다.

▶ 민법 제656조 (보수액과 그 지급시기) ① 보수 또는 보수액의 약정이 없는 때에는 관습에 의하여 지급하여야 한다.
② 보수는 약정한 시기에 지급하여야 하며 시기의 약정이 없으면 관습에 의하고 관습이 없으면 약정한 노무를 종료한 후 지체 없이 지급하여야 한다.

(3) 노무자의 의무

노무자는 계약의 내용에 따라 노무를 제공하여야 한다.

(4) 고용의 종료

당사자가 고용기간을 정한 경우에는 그 기간의 만료로 고용은 종료된다.

▶ 민법 제662조 (묵시의 갱신) ① 고용기간이 만료한 후 노무자가 계속하여 그 노무를 제공하는 경우에 사용자가 상당한 기간 내에 이의를 제기하지 아니한 때에는 전고용과 동일한 조건으로 다시 고용한 것으로 본다. 그러나 당사자는 제660조의 규정에 의하여 해지의 통고를 할 수 있다.
▶ 민법 제659조 (기간의 약정이 있는 고용의 해지통고) ① 고용의 약정기간이 3년을 넘거나 또는 당사자의 일방 또는 제3자의 종신까지로 된 때에는, 각 당사자는 3년을 경과한 후 언제든지 계약해지의 통고를 할 수 있다.
② 이때에는 상대방이 계약해지의 통고를 받은 날로부터 3월이 경과하면 해지의 효력이 생긴다.
▶ 민법 제660조 (기간의 약정이 없는 고용의 해지통고) ① 고용기간의 약정이 없는 때에는 당사자는 언제든지 계약해지의 통고를 할 수 있다.
▶ 민법 제568조 (노무의 내용과 해지권) ① 사용자가 노무자에 대하여 약정하지 아니한 노무의 제공을 요구한 때에는 노무자는 계약을 해지할 수 있다.
② 전항의 경우에는 상대방이 해지의 통고를 받은 날로부터 1월이 경과하면 해지의 효력이 생긴다.
③ 기간으로 보수를 정한 때에는 상대방이 해지의 통고를 받은 당기 후의 일기(一期)를 경과함으로써 해지의 효력이 생긴다.
▶ 민법 제661조 (부득이한 사유와 해지권) ① 고용기간의 약정이 있는 경우에도 부

득이한 사유가 있는 때에는 각 당사자는 계약을 해지할 수 있다. 그러나 그 사유가 당사자 일방의 과실로 인하여 생긴 때에는 상대방에 대하여 손해를 배상하여야 한다.

▶ 민법 제663조 (사용자 파산과 해지통고) ① 사용자가 파산선고를 받은 경우에는 고용기간의 약정이 있는 때에도 노무자 또는 파산관재인은 계약을 해지할 수 있다.
② 전항의 경우에는 각 당사자는 계약해지로 인한 손해의 배상을 청구할 수 있다.

2) 고용보험법

고용보험은 '98.10.1.부터 상시근로자 4인 이하의 농업·임업·수렵업 등 일부 업종을 제외하고는 근로자를 상시 1인 이상 고용하는 전 사업장으로 확대되었다.

상시 근로자에는 임시·시간제·일용근로자도 포함되며 사실상 고용된 모든 근로자를 말한다. 따라서 1인 이상 사업장의 경우에도 고용보험법상의 실업급여, 구직급여, 취업촉진수당을 받을 수 있다.

3) 산재보험

산재보험도 '98.10.1.부터 상시근로자 4인 이하의 농업·임업·수렵업 등 일부 업종을 제외하고는 근로자를 상시 1인 이상 고용하는 전 사업장으로 확대되었다.

고용보험과 마찬가지로 상시 근로자에는 임시·시간제·일용근로자도 포함되며 따라서 산재보험법상의 요양급여, 휴업급여, 장해보상 등을 받을 수 있다.

III. 적용제외

근로기준법은 상시 5인 이상의 근로자를 사용하는 모든 사업장에 적용되지만, 동거하는 친족만을 사용하는 사업 또는 사업장과 가정부, 파출부 등과 같은 가사사용인에 대하여는 적용이 되지 않으며, 국가공무원법, 선원법 등의 특별법이 적용되는 국가공무원, 지방공무원, 선원 등도 근로기준법의 적용에서 제외된다.

또한 근로기준법은 국내법이므로 국내회사가 현지에 특별법인을 설치하였을 경우 해외현지법인은 근로기준법이 적용되지 않는다.[119]

---

119) 1999.12.31, 근기 68207 - 1002.

5장 : 근로계약의 체결

I. 근로계약

1. 근로계약의 의의

근로계약이란 근로자와 사용자 사이의 근로관계에 대한 합의를 말하는데, 즉 근로자가 회사의 지시에 따라 일을 하고 이에 대한 대가로 회사가 임금을 지급하기로 한 계약을 말하는데, 근로기준법 제2조에서 근로계약의 정의를 근로자가 사용자에게 근로를 제공하고 사용자는 임금을 지급하는 것을 목적으로 체결된 계약을 말한다고 규정하고 있다. 근로계약은 반드시 일정한 형식을 요하지는 않고 당사자의 합의에 의해서 서면으로 하거나 구두로 하거나 그 성립에는 영향이 없다.

근로기준법에서 근로계약서에 명시되어야 할 근로조건의 내용을 살펴보면 다음과 같다. 다만 기숙사에 관한 사항과 같이 해당사항이 없다면 명시하지 않아도 법에 위반된다고 볼 수는 없을 것이다.

2. 근로계약서에 명시되어야 할 사항[120]

▶ 취업의 장소와 종사해야 할 업무에 관한 사항
▶ 시업·종업의 시각, 휴식시간, 휴일·휴가와 취업규칙에 관한 사항
▶ 임금의 결정, 계산방법, 임금의 산정기간·지급시기 및 승급에 관한 사항[121]
▶ 가족수당의 계산·지급방법에 관한 사항
▶ 퇴직에 관한 사항
▶ 퇴직금, 상여 및 최저임금에 관한 사항
▶ 근로자의 식비, 작업용품 등 부담에 관한 사항
▶ 근로자를 위한 교육시설에 관한 사항
▶ 안전과 보건에 관한 사항
▶ 업무상과 업무외의 재해부조에 관한 사항
▶ 표창과 제재에 관한 사항
▶ 기타 당해 사업 또는 사업장의 근로자 전체에 적용될 사항
▶ 근로자를 기숙하게 하는 경우 기숙사에 관한 사항

3. 명시방법

사용자가 구두상으로 약속한 근로조건은 이후에 분쟁의 소지가 있으므로 임금,

---

120) 근로기준법 시행령 제8조 (명시하여야 할 근로조건)
121) 사용자는 근로계약을 체결함에 있어서 근로자에 대하여 기본임금을 결정하고 이를 기초로 시간외·휴일·야간근로 등 제수당을 가산하여 이를 합산·지급함이 원칙이라 할 것이나, 근로시간, 근로형태와 업무의 성질 등을 참작하거나 계산의 편의와 직원의 근무의 욕을 고취하는 뜻에서 기본임금을 미리 산정하지 아니한 채 시간외근로 등에 대한 제수당을 합한 금액을 월급여액이나 일당임금으로 정하거나 매월 일정금액을 제수당으로 지급하는 이른바 '포괄임금제'에 의한 임금지급계약을 체결한 경우에 그것이 근로자에게 불이익이 없고 제반 사정에 비추어 정당하다고 인정될 때에는 이를 무효라고 할 수 없다. 1995.7.28, 대법 94다 54542.

소정근로시간, 휴일, 연차유급휴가 등의 근로조건을 근로자가 충분히 알 수 있도록 명시하여야 한다. 이 경우 임금의 구성항목·계산방법·지급방법, 소정근로시간, 휴일 및 연차유급휴가에 관한 사항에 대하여는 서면으로 명시하고 근로자의 요구가 있으면 이를 그 근로자에게 교부하여야 한다.[122)]

서식 1. 근로계약서 양식(예시)

근로계약서

(주) ○○○(이하 "갑"이라 한다)와 ○○○(이하 "을"이라 한다)는 다음과 같이 근로 계약을 체결한다.

제1조(성실의무)
"갑"은 "을"을 파견직 사원으로 고용하고 "을"은 이를 수락하여 "갑"의 제규정 및 지시에 따라 성실히 "갑"의 업무에 종사한다.

제2조(근로내용)
"을"이 종사하여야 할 업무의 내용 및 장소는 다음과 같다.
① 비서, 타자원 및 관련 사무원 업무 및 그와 관련된 업무
② 장소: 서울시 서초구 방배동 ○○○

제3조(근무시간)
"을"의 근무시간은 평일 식사시간 제외 8시간이며, 휴게시간은 1시간으로 한다.
단, 업무형편에 따라 이를 변경하여 운영할 수 있으며 업무의 지연 등으로 연장 또는 시간외근무와 휴일근무가 필요할 경우에는 근로자의 동의를 얻어 근무를 시킬 수 있으며 별도의 수당을 지급한다.

---

122) 근로기준법 제17조 (근로조건의 명시).

제4조(휴가)

1. 휴일은 정부가 지정한 국경일 및 공휴일과 "갑"이 지정하는 날로 한다.
2. 정기휴가, 생리휴가, 연차휴가는 근로기준법 및 "갑"의 제 규정에 따라 실시하며 경조휴가는 별도의 기준에 따라 운영한다.

제5조(근로조건)

"갑"은 "을"이 제공한 근로의 대가로 매월 1일부터 말일까지를 산정기간으로 하여 매월 말일 월 ○○○○○○원의 급여를 지급하되, 지급일이 휴일인 경우 전일에 지급한다.

퇴직금은 계속근로 1년에 대하여 30일분의 평균임금을 지급한다. 1년 초과 시 퇴직월은 일할 계산한다.

제6조(계약기간)

본 계약은 2○○○년 ○○월 ○○일부터 2○○○년 ○○월 ○○일까지로 하며 "갑"과 "을"의 협의하에 연장할 수 있다.

제7조(계약의 성립)

본 계약의 성립을 증명하기 위하여 "갑"과 "을"은 계약서 2통을 작성하여 각각 보관한다.

제8조(기타)

이 계약에 정함이 없는 사항은 근로기준법에 의한다.

20○○ 년   월   일

"갑" 서울시 서초구 방배동 ○○○

    (주) ○○○

    대표이사: ○○○

"을" 주소: 서울시 서초구 서초동 ○○○

    주민번호:

    성명: ○○○   (인)

위의 사례와 같이 근로계약서를 작성할 수 있는데, 근로조건 및 계약의 내용은 근로기준법의 최저기준을 충족시켜야 하고, 근로계약서에 명시되지 않은 사항에 대해서는 근로기준법의 최저기준을 따르게 된다.

4. 미성년자의 근로계약

미성년자는 스스로가 친권자나 후견인의 동의를 얻어 근로계약을 체결하여야 하며 친권자 등의 대리행위는 인정되지 않는다. 미성년자의 근로계약 해제권자는 미성년자 자신이 되나 근로기준법은 미성년자의 판단능력을 감안하여 근로계약이 미성년자에게 불리하다고 인정하는 경우에는 친권자, 후견인, 노동부장관에게 그 해지권을 인정하고 있다.

5. 근로기준법과 근로계약

근로기준법에서 정하는 기준에 미치지 못하는 근로조건을 정한 근로계약은 그 부분에 한하여 무효로 하며, 무효로 된 부분은 근로기준법에서 정한 기준에 따른다.[123] 예컨대 여성근로자에 대하여 혼인, 임신, 출산을 퇴직사유로 예정하는 근로계약을 체결할 수 없으며, 체결하였다고 하더라도 무효이다.

또한 명시된 근로조건이 사실과 다른 경우에는 근로자는 명시된 근로조건의 이행을 요구할 수 있고, 법원에 손해배상을 청구할 수 있다. 그러나 법원에 제소하는 것은 비용과 시간이 많이 소요되므로 노동위원회[124]에 손해배상을 청구할 수 있는 구제절차의 방법을 사용할 수 있다.

---

123) 근로기준법 제 15조 (이 법을 위반한 근로계약).
124) 노동위원회란 근로자와 사용자 및 공익을 대표하는 3자로 구성되어 노동관계의 중요한 사항을 판정하거나 조정하는 행정위원회를 말한다.

Ⅱ. 계약기간

근로계약기간을 정한 경우에는 근로계약 당사자 사이의 근로관계는 특별한 사정이 없는 한 그 기간의 종료로 사용자의 해고 등의 조치가 없어도 기간의 만료에 의하여 근로계약은 종료되는 것이 원칙이다.125)

그러나 장기간에 걸쳐 계약이 갱신되어 계약기간이 단지 형식에 불과한 경우에는 "사실상 기한의 정함이 없는 근로계약과 동일시된다."126)는 기본 원칙에 따라 개별적으로 판단하였으나, '06년 12월 제정된 "기간제근로자및단시간근로자보호등에관한법률"에서는 2년을 초과하여 기간제근로자로 사용한 경우에는 정규직 근로자로 간주하게 하였다. 따라서 이 경우 계약기간 만료에 따른 재계약 거부는 사실상 해고에 해당되어 근로기준법 제23조에 의한 정당한 이유가 있어야 한다.

예를 들면 1년의 계약기간으로 근로계약을 체결하여 2회 이상 계약을 갱신하여 근무하고 있는 경우에는 기한의 정함이 없는 근로계약으로 재계약 거부는 해고에 해당되며, 정규직 근로자와 동일하게 근로기준법 제23조의 해고의 요건을 충족시켜야 재계약 거부가 가능하게 되었다.

---

125) 근로계약이 2회 갱신되었고 그동안 계약기간이 만료된 다른 특정 직원들은 대부분 계약갱신이 이루어졌다는 사정만으로 근로계약에서 계약기간을 정한 것이 단지 형식에 불과하여 실질적으로 기간의 정함이 없는 근로자의 지위에 있었다고 볼 수 없다. 2003.9.4, 서울행법 구합 12417.

126) 단기의 근로계약이 장기간에 걸쳐서 반복하여 갱신됨으로써 그 정한 기간이 단지 형식에 불과하게 된 경우에는 비록 기간을 정하여 채용된 근로자일지라도 사실상 기간의 정함이 없는 근로자와 다를 바가 없게 된다. 1998.1.23, 대법 97다 42489.

Ⅲ. 근로조건의 위반

사용자는 근로계약을 체결할 때에 근로자에 대하여 임금, 근로시간, 기타의 근로조건을 명시[127]하여야 한다. 명시된 근로조건이 사실과 다를 경우에 근로자는 근로조건의 위반을 이유로 손해배상을 청구할 수 있으며, 즉시 근로계약을 해제할 수 있다.[128]

Ⅳ. 위약 예정의 금지

위약 예정의 금지란 사용자가 장차 근로계약 불이행에 대한 위약금 또는 손해배상액을 예정하는 계약을 체결하지 못하는 것을 말한다.[129] 즉 근로자가 근무 도중에 사용자에게 피해를 입힐 것을 대비하여 사고발생 시의 실제 손해액과 관계없이 일정액을 미리 정하여 근로자에게 배상케 하는 근로계약을 체결할 수 없다.

근로자가 사전에 정하여진 근무기간을 채우지 못하고 그 기간 내에 퇴직을 하는 경우라도 사용자는 일정액의 위약금이나 손해배상액의 지급을 요구할 수 없으며,

---

127) 근로기준법 제17조 (근로조건의 명시) 사용자는 근로계약을 체결할 때에 근로자에게 임금, 소정근로시간, 휴일, 연차 유급휴가, 그 밖에 대통령령으로 정하는 근로조건을 명시하여야 한다. 이 경우 임금의 구성항목·계산방법·지급방법, 소정근로시간, 휴일 및 연차 유급휴가에 관한 사항은 서면으로 명시하고 근로자의 요구가 있으면 그 근로자에게 교부하여야 한다.
128) 근로기준법 제19조 (근로조건의 위반) 제17조에 따라 명시된 근로조건이 사실과 다를 경우에 근로자는 근로조건 위반을 이유로 손해의 배상을 청구할 수 있으며 즉시 근로계약을 해제할 수 있다.
129) 근로기준법 제20조 (위약 예정의 금지) 사용자는 근로계약 불이행에 대한 위약금 또는 손해배상액을 예정하는 계약을 체결하지 못한다.

결근을 한 경우에도 결근에 따른 임금만을 공제하여야 되며 결근으로 인한 손해 발생을 이유로 손해배상을 청구하거나, 그동안 일한 부분에 대하여 자의적으로 미수금 대신 임금을 감액하는 것은 법에 위반된다.

그러나 근로자의 불법행위 등으로 사용자에게 손해를 발생시킨 경우 실제 손해액의 일부를 청구할 수 있도록 한 단체협약은 위약예정의 금지에 위반된다고 볼 수 없다.[130]

---

130) 1993.6.4, 근기 01254-1160.

서식 2. 근로조건위반 손해배상청구 신청서 양식

근로조건위반손해배상청구신청서				처리기간
				30일
신청인	① 성 명		② 주민등록번호	
	③ 주 소		(전화:)	
	④ 사업장명		⑤ 근무부서	
피신청인	⑥ 종사업무		⑦ 입사일	년 월 일
	⑧ 사업장명		⑨ 사업의 종류	
	⑩ 대표자명		⑪ 주민등록번호	
	⑫ 근로자수		⑬ 전화번호	
	⑭ 소재지			
⑮ 신청이유 및 청구금액				

    근로기준법 제26조제2항 및 동법시행규칙 제2조의 규정에 의하여 위와 같이 근로조건 위반을 이유로 한 손해배상청구를 신청합니다.

년   월   일

신청인   (서명 또는 인)
대리인   (서명 또는 인)

지방노동위원회 위원장   귀하

구비서류: 1. 근로계약서 사본 2. 사용자의 근로조건 위반사실을 입증하는 자료 ※ ⑮란은 뒤쪽의 기재 요령을 참고하시기 바랍니다.	수수료
	없 음

6장 : 임 금

I. 임금의 정의

임금이란 사용자가 근로의 대가로 근로자에게 지급하는 일체의 금품을 말한다.[131]
이러한 임금은 통화로 근로자에게 매월 1회 이상 근로자에게 그 전액을 다음과 같
은 원칙에 따라 지급되어야 한다.

II. 임금의 지급방법

1. 직접지불의 원칙

임금은 근로자에게 반드시 직접 지급하여야 한다. 따라서 근로자가 임금채권을

---

[131] 근로기준법 제2조 (정의) ①. 5. "임금"이란 사용자가 근로의 대가로 근로자에게 임금,
봉급, 그 밖에 어떠한 명칭으로든지 지급하는 일체의 금품을 말한다.

양도한 경우에도 사용자는 직접 근로자에게 임금을 지급하여야 한다.[132]

다만, 국세징수법에 의한 임금압류나 민사집행법에 의한 임금압류의 경우에는 이 규정이 적용되지 않는데, 이 경우에도 급여, 연금, 상여금, 퇴직금 등의 급여에 대하여는 실지급액의 2분의 1 이상에 대하여는 압류가 금지된다. 즉 예를 들면 근로자의 임금에 대하여 압류를 하더라도 채권자는 각종 공제 후 실수령액이 200만 원인 경우 100만 원을 한도로 압류가 가능하다.

2. 전액지불의 원칙

임금은 사용자가 일방적으로 공제할 수 없고 그 전액을 근로자에게 지급하여야 한다. 이러한 전액불의 원칙은 근로의 대가인 임금이 완전하고 확실하게 근로자에게 주어지도록 하는 데 그 목적이 있다 할 것이다. 따라서 회사가 채무액을 근로자의 임금에서 일방적으로 공제할 수 없으며,[133] 근로자의 귀책사유에 의한 징계퇴직자라 하더라도 퇴직금과 임금은 전액 지급하여야 한다.[134] 그러나 조합비, 갑근세, 건강보험료, 국민연금 등 법령이나 단체협약으로 특별히 공제할 수 있는 규정이 있는 경우에는 사용자가 임금의 일부를 공제할 수 있다.

---

132) 근로자가 그 임금채권을 양도한 경우라 할지라도 그 임금의 지급에 관하여는 같은 원칙이 적용되어 사용자는 직접 근로자에게 임금을 지급하지 아니하면 안 되는 것이고 그 결과 비록 양수인이라고 할지라도 스스로 사용자에 대하여 임금의 지급을 청구할 수는 없다. 1988.12.13, 대법 87다카 2803.
133) 회사가 채무액을 근로자의 임금에서 일방적으로 공제하는 것은 근로기준법 제43조의 전액불의 원칙과, 근로기준법 제21조의 전차금상계금지조항에 위반된다.
134) 근로자 귀책사유로 인한 징계퇴직자라 할지라도 근로기준법에 의한 퇴직금과 임금은 전액 직접 지급해야 한다. 1982.3.24, 근기 1455－8212.

3. 통화지불의 원칙

임금은 강제통용력이 있는 화폐로 지급하여야 하며, 현물 등으로 대체하여 지급하지 못한다.

4. 월 1회 이상 일정기일 지불의 원칙

임금은 근로자가 생활의 안정을 확보할 수 있도록 매월 1회 이상 일정한 기일을 정하여 지급되어야 한다. 다만 임시로 지급하는 임금, 수당 등은 포함하지 않는다.

그러나 상여금이 정기적으로 지급되고 있다면 정기일 지급 임금의 성질을 띤 것으로 보고, 지급기일 이전에 퇴직한 근로자에게도 근로월수에 해당하는 상여금을 지급하여야 한다.[135]

5. 벌칙

근기법 제43조의 임금지급에 관한 규정을 위반한 사용자는 3년 이하의 징역 또는 2,000만 원 이하의 벌금이 부과된다.

---

135) 정기상여금은 지급기간 만료 전에 퇴직한 근로자라도 특단의 사정이 없는 한 이미 근무한 기간에 해당하는 상여금은 근로의 대가로서 청구할 수 있다. 1982.4.13, 대법 81다카 137.

Ⅲ. 평균임금

1. 평균임금의 의의

평균임금이란 퇴직금이나 재해보상금 산정 시 기준으로 사용되는 임금의 개념으로, 근로자의 통상적인 생활임금을 보장하기 위하여 지급되는 임금을 말한다.

2. 평균임금의 산정

근로기준법에서 평균임금은 이를 산정하여야 할 사유가 발생한 날 이전 3개월에 그 근로자에 대하여 지급된 임금의 총액을 그 기간의 총일수로 나눈 금액을 말한다.[136]

$$평균임금의산정 = \frac{사유발생일이전3월간의임금총액}{사유발생일이전3월간의총일수}$$

1) 평균임금 산정의 기초가 되는 임금총액의 범위

(1) 기본급

기본급은 근로의 대가로서 정기적·일반적으로 지급되는 금품으로 당연히 평균임금에 포함된다.

(2) 정기적으로 지급되는 각종 수당

전 근로자에게 일률적으로 지급되는 교통비는 임금으로 인정되므로 평균임금에

---

136) 근로기준법 제2조 (정의) ①. 6. "평균임금"이란 이를 산정하여야 할 ~.

포함되며,137) 현물로 제공되거나 구매권으로 지급되는 식대보조비도 평균임금에 포함된다.138) 즉 근로시간과 관계없이 근로자의 생활보조적·복리후생적으로 지급되는 수당이 정기적 일률적으로 지급되는 경우에는 평균임금에 포함된다.139)

(3) 시간외·야간·휴일근로수당

연장근로수당, 야간근로수당, 휴일근로수당, 연차휴가수당 및 단체협약 또는 취업규칙에 의하여 정하여진 휴일에 근로한 대가로 지급되는 휴일근로수당도 근로의 대상으로 지급되는 임금이므로 당연히 평균임금에 포함된다.

(4) 연차휴가수당

연차유급휴가수당은 지급받을 때만의 임금으로 보아 일시에 전액 산입할 것이 아니고 당해 연도 근로월별로 분할하여 산입하여야 한다.140) 즉 1년 동안에 지급받은 연월차유급휴가수당의 3/12에 해당하는 금액이 포함된다.141)

(5) 기타 각종수당

체력단련비, 효도휴가비, 직책수당 등 기타 어떠한 명칭으로든지 전 근로자에게 지급하는 경우라면 임금성을 인정하여 평균임금에 포함된다.142) 그러나 단순한 생활보조적·복리후생적으로 보조하거나 혜택을 부여하는 경조비, 일시적으로 지급하는 급식, 통근비 등은 평균임금에 포함되지 않으며, 실비변상으로 지급되는 교통비, 차

---

137) 1980.8.7, 법무 811-19795.
138) 2001.5.15, 대법 2001도 1186.
139) 평균임금의 산정기초인 임금총액에는 사용자가 근로의 대상으로 근로자에게 지급하는 일체의 금품으로서 근로자에게 계속적·정기적으로 지급되고 단체협약, 취업규칙 등에 의하여 사용자에게 그 지급의무가 지워져 있는 것이면 그 명칭이 어떠하든 모두 포함된다 할 것이므로 휴일근로수당이 이에 포함됨은 당연하고 가족수당도 이에 포함된다. 1992.4.14, 대법 91다 5587.
140) 1970.1.26, 근기 1455-811.
141) 1969.3.4, 대법 68다 2152.
142) 2000.10.5, 임금 68207-466.

량보유자에게 지급되는 차량유지비 등도 평균임금에 포함되지 않는다.

(6) 상여금

상여금도 근로의 대가로 지급되는 임금의 성질을 가지므로 평균임금에 당연히 포함되며,[143][144] 상여금을 평균임금에 산입하고자 할 때에는 사유발생일 이전 12월간에 지급받은 상여금 총액의 3 / 12에 해당하는 금액만을 포함하여야 한다.[145]

즉 1년간 받은 상여금의 총액을 12개월로 안분하여 3월간의 상여금을 계산한다.

다만, 관례적으로 지급한 사례가 없고, 기업이윤에 따라 일시적·불확정적으로 지급하는 경우에는 포함되지 않으며,[146] 경영실적이나 무쟁의 달성 여부에 따라 그 지급 여부나 지급금액이 달라지는 경영성과의 분배로 볼 수 있는 있는 성과급은 평균임금에 포함되지 않는다.[147]

2) 사유가 발생한 날

평균임금에서 사유가 발생한 날이란 근로자가 사직원을 제출하여 사용자가 이를 수리한 날을 말한다.[148]

---

143) 상여금은 근로자에 대한 근로의 대상으로서 정기적·일반적으로 지급되는 것임을 알 수 있으므로 상여금은 평균임금 산정의 기초가 되며, 이를 근거로 퇴직금을 계산하면 된다. 1976.10.12, 대법 76다 1398.
144) 상여금이 단체협약, 취업규칙 기타 근로계약에 미리 지급조건 등이 명시되어 있거나 관례로서 계속 지급하여온 사실이 인정되는 경우에는 임금으로 보아야 하므로 평균임금 산정기초에 포함됨. 1980.7.2, 법무 811-15948.
145) 상여금의 평균임금 산정은 평균임금을 산정하여야 할 사유가 발생한 날 이전 1년간에 지급된 상여금 총액의 3 / 12만큼을 상기 임금의 총액에 더하여 평균임금을 산정한다. 1990.6.11, 임금 32240-8240.
146) 목표달성 성과금은 매년 노사가 합의로 그 구체적 지급조건이 정해지며 그해의 생산실적에 따라 지급 여부나 지급률이 달라질 수 있는 것으로 생산실적과 무관하게 계속적 정기적으로 지급된 것이라고 볼 수 없어 회사에 그 지급의무가 있는 것이 아니므로 퇴직금 산정의 기초가 되는 평균임금에 산입될 수 없다. 2005.9.9, 2004다 41217.
147) 2006.2.23, 대법 2005다 54029.
148) 1984.1.19, 근기 1451-1393.

3) 3월간의 총일수

  평균임금 산정에서 3개월은 사유발생일로부터 역산하여 3월간을 말하는 것으로 달의 대소에 따라 89일부터 92일이 될 수도 있다.[149]

◆ 평균임금산정에 포함되는 임금의 범위 예시와 확인요령
(1981.5.7, 노동부예규 제30호)

  제1조 (목적) 이 요령은 근로기준법 제19조 및 산업재해보상보험법 제3조의 규정에 의한 평균임금 산정에 포함되는 임금의 범위 예시와 그 확인을 위한 사항을 규정함을 목적으로 한다.

  제2조 (용어의 정의)
① "임금"이라 함은 근로기준법 제18조의 규정에 의한 사용자가 근로의 대상으로 근로자에게 임금, 봉급, 기타 여하한 명칭으로든지 지급하는 일체의 금품을 말한다.
② "평균임금"이라 함은 근로기준법 제19조의 규정에 의한 평균임금을 산정하여야 할 사유가 발생한 날 이전 3개월간에 그 근로자에 대하여 지급된 임금의 총액을 그 기간의 총일수로 제한 금액을 말한다.

  제3조 (임금의 범위)
① 다음에 기재된 임금의 예시는 임금에 포함되는 것의 전부를 망라한 것이 아니고 임금에 포함되거나 또는 포함되지 않는 예시규정이므로 실제로 지급되는 임금의 실태를 고려하여 그 포함 여부를 결정하여야 한다.
② 평균임금 산정기초인 임금에 포함되는 것
가. 통화로 지급되는 것
  (1) 기본급
  (2) 연, 월차 유급휴가수당
  (3) 연장, 야간, 휴일근로수당

---

149) 1984.5.28, 근기 1451－12314.

(4) 특수작업수당, 위험작업수당, 기술수당

(5) 임원, 직책수당

(6) 일, 숙직수당

(7) 장려, 정근, 개근, 생산독려수당

(8) 단체협약 또는 취업규칙에서 근로조건의 하나로서 전 근로자에게 일률적으로
   지급하도록 명시되어 있거나 관례적으로 지급되는 다음의 것

   (가) 상여금   (나) 통근비(정기승차권)

   (다) 사택수당   (라) 급식대(주식대보조금, 잔업 및 조근식사대)

   (마) 월동비, 연료수당   (바) 지역수당(냉·한, 벽지수당)

   (사) 교육수당   (아) 별거수당

   (자) 물가수당   (차) 조정수당

(9) 가족수당이 독신자를 포함하여 전 근로자에게 일률적으로 지급되는 경우

(10) 봉사료를 사용자가 일괄 집중 관리하여 배분하는 경우 그 배분금액

나. 현물로 지급되는 것

법령, 단체협약 또는 취업규칙의 규정에 의하여 지급되는 현물급여(예; 급식 등)

③ 평균임금 산정기초인 임금에 포함되지 아니하는 것

가. 성질상 임금이 아니기 때문에 포함될 수 없는 것

 (1) 통화로 지급되는 것

   (가) 결혼축하금   (나) 조의금

   (다) 재해위문금   (라) 휴업보상금

   (마) 실비 변상적인 것 (예; 기구손실금, 그 보수비, 음료대, 작업용품대, 작업
       상 피복제공이나 대여 또는 보수비, 출장여비 등)

 (2) 현물로 지급되는 것

   (가) 근로자로부터 대금을 징수하는 현물급여

   (나) 작업상 필수적으로 지급되는 현물급여(예; 작업복, 작업모, 작업화 등)

   (다) 복지후생시설로의 현물급여(예; 주택설비, 용수, 의료 등의 제공, 급식, 영
       양 식품의 지급 등)

 (3) 기타 임금총액에 포함되지 않는 것

(가) 퇴직금(단체협약, 취업규칙 등에 규정함을 불문한다)

나. 임금이지만 총액에서 제외되는 것

－임시로 지급되는 임금

임시 또는 돌발적인 사유에 따라 지급되거나 지급조건은 사전에 규정되었더라도 그 사유발생이 불확정, 무기한 또는 희소하게 나타나는 것(예; 결혼수당)

◆ 평균임금산정상의 상여금 취급요령[150]

1. 상여금을 평균임금산정기초에 산입할 것인가의 여부에 관하여 다음과 같이 시달하니 업무처리에 착오 없도록 할 것

2. 상여금이 단체협약·취업규칙 기타 근로계약에 미리 지급조건 등이 명시되어 있거나 관례로서 계속 지급하여 온 사실이 인정되는 경우에는, 그 상여금의 지급이 법적인 의무로써 구속력을 가지게 되어, 이때에는 근로의 대상성이 인정되는 것이므로 이는 임금으로 취급하여야 할 것임. 그러므로 지급되는 상여금은 지급횟수(연 1회 또는 4회 등)를 불문하고 평균임금산정기초에 산입함이 타당함.

3. 상여금은 이를 지급받았을 때(월)만의 임금으로 취급하여 일시에 전액을 평균임금에 산입할 것이 아니고, 평균임금을 산입하여야 할 사유가 발생한 때 이전 12개월 중에 지급받은 상여금 전액을 그 기간 동안의 근로월수로 분할 계산하여 평균임금 산정에 산입하여야 한다.

4. 근로월수가 1년 미만인 경우에는 당해 근로월 중에 지급받은 상여금 전액을 그 근로월수로 분할 계산하여 평균임금산정에 산입한다.

<부칙>

이 예규는 1981.6.5.부터 시행한다.

---

150) 1981.6.5, 노동부예규 제39호.

IV. 통상임금

1. 통상임금의 의의

근로기준법에서 통상임금이란 근로자에게 정기적·일률적으로 소정근로 또는 총 근로에 대하여 지급하기로 정한 시간급 금액·주급 금액·월급 금액 또는 도급 금 액을 말한다. 즉 통상임금이란 통상의 근로일이나 근로시간에 대한 임금액을 말하 는 것으로, 기본임금과 이에 준하는 고정적으로 지급되는 수당을 합한 임금을 말하 며, 실제의 근무성적에 따라 지급 여부 및 지급액이 달라지는 연장수당, 야간근로수 당 등의 임금은 고정적인 임금이라 할 수 없어 통상임금에 해당하지 않는다.

단순하게 설명하면 통상임금은 지급이 확정된 월급이나, 주급, 일당 등에 해당되 는 임금의 개념이며, 평균임금은 고정급 외에 시간외수당 등 각종 수당과 추가적인 급여를 합하여 대상기간에 평균적으로 수령한 임금의 개념이다.[151] 즉 예를 들자면 기본급이 100만 원인 근로자가 2003년 1월부터 3월까지 시간외수당과 당직수당으로 1월 20만 원, 2월 15만 원, 3월 25만 원을 받았다면 이 근로자의 월통상임금은 100 만 원이고, 1월부터 3월까지의 평균임금은 120만 원이다.

이러한 통상임금은 시간외수당, 연차휴가수당, 해고예고수당, 휴업수당 등의 임금 을 산정하는 데 기초가 된다.

2. 통상임금의 산정

통상임금의 산정기초가 되는 임금은 근로계약이나 취업규칙 또는 단체협약 등에

---

151) 평균임금에 모든 수당이 포함되는 것은 아니며, 자세한 사항은 평균임금에 대한 설명을 참조.

의하여 소정근로시간(소정근로시간이 없는 경우에는 법정근로시간, 이하 같다)에 대하여 근로자에게 지급하기로 정하여진 기본급 임금과 정기적·일률적으로 1임금 산정기간에 정하여진 고정급 임금으로 하며 구체적인 산정방법은 다음과 같다.152)

1) 통상임금의 시간급 산정

통상임금을 시간급으로 산정할 경우에는 다음의 방법에 의하여 산정된 금액으로 한다.

1. 시간급 금액으로 정한 임금은 그 금액
2. 일급 금액으로 정한 임금은 그 금액을 1일의 소정근로시간 수로 나눈 금액
3. 주급 금액으로 정한 임금은 그 금액을 주의 통상임금 산정기준시간 수(1주의 소정근로시간과 소정근로시간외에 유급으로 처리되는 시간을 합산한 시간)로 나눈 금액
4. 월급 금액으로 정한 임금은 그 금액을 월의 통상임금 산정기준시간 수(주의 통상임금산정 기준시간 수에 1년 동안의 평균주수를 곱한 시간을 12로 나눈 시간)로 나눈 금액
5. 일·주·월 외의 일정한 기간으로 정한 임금은 제2호부터 제4호까지의 규정에 준하여 산정된 금액
6. 도급 금액으로 정한 임금은 그 임금산정기간에서 도급제에 따라 계산된 임금의 총액을 해당 임금산정기간(임금 마감일이 있는 경우에는 임금 마감기간을 말한다)의 총근로시간 수로 나눈 금액
7. 근로자가 받는 임금이 제1호 내지 제6호까지의 규정에서 정한 2 이상의 임금으로 되어 있는 경우에는 제1호부터 제6호까지의 규정에 따라 각각 산정된 금액을 합산한 금액

---

152) 근로기준법 시행령 제6조 (통상임금).

2) 통상임금의 일급 금액 산정

통상임금을 일급 금액으로 산정할 때에는 시간급 금액에 1일의 소정근로시간 수를 곱하여 계산한다.

◆ 통상임금 산정지침[153]

제1조 (목적)

이 지침은 근로기준법 시행령 제6조에 규정된 통상임금의 산정기초가 되는 임금 및 산정기준시간에 대하여 그 개념과 범위를 명확히 정함으로써 근로기준법 등 노동관계법령상의 통상임금을 일관성 있게 산정·적용함을 목적으로 한다.

제2조 (용어의 정의)

이 지침에서 사용하는 용어의 정의는 다음의 각 호와 같다.

1. "통상임금"이란 근로자에게 정기적·일률적으로 소정근로 또는 총근로에 대하여 지급하기로 정한 시간급 금액·주급 금액·월급 금액 또는 도급금액을 말한다.

2. "법정근로시간"이란 근로기준법 제50조, 제69조 본문 및 산업안전보건법 제46조에 따른 근로시간을 말한다.

3. "소정근로시간"이라 함은 법정근로시간의 범위에서 근로자와 사용자 간에 정한 근로시간을 말한다.

제3조 (산정기초임금)

① 통상임금의 산정기초가 되는 임금은 근로계약이나 취업규칙 또는 단체협약 등에 의하여 소정근로시간(소정근로시간이 없는 경우에는 법정근로시간, 이하 같다)에 대하여 근로자에게 지급하기로 정하여진 기본급 임금과 정기적·일률적으로 1임금산정기간에 정하여진 고정급 임금으로 한다.

② 제1항의 규정에 불구하고 도급 금액으로 정하여진 임금에 대하여는 그 임금산정기간에 있어서 도급제에 의하여 계산된 임금의 총액(연장·야간·휴일근로 등에 대한 가

---

153) 2007.11.28, 노동부예규 제551호.

산수당은 제외한다)으로 한다.

제4조 (산정기준시간)

제3조의 규정에 의한 통상임금의 산정기초가 되는 임금을 시간급 금액으로 산정할 경우의 산정기준시간은 다음 각 호의 시간으로 한다.

1. 일급 금액으로 정하여진 경우에는 1일의 소정근로시간
2. 주급 금액으로 정하여진 경우에는 소정근로시간과 소정근로시간외에 유급으로 처리되는 시간을 합산한 시간(이하 "주의 통상임금 산정기준시간"이라 한다)
3. 월급 금액으로 정하여진 경우에는 주의 통상임금 산정기준시간에 1년간의 평균주수를 곱한 시간을 12월로 나눈 시간(이하 "월의 통상임금 산정기준시간"이라 한다)
4. 도급 금액으로 정하여진 경우에는 당해 임금산정기간(임금마감일이 있는 경우에는 임금마감시간)의 총근로시간(총근로시간외에 유급처리되는 시간은 합산한다)

제5조 (통상임금의 산정)

① 시간급 통상임금은 제3조의 규정에 따른 산정기초임금을 다음 각 호의 방법에 따라 산정한 금액으로 한다.
1. 시간급 임금으로 정하여진 때에는 그 금액
2. 일급 금액, 주급 금액, 또는 월급 금액 등으로 정하여진 때에는 그 금액을 각각 그 기간에 해당하는 제4조의 산정기준시간으로 나눈 금액
3. 제2호에 불구하고 근로기준법 제55조의 규정에 의한 연장·야간·휴일근로 등을 전제로 일급 금액, 주급 금액·월급 금액으로 정하여진 때에는 1임금산정기간의 임금의 총액(연장·야간·휴일근로 등에 대한 가산수당은 제외한다)을 그 기간의 총근로시간 수(총근로시간외에 유급처리되는 시간은 합산한다)로 나눈 금액
② 일급 통상임금은 시간급 금액에 1일의 소정근로시간을 곱한 금액으로 한다.
③ 주급 통상임금은 시간급 금액에 주의 통상임금 산정기준시간을 곱한 금액으로 한다.
④ 월급 통상임금은 시간급 금액에 월의 통상임금 산정기준시간을 곱한 금액으로 한다.
⑤ 도급제에 의하여 정하여진 경우의 통상임금은 다음 각 호의 방법에 의해 산정한 금액으로 한다.
1. 시간급 통상임금은 1임금산정기간의 임금의 총액(연장·야간·휴일근로 등에 대한

　　　　가산수당은 제외한다)을 그 기간의 총근로시간 수(제4조 4호에 의한 총근로시간
　　　　수를 말한다)로 나눈 금액
　　2. 일급 통상임금은 시간급 금액에 1일의 소정근로시간을 곱한 금액
　　3. 주급 통상임금은 시간급 금액에 주의 통상임금 산정기준시간을 곱한 금액
　　4. 월급 통상임금은 시간급 금액에 월의 통상임금 산정기준시간을 곱한 금액
　　⑥ 월 또는 주 이외의 일정기간으로 정하여진 임금에 대하여는 제1항부터 제5항까
　　　　지에 준하여 산정한 금액으로 한다.
　　⑦ 임금이 제1항 내지 제6항에서 정한 2 이상의 임금으로 되어 있는 경우에는 각
　　　　부분에 대하여 제1항 내지 제6항까지에 따라 각각 산정된 금액을 합산한 금액으
　　　　로 한다.

　　제5조의 2 (통상임금의 판단기준)
　　통상임금에 포함되는 임금의 범위는 별표의 예시에 따라 판단한다. 다만, 그 명칭만
으로 판단하여서는 아니 되며, 통상임금의 의의, 취업규칙·단체협약 등의 내용, 직종
·근무형태, 지급관행 등을 종합적으로 고려하여야 한다.

　　제6조 (적용)
　　이 지침은 근로기준법의 해고예고수당, 휴업수당, 유급 휴일임금, 연장·야간·휴일근
로수당, 연차 유급휴가수당, 산전후 휴가수당 등과 그 밖에 노동관계법에 규정된 통상
임금의 계산에 적용한다.

Ⅴ. 휴업수당

1. 휴업수당

사용자의 귀책사유로 휴업하는 경우에 사용자는 근로자에게 평균임금의 100분의

70 이상의 수당을 지급하여야 한다. 다만, 평균임금의 100분의 70에 해당하는 금액이 통상임금을 초과하는 경우에는 통상임금을 휴업수당으로 지급할 수 있다.154)

2. 휴업수당 지급사유(귀책사유155) 판단사례)

- 제품판매부진 및 자금난으로 인한 휴업
- 작업량이 줄어든 경우
- 공장이전(화재, 도시계획사업 등)
- 업무상 부상으로 요양 중인 경우156)

3. 예외

부득이한 사유로 사업을 계속하는 것이 불가능하여 노동위원회의 승인을 받은 경우에는 평균임금의 100분의 70 이하의 휴업수당을 지급할 수 있다.

휴업수당의 지급은 계속적인 근로관계를 전제로 하므로, 계약기간이 정해지지 않은 일용근로자는 휴업수당의 지급대상이 아니다.

---

154) 근로기준법 제46조 (휴업수당).
155) 사용자의 귀책사유란 원칙적으로 사용자의 세력범위 안에서 생긴 경영장애로서 자금난, 원자재 부족, 주문량 감소, 시장불황과 생산량 감축, 모회사의 경영난에 따른 하청공장의 자재·자금난에 의한 조업단축 등으로 인한 휴업을 말함. 다만, 천재지변·전쟁 등과 같은 불가항력, 기타 사용자의 세력범위에 속하지 않는 기업 외적인 사정과 통상 사용자로서 최대의 주의를 기울여도 피할 수 없는 사고 등 부득이한 사유로 인하여 사업계속이 불가능하게 된 경우에는 사용자에게 경영위험의 책임을 물을 수 없으므로 이러한 경우에는 사용자의 귀책사유로 볼 수 없음. 1999.9.21, 근기 68207-106.
156) 1975.8.21, 법무 811-12813.

Ⅵ. 도급근로자에 대한 임금보장

사용자는 도급이나 그 밖에 이에 준하는 제도로 사용하는 근로자에게 근로시간에 따라 일정액의 임금을 보장하여야 한다.[157]

도급근로자란 일정한 근로의 결과 또는 성과에 따라 임금을 수령하여 생활을 영위하는 근로자를 말하는데, 근로자의 책임으로 돌릴 수 없는 사유에 의해 임금이 저하되는 것을 방지하기 위하여 사용자는 근로시간에 따라 일정액의 임금을 보장하여야 하는 것을 말한다. 법에서는 일정액의 임금보장에 관하여 객관적인 기준을 밝히고 있지는 않으나, 일반적으로 휴업수당과 같은 수준인 평균임금의 100분의 70을 보장하는 것이 타당하다고 보고 있다.

Ⅶ. 임금채권의 우선변제

1. 임금채권의 우선변제의 개념

임금채권의 우선변제란 사용자가 도산이나 파산한 경우에 근로자의 생존권을 보장하기 위하여, 사용자가 변제하여야 할 다른 채권에 우선하여 근로자의 임금을 먼저 변제하여야 한다는 것을 말한다.

---

157) 근로기준법 제47조 (도급근로자).

2. 우선변제의 순위

근로기준법 제38조와 근로자퇴직급여보장법 제11조에서는 이에 관해 최종 3월분의 임금, 최종 3년간의 퇴직금, 재해보상금은 다른 모든 채권에 대하여 우선적으로 변제되어야 하며, 임금, 퇴직금, 재해보상금 그 밖에 근로관계로 인한 채권은 사용자의 총재산[158]에 대하여 질권 또는 저당권에 따라 담보된 채권 외에는 다른 채권에 우선하여 변제되어야 한다고 규정하고 있다.

즉 기업이 도산한 경우 사용자의 재산에 대하여, 일반적으로 부동산의 경우가 많은데, 경매나 매각의 절차를 거친 후 그 대금을 1순위로 최종 3월분의 임금, 최종 3년간의 퇴직금, 재해보상금으로 충당하여야 하며, 2순위로 질권, 저당권에 우선하는 조세공과금, 3순위로 금융기관이나 채무자가 부동산에 대하여 질권 또는 저당권(부동산 등기부등본으로 확인 가능함)을 설정한 담보된 채권에 충당되며, 4순위로 최종 3월분의 임금 이외의 임금, 최종 3년간의 퇴직금 이외의 퇴직금, 그 밖에 근로관계로 인한 채권에 우선적으로 변제하여야 한다.

3. 우선변제의 방법

근로자가 임금채권을 우선적으로 변제받기 위해서는 임금채권액을 확정한 후 사용자의 재산을 가압류하여 경매 등 강제집행을 통해 임금채권을 우선변제 받을 수 있는데, 판례는 근로자의 경매청구권을 부인하고 있어 경매에 따른 환가금에 배당받을 권리만 인정하고 있다.

근로자가 가압류 등의 절차를 놓치고 신청을 하지 않은 경우에는 사용자의 다른 채권자가 담보물권을 행사하여 경매절차가 개시되었을 때 반드시 배당요구의 종기까

---

158) 사용자의 총재산이란 근로계약의 당사자로서 임금채무를 1차적으로 부담하는 사업주인 사용자의 총재산을 의미한다. 1997.12.12, 대법 95다 56798.

지 우선권 있는 임금채권임을 소명하여 배당요구를 하여야 한다.

이러한 임금채권이 후순위채권자에게 먼저 배분되었다면 임금채권자는 자신의 우선변제권을 주장하여 후순위채권자를 상대로 반환을 요구하는 부당이득반환청구를 할 수 있다.[159]

Ⅷ. 임금과 압류

급료, 연금, 봉급, 상여금, 퇴직금, 퇴직연금, 기타 이와 유사한 성질을 가지는 급여채권의 2분의 1 이상은 압류금지채권이기 때문에 압류하지 못한다.[160]

Ⅸ. 미지급 임금에 대한 지연이자[161]

1. 원칙

사용자는 근로자가 사망 또는 퇴직한 경우에는 그 지급 사유가 발생한 때부터 14일 이내에 임금 및 퇴직금을 지급하여야 하며,[162] 15일째 되는 날을 기산일로 하여 실제

---

159) 2000.6.9, 대법 2000다 15869.
160) 민사집행법 제597조 제4호.
161) "지연이자제·반의사불벌죄 무료법률구조서비스 제도해설", 노동부, 2005.
162) 근로기준법 제36조 (금품청산) 사용자는 근로자가 사망 또는 퇴직한 경우에는 그 지급 사유가 발생한 때부터 14일 이내에 임금, 보상금, 그 밖에 일체의 금품을 지급하여야 한다.

지급일까지 미지급된 임금 및 퇴직금에 대하여는 연 20%의 지연이자가 발생한다.[163]
다만, 근로기준법 37조의 지연이자는 재직 중인 근로자에 대하여 임금이 지연되
고 있는 경우에는 적용되지 않는다.

2. 적용제외

사용자가 천재·사변 그 밖에 대통령령으로 정하는 사유에 따라 임금지급을 지연
하는 경우에는 그 사유가 존속하는 기간에 대하여는 지연이자는 적용하지 않는다.
다만 상법 제54조에 따른 이자(6%)까지 면제되지는 않는다.

1) 적용제외 사유

- 천재·사변
- 임금채권보장법 시행령 제4조에서 근로자가 체당금을 수령할 수 있는 경우로서
  법률상 도산 및 사실상 도산이 모두 해당
- 파산법, 예산회계법, 지방자치법 등 법령상의 제약에 의하여 임금 및 퇴직금 지
  급에 충당할 자금의 확보가 곤란한 경우
- 지급이 지연되고 있는 임금 및 퇴직금의 전부 또는 일부의 존부에 관한 사항에
  대하여 법원이나 노동위원회에서 다투는 것이 상당하다고 인정되는 경우

2) 입증책임

적용제외 사유의 어느 하나에 해당하는지에 대한 판단은 일차적으로 근로자와 사

다만, 특별한 사정이 있는 경우에는 당사자 사이의 합의에 의하여 기일을 연장할 수 있다.
163) 근로기준법 시행령 제17조 (미지급 임금에 대한 지연이자의 이율) 법 제37조의 ①에서
"대통령령이 정하는 이율"이란 연 100분의 20을 말한다.

용자 당사자의 의사에 따를 것이나, 당사자 사이에 이견이 있는 경우는 최종적으로
법원이 판단하며, 적용제외 사유에 해당하는 지의 입증책임은 사용자가 부담한다.

X. 임금의 소멸시효

근로자의 사용자에 대한 임금채권은 3년간 행사하지 아니하면 시효로 소멸한
다.164) 즉 근로자가 사용자로부터 받지 못한 미지급 임금은 3년이 지나면 그 권리
가 소멸되어 지급을 청구할 수 없다. 따라서 3년이 경과되기 전에 청구, 압류 또는
가압류, 가처분, 승인 등의 법적조치를 취하여야 할 것이다.

소멸시효의 기산점 및 소멸시효의 중단사유에 대해서는 근로기준법에 규정하고
있지 않으므로 민법에 따르고, 임금채권의 행사(소멸시효의 완성여부 등)도 민사상
의 절차에 의하여야 한다.

◆ 임금체불 시 청구방법

1. 임금체불이란?

임금을 전액 지급하지 않거나 정해진 날에 지급하지 않는 경우, 근로자의 퇴직일로
부터 14일 이내에 지급하지 않는 경우에 사업주는 임금체불의 책임을 진다. 형식적으
로는 사업주·사업경영담당자가 아니더라도 회사의 실질적인 권한을 가지고 있는 사실
상의 경영자라면 임금체불의 책임을 진다.

회사의 인수나 합병 등으로 인해 종전회사의 근로관계가 새로운 회사에 승계되는
경우에는 미지급 임금의 지급의무도 새로운 사업주에게 승계된다.

---

164) 근로기준법 제49조 (임금의 시효) 이 법에 따른 임금채권은 3년간 행사하지 아니하면
    시효로 소멸한다.

2. 노동부 진정

임금이 체불된 경우 노동부에 진정을 할 수 있다.

임금체불이 발생하면 사업장 관할 지방노동사무서에 사용자의 법위반 사항을 알리어 시정을 요구하는 진정서를 제출할 수 있으며, 노동부 홈페이지를 통해 올릴 수도 있다. 제출된 진정서는 담당 근로감독관에게 이첩되고, 담당 근로감독관은 사법경찰관의 자격으로 양 당사자에게 출석요구서를 통보하여 진정사건을 조사한 후 위법사항에 대해 시정조치를 하거나 수사를 거쳐 형사처벌을 받게 한다.

임금체불 진정서가 접수되어 근로감독관이 사실 여부를 조사한 결과 체불사실이 확인되면 체불임금을 근로자에게 지급하도록 지도하게 되는데, 사업주가 진정서 접수일로부터 25일 이내(휴일 제외)에 임금을 지급하지 않으면 근로감독관은 사건을 검찰에 넘기게 되며, 검찰에서는 사업주를 근로기준법 위반으로 형사처벌하게 된다.

3. 민사소송

노동부의 지도에도 불구하고 회사가 기한 내에 임금을 지급하지 않으면 별도의 민사소송 절차를 통해 체불임금을 청구할 수 있다. 이 경우 청구금액이 2,000만 원 이하인 경우에는 대한법률구조공단의 도움을 받아 소액심판 청구절차를 이용할 수 있다.

4. 체불 임금에 대한 지연이자

2005년 개정된 근로기준법에 따르면 임금을 체불한 경우 미지급임금에 대해서는 지급하는 날까지의 지연일수에 대하여 20%의 연체이자를 지급하여야 한다.

단, 체불사유가 천재·사변, 법원의 파산선고 등 법령에서 정한 사유에 해당하는 경우에는 지연이자율이 적용되지 않는다.

※ 적용제외 사유: 천재·사변, 법원의 파산선고·화의 개시결정, 노동부 장관의 도산등사실인정, 파산법·예산회계법 등 법령상의 제약에 의하여 임금 및 퇴직금 지급에 충당할 자금의 확보가 곤란한 경우 등, 체불된 임금·퇴직금의 존부에 관한 사항에 대하여 법원이나 노동위원회에서 다투는 것이 상당하다고 인정되는 경우 등

◆ 연봉제와 임금[165]

1. 연봉제의 개념

연봉제란 임금의 전부 또는 상당부분을 근로자의 능력·실적 및 공헌도 등을 평가하여 연단위로 결정하는 임금제도로 다양한 유형으로 운영되고 있다.

2. 임금의 지급

연봉제를 실시하더라도 근로기준법상의 임금의 지급원칙인 통화불, 전액불, 직접불 및 정기불의 원칙은 준수되어야 한다. 즉 임금결정기간을 연단위로 하더라도 그 지급과 관련된 규정은 기존의 임금제도와 동일하게 적용된다. 특히 임금의 정기불과 관련, 임금이 연단위로 결정되더라도 그 지급은 월 1회 이상 일정기일에 지급되는 형태를 취하여야 한다.

3. 법정수당

연봉제를 실시하더라도 연장·야간·휴일근로에 대한 임금 및 가산수당은 지급되어야 한다. 그러나 포괄임금제가 유효하게 도입된 경우[166] 연봉액에 이러한 임금 및 가산수당이 포함되어 있는 것으로 볼 수 있다. 다만, 이 경우에도 미리 예정된 연장·야간·휴일근로를 초과하여 근로한 경우에는 임금 및 가산 수당이 정산되어 지급되어야 한다.

4. 근로계약기간과의 관계

연봉제는 통상 임금액이 매년 새롭게 결정되기 때문에 외형상으로는 해마다 새로운 근로계약이 체결되는 것과 유사하다. 그러나 연봉제 계약은 근로계약의 기간과 관계없이 임금액의 산정을 연단위로 하기로 하고 그 금액을 매년 변경하는 것에 불과하다. 따라서 연봉제의 실시와 별개로 근로자의 근로계약을 계약직으로 한다는 별도의 계약을 체결하지 않는 한, 연봉계약 기간의 종료가 근로계약기간의 종료를 의미하는 것은

---

165) 2002.2.30, "연봉제 관련 노동관계법의 적용기준", 임금 68200-65 참조.
166) 임금을 미리 연차수당, 시간외수당 등 각종 수당을 포함시켜 지급하는 경우 포괄임금제라고 한다. 이 경우에도 시간외근로에 대하여는 무제한 가능한 것은 아니며, 근로계약서에 연간 ○○시간 이내라고 한정하여야 하고 상한 시간을 넘을 경우에는 그 시간에 대하여는 별도의 수당을 지급하여야 한다.

아니다.167)

5. 통상임금과 평균임금의 판단

통상임금은 연장근로수당 등 각종 법정수당의 산정기준으로 사용되며, 여기에는 1임금산정기간 내에 정기적·일률적으로 지급하기로 정하여진 기본급과 고정적 수당 등이 포함된다. 반면 평균임금은 퇴직금 등의 산정기초로 사용되며, 이를 산정하여야 할 사유가 발생한 날 이전 3월간에 지급된 임금의 총액을 그 기간의 총일수로 나누어 산정한다. 따라서 기존에 지급되던 상여금과 각종 수당들이 통폐합되어 연봉액이 책정된 경우 통상임금이 증가하는 효과가 발생할 수 있다. 그러나 연봉제 실시 이후 개별적 임금항목이 통상임금 또는 평균임금에 해당되는지 여부는 새로운 임금체계하에서 각 개별 임금 항목이 갖는 성격에 따라 판단되어야 한다.

6. 퇴직금의 지급

연봉제의 경우에도 근로기준법상의 퇴직금에 관한 규정이 동일하게 적용된다.

다만, 연봉액에 퇴직금을 분할 지급하는 형태의 중간정산이 자주 이용되고 있으므로, 이 경우 중간정산이 유효하게 이루어지려면 다음의 요건이 충족되어야 한다.168)

첫째, 연봉액에 포함될 퇴직금의 액수가 명확히 정해져 있어야 하며, 매월 지급받은 퇴직금의 합계가 중간정산 시점을 기준으로 근로자퇴직급여보장법 제8조 1항의 규정에 의해서 산정된 금액보다 적지 않아야 한다.

둘째, 퇴직금을 중간정산 받고자 하는 근로자의 별도(근로계약서·연봉계약서 이외의 요구가 있어야 하며, 중간정산금을 매월 분할하여 지급한다는 내용이 명확하게 포함되어 있어야 한다.

셋째, 중간정산 대상기간은 중간정산 시점을 기준으로 기왕에 계속근로를 제공한 기간만 해당된다. 그러므로 1년 미만 근속 근로자는 법정 퇴직금 지급대상이 아니므로 중간정산 대상자가 아니다.

---

167) 회사와 사이에 '정식채용발령일로부터 퇴사일까지'를 계약기간으로 하는 기간의 정함이 없는 근로계약을 체결하였을 뿐이고, 임금과 관련한 연봉계약의 단위기간 내지 회사와 용역계약기간 등이 1년이라고 하여 당연히 근로계약도 1년이 되는 것은 아니다. 2002. 6.4, 서울행법 2001구 37794.

168) "연봉제하 퇴직금 중간정산 요건 지침변경", 2005.12.23, 퇴직급여보장팀-1276호.

7. 연월차유급휴가근로수당

연월차유급휴가청구권은 근로자의 재직기간 및 출근율에 따라 그 발생 여부가 결정된다. 그러나 포괄임금제의 형태로 당사자가 미리 소정의 근로제공을 전제로 연월차유급휴가근로수당을 매월의 임금액에 포함시켜 지급하는 것이 불가능한 것은 아니다.[169] 다만, 이와 같이 연월차유급휴가근로수당이 미리 지급되었다고 하더라도 근로자의 휴가청구권 자체가 없어지는 것은 아니며, 사용자는 근로자가 휴가를 청구하는 경우 이를 거부할 수 없다.

◆ 임금채권보장제도[170]

1. 임금채권보장제도란?

임금채권보장제도란 기업의 도산 등으로 퇴직한 근로자가 임금과 퇴직금을 지급받지 못한 경우 임금채권보장기금에서 사업주를 대신하여 일정범위 내에서 체불임금과 퇴직금을 지급함으로써 근로자와 그 가족의 기본적인 생활안정을 도모하는 제도이다.

이러한 임금보장채권의 구체적인 업무처리는 지방노동관서와 근로복지공단에서 운영하고 있는데, 지방노동사무소에서는 사업주에 대하여 도산판정을 행하고 체불임금의 확인 등 사업장을 관리하며, 근로복지공단은 사업주의 부담금을 징수하고 근로자가 지방노동사무소를 경유하여 미지급된 임금을 청구하는 경우 이를 지급한다.

2. 체당금[171]의 지급

체당금 지급은 1998년 7월 제도시행 이후 2002년 12월 31일까지 2,082개소, 70,905명의 근로자에게 총 2,342억 원(1인당 평균 330만 원)의 체당금을 지급하였다.

이 중 재판상 도산에 의한 경우가 121개소 14,168명(469억 원)이며, 사실상 도산에 의한 경우가 1,961개소 56,737명(1,873억 원)에 이르고 있다.

---

169) 1998.3.24, 대판 96다 24699.
170) 산재·고용보험 실무편람, 노동부·근로복지공단, 2007.
171) 체당금이란 임금채권보장법에서 사업주가 파산하는 경우에 퇴직한 근로자가 지급받지 못한 임금 등에 대하여 노동부장관이 사업주를 대신하여 지급하는 임금을 말한다.

표 10. 체당금 지급현황(98.7.1~02.12.31)[172]

(단위: 개소, 명, 백만 원)

계			사 실 상 도 산			재 판 상 도 산		
사업장	근로자	금 액	사업장	근로자	금 액	사업장	근로자	금 액
2,082	70,905	234,150	1,961	56,737	187,265	121	14,168	46,885

1) 체당금 지급판정(노동부 지방사무소)

체당금 지급사유인 기업의 도산에는 크게 법원이 결정하는 재판상의 도산과 경영악화로 사실상 기업이 정지되어 폐업상태로 되는 사실상의 도산으로 구분된다.

첫째, 재판상의 도산이란 사업주가 법원으로부터 파산선고를 받거나, 화의 개시 결정을 받거나, 회생절차개시의 결정을 받았을 경우 등이 해당된다.

둘째, 사실상의 도산이란 업종구분 없이 상시근로자 300인 이하 사업주로 다음의 요건을 갖추어야 한다.

① 사업이 폐지되었거나 다음과 같이 폐지과정에 있을 것

－주된 업무시설이 압류, 가압류되거나 채무변제를 위하여 양도된 경우(경매가 진행 중인 경우 포함)

－사업에 대한 인가·허가·등록 등의 취소 또는 말소

－주된 생산·영업활동의 1월 이상 중단

② 임금 등을 지급할 능력이 없거나 다음과 같이 지급이 현저히 곤란할 것

－사업주의 재산을 환가하거나 회수하는데 도산등사실인정의 신청일로부터 3월 이상이 소요될 것으로 인정되는 경우

－도산등사실인정일 현재 사업주의 1월 이상 소재불명

이러한 도산등사실인정의 신청은 당해 사업에서 퇴직한 날의 다음날부터 1년 이내에 하여야 한다.

2) 체당금의 지급대상

근로자가 체당금을 지급받을 수 있기 위해서는 다음의 조건을 모두 갖추고 있어야 한다.

첫째, 퇴직 당시의 사업이 임금채권보장법의 적용대상이 된 후 6개월 이상 기간 동

---

172) 2003 노동백서, 노동부, 2003.

안 당해 사업을 행하다가 도산하여야 하고, 둘째, 퇴직 당시의 사업이 체당금 지급사
유인 파산선고 등을 받았거나 도산등사실인정을 받아야 하며, 셋째, 파산선고 등이나
도산등사실인정을 신청한 날을 기준으로 1년 전부터 3년 이내에 당해 사업에서 퇴직
하여야 한다.

이러한 체당금 청구는 파산선고 등이 있거나 도산등사실인정이 있은 날로부터 2년
이내에 청구하여야 한다.

도산등사실인정 사업주 요건(3가지 요건을 모두 충족하여야 함)
① 300인 미만 사업장일 것
② 사업이 폐지되거나, 폐지과정에 있을 것
▶ 영업활동이 1월 이상 중단된 경우 등
③ 임금을 지급할 능력이 없거나 그 지급이 현저히 곤란할 것
▶ 사업주가 1월 이상 소재 불명인 경우 등

3) 체당금의 지급보장 범위
체당금의 지급보장 범위는 미지급된 임금 전부를 보장하지는 않으며, 근로기준법 제
37조에 규정된 최종 3월분의 임금, 휴업수당, 최종 3년간의 퇴직금을 한도로 지급한다.
① 최종 3월분의 임금
퇴직일 또는 사실상 근로관계의 종료일로부터 소급하여 3개월간의 근로로 인하여
지급사유가 발생한 일체의 임금
② 최종 3월분의 휴업수당
퇴직일 또는 사실상 근로관계의 종료일로부터 소급하여 발생한 3개월간의 휴업수당
③ 최종 3년간의 퇴직금
퇴직일을 기준으로 소급한 3년간의 법정퇴직금(90일분의 평균임금)

또한 근로자의 임금수준을 그대로 보장해 주는 것이 아니라 퇴직 당시의 연령에 따른
상한액을 정하여 체당금을 지급한다.

표 11. 임금 1월분(퇴직금 1년분)의 상한액('08.1.1. 시행)

퇴직당시의 연령	월정 상한액(휴업수당)
50세 이상	210만 원(147만 원)
40세 이상~50세 미만	260만 원(182만 원)
30세 이상~40세 미만	240만 원(168만 원)
30세 미만	150만 원(105만 원)

3. 체당금 청구방법

법원의 재판상 도산의 경우에는 그 인정일(파산선고일, 화의개시결정일, 회사정리절차개시 결정일) 또는 지방노동관서의 장이 확인하는 사실상 도산의 경우에는 그 인정일로부터 2년 이내에 지방노동관서의 장에게 신청

체당금 지급대상 근로자 범위에 해당되는 경우에는 근로복지공단에서 체당금을 근로자의 계좌에 입금

① 사업장이 재판상 도산인정(파산선고, 화의개시결정, 회사정리절차 개시결정)을 받은 경우에는 바로 사업장 관할 지방노동관서의 장에게 "체당금 지급청구서"와 확인신청서를 제출합니다. 이때 체당금을 지급받을 수 있는 근로자의 범위는 재판상 도산 신청일 이전 1년 전부터 3년 이내에 퇴직한 근로자이며, 체당금 청구는 재판상 도산인정일로부터 2년 이내에 청구하여야 합니다.

② 사업장이 재판상 도산 인정을 받지 않은 경우에는 당해 사업장을 관할하는 지방노동관서의 장에게 '도산등사실인정신청서'를 제출

☞ 지방노동관서에 임금체불 신고사건(진정·고소·고발)을 이미 제기한 경우라도 '도산등사실인정신청서'를 별도로 제출하여야 합니다. (진정사건 제기와 도산등사실인정신청은 별개)

▶ 도산등사실인정신청은 반드시 퇴직한 날의 다음날부터 1년 이내에 하여야 합니다.

▶ 동일한 사업장에서 퇴직한 근로자 2인 이상이 동시에 도산등사실인정신청을 하는 경우에는 먼저 제출된 신청서를 접수하고, 나중에 접수된 신청서는 반려됩니다.

▶ '도산등사실인정신청서'를 제출하는 때에는 당해 사업장에서 퇴직한 사실을 증명하는 서류, 사업장이 임금채권보장법상 사업주 요건(근로자 수가 300인 미만, 산재보험 적용사업장, 6개월 이상 사업을 행한 사실, 사업이 폐지되었거나 폐지 과

정에 있는 사실, 사업주의 임금지급능력이 없거나 현저히 곤란한 사실)을 갖추었다는 사실을 입증 확인할 수 있는 관련자료를 최대한 확보하여 제출하게 되면 업무처리가 신속히 이루어집니다.

▶ 도산등사실인정을 신청한 사업장에서 퇴직한 근로자는 지방노동관서의 장으로부터 사실상도산인정을 받은 후에 체당금 지급청구가 가능합니다.

◆ 포괄산정임금

1. 포괄산정임금이란?

근로형태·업무의 성질상 근로시간계산이 곤란하거나 재량의 여지가 많은 경우에는 기본급에 일정 법정수당이 포함되어 있다는 내용의 포괄산정임금계약을 체결할 수 있다.173) 즉 포괄산정임금이란 실제 근무실적에 따라 지급되어야 할 시간외·야간 및 휴일수당 등을 근로시간 및 근로형태와 업무의 성질 등을 참작하고 계산의 편의와 직원의 근무의욕을 고취하는 뜻에서 매월 일정액을 제수당으로 지급하는 내용의 계약을 체결한 경우에 이를 포괄산정임금이라고 한다.

2. 포괄산정임금의 요건
1) 계약서상의 명시

포괄산정임금은 근로기준법의 가산임금 지급체계에 대한 예외를 인정하는 것이라는 점에서 명시적으로 근로계약서를 작성하거나 취업규칙 등에 구체적으로 명시하였거나, 적어도 구두로 포괄산정내역에 관해 구체적이고 명시적인 합의가 있어야 한다.

2) 근로자에게 불이익이 없고 정당

단체협약이나 취업규칙에 비추어 근로자에게 불이익이 없고 제반사정에 비추어 정

---

173) 근로시간, 근로형태와 업무의 성질 등을 참작하거나 계산의 편의와 직원의 근무의욕을 고취하는 뜻에서 기본임금을 미리 산정하지 아니한 채 시간외근로 등에 대한 제수당을 합한 금액을 월급여액이나 일당임금으로 정하거나 매월 일정액을 제수당으로 지급하는 내용의 이른바 포괄임금제에 의한 임금지급 계약을 체결한 경우에, 그것이 근로자에게 불이익이 없고 제반 사정에 비추어 정당하다고 인정될 때에는 이를 무효라고 할 수 없다. 1995.7.28, 대판 94다 54542.

당하다고 인정될 때 그 계약이 허용된다.

3. 포괄산정임금의 효과

포괄산정임금계약을 체결한 경우 근로자가 수령한 고정급 연장·휴일근로수당은 포괄산정임금에 해당한다.[174] 따라서 사용자는 별도의 연장·휴일근로수당을 지급하지 않아도 된다.

---

[174] 격일제 경비직은 업무성격상 계약자체가 포괄산정임금제도를 예정하고 있으므로, 회사가 실제 시간외근로에 따라 추가로 수당을 지급해야 할 상황은 발생하지 않는다. 1997.12.14, 대판 95다 4056.

7장 : 근로시간과 휴식 및 휴일

Ⅰ. 근로시간

근로시간은 크게 세 가지 개념으로 구분할 수 있다.

첫째, 사실상 근로자가 사용자의 지휘·감독 아래 근로계약상의 근로를 제공하는 '실근로시간'이 있으며, 둘째로 주44시간제, 주40시간제 등 법에서 정한 근로시간을 말하는 '법정근로시간'(기준근로시간)이 있으며, 마지막으로 법정근로시간의 범위 안에서 근로자와 사용자 사이에 구체적으로 정한 근로시간으로 '소정근로시간'의 개념이 있다.

1. 법정근로시간(기준근로시간)

법정근로시간이란 법에서 정한 근로시간을 말하는데, 현재 노동법에서 정하고 있는 1일 8시간, 1주 40시간을 법정근로시간 또는 기준근로시간이라고 한다. 법정근로시간을 초과하여 근로를 제공하는 경우에는 할증임금이 지급된다.

주 44시간에서 40시간으로 개정된 법정근로시간의 시행 시기는 업종과 규모에 따

라 2004년 7월부터 2011년까지 단계적으로 적용된다.

업종과 규모에 따른 시행 시기는 다음과 같다. 다만, 노사가 합의하여 노동부 장관에게 신고한 경우에는 시행 시기를 앞당겨서 실시할 수 있다.

▶ '04년 7월: 공기업, 금융·보험 및 1,000인 이상 사업장
▶ '05년 7월: 300인 이상
▶ '06년 7월: 100인 이상
▶ '07년 7월: 50인 이상
▶ '08년 7월: 20인 이상
▶ 20인 미만은 2011년을 기한으로 대통령령으로 정함

1) 원칙

1주간의 근로시간은 휴게시간을 제외하고 40시간을 초과할 수 없으며, 1일의 근로시간은 휴게시간을 제외하고 8시간을 초과할 수 없다.[175]
그러나 업종과 규모에 따라 적용되는 시기가 다르므로 주40시간제가 시행되기 이전에는 주44시간이 법정근로시간이 된다.

2) 연소자의 법정근로시간(기준근로시간)

연소자의 근로시간도 일반근로자의 근로시간 단축에 맞추어 주42시간에서 40시간으로 조정되었다. 그리하여 15세 이상 18세 미만인 자의 근로시간은 1일 7시간, 1주일 40시간을 초과하지 못한다. 다만, 당사자 사이의 합의에 따라 1일에 1시간 1주일에 6시간을 한도로 연장할 수 있다.[176]

---

175) 근로기준법 제50조 (근로시간).
176) 근로기준법 제69조 (근로시간).

표 12. 주당 근로시간 개정내용

구 분	구 법	개정법(2003.9.15)
일반근로자	1일 8시간, 주 44시간	1일 8시간, 주 40시간
연소근로자	1일 7시간, 주 42시간	1일 7시간, 주 40시간

2. 근로시간(실근로시간)

1) 근로시간의 의의

근로시간(실근로시간)이란 근로자가 사용자의 지휘·감독 아래 근로계약상의 근로를 제공하는 시간을 말한다.[177]

2) 근로시간의 계산방법

(1) 근로시간의 계산

근로시간의 계산은 근로자가 근로를 제공하기 시작한 시각부터 종료한 시각까지의 총시간에서 휴게(휴식)시간을 공제한 시간으로 산출한다.

예컨대 오전 9시에 출근하여 오후 6시에 퇴근하는 경우 전체 시간은 9시간이 되지만, 중간에 1시간은 휴게시간(식사시간)으로 근로시간에 포함되지 않으므로 실근로시간은 8시간이 된다.

근로기준법에서는 시업시각(출근시간)과 종업시각(퇴근시간)은 근로계약을 체결할 때 사용자가 근로자에게 명시하도록 되어 있다.

---

177) 근로시간이란 근로자가 사용자의 지휘감독 아래 근로계약상의 근로를 제공하는 시간, 실근로시간을 말한다. 1992.10.9, 대법 91다 14406.

(2) 근로시간 계산의 특례

근로자가 출장이나 그 밖의 사유로 근로시간의 전부 또는 일부를 사업장 밖에서 근로하여 근로시간을 산정하기 어려운 경우에는 소정근로시간을 근로한 것으로 본다. 다만, 그 업무를 수행하기 위하여 통상적으로 소정근로시간을 초과하여 근로할 필요가 있는 경우에는 그 업무의 수행에 통상 필요한 시간을 근로한 것으로 본다. 그러나 근로자대표와 서면합의를 한 경우에는 그 합의에서 정하는 시간을 그 업무의 수행에 통상 필요한 시간으로 본다.[178]

(3) 근로시간의 인정 여부

근로기준법상의 근로시간이란 근로자가 사용자의 지휘·감독 아래 근로계약상의 근로를 제공하는 시간으로, 근로자가 작업시간의 도중에 현실로 종사하지 않은 대기시간이나 휴식·수면시간 등이라 하더라도 그것이 휴게시간으로서 근로자에게 자유로운 이용이 보장된 것이 아니고 실질적으로 사용자의 지휘·감독하에 놓여 있는 시간이라면 근로시간에 포함된다.[179]

➢ 대기시간

근로시간은 사용자의 지휘감독 아래에 있는 시간을 말하므로, 대기시간이 사용자의 지휘·명령으로부터 완전히 해방되고 또한 자유로운 이용이 보장되지 않은 경우에는 근로시간에 해당된다.[180][181][182]

---

178) 근로기준법 제58조 (근로시간의 특례).
179) 2006.11.23, 대법 2006다 41990.
180) 1992.04.14, 대법 91다 20548.
181) 근로자가 작업시간의 도중에 현실로 작업에 종사하지 않은 대기시간이나, 휴식·수면시간 등이라 하더라도 그것이 휴게시간으로서 근로자에게 자유로운 이용이 보장된 것이 아니고 실질적으로 사용자의 지휘·감독하에 놓여 있는 시간이라면 이는 근로시간에 포함된다. 2006.11.23, 대법 2006다 41990.
182) 작업을 하지 않는 근로자들이 대기실에서 장기, 바둑, TV시청 등을 하는 형태로써, 대기시간과 근무시간의 구분이 명백하고, 근로자가 사전에 대기시간을 알고 있으며, 그 대기시간 중에는 사업장 밖으로 나갈 수는 없지만 사용자의 지휘·감독을 벗어나 자유로이 이용할 수 있다면 이는 휴게시간으로 인정할 수 있다고 판단된다. 2000.10.25, 근기 68207-3298.

> ## 교육시간

교육시간도 근무시간 이외의 과외시간에 실시되는 근로자의 교육이 사용자의 지휘·감독하에 실시되는 경우에는 근로시간으로 볼 수 있다.[183] 즉 근로자에 대하여 업무와 관련이 있고 생산성 향상과 관련되는 전 근로자에 대한 의무적 교육은 근로시간으로 볼 수 있으나, 업무와 관련이 없는 개인의 교양, 취미 등의 교육은 근로시간으로 볼 수 없다.[184]

> ## 실제근로에 부수된 작업 및 활동

부수업무 시간을 근로자가 자유로이 이용할 수 없고, 실제로 업무수행 또는 업무에 부수되는 근로를 제공하는 시간이라면 이를 휴게시간으로 볼 수는 없으며,[185] 실근로에 부수된 작업이 단체협약·취업규칙 등에 의무화되어 있으면 이에 소요된 시간은 근로시간에 포함된다.

> ## 숙·일직근무

숙·일직은 관행적으로 정상적인 업무로 취급되지 아니하여 별도의 근로계약을 필요로 하지 아니하며 원래의 계약에 부수되는 의무로 이행되어야 하는 것으로서 정상근무에 준하는 임금을 지급할 필요가 없고, 야간·연장·휴일근로수당이 지급되어야하는 것도 아니지만, 숙·일직근무의 내용과 질이 통상근무와 마찬가지로 인정될 때에는 통상의 근로로 보아 가산임금을 지급하여야 한다.[186][187]

> ## 향토예비군훈련

예비군훈련은 향토예비군설치법에 따라 동원이나 훈련을 이유로 불이익한 처우를 하여서는 아니 된다고 규정하고 있으므로 근무시간 중의 예비군훈련은 근로시간으로 인정하여야 한다.

---

183) 1970.12.29, 근기 1455-12429.
184) 1988.3.18, 근기 01254-4100.
185) 2004.5.27, 근기 2651.
186) 1990.12.26, 대판 90다카 13465.
187) 1995.1.20, 대판 93다 46254.

> **조기출근**

조기출근의 경우에는 조기출근을 하지 않을 경우 임금을 감액하거나 복무위반으로 제재를 가하는 권리의무 관계라면 근로시간에 해당이 되며, 그렇지 않을 경우 근로시간에 해당되지 않을 것이다.[188]

3. 소정근로시간

1) 소정근로시간의 의의

소정근로시간이란 법정근로시간의 범위 안에서 근로자와 사용자 사이에 정한 근로시간을 말한다.[189] 따라서 소정근로시간은 일률적으로 정하여지는 것은 아니며, 근로자와 사용자가 자율적으로 정할 수 있다. 그러나 실제로는 근로자가 소정근로시간을 잘 알지 못하고 사용자가 임의로 정하여 사용하는 경우도 있다.

이 소정근로시간은 일급이나 월급을 시간급으로 환산하기 위하여 사용되는 개념으로 소정근로시간을 얼마로 볼 것인가에 따라 시간급 통상임금에 차이가 나고, 또한 시간외·연장·야간근로수당 등 제수당의 계산에서도 차이가 발생하게 된다.

주40시간으로 근로기준법이 개정되고 도입되는 과정에서 진통을 겪었던 이유 중의 한 가지도 여기에 있는데, 똑같은 월급을 받게 되더라도 소정근로시간이 줄어드는 경우에는 시간당 임금이 상승하게 되고,[190] 이에 따른 연장 및 야간근로 등 수당의 증가로 사용자 측의 임금 부담이 증가할 수 있는 것이다.

또한 97년 개정된 근로기준법에서 탄력적근로시간제, 선택적근로시간제, 재량근로제, 인정근로제 등 새로운 근로시간제가 도입되어 그 중요성이 커졌다.

---

188) 1989.1.10, 근기 01254-554.
189) 근로기준법 제2조 (정의) ①. 7. "소정(所定)근로시간"이란 법에 따른 근로시간의 범위에서 근로자와 사용자 사이에 정한 근로시간을 말한다.
190) 월 통상임금 산정기준시간이 226시간에서 209시간으로 변경되는 경우에는 약 10% 정도 시간급 임금이 상승하게 된다.

2) 소정근로시간과 시간급 통상임금

우리나라에서는 대부분의 사업장에서 임금의 지급을 시간급이나 주급보다는 월급제 형태로 운영하고 있다. 이에 따라 시간외·연장·야간근로수당 등 제수당을 산정하기 위해서는 월급을 시간급으로 역산하는 절차가 필요하게 된다.

즉 월급을 소정근로시간과 소정근로시간외의 유급으로 처리되는 시간을 합산하면 통상임금 산정을 위한 근로시간 수가 산출되고, 월 통상임금을 통상임금 산정 근로시간 수로 나누면 시간급 통상임금이 나오게 된다.

▶ 통상임금 산정 근로시간 수＝소정근로시간＋소정근로시간외 유급 처리되는 시간[191]
▶ 시간급 통상임금＝월 통상임금÷통상임금 산정 근로시간 수

위와 같이 산출된 시간급에 할증률을 더하여 시간외 수당 등을 지급하게 된다.
현실적으로는 사용되고 있는 통상임금 산정을 위한 기준근로시간으로는 184시간, 192시간, 209시간, 226시간, 240시간, 243시간 등이 있다.[192]

(1) 209시간의 통상임금 산정 근로시간

주당 법정근로시간이 40시간으로 단축됨에 따라 소정근로시간을 209시간으로 하거나, 주40시간제하에서 달리 정한 바가 없으면 통상임금 산정기준 시간 수는 209시간으로 볼 수 있는데 다음과 같이 통상임금 산정 근로시간을 계산할 수 있다.

주당 근로시간이 40시간이며, 유급처리되는 시간이 없는 경우 209시간이 된다.

(40＋8) × 52(주) ÷ 12(월)＝209시간

※ 위의 산식에서 8시간이 더해지는 이유는 실제로 근로하는 40시간과 유급 주휴

---

191) 소정근로시간외 유급 처리되는 시간이란 유급 주휴일(통상 일요일)에 해당하는 8시간 등의 경우를 말한다. 개정법 시행 시 토요일을 무급으로 할 경우에는 산정기준시간 계산시 이를 제외하나, 유급처리키로 한 경우에는 포함하여야 한다.
192) 월 통상임금 산정기준시간으로는 주40시간제에서는 209시간, 주44시간제에서는 226시간이 많이 사용된다.

일에 해당하는 8시간을 합하여 1주당 48시간을 통상임금 산정 근로시간으로 보게 된다는 것이다.

(2) 220시간의 통상임금 산정 근로시간

220시간의 계산은 주6일 44시간의 근로시간을 반영하여 계산한 것이다.

계산방식은 (44시간/6일) × 30일=220시간으로 주44시간제하에서 226시간으로 행정해석을 하기 이전의 산정방식이다.

(3) 226시간의 통상임금 산정 근로시간

226시간은 유급 주휴일을 포함한 연간의 평균적인 월소정근로시간을 감안하여 계산하는 방법으로 주44시간제하에서 법원과 행정해석에서 기준이 되었던 방법이다.

계산방식은 다음과 같다.

(44시간+8시간)/(6일+1일) × 30일=226시간

(4) 240시간의 통상임금 산정 근로시간

240시간은 월30일에 1일의 소정근로시간인 근무시간 8시간을 곱하여 산출하는 방식이다.

8시간 × 30(일)=240시간

(5) 243시간의 통상임금 산정 근로시간

243시간은 1주 40시간제를 실시하는 사업장에서 근로제공의무가 없는 토요일 8시간을 유급처리하는 경우에 1주 40시간을 근로할 경우의 월 209시간에 매주 유급처리되는 8시간분을 합하여 월 243시간으로 정하는 방식이다.

위와 같이 사용되는 통상임금 산정 근로시간으로 통상임금(월)이 90만 원인 경우 시간급(통상임금/통상임금 산정 근로시간)과 시간당 연장근로수당(시간급 × 1.5) 및 연장근로와 야간근로가 중복된 경우의 수당(시간급 × 2.0)을 계산하여 보면 다음의 표와 같다.

표 13. 통상임금이 90만 원인 경우 통상임금 산정 근로시간별 수당

통상임금 산정 근로시간	209시간	220시간	226시간	240시간	243시간
시간급	4,300원	4,090원	3,980원	3,750원	3,700원
연장수당(1.5)	6,450원	6,130원	5,970원	5,620원	5,520원
연장·야간수당(2.0)	8,610원	8,180원	7,960원	7,500원	7,400원

표 13에서 보듯이 통상임금이 90만 원이더라도 통상임금 산정 근로시간 수에 따라 연장수당은 많은 경우 20%까지 차이가 나며, 연장·야간·휴일수당이 각각 중복되어 가산되는 경우의 금액차이는 더 커지게 된다.

4. 연장근로

1) 연장근로의 개념

연장근로란 근로기준법 제50조에서 정한 기준(법정)근로시간을 초과하는 근로를 말하며, '시간외근로'라고도 한다. 즉 1일의 근로시간이 8시간을 초과하거나, 1주간의 근로시간이 40시간을 초과하는 경우 연장근로에 해당한다. 주 40시간근무제가 도입되지 않은 사업장의 경우에는 1주간의 근로시간이 44시간을 초과하는 경우 연장근로에 해당될 것이다.

2) 연장근로의 제한[193]

(1) 원칙

근로자와 사용자 간에 합의하면 1주간에 12시간을 한도로 제50조의 근로시간을

---

193) 근로기준법 제53조 (연장근로의 제한) ① 당사자 간에 합의하면 1주간에 12시간을 한도로 제50조의 근로시간을 연장할 수 있다.

연장할 수 있다. 한편 주40시간제로 법이 개정되면서 기업의 부담을 완화하기 위하여 개정법 시행 후 3년간은 연장근로 한도를 1주 12시간에서 16시간으로 하도록 하고 있다.194)

(2) 예외

사용자는 특별한 사정이 있으면 노동부장관의 인가와 근로자의 동의를 받아 1주간에 12시간을 초과하여 근로시킬 수 있다. 다만, 사태가 급박하여 노동부장관의 인가를 받을 시간이 없는 경우에는 사후에 지체 없이 승인을 받아야 한다.195)

특별한 사정이 있는 경우란 당해 사업 또는 사업장에서 자연재해, 재난관리법상의 재난 또는 이에 준하는 사고가 발생하여 이의 수습을 위하여 연장근로가 불가피한 경우에 한한다.196)

Ⅱ. 휴게(휴식)

1. 휴게시간의 개념

휴게시간이란 휴게시간, 대기시간 등 명칭 여하에 불구하고 근로자가 사용자의 지휘·감독으로부터 벗어나 자유롭게 사용할 수 있는 시간을 말한다.197) 즉 휴게시간이

---

194) 근로기준법 부칙 제6조 (연장근로에 관한 특례) 부칙 각호의 시행일로부터 3년간은 연장근로의 제한에 관한 규정을 적용함에 있어 12시간은 이를 각각 16시간으로 한다.
195) 근로기준법 제53조 (연장근로의 제한) ③ ~.
196) 근로기준법 시행규칙 제9조 (특별한 사정이 있는 경우의 근로시간의 연장 신청 등).
197) 근로기준법상의 휴게시간이란 근로자가 근로시간 도중에 사용자의 지휘·명령으로부터 완전히 해방되고 또한 자유로운 이용이 보장된 시간을 의미한다. 1992.4.14, 대법 91다 20548.

란 근로자가 계속해서 근로할 경우, 육체적 정신적 피로가 쌓이게 되므로 근로자의
피로를 회복시키고 권태감을 감소시켜 노동력의 재생산 및 작업의욕을 확보하는 데
그 목적이 있다. 따라서 휴게시간 중에는 사용자로부터 작업에 관한 지휘·감독의 속
박으로부터 완전히 벗어나게 되는 것이며, 이에 따라 휴게시간은 근로시간에 포함
되지 않고 임금도 지급되지 않는다.

일반적으로 기업에서는 점심시간을 휴게시간으로 사용하게 하고 있다. 즉 근무시
간이 오전 9시부터 오후 6시까지인 경우 총 9시간이지만 1시간의 휴게시간(점심시
간)을 제하여 1일의 법정기준근로시간인 8시간이 되는 것이다.

2. 휴게시간의 길이와 부여 방법

사용자는 근로시간이 4시간인 경우에는 30분 이상, 8시간인 경우에는 1시간 이상
의 휴게시간을 근로시간 도중에 주어야 한다.[198] 단, 판례에서는 작업 도중 1시간의
식사시간을 부여하면 식사시간을 휴게시간으로 보아 별도의 휴게시간을 주지 않아
도 무방하다고 하고 있다.[199]

3. 휴게시간의 이용

휴게시간은 근로자가 근로의 제공으로부터 완전히 이탈하여 자유롭게 이용할 수
있어야 한다.[200][201] 따라서 사업장 내에서 어느 정도 자유롭게 대기는 하고 있으나,
사용자로부터 언제 근로의 요구가 있을지 모르는 상태에서 근로자가 대기 중일 경

---

198) 근로기준법 제54조 (휴게).
199) 1994.3.8, 대법 93다 32408.
200) 근로기준법 제54조 (휴게) ② 휴게시간은 근로자가 자유롭게 이용할 수 있다.
201) 1992.8.11, 근기 01254-1344.

우에는 그 대기 중의 시간은 휴게시간이라고는 볼 수 없다.[202]

4. 휴게시간의 변경

다음에 해당하는 사업에 대하여 사용자가 근로자대표와 서면합의를 한 경우에는 휴게시간을 변경할 수 있다.[203]

1. 운수업, 물품 판매 및 보관업, 금융보험업
2. 영화 제작 및 흥행업, 통신업, 교육연구 및 조사 사업, 광고업
3. 의료 및 위생 사업, 접객업, 소각 및 청소업, 이용업
4. 그 밖에 공중의 편의 또는 업무의 특성상 필요한 경우로서 대통령령으로 정하는 사업

5. 벌칙

사용자가 근로기준법 제54조에 위반하여 근로자에게 휴게시간을 주지 않거나, 자유로운 휴게시간을 주지 않는 경우에는 2년 이하의 징역 또는 1,000만 원 이하의 벌금에 처해진다.

---

202) 1980.5.15, 법무 811-28682.
203) 근로기준법 제59조 (근로시간 및 휴게시간의 특례).

Ⅲ. 휴일

1. 휴일의 개념

휴일204)이란 법이나 단체협약 또는 취업규칙(사규)에 정해진 근로제공의 의무가 없는 날을 말한다.205)

법에서 정한 휴일로는 주휴일과 근로자의 날이 있는데, 근로기준법에서는 주휴일에 관해 "사용자는 근로자에게 1주일에 평균 1회 이상의 유급휴일206)을 주어야 한다"고 정하고 있다. 따라서 일용직이라 하더라도 1주일의 소정 근로일을 개근한 경우에는 주휴일을 부여하여야 한다.207)

이러한 주휴일은 일반적으로 일요일을 주휴일로 사용하게 하고 있으나, 반드시 일요일이 아니라도 다른 특정 요일을 정하여 실시할 수 있다.208)209) 즉 백화점과 같

---

204) 휴가는 본래 근무일인데도 불구하고 근로제공의무가 면제되는 데 반하여, 휴일은 처음부터 근로제공의 의무가 없는 점에서 차이가 있다.

205) 근로기준법상 휴일이란 근로자가 사용자에 대하여 근로제공의 의무가 없는 날을 말하며, 근로기준법상 휴일이란 사용자가 근로자의 노무수령을 할 수 있는 상태임에도 근로자의 신청에 의하여 사용자가 그날의 근로제공의무를 면제시켜 주는 것을 말한다. 1999.12.15, 근기 68207-883.

206) 유급휴일이라 함은 근로를 제공하였더라면 지급받을 수 있었던 금액을 지급받으면서 근로제공의 의무는 없는 것으로 정하여진 날임. 유급휴일에 근로를 제공하는 경우에는 근로제공이 없더라도 지급받을 수 있었던 임금(100%)에 근기법 제56조의 규정에 의한 휴일근로가산금(150%)을 추가로 지급하여야 할 것임. 2004.4.30, 근기-2156.

207) 2005.6.16, 근로기준과-3204.

208) 근로기준법 제55조에서 사용자는 근로자에게 1주일에 평균 1회 이상의 유급휴일을 주도록 규정하고 있는바, 여기서 1주일이라 함은 연속된 7일의 기간을 의미하고, 그 기간 중 1일을 주휴일로 부여하면 되므로 주휴일간의 간격이 반드시 7일이 되어야 하는 것은 아니다. 즉 주휴일간의 간격이 7일이 넘는 경우도 있고 미달하는 경우가 있다 하더라도 법위반으로 볼 수 없으며, 주휴일간의 간격이 7일이 넘는다 하여 그 7일째 되는 근무일이 주휴일로 되는 것도 아니다. 2002.12.2, 근기 68207-3309.

209) 1987.8.11, 근기 01254-12890.

은 서비스 업종의 경우 주말에 근무하게 하는 대신 다른 특정 요일에 유급휴일을 줄 수 있는 것이다. 이 경우 주휴일의 간격이 7일에 미달하거나 초과하는 경우가 있다고 하더라도 법위반으로 볼 수 없다.

근로자의 날은 "근로자의날제정에관한법률"에 의해 5월 1일로 정하여져 있으며, 그 이외에 "국경일에관한법률" 및 "관공서의공휴일에관한규정"에 의한 공휴일이 있으나, 공휴일210)은 관공서가 쉬는 날로서 노동법에 의해 쉬는 날로 정해져 있지는 않다. 따라서 당연히 일반기업의 근로자에게까지 휴일이 되는 것은 아니지만,211) 대부분의 기업에서 취업규칙(사규)상의 휴일로 정하거나 관행적으로 휴일로 인정하여 쉬고 있다.212)

2. 주5일제 도입과 토요일

법정근로시간이 1주 40시간으로 단축되었다고 하여 당연히 토요일이 휴일이 되는 것은 아니다.

근로기준법 제54조에서 사용자는 주1일의 유급휴일을 주도록 하고 있을 뿐이므로, 1주일 중 소정 근로일이 5일(월요일~금요일)인 경우 유급휴일은 1일(통상 일요일)이고 나머지 1일(통상 토요일)은 노사가 별도로 정하지 않는 이상 무급휴무일이다.213)

---

210) 공휴일은 관공서의 공휴일에 관한 규정에 의하여 관공서가 휴무하는 날로서 공무원에게만 적용되고 일반 사업장에서 당연히 휴일이 되는 것은 아니다. 일반 사업장의 휴일은 근로기준법에 의한 주휴일과 근로자의날제정에관한법률상의 근로자의 날 기타 단체협약, 취업규칙, 근로계약에 휴일로 할 것인지의 여부를 정하여야 하고 별도로 정한 바가 없다면 사용자가 근로자에게 공휴일을 휴일로 부여할 의무는 없으며 동 휴일에 근무하더라도 근로기준법상의 휴일근로수당이 발생치 아니한다. 1991.3.23, 근기 01254-4043.

211) 국경일과 공휴일의 휴일여부는 단체협약과 취업규칙에서 정한 바에 따라 결정할 사항이다. 1987.2.25, 근기 01254-3065.

212) 사용자가 근로자에게 법정휴일 이외에 단체협약이나 취업규칙 등에서 별도의 휴일을 부여할 수 있는데 이를 약정휴일이라고 한다. 이때 그 휴일을 유급 또는 무급으로 할 것인지는 노사 당사자의 정함에 따른다.

이 경우 토요일에 근로를 시키는 경우 휴일근로 수당은 발생하지 않으며 주40시간을 초과하였거나 1일 8시간을 초과한 경우에 연장근로수당만 발생한다.

3. 휴일근로(연장근로)의 거부

휴일은 법률 또는 단체협약 등에서 근로제공의 의무가 없는 날이므로 사용자는 이를 임의로 변경하거나 폐지할 수 없다. 따라서 근로자의 동의가 없는 한 사용자는 휴일근로를 시킬 수 없다. 다만, 판례는 단체협약에 업무상 필요가 있을 때에는 회사가 휴일근로를 시킬 수 있도록 정하여져 있어서 관행적으로 휴일근로를 시켜 왔다면, 근로자들이 휴일근로를 거부하는 것은 쟁의행위에 해당하는 것으로 보고 있다.[214]

4. 벌칙

근로기준법 제54조 1주일의 소정근로일수를 개근한 근로자에게 평균 1회 이상의 유급휴일을 주지 않는 사용자에게는 2년 이하의 징역 또는 1,000만 원 이하의 벌금이 부과된다.

---

213) 토요일을 노사합의에 의하여 유급휴일 또는 무급휴일로도 정할 수 있으며, 이 경우 휴일근로수당 및 연장근로수당이 각각 다르게 산출된다. 즉 토요일을 무급으로 할 경우에는 월통상임금산정 기준시간이 209시간이 되며, 주당 4시간을 유급으로 처리하는 경우에는 226시간이 된다.
214) 1991.7.9, 대판 91도1051.

Ⅳ. 연장·야간 및 휴일근로(가산임금)

근로기준법 제56조에서 "사용자는 연장근로와 야간근로(오후 10시부터 오전 6시까지 사이의 근로) 또는 휴일근로에 대하여는 통상임금의 100분의 50 이상을 가산하여 지급하여야 한다"라고 규정하고 있다.

따라서 근로자가 약정된 근로 이외에 근로기준법상의 연장근로, 야간근로, 휴일근로를 실제로 한 경우에는 그 근로시간에 당연히 지급되어야 하는 임금 외에 추가로 100분의 50을 가산하여 100분의 150에 해당되는 임금이 지급되어야 한다.

이러한 임금을 보통 시간외근로수당, 야간근로수당, 휴일근로수당이라 하며, 근로계약을 체결할 때 임금과 각종 수당에 연장·야간 및 휴일근로수당이 포함되어 있다는 내용의 특약을 두지 않는 경우에는 연장·야간 및 휴일근로수당은 가산하여 별도로 지급하여야 한다.[215]

한편 개정법에서는 개정법 시행 후 3년간 한시적으로 연장근로 한도를 1주 12시간에서 16시간으로 확대하고 최초 4시간에 대해서는 할증률을 50%에서 25%로 인하하였다. 근로시간 단축에 따라 작업방식 변경, 인력충원 등에 준비기간이 필요하고 기업의 부담을 완화하기 위하여 한시적인 경과조치를 둔 것이다.

---

215) 사용자와 근로자 사이에 기준 근로시간을 초과한 근로 등에 대하여 매월 일정액을 제수당으로 지급한다는 내용의 포괄임금제에 의한 임금지급계약이 체결된 경우, 근로자가 포괄임금으로 지급받은 연장근로수당 또는 이에 갈음한 시간외수당, 야간수당, 휴일수당 등에는 근기법의 규정에 의한 시간외근로수당, 야간근로수당, 휴일근로수당이 모두 포함되어 있다고 볼 것이다. 2002.6.14, 대판 2002다 16958.

1. 연장근로(시간외근로)

1) 연장근로의 개념

연장근로란 1일의 기준근로시간인 8시간을 초과한 근로를 말한다.

2) 연장근로수당(시간외근로수당)

1일 기준근로시간(8시간)을 초과하거나 1주 40시간을 초과하는 경우에는 그 초과시간에 대하여 통상임금[216]의 50% 이상을 지급하여야 한다. 다만, 법내연장근로, 즉 기준근로시간 이내의 근로시간을 정한 경우(ex: 1일 근로시간을 7시간 또는 6시간으로 정한 경우 등)에는 8시간 이내인 경우 시간외근로수당을 지급하지 아니하여도 무방하다. 법내연장근로에 대해서는 그 근로에 대하여 당연히 지급되어야 하는 소정의 임금으로서 통상임금(100분의 100)만을 지급받을 수 있을 뿐이고 별도로 시간외근로수당이 가산하여 지급되는 것은 아니다.

또한 연봉제 근로자도 당연히 근로기준법상 기준근로시간의 적용을 받으며, 연장근로 등에 대해서는 통상임금의 50% 이상을 가산하여 지급하여야 한다.

3) 시간외근로의 특례

다음에 해당하는 사업에 대하여 사용자가 근로자대표와 서면합의를 한 경우에는 주 12시간을 초과하여 연장근로를 하게 하거나 휴게시간을 변경할 수 있다.

1. 운수업, 물품판매 및 보관업, 금융보험업
2. 영화 제작 및 흥행업, 통신업, 교육연구 및 조사 사업, 광고업

---

216) "통상임금"이라 함은 근로자에게 정기적·일률적으로 지급하기로 정하여진 시간급 금액·일급 금액 주급 금액·월급 금액 또는 도급 금액을 말한다.

3. 의료 및 위생 사업, 접객업, 소각 및 청소업, 이용업
4. 그 밖에 공중의 편의 또는 업무의 특성상 필요한 경우로서 대통령령으로 정하는 사업

2. 휴일근로

1) 휴일근로의 개념

휴일근로란 근로자의 근로제공의무가 없는 날의 근로를 말하는데, 근로기준법 제55조에서 정한 주휴일, 근로자의 날, 단체협약이나 취업규칙에서 휴일로 정한 공휴일 등 휴일로 정하여진 날의 근로가 휴일근로에 해당된다.

2) 휴일근로수당

휴일근로에 대하여도 통상임금의 100분의 50 이상을 가산하여 지급하여야 한다.
예를 들면 유급휴일인 일요일에 일당 1,000원인 근로자가 근무하는 경우 유급휴일에 당연히 지급되는 유급휴일수당 1,000원, 당일 근로한 대가의 임금 1,000원에 휴일근로수당 500원을 합하여 총 2,500원을 지급하여야 한다.[217][218]
무급휴일에 근로할 경우에는 당일에 근로한 대가의 임금 1,000원과 휴일근로수당 500원 합계 1,500원을 지급하여야 할 것이다.

---

217) 1981.4.7, 법무 811-10695.
218) 1981.5.7, 근기 1455-14157.

3. 야간근로

1) 야간근로의 개념

야간근로란 오후 10시부터 오전 6시까지의 근로를 말한다.

2) 야간근로수당

야간근로에 대하여도 통상임금의 100분의 50 이상을 가산하여 지급하여야 한다. 야간근로수당도 위의 휴일근로수당과 같은 산정방식으로 계산하여야 한다.

3) 일·숙직근로와 야간수당

일반적으로 숙직업무가 본래의 정상적인 업무가 연장된 경우는 물론이고 그 내용과 질이 평상시의 근로와 마찬가지라고 평가되는 경우의 초과근무에는 야간·휴일근로수당 등을 지급하여야 한다.[219]

4. 가산사유의 중복

연장근로, 휴일근로 및 야간근로 등이 중복되는 경우 각각 가산하여 지급하여야 한다.[220] 예를 들면 휴일에 1일 기준 근로시간 초과근로를 할 경우에 당해 근로에 대한 대가 100%와 시간외근로에 대한 할증 50% 및 휴일근로수당 50% 합계 200%를 지급하여야 하며, 야간근로인 경우 야간근로수당도 50% 추가하여 지급하여야 한다.[221]

---

219) 대판 2000.9.22, 99다 7637.
220) 대판 1991.3.22, 90다 6543.
221) 가산임금관련 행정해석 변경, 1993.05.31, 근기 01254－1099.

5. 벌칙

사용자가 근로기준법 제56조 연장·야간 및 휴일근로에 대하여 가산임금을 지급하지 않은 경우에는 근로기준법 제109조에 의해 3년 이하의 징역 또는 2,000만 원 이하의 벌금에 처한다.

6. 주40시간제 도입에 따른 경과 조치

개정법은 근로시간 단축에 따른 교대제 등 작업방식 변경, 인력충원 등에 준비기간이 필요하고 기업의 인건비 부담을 완화하기 위하여 한시적인 경과조치를 두었는데, 주40시간제 근무 시행 후 3년간은 한시적으로 연장근로 한도를 1주 12시간에서 16시간으로 확대하고, 최초 4시간에 대해서는 할증률을 50%에서 25%로 인하하여 지급할 수 있게 하였다.[222]

연장근로시간 중 '최초 4시간'이란 1일 8시간을 초과하거나 1주 40시간을 초과하여 최초로 발생하는 4시간분의 연장근로를 말한다.

V. 월차유급휴가

1. 월차유급휴가의 의의

월차유급휴가는 개정된 근로기준법에서는 폐지된 조항이지만 개정법이 적용되기

---

222) 근로기준법 부칙 제6조 (연장근로에 관한 특례).

전까지 적용될 구근로기준법에 의하면 사용자는 1월에 대하여 1일의 유급휴가를 주어야 한다.

이러한 월차유급휴가제도는 장기간 소정의 근로를 한 근로자에게 매월 1일의 유급휴가를 부여함으로써, 소정의 근로에 따른 피로의 회복을 통한 휴양의 기회를 제공하고 이러한 정신적·육체적 휴양을 통하여 문화적 생활의 향상을 기하려는 데 입법취지가 있다.[223] 따라서 이를 수당으로 대체 지급하고자 한 취지는 아니었으나, 실제 월차휴가를 사용하는 경우가 적어 월차휴가에 대하여는 계속 존폐의 논란이 있었으며, 2003년 개정된 근로기준법에서 월차유급휴가가 폐지되고 연차휴가일수를 늘리는 방향으로 법이 개정되었다. 새로운 법이 적용되기 전까지 적용되는 월차휴가에 대한 내용을 살펴보면 다음과 같다.

2. 월차유급휴가의 발생

월차유급휴가는 1월간 계속 근로한 자에 대하여 지급하는 휴가이다. 따라서 계약직, 임시직, 단시간근로자일지라도 1개월 이상 근로가 계속되면 월차유급휴가를 주어야 한다. 다만, 4주간을 평균하여 1주간의 소정근로시간이 15시간 미만인 근로자에 대하여는 퇴직금, 주휴일, 연·월차 유급휴가의 규정이 적용되지 않으므로 월차유급휴가를 주지 않아도 된다. 또한 산전·산후휴가로 출근하지 않은 경우에도 월차유급휴가를 주지 않아도 된다.[224]

---

223) 1995.06.29, 대법 94다 18553.
224) 월의 전 기간이 산전·산후휴가에 해당되어 사실상 출근한 날이 전혀 없는 경우에는 월차유급휴가가 발생되지 않으므로 사용자는 월차휴가를 부여할 의무가 없다. 1994.6.29, 근기 68207-1043.

3. 월차유급휴가의 소멸

월차유급휴가는 발생 후 1년이 지나면 소멸하지만, 휴가에 대신한 통상임금을 지급하여야 한다. 즉 월차유급휴가를 사용하지 않을 경우 휴가에 대신한 통상임금이 지급되고, 휴가일에 근무할 경우 유급으로 당연히 지급되는 100%와 당일 근로분 100%를 합한 200%가 임금지급률이 되며,[225] 휴일이 아닌 휴가이기 때문에 가산임금은 지급받을 수 없다.[226]

4. 개정법과 월차유급휴가

월차휴가는 개정법이 시행되기 전에 1월간 개근한 경우에만 발생하고 개정법이 시행된 이후에는 발생하지 않는다.[227] 즉 '04.7.1. 개정법을 시행하는 사업장에서 '04.1.1.~6.30. 동안 개근한 경우하면 6일의 월차휴가가 발생하고, 이후에는 월차휴가는 발생하지 않는다. 그러나 개정법에서도 월차유급휴가는 폐지되었지만 유사한 개념으로 계속근로연수가 1년 미만인 근로자에게 1월간 개근 시 1일의 연차유급휴가를 주어야 한다고 규정하고 있다.[228]

---

225) 1987.5.15, 근기 01254-7864.
226) 연·월차 및 생리휴가는 근로기준법의 주휴일과는 별개의 것으로 휴일근로에 대한 통상임금 50/100의 가산임금을 지급받을 수 없다. 1982.9.14, 근기 1455-25558.
227) 근로기준법 부칙 제8조 (연차 및 월차 유급휴가에 관한 경과조치) 개정법률 시행 이전에 발생한 월차유급휴가 및 연차유급휴가에 대하여는 종전의 규정에 따른다.
228) 근로기준법 제60조 (연차유급휴가) ② 사용자는 계속하여 근로한 기간이 1년 미만인 근로자에게 1개월 개근 시 1일의 유급휴가를 주어야 한다.

Ⅵ. 연차유급휴가

1. 연차유급휴가의 의의

연차휴가는 일정기간 유급으로 휴가를 부여함으로써 근로자의 육체적·정신적 건강을 보호하고 문화생활을 확보하는 데 그 취지가 있다. 2004년 개정법에서는 법정 근로시간 단축에 따라 휴가일수가 국제기준에 부합하도록 합리적으로 조정되었다.

2. 연차유급휴가일수

1) 구법의 연차유급휴가일수

개정된 법이 적용되기 전까지 연차유급휴가는 1년간 개근한 근로자에 대하여 10일, 9할 이상 출근한 자에 대하여는 8일의 유급휴가를 주어야 한다. 2년 이상 계속 근로한 근로자에 대하여는 1년을 초과하는 계속근로연수 1년에 대하여 1일을 가산한 유급휴가를 주어야 한다. 다만, 그 휴가일수가 20일을 초과할 경우에는 그 초과하는 일수에 대하여는 통상임금을 지급하고 유급휴가를 주지 않을 수 있다.

예를 들면 2000년 6월 1일 입사한 근로자가 2001년 4월 30일까지 개근하였다면 2001년 6월 1일부터 10일, 2002년 6월 1일 11일, 2003년 6월 1일에 12일의 연차유급휴가가 발생된다. 하지만 근로기준법의 규정에 의한 연차유급휴가일수는 위와 같이 정하여지는 것이 원칙이지만, 인사관리의 편의상 각 기업에서는 회계연도(1.1.~12.31.)를 기준으로 연차휴가를 산정하는 경우가 많다. 이 경우 연도 중 입사자에게 불리하지 않게 휴가를 부여하려면, 입사한 지 1년이 되지 못한 근로자에게 다음 연도에 입사연도의 근속기간에 비례하여 휴가를 부여하고 이후 연도부터는 회계

연도를 기준으로 연차유급휴가를 부여하면 된다.[229]

예컨대 위의 경우와 같이 2000년 6월 1일 입사하였다면 2001년 1월 1일 5일(10일 × 0.5년)의 유급휴가를 부여하고, 2002년 1월 1일에 10일, 2003년 1월 1일에 11일 이상의 연차휴가를 부여하는 방식이다.

2) 개정법과 연차유급휴가일수[230]

2004년 법정근로시간이 단축됨에 따라 휴가일수가 국제기준에 부합하도록 합리적으로 조정되었는데 그 내용을 살펴보면 다음과 같다.

(1) 원칙

사용자는 1년간 8할 이상 출근한 근로자에게 15일의 유급휴가를 주어야 한다.[231]

이때 근로자가 업무상의 부상 또는 질병으로 휴업한 기간과 산전·산후의 여자가 휴업한 기간은 출근한 것으로 본다.

그리고 3년 이상 계속 근로한 근로자에 대하여는 위의 휴가일수에 최초 1년을 초과하는 계속근로연수 매 2년에 대하여 1일을 가산한 유급휴가를 주어야 한다. 이 경우 가산휴가를 포함한 총 휴가일수는 25일을 한도로 한다.

한편 개정법이 시행되더라도 종전의 근속연수는 계속 인정되며 연차휴가 산정방법만 개정법에 의하게 된다.

표 14. 근속기간별 휴가일수 산정 예

근속기간	1년	2년	3년	4년	5년	20년	21년	25년
휴가일수	15일	15일	16일	16일	17일	24일	25일	25일

---

229) 2003.5.23, 근기 68207－620.
230) 개정근로기준법 시행지침 2003.12. 노동부 참조.
231) 근로기준법 제 59조 (연차유급휴가).

(2) 1년 미만 근속자의 연차휴가 산정방법

1년 미만 근속자에 대해서도 매 1월간 개근 시 1일의 연차휴가가 발생한다.

개정법에서 월차휴가가 폐지되면서 1년 미만 근속자에게는 휴가가 전혀 부여되지 않으므로 이를 대체하여 생긴 조항이다.

근로자가 최초 1년간 8할 이상 출근한 경우 1월당 1일의 휴가를 포함하여 총 15일의 연차휴가가 발생하는데, 1년 미만의 근속기간 중에 1월당 1일씩 발생하는 휴가를 사용한 경우에는 그 사용한 휴가일수만큼 15일에서 공제하여 부여한다. 예를 들면 2004.7.1. 개정법이 적용되는 사업장에서 2005년 1월 1일 입사한 근로자의 경우 각 1월간 개근하면 2월 1일부터 12월 1일까지 총 11일의 연차휴가가 발생하고 다음 연도 1월 1일에 그 11일을 포함한 15일의 휴가가 발생한다. 그러나 1년 미만 근속기간 내에 6일의 휴가를 사용하였다면 다음 연도 1월 1일에 9일의 휴가가 발생한다.

(3) 회계연도 단위로 일률적으로 연차휴가를 부여하는 경우에 연도 중 입사자에 대한 휴가일수 산정 방법

현행 휴가단위는 입사일을 기준으로 산정해야 함이 원칙이나 노무관리의 편의를 위해 회계연도 등을 기준으로 전 근로자에게 일률적으로 부여할 수도 있다. 그러나 이 경우에도 근로자에게 불리하지 않아야 하므로 연도 중 입사자에 대해서는 다음 연도 1월 1일에 근속기간에 비례하여 미리 휴가를 부여해야 한다.[232]

예를 들면 2002년 7월 1일 입사자의 경우 근속기간이 연차휴가 산정대상 기간의 절반에 해당하므로 2003년 1월 1일에 5일의 휴가를 미리 부여하고, 2004년 1월 1일부터 10일의 휴가를 부여하는 등 1년 단위의 정상적인 휴가산정을 하면 된다.

정확한 산식은 10일 × (근속기간의 총일수 / 365일)로 하면 된다. 개정법하에서도 동일하게 취급해야 하나 1년 미만 근속기간 중 발생하는 연차휴가의 처리를 주의해

---

232) 회계연도를 기준으로 휴가를 계산할 경우 연도 중 입사자에게 불리하지 않게 휴가를 부여하려면, 입사한 지 1년이 되지 못한 근로자에 대하여도 다음 연도에 입사연도의 근속기간에 비례하여 유급휴가를 부여하고 이후 연도부터는 회계연도를 기준으로 연차 유급휴가를 부여하면 될 것임. 2003.5.23, 근기 68207-620.

야 한다.

2004년 7월 1일 입사자의 경우에 2004년 7월 1일부터 12월 31일까지 매월 개근할 경우 8월 1일, 9월 1일, 10월 1일, 11월 1일, 12월 1일, 2005년 1월 1일에 각 1일씩 총 6일의 연차휴가가 발생하는데, 2005년 1월 1일에 6일의 휴가를 포함하여 미리 7.5일(15일 × 0.5년)의 휴가를 부여하되, 6일의 휴가 중 3일의 휴가를 사용했다면 이를 공제하고 4.5일의 휴가를 부여하면 된다.

2005년 1월 1일부터 5월 31일까지 매월 개근할 경우 2월 1일, 3월 1일, 4월 1일, 5월 1일, 6월 1일에 각 1일씩 총 5일의 연차휴가가 발생하며, 2006년 1월 1일에 5일의 휴가를 포함하여 15일의 연차휴가가 발생하는데, 5일의 휴가 중 4일을 2005년에 사용했다면 이를 공제하고 11일의 휴가를 부여하면 된다.

2007년 1월 1일부터는 2007년 1월 1일에 15일, 2008년 1월 1일에 16일, 2009년 1월 1일에 16일, 2010년 1월 1일에 17일 등 정상적으로 휴가를 부여할 수 있다.

3. 연차유급휴가의 사용

유급휴가는 근로자의 청구가 있는 시기에 주어야 하며, 그 기간에 대하여는 취업규칙이나 기타로 정하는 바에 의한 통상임금 또는 평균임금을 지급하여야 한다. 다만, 근로자가 청구한 시기에 유급휴가를 주는 것이 사업운영에 막대한 지장이 있는 경우에는 그 시기를 변경할 수 있다.

4. 연차유급휴가의 사용촉진

현행법은 연차휴가를 유급으로 부여하도록 되어 있으나, 근로자가 휴가를 사용하지 않은 경우 그 미사용한 휴가에 대하여 휴가수당으로 보상해야 한다는 규정은 없다. 그러나 대법원 판례[233])에서는 휴가사용기간(1년)이 경과한 경우 연차휴가청구권은 소멸하지만, 이때 휴가근로수당 청구권이 발생한다는 입장을 일관되게 유지해오고 있으며, 실제로 우리나라에서는 연월차 휴가를 전부 사용하지 않고 수당으로 받아가는 경우가 많았다.[234])

이에 2003년 개정법에서는 휴가제도가 본래의 취지보다는 금전보상의 수단으로 이용되고 있는 문제점을 개선하여 법의 취지에 맞게 휴가사용률을 제고하기 위하여 사용자가 적극적으로 사용을 권유한 경우에는 사용자의 금전보상의무를 면제하는 규정을 신설하였다.

1) 사용자의 조치사항

사용자가 금전보상의무를 면제받으려면 다음의 사항에 대하여 조치를 취하여야 한다.

첫째, 기간이 끝나기 3개월 전[235])을 기준으로 10일 이내에 사용자가 근로자별로 사용하지 아니한 휴가일수를 알려주고, 근로자가 그 사용 시기를 정하여 사용자에게 통보하도록 서면으로 촉구하여야 한다.

둘째, 사용자의 촉구에도 불구하고 근로자가 촉구를 받은 때부터 10일 이내에 사용하지 아니한 휴가의 전부 또는 일부의 사용 시기를 정하여 사용자에게 통보하지 아니하면 휴가가 소멸되기 2월 전까지 사용자가 사용하지 아니한 휴가의 사용 시기

---

233) 연월차유급휴가를 이용하지 아니하고 계속 근로한 근로자들은 사용자에 대하여 그 휴가일 수에 해당하는 임금을 더 청구할 수 있고 이러한 임금의 지급청구권은 근로자가 퇴직하였다 하여 소멸되는 것이 아님은 물론, 근로자가 퇴직하기 전에 연월차휴가청구권을 행사하지 아니하였다고 하여 발생하지 않는다고 할 수 없다. 1991.6.28, 대판 90다카 14758.
234) 연차휴가를 사용하지 아니하고 계속 근로한 경우에는 노사 간 특약이 없는 한 유급휴가로서 당연히 지급되는 100%와 당해일에 근로한 대가의 임금 100% 합계 200%가 되는 것이며, 근로기준법 55조의 가산임금 규정이 적용되는 휴일은 아니므로 50% 가산임금 지급의무는 발생하지 않는다. 1991.11.6, 근기 01254-16101 참조.
235) 연차유급휴가는 발생한 때로부터 1년간 사용할 수 있으므로 '기간이 끝나기 3월전'이란 연차유급휴가가 1월 1일 발생하였을 경우 같은 해 10월 1일을 말한다.

를 정하여 근로자에게 서면으로 통보하여야 한다.

이때 근로자가 휴가사용시기를 지정하지 않아 사용자가 사용 시기를 지정한 경우 근로자는 원칙적으로 그 지정한 시기에 휴가를 사용하여야 하고 이를 변경할 수 없으나 사용자가 승인한 경우 변경할 수 있다.

2) 효과

사용자가 휴가사용촉진에 대한 조치를 이행한 경우 사용하지 아니한 휴가에 대한 금전보상의무가 면제된다. 다만, 휴가사용촉진조치는 개정법에서 새로이 도입된 제도로서 개정법 시행 이후 새로이 발생하는 연차휴가부터 적용되고 종전법에 의해 발생한 연차휴가 또는 월차휴가에 대해서는 휴가사용촉진조치를 적용할 수 없다. 또한 개정법 시행 이후 새로이 발생하는 연차휴가라 할지라도 1년 미만 근속기간 중 발생하는 연차휴가는 휴가사용촉진조치의 대상이 아니다. 다만, 1년 이상 근로함으로써 발생하는 연차휴가에 대해서는 동 휴가에 1년 미만 근속기간 중 발생하는 연차휴가가 포함되어 있더라도 그 전체 휴가일수에 대해 휴가사용촉진조치를 할 수 있다.

5. 연차유급휴가의 소멸

연차유급휴가는 1년간 행사하지 아니한 때에는 소멸된다. 따라서 1년에 한하여 사용할 수 있다. 다만, 사용자의 귀책사유로 사용하지 못한 경우에는 그러하지 아니하다. 그러나 연차유급휴가의 미사용일수에 대하여는 연차휴가수당[236]을 지급받을 수 있다.[237][238]

---

236) 연차휴가수당이란 근로자가 그 휴가를 이용하지 아니하고 계속 근로함으로써 사용자가 근로기준법에 따라 지급하는 금품으로서 그 성질상 근로의 대가로 지급하는 임금이라 할 것이다. 1982.11.23, 대법 81다카 1272.

237) 연·월차휴가를 이용하지 않고 계속 근로한 근로자들은 사용자에 대하여 그 휴가일수에 해당하는 임금(연·월차휴가근로수당)을 더 청구할 수 있고, 이러한 임금지급청구권은

퇴직 시에도 발생된 연차휴가를 전부 사용하지 않고 퇴사한 경우에는 해당일수에 해당하는 수당을 지급받아야 한다.[239] 즉 1월 1일부로 20일의 연차휴가가 발생하였고 5일의 연차휴가를 사용하고 1월 10일 퇴사한 경우에는 잔여 15일에 해당하는 연차휴가수당을 퇴직 시에 정산받아야 한다. 단, 사용자가 연차유급휴가의 사용을 촉진하기 위하여 제 절차를 이행한 경우에는 사용하지 않은 휴가에 대하여 보상할 의무가 없다.

◆ 연차유급휴가 청구권 · 수당 · 미사용 수당과 관련된 지침[240]

I. 개념

1. 연차유급휴가청구권

연차유급휴가는 전년도에 계속 근로한 근로자에 대해 정신적 · 육체적 휴양을 통한 노동의 재생산 유지와 문화생활의 기회를 부여하기 위하여 만든 것이다. 따라서 사용자는 근로자가 전년도에 8할 이상 출근한 경우에는 15일의 연차유급휴가를 부여하여야 하고 근로자는 전년도의 출근율에 따라 연차유급휴가청구권이 발생함.

근로자가 퇴직하였다 하여 소멸하는 것이 아니다. 1990.12.26, 대법 90다카 13465.

238) 유급휴가수당지급청구권은 근로자가 그 휴가권이 발생한 때로부터 1년 이내에 이를 사용하지 아니한 때 근로의 대가로 발생하는 임금의 성질을 가지므로, 이에 대하여는 근로기준법 제41조의 규정에 의한 3년의 소멸시효가 적용되고, 그 기산점은 유급휴가권을 취득한 날로부터 1년의 경과로 그 휴가 불실시가 확정된 다음날이다. 1995.6.29, 대판 94다 18553.

239) 근로자가 일단 연차유급휴가권을 취득한 후에 연차유급휴가를 사용하기 전에 퇴직 등의 사유로 근로관계가 종료된 경우, 근로관계의 존속을 전제로 하는 연차휴가를 사용할 권리는 소멸한다 할지라도 근로관계의 존속을 전제로 하지 않는 연차휴가수당을 청구할 권리는 잔존하는 것이어서, 근로자는 근로관계 종료 시까지 사용하지 못한 연차휴가 일수 전부에 상응하는 연차휴가수당을 사용자에게 청구할 수 있는 것이다. 2005.5.27, 대법 2003다 48549.

240) "연차유급휴가청구권 · 수당 · 미사용수당과 관련된 지침" 참조, 노동부, 2006.9.21.

2. 연차유급휴가수당청구권

연차유급휴가수당청구권은 재직근로자가 전년도 근로대가로 발생한 연차유급휴가를 사용할 경우 그 기간에 대하여 사용자에게 수당지급을 요청할 수 있는 권리이며, 이와 같이 지급되는 연차유급휴가수당은 임금에 해당한다.

3. 연차유급휴가미사용수당 청구권

연차유급휴가미사용수당 청구권은 근로자가 전전년도의 근로의 대가로 발생한 연차 유급휴가를 전년도에 사용하지 아니하고 근로를 제공할 경우 그 미사용 연차유급휴가 일수에 해당하는 연차유급휴가미사용수당을 사용자에 대하여 청구할 수 있는 권리로서 연차유급휴가청구권이 소멸된 시점에 발생한다. 또한, 퇴직 등 근로관계가 종료되는 근로자가 이로 인해 사용하지 못하는 미사용 연차휴가일수에 해당하는 수당을 사용자 에 대하여 청구할 수 있는 권리이다. 다만, 사용자가 근로기준법에 따른 연차유급휴가 사용촉진을 한 경우 연차유급휴가미사용수당 청구권이 소멸된다.

※ 사용자의 연차유급휴가 사용촉진조치
1. 연차유급휴가사용기간이 끝나기 3월 전을 기준으로 10일 이내에 사용자가 근로자 별로 미사용 휴가일수를 알려주고, 근로자가 그 사용 시기를 정하여 사용자에게 통보하도록 서면으로 촉구할 것
2. 위 촉구에 불구하고 근로자가 촉구를 받은 때부터 10일 이내에 미사용 휴가의 전부 또는 일부의 사용 시기를 정하여 사용자에게 통보하지 아니한 경우 연차유 급휴가사용기간이 끝나기 2월 전까지 사용자가 미사용휴가의 사용 시기를 정하 여 근로자에게 서면으로 통보할 것

Ⅱ. 연차유급휴가(미사용) 수당 지급시기 및 지급범위

1. 연차유급휴가수당

재직근로자의 경우 해당 근로자가 연차유급휴가를 사용할 경우 연차유급휴가수당을 지급하며, 그 범위는 취업규칙이나 그 밖의 정하는 바에 의한 통상임금 또는 평균임금 으로 지급하여야 하며, 그 지급시기는 연차유급휴가를 주기 전 또는 준 직후의 임금 지불일에 지급하여야 한다.

2. 연차유급휴가미사용수당

근로자가 전전년도 근로의 대가로 발생한 연차유급휴가를 전년도에 사용하지 아니하고 근로를 제공한 경우 연차유급휴가 청구권이 소멸된 다음날에 연차유급휴가미사용수당 청구권이 발생한다. 이 경우 전년도에 사용하지 않고 근로를 제공한 연차유급휴가일수에 대하여 취업규칙이나 그 밖의 정하는 바에 의하여 통상임금 또는 평균임금을 지급하여야 한다.

연차유급휴가미사용수당은 취업규칙 등으로 연차유급휴가 청구권이 소멸된 날 이후 첫 임금 지급일에 지급하는 것으로 규정하여도 근로기준법 위반으로 볼 수 없다.

퇴직근로자의 경우 퇴직 전년도(예: '05년도) 출근율에 의하여 퇴직연도(예: '06년도)에 발생한 연차유급휴가청구권이 근로관계가 종료됨에 따라 발생하며, 이 경우 사용자는 퇴직연도의 휴사사용가능일수에 상관없이 미사용한 연차휴가일수에 대하여 퇴직일로부터 14일 이내에 취업규칙이나 그 밖의 정하는 바에 의한 통상임금 또는 평균임금을 지급하여야 한다.

◈ 연차유급휴가 산정 기산일은 개별근로자의 입사일 등 실제로 근로제공을 개시한 날이 되는 것이 원칙이나, 노무관리의 편의상 단체협약·취업규칙 등에 의하여 전 근로자에 대하여 일률적으로 회계 연도를 기준으로 연차유급휴가를 산정하는 경우 연차유급휴가미사용수당청구권은 연차유급휴가 사용 가능 연도 다음해의 첫날 발생함.

Ⅲ. 연차유급휴가수당의 퇴직금 산정을 위한 평균임금 포함 여부

1. 퇴직하기 전 이미 발생한 연차유급휴가미사용수당

퇴직 전전년도 출근율에 의하여 퇴직 전년도에 발생한 연차유급휴가 중 미사용하고 근로한 일수에 대한 연차유급휴가미사용수당액의 3/12을 퇴직금 산정을 위한 평균임금 산정 기준임금에 포함한다.

2. 퇴직으로 인해 비로소 지급사유가 발생한 연차유급미사용수당

퇴직전년도 출근율에 의하여 퇴직연도에 발생한 연차유급휴가를 미사용하고 퇴직함으로써 비로소 지급사유가 발생한 연차유급휴가미사용수당은 평균임금의 정의상 산정사유 발생일 이전에 그 근로자에 대하여 지급된 임금이 아니므로 퇴직금 산정을 위한 평균임금 산정 기준임금에 포함되지 아니한다.

Ⅳ. 연차유급휴가의 대체

사용자는 근로자대표와의 서면합의에 의하여 연차유급휴가일에 갈음하여 특정근로일에 근로자를 휴무시킬 수 있다. 여기서 특정근로일이란 근로의무가 있는 소정근로일 중의 특정일을 의미한다. 따라서 사용자는 법정 휴일·휴가일뿐만 아니라 약정 휴일·휴가일에 근로기준법 62조에 의한 휴가를 대체할 수 없다.

Ⅴ. 사례

1. '00년 1월 1일 입사하여 2006년 1월 10일 퇴직하는 경우
퇴직 전전년('04년)도 8할 이상 출근으로 퇴직연도('05년)에 사용할 연차유급휴가가 17일 발생하였으나, 이 중 6일만 사용하고 11일의 연차휴가를 미사용 하였으며, 전년('05년도) 8할 이상 출근으로 17일의 유급휴가가 발생하였으나, 1월 10일까지 근로하고 퇴직하였다면 지급 가능한 연차유급휴가(미사용)수당은?

'04년도 8할 이상 출근으로 퇴직 전년도('05년도)에 발생한 연차유급휴가 중 미사용하고 근로한 일수에 해당하는 11일에 대한 연차유급휴가미사용수당을 전액 지급한다.
※ 이 경우 지급된 연차유급휴가미사용수당의 3 / 12은 퇴직금산정을 위한 평균임금 산정 기준임금에 포함된다.

'05년도 8할 이상 출근으로 퇴직연도('06년도)에 발생한 연차유급휴가 17일을 미사용하였다면 그 미사용한 일수인 17일에 대한 연차유급휴가미사용수당을 퇴직연도 휴가사용가능일수에 상관없이 퇴직일로부터 14일 이내에 전액 지급한다.
※ 이 경우 지급된 연차유급휴가미사용수당은 퇴직금 산정을 위한 평균임금 산정 기준임금에 포함되지 아니한다.

2. '05년 1월 1일 입사하여 '06년 1월 1일 퇴직하는 경우
퇴직 전년('05년)도 8할 이상 출근으로 퇴직연도('06년)에 사용할 연차유급휴가가 15

일 발생하였으나, '06년 1월 1일 퇴직하였다면 지급 가능한 연차유급휴가미사용수당은?

'05년도 8할 이상 출근으로 퇴직연도('06년)에 발생한 연차유급휴가 중 전부(15일) 미사용하였다면 그 미사용한 일수인 15일에 대한 연차유급휴가미사용수당을 퇴직연도 휴가사용가능일수에 상관없이 퇴직일로부터 14일 이내에 전액 지급한다.

※ 이 경우 지급된 연차유급휴가미사용수당은 퇴직금 산정을 위한 평균임금 산정 기준임금에 포함되지 아니한다.

VII. 선택적 보상휴가제[241)]

1. 선택적 보상휴가제의 의의

보상휴가제는 근로자와 사용자의 임금과 휴가에 대한 선택의 폭을 확대하기 위하여 2003년 개정법에서 새로이 도입된 것으로, 사용자는 근로자대표와의 서면 합의에 따라 연장·야간 및 휴일근로에 대하여 임금을 지급하는 것을 갈음하여 휴가를 부여할 수 있도록 하는 제도를 말한다.

2. 보상휴가제의 도입

근로자대표와의 서면합의가 있어야 하며, 그 요건을 갖추지 못하면 효력이 없다.

근로자대표는 근로자 과반수로 조직된 노동조합이 있으면 그 노동조합, 근로자 과반수로 조직된 노동조합이 없으면 근로자 과반수를 대표하는 자이며, 서면합의는 노사

---

241) 근로기준법 제57조 (보상휴가제) 사용자는 근로자대표와의 서면합의에 따라 연장근로·야간근로·및 휴일근로에 대하여 임금을 지급하는 것을 갈음하여 휴가를 줄 수 있다.

당사자가 서명한 문서의 형태로 작성되어야 한다.

3. 보상휴가 부여 기준

연장·야간·및 휴일근로에 대한 임금과 이에 갈음하여 부여하는 휴가 사이에는 동등한 가치가 있어야 하므로 근로기준법에 의한 가산임금까지 감안되어야 한다.

따라서 휴일근로를 2시간 한 경우 가산임금을 포함하면 총 3시간분의 임금이 지급되어야 하므로 3시간의 휴가가 발생하고, 연장·야간·휴일근로가 중복된 경우에는 각각의 가산임금을 포함하여 산정된 임금에 해당하는 휴가가 발생하게 된다.

그리고 보상휴가제의 적용대상을 연장근로 등에 대한 가산임금을 포함한 전체 임금으로 할지, 가산임금 부분만 할지는 노사 서면합의로 정한 바에 따르면 된다.

4. 휴가부여 방법

보상휴가는 소정근로시간 중에 부여되어야 하고, 휴가를 시간단위로 부여할지 이를 적치하여 '일' 단위로 부여할지는 노사의 서면합의로 정하는 바에 따른다. 그리고 부여방식을 근로자의 청구에 의할 것인지, 사용자가 일방적으로 지정할 것인지, 전 근로자에게 일률적으로 적용할 것인지, 희망하는 근로자에 한하여 적용할 것인지의 여부는 노사가 자율적으로 서면합의로 정하여야 할 것이다. 부여되는 휴가는 유급으로 처리되어야 한다.

5. 휴가를 사용하지 않을 경우

보상휴가제는 임금지급에 갈음하여 휴가를 부여하는 제도이므로 근로자가 휴가를 사용하지 않은 경우에는 그에 대한 임금이 지급되어야 한다. 또한 연차유급휴가와는 달리 사용자가 휴가사용촉진조치를 통해 임금지급의무를 면제받을 수 없으며, 임금 청구권은 휴가를 사용할 수 없게 날이 확정된 날의 다음날부터 행사할 수 있으며, 이를 위반할 경우에는 근로기준법 제56조[242) 위반이 된다.

휴가를 전부 사용하지 못하고 퇴직한 경우에는 14일 이내에 잔여 휴가분에 대한 임금을 청산해야 한다.

Ⅷ. 생리휴가

1. 생리휴가란?

생리휴가는 여성근로자가 생리로 인하여 신체적·정신적 근로에 어려움을 격지 않도록 생리사실에 기하여 월 1일의 근로의무를 면제함으로써 여성근로자를 보호하기 위한 제도로 근로자의 계약기간, 근로형태에 관계없이 부여하여야 한다.

---

242) 근로기준법 제56조 (연장·야간 및 휴일근로) 사용자는 연장근로와 야간근로 또는 휴일 근로에 대하여는 통상임금의 100분의 50 이상을 가산하여 지급하여야 한다.

2. 생리휴가 부여방법

생리휴가는 생리사실에 기인하여 본인이 청구할 경우 부여하고, 생리휴가는 1월간 소정근로일수 만근여부와 관계없이 근로자가 청구하면 부여한다. 생리휴가는 청구에 의하여 부여하는 것이므로 청구가 없으면 부여하지 않아도 된다.

3. 임금지급 여부

생리휴가가 무급화됨에 따라 근로자가 생리휴가를 청구하는 경우 휴가사용일에 대하여 사용자는 임금지급 의무가 없다. 다만, 단체협약, 근로계약으로 달리 정한 경우에는 이에 따르면 된다.

종전에는 생리휴가 사용 시 휴가 사용일에 대하여 이에 상당하는 임금을 공제할 수 없었으나, 법 개정 이후에는 생리휴가 사용 시 임금(1일 통상임금)을 공제할 수 있게 되었다. 즉 무급생리휴가는 생리휴가를 사용하는 경우 당일의 임금이 공제될 수 있다는 것을 의미한다.

IX. 근로시간 · 휴게 · 휴일의 적용제외

1. 적용이 제외되는 규정

감시 · 단속적 근로에 종사하는 자 등 특정한 사업과 업무에 종사하는 근로자에 대하여는 근로시간 · 휴게 · 휴일에 관한 규정을 적용하지 않는다. 즉 사용자가 노동부장관의 승인을 얻은 경우 감시·단속적 근로자 등에게는 근로기준법 제4장, 5장의 근로시간, 휴게와 휴일에 관한 규정이 적용되지 않으므로 시간외근로수당 및 휴일근로수당은 지급받을 수 없다.[243] 그러나 야간근로에 대하여 가산임금을 지급받을 수 있으며, 기타 근로기준법의 규정도 적용이 된다.[244]

2. 적용이 제외되는 사업·업무

1) 토지의 경작, 개간, 식물의 재식·재배·채취 사업, 그 밖의 농림사업
2) 동물의 사육, 수산 동식물의 채포, 양식 사업, 그 밖의 축산, 양잠, 수산 사업
3) 감시 또는 단속적으로 근로에 종사하는 자로서 사용자가 노동부 장관의 승인을 받은 자

감시적 근로에 종사하는 근로자란 감시업무를 주 업무로 하며 상태적으로 정신적·육체적 피로가 적은 업무에 종사하는 자를 말하는데,[245] 수위, 경비, 청경, 물품감시원 등이 해당된다.

단속적 근로에 종사하는 근로자란 근로가 간헐적·단속적으로 이루어져 휴게시간 또는 대기시간이 많은 업무에 종사하는 근로자를 말한다.[246] 즉 보일러공, 기계수리공 등이 해당될 수 있는데 평소의 업무는 한가하지만 기계 고장수리 등 돌발적인

---

243) 근로기준법 제63조 (적용의 제외) 이 장과 제5장에서 정한 근로시간, 휴게와 휴일에 관한 규정은 다음 각 호의 어느 하나에 해당하는 근로자에 대하여는 적용하지 않는다.
  - 중 략 -
  3. 감시 또는 단속적으로 근로에 종사하는 자로서 사용자가 노동부장관의 승인을 받은 자.
244) 근로자의 날은 근로자의 날 제정에 관한 법률에 따라 유급휴일이 되는 날로서 근로기준법의 제4장과 5장에서 정한 휴일이 아니므로 근로자의 날에 근로한 경우에는 유급휴일에 대하여 당연히 지급되는 임금과 당해일의 근로에 대한 임금이 지급된다. 1991.5.9, 근기 01254-6550.
245) 근로기준법 시행규칙 제10조 (근로시간 등의 적용제외 승인 신청 등).
246) 근로기준법 시행규칙 제10조 (근로시간 등의 적용제외 승인 신청 등).

사고발생에 대비하여 대기하는 업무로서 실근로시간이 8시간 이내이고 대기시간의 반 정도이며 대기시간을 근로자가 자유로이 이용할 수 있도록 수면 또는 휴게시설이 확보되어 있을 경우에 해당된다고 볼 수 있다.[247] 다만, 구체적인 사실관계의 판정은 근로기준법시행규칙 별지 제15호 서식의 승인신청서를 관할지방노동관서의 장에게 제출하여 노동부장관의 승인을 받아야 하는데, 승인기준은 근로감독관 집무규정 제49조에서 세부적으로 규정하고 있다.[248]

4) 사업의 종류에 불구하고 관리·감독업무 또는 기밀을 취급하는 업무에 종사하는 근로자[249]

'감독이나 관리의 지위에 있는 자'란 일반적으로 근로조건의 결정 기타 노무관리에 있어서 사업주와 일체의 지위에 있는 자를 말하고,[250][251] '기밀의 사무를 취급하는 자'란 비서 기타 직무가 경영자 또는 관리의 지위에 있는 자의 활동과 일체 불가분으로 출·퇴근 등에 있어서 엄격한 제한을 받지 않는 자를 말하는데 구체적인 근무실태에 따라 판단하여야 한다.[252]

---

247) 1990.5.18, 근기 01254-7119.
248) 근로감독관 집무규정 제49조(감시적·단속적 근로에 종사하는 자에 대한 적용제외 승인).
249) 근로기준법 시행령 제34조 (근로시간 등의 적용제외 근로자).
250) 1986.4.15, 근기 01254-6309.
251) 감독이나 관리의 지위에 있는 자란 기업경영자와 일체를 이루고 있고 자기의 근무시간에 대한 재량권을 가지고 있는 자는 관리·감독의 지위에 있는 자로 보아야 한다. 1989.2.28, 대판 88다카 2974.
252) 1987.4.6, 근기 01254-5592.

8장 : 해 고

I. 해고의 정의

해고란 근로자의 의사에 관계없이 사용자측에서 일방적으로 근로계약관계를 종료시키는 것을 말한다. 즉 그 명칭이나 절차에 관계없이 해고에 해당하는 모든 근로계약관계의 종료를 의미하므로 사용자 측에서 일방적으로 근로관계를 종료시키는 것이면 성질상 해고로 근로기준법에 의하여 제한을 되는데,[253] 사용자는 정규직뿐만 아니라 임시직 근로자도 정당한 이유 없이는 해고할 수 없다.[254]

그러나 구조조정을 하는 경우 노동의 유연화 전략에 따라 비정규직 위주로 고용조정을 하고 있는 것이 현실이다.

---

[253] 근로기준법에서 말하는 해고란 실제 사업장에서 불리는 명칭이나 그 절차에 관계없이 "해고"에 해당하는 모든 근로계약관계의 종료를 의미하므로 회사 측이 어떤 사유의 발생을 당연퇴직 사유로 규정하고 그 절차를 통상의 해고나 징계해고와는 달리 했더라도 근로자의 의사와 관계없이 사용자 측에서 일방적으로 근로관계를 종료시키는 것이면 성질상 이는 해고로서 근로기준법의 제한을 받는다. 1993.10.26, 대판 92다 54210.

[254] 사용자는 정규직 또는 임시직 근로자 여부에 불구하고 정당한 이유 없이는 해고할 수 없다. 1987.11.2, 근기 01254-17301.

　　최근 인력 구조조정이 비정규직 위주로 진행되고 있으며 자영업 부문에서의 고용 불안도 더욱 악화되고 있는 것으로 추정됐다. 삼성경제연구소는 7일 '최근 고용불안 원인'과 시사점이라는 보고서를 통해 최근 고용불안 원인을 서비스업에서 일자리 나누기 현상, 전직 실업자의 증가와 자영업 부문 부진, 비정규직 증가를 비롯한 노동시장의 복층구조 심화 등 3가지를 꼽으면서 이처럼 분석했다. 보고서는 지난 2003년 2.4분기 이후 증가세인 전직 실업자의 경우 작년에는 비정규직에서 1년 미만 전직실업자로 추락한 연평균 인원이 5만4천 명으로 전체 1년 미만 전직 실업자 증가인원 4만3천 명보다 25.6% 많았던 것으로 추산했다. 이는 최근 2년간 인력 구조조정이 비정규직 위주로 진행됐음을 시사한다고 보고서는 지적했다. 아울러 올해 1.4분기에도 1년 미만 전직실업자 증가인원 4만4천 명 중 비정규직 출신이 2만4천 명을 차지했다고 설명했다. 아울러 보고서는 작년에만 정규직 근로자가 35만1천 명 줄고 비정규직은 78만8천 명 늘어나는 등 '노동시장의 복층구조'가 심화되고 있다고 지적했다. 특히 노동이동 추세 분석 결과, 취업자에서 실업자나 비경제활동인구로 편입된 인구 중 대부분이 비정규직이나 자영업 종사자 출신인 것으로 추정됐다며 이는 고용불안을 더욱 악화시킨다고 주장했다. 실제 지난해 취업자에서 비경제활동인구로 편입된 월평균 인구 58만 명 중 임시·일용직 출신이 37만6천 명이고 자영자나 무급가족종사자 출신이 14만9천 명인 데 비해 상용직 출신은 4만4천 명이었다. 또 취업자에서 실업자로 편입된 월평균 인구 16만4천 명 중 임시·일용직이 11만8천 명이었던 데 비해 상용직은 3만 명 수준이었다. 보고서는 작년 4월 이후 13개월 중 10개월간은 서비스부문 취업자 증가율이 생산 증가를 상회했다며 생산 증가 없는 일자리 나누기 현상이 나타난 서비스업종은 주로 단순 업종이고 임금도 낮아 고용불안을 더욱 악화시킨다고 지적했다.[255]

Ⅱ. 해고의 정당한 사유

　　근로기준법 제23조에서 사용자는 근로자에게 정당한 이유 없이 해고, 휴직, 정직,

---

255) 연합뉴스, 2005.6.7.

전직, 감봉, 그 밖의 징벌을 하지 못한다고 규정하고 있다. 즉 사용자는 정당한 이유 없이 해고 등의 징벌을 하지 못한다고 규정하여 사용자로 하여금 자유로이 근로자를 해고할 수 없도록 제한하고 있다. 여기에서의 "정당한 이유"256)라 함은 사회통념상 고용계약을 계속시킬 수 없을 정도로 근로자에게 책임 있는 사유가 있다든가,257) 부득이한 경영상의 필요가 있는 경우를 말하며 사용자가 이를 입증하여야 한다.258)

정당한 사유로 행정해석259)에서는 크게 '근로자의 귀책사유로 인한 해고'와 회사 측의 사정에 의한 해고, 즉 경영상 이유에 의한 해고인 '정리해고'로 크게 구분하고 있다.

---

256) 사용자가 근로자를 해고함에 있어서 정당한 이유의 유무는 개별적 사안에 따라 구체적으로 결정될 일이지만 그 일반적 내용은 해당 근로자와 사용자 사이의 근로관계를 계속 유지할 수 없을 정도의 이유, 즉 해당 근로자와의 근로관계의 유지를 사용자에게 더 이상 기대할 수 없을 정도의 것이 되어야 하는 것이다. 여기에는 업무에 대한 적성에 흠이 있거나 직무능력이 부족한 경우, 계약상의 노무급부를 곤란하게 하는 질병, 사업상의 기밀누설의 가능성, 무단결근이나 지각·조퇴, 근로제공의 거부, 업무능력을 갖추었음에도 불구하고 불완전급부 내지 열등한 급부의 제공, 범법행위의 초래, 특정 신조나 사상과 밀접히 연관된 소위 경향사업에 있어서 근로자가 이러한 경향성을 상실한 경우 등이 일반적으로 이러한 정당한 이유에 해당하는 것으로 인정되고 있다. 이와 같이 해석에 의한 기준이 확립되어 있기는 하나 해고가 정당한가의 여부는 항상 개별적 사안에 따라 구체적으로 판단되어야 하며, 근로자가 직장을 상실함으로써 받게 되는 손해와 근로관계를 종료시킴으로써 얻게 되는 사용자의 이익 사이의 신중하고 포괄적인 이해형량이 이루어져야 한다. 여기서 사용자 측의 이해에 대한 평가와 관련해서는 사업의 기능유지, 재산적 손해와 위험발생의 방지, 대외적 위신의 추락, 다른 근로자에 대한 보호의 필요 등이 고려되어야 하며, 근로자 측에 관하여 문제가 된 의무위반의 종류, 중요성, 빈도와 근로자가 종래에 행한 행태와의 관련성, 사용자의 공동과실책임, 근무연한, 연령, 부양의무의 범위, 해직시점에서의 근로시장의 상황, 전직의 가능성 등이 고려되어야 한다. 2005.3.31, 헌재 2003 헌바 12.
257) 사회통념상 당해 근로자와의 고용관계를 계속할 수 없을 정도인지의 여부는 당해 사용자의 사업의 목적과 성격, 사업장의 여건, 당해 근로자의 지위 및 담당 직무의 내용, 비위행위의 동기와 경위, 이로 인하여 기업의 위계질서가 문란하게 될 위험성 등 기업질서에 미칠 영향, 과거의 근무태도 등 여러 가지 사정을 종합적으로 검토하여 판단하여야 한다. 2002.5.28, 대판 2001두 10455.
258) 해고사유의 정당성에 대해서는 사용자가 이를 입증하여야 할 것이다. 2002.11.26, 서울행법 2002구합 14416.
259) 정당한 사유의 운영기준에 대한 업무지침. 1984.12.10, 근기 1451-24180, 1992.1.6, 근기 1451-24180.

1. 근로자의 귀책사유로 인한 해고[260][261]

1) 근무태도 불량

① 일반적으로 1주 이상 무단결근하거나 출근 및 결근이 일정치 않는 등 근무태도가 극히 불량하다고 인정되는 경우
② 합리적이고 정당한 사용자의 전근명령을 거부하여 직장규율을 문란케 한 경우
③ 도박, 풍기문란 등 직장규율을 어지럽히고 다른 근로자에게 악영향을 미쳤다고 인정되는 경우
④ 사용자의 정당한 업무지시에 정당한 사유 없이 불복하여 직장규율을 문란케 하여 노사 간의 신뢰관계를 상실하였다고 인정되는 경우
⑤ 근로자의 고의 또는 중대한 과실로 인하여 중대한 재해를 유발케 한 경우

2) 범법행위[262]

① 경미한 것을 제외하고 절도·횡령·상해 등 형사범에 해당되는 행위
② 경미한 사안이더라도 사용자가 사전에 예방 또는 경고를 하였음에도 불구하고 2회 이상 절도·횡령[263][264]·상해 등 형사범에 해당되는 행위

---

260) 근로 측의 사정에 의한 징계해고의 경우 해고의 정당성에 관한 입증책임은 이를 주장하는 자가 부담하는 것이므로, 징계해고에 있어서 그 징계사유가 존재한다는 점에 대한 입증책임 역시 이를 주장하는 자(사용자)가 부담하게 된다. 2000.8.29, 서울행법 99구 32987.
261) 업무수행능력 부족으로 인한 실적부진과 조직의 인화단결 저해 등을 이유로 해고하였으나, 업무수행능력과 태도 등에 대한 견해가 서로 다름에도 해고 사유를 입증할 책임이 있는 사용자가 증거자료를 제시하지 못하고 해고처분까지 한 것은 부당하다. 2000.9.21, 중노위 2000부해 288.
262) 단체협약에 해고사유로서 형사상 유죄판결을 받은 자라는 규정을 두고 있을 때, 유죄판결이란 유죄의 확정판결을 받은 자만을 의미하는 것으로 해석되어야 한다. 1997.7.25, 대법 97다 7066.
263) 횡령한 금액이 불과 2,600원에 지나지 않는다고 하더라도 소액의 버스요금을 수입원으

③ 사업장 밖에서 행하여진 절도·횡령·상해 등 형사범에 해당되는 행위라 할지라도 사업자의 명예나 신용이 심히 실추되거나,[265] 거래관계에 악영향을 끼친 경우, 또는 노사 간의 신뢰관계를 상실하였다고 인정되는 경우

④ 수뢰, 배임 등 부정한 금품을 수령하는 등 형사범에 해당하는 행위를 한 경우

3) 경력위조 기타

① 채용의 주요 요소가 되는 경력을 위조하거나 채용의 흠결요건이 되는 경력을 위조한 경우

② 타 사업에 전직한 경우

정당한 해고사유에 해당된다고 인정되는 위의 사례는 사업장의 종류, 규모 또는 영업실태 등에 따라서 그리고 근로자의 지위, 직종, 업무내용, 기타 형편에 따라 규정 운영하여야 할 것이며, 일률적·획일적으로 판단할 것은 아니다.

로 하여 존립하는 버스운송회사는 사소한 금액이라도 소홀히 할 수 없고, 버스요금을 직접 수령함으로써 운송수입금의 관리를 일임하고 있는 버스 운전기사가 이를 유용할 경우 그 액의 다과를 불문하고 노사 간의 신뢰를 치명적으로 해치게 되며 회사 경영에도 심각한 손상을 주게 되는 점 등에 비추어 보면 근로관계는 사회통념상 원고의 귀책사유로 그 계속을 기대하기 어려울 지경에 이르게 되었다고 할 것이다. 2004.1.15, 서울고법 2003누 515.

264) 주차표상의 시간을 조작 기재하고 주차표를 미발행함으로써 주차요금 일부를 누수케 하거나 횡령한 것은 그 자체로서 적법한 해고사유에 해당하거나 아니면 적법한 징계사유에 해당돼 징계해고까지도 이르게 할 수 있다. 따라서 이 사건 비위행위는 사회통념상 근로계약을 계속할 수 없는 사유에 해당한다. 2000.11.17, 서울행법 2000구 8546.

265) 공사의 직원이 국가자격시험에 부정 응시한 비위 내용이 언론기관에 대대적으로 보도됨에 따라 사회적 물의를 야기하였고, 참가인들과 유사한 비위를 저지른 직원들은 대부분 스스로 자진퇴직 한 점 등에 비추어 보면, 이 사건 징계해고는 정당하다. 2005.12.12, 대법 2005두 12862.

2. 정리해고(회사 측 사정에 의한 해고)

1) 정리해고란?

정리해고란 근로자가 아무런 귀책사유가 없음에도 기업이 긴박한 경영상의 필요에 의하여 기업에 종사하는 인원을 줄이기 위하여 일정한 요건 아래 근로자를 해고하는 것을 말한다.[266][267] 즉 근로자를 해고하지 않으면 안 될 구체적인 경영상의 필요가 존재하여야 하고, 경영방침이나 작업방식의 합리화·신규채용의 금지·일시휴직 및 희망퇴직의 활용·배치전환, 자산매각 등 해고회피를 위한 노력을 다하여야 하며, 합리적이고 공정한 기준을 설정하여 이에 따라 해고대상자를 선별하여야 하고, 이 밖에도 해고에 앞서 노동조합이나 근로자 측에 적절한 통지를 하고 이들과의 사이에 성실한 협의를 거쳐 근로자를 해고하는 것을 말한다.

이러한 정리해고에 대하여 최근 판례의 경향은 긴박한 경영상의 필요에 대하여 기업이 부도의 위기에 직면하지 않았더라도 장래에 올 수 있는 위기에 미리 대처하기 위하여 실시하는 경우도 인정하는 등 정리해고의 요건이 점차 완화되고 있다.[268]

---

266) 1996.10.29, 대법 96다 22198.
267) 기업이 파산선고를 받아 사업의 폐지를 위하여 그 청산과정에서 근로자를 해고하는 것은 위장폐업이 아닌 한 기업경영의 자유에 속하는 것으로서, 파산관재인이 파산선고로 인하여 파산자 회사가 해산한 후에 사업의 폐지를 위하여 행하는 해고는 정리해고가 아니라 통상해고이다. 2003.4.25, 대판 2003다 7005.
268) 긴박한 경영상의 필요라 함은 반드시 기업의 도산을 회피하기 위한 경우에 한정되지 아니하고, 장래에 올 수도 있는 위기에 미리 대처하기 위하여 인원삭감이 객관적으로 보아 합리성이 있다고 인정되는 경우도 포함되는 것으로 보아야 하고, 위 각 요건의 구체적 내용은 확정적, 고정적인 것이 아니라 구체적 사건에서 다른 요건의 충족 정도와 관련하여 유동적으로 정해지는 것이므로 구체적 사건에서 경영상 이유에 의한 당해 해고가 위 각 요건을 모두 갖추어 정당한지 여부는 위의 각 요건을 구성하는 개별 사정들을 종합적으로 고려하여 판단하여야 한다. 2002.7.9. 대법 2001다 29452.

2) 정리해고의 요건

기업의 경영상의 필요에 의하여 근로자를 해고하는 이른바 정리해고가 정당하려면, 첫째 그것이 긴박한 경영상의 필요에 의한 것인지 여부, 둘째 사용자가 해고회피를 위하여 상당한 노력을 하였는지 여부, 셋째 객관적이고 합리적인 기준에 의하여 해고대상자를 선정하였는지 여부, 넷째 노동조합이나 근로자 측과 성실한 협의 등을 거쳤는지 여부 등 여러 사정을 전체적, 종합적으로 고려하여 해고가 객관적 합리성과 사회적 정당성을 지닌 것으로 인정될 수 있어야 한다.[269]

(1) 긴박한 경영상의 필요

긴박한 경영상의 필요에 대해 판례[270]는 기업이 일정수의 근로자를 정리해고하지 않으면 경영악화로 사업을 계속할 수 없거나, 적어도 기업재정상 심히 곤란한 처지에 놓일 개연성이 있을 경우를 뜻한다고 할 것이고, 나아가 그 정리해고를 회피 내지 방지하기 위한 필요한 모든 조치를 취하였음에도 정리해고가 불가피하였을 것을 요한다고 하여 엄격하게 제한하여 해석해 왔다.

그러나 동부화학 정리해고 사건[271]에서 "반드시 기업도산을 회피하기 위한 것에 한정할 필요는 없고, 인원삭감이 객관적으로 보아 합리성이 있다고 인정될 때에는 긴박한 경영상의 필요성이 있는 것으로 넓게 보아야 한다."고 판결하여 종전의 입장을 변경하였다. 즉 기업에 종사하는 인원을 줄이는 것이 객관적으로 보아 합리성이 있다고 인정될 때에는 긴박한 경영상의 필요가 있는 것으로 보아야 할 경우도 있을 수 있다고 본다.[272]

또한 반드시 기업이 만성적인 적자상태에 있어야 인정되는 것은 아니고 생산성향상, 경쟁력 회복 내지 증강에 대처하기 위한 작업형태 변경, 신기술 도입이라는

---

269) 1999.5.11, 대법 99두 1809.
270) 1990.1.12, 대법 88다카 34094.
271) 1991.12.10, 대법 91다 8647.
272) 1993.1.26, 대법 92누 3067.

기술적인 이유와 그러한 기술혁신에 따라 생기는 산업의 구조적 변화에 따른 인원 삭감도 객관적으로 보아 합리적이라고 인정된다고 본다.[273]

　그러나 이러한 긴박한 경영상의 위기는 회사 전체의 경영사정을 종합적으로 검토하여 결정하여야 하며, 일개 영업부문 또는 영업소에 불과한 사업소의 영업수지만을 기준으로 결정되어서는 아니 된다.[274]

　또한 근로기준법에서는 경영 악화를 방지하기 위한 사업의 양도·인수·합병의 경우에도 긴박한 경영상의 필요가 있는 것으로 본다. 따라서 영업양도·인수·합병 그 자체만을 이유로 한 해고는 정당성이 없으며,[275] 영업양도·인수·합병의 경우에 경영 악화 방지를 위한 수단으로 해고를 하는 경우에만 정당성이 인정된다.

☺ 긴박한 경영상의 필요성이 인정되는 경우

① 경비업무, 시설관리 등의 업무를 전문용역업체에 맡긴다는 방침을 세운 경우.
➤ 사업경영의 합리화를 도모하기 위하여 동종업종의 회사들이 채택하고 있는 방법과 같이 경비업무를 전무용역업체에 맡긴다는 방침을 세우고 경비직원제를 폐지하게 된 경우.(1989.2.28, 대법 88다카 11145)
➤ 국가출연연구기관이 효율성 제고를 위하여 지원인력을 감축하라는 정부의 지시를 받고 경비업무를 외부용역화시킨 경우.(1996.8.23, 대법96다 19796)
➤ 건물관리 회사가 경영상의 필요에 의하여 건물의 시설관리 업무를 전문용역업체에 위탁함에 따라 직제가 폐지되는 근로자를 수탁업체가 현급여를 보장하면서 전원 인수하기로 합의한 경우, 이에 불응한 근로자에 대한 정리해고를 한 경우.(1999.5.11, 대판 99두 1809)
➤ 4년 가까이 계속된 적자 등으로 인한 경영난을 해소하기 위하여 해당 사업부문을 외부 하도급제로 운영하기로 함에 따라 잉여인력을 감축한 경우.(1995.12.22, 대판 94다 52119)

---

273) 2001.6.29, 서울고법 2000누 8839.
274) 2001.2.24, 근기 68207-599.
275) 1994.6.28, 대법 93다 33173.

② 공장 전체를 폐쇄할 수밖에 없는 상황에서 이루어진 경우
➤ 공장 전체를 폐쇄할 수밖에 없는 상황에서 새로운 공장을 건립하기에는 경영전망이 불확실하여 정리해고를 한 경우 긴박한 경영상의 필요성이 인정된다.(2000.9.5, 대법 99다 42308)

③ 민영화 과정에서 경쟁력 제고와 적자요인 해소를 위해 이루어진 경우
➤ 정리해고를 포함한 인원삭감 조치가 기업이 민영화되는 과정에서 방만한 경영에 따른 경쟁력 하락을 타개하고 적자요인을 해소하기 위해 효율적으로 축소개편해야 할 경영상의 필요성에 이루어진 경우는 정당하다.(1994.6.14, 대법 93다 48823)

④ 자금지원에 의존하는 기업에 자금지원이 중단된 경우 직원을 감축한 경우
➤ 찬조금 성격이 강한 자금지원이 없으면 직원들에 대한 급료마저도 지급할 수 없게 된 상황에서 자금지원의 중단을 통보받고 직원을 감축한 것은 긴급한 경영상의 필요에 기한 것이라고 할 것이다.(1996.12.4, 대법 94누 15783)

⑤ 사업물량의 감소로 업종을 폐지, 전환하기로 함에 따라 잉여인력을 감축한 경우
➤ 사업물량의 감소로 경영난을 해소하기 위하여 해당 사업부의 업종을 폐지, 전환하기로 함에 따라 잉여인력을 감축한 경우, 긴박한 경영상의 필요성을 인정한다.(1997.9.5, 대법 98누 8031)

⑥ 경기침체, 자금압박 등 독자적 생존가능성이 희박해짐에 따라 합병을 추진하는 경우
➤ 경기침체, 차입경영에 따른 자금압박 등 경영환경이 악화되어 다각도로 경영개선을 도모하였으나, 적자가 대폭 증가하는 등 상황이 계속 악화되어 독자적 생존가능성이 희박해짐에 따라 합병을 추진하는 경우 객관적으로 보아 인원삭감의 합리성이 있어 보이므로 긴박한 경영상의 필요가 있다고 본다.(2001.4.13, 서울행법 2000구 20720)

⑦ 인건비 비중이 회사경영에 상당한 지장을 줄 정도로 증가하고 있는 경우
➤ 해고를 제외한 모든 조치를 다하고 경영실적이 계속 악화되고 있는 상황에서 인

건비의 비중이 회사경영에 상당한 지장을 초래할 정도로 증가하고 있는 경우 인원삭감을 하기로 한 것은 객관적으로 보아 합리성이 있다.(2002.6.21, 서울행법 2002구합 3935)

⑧ 매출액이 지속적으로 감소하는 등 인원감축을 하지 않으면 영업수지 및 재무건전성이 악화될 우려가 있을 것으로 예상되는 경우
➤ 매출액이 2000년 이후 지속적으로 감소하고 있고, 업체 간의 과도한 가격경쟁, 내수부진 및 수출 감소 등 경영환경 변화로 향후 사업전망이 불투명한 상황에서, 문구류 부문에 대한 인원감축을 하지 않으면 전체 사업의 영업수지 및 재무건전성을 악화시킬 우려가 있을 것으로 예상되는 점이 인정되므로 회사로서는 인원삭감이 객관적으로 보아 불가피한 긴박한 경영상의 필요가 있을 뿐 아니라 향후 경영위기에 대처한다는 점에서 객관적인 합리성도 있었다고 보아야 할 것이다.(2004.10.18, 중노위 2004부노 82)

㉺ 긴박한 경영상의 필요성이 인정되지 않는 경우

① 여러 개의 사업단위 중 하나의 사업단위를 폐지한 경우
➤ 여러 개의 사업단위 중 하나의 사업단위를 폐지하기로 하였다 하더라도 이는 사업축소에 해당할 뿐 사업 전체의 폐지라고는 할 수는 없는 것이어서 그 사업체가 폐지되었음을 전제로 그 사업단위에 속한 전체 근로자를 해고할 수 없다.(1992.5.12, 대법 90누 9421)

② 파업으로 일시 정상적인 경영이 어려웠다는 사정
➤ 파업으로 일시 정상적인 경영이 어려웠다는 사정만으로는 사업장을 폐쇄하여야 할 긴박한 경영상의 필요가 있다고 보기 어렵다. (1993.1.26, 대법 92주 3076)

③ 부채증가, 수지가 악화되어 경영상 압박을 받는 경우
➤ 부채가 증가하고 수지가 악화되어 경영상 압박을 받아오기는 하였지만, 근로자를 해고함으로써 예상되는 경영개선의 효과가 기업의 부채 및 경상지출에 비추어 미미한 경우 경영을 정상화시키기 위하여 근로자를 해고할 수 없다.(1993.7.27, 중노위 93부해 116)

④ 대기발령과 동시에 신규채용한 경우

➤ 경영합리화를 위하여 기구를 축소개편하고 인원을 감축할 필요가 있다고 하더라도
대기발령과 동시에 신규채용한 경우 급박한 경영상의 필요가 있었다고 볼 수 없고,
따라서 정당한 이유가 없는 해고로서 무효이다.(1997.1.15, 서울고법 96나 22237)

⑤ 임금인상과 신규채용이 이루어지면서 일부 직원을 해고하는 경우

➤ 해고 직후에 급여를 인상하여 지급하고 신규채용이 이루어지는 경우, 근로기준법
소정의 정리해고 요건을 갖추지 아니한 부당해고이다.(2000.4.27, 서울행법 99구
18639)

⑥ 예산부족이 예상된다는 이유

➤ 새로운 근로기준법 시행에 따라 각종 수당 등의 지급요인이 발생하여 예산부족이
예상된다는 이유로 해고한 경우 사회통념상 근로자를 해고할 정도의 합리성이
있었다거나 경영상 긴박한 필요성이 있었다고는 볼 수 없다.(1997.12.11, 중노위
97부해 226)

⑦ 해고 후 명예퇴직자를 신규채용하거나 정년초과자들을 계약직으로 다시 채용한 경우

➤ 해고한 지 얼마 지나지 않아 명예퇴직자를 포함하여 신규채용하거나 정년초과자들
을 계약직으로 다시 채용하여 근무하도록 하였고, 경영실적이 현저히 악화되었다
는 사정을 인정할 만한 증거가 없으면 긴박한 경영상의 필요가 있었다고 보기
어렵다.(2001.11.14, 서울고법 2001누 1026·1033)

✎ 명예퇴직

명예퇴직이란 근로자가 명예퇴직의 신청(청약)을 하면 사용자가 요건을 심사한 후 이
를 승인(승낙)함으로써 '합의'에 의하여 근로관계를 종료시키는 것을 말한다.[276][277] 따
라서 사용자의 승낙이 있기 전에는 근로자가 임의로 그 의사표시를 철회할 수 있다.[278]

---

276) 2003.4.22, 대법 2002다 11458.
277) 명예퇴직은 퇴직 시기를 앞당겨 퇴사하는 조기퇴직을 의미하고, 희망퇴직은 전 직급에
걸쳐서 자발적인 퇴직자를 모집한다는 의미에서 차이가 있다.

그러나 합의가 있은 후에는 당사자 일방이 임의로 그 의사표시를 철회할 수 없으며, 이 합의에 따라 명예퇴직일이 도래하면 근로자는 당연히 퇴직하고 사용자는 명예퇴직금을 지급할 의무를 부담하게 된다.279)

이러한 명예퇴직은 사실상 노동법에 의하여 합법적으로 해고와 구조조정이 어려운 현실에서 잉여인력에 대하여 금전적 보상을 통하여 근로자의 자발적인 퇴사를 유도하는 것이지만, 판례에서는 "인원감축을 통한 구조조정이라도 해고라고 보지는 않으며",280) "정리해고의 법리로 판단하지 않는다."281)282)283)고 보고 있다.

즉 근로자가 당시의 상황에서는 최선이라고 판단하여 명예퇴직의 의사표시를 하였을 경우에는 이를 진의의 의사표시라고 보아야 하고,284)285) 사용자가 이를 승낙하면 예정된 명예퇴직일에 퇴직의 효력이 발생한다.

한국경영자총협회가 종업원 100명 이상 기업 1천352개사를 대상으로 조사한 결과에

---

278) 명예퇴직의 신청은 사용자의 승낙이 있어 근로계약이 합의해지되기 전에는 근로자가 임의로 그 청약의 의사표시를 철회할 수 있다. 2003.4.11, 대법 2002다 60528.

279) 2003.6.27, 대법 2003다 1632.

280) 2000.11.6, 서울고법 2000누 5694.

281) 회사가 근로자를 일방적으로 해고하지 아니하고 상당한 금전적 보상대책을 제시하면서 그들의 의사를 물어 그 명시적 또는 묵시적 의사표시에 기하여 의원면직 처분을 한 것으로서 의원면직 처분은 정리해고에 해당하지 아니할 뿐만 아니라 징계의 일종에 해당하는 조건부 해고라거나 정리해고를 회피하기 위한 조건부 해고라고도 볼 수 없다. 1996.2.9, 대법 95다 45972.

282) 근로자를 명예퇴직의 대상자로 선정하고 명예퇴직하지 않을 경우 인사상 불이익이 가해질 것임을 통보하여 비교적 강하게 명예퇴직을 권유한 것이라 할 것이라도, 정리해고라는 극단적인 처방보다는 명예퇴직을 유도함으로써 근로자의 의사를 최대한 반영하려 하였으며, 그리고 근로자가 향후 예상되는 인사 및 급여상 불이익, 향후 발전 가능성, 명예퇴직에 따르는 명예퇴직금 등 금전상 이익 등을 종합적으로 판단하여 사직의 의사를 결정한 것이라면, 사직서 제출이 강요에 의해 이루어졌다고 볼 수 없는 이상, 이를 가지고 정리해고의 판단기준으로 적용할 수 없다. 2000.5.9, 서울행법 99구 27053.

283) 2000.11.21, 서울행법 99구 15784.

284) 2001.1.19, 대법 2000다 51919·51926.

285) 노동조합과 합의하에 기준을 정하여 특별 명예퇴직 대상자를 선정하였으며, 이들에게 명예퇴직을 종용한 결과, 신청인들이 이에 응하였는바, 이는 신청인 스스로 퇴직의사를 결정한 것으로 보일 뿐, 강요에 의한 것으로 볼 수 없고, 명예퇴직신청서를 수리하여 면직처분한 것은 근로계약의 합의해지라 할 것이어서 부당해고로 볼 수 없다. 2001.2.1, 중노위 부해 458.

따르면 전체 기업의 43.3%가 지난 99년부터 2002년까지 인력을 감축한 적이 있다고
응답했다. 인력감축 방법(복수응답)으로는 명예(희망)퇴직을 이용했다는 응답이 53.7%
로 가장 많았고 다음으로 정리해고(17.9%), 아웃소싱(16.4%), 계열사 전출(5.2%), 휴직
(5.2%) 등의 순으로 나타났다. 이처럼 인력감축의 방법으로 주로 명예퇴직이 활용되면
서 실제 퇴직연령이 외환위기 이전과 비교해 낮아졌다는 기업이 전체의 35.6%인 것으
로 나타났으며 줄어든 연령은 평균 4.35세인 것으로 집계됐다. 인력감축을 회피하기
위한 방법에 대해서는 신규인력 채용을 연기하거나 중단한다는 응답(39.4%)이 가장 많
았으며 임금을 동결하고 비용절감 노력을 한다는 응답이 22.4%로 그 뒤를 이었다. 그
밖에 아웃소싱(11.9%), 배치전환(7.7%), 정규직의 비정규직 전환(6.1%), 근로시간 단축
또는 일자리 나누기(4.7%) 등의 방법이 활용되는 것으로 조사됐다. 기업들은 인력 감
축을 실시하는 이유로 기업혁신을 위한 조직 통폐합(44.7%), 인건비 부담(28.5%), 매출
액 감소로 인한 감량경영(12.3%) 등을 들었다. 향후 인력감축 계획에 대해서는 '인력
감축을 고려 중' 21.3%, '인력을 감축할 것' 6.4%로 각각 집계돼 전체의 27.7%가 여전
히 인력조정의 필요성을 느끼고 있는 것으로 나타났다. 한편 정년제를 실시하고 있는
기업은 전체의 91.7%에 달했고 이들 기업의 평균정년 연령은 56.4세였지만 정년 및
퇴직 근로자에 대해 교육, 창업지원 등의 프로그램을 실시하고 있는 기업은 전체의
5.8%에 불과한 것으로 나타났다.(서울＝연합뉴스)[286]

(2) 해고회피노력

　정리해고의 요건 중 해고회피를 위한 상당한 노력을 하여야 한다는 것은 사용자
가 근로자의 해고범위를 최소화하기 위하여 경영방침이나 작업방식의 합리화, 신규
채용의 금지, 일시휴직 및 희망퇴직의 활용, 전근, 배치전환 등의 가능한 조치를 취
하는 것을 말한다. 따라서 사용자가 인원삭감의 조치를 취하기 앞서 기업이 당면한
경영상 어려움을 타개하기 위하여 실현 가능한 모든 조치를 강구하는 등 해고회피
노력을 기울였으나 그러한 노력만으로는 경영상 곤란을 극복할 수 없었거나, 해고
이외의 다른 경영상 조치를 취하는 것이 곤란한 사정이 있어 부득이 정리해고를 할
수밖에 없음이 인정되는 경우에 그 정리해고는 정당성을 획득하는 것이다.[287] 그러므

---

286) 조선일보, 2003.8.18.
287) 2001.6.12, 중노위 2001 부해 192.

로 경영상의 필요성은 인정되더라도 해고회피노력을 하지 않은 경우 부당해고에 해당한다.288)289)

☺ 해고회피노력이 인정되는 경우

① 계약직 직원을 추가 고용한 경우
➤ 계약직 직원들을 추가로 고용하였다고 하여 이를 해고회피 노력이 부족하였다고 할 수 없다.(2001.12.6, 서울행법 2000구 40892)

② 공장 중 하나를 폐업하고 폐업공장 근로자 전부를 해고함에 있어 해고회피를 위한 조치를 취할 수 없는 경우
➤ 매년 적자상태가 계속되고 사업전망도 없어 더 이상 공장경영을 계속하기 어렵게 되었으며, 노사의 폐업을 면하기 위한 마지막 자구노력도 실패로 돌아가 어쩔 수 없이 폐업하게 된 경우 그 근로자들을 본사 내 다른 공장으로 전근시킬 여지가 없고, 다른 해고회피를 위한 조치도 취할 수 없는 경우 정당한 이유가 있는 해고이다.(1992.12.22, 대법 92다 14779)

③ 자산매각, 신규채용 동결, 명예퇴직을 실시한 경우
➤ 회사가 구조조정 차원에서 유휴부지, 사택, 유가증권 등 자산을 순차적으로 매각하고, 신규채용을 동결하였으며 노동조합과 합의하여 순차적으로 명예퇴직을 실시한 점 등을 종합하면 정리해고의 범위를 최소화하기 위한 노력을 하였다고 본다.(2003.3.19, 중노위 2002부해 786·814, 부노 299)
➤ 1년 가까이 정리해고에 따른 인원감축에 관하여 협의하여 오면서 명예퇴직 실시,

---

288) 파견사업주가 파견계약이 해지됨에 따라 파견근로자를 해고하는 경우에 있어 경영상의 필요성은 인정된다. 2001.5.16, 2001 부해 632·부노 163.
289) 회사가 비록 기업 경영상의 필요에 따라 일부 생산 부서를 폐쇄한 것이라 할지라도 회사측이 감원계획을 일방적으로 마련한 다음 그 전제하에 일부를 선별하여 배치전환이나 계열회사로 재취업시켜 주기로 하였을 뿐 해고회피를 위하여 요구되는 경영합리화 조치나 신규채용의 억제, 일시휴직, 희망퇴직자의 모집 등과 같은 다른 적극적인 해고회피노력을 다하지 않았을 경우 그 해고는 정당하지 않다. 대판 1993.11.23, 92다 12285.

순환휴직제, 상여금 삭감 등의 조치를 취하였으나 여의치 않자 부득이 정리해고를 단행하기로 협의하였던 점 등으로 볼 때에, 회사는 해고회피의 노력을 다하였다고 할 것이다.(2004.7.29, 서울고법 2003누 18363)

⊗ 해고회피노력이 인정되지 않는 경우

① 전문인력을 해고한 다음 신규채용한 경우
➤ 최소한으로 갖추어야 할 증권관계 전문인력을 해고한 다음 신규채용한 사실이 있는 경우 해고회피를 위한 노력을 다하였다고 할 수 없다.(1994.7.15, 서울고법 22199)

② 경영상태를 충분히 진단, 이에 따라 경영개선 노력을 기울이지 않은 경우
➤ 경영상태를 충분히 진단하고 이에 따라 상당기간 경영개선을 위한 노력을 기울여 보지도 아니하고, 해고회피 노력이나 사전협의 또는 선정기준 등의 요건을 갖추지 않은 경우 정리해고는 정당하지 않다.(1997.2.26, 중노위 96부해 281)

③ 배치전환 및 무급휴가의 조치를 취하지 않은 경우
➤ 배치전환 및 무급휴가를 부여하는 방법 등으로 해고를 최소화할 여지가 있었다고 보여지는데도 이러한 조치를 시행함이 없이 정리해고한 것은 해고회피의 노력을 다한 것으로 볼 수 없다.(2003.2.11, 서울행법 2002구합 25355)

④ 계약직원에 대하여 타 부서 근무의 가능성을 검토하지 않은 경우
➤ 계약직원에 대하여는 이들의 희망, 적성 및 능력 등을 고려하여 다른 부서에 근무하도록 하는 것이 가능한지 여부를 타진하는 등의 노력을 전혀 기울이지 아니한 채 근로계약 만료 통지를 하였다면 회사가 해고회피 노력을 하였다고 보기 어렵다.(2004.11.2, 서울행법 2004구합 23117)

⑤ 희망퇴직을 권유하거나 사업비의 지출규모만을 줄이는 경우
➤ 단순히 희망퇴직을 권유하거나 사업비의 지출규모를 줄였다는 것만으로 해고를 회피하기 위한 노력을 다한 것으로 볼 수 없다.(2004.12.23, 서울행법 2004구합 26062)

(3) 합리적이고 공정한 해고의 기준

사용자가 경영상 이유에 의하여 근로자를 해고하려면 합리적이고 공정한 해고의 기준을 정하고 이에 따라 그 대상자를 선정하여야 한다. 이 경우 남녀의 성을 이유로 차별하여서는 아니 된다.[290]

합리적이고 공정한 해고기준[291]이란 법규, 단체협약 및 취업규칙에 위반하지 않으며, 특정한 근로자를 차별하지 않는 기준을 말하는데, 해고기준에 관해 단체협약이나 취업규칙에서 정하는 경우 이에 따라야 하며, 정하지 않은 경우에는 정리해고를 할 때 노동조합이나 근로자대표와 협의하여 해고기준을 정하여야 한다. 이러한 대상자 선정기준은 객관적이고 합리적이라고 할 수 없으면 위법하다.[292][293][294][295]

특히 하위직 근로자나 저임금 근로자, 계약직, 여성근로자만을 선별하여 해고하였

---

290) 근로기준법 제24조 (경영상 이유에 의한 해고의 제한).
291) 합리적이고 공정한 해고기준의 설정에서는 근로자 측과 사용자 측의 사정을 비교하고 당해 기업의 업종과 규모 및 인원정리의 필요성 등을 종합하여 구체적으로 정하여야 한다. 서울지법 1995.12.15, 94가합 106584.
292) 고용조정에 의한 해고에 있어서 가장 중요한 대상자 선정기준이 잘못된 해고는 부당해고로 볼 수밖에 없다. 1998.10.20, 중노위 98부해 329.
293) 정리해고의 경우 근로자의 일신상, 행태상의 사유가 아닌 사용자 측의 경영상 필요로 해고가 이루어지는 것이므로 연령, 근속기간, 부양의무의 유무, 건강상태 등 근로자 각자의 객관적 사정을 기초로 그 사회적 위치를 살펴 상대적으로 사회적 보호를 덜 필요로 하는 근로자부터 해고하여야 하고, 근무성적, 업무능력 등 사용자 측의 이해관계와 관련된 사정들은 부차적으로 고려하여야 할 것임에도 불구하고, 해고대상 근로자의 선별기준을 마련함에 있어서 사용자와 밀접한 사항들만 반영하였을 뿐 근로자 각자의 주관적 사정을 고려하지 아니하였으므로 정당하다고 볼 수 없다. 1995.12.15, 서울지법 94가합 106584.
294) 정리해고 대상자를 선정함에 있어서도 구조조정을 통하여 인건비 부담을 줄여야 할 필요가 있는 경우라면 고임금자인 간부급을 우선적인 대상으로 하였어야 함에도 하위직이나 저임금자들만을 상대로 하였으며, 사용자의 입장만을 고려하여 기준을 정한 뒤 근로자들이나 해당자와의 사이에 아무런 협의나 의견수렴 절차를 거치지 않고 해고한 것은 객관적 합리성과 사회적 상당성을 가진 것이라 할 수 없다. 1999.2.24, 서울행법 98구 15886.
295) 정리해고 기준 중 무사안일, 복지부동 직원이나 회사발전 저해, 직원 간 위화감 조성 직원 등은 그 자체로 불명확한 내용을 담고 있어 이러한 기준에 의하여 해고대상자를 선정하는 것 자체가 부당하다. 2001.7.26, 서울고법 2000누 11538.

다면 부당해고에 해당된다. 다만, 이러한 해고의 기준은 확정적, 고정적인 것은 아니고 당해 사용자가 직면한 경영위기의 강도와 정리해고를 실시하여야 하는 경영상의 이유, 정리해고를 실시한 사업 부문의 내용과 근로자의 구성, 정리해고 실시 당시의 사회경제상황 등에 따라 달라지는 것이고, 사용자가 해고의 기준에 관하여 노동조합 또는 근로자대표와 성실하게 협의하여 해고의 기준에 관한 합의에 도달하였다면 이러한 사정도 해고의 기준이 합리적이고 공정한 기준인지의 판단에 참작되어야 한다.296)297)

☺ 합리적이고 공정한 기준으로 인정한 경우

① 인건비 절감효과가 가장 크고 인력구조를 개선한다는 선정기준
➢ 정리해고 대상자를 선정함에 있어 인건비 절감효과가 가장 크고, 관리자가 실무자급보다 많은 인력구조를 개선한다는 선정기준에 따라 정리해고 대상자를 선정한 경우 불합리하다거나 불공정하다고 볼 수 없다.(1995.11.24, 중노위 93부해 129)

② 상위직급이 하위직급보다 고용조정비율이 높게 결정된 경우
➢ 대상자 선정기준에서 상위직급이 하위직급보다 고용조정비율이 높게 결정된 것은 그들에 대한 인건비 부담이 높기 때문이지 대상자 선정기준에 합리성이 없다고 볼 수 없다.(2002.3.12, 대법 2001다 67461)

③ 채용내정자를 우선적인 정리해고 대상자로 삼는 경우
➢ 근로계약 관계는 성립되어 있으나 아직 대학을 졸업하지 아니하는 등의 사유로 현실적으로 근로를 제공하지 아니하고 있는 경우, 근무하고 있는 근로자들과 비교

---

296) 2002.7.9, 대법 2001다 29452.
297) 회사 측의 정리해고 대상자 선정기준이 부양자의 수나 근속연수 등의 근로자 측 이해관계에 비하여 인사고과나 근태 등의 사용자 측의 이해관계를 좀 더 고려하고 있는 것으로 보이기는 하지만, 근로자 측의 이해관계와 사용자 측의 이해관계를 고루 반영하고 있다고 인정되는 점, 노동조합이 마지막까지 정리해고를 반대하면서 다른 합리적인 대안을 제시하지 않은 점 등에 비추어 보면, 회사 측의 정리해고 대상자 선정기준은 합리적이고 공정하였다고 판단된다. 2003.9.4, 서울행법 2002구합 19480.

하여 그 정리해고의 요건에 대하여 이를 다소 완화하고 동시에 기존 근로자들보
다 우선적인 정리해고의 대상자로 삼는다 하여 이를 위법하다고 볼 수 없다.
(1999.6.18, 서울지법 98가합 67930)

④ 비정규직 직원들을 우선적으로 해고한 경우
➤ 본점과 지점 전반에 걸친 일용근로자를 정리한다는 방침과 그에 따른 지시에 의하여
근무기간이나 신분보장에 대한 약정 없이 고용하였던 근로자를 해고한 경우 정당한
이유가 있는 해고이다.(1966.4.6, 대법 66도 204)
➤ 비정규직 직원들을 우선적으로 계약기간 만료 통지 또는 사무형편상 부득이한 사유
를 이유로 계약해지 하는 방법 등으로 고용관계를 종료하기로 한 것은 객관적이지
않다거나 합리성을 일탈한 기준에 의하여 해고하였다고 보기 어렵다.(2006.2.4, 대
법 2005두 16499)

⑤ 인사고과 항목의 비중이 가장 높은 경우
➤ 정리해고 대상자 선정과정에서 회사 측의 자의적인 판단이 개입될 여지가 없는 인사
고과(최근 3개년) 항목의 비중이 가장 높은 것도 합리성이 인정된다.(2002.12.27,
서울행법 2002구합 12960)
➤ 가까운 연도의 인사고과를 중시하여 평가한 것이 부당하다고 보지 않는다.(2003.7.13,
서울행법 2003구합 1981)

⑥ 부부사원 중 한명을 선정하는 경우
➤ 정리해고를 실시할 경우 사회·경제적 관점에서 보아 경제적 충격이 상대적으로 덜
한 부부직원의 일방을 그 대상자로 정하는 것이 합리적인 정리기준에 어긋나는
것이라고 판단되지는 아니하고, 피고가 부부직원의 일방을 대상으로 정하였을 뿐
아내인 직원만을 대상으로 한 것이 아닌 경우 실제로는 아내인 사원이 퇴직하는 사
례가 많을 수밖에 없다는 사정만을 들어 곧바로 헌법이나 근로기준법 등이 정하
는 남녀평등에 반하여 여성을 차별한 것이라고도 볼 수 없다.(2002.5.17, 서울고
법 2001나 1661)

⑦ 노조와의 합의에 의하여 선정된 기준

➢ 노동조합과의 합의에 의하여 인사고과, 징계전력, 승진 가능성 유무, 현 부서에서의 보직 유무 등을 감안하여 구조조정 대상자 기준을 정하였는데, 그 기준에 해당되었고, 회사는 노동조합과 사이에 정리해고의 실시 및 그 대상자 선정기준을 합의하여 이를 토대로 인원감축 대상자를 결정하는 한편, 대부분의 사원들이 이에 수긍하여 사직서를 제출하는 등으로 근로자 측과 협의를 거쳤다면 정당한 정리해고이다.(2002.11.23, 대법 2000두 5517)

⑧ 노동조합이 협의에 응하지 않아 사용자가 정한 기준

➢ 노동조합이 정리해고 자체를 반대함으로써 협의에 응하지 않아 사용자가 정한 기준에 의거 해고했다면 해고대상자 선정기준에 어느 정도 비합리적인 측면이 있다 하더라도 그 기준이 부당하다고 볼 수 없다.(2002.5.14, 중노위 2001부해 734)

⑨ 사업부문을 분리하여 경영해 오면서 경영상 곤란을 겪고 있는 사업부를 폐지하면서 소속 근로자들만을 정리해고 하는 경우

➢ 회사가 서로 다른 사업부문을 분리하여 경영해 오면서 인적·물적 설비가 분리 되어 있고 서로 교류가 없는 상태에서 특히 경영상 심한 곤란을 겪고 있는 사업부만을 축소 내지 폐지하는 것이 불합리하다고 할 수 없으므로, 그 경우 그 사업부 소속 근로자들만을 정리해고 한다고 하여 형평에 어긋난다고 할 수 없다.(2005.11.22, 서울행법 2005구합 15694)

㉑ 합리적이고 공정한 기준으로 인정하지 않은 경우

① 일방적으로 정한 기준에 따라 대상자를 선정

➢ 전체 직원 중 10%에 해당하는 인원 감축이라는 자구계획을 일방적으로 설정한 후, 일방적으로 정한 기준에 따라 대상자를 선정·확정하였으며, 이들만을 대상으로 희망퇴직을 권고하였다가 이에 응하지 않은 인원에 대하여 대기발령을 하고 일정기간이 지난 후에 정리해고를 실시한 경우 정당하다고 할 수 없다.(2002.8.20, 서울행법 2001구 52371)

② 하위직이나 저임금자들만을 상대로 선정하여 해고한 경우
➤ 정리해고 대상자를 선정함에 있어 구조조정을 통하여 인건비 부담을 줄여야 할 필요가 있는 경우라면 마땅히 고임금자인 간부급을 우선적인 대상으로 하였어야 함에도 차장급 이상의 근로자를 제외한 채 인건비 절감의 효과가 미미할 것으로 보이는 과장급 이하의 하위직이나 저임금자들을 선정한 경우 정당성을 가진 것이라 할 수 없다.(1999.2.24, 서울행법 98구 15886)

③ 무사안일 복지부동 직원이나 회사발전 저해, 직원 간 위화감 조성 직원
➤ 정리해고 기준 중 무사안일 복지부동 직원이나 회사발전 저해, 직원 간 위화감 조성 직원 등은 그 자체로 불명확한 내용을 담고 있어 이러한 기준에 의하여 해고 대상자를 선정하는 것 자체가 부당하다.(2001.7.26, 서울고법 2000누 11538)
➤ 정부의 공기업 경영혁신계획에 따라 인력감축의 일환으로 구조조정대상자를 선정함에 있어 합리적이고 공정한 기준 없이 일부 근로자를 문제직원으로 확정하여 그에 대하여 사직을 종용함으로써 의원면직형식으로 근로계약관계를 종료시킨 경우, 이는 실질적으로 해고에 해당할 뿐만 아니라 경영상의 이유에 의한 정리해고의 요건도 갖추지 못한 것이다.(2002.6.14, 대법2001두 11076)

④ 장기근속자만 선정한 경우
➤ 단지 장기 근속자라는 이유만으로 평소 불성실한 근무태도를 보이거나 비위사실이 있는 직원에 비하여 우선적으로 정리해고 대상자로 선정될 수 있다면 이러한 기준은 합리성과 공정성을 갖추었다고 볼 수 없다. 나아가 근로자들의 연령, 부양의무의 유무, 재산상태 등 근로자들의 주관적인 사정을 충분히 참작하여야 한다.(2000.7.7, 서울행법 99구 34600)

⑤ 위원들의 투표로 대상자를 선정한 경우
➤ 객관적인 평가자료나 평가기준도 없이 단순히 위원들의 투표만으로 그들을 정리해고 대상자로 선정한 것은 그 기준이 합리적이고 공정한 것이라고 인정할 수 없다.(2000.6.16, 서울행법 99구 30967)

⑥ 일부 사업폐지를 이유로 그 사업에 있는 모든 근로자를 선정하는 경우

➤ 일부 사업폐지를 이유로 그 사업에 있는 모든 근로자를 해고할 수 있는 것은 아니며, 해고대상자 선정의 범위는 원칙적으로 전 사업장을 대상으로 해야 한다.(2001.9.29, 근기 68207-3306)

☞ 불공정하고 불합리한 해고기준의 예

✓ 사용자가 임의로 해고자를 선정하여 해고, 단체협약·취업규칙에서 정한 기준을 따르지 않은 경우

✓ 노동조합 활동을 활발히 하거나 사업주의 법령 위반 사실에 대하여 고소·고발한 것을 이유로 선정

✓ 여성 또는 임신 중인 여성을 우선하여 해고

✓ 조직개편 또는 사업폐지와 전혀 관계없는 직종의 근로자를 해고

✓ 직무와 관계없이 임금수준이 높은 근로자 순으로 해고

✓ 근속기간이 긴 근로자 순으로 대상자 선정 등

(4) 근로자대표에 대한 통보 및 성실한 협의

사용자가 정리해고를 하려면 그 사업장에 근로자의 과반수로 조직된 노동조합이 있는 경우에는 그 노동조합(근로자의 과반수로 조직된 노동조합이 없는 경우에는 근로자의 과반수를 대표하는 자를 말한다)에 해고를 하려는 날의 50일전까지 이를 통보하고 성실하게 협의하여야 한다.[298][299]

사용자가 협의하여야 할 근로자대표란 근로자의 과반수로 조직된 노동조합이 있는 경우에는 그 노동조합, 근로자의 과반수로 조직된 노동조합이 없는 경우에는 근로자의 과반수를 대표하는 자를 말한다.

근로자의 과반수로 조직된 노동조합이 없는 경우 근로자의 과반수를 대표하는 자

---

[298] 근로기준법 제24조 (경영상 이유에 의한 해고의 제한).

[299] 근로자대표 사이에 정리해고 대상자 선정기준 및 해고회피와 관련하여 아무런 사전협의 를 거치지도 아니한 이상 정리해고는 객관적 합리성과 사회적 상당성을 갖추지 못한 위법 한 것이라 할 것이다. 1999.12.2, 서울고법 99누 4930.

의 선임방법은 근로자들에게 대표로 선임되면 경영상 해고에 관하여 대표권을 행사하게 된다는 사실을 주지시킨 상태에서 근로자 스스로 자율적으로 선출하게 하는데, 근로자 과반수를 대표하는 자의 선임방법 및 의결정족수 등에 대해서는 전체 근로자들이 스스로 정하는 바에 따라야 한다.300)

또한 사용자가 근로자들 중의 일부 직급을 대상으로 정리해고를 실시하려면, 대상이 되는 근로자들을 대표할 수 있는 자와 정리해고에 관한 협의를 진행하여야 할 것이다.301)

한편 판례는 정리해고에 앞서 노동조합이나 원고들과 구체적인 사전협의를 거치지 않았다고 하더라도, 해고조치 이외에 마땅한 대안이 없어서 협의절차를 거친다 하더라도 별다른 효과를 기대할 수 없다면 절차상의 흠이 있더라도 정리해고는 유효하다고 판단하고 있다.302)303)304)

☺ 근로자대표와 성실히 협의한 것으로 인정한 경우

① 노조와의 합의에 의하여 사직서 수리기준을 정한 경우
  ➢ 노동조합과의 합의에 의하여 인사고과, 징계전력, 현직급에서의 승진 가능성 유무, 현 부서에서의 보직 유무 등을 감안하여 구조조정 대상자를 선정하기로 하는 '사직서 수리기준'을 정하였는데, 회사는 노동조합과 사이에 정리해고 실시 및

---

300) '구조조정시 근로자대표 선출 방법', 1999.1.13, 근기 68207 − 94.
301) 2000.8.22, 서울행법 99구 27282.
302) 2002.6.28, 대법 2000두 4606.
303) 정리해고에 앞서 노동조합이나 원고들과 구체적인 사전협의를 거치지 않았다고 하더라도, 원고들은 회사의 경영상 위기로 인하여 어느 정도 감량경영이 따르리라는 것을 예상할 수 있었고, 해고조치 이외에 마땅한 대안이 없어서 협의절차를 거친다고 하여도 별다른 효과를 기대할 수 없었다는 점을 고려하면 이 사건 정리해고는 유효하다고 보아야 한다. 2002.7.12, 대법 2001다 68259.
304) 정리해고 실시 60일 이전까지 근로자대표에게 통보하게 한 취지는 소속 근로자의 소재와 숫자에 따라 그 통보를 전달하는 데 소요되는 시간, 그 통보를 받은 각 근로자들이 통보내용에 따른 대처를 하는 데 소요되는 시간, 근로자대표가 성실한 협의를 할 수 있는 기간을 최대한으로 상정·허여하자는 데 있는 것이고, 60일 기간의 준수는 정리해고의 효력요건은 아니다. 2003.11.13, 대법 2003두 4119.

그 대상자 선정기준을 합의하여 이를 토대로 인원감축 대상자를 결정하였는데, 극히 일부를 제외한 대부분의 사원들이 이에 수긍하여 협조하는 차원에서 사직서를 제출하는 등으로 근로자 측과 협의를 거친 사실을 인정한 후, 이러한 사정을 종합적으로 고려하면 이 사건 해고는 정당한 정리해고이다.(2002.11.13, 대법 2000두 5517)

② 직급별 부서별로 구성된 직원들로 구성된 추진위원회와 협의를 한 경우
➤ 직급별 부서별로 구성된 직원들로 구성된 추진위원회와 대상자 선정기준 등에 관하여 협의를 하여 인원감축의 규모와 선정기준을 결정한 경우 회사가 근로자 측과 성실한 사전협의를 거쳤다고 본다.(2002.1.16, 대법 2000두 1454)

③ 노사협의회를 개최하여 인원감축과 해고대상자를 선정한 경우
➤ 근로자대표들과 노사협의회를 개최하여 인원감축과 해고대상자를 선정한 경우에는 개별적인 사전협의를 거치지 아니하였다고 하더라도, 근로자 측과 성실한 사전협의를 거친 것으로 보아야 한다.(2001.10.26, 대법 2000두 3016)

④ 개별적인 사전협의를 거치지는 않았지만 노동조합과 협의를 한 경우
➤ 노동조합과 사이에 정리해고의 규모 및 선정기준 등에 관하여 5차례에 걸쳐서 협의를 하여 전 사원이 참가인 회사의 경영악화를 인식하였던 사정에 비추어 보면 회사가 원고와 개별적인 사전협의를 거치지는 아니하였지만 근로자 측과의 성실한 사전협의를 거쳤다고 인정된다.(2002.7.26, 대법 200두 4910)

㉤ 근로자대표와 성실히 협의한 것으로 인정하지 않은 경우

① 차·과장협의회 및 부·팀장협의회 대표들과의 협의 및 합의
➤ 차·과장협의회 및 부·팀장협의회 대표들과의 협의 및 합의만으로는 정리해고의 절차적 요건을 구비하였다고 할 수 없다.(2002.8.20, 서울행법 2002 구합5191)
➤ 근로자들의 대표자와 협의를 거치거나 이를 시도하지 않은 채 특별인사위원회에서 소속 부서장 및 인사위원들만 참석하여 대상자를 선정한 경우 해고절차의 요건을 따르지 아니한 잘못이 인정된다.(2001.12.11, 서울행법 2001구 26794)

② 사용자 임의로 선정한 근로자대표가 포함된 경우

➢ 사용자 임의로 선정한 근로자대표가 포함된 "경영혁신협의체" 및 근로자대표가 포함되지 아니한 특별심의위원회가 정리해고 기준 설정과 대상자를 선정한 경우 근로자 과반수를 대표하는 자와 성실한 협의를 거쳤다고 인정하기 어렵다.(2000.3.16, 중노위 99부해 809)

➢ 회사 측의 일방적인 임명에 의하여 선정된 각 부서장들을 근로자대표로 하여 협의를 한 경우 근로자대표와의 성실한 협의를 거쳤다고 보기 어렵다.(2004.6.3, 서울행법 2003구합 39269)

③ 이해관계가 거의 없는 근로자대표 및 노조와의 협의

➢ 정리해고와 거의 이해관계가 없는 근로자대표와 노동조합 조합원과의 협의는 근로자대표와 성실한 협의를 하였다고 볼 수 없다. (2004.1.30, 서울행법 구합 18866)

3) 정리해고의 절차

사용자는 일정한 규모 이상의 인원을 해고하려면 노동부장관에게 신고하여야 한다.[305] 즉 상시 근로자 수 99인 이하의 사업장은 10인 이상, 100인 이상 999인 이하의 사업장은 상시 근로자 수의 10% 이상, 1,000인 이상의 경우 100인 이상을 해고하고자 하는 경우 노동부장관에게 신고하여야 한다.

신고를 할 때는 해고 사유, 해고 예정 인원, 근로자대표와 협의한 내용, 해고 일정에 대한 사항을 포함하여야 한다.[306]

4) 우선재고용

경영상 이유(정리해고)에 의하여 근로자를 해고한 사용자가 근로자를 해고한 날로부터 3년 이내에 해고된 근로자가 해고 당시 담당하였던 업무와 같은 업무를 담당

---

305) 근로기준법 제23조 (경영상 이유에 의한 해고의 제한) ④.
306) 근로기준법 시행령 제10조 (경영상의 이유에 의한 해고 계획의 신고).

할 근로자를 채용하고자 할 경우 해고된 근로자가 원하면 그 근로자를 우선적으로 고용하여야 한다.[307]

　우선재고용에 관한 규정은 긴박한 경영상의 이유에 해고된 근로자가 기업이 정상화된 후 사용자가 다른 근로자를 채용하기에 앞서 해고된 근로자를 채용하도록 하여 근로자의 생존권을 보장하는 데 그 취지가 있다. 그러나 위반할 경우에도 처벌규정이 없어 그 실효성은 의문시되는 것으로 보여진다.

　한편 정부도 경영상 이유에 의하여 해고된 근로자에 대하여 생계안정, 재취업, 직업훈련 등 필요한 조치를 우선적으로 취하여야 한다.[308]

◆ 경영상 해고 관련 업무처리 요령[309]

　경영상 이유에 의한 해고와 관련하여 민원이 제기되거나 해고계획이 신고되었을 때 또는 부당해고 방지 지도를 하여야 할 필요가 있다고 판단되는 경우 등에는 다음 요령에 따라 조사·지도·처리하여야 함.

　1. 경영상 해고 관련 사실 조사
　※ 근로자대표와의 협의 여부·해고 대상자 선정기준의 공정성·해고 회피노력 유무 등을 중심으로 우선 객관적 판단을 먼저 하고, 긴박한 경영상의 필요성을 규명하는 것이 효과적일 것임.

　(1) 해고 사실의 확인
　권고사직의 경우 사직서를 제출하고 명예퇴직수당 등을 받았다면 근로기준법의 규정에 의한 경영상 해고로 보지 아니함. 근로자에 대하여 일괄적으로 사표를 제출토록 하고 그중 일부만 선별적으로 수리하여 면직처리하였다면, 사용자가 근로자의 사표제출이 진정한 사직 의사가 아님을 알았거나 알 수 있었을 경우로서 이른바 비진의에 의한 의사표시에 해당하므로 사표제출의 법률행위는 무효이고, 면직조치는 해고에 해당함.

---

307) 근로기준법 제25조(우선 재고용 등).
308) 근로기준법 제25조(우선 재고용 등).
309) 1998.03.28, 근기 68201-586.

(2) 해고 30일전에 해고예고를 하였는지

해고 당사자에 대한 해고예고는 근로자대표에 대한 해고 50일전 통보의무와 별도로 준수해야 함. 해고의 정당성 여부에 관계없이 해고예고를 하지 아니하였으면 근로감독관집무규정 제30조 제1항 및 별표 4조 기준에 따라 25일내 해고예고수당을 지급토록 시정지시하고, 미이행 시 근로기준법 제32조 위반으로 입건조치.

※ 해고예고는 근로기준법 제24조 제3항의 규정에 의한 노사 간 협의기간 중에도 할 수 있음.

(3) 경영상 해고에 관하여 사용자가 근로자대표와 성실하게 사전에 협의하였는지

<해고일 50일전에 사용자가 해고회피방법 및 해고기준을 근로자대표에게 통보하였는지 여부>

※ 협의할 내용의 통보방법은 제한이 없으나 가급적 서면으로 하는 것이 바람직함.

<근로자의 과반수로 조직된 노동조합 또는 근로자의 과반수를 대표하는 근로자대표가 있는지 여부>

※ 근로자대표를 선정하는 방법은 특별한 제한이 없으며, 노사협의회가 설치되어 있고 그 근로자위원들이 근로자의 과반수를 대표한다면 그들이 근로자대표가 될 수 있음(다만, 다수 근로자가 노사협의회 근로자위원 대신 다른 대표의 선출을 원할 경우 별도의 선출 절차를 거쳐야 함)

※ 근로자대표가 없을 경우 사용자는 근로자대표를 선임하도록 하고, 근로자들이 대표 선임을 기피할 경우에는 전 근로자를 대상으로 공고문 등을 통하여 협의하는 것도 가능

<근로자대표와 성실히 협의하였는지 여부>

※ 성실한 협의로 볼 수 있는 경우: 사용자는 근로자대표에게 50일전 해고 회피방법 및 해고기준 등을 통보하고, 근로자대표는 전체근로자의 의견을 모아 사용자의 해고 계획에 대한 의견 또는 대안 등을 제시, 사용자는 근로자의 의견 또는 대안 등에 대해 받아들일 수 있는 것은 수용하고 그렇지 못한 것은 그 이유를 밝히는 등 근로자의 이해를 구함.

※ 성실한 협의로 볼 수 없는 경우: 근로자대표와 협의 없이 해고하는 경우, 근로자

대표에게 일방적으로 해고계획을 통보만 하고 해고하는 경우, 노동조합이 없다는 이유로 협의하지 아니한 경우, 근로자대표가 아닌 자와 협의하고 해고하는 경우, 근로자대표에게 사용자가 해고 회피방법 및 해고기준을 통보한 후 50일이 경과하지 않은 상태에서 일방적으로 해고하는 경우 등. 근로자대표가 협의를 기피하는 경우에는 근로자 스스로 권리를 포기한 것이므로 해고계획 통지 후 50일이 경과하면 사용자에 대해 협의 불이행에 대한 책임을 물을 수 없음.

(4) 합리적이고 공정한 기준에 의하여 해고자를 선정하였는지

사용자가 근로자대표와 협의과정에서 해고자 선정기준에 대하여 충분히 논의하여 정하였는지(단체협약 또는 취업규칙에 이미 정해져 있는 경우는 그 준수 여부)

사업체의 여건에 따라 근로자와 사용자의 입장을 충분히 고려하여 정했는지

▶ 근로자 측면: 근속연수가 짧은 자, 부양가족이 적은 자 등.

▶ 사용자 측면: 근무성적·능력이 낮은 자 등.

※ 불공정하고 불합리한 해고기준의 예: 사용자가 임의로 해고자를 선정하여 해고, 단체협약·취업규칙에서 정한 기준을 따르지 않은 경우, 노동조합 활동을 활발히 하거나 사업주의 법령 위반 사실에 대하여 고소·고발한 것을 이유로 선정, 여성 또는 임신 중인 여성을 우선하여 해고, 조직개편 또는 사업폐지와 전혀 관계없는 직종의 근로자를 해고, 직무와 관계없이 임금수준이 높은 근로자 순으로 해고, 근속기간이 긴 근로자 순으로 대상자 선정 등.

(5) 해고를 피하기 위한 노력을 다하였는지

근로자대표 등이 제시한 해고 회피노력을 할 수 있었음에도 전혀 하지 않은 경우에는 해고의 정당성을 인정할 수 없음.

Ex) 해고 회피방법 예시: 경영합리화를 위한 비용 절감, 연장근로 등의 축소, 근로시간 또는 임금의 감축, 해고예정 직종에 대한 신규채용의 중지, 단시간근로자·임시직 등의 재계약 정지, 배치전환, 사외파견, 재교육·훈련의 실시, 조업단축 또는 일시 휴업(휴직), 퇴직희망자의 모집 등.

사용자는 위에서 예시한 해고 회피노력을 반드시 모두 다 이행해야 하는 것은 아니나, 각 사업체의 사정에 따라 가능한 한 다양한 방안을 모색하고 최선을 다하여 시행해야 할 것임.

※ 해고회피 방법에 있어서 남녀차별을 하여서는 아니 됨.

(6) 해고계획 신고 대상사업장의 경우 신고를 하였는지 조사

신고의무 미이행 시에는 근로기준법 제13조의 보고 요구 규정에 의하여 신고토록 조치

(7) 해고에 있어 긴박한 경영상의 필요성이 있었는지

감원을 하지 않으면 사업체가 도산할 위기에 있거나 경영악화로 사업을 계속할 수 없는 경우에 해당하는지, 업종의 전환, 사업의 일부 또는 전부의 폐지 등으로 인원삭감이 객관적으로 보아 불가피하다고 할 만한 사유가 있는지, 경영악화를 방지하기 위한 사업의 양도·인수·합병이 있었는지, 생산성 향상, 경쟁력의 회복 내지 증강에 대처하기 위한 작업형태의 변경, 신기술의 도입과 그러한 기술혁신에 따라 생기는 산업의 구조적 변화 등을 이유로 인원삭감이 객관적으로 보아 합리성이 있다고 인정되는 경우에 해당하는지 여부.

※ 판례상 긴박한 경영상의 필요성에 대해서는 감원이 객관적으로 보아 합리성이 있는 경우까지 넓게 인정하고 있음을 유의.

2. 부당해고의 판단

근로기준법 제24조 제1항 내지 제3항의 규정에 의한 해고의 요건과 절차를 준수한 경우에는 동법 제23조 규정의 적용에 있어서 정당한 해고로 인정됨.

※ 해고계획의 신고의무를 위반한 경우에는 해고의 효력에는 영향이 없음.

3. 부당해고 민원사고 처리

부당해고 관련 민원은 부당해고 등 관련 민원사건 처리지침(1997.5.20, 근기 68201-663)에 따라 처리.

▶ 1차적으로 노동위원회의 구제신청을 활용토록 권고.
▶ 노동위원회의 판정결과를 존중하여 처리.

경영상 해고 관련 사고조사 시는 해고의 법적 요건 중 절차적 요건을 중점적으로 조사. 부당해고사건 송치서류 작성에 있어서 적용 법률조항은 동법 제23조(해고 등의 제한)

위반 및 그 처벌규정인 동법 제107조를 적용하고, 동법 제24조 위반조항은 괄호 안에 기재(동법 제24조 제1항 내지 제3항의 위반사실은 수사결과 보고서에 구체적으로 서술)

4. 해고계획 신고서 처리요령
(1) 해고계획 신고의 취지
사용자가 근로자를 해고할 경우 사전에 노동부에 신고토록 하여 원만한 노사 간 협의를 지원하고, 해고자에 대한 고용안정사업 등과 연계할 수 있도록 하는 데 있음. 신고의 성격은 사용자가 해고계획을 사전에 노동부에 통지하는 것으로 봄. 따라서 해고의 효력과 관계 없는 규정이므로 신고를 하지 않았다는 사실만으로 당해 해고를 무효로 볼 수는 없음.

(2) 해고계획 신고서 처리
● 신고대상
해고계획을 신고해야 할 대상은 1월간 해고자의 수가 상시 99인 이하 사업장은 10인 이상, 100~999인 사업장은 10% 이상, 1,000인 이상 사업장은 100인 이상인 경우.
상시근로자는 해고 전 상시 근로자 수를 기준으로 함
※ 2,000인 이상 고용 사업장에서 5월 초 5명, 5월 말 90명, 6월 초 90명, 6월 말 5명을 해고하는 경우 5월 말 90명과 6월 초 90명을 합산하여 신고의무를 적용.

● 신고 시기
해고계획의 신고는 최초로 근로자를 해고하고자 하는 날의 30일전에 제출해야 함. 장기간에 걸쳐 해고하는 경우에는 신고서를 매월별로 제출하지 않고 일괄하여 제출하는 것도 가능함.

● 신고서 접수 및 조치 사항
- 신고서가 접수되면 신고사항의 누락 여부 및 그 내용을 검토하고 경영상 해고계획신고대장에 등재.
※ 검토사항 중 해고 회피노력 및 해고기준에 대해서는 다양한 방안이 있음을 알려주는 정도로 지도하고, 특정한 방안을 채택하여 시행할 것을 요구하지는 않도록 함.
- 해고계획 신고내용을 지체 없이 고용보험과 및 직업안정과에 통보

(3) 신고의무 위반에 대한 조치

특정 사업체에서 해고계획 신고 없이 해고가 예상되는 경우에는 신고의무를 안내하고, 해고계획 신고의무를 태만히 한 경우에는 이미 해고를 하였더라도 사용자에 대하여 근로기준법 제13조 및 제24조 제4항의 규정에 의거 해고계획을 신고토록 조치

5. 해고자 재고용 지도

경영상 해고자의 우선 재고용 규정은 사용자로 하여금 자율적으로 해고 근로자를 재고용토록 유도하기 위한 것임.

6. 경영상 해고와 관련한 쟁점들
● 법개정으로 기업의 인수·합병 시 근로자의 고용승계를 하지 않아도 되는가?

그렇지 아니함. 기업의 인수·합병의 경우 다른 법률관계와 마찬가지로 근로자와의 근로관계도 포괄승계됨. 경영악화를 방지하기 위하여 인수·합병을 하여 잉여인력이 발생한 경우 법적 요건과 절차에 따라 경영상 해고를 할 수 있음. 이 경우에도 해고를 하려면 근로자대표와 협의를 거쳐 해고회피 노력을 다해야 하며, 합리적이고 공정한 기준에 의해 해고자를 선정해야 함.

● 사용자가 경영상 해고를 함에 있어 해고회피노력 및 해고기준 등에 관하여 노동조합과 협의하였으나 협의가 되지 않는 경우 노동조합이 이를 이유로 파업 등 쟁의행위를 할 수 있는가?

기본적으로 근로자의 채용 및 해고는 사용자의 인사권에 속하는 것이며, 해고를 피하기 위한 노력 및 해고의 기준을 결정하는 주체도 사용자임. 근로기준법에서 경영상 해고 시 사용자가 근로자대표와 협의토록 하는 취지는 근로자의 의견을 듣고 이를 최대한 반영할 수 있도록 하는 것이나, 반드시 근로자대표와 합의해야 하는 것은 아님. 따라서 경영상 해고 실시를 이유로 한 쟁의행위는 정당성을 인정받을 수 없음.

● 사용자는 해고 회피방법 및 해고기준 등을 해고 50일전에 통보하도록 하고 있는데 이 통보를 하면 해고예고를 하지 않아도 되는가?

근로자대표에게 해고 50일전 해고계획을 통보하도록 한 취지는 노사 간 해고에 관하여 충분히 협의를 할 수 있도록 하기 위한 것임. 이 규정은 노사 간 집단적인 협의를 위한 규정이며, 해고예고는 개별 근로자에 대한 해고의 사전통지이므로 별도로 준수해야 함. 다만, 해고 50일전 해고계획 통보 후 노사 간 협의를 거쳐 해고자가 선정되었다면 50일이 만료되지 않았더라도 그 중간에 해고예고는 할 수 있음.

- 해고 50일전에 근로자대표에게 해고 회피방법 및 해고기준 등을 통보하도록 하고 있는데 이 통보 후 곧바로 해고 수당으로 50일분 임금을 주고 즉시 해고할 수 있는가?

50일전 해고계획을 통보하도록 한 취지는 노사 간 해고에 관하여 충분한 협의를 하도록 하기 위한 것이며, 개별근로자에 대한 해고예고가 아님. 따라서 해고수당 등을 지급하고 그 기간을 단축할 수는 없음.

- 사용자가 전 근로자에게 사표를 제출토록 하고, 제출된 사표 중 일부만 선별하여 수리한 경우 해고로 볼 수 있는가?

원칙적으로 사용자가 근로자의 사직 의사표시가 진정한 의사가 아님을 알지 못했고, 알 수도 없었다면 근로자의 사표제출은 유효함. 예를 들어 근로자들이 스스로 사직의사를 표명하는 경우, 퇴직희망(명예퇴직)자 모집 시 퇴직위로금을 기대하고 사직서를 제출한 경우 등 사용자가 근로자의 사직의 의사표시가 진정한 의사에 의한 것이 아님을 알았거나 알 수 있었을 경우에는 그 의사표시는 무효이며(민법 제107조 제1항 단서), 이에 의한 면직처분은 해고에 해당함(1996.7.30, 대법 95누 7765; 1993.5.25, 대법 92다 26260) 따라서 일괄사표·선별수리를 통한 면직의 경우 근로자가 사직의 의사표시를 하게 된 과정 및 동기 등의 정황증거에 따라 판단하여야 할 것이며, 사용자가 먼저 사직서를 쓰도록 종용하고, 사표를 종용한 것이라면, 사용자는 근로자들의 사표제출이 진의가 아님을 알고 있거나, 알 수 있었을 것이므로 동 사직의 의사표시는 무효이며, 이를 기초로 사용자가 행한 면직처분은 해고에 해당할 것임. 부당해고에 해당하는지 여부는 경영상 해고의 경우에는 위와 같은 사표수리 전에 근로기준법 제31조의 규정에 의한 요건과 절차를 갖추었는지 여부에 따라 판단해야 할 것임.

Ⅲ. 해고시기의 제한

사용자는 근로자가 업무상 부상 또는 질병의 요양을 위하여 휴업한 기간과 그 후 30일 동안은 해고하지 못한다. 또한 산전·산후의 여성이 근로기준법에 따라 휴업한 기간과 그 후 30일 동안은 해고하지 못한다. 즉 이와 같은 시기에 해고할 경우 근로자는 구직활동으로 다른 직장을 구하기 어려울 뿐만 아니라, 직장을 구하게 되더라고 정상적인 근무가 어려워지므로 근로자의 생존권을 보장하는 데 취지가 있다. 다만, 사용자가 산업재해로 인해 요양을 하는 경우 사용자가 일시에 보상을 하였을 경우 또는 사용자가 파산이나 폐업으로 사업을 계속할 수 없게 된 경우에는 적용되지 않는다.310)

Ⅳ. 해고의 예고 및 통지

1. 해고의 예고

사용자는 근로자를 해고(경영상 이유에 의한 해고를 포함한다)하려면 적어도 30일전에 예고를 하여야 하고, 30일전에 예고를 하지 아니하였을 때에는 30일분 이상의 통상임금을 지급하여야 한다. 다만, 천재·사변 그 밖의 부득이한 사유로 사업계속이 불가능한 경우 또는 근로자가 고의로 사업에 막대한 지장을 초래하거나 재산

---

310) 근로기준법 제23조 (해고 등의 제한) ② 사용자는 근로자가 업무상 부상 또는 질병의 요양을 위하여 휴업한 기간과 그 후 30일 동안 또는 산전·산후의 여성이 이 법에 따라 휴업한 기간과 그 후 30일 동안은 해고하지 못한다. 다만, 사용자가 제84조에 규정된 일시보상을 하였을 경우 또는 사업을 계속할 수 없게 된 경우에는 그러하지 아니하다.

상 손해를 끼친 경우[311])로서 노동부령으로 정하는 사유에 해당하는 경우에는 그러하지 아니하다.[312]) 이러한 해고예고는 정당한 해고사유가 있는 경우에도 근로자에게 30일전에 통보를 하여 다른 직장을 구할 수 있는 시간을 주려는 데 취지가 있으며, 해고예고를 하였다고 하여 해고가 정당해지는 것은 아니다.[313])

2. 해고예고의 적용 제외[314])

해고예고의 규정은 다음의 근로자에게는 적용되지 않는다.
▶ 일용근로자로서 3개월을 계속 근무하지 아니한 자
▶ 2개월 이내의 기간을 정하여 사용된 자
▶ 월급근로자로서 6개월이 되지 못한 자
▶ 계절적 업무에 6개월 이내의 기간을 정하여 사용된 자
▶ 수습 사용 중인 근로자

3. 해고의 통지

사용자는 근로자를 해고하려면 해고사유 및 해고시기를 서면으로 통지하여야 한다.[315]) 서면으로 통지하여야 효력이 발생하므로 사용사가 해고사실과 시기를 서면으로 명시하여 통지하지 않고 근로자를 해고하면 무효가 된다.

---

311) 근로기준법 시행규칙 제4조 별표.
312) 근로기준법 제26조 (해고의 예고).
313) 근로기준법 제26조의 규정에 따른 해고의 예고는 그 해고에 정당한 이유가 있어 해고할 경우에만 적용된다. 1992.3.31, 대법 91누 6184.
314) 근로기준법 제35조 (해고예고의 적용 예외).
315) 근로기준법 제27조의 2 (해고사유 등의 서면 통지).

4. 해고와 금전보상

노동위원회에 부당해고구제신청을 하여 노동위원회가 부당해고를 판정하면 원직복직과 해고기간 동안 근로를 제공하였으면 지급받을 수 있었던 임금상당액 지급을 명하고 있다. 그러나 원직복직은 근로자가 이를 원하지 않는 경우 효과적인 구제방법이 되지 못하므로 근로자가 원직복직을 희망하지 않는 경우 원직복직 이외에 노동위원회 구제명령으로 '임금상당액 이상의 금품'을 지급하고 근로관계를 종료할 수 있는 금전보상제가 도입되었다.316)317) '임금상당액 이상의 금품'은 해고기간 동안의 임금상당액과 위로금을 포함하여 원직복직을 대신한 것으로 노동위원회가 근로자의 귀책사유, 해고의 부당성 정도 등을 고려하여 결정한다.

V. 해고 구제신청

근로자가 사용자로부터 부당하게 해고를 당한 경우에는 노동위원회에 구제신청을 하는 경우와 법원에 해고무효확인의 소를 제기하는 방법이 있으며, 두 가지를 병행해서 사용할 수도 있다.

사용자의 부당한 해고처분이 무효이거나 취소된 때에는 그동안 피해고자의 근로

---

316) 근로기준법 제30조 (구제명령 등) ③ 노동위원회는 제1항에 따른 구제명령(해고에 대한 구제명령만을 말한다)을 할 때에 근로자가 원직복직을 원하지 아니하면 원직복직을 명하는 대신 근로자가 해고기간 동안 근로를 제공하였더라면 받을 수 있었던 임금 상당액 이상의 금품을 근로자에게 지급하도록 명할 수 있다.

317) 노동위원회 규칙 제64조 (금전 보상의 신청) ① 근로자는 부당해고 구제신청에 있어서 원직 복직을 원하지 아니하는 경우에는 금전보상명령을 신청할 수 있다.
② 제1항에 의한 금전보상명령을 신청하고자 하는 근로자는 심문회의 개최일을 통보받기 전까지 별지 제17호 서식의 금전보상명령신청서를 제출하여야 한다.

자로서의 지위는 계속되고 있었던 것이 되고 근로자가 그동안 근로의 제공을 하지 못한 것은 사용자의 귀책사유로 인한 것이므로 근로자는 계속 근로하였을 경우에 받을 수 있었던 임금 전부의 지급을 청구할 수 있다.[318]

1. 민사소송

근로자는 사용자의 해고가 부당한 경우 법원에 해고무효확인의 소를 제기하여 구제를 받을 수 있다. 이러한 해고무효확인소송에서 해고절차의 적법성에 관한 주장 및 입증책임은 사용자가 부담한다. 다만, 이러한 해고무효확인의 소는 상당한 기간이 경과된 후 제기하는 경우에는 허용되지 않는다.[319][320]

2. 노동위원회

사용자가 근로자에게 정당한 이유 없이 해고를 하면 근로자는 노동위원회에 구제를 신청할 수 있다.[321] 노동위원회를 통한 구제는 일반 민사소송이 시간과 비용이 많이 든다는 단점이 있어 근로자들이 쉽게 권리구제를 포기하는 등의 문제점을 해소하기 위하여 노동위원회를 통하여 쉽고 신속하게 권리구제가 가능하도록 한 것이다.[322]

---

318) 1981.12.22, 대법 81다 626.
319) 아무런 이의 없이 회사로부터 퇴직금을 수령하고 2년 10개월가량이 경과한 후 제기한 해고무효확인의 소는 노동분쟁의 신속한 해결이라는 요청과 신의성실의 원칙 및 실효의 원칙상 허용될 수 없다. 1996.11.26, 대법 95다 49004.
320) 해임처분 이후 입금된 퇴직금을 이의 없이 수령했고 퇴직 후 개인사업에 종사하다가 소청이 기각된 지 1년 6개월이 지난 뒤에야 이 사건 소를 제기한 것은 신의성실원칙 및 실효의 원칙에 비춰 허용될 수 없다. 2006.9.15, 부산지법 2004가합 23182.
321) 근로기준법 제 28조 (부당해고 등의 구제신청).
322) 노동위원회의 행정적 구제절차는 민사소송을 통한 통상적인 권리구제방법에 의한 소송절차의 번잡성, 절차의 지연, 과다한 비용부담 등의 폐해를 지양하고 신속·간이한 행정

부당해고 → 지방노동위원회 → 중앙노동위원회 → 행정법원 → 대법원

구제신청(3개월 이내) 재심신청(10일 이내) 행정소송(15일 이내) 상고(2주 이내)

근로자는 관할 지방노동위원회에 부당해고가 있는 날로부터 3월 이내에 부당해고 구제신청을 해야 한다.[323] 부당해고가 성립한다고 판정한 때에는 사용자에게 복직과 임금지급 등 구제명령을 내리게 되며, 부당해고가 성립하지 아니한다고 판정한 때에는 기각결정을 하게 된다. 지방노동위원회의 구제명령이나 기각결정에 불복이 있는 당사자는 10일 이내에 중앙노동위원회에 재심을 신청할 수 있고, 중앙노동위원회의 결정에 불복하는 경우에는 15일 이내에 행정소송을 제기할 수 있다.

노동위원회가 구제명령(재심판정을 포함)을 내린 후 30일 이내의 이행 기한까지 구제명령을 이행하지 아니한 사용자에 대하여는 2천만 원 이하의 이행강제금을 부과한다.[324] 당사자가 이의를 제기하여 행정소송을 제기한 경우라도 노동위원회의 결정에 대해 이행강제금이 부과되며, 노동위원회는 확정된 구제명령을 이행하지 않는 때에는 심판위원회의 결정에 따라 관할 지방노동관서에 사용자를 고발하여야 한다.[325]

한편, 판례는 근로자와 사용자 사이의 근로계약관계가 종료된 경우 근로자로서는 해고기간 동안의 임금을 지급받기 위한 필요가 있다고 하여도, 그러한 이익은 민사소송을 통하여 해결될 수 있는 것이므로, 그 경우 근로자에게는 부당해고 구제신청의 이익이 소멸된다고 본다.[326][327][328]

적 구제절차로서의 기능의 확보를 목적으로 한다. 2004.10.7, 서울행법 2004구합 17105.
323) 사직서 제출이 강요에 의해 제출되어 퇴직조치가 정당한 이유 없는 해고에 해당한다고 하더라도 신청인은 행위가 있은 날로부터 3개월 이내에 신청을 하여야 함에도 불구하고 구제신청기간을 도과하여 지방노동위원회에 구제신청을 제기한 사실이 인정되므로 본 건 구제신청은 각하 사유에 해당한다. 2000.9.15, 중노위 2000부해 323.
324) 근로기준법 제33조(이행강제금).
325) 노동위원회 규칙 제84조(고발).
326) 2006.7.11, 서울행법 2006구합 4844.
327) 징계해고를 하고 계약이 종료되었음을 통보하였으나, 재심판정일 이전에 근로관계가 계약기간의 만료로 이미 종료되었다면 구제절차를 유지할 이익이 없게 되었다고 할 것이다. 2005.12.22, 서울행법 구합 21453.
328) 근로자의 부당해고구제신청에 의하여 구제절차가 진행 중에, 근로자가 별도로 사용자를 상

3. 진정 · 고소 · 고발

노동청에 행하는 신고 중 통상적으로 고소, 고발을 제외한 진정, 청원, 탄원 등을 진정이라 하며, 권리침해의 시정을 구하는 민원의 일종이라 할 수 있다.

부당해고 등에 대한 진정이 제기되면 근로감독관은 관계 당사자에 대해 출석을 요구하여 면담하고 관련 자료에 대하여 조사를 한 후 25일 이내에 부당해고 여부에 대한 결정을 내리게 된다. 조사 결과 법 위반 사실이 확인될 경우 사용자에게 일정 기간 내에 시정하도록 서면 지시하고, 이에 따르지 않을 경우 근로기준법 제23조[329) 위반[330)으로 입건해 기소 · 불기소 여부를 결정하게 된다.

고소와 고발은 피해자 또는 제3자가 법위반에 대하여 처벌을 요구하는 것으로 부당해고로 판단될 경우 검찰에 송치하고 기소 여부를 결정하게 된다.

대로 같은 사유로 제기한 해고등무효확인 청구의 소에서 청구 기각 판결이 선고되어 확정된 경우에는, 사용자의 근로자에 대한 해고 등의 불이익처분이 정당한 것으로 인정되어 노동위원회로서는 그 불이익처분이 부당하다고 하여 구제명령을 발할 수 없게 되었으므로 근로자의 구제이익은 소멸한다고 보아야 한다. 2004.9.13, 대법 2004두 5126.

329) 근로기준법 제23조 (해고 등의 제한) 사용자는 근로자에게 정당한 이유 없이 해고, 휴직, 정직, 전직, 감봉 그 밖의 징벌을 하지 못한다.

330) 근로기준법 제107조 (벌칙) 제 23조의 규정에 위반한 자는 5년 이하의 징역 또는 3천만 원 이하의 벌금에 처한다.

표 15. 연도별 노동위원회 부당해고 관련 신고사건 접수·처리실적[331)]

(단위: 개소, 명)

구 분		접수 건수	처리완료					처리 중
			계	합의·취하	복직	입건송치	혐의없음	
'98	사업장 수	3,269	3,269	1,967	157	609	636	0
	근로자 수	6,089	6,089	3,040	244	1,221	1,584	0
'99	사업장 수	2,441	2,441	1,281	133	446	581	0
	근로자 수	3,455	3,455	1,562	360	776	757	0
'00	사업장 수	2,821	2,481	1,404	149	360	568	340
	근로자 수	3,405	2,973	1,637	165	475	96	432
'01	사업장 수	2,224	2,054	1,057	89	421	487	170
	근로자 수	4,812	4,522	1,267	112	605	2,538	290
'02	사업장 수	2,129	1,904	900	83	352	569	226
	근로자 수	2,846	2,429	1,019	126	516	768	423

◆ 근로기준법상 해고에 관한 규정과 관련한 업무지침[332)]

1. 해고의 사유

(1) 근로기준법의 해고의 정당한 사유 중 근로자의 귀책사유 여부는 근로자가 기업의 생산성에 기여하지 않았다든지 유기적 조직체로서의 경영질서를 문란하게 하는 등 사회통념상 해고를 정당시할 만한 상당한 이유가 있는가에 따라 판단하여야 할 것이며, 근로자의 경미한 귀책사유가 있는 경우에는 해고 이외의 휴직·정직·전직·감봉 기타의 징벌을 할 수 있는 것임.

(2) 따라서 근로기준법의 정당한 해고사유에 해당되는 것으로 인정되는 다음의 사례는 단체협약이나 취업규칙으로 규정하여 시행할 수 있을 것임.

---

331) 2003 노동백서, 노동부.
332) 1984.12.10, 근기 1451-24180.

가. 회사 측 사정

(가) 감원을 하지 않으면 회사가 도산할 위기에 있거나 경영악화로 사업을 계속할 수 없다고 인정되는 경우

(나) 불필요한 사유에 의한 일부 작업부서의 폐쇄로서 동 부서 근로자를 타 부서에 전직시켜 사용할 수 없는 특별한 사정이 있다고 인정되는 경우나 사업이 폐지되는 경우 등

나. 근로자의 귀책사유

(가) 근무태도 불량 등

① 원칙적으로 정당한 이유 없이 장기간(상황에 따라 다르겠으나 일반적으로 1주 이상) 무단결근하고도 사용자의 출근 독촉에 따르지 아니하거나 출근 및 결근이 일정치 않는 등 평소 출근성적이 불량하여 사용자로부터 3회 이상 주의를 받고도 이를 시정하지 않는 등 근무태도가 극히 불량하다고 인정되는 경우

② 사업의 업무형편상 합리적인, 그리고 그 기준 및 사유가 정당한 사용자의 전근명령을 거부하여 직장규율을 문란케 하는 행위

③ 도박·풍기문란 등에 의하여 직장규율을 어지럽히고 다른 근로자에게 악영향을 미쳤다고 인정되는 경우, 또는 이들 행위가 사업장 밖에서 행하여진 경우라 할지라도 이로 인하여 당해 사업장의 명예나 신용이 실추되거나 거래관계에 악영향을 끼쳤다고 인정되는 경우, 또는 노사 간의 신뢰관계를 상실하였다고 인정되는 경우

④ 사용자의 정당한 업무상 지시에 정당한 사유 없이 불복하여 직장규율을 문란케 하여 노사관계의 신뢰를 상실케 한 것이라고 인정되는 경우

⑤ 사용자가 산업안전보건법 제23조 및 제24조의 규정에 의한 안전·보건상의 조치를 다하고 정당한 작업지시를 하였음에도 근로자의 고의 또는 중대한 과실로 인하여 중대한 재해를 유발케 한 행위

(나) 범법행위

① 원칙적으로 지극히 경미한 것을 제외하고 사업장에서의 절도·횡령·상해 등 형사범에 해당하는 행위가 있는 경우

② 일반적으로 보아 지극히 경미한 사안이라 할지라도 사용자가 사전에 예방 또는

경고조치를 한 것이 객관적으로 인정됨에도 불구하고 근로자가 2회 이상 절도·횡령·상해 등의 형사범에 해당하는 행위나 이와 유사한 행위를 한 경우

③ 사업장 밖에서 행하여진 절도·횡령·상해 등 형사범에 해당하는 행위라 할지라도 이로 인하여 당해 사업장의 명예나 신용이 심히 실추되거나 거래관계에 악영향을 끼친 경우 또는 노사 간의 신뢰관계를 상실하였다고 인정되는 경우

④ 업무와 관련하여 수회 배임 등 부정한 금품을 수령하는 등 형사범에 해당하는 행위를 한 경우

⑤ 사업장 안팎을 막론하고 불법적인 불온선동이나 집단행동을 주도하여 직장 또는 사회질서를 문란케 하는 등 형사범에 해당하는 경우

(다) 경력위조 및 기타
① 채용조건의 미달 등 채용의 주요 요소가 되는 경력의 위조 또는 불채용의 요건이 되는 경력을 위조한 경우
② 타 사업에 전직한 경우

(3) 사업장별 단체협약이나 취업규칙에 규정·시행할 정당한 해고사유에 해당된다고 인정되는 위의 사례는 당해 사업장의 사업의 종류·규모 또는 영업실태 등에 따라서, 그리고 당해 근로자의 지위·직종·직무내용 기타 형편에 따라 규정·운영하여야 할 것이며, 일률적·획일적으로 규정·시행할 성질의 것은 아니라고 판단된다. 예컨대 미싱사가 미싱바늘을 절취한 경우와 도난예방을 위한 경비원이 미싱바늘을 절취한 경우에는 같은 징계 종류를 적용할 수 없는 것과 같음.

2. 입법취지
(1) 근로기준법상의 정당한 해고사유가 있다 하더라도 근로기준법에서 30일전에 해고예고를 하거나 30일분 이상의 통상임금을 지급하도록 한 것은 임금이 유일한 생활원천인 근로자에게 최소한 30일전에 다른 직장을 구하게 하기 위한 시간을 부여하는 데 그 입법취지가 있다고 보아야 할 것임.

(2) 또한 업무상 부상·질병의 요양으로 인한 휴업기간과 그 후 30일간 또는 임신 중의 여자에게는 산전·산후를 통하여 60일의 유급휴가와 그 후 30일간은 해고

를 못하도록 규정한 것도 정당한 해고사유가 있다 하더라도 이와 같은 곤란한 경우에 처한 근로자의 보호라는 입법취지로 이해되어야 할 것이며, 위의 해고금지 기간을 경과한 경우에도 해고예고나 30일분 이상의 통상임금을 지급하여야 할 것임.

3. 다만, 정당한 해고사유가 되는 근로자의 귀책사유가 있는 다음의 경우에는 해고예고 없이 즉시해고가 가능한 것임.

가. 천재·사변 기타 부득이한 사유로 사업계속이 불가능한 경우는 불가항력적·돌발적 사유로 해고예고를 할 여유가 없는 것이기 때문임.

나. 업무상 부상·질병의 요양으로 인한 휴업기간 중의 근로자에게 평균임금의 1,340일분의 일시보상을 한 경우.

다. 정당한 해고사유에 해당하는 근로자의 귀책사유 중에서 노사관계를 즉시 단절하여야만 타당하다고 인정되는 경우, 즉 해고예고에 의하여 근로자를 보호할 가치가 없을 정도의 고의로 사업에 막대한 지장을 초래하거나 재산상의 손해를 끼친 경우로 노동부장관의 승인을 받은 때.

◆ 부당해고 등 관련 민원사건처리지침[333]

1. 취지

근로기준법 제23조는 사용자는 근로자에게 정당한 이유 없이 해고 등의 징벌을 하지 못한다고 규정하고 있고, 동법 제107조는 이를 위반할 경우 5년 이하의 징역 또는 3천만 원 이하의 벌금에 처하도록 규정하고 있음. 또한 동법 제28조는 정당한 이유 없는 해고 등에 관한 구제절차로서 노동위원회에 의한 부당해고 규제제도를 두고 있음. 따라서 해고 등의 부당함을 주장하는 근로자는 법위반을 이유로 지방노동관서에 민원을 제기하는 외에 지방노동위원회에 부당해고 등의 구제신청을 하는 방법을 선택적으로 또는 병행하여 할 수 있게 되는바, 지방노동관서의 신고사건 처리와 지방노동위원회의 판정업무 간에 상호연계 처리되지 않을 경우 업무처리의 혼선은 물론 처리결과의 상반 등으로 노동행정에 대한 불신과 원정을 초래할 소지가 있음. 이에 따라 근로

---

333) 1997.5.20, 근기 68201-663.

기준법 제23조에 정한 부당해고 등 관련 신고사건을 처리함에 있어 업무처리의 혼선을 방지하고 피해 근로자의 신속한 권리구제를 하여 노사로부터 신뢰받는 노동행정을 구현하기 위하여 그 지침을 정하는 것임.

2. 기본방침

(1) 선구제신청제도 활용 권고

부당해고 등에 관한 상담이나 진정 또는 고소·고발이 있을 때는 노사관계의 특수성을 설명하여 가능한 한 먼저 근로기준법 제28조의 규정에 의한 노동위원회의 구제신청 제도를 활용토록 권고하여야 함. 각종 교육, 상담 시에는 부당해고관련 민원은 형사처 벌보다 행정절차에 의한 복직 등 원상회복이 노사쌍방이 유익함을 지도하여야 함.

(2) 지방노동위원회의 판정결과에 따른 사건처리 원칙

부당해고 등과 관련되는 진정·고소·고발 등 신고사건은 최대한 준사법기관인 노동위원회의 판정결과를 존중하여 처리하되 중앙노동위원회의 재심청구 여부에 관계없이 지방노동위원회의 판정결과에 따라 신속히 처리함을 원칙으로 함. 이를 위하여 근로감독관은 사건의 제기에서부터 종결 시까지 관할노동위원회와 긴밀히 협조하여야 함.

(3) 부당해고 등 사용자 의법조치

노동위원회에서 부당해고로 판정된 사용자에 대해서는 1차에 한하여 최단시일 내 원상회복토록 지시하고 기한 내 불이행시는 지체 없이 근로기준법 위법으로 입건함.

3. 부당해고 등 신고사건 처리지침

(1) 지방노동관서에 고소·고발이 접수된 경우

① 접수 즉시 고소·고발인 조사를 통하여 노동위원회에 구제신청하였는지 또는 할 의사가 있는지를 확인, 구제신청을 하지 않은 경우에는 구제신청제도를 안내하고 권유

② 기 구제신청하였거나, 권유에 따라 구제신청을 한 경우에는 기관장의 결제를 득하여(처리기한 경과 우려 시는 검사의 지휘를 받아)지방노동관서의 판정 시까지 수사를 보류하고 그 뜻을 통지.

③ 지방노동위원회 조사·설문과정에서 구제신청이 취하되거나 신청이 각하된 경우에

는 독자적으로 법 위반 여부에 관한 수사를 재개하여 검찰에 송치.

④ 지방노동위원회에서 구제신청이 기각된 경우에는 노동위원회 판정결과와 그 이유를 참고하여 불기소 의견으로 검찰에 송치

⑤ 지방노동위원회의 구제명령이 있는 때에는 노동위원회 판정결과와 그 이유를 참고하여 기소의견으로 검찰에 송치

⑥ 지방노동위원회 판정에 불복하여 당사자 쌍방 또는 어느 일방이 중노위에 재심청구하는 경우에 관계없이 ④, ⑤의 예에 따라 처리.

⑦ 노동위원회에 구제신청토록 권유하였음에도 이를 거부하는 경우에는 독자적으로 법 위반 여부를 수사하여 그에 따라 검찰에 송치

(2) 지방노동관서에 고소·고발의 신고사건이 접수된 경우

① 신고인 조사를 통하여 노동위원회에 구제신청하였는지 또는 할 의사가 있는지를 확인, 구제신청을 하지 않은 경우에는 구제신청제도를 안내하고 권유.

② 기 구제신청하였거나, 권유에 따라 구제신청을 한 경우에는 지방노동위원회의 판정 시까지 사건처리를 보류하고 그 뜻을 통지, 다만 신고인 스스로 신고를 취하하는 경우에는 종결처리.

서식 3. 해고 구제신청서 양식

[별지 제8호서식]   (앞쪽)

해고등의구제신청서			처리기간	
			60일	
신청인	① 성명		② 주민등록번호	
	③ 주소	(전화:)		
	④ 사업장명		⑤ 근무부서	
피신청인	⑥ 사업장명		⑦ 사업의 종류	
	⑧ 직위 및 성명		⑨주민등록번호	
	⑩ 주소 또는 소재지	(전화:)		
⑪ 신청취지				
⑫ 신청이유(별지 작성 가능)				

  근로기준법 제33조제1항 및 동법시행규칙 제6조의 규정에 의하여 위와 같이 정당한 이유 없는 해고 등에 대한 구제를 신청합니다.

년   월   일

신청인   (서명 또는 인)
대리인   (서명 또는 인)

지방노동위원회 위원장   귀하

구비서류: 없음	수수료
	없음

32322-07011민 210㎜ × 297㎜
97.3.25. 승인 (신문용지 54 g / ㎡(재활용품))

◆ 대기발령과 해고(자동퇴직)

1. 대기발령의 정의

대기발령(직위해제)은 근로자가 직무수행 능력이 부족하거나 근무성적 또는 근무태도 등이 불량한 경우, 기구개편으로 보직처가 없는 경우, 근로자에 대한 징계절차가 진행 중인 경우, 근로자가 형사사건으로 기소된 경우 등에 있어서 당해 근로자가 장래에 있어서 계속 직무를 담당하게 될 경우 예상되는 업무상의 장애 등을 예방하기 위하여 일시적으로 당해 근로자에게 직위를 부여하지 아니함으로써 직무에 종사하지 못하도록 하는 잠정적인 조치로서 보직의 해제를 말한다.[334]

그러나 현실적으로 대기발령은 해고를 위한 전 단계로서 악용되는 경우가 많은데 일반적으로 3개월 또는 6개월의 일정기간의 대기발령 기간이 경과한 후 자동으로 퇴직된다는 규정에 의하여 직권면직을 시키는 경우가 많다. 하지만 이러한 규정에 의하여 퇴직을 시키는 경우에도 근로기준법상의 정당한 사유가 있어야 한다.

2. 대기발령의 정당성

근로자에 대하여 보직을 부여하느냐의 여부는 원칙적으로 인사권자인 사용자의 권한에 속하므로 업무상 필요한 범위 내에서 사용자는 상당한 재량권을 가지며 그것이 근로기준법 등에 위반되거나 권리남용에 해당되는 등의 특별한 사정이 없는 한 유효하다.[335] 즉 이러한 근로자에 대한 대기발령이 정당하기 위해서는 해당 근로자에게 직위를 부여하지 않을 만한 정당한 사유가 있어야 한다. 특히 직무수행능력의 부족이나 근무태도 불량 등을 대기발령 사유로 삼을 경우에는 사용자의 자의적 판단이 문제될 수 있으므로, 객관적인 자료(인사고과 결과, 업무실적, 출결상황, 상급자 혹은 동료 근로자들의 당해 근로자에 대한 평가)에 의해 대기발령 사유가 존재함이 입증되어야 한다.[336]

3. 대기발령과 당연퇴직

대기발령이 문제가 되는 경우는 대기발령 후 3개월 내지 6개월의 기간이 경과한 후 보직을 받지 못하거나 직위가 부여되지 않은 경우 당연퇴직[337] 사유로 규정하고 근로관

---

334) 1996.10.29, 대법 85누 15926.
335) 1998.5.22, 서울고법 97구 33401.
336) 1999.11.2, 서울행법 99구 10178.

계를 종료시킨다는 규정이 있는 경우이다. 즉 현실적으로 근로기준법에 의한 해고가 어려워 사내규정에 의하여 대기발령 후 직권면직시키는 방법으로 근로관계를 종료시키는 경우이다. 그러나 사용자가 어떠한 사유의 발생을 당연퇴직 사유로 규정하고, 그 당연퇴직 사유가 근로자의 사망이나 정년, 근로계약기간의 만료 등 근로관계의 자동소멸사유로 보여지는 경우를 제외하고는 이에 따른 당연퇴직 처분은 근로기준법 소정의 제한을 받는 해고라고 할 것이고, 따라서 근로기준법 소정의 정당한 이유가 있어야 한다.[338]

대법원 판례에서도 사용자의 일방적 의사표시로 취업규칙의 규정에 의하여 종업원과의 근로계약관계를 종료시키는 경우 그것이 정당한 것으로 인정되기 위하여는 종국적으로 근로기준법에서 말하는 정당한 사유가 있어야 한다.[339][340][341] 그러나 일단 대기발령이 정당하게 내려진 경우라면 그 후의 기간 동안 직무수행능력의 회복이나 근무태도의 개선 등 대기발령 사유가 소멸되어 마땅히 보직을 부여하여야 할 경우가 아닌 한, 대기발령에 이은 직권면직 처분을 부당하다고 보지는 않는다.[342]

◆ 사직서 제출과 근로관계의 종료

1. 의원면직의 형태

명예퇴직,[343] 희망퇴직,[344] 권고사직[345] 등 의원면직의 형태로 퇴직하는 대부분의 근로자는 이직을 위하여 사직서를 제출하는 경우를 제외하고는 거의 대부분 불가피한

---

337) '당연퇴직'이란 사용자가 일정한 요건에 해당하는 경우, 즉 근로자의 사망이나 정년, 근로계약기간의 만료 등 근로관계가 자동적으로 소멸되는 것을 말한다.
338) 1995.10.2, 중노위 95부해 200.
339) 1996.12.6, 대법 95다 45934.
340) 1998.12.8, 대법98다 31172.
341) 6개월 동안 직위해제 또는 대기발령 중에 있는 자가 복직되지 아니할 때 자동퇴직으로 본다는 규정은 해고에 준하는 효력이므로 해고의 정당성이 있느냐 여부에 따라 판단하여야 할 사항이다. 1981.4.7, 법무 811-10692.
342) 2000.11.2, 서울행법 99구 10178.
343) 명예퇴직은 일정한 요건(장기근속자)을 갖춘 자를 대상으로 명예퇴직수당을 지급하여 퇴직을 유도하는 조기퇴직을 의미한다.
344) 희망퇴직은 근로자가 희망하여 사직하는 것으로 명예퇴직과는 달리 그 신청대상이 명예퇴직처럼 엄격히 제한되지 않는다.
345) 권고사직은 사용자 측의 권고로 사직원을 제출케 하여 퇴직시키는 것으로 근로자 측의 귀책사유에 의한 징계의 일종이다.

상황에서 사직서를 제출하고 사용자가 이를 수리함으로써 근로관계가 종료되어 근로기준법상의 해고제한의 규정이 적용되지 않는다. 그러나 외형상으로는 의원면직으로 보이지만 어쩔 수 없는 상황에서 사직서를 제출하게 되는 사실상 해고에 해당하는 사례가 많이 있다.

실제로 희망퇴직 또는 명예퇴직이 그 용어와는 달리 근로자의 신청에 의해서가 아니라 암묵적인 사용자의 압력에 의해서 실시되는 경우가 대다수이지만, 현실적으로 의원면직이냐 해고냐를 구분하기가 쉽지 않은 것이 사실이다.

  2. 해고에 해당하는 경우
  사직의 의사 없는 근로자로부터 사직서를 제출받고 이를 수리하는 의원면직의 형식을 취하여 근로계약관계를 종료시킨다고 할지라도, 사직의 의사 없는 근로자로 하여금 어쩔 수 없이 사직서를 제출하게 한 경우에는 실질적으로 사용자의 일방적 의사에 의하여 근로계약관계를 종료시키는 것이어서 해고에 해당하고, 정당한 이유 없는 해고조치는 부당해고이다.346)347)348)349)

판례도 사직의 의사가 없었음에도 회사로부터 뚜렷한 사유 없이 대기발령을 받고 희망퇴직 신청을 하지 아니할 경우 직권면직을 당할 것이라는 통보를 받게 되자 어쩔 수 없이 희망퇴직신청서를 작성, 제출하였다고 보여지는 경우에는 실질적으로 사용자의 일방적 의사에 근로계약관계를 종료시키는 해고에 해당한다고 보았다.350) ○○은행 사건의 경우에도 감축대상을 미리 정하여 놓고 이들에 대하여 희망퇴직을 종용한 것은 사실상 해고와 다름없다고 본다.351) 명예퇴직의 경우에도 마찬가지로 사직의 의사가 없는 근로자로 하여금 명예퇴직을 하지 않을 수 없도록 부당한 영향력을 행사하여 명예퇴직신청서를 제출하게 한 후 이를 수리하였다면 해고에 해당한다고 보았다.352)

---

346) 1991.7.26, 대법 91다 18694.
347) 1992.7.10, 대법 92다 3809.
348) 근로자의 비진의 의사표시 사직서에 대하여 회사도 비진의 의사표시임을 알았다면, 근로자의 사직의 의사표시는 무효이고, 이에 대하여 행한 면직처분도 무효이다. 1992.3.27, 대법 91다 44681.
349) 2002.6.14. 대법 2001두 11076.
350) 2002.6.28, 서울고법 2001누 6236.
351) 2001.4.11, 서울고법 2000나 15908.
352) 2001.11.15, 서울고법 2001누 2470.

3. 해고에 해당되지 않는 경우

근로자가 사직서를 작성하여 사용자에게 제출한 경우에 있어서 그 사직서에 사직의 의사표시라고 볼 수 없는 단순한 농담만을 기재한 것으로 인정되는 등의 특별한 사정이 없는 한 그 사직서는 사용자와의 근로계약관계를 해지하는 의사표시를 담고 있는 것이므로, 사용자가 사직의 의사 없는 근로자로 하여금 어쩔 수 없이 사직서를 제출하게 한 후 이를 수리하는 의원면직의 형식을 취하여 근로계약관계를 종료시키는 해고라고 볼 수 있는 경우가 아닌 한, 당사자 사이의 근로계약관계는 효력이 발생함으로써 종료되고, 이를 근로기준법상의 해고라고 할 수 없다.[353] 또한 일괄사표의 제출과 선별 수리의 형식으로 이루어진 의원면직의 경우 사직원 제출자의 내심의 의사가 사직할 뜻이 아니었다 하더라도 그 의사가 외부에 객관적으로 표시된 이상 그 의사는 표시된 대로 효력을 발하는 것이며, 사직원을 받아들여 의원면직 처분한 것을 무효라고 할 수 없다.[354][355][356] 명예퇴직의 경우에도 근로자가 향후 예상되는 인사상의 불이익과 명예 퇴직금 등 금전적 이익을 판단해 사직의사를 결정한 것이라면 강요에 의한 사직이라고 보지 않는다.[357][358]

◆ 기업형태 변경(분사, 아웃소싱 등)과 근로관계 종료

1. 분사

소사장제 또는 분사란 여러 사업부문으로 구성되어 있는 기업이 일부 영업부문 또는 자산을 법적으로 독립된 회사로 분리시키는 것을 말한다.

모기업이 분사를 실시하면 원칙적으로 모기업과 소속근로자 간의 근로관계는 종료되고, 근로관계는 분사소속 근로자로 신분이 변경된다.[359]

소위 완전 독립형 소사장제로 모기업과는 별개 독립한 소사장과 기존 생산라인 근

---

353) 1996.7.30, 대법 95누 7765.
354) 1997.12.12, 대법 97누 13962.
355) 2000.11.14, 대법 99두 5481.
356) 2001.8.24, 대법 99두 9971.
357) 2000.11.11, 서울행법 99구 15784.
358) 2000.11.16, 서울고법 2000누 5694.
359) 모기업이 분사를 실시하면 원칙적으로 모기업과 소속 근로자 간의 근로관계는 종료되고, 근로자는 분사 소속 근로자로 신분이 변경된다. 2000.4.29, 근기 68207-1311.

로자들이 별도의 고용관계를 맺고, 기존 모기업과는 고용관계를 파기한 가운데 근로관계가 이루어지는 경우에는 원칙적으로 근로관계가 소사장과 근로자들 간에 직접 성립하게 된다. 그러나 모기업이 소사장 소속 근로자의 인사·노무관리 전반에 대해 지휘·감독권을 행사하고 모기업과 소사장 간에도 사실상의 근로관계가 존속할 경우에는 모기업의 대표자가 사용자가 책임을 진다. 소위 불완전 독립형 소사장제로서 소사장이 별도의 사업자등록을 하지 않고 기존 기업과의 고용관계를 유지하고 있는 근로자들과 성과급제를 도입하는 유형이다. 이 경우에는 소사장과 근로자들 간에 근로관계가 있다고 판단하기가 곤란하다. 따라서 노동법상 사용자의 책임은 모기업이 지게 된다.

2. 아웃소싱과 근로관계

아웃소싱이란 기업이 내부적으로 수행하는 특정 사업분야나 기능분야를 외부조달의 형태로 전환하는 것으로 외부용역이라고 한다.

당연히 고용승계가 이루어지는 것은 아니며 기존 인력의 재고용 여부, 재고용 시 근로조건 등을 서로 협의하여 처리하여야 한다. 외형상 도급계약 등의 명칭으로 외부용역을 주었다 하더라도 도급인, 즉 원래의 사용자가 근로자에 대해 실질적인 지휘감독권을 행사하는 경우에는 도급인이 사용자로서의 책임을 진다.

3. 기업분할

기업분할이란 어느 한 회사의 적극·소극 재산의 총체가 분리되어 신설 또는 기존의 회사에 포괄승계되고, 그 대가로 분리되어 나간 회사의 주식이 기존 모회사의 주주들에게 제공되는 제도를 말한다. 분할의 효과는 분할계약서(또는 분할합병계약서)에 정하는 바에 따라 승계된다.

9장 : 퇴직금

I. 퇴직금의 의의

퇴직금은 사회보장제도가 부재한 상황에서 근로자의 실직기간 및 노후 소득을 보장하기 위하여 근로계약의 종료 후 근로자에게 일시금으로 지급하는 금품을 말한다. 그러나 현재 노동시장의 유연화로 인하여 평균근속연수가 줄어들고, 연봉제 실시 등으로 중간정산이 늘어나는 등 일시금으로 수령하여 소진되는 경우가 많아 퇴직금제도의 취지가 많이 퇴색되었다.

노동부 자료에 따르면 2003년 기준 평균 근속연수가 5.9년, 중간정산 실시가 32.4%, 연봉제를 실시하는 기업이 37.5%에 달하는 등 과거의 퇴직금제도로는 노후에 대한 소득보장 기능을 할 수 없게 되었다. 이러한 퇴직금제도의 문제점을 보완하기 위하여 2005년 관련법이 제정되어 퇴직연금제도[360)]가 퇴직금제도와 병행하여 실시되고 있다.

---

360) 퇴직연금제도란 사업주가 근로자에게 퇴직 후 정기적으로 경제적 급부를 연금 및 일시금의 형태로 제공하는 제도를 말한다.

Ⅱ. 퇴직금의 지급요건

1. 근속연수가 1년 이상

퇴직금은 근속연수가 1년 이상인 근로자에게 지급한다. 따라서 임시직 사원 또는 촉탁사원이라도 6개월(혹은 그 이하의 기간)마다 근로계약을 갱신 체결하여 동일사업장에서 사실상 계속하여 1년 이상 근로한 때에는 당연히 퇴직금을 지급하여야 한다.361) 그러나 4주간을 평균하여 1주간의 근로시간이 15시간 미만인 단시간근로자에게는 퇴직금이 지급되지 않는다.

2. 근로기준법상의 근로자

이전의 근로기준법에서는 상시 4인 이하의 근로자를 사용하는 사업장은 퇴직금제도가 적용되지 않았지만, 2005년 퇴직급여보장법의 제정으로 근로자를 사용하는 모든 사업 또는 사업장에 퇴직금제도가 적용된다. 다만, 5인 미만 사업장의 경우 사업주의 부담능력과 준비기간을 감안하여 2008년 이후 2010년을 넘지 않는 기간 내에서 대통령령이 정하는 날부터 적용하도록 경과규정을 두었다.362) 따라서 근속연수가 1년 이상인 경우 계약직, 임시직, 일용직 근로자, 외국인 근로자에게도 퇴직금이 지급되어야 한다. 또한 도급계약의 형식을 빌려 근로를 제공하였다 하더라도 그 근로형태가 사용자와의 사이에 있어서 사용종속관계를 유지하면서 도급인의 사업장에서 특정한 노무제공만을 하는 것이라면 근로기준법의 근로자363)에 해당하고, 이러한 근

---

361) 1986.7.18, 근기 01254-11693.
362) 퇴직급여 보장법 부칙 제1조.
363) 근로기준법상의 근로자의 개념에 대해서는 2부 2장 근로자와 사용자의 개념에 대한 설명 참조.

로자에게 사용자는 퇴직금을 지급하여야 한다.[364]

한편 국가 또는 지방공무원의 퇴직금 지급에 관하여는 공무원연금법이 제정되어 있으므로 근로기준법의 적용은 배제된다.[365]

Ⅲ. 퇴직금의 지급시기

1. 퇴직하는 경우

퇴직금은 원칙적으로 퇴직하는 근로자에게 지급된다. 즉 퇴직금이란 퇴직이라는 근로관계의 종료를 요건으로 하여 비로소 발생하는 것으로 보고 근로계약이 존속하는 동안에는 원칙적으로 퇴직금 지급의무는 발생할 여지가 없는 것이다. 따라서 사용자와 근로자들 사이에 매월 지급받는 임금 속에 퇴직금이란 명목으로 일정한 금원을 지급하기로 약정하고 사용자가 이를 지급하였다고 하더라도 그것은 퇴직금 지급으로서의 효력은 없다.[366][367]

일용근로자의 경우에도 매일 지급받는 일당임금 속에 퇴직금이란 명목으로 일정한 금원을 지급하였다고 하더라도 근로기준법에서 정하는 퇴직금으로서의 효력은 없다.[368][369]

---

364) 1991.11.8, 대법 91다 27730.
365) 1987.2.24, 대법 86다카 1355.
366) 2005.3.11, 대법 2005도 467.
367) 퇴직금이란 퇴직이라는 근로관계의 종료를 요건으로 하여 비로소 발생하는 것으로 근로계약이 존속하는 한 퇴직금 지급의무는 발생할 여지가 없는 것이다. 따라서 매일 지급받는 일당 임금 속에 퇴직금이란 명목으로 일정한 금원을 지급하였다고 하여도 그것은 근로기준법에서 정하는 퇴직금 지급으로서의 효력은 없다고 할 것이다. 1998.3.24, 대법 98다 24699.

그리고 퇴직의 종류와 관계없이 퇴직금은 지급되어야 하는데 범법행위로 해고[370]
되거나 파면퇴직된 경우[371]뿐만 아니라 업무상 과실로 징계해고된 경우[372]에도 근
로자는 퇴직금을 지급받을 수 있다.

2. 근로자가 요구하는 경우(퇴직금 중간정산)

퇴직금은 퇴직하는 근로자에게 지급되는 것이 원칙이지만, 근로자의 요구가 있는
경우[373]에도 근로자가 퇴직하기 전에 당해 근로자가 계속 근로한 기간에 대한 퇴직
금을 미리 정산하여 지급할 수 있다.

이러한 퇴직금 중간정산은 개별근로자의 요구와 사용자의 승낙에 의해서만이 가
능한 것으로서 근로자의 요구가 없는데도 불구하고 사용자가 일방적으로 시행할 수
없으며, 근로자가 요구한다고 하여 사용자가 의무적으로 이에 응해야 하는 것도 아
니다.[374] 즉 사용자가 정당한 경영상의 이유가 있을 경우 중간정산 요구를 거절할
수 있다.

퇴직금을 미리 정산하여 지급한 후의 퇴직금 산정을 위한 계속근무연수는 정산시
점부터 새로이 기산한다.[375] 그러나 퇴직금 중간정산을 하였더라도 연차휴가의 산정
이나 기타 경력사항에는 영향을 미치지 않는다.

한편 연봉액에 퇴직금을 미리 포함하여 지급하고자 할 때에는 첫째 퇴직금을 중

---

368) 1998.3.24, 대법 96다 24699.
369) 2002.7.12, 대법 2002도 2211.
370) 1981.4.2, 법무 811-10148.
371) 1981.5.4, 근기 1455-14856.
372) 1981.5.2, 근기 1455-3680.
373) 퇴직금 중간정산은 단체협약이나 취업규칙 등에 퇴직금 중간정산을 실시할 수 있는 근
    거나 기준을 정하고 있는 경우에도 개별근로자의 구체적 요구가 있어야만 시행할 수
    있다. 2002.2.20, 임금 68200-111.
374) 2000.9.18, 임금 68207-422.
375) 퇴직급여보장법 제8조 (퇴직금제도의 설정).

간정산 받고자 하는 근로자의 요구가 있고, 둘째 연봉액에 포함될 퇴직금의 액수를 명확히 정하여야 하며, 셋째 근로자가 미리 지급받은 퇴직금이 법정퇴직금보다 미달하지 않아야 하는 등 퇴직금 중간정산 절차 및 요건을 갖추어야 한다.[376]

그리고 퇴직금의 중간정산은 퇴직금의 일부를 당사자의 합의로 퇴직 전에 미리 지급받을 수 있는 경우에 지나지 않으므로 비록 유효하게 중간정산이 이루어졌다 하더라도 중간 정산 시 계산착오 등으로 지급 받지 못한 퇴직금의 일부에 대한 소멸시효는 퇴직일로부터 기산하여야 할 것이다.[377]

사례1) 적법사례

○ 근로자의 별도 요구에 의거 1년 경과시점에서 퇴직금액을 중간정산하여 중간정산금을 익년도 연봉액에 포함하여 지급하는 경우
- 2005.1.1. 입사자의 경우 2005.12.31.까지 계속근로한 후 2005년도분 퇴직금을 확정하여 동 금액을 2006년도 연봉액에 포함하여 지급
- 2006년도분 퇴직금도 마찬가지로 2006년도 말에 확정하여 2007년도 연봉액에 포함하여 지급
* 다만, 중간정산금을 분할지급하는 경우 중간정산요구서에 명시하여야 함

사례2) 부적법 사례

○ 근로(연봉)계약서 이외 근로자의 퇴직금 중간정산요구서가 없거나, 계속근로기간이 1년이 경과되지 아니한 근로자에게 퇴직금을 중간정산하여 지급하는 경우
○ 근로자의 별도요구에 의거 입사 2년차부터 연봉계약 시 퇴직금액을 일정금액으로 사전 확정해 놓고 분할하여 지급하는 경우
- 2005.1.1. 입사자의 경우 2005.12.31.까지 계속근로한 후 2005년도분 퇴직금을 확정하여 즉시 전액 지급한 후,

---

376) 2005.12.23, 퇴직급여보장팀-1276호, 임금 68200-111.
377) 2003.7.16, 임금 68207-560.

- 2006년분 연봉계약 시 당해 연도 퇴직금을 사전확정(중간정산)하여 동 금액을 2006년도 중에 분할하여 지급
* 근로하지 않은 기간에 대한 중간정산이므로 부적절함

Ⅳ. 퇴직금의 지급액

사용자는 계속근로연수 1년에 대하여 30일분 이상의 평균임금을 퇴직금으로 지급하여야 하며, 하나의 사업안에 퇴직금제도에 차등을 두어서 지급하지 못한다.[378]

1. 계속근로연수

근속기간의 계산은 채용일로부터 퇴직일까지를 말하는데, 휴직기간[379][380]은 계속근로연수에 포함된다. 그러나 근로계약기간이 단절된 경우에는 원칙적으로 계속근로로 볼 수 없으며,[381] 군복무 기간도 병역법 개정으로 계속근로연수에 포함하지 않아도 무방하다.

퇴직금의 계산에서 특히 계속근로연수가 문제가 되는 이유는 퇴직금의 산정방식이 퇴직 직전의 3개월간의 평균임금[382]에 근속연수를 곱하여 산출되므로 계속근로

---

378) 퇴직급여보장법 제8조 (퇴직금제도의 설정).
379) 휴직사유 여하에 불구하고 사용종속관계가 유지되고 있는 한 동 휴직기간은 퇴직금 산정을 위한 근속연수에 포함되어야 한다. 1984.4.6, 근기 1451-9018.
380) 근로자의 개인적인 사유로 인한 휴직은 계속근로에 포함되지 않는다는 소수학설과 판례도 있다.
381) 2000.7.5, 근기 68207-2037.
382) 일반적으로 퇴직 직전의 3개월간의 임금이 재직기간 중 가장 높은 경우가 많으므로 경

연수의 산입여부에 따라 퇴직금에 상당한 차이가 발생하기 때문이다.

1) 재입사 시 계속근로연수 산입 여부

근로자가 퇴직절차를 거쳐 퇴직금을 수령한 후 재입사의 형식을 취하였을 경우 근로자의 진의 여부, 사용자와의 통정 여부, 사용자의 강요 여부, 각종 근로조건의 현격한 차이 여부 등 사실관계를 종합적으로 검토하여 계속근로연수 산입 여부를 판단하여야 한다.[383]

근로자가 자유의사에 의하여 사직서를 제출하고 퇴직금을 수령한 후 재입사의 형식을 취하였을 경우에는 퇴직으로서의 효력이 발생하고 퇴직 전후의 근로관계는 단절이 된다.[384][385][386] 그러나 경영방침에 따라 사직서를 제출하고 퇴직한 후 즉시 재입사하는 형식을 취함으로써 근로관계의 단절이 없이 계속 근무하였다면 사직원 제출과 퇴직처리에 따른 효과는 생기지 않는다.[387]

2) 고용형태의 변경(정규직 전환)과 계속근로연수

재입사하는 경우 근로자가 자유의사에 의하여 사직원을 제출하고 사용자가 이를 수리, 퇴직금을 지급하였으며, 또한 퇴직한 근로자가 퇴직 전 사업장의 사용자와 새로 근로계약을 체결하고 재입사하는 경우 종전 근로계약의 종료와 신규 근로계약의 체결이 명백히 구분되고 종전근로의 제공과 새로운 근로의 제공 사이에 기간의 단

영방침이나 개인적 사정에 의하여 중간정산을 하는 경우에는 그 실익을 충분히 따져보아야 할 것이다.
383) 1990.4.25, 임금 32240－5921.
384) 1989.5.17, 임금 32240－7305.
385) 근로자들이 자유의사에 의하여 중간퇴직을 하고 퇴직금을 수령한 경우, 그 근로자들과 회사 사이의 근로계약 관계는 그 중간퇴직에 의하여 일단 종료되었다고 본다. 1996.4.26, 대법 95다 2562, 2579.
386) 2001.9.18, 대법 2000다 60630.
387) 1989.8.8, 대법 88다카 15413.

절이 있는 경우에는 계속근로로 인정되지 않는다.388)389)

또한 대법원 판례에서도 촉탁, 청원경찰, 상용원 등이 완화된 형태의 채용시험으로서의 기능직 선발제한고시와 정규직 일반 공개채용에 합격하여 기능직 또는 정규직의 신분을 갖게 된 경우 사직서 제출이 사용자와의 일방적인 경영방침에 따라 어쩔 수 없이 이루어지거나 단지 형식적으로 이루어진 것으로 볼 수 없어 당해 기업과 근로자와의 근로관계는 일단 유효하게 단절되고 계속근로연수는 재입사한 때로부터 기산하여야 한다고 하고 있다.390) 또한 특수직인 판매원으로 근무하여 오다가 일반직으로 채용될 수 있는 환직고시에 자발적으로 응시한 후 신규채용되어 환직한 경우 특수직 근무기간에 상응하는 퇴직금까지 지급받았다면 종전의 근로관계는 일단 단절된다.391) 그러나 일용직 근로관계를 계속 유지하고 있는 상태에서 정규직으로의 채용이 이루어진 경우라면 이는 일용직에서 정규직으로 환직된 것에 불과한 것이므로 근로관계가 유효하게 단절되었다고 볼 수 없다.392)393) 반대의 경우로 정년퇴직 후 촉탁직으로 재고용하는 경우 당사자 간의 특약이 없다면 계속근로연수는 재고용기간만 해당된다.394)

---

388) 1980.8.18, 법무 811－24467.
389) 시간제 근로자가 동일 회사 내의 계약직 공채시험에 합격하여 기존의 시간제 근로관계를 종료하는 사직원을 제출하고 퇴직금을 수령한 후 근로관계 양태가 전혀 다른 계약제 근로계약을 체결하여 연수생 신분으로 일정기간 연수를 거쳐 신규 채용되었고, 이후 계약제 근로계약기간 만료에 따라 근로관계가 종료되었다면, 기존의 시간제 근로계약과 새로운 계약제 근로계약은 근로관계 양태가 본질적으로 다르고, 사직원 제출 후 채용 시까지 근로관계의 단절이 있었으며, 새로운 근로관계 성립을 의도하는 공채절차가 있는 점 등을 고려할 때, 계약제 근로계약을 시간제 근로계약과 연장선상에 위치한 동일한 근로계약의 반복갱신으로 볼 수 없다. 2002.3.21, 중노위 2001부해 898.
390) 2003.7.11, 대법 2003다 14935.
391) 1996.9.6, 대법 95다 29932.
392) 2000.11.14, 임금 68207－581.
393) 임시직으로 근무하던 근로자가 정규직으로 임용되면서 퇴직금 수령 등 실제 퇴직 절차 없이 계속 근로하였다면, 정규직으로 전환되었을 뿐 근로관계가 실제로 단절되었다고 볼 수 없으므로, 퇴직금은 당해 근로자의 전체 근로기간을 대상으로 최종 퇴직 시의 평균임금을 기초로 산정하여야 한다. 2005.8.19, 근로기준과－4329.
394) 2001.2.2, 근기 68207－338.

3) 계열회사 간 인사이동과 계속근로연수

계열사 소속 근로자가 종전의 근로계약을 종료하는 퇴직절차에 의해 이의 제기 없이 자발적으로 퇴직금을 수령한 후 다른 계열회사와 새로운 근로계약을 체결하였다면 기존의 근로관계는 단절되는 것으로 보아야 한다.[395)396)]

4) 인수합병과 계속근로연수

영업양도의 경우 회사의 경영방침에 따른 일방적 결정으로 퇴직 및 재입사의 형식을 거친 것이라면 퇴직금을 지급받았더라도 계속근로관계는 단절되지 않는다.[397)] 즉 기업의 인적·물적 조직이 흡수·통합되거나 조직변경을 거친다 하더라도 그 기업자체가 폐지됨이 없이 동일성을 유지하면서 존속되고 있는 한, 이는 경영 주체의 변경에 불과하여 근로관계는 새로운 경영주에게 승계되고, 이와 같이 근로관계가 포괄승계됨에 있어 근로자가 자의에 의하여 사직서를 제출하고 퇴직금을 지급받았다면 계속근로의 단절에 동의한 것으로 볼 수 있지만, 그것이 근로자의 자의에 의한 것이 아니라 기업의 경영방침에 의한 일방적인 결정에 따라 퇴직과 재입사의 형식을 거친 것에 불과하다면 이러한 형식을 거쳐서 퇴직금을 지급받았다 하더라도 근로자에게 근로관계를 단절할 의사가 있었다거나 계속근로의 단절에 동의하였다고 볼 수 없고, 따라서 계속근로관계도 단절되지 않는다.[398)]

---

395) 퇴직할 당시 아무런 이의 없이 자의에 의해 퇴직금을 수령하였다면 근무의 계속성은 단절된 것으로 보아야 한다. 1996.12.23, 대법95다 29970.
396) 근로자가 자의에 의하여 종전 회사에 사직서를 제출하고 퇴직금을 지급받은 다음 계열회사에 입사하였다면 종전회사와의 근로관계는 단절된다. 2000.12.22, 대법 99다 21806.
397) 2001.11.13, 대법 2001다 18608.
398) 1999.6.11, 대법 98다 18353.

5) 일용근로자·임시직근로자의 계속근로연수

계속근로연수 1년은 일용근로자에게도 적용이 된다.[399) 즉 1년 미만의 기간을 정한 일용근로자라도 공백기간 없이 반복적인 계약 갱신을 통하여 1년 이상 계속 근로한 경우라면 최초 입사일로부터 전 기간을 퇴직금 산정을 위한 계속근로연수로 보아야 한다.[400)

임시직 사원, 촉탁사원의 경우에도 매 6개월마다 근로계약을 갱신체결하고 동일 사업장에서 사실상 계속하여 1년 이상 근로한 때에는 퇴직금을 당연히 지급하여야 할 것이다.[401) 그러나 일용근로자가 1월 또는 1년 중 출근하지 아니한 날이 상당기간[402) 계속하거나 이러한 날들이 단속적으로 포함되어 있는 경우에는 특별한 사정이 없는 한 계속근무하였다고 보기 어렵다.[403)

2. 1년에 대하여 30일분 이상

퇴직금은 근속연수 1년에 대하여 30일분 이상의 평균임금을 지급하여야 하는데, 계속근로연수가 ○년, ○월, ○일인 경우에 있어서는 1년 미만 단수인 몇 월, 며칠에 대하여도 퇴직금을 비례하여 산정지급해야 한다.[404) 예를 들면 3년 9개월 10일을 근무 후 퇴직하였을 때 지급액은 다음과 같다.

$$지급액 = 30일분(평균임금) \times (3년 + 9/12개월 + 10/365일)$$

---

399) 2000.4.29, 근기 68207-1312.
400) 2002.1.29, 근기 68207-404.
401) 1986.3.7, 근기 01254-3946.
402) '상당기간'의 구체적 일수가 어느 정도의 기간인지에 대하여 판례와 행정해석에서 일반적인 기준을 제시하지는 않고 있다.
403) 1996.12.11, 근기 68207-1631.
404) 1997.5.13, 노동부예규 제328호.

이렇게 산정된 퇴직금은 근로자의 임의퇴직뿐만 아니라, 중대한 과실, 또는 범법행위로 인하여 파면처분 또는 징계해고되었을 경우라 할지라도 근로자에게 전액을 직접 지급하여야 한다.[405] 그리고 임금이 퇴직 이전의 기간으로 소급 인상되는 경우에도 근로계약관계는 퇴직한 동시에 종료되므로 단체협약이나 보수규정 등의 특별한 규정이나 당사자 간의 특약이 없는 한, 소급 인상분의 임금은 적용되지 아니하고 퇴직금도 인상 전 평균임금을 기준으로 계산된다.[406][407]

3. 평균임금[408]

근로기준법에서 평균임금은 산정하여야 할 사유가 발생한 날 이전 3개월간에 그 근로자에게 지급된 임금의 총액을 기간의 총일수로 나눈 금액을 말한다. 대략 퇴직하기 직전의 3개월 동안 수령한 임금의 월평균 금액으로 보면 된다. 즉 10년을 근무한 경우 퇴직금은 최근 3개월 동안 받은 월평균 임금의 10배 정도를 수령하게 된다.

한편 근로자가 의도적으로 평균임금을 높이기 위한 행위를 한 경우 그 기간을 빼고 그 직전 3개월간의 임금을 기준으로 하여 산정한다.[409] 다만 행정해석은 이를 일률적으로 판단하기는 어려운 것으로 보고 있다.[410]

---

405) 근로자의 귀책사유로 인하여 해고한 경우라 할지라도 근로기준법에서 규정하고 있는 퇴직금은 당연히 지급하여야 한다. 1986.7.18, 근기 01254-11963.
406) 1988.8.2, 근기 01254-11888.
407) 1990-6.22, 임금 32240-8810.
408) 평균임금에 대한 자세한 설명은 6장 임금에 대한 부분 참조.
409) 1995.2.28, 대법 94다 8631.
410) 퇴사 전 3개월 동안 평균임금이 1년 평균임금보다 32% 정도 많았는데, 이런 경우 대법원 판례에 따라 최근 3개월을 제외하고 계산 가능한지의 여부? 근로기준법에서 평균임금은 산정하여야 할 사유가 발생한 날 3월간에 지급된 임금의 총액을 그 기간의 총일수로 나누어 산정하는데, 이는 근로자의 생활을 종전과 동일하게 보장하기 위한 것이다. 따라서 특별한 사유로 인하여 통상의 경우보다 현저하게 적거나 많은 경우 이를 평균임금 산정기초로 삼는다면 근로자의 생활임금을 기초로 퇴직금·재해보상금 등을 보장하려는 근로기준법의 취지에 어긋난다고 볼 수 있으나, 현행법상 이를 규제할 수 있는 명시

4. 차등제도의 금지

사업장 내 근로자 상호 간의 위화감과 불신관계 해소 및 근로기준법 제5조 균등처우의 원칙을 실현하기 위하여[411] 퇴직급여제도를 하나의 사업 안에 차등을 두어서는 아니 된다.[412] 따라서 하나의 사업 내에 근로자의 지위, 직급, 직종별로 누진율을 달리하는 퇴직금 제도는 법에 위배된다.[413] 예를 들면 동일한 업무를 담당함에도 불구하고 일반직과 촉탁직으로 구분하여 퇴직금 지급률을 달리하는 것은 법에 위배된다.[414] 이를 위반할 경우 2년 이하의 징역 또는 1천만 원 이하의 벌금에 처해진다.

◆ 퇴직연금제도

1. 도입배경

① 퇴직금제도의 노후 소득보장 기능 약화
종신고용 보장의 불확실과 잦은 직장 이동 및 연봉제 확산 등으로 퇴직금을 일시금으로 수령 소진하거나 회사 부도 때 퇴직금을 지급받지 못할 가능성이 상존함
※ 평균근속연수: 5.8년('03.8월), 연봉제:42%('04.6월)

≪퇴직급여보장법≫
▶ 금액: 근속연수 1년당 30일분 평균임금(1개월분 임금)

적인 규정이 없다. 참고로 판례는 근로자의 의도적 행위로 평균임금이 현저하게 높아진 경우 근로자의 의도적 행위에 해당하는 금액을 계산해 내는 것이 쉽지 않으므로 그러한 행위가 있었던 기간을 뺀 직전 3개월간의 임금을 기준으로 평균임금을 산정한 사례가 있으나, 이 기준을 일률적으로 판단·적용하기는 어려울 것으로 보인다. 2003.4.24, 임금 68207-314.
411) 1987.5.29, 근기 01254-8642.
412) 근로자퇴직급여보장법 제4조 (퇴직급여제도의 설정).
413) 2000.1.20, 근기 68207-143.
414) 1990.2.10, 근기 01254-1972.

▶ 지급방법: 퇴직 시 일시금 지급

② 수급권 보장 미흡

퇴직금 제도는 사외적립 여부가 사업주 재량

☞ 기업도산 시 적립금이 없어 퇴직금 수령이 곤란한 경우가 발생

'04년 12월 말 현재 1인 이상 전 사업장 기준 체불액 10,426억 원

③ 기업의 부담 증가

기업의 미적립 퇴직금 채무증가로 인하여 구조조정 시 일시금 부담 가중

2. 개념

사업주가 근로자에게 퇴직 후 정기적으로 경제적 급부를 연금 및 일시금의 형태로 제공하는 제도

3. 목적

법정기업복지 강제화

→ 안정된 노후 소득원 확보

4. 형태

퇴직연금제는 확정기여형과 확정급여형의 두 가지 종류

표 16. 퇴직연금제의 종류

구 분	확정기여형 (DC형: Definded Contribution)	확정급여형 (DB형: Definded Benefit)
개 념	- 사용자가 근로자 명의로 개설된 연금계좌에 불입할 금액을 확정 - 근로자는 적립금을 자기책임으로 금융상품을 택하여 운용 - 근로자가 일정한 연령에 달한 때에 그 운용결과에 기초하여 급여를 지급(연금 55세 이상)	- 노사가 사전에 퇴직연금의 수준과 내용을 약정 - 근로자가 일정한 연령에 달한 때에 약정에 따른 급여를 지급 (연금 55세 이상)
기여금 (적립금)	사전 확정(근로자 연간 임금총액의 12분의 1 이상)	변동(운용 수익률 승급률 등 변경 시 변동)
급 부	운영실적에 따름	확정(계속근로기간 1년에 대하여 30일분 이상의 평균임금 이상)
퇴직연금액	운용실적에 따라 변동	확정(급여의 일정 비율)
위험부담	근로자	회사
선호계층	단기근속자 및 청년층	장기근속자
대상기업	중소기업, 연봉제 실시기업, 기업수명이 짧거나 경영이 불안정정한 기업	대기업, 퇴직보험 등 퇴직금을 사외에 적립 중인 기업

5. 퇴직연금제도의 내용

① 퇴직급여제도 선택
현행퇴직금제, 퇴직연금제(DC, DB형)의 세 가지 유형 중에서 노사가 협의하여 제도를 선택

② 규약 작성
퇴직연금을 설정하고자 하는 사용자는 근로자대표의 동의를 얻어 퇴직연금 형태별로 구체적인 내용에 대하여 퇴직연금규약을 작성

③ 퇴직 적립금 이체(사용자)
연봉의 1개월치(법적 최저수준으로 노사합의에 의해 상향 가능)를 1년에 한 차례 혹은 2회 이상 나누어 금융기관에 적립

④ 연금의 수령액

현재 월평균임금이 330만 원인 근로자가 매년 30만 원씩 임금이 인상된다고 가정하고 20년 근무 후 퇴직했을 때를 가정

표 17. 퇴직연금의 수령액

회사적립액	1년	2년	19년	20년	근로자가 받을 연금 총액
확정기여형	330만 원	360만 원	870만 원	900만 원	1~20년 적립총액 + 운용수익
확정급여형	규약으로 정하는 금액을 적립				900만 원 × 20년 = (1억 8천만 원 + α)

※ 확정급여형의 근로자가 받을 연금총액에서 법정기여분 1억8천만 외에 α는 필수조건은 아니며 노사가 합의할 경우에 설정

⑤ 연금의 수령방법

만 55세 이전에 퇴직한 경우 만 55세부터, 만 55세 이후 퇴직한 경우 퇴직 후 즉시 일시금 및 연금으로 수령하며, 최소 5년부터 10 · 20년 등 여러 해에 걸쳐 나눠받을 수 있으며 종신으로도 받을 수 있다. 퇴직연금 가입자가 사망하면 상속인이 일시금으로 받거나 연금으로 선택해 수령

10장 : 여성과 연소자의 근로조건의 보호

Ⅰ. 연소근로자에 대한 보호

1. 연소근로자란?

연소근로자란 근로기준법에서 만 18세 미만의 근로자를 말한다. 만 18세 미만인 연소근로자는 정신적·신체적으로 성장단계에 있고 교육이 우선되어야 하는 시기이므로, 근로기준법에서는 성인근로자에게 적용되는 기준 외에도 몇 가지 별도의 보호장치를 마련하고 있다.

2. 사용제한

근로기준법 제64조, 제66조에 의하면 정신적·신체적으로 성장기에 있고 의무교육을 받아야 하는 시기에 있는 15세 미만인 자에 대해서는 원칙적으로 취직을 금지하고 있고, 만 18세 미만자를 고용하는 사업주는 해당 연소근로자의 연령을 증명하는 호적증명서와 친권자 또는 후견인의 동의서를 사업장에 갖추어 두어야 한다.[415] 예외적으로 13세 이상 15세 미만인 어린이는 건강이나 성장에 해가 없고 학교를 다니는 데 방해가 되지 않는 일을 하게 되는 경우에는 노동부가 발급하는 취직인허증을 받아 취직할 수 있다.[416]

3. 미성년자의 근로계약

친권자나 후견인은 미성년자의 근로계약을 대리할 수 없다. 미성년자인 근로자의 의사와 관계없이 부당하게 근로를 강요당하는 폐단을 방지하려는 데 취지가 있다. 또한 친권자, 후견인 또는 노동부장관은 근로계약이 미성년자에게 불리하다고 인정하는 경우에는 향후 근로계약을 해지할 수 있다.

4. 유해·위험한 사업에 사용금지

사용자는 18세 미만자를 주석에서 접대하는 업무[417] 등의 도덕상 또는 보건상 유해·위험한 사업에 사용하지 못한다.[418] 또한 취직인허증을 소지하더라도 13세 미만자는 단란주점, 여관, 요리점, 음식점 또는 오락장의 업무 등에 고용이 금지된

---

415) 근로기준법 제64조 (최저연령과 취직인허증) ① 15세 미만인 자(초·중등교육법에 따른 중학교에 재학 중인 18세 미만인 자를 포함한다)는 근로자로 사용하지 못한다. 다만, 대통령령으로 정하는 기준에 따라 노동부장관이 발급한 취직인허증을 지닌 자는 근로자로 사용할 수 있다.
416) 근로기준법 시행령 제35조 (취직인허증의 발급 등) ① 취직인허증을 받을 수 있는 자는 13세 이상 15세 미만으로 한다. 다만, 예술공연 참가를 위한 경우에는 13세 미만인 자도 취직인허증을 받을 수 있다.
417) 1993.12.3, 부소 68247-427.
418) 근로기준법과는 별개로 만 19세 미만인 청소년을 티켓다방에 고용한 사업주는 청소년보호법에 의해 3년 이하의 징역 또는 2천만 원 이하의 벌금형의 처벌을 받는다.

다.[419) 사용자가 유해·위험한 사업에 18세 미만자를 사용하는 경우에는 3년 이하의 징역 또는 2,000만 원 이하의 벌금에 처하게 되고, 다수의 근로자를 사용한 경우에는 1인 1죄가 성립하여 가중처벌된다.

5. 미성년자의 근로시간

15세 이상 18세 미만인 자의 근로시간은 1일에 7시간, 1주일에 40시간을 초과하지 못한다. 다만, 당사자 사이의 합의에 의하여 1일에 1시간, 1주일에 6시간을 한도로 연장할 수 있다.[420)

6. 야간근로와 휴일근로의 제한

18세 미만자는 오후 10시부터 오전 6시까지의 사이에 근로시키지 못하며, 또 휴일근로에 종사시키지 못한다. 다만, 회사 사정상 꼭 필요해서 연소근로자 본인이 동의하고 노동부장관이 인가한 경우에는 가능하다.

---

419) 1993.12.3, 부소 68247 - 427.
420) 근로기준법 제69조 (근로시간).

◆ 청소년 아르바이트, 일을 할 때 알아야 할 10가지[421]

1. 일을 할 수 있는 연령은?
- 원칙적으로 만 15세 이상 되어야 함
- 중학교 재학 중이거나 만 13세 이상 14세까지의 청소년들은 노동부에서 취직인허증을 받은 경우 일할 수 있음
- 근로기준법에서 특별보호를 하고 있는 연소근로자란 "18세 미만자"를 말함

2. 일자리는 어디서 구하나요?
- 노동부 고용안정센터를 찾아가거나, 인터넷으로
www.molab.go.kr → 노동맵 → 취업알선기관 → 고용안정센터
http://youthjob.work.go.kr
- 워크넷(www.work.go.kr)에 접속하면 일자리 정보를 알 수 있음
- 커리어넷(www.careernet.re.kr)에서 적성에 맞는 직업·진로계획을 세우는 데 도움

3. 일을 시작할 때 어떤 서류가 필요하나요?
부모님(또는 후견인)이 일을 해도 좋다는 동의서와 나이를 증명할 수 있는 호적증명서(또는 주민등록등·초본)를 사용자에게 제출하고 근로계약을 맺어야 함

4. 아무 일이나 할 수 있나요?
- 도덕상 또는 보건상 유해·위험한 일은 할 수 없음
※ 근로기준법과 청소년보호법에서 할 수 없는 일을 정하고 있음
☞ 일을 할 수 없는 곳
유흥주점, 단란주점, 비디오방, 노래방, 전화방, 숙박업, 이용업, 안마실을 설치한 목욕장업, 만화대여업, 소주방, 호프·카페, 무도장업, 사행행위영업, 소각·도살업무
☞ 일을 할 수 있는 곳
제조업체, 패스트푸드점, 편의점, 주유소, 일반 음식점 등

---

421) 월간 고용포커스 8월호, 노동부, 2005.

5. 하루에 몇 시간이나 일을 할 수 있나요?
▪ 하루 7시간, 1주일에 40시간을 초과하여 일할 수 없음
다만, 연소근로자가 동의한다면 1일 1시간, 1주일에 6시간 이내로 초과근로를 할 수 있음

6. 밤에도 일을 할 수 있나요?
▪ 밤 10시부터 아침 6시까지(야간근로)는 일을 할 수 없음. 그러나 ① 연소자가 밤 10시 이후에 일을 하는 것을 동의하고, ② 노동부에서 야간에 일을 해도 좋다는 인가를 받은 경우에만 일을 할 수 있음. 이때에도 야간근로는 원칙적으로 밤 12시까지만 가능하고, 건강과 학교수업에 지장이 없고, 특별히 연소자의 형편상 필요한 경우 밤 10시부터 다음날 아침 6시까지 노동부의 인가를 받아 일을 할 수 있음

7. 휴일이 있나요?
▪ 일주일에 15시간 이상 일하고 1주일 동안 일하기로 정한 날에 개근하였으면 하루의 유급휴일을 받을 수 있음
- 연소근로자가 휴일에 일하는 것을 동의하고 노동부의 인가를 받은 경우에는 휴일에도 일을 할 수 있음
▪ 하루에 근로시간이 4시간 이상인 경우에는 30분 이상, 8시간 이상인 경우에는 1시간 이상 휴게시간으로 쉴 수 있음

8. 임금은 얼마나 받을 수 있나요?
▪ 근로계약 시 임금을 정하되 노동부 장관이 정하는 최저임금 이상 지급되어야 함
☞ 최저임금: 2008.1.1.~2008.12.31: 시간당 3,770원
▪ 휴일, 야간, 초과근무 시 50% 가산하여 임금을 지급

9. 일하다가 다쳤을 때에는?
▪ 일하다가 다쳤을 경우 산재보험에서 치료 및 보상을 받을 수 있음
☞ 사업주는 산재보험에 가입해야 하고, 미가입을 이유로 산재처리를 거부할 수 없으며, 소급하여 적용(보험료는 전액 사업주 부담)

10. 부당한 피해를 입은 경우에는?
▪ 임금을 받지 못한 경우 등 권리침해를 받은 경우에는 노동부에 상담·신고를 통해 권리구제를 받을 수 있음

Ⅱ. 여성근로자에 대한 보호

1. 유해·위험한 작업에 사용금지

사용자는 임신 중이거나 산후 1년이 지나지 아니한 여성을 도덕상 또는 보건상 유해·위험한 작업에 사용하지 못한다.[422]

2. 야간근로와 휴일근로의 제한

사용자는 18세 이상의 여성을 오후 10시부터 오전 6시까지의 시간 및 휴일에 근로시키려면 그 근로자의 동의를 받아야 한다. 특히 임산부는 오후 10시부터 오전 6시까지의 사이 및 휴일에 근로시키지 못한다. 다만, 산후 1년이 지나지 아니한 여성의 동의가 있는 경우이거나 임신 중의 여성이 명시적으로 청구하는 경우에 한하여 노동부 장관의 인가를 받은 경우에 가능하다.[423]

---

422) 근로기준법 제65조 (사용금지).
423) 근로기준법 제70조 (야간근로와 휴일근로의 제한).

3. 시간외근로의 제한

산후 1년이 지나지 아니한 여성에 대하여는 단체협약이 있는 경우라도 1일에 2시간, 1주일에 6시간, 1년에 150시간을 초과하는 시간외근로를 시키지 못한다.[424]

4. 생리휴가

사용자는 여성근로자가 청구하면 월 1일의 생리휴가를 주어야 한다.[425]

생리휴가는 근로자의 청구가 있는 경우에 부여하는 휴가로 사용자는 여성근로자가 생리휴가를 청구하는 경우에는 근로일수와 개근 여부에 상관없이 월 1일의 휴가를 주어야 한다.[426]

일용직 근로자의 경우 실질적인 의미의 일용직 근로자라면 현실적으로 생리휴가를 사용하기가 불가능할 것이지만, 사실상 상시 근로하면서 임금만을 일일 단위로 산정한다는 의미의 일용직 근로자는 법에 의한 생리휴가를 사용할 수 있다.[427]

한편 2003년 개정된 근로기준법에서 종전의 유급생리휴가가 무급으로 변경됨에 따라 여성근로자가 생리휴가를 청구하여 사용하는 경우 사용자는 휴가 사용일에 상당하는 임금(통상임금)을 공제할 수 있다. 다만, 노사가 달리 약정하는 경우에는 그에 따라야 할 것이다.

---

424) 근로기준법 제71조 (시간외근로의 제한).
425) 근로기준법 제73조 (생리휴가).
426) 1987.7.6, 근기 01254-10778.
427) 2001.11.12, 여원 68240-494.

5. 임산부의 보호

1) 산전후휴가

(1) 산전·산후 휴가란?

산전·산후 휴가란 임신 중인 여성근로자에게 출산 전·후에 주어지는 휴가를 말하는데, 사용자는 임신 중의 여성에 대하여 산전과 산후를 통하여 90일의 보호휴가를 주어야 한다. 이 경우 휴가기간의 배정은 산후에 45일이 이상이 되어야 한다.[428]

산전·산후 휴가는 근로자의 권리포기가 인정되지 않으므로 사업주는 반드시 산전과 산후를 통하여 분할 없이 90일 이상을 부여해야 하며, 기간의 배정은 산후에 45일 이상이 보장되도록 해야 한다. 따라서 근로자가 산전·산후 휴가 중에 업무복귀를 원한다고 하더라도 90일의 산전 산후 휴가기간을 단축할 수 없으며, 이를 위반할 경우에는 2년 이하의 징역 1천만 원 이하의 벌금이 부과된다.[429]

임신 중인 여성이 임신 16주 이후 유산 또는 사산한 경우에 그 근로자가 청구하면 사용자는 보호휴가를 주어야 한다. 다만, 인공 임신중절수술에 의한 유산의 경우에는 모자기본법 제14조의 규정에 의해 허용되는 경우만을 인정한다.[430]

보호휴가의 일수는 임신기간 16주 이상 21주 이내인 경우 유산 또는 사산한 날부터 30일까지, 임신기간이 22주 이상 27주 이내인 경우 유산 또는 사산한 날부터 60일까지, 임신기간이 28주 이상인 경우 유산 또는 사산한 날부터 90일까지 유산·사산휴가를 주어야 한다.[431]

산전·산후 휴가는 계약직, 임시직, 시간제 등 근로계약의 형태와 관계없이 근로기준법이 적용되는 모든 여성근로자에 대해 유급 보호휴가를 부여하여야 한다.[432]

다만, 근로형태와 관계없이 산전·산후 휴가를 부여받을 수 있으나, 휴가기간 중

---

428) 근로기준법 제74조 (임산부의 보호) ①~.
429) 2002.11.7, 평정 68240－249.
430) 근로기준법 제74조 (임산부의 보호) ②~.
431) 근로기준법 시행령 제43조의 2 (유산·사산 휴가의 청구 등).
432) 1999.11.18, 여원 68247－51.

계약기간이 만료되면 사업주의 의무도 함께 종료되므로 산전후휴가는 종료된다.[433]

(2) 산전·산후 휴가급여와 신청절차

산전·산후 휴가 90일 중 최초 60일의 임금은 사업주가 부담하며, 나머지 30일의 임금은 국가가 비용을 지급하는데 고용안정센터에 산전·산후 휴가급여를 신청하여 받을 수 있다.

> ▶ 지급대상자
> 산전·산후 휴가기간 종료일 이전까지 고용보험 피보험 단위기간이 180일 이상인 근로자

> ▶ 지급액
> 근로자 본인의 산전·산후 휴가 실시 직전 통상임금 기준으로 30일분 지급
> ※ 본인의 30일분 통상임금이 135만 원을 넘을 경우에는 135만 원, 최저임금 이하
> 인 경우 최저임금

> ▶ 신청방법 및 절차
> - 해당 근로자가 산전·산후 휴가기간 종료 후 종료일로부터 12개월 이내
> - 산전·산후 휴가급여신청서와 산전·산후 휴가확인서(사업주)를 거주지 관할 고용 안정센터에 제출
> - 고용안정센터에서 지급대상 요건을 검토 후 근로자가 거래하는 금융계좌에 입금

2) 시간외근로의 금지 및 쉬운 종류의 근로로 전환

사용자는 임신 중의 여성 근로자에 대하여 시간외근로를 하게 하여서는 아니 되며, 그 근로자의 요구가 있는 경우에는 쉬운 종류의 근로로 전환하여야 한다.[434]

---

433) 2003.3.31, 평정 68240-116.
434) 근로기준법 제74조 (임산부의 보호).

3) 해고의 제한

사용자는 산전·산후의 여성이 산전·산후 휴가 중에 있는 기간과 그 후 30일 동안은 해고하지 못한다.[435]

6. 육아휴직

1) 육아휴직이란?

사업주는 생후 3년 미만의 영유아를 가진 근로자가 그 영유아의 양육을 위하여 휴직을 신청하는 경우 이를 허용하여야 한다. 다만 당해 사업에서 계속 근로기간이 1년 미만인 근로자, 동일한 영유아에 대하여 배우자가 육아휴직 중인 경우 및 동일한 영유아에 대하여 육아휴직을 한 적이 있는 근로자에 대해 사용자는 육아휴직을 허용하지 않을 수 있다. 영유아를 가진 근로자는 여성뿐만 아니라 남성도 해당되므로 신청할 수 있다. 육아휴직기간은 1년 이내로 하되 당해 영아가 생후 3년이 되는 날을 경과할 수 없다. 사업주는 육아휴직을 이유로 해고, 그 밖의 불리한 처우를 하여서는 아니 되며, 육아휴직 기간 동안 사업을 계속할 수 없는 경우 외에는 당해 근로자를 해고하지 못한다. 사업주는 육아휴직 완료 후에는 휴직 전과 동일한 사업 또는 동등한 수준의 임금을 지급하는 직무에 복귀시켜야 하며, 육아휴직기간은 근속기간에 포함된다.

2) 육아휴직급여와 신청절차

사업주는 당해 사업장에서 1년 이상 재직한 근로자가 생후 3년 미만의 영아를 양

---

435) 근로기준법 제23조 (해고 등의 제한).

육하기 위하여 육아휴직을 신청하는 경우 영유아가 만 3세를 경과하지 않는 기간이라면 반드시 허용하여야 한다.

> ▶ 지급대상
> 육아휴직 개시일 이전까지 고용보험에 6개월(180일) 이상 가입하고, 육아휴직을 30일 이상 부여받은 근로자
> ▶ 지급액: 1인당 월 50만 원
> ※사업주에게는 별도 육아휴직장려금(월 20만 원) 지급
> ▶ 신청방법 및 절차
> ─육아휴직 1개월이 경과하는 날 이후에 육아휴직급여신청서와 육아휴직신청서(사업주 확인)를 거주지 관할 고용안정센터에 제출
> ─고용안정센터에서는 지급대상 요건을 검토한 후 근로자가 거래하는 금융계좌에 입금함.

7. 직장 내 성희롱

1) 정의

직장 내 성희롱이란 사업주, 상급자 또는 근로자가 직장 내의 지위를 이용하거나 업무와 관련하여 다른 근로자에게 성적인 언어나 행동 등으로 또는 이를 조건으로 고용상의 불이익을 주거나 또는 성적 굴욕감을 유발하게 하여 고용환경을 악화시키는 것을 말한다.

2) 직장 내 성희롱의 행위자(가해자)와 피해자

(1) 행위자(가해자)
사업주나 직장 내의 상급자, 동료 근로자, 하급자가 해당된다.

(2) 피해자

주로 여성근로자가 대상이지만 남녀 근로자(협력업체 및 파견근로자 포함) 모두 해당되며, 모집 채용과정에서의 구직자도 포함된다.

3) 직장 내 성희롱의 성립

(1) 직장 내의 지위를 이용하거나 업무와 관련하여 이루어질 것
(2) 직장 내 성희롱은 사업장 안이나 밖 어디서나 발생될 수 있으며, 상급자가 그 지위를 이용하거나 업무와 관련이 있으면 성립된다. 예를 들어 출장 중인 차 안이나 업무와 관련이 있는 전체 회식 장소 등에서 발생하는 성희롱도 직장 내 성희롱으로 볼 수 있다.
(3) 성적인 언어나 행동에 의하거나 또는 이를 조건으로 할 것
상대방이 원하지 않는 성적인 언어나 행동이 반복되거나 한 번의 성적 언동이라도 심한 경우에는 직장 내 성희롱이 될 수 있다.

4) 직장 내 성희롱 판단을 위한 기준의 예시[436)]

(1) 성적인 언어나 행동에 의한 성희롱 예시

가. 육체적 행위
① 입맞춤이나 포옹, 뒤에서 껴안는 등의 신체적 접촉 행위
② 가슴·엉덩이 등 특정 신체부위를 만지는 행위
③ 안마나 애무를 강요하는 행위

나. 언어적 행위
① 음란한 농담을 하거나 음탕하고 상스러운 이야기를 하는 행위(전화통화 포함)

---

436) 남녀고용평등법 제2조 (정의)의 별표 1.

② 외모에 대한 성적인 비유나 평가를 하는 행위

③ 성적인 사실관계를 묻거나 성적인 내용의 정보를 의도적으로 유포하는 행위

④ 성적인 관계를 강요하거나 회유하는 행위

⑤ 회식 자리 등에서 무리하게 옆에 앉혀 술을 따르도록 강요하는 행위

다. 시각적 행위

① 음란한 사진, 그림, 낙서, 출판물 등을 게시하거나 보여주는 행위
  (컴퓨터 통신이나 팩시밀리 등을 이용한 경우를 포함한다.)

② 성과 관련된 자신의 특정 부위를 고의적으로 노출하거나 만지는 행위

라. 기타 사회통념상 성적 굴욕감 또는 혐오감을 느끼게 하는 것으로 인정되는 언어나 행동

(2) 고용상의 불이익을 주는 것의 예시

채용탈락, 감봉, 승진탈락, 전직, 정직, 휴직, 해고 등과 같이 채용 또는 근로조건을 일방적으로 불리하게 하는 것

※ 성희롱 여부의 판단 시에는 주관적 사정을 고려하되, 사회통념상 합리적인 사람이 피해자의 입장이라면 문제가 되는 행동에 대하여 어떻게 판단하고 대응하였을 것인가를 함께 고려하여야 하며, 결과적으로 위협적·적대적인 고용환경을 형성하여 업무능률을 저해하게 되는지를 검토하여야 한다.

5) 성희롱 행위자에 대한 징계 등의 조치

사업주는 성희롱 행위자에 대하여 성희롱의 정도, 지속성 등을 감안하여 부서를 전환하거나 경고, 견책, 정직, 휴직, 전직, 대기발령, 해고[437][438] 등의 징계 조치를

---

437) 소속 직원들을 전체적으로 지휘·감독하여야 할 책임을 지고 있는 자가 여직원들에 대하여 수차 성희롱 발언을 계속하고 종전에도 같은 이유로 정직 1개월의 징계처분을 받은 적이 있으면서도 다시 같은 비위를 저지르고, 성적 굴욕감이나 혐오감을 일으키는 발언을 수차 하였던 점 등의 정황에 비추어 보면 해임처분은 정당하다. 2002. 11.22, 서

하여야 한다.

6) 직장 내 성희롱에 대한 법적 구제방법

(1) 행정기관
사업주에게 고충을 제기하여 해결이 안 될 경우 관할 지방노동청에 진정을 제기할 수 있다.

(2) 노동위원회
직장 내 성희롱으로 인하여 근로자가 해고, 휴직, 정직 등의 불이익을 당한 경우 노동위원회에 구제신청을 할 수 있다.

(3) 민사소송
사업주와 성희롱 가해자를 대상으로 정신적·물질적 고통을 입힌 데 대한 손해배상을 법원에 청구할 수 있다.

울행법 2002 구합 24970.

438) 부하 여직원들에 대하여 지속적으로 성적인 동기와 의도가 포함되어 있는 언동을 하였고, 이러한 성적언동은 행위의 동기나 행위 당시의 상황, 행위 상대방과의 관계 등을 비추어 볼 때 사회통념상 일상적으로 허용되는 단순한 농담 또는 친근감의 표현의 정도를 넘어 성적인 언동 등으로 성적 굴욕감이나 혐오감을 느끼게 함으로써 그들의 인격권을 침해하는 성희롱 행위에 해당한다. 또한 원고가 소속 직원들을 감독하는 지위에 있으면서 부하 여직원들에 대하여 수차례에 걸쳐 성희롱 발언과 행동을 계속하였고, 그 성희롱의 정도가 지나친 점 등을 고려할 때 원고를 해고한 것은 정당하다. 2003. 3.11, 서울행법 2002구합 26433.

제 3 부

기간제(계약직)
근로자

기업에서 비정규직 인력을 선호하게 된 주요 이유로는 시장경쟁이 치열해짐에 따라 저렴하고 유연한 노동인력에 대한 필요성 때문으로, 인건비 절감과 노동유연성의 확보를 통한 경쟁력 제고가 가장 중요한 목적이라 할 수 있다. 이러한 비정규직의 활용을 통해 기업특유의 핵심기술과 능력을 보유한 정규직 인력 보호를 위한 보호막 역할을 기대하기도 한다. 기업들은 타 기업에 대한 경쟁우위 확보의 수단으로 핵심인력은 장기고용과 경력개발을 통해 조직몰입과 충성도를 높일 수 있게 하고, 비정규직 인력에 대해서는 노동유연성을 추구하면서 보조적인 업무를 수행하도록 한다. 이 과정에서 비정규직 인력은 핵심 정규인력의 고용을 보호하는 역할을 하게 되는 것이다. 또한 일정 부분에 한해서 비정규직을 활용함으로써 인건비를 크게 줄일 수 있다. 일반적으로 비정규직 인력에게는 복지후생비용이나 퇴직금, 또 자동적인 인건비 인상요인이 없기 때문에 상당한 정도의 인건비 절감효과를 거둘 수 있다.

- 최종태의 "현대인사관리론" 중에서 -

1장 : 기간제근로자란?

Ⅰ. 기간제근로자의 정의

　기간제근로자는 기간의 정함이 없는 근로계약을 체결하는 정규직 근로자와 대비되는 개념으로 사용되는데,[1] 계약형태와 명칭을 불문하고 계약기간이 정하여진 근로자를 말한다. 20006년 12월 제정된 법에서는 기간제근로자를 기간의 정함이 있는 근로계약을 체결한 근로자라고 정의하고 있다.[2] 일반적으로 계약직, 전문계약직, 촉탁, 임시직, 위촉 등 여러 가지 명칭으로 불리고 있다.

　이러한 기간제근로자를 엄밀하게 정의하자면 정규직이 아니면서 근로계약기간이 미리 정하여진 근로자인 일용직 근로자, 파트타임 근로자, 기타 임시직 근로자도 기간제근로자로 분류할 수 있지만, 여기에서는 근무형태가 정규직 근로자와 동일하고 단지 계약기간이 수개월, 가장 일반적인 형태인 1년 또는 2~3년 등으로 정하여진 근로계약을 체결하는 근로자로 한정하여 설명하고자 한다.

---

1) 일반적으로 기간의 정함이 없는 근로자를 무기계약 근로자(정규직 근로자)라고 하며, 기간의 정함이 있는 계약직 근로자를 유기계약 근로자 또는 기간제근로자라 칭한다.
2) 기간제및단시간근로자보호등에관한법률 제2조 (정의).

Ⅱ. 기간제근로자 현황

기간제근로자는 통계청이 실시한 '경제활동인구부가조사'에 의하면 2002년 전체 근로자의 12%, 2003년 17%, 2004년 17.1%, 2005년 18.2%, 2006년 17.7%를 차지하고 있는 것으로 나타나고 있으며, 97년 외환위기 이후 계속 증가하는 추세에 있다.

기간제근로자의 반복 및 갱신 비율은 2004년 54.3%, 2005년 55.4%로 나타나고 있으며, 2005년 8월 현재 계약기간별로는 1년 계약자가 73.1%로 가장 높은 비율을 차지하고 있다. 월평균 임금을 살펴보면 2003년 108.2만 원, 2004년 118.7만 원, 2005년 125.8만 원, 2006년 129.3만 원으로 나타나고 있다.

외환위기 이후 기업에서는 신인사제도와 성과주의 인사제도 등의 도입에 따라 직무 가치에 따른 차별화된 고용전략과 인력구조 유연화를 통한 내부노동시장 효율화를 위하여 기간제근로자의 비중을 늘렸다. 또한 파견법이 제정된 후 파견근로자를 동일 사업장에서 2년 이상 사용하지 못함에 따라 파견근로자로 일단 2년간 활용한 후 평가를 거쳐 필요한 경우에 기간제근로자로 채용하는 경우도 많다. 이렇게 기간제근로자의 비중이 늘어남에 따라 기업에서는 정규직의 범주에 종래의 기한의 정함이 없는 사실상의 정규직과 계약직을 포함하여 인사관리상의 '정규직'으로, 파견근로자, 임시직(파트타이머, 아르바이트 등), 일용직 근로자를 비정규직으로 분류하기도 한다.

신용카드 회사에 다니는 이 아무개(여) 씨는 '전문계약직'이다. '전문'이라는 표현 때문에 업무가 전문적이고, 보수도 높을 것 같지만 실상은 그렇지만은 않다. 일하는 것은 정규직과 똑같지만, 연봉은 절반가량이다. 더욱 답답한 것은 "사원대출 혜택도 못받고, 정규직 전환 가능성도 없는 것"이다. 이 씨 회사에는 '전문계약직'과 함께, 이보다 못한 대우를 받는 '일반' 계약직과 파견직도 있다. "고용 형태만으로 4단계로 신분이 나뉘는 것이다." 통역사 임 아무개(여) 씨는 최근 계약이 끝난 정보통신 분야 대기업에서 다른 곳으로 옮겼다. 임 씨는 "과거 큰 기업들은 통역사를 정규직으로 채용했지만,

이제는 계약직으로나 직장생활을 할 수 있다"며 "선택의 여지가 없지 않느냐"고 말했다. 단순업무 분야가 주종을 이루던 대기업의 계약직 채용이 전문직이나 일반사무직으로 확대되고 있다. 과거의 정규직 채용 분야에 (전문)계약직을 채우고, 계약직에 맡기던 일은 대우가 훨씬 떨어지는 임시직이나 파견직에게 맡기는 것이다. 몇 년 사이 창구업무나 채권 추심, 콜센터 등을 계약직으로 바꾼 금융권에서는 최근 자산관리 컨설턴트나 심사역까지 계약직으로 뽑는 사례가 늘고 있다. 올 1월 들어 에이아이지생명과 신한생명, 에스케이생명, 엘지화재, 수협은행 등이 보험영업뿐만 아니라 자산관리사 등의 분야에서도 대졸자 계약직 채용에 나섰다. 이달 들어 '~컨설턴트'라는 직무 분야를 정규직으로 채용하는 데는 2~3곳에 지나지 않다. 건설회사 채용도 빠르게 계약직 중심으로 바뀌고 있다. 대우건설, 두산건설, 동부건설 등은 지난해 수십~수백 명의 계약직 사원을 뽑았고, 일부 기업에서는 '계약직 공채' 개념도 등장했다. 건설업체들은 올해 들어서도 본사와 건설 현장에 배치할 이공계 인력들을 계약직으로 선발하고 있다. 한 건설업체 인사담당자는 "상당수 기업들이 대졸 엔지니어의 절반가량은 계약직으로 뽑고, 어떤 곳은 거의 전부를 그렇게 선발한다"며, "사무인력 쪽에서 임시직, 일용직을 쓰는 경향도 강화되고 있다"고 말했다. 이에 따라 건설업계 기술직 분야에서는 계약직을 피할 수 없다는 인식 아래, 현장 계약직보다는 재계약이나 정규직화 가능성이 있는 본사 계약직을 선호하는 현상도 나타나고 있다. 유통업에서도 비정규직화 바람이 강하게 불고 있다. 한 대형 유통업체는 주5일제 시행으로 필요한 추가 인력을 계약직인 '전문직'으로 채우기로 했다. 유통업 침체에 대응한다며 비정규직 채용을 꾸준히 늘려온 이 업체의 비정규직 비율은 70%를 넘어섰다. 인력 파견업체인 아데코 코리아 관계자는 "최근 들어서는 일부 대기업에서 법무, 경리, 회계 등 주요 사무인력을 계약직이나 파견직으로 쓰고자 하는 수요가 늘고 있다"고 말했다. 이처럼 대기업을 중심으로 계약직 채용이 확대되는 것은 인건비 절감 필요성과, 경기 부침에 대비하는 '프로젝트별 채용' 분위기가 확산되고 있기 때문이다. 헬로잡 황인태 사장은 "특히 금융, 유통, 건설 업종에서는 계약직화가 빠르게 진행되고 있다"며 "아웃소싱, 파견근로의 확대도 정규직 공채 수요를 갉아먹으면서 대기업 고용조건의 하향화를 불러 온다"고 말했다.[3]

---

3) 한겨레신문, 2004.1.24.

Ⅲ. 기간제근로자의 운용과 문제점

1. 기간제근로자의 운용 실태

기간제근로자는 계약직, 전문계약직, 촉탁, 임시직 등 여러 가지 명칭으로 불리고 있지만, 일반적인 경우에는 1년의 기간으로 근로계약을 체결하여 '계약직'이라는 명칭으로 사용되고 있다.

기업 측에서 필요성이 인정되는 경우에 선별적으로 수회에 걸쳐 근로계약을 갱신하고 그 후 기업의 판단에 따라 정규직 근로자로 전환을 하거나, 아니면 계약기간이 종료된 후 더 이상 계약을 갱신하지 않는 방법으로 기간제근로자를 사용하고 있다. 특히 저숙련, 저부가가치 직무에 대하여는 상시적인 업무임에도 불구하고 기간제근로자로만 운용하는 경우도 있는데, 이러한 경우에는 정규직으로의 전환이 어렵고 계약기간 만료 후에도 재계약이 되지 않는 경우가 많다.

표 18. 근로계약기간 및 계약 반복·갱신율[4)]

(단위: 천 명)

	1년 미만	1년	1년~3년	3년 초과	계
계약 설정자	1,548	791	262	127	2,728
반복·갱신자	691	578	159	84	1,511
갱신율	44.6	73.1	60.7	66.4	55.4

그러나 기업에서는 이러한 방법으로 기간제근로자를 사용하면서도 기준과 원칙이 명확하지 않고 모호하며, 근무형태를 보더라도 사실상 정규직과 구별이 되지 않는 등 기간제근로자에 대한 합리적인 기준과 체계적인 관리가 이루어지지 못하고 있다. 이에 따른 기간제근로자들의 불만으로 인하여 동기부여 저하, 잦은 이직과 팀원들

---

4) 경제활동인구 부가조사 결과, 통계청, 2005.

과의 팀워크 저하 등의 문제점이 나타나고 있다.

한편 과거에는 재계약이 관행적으로 이루어지고 있는 경우가 많았지만, 2006년 12월 제정된 '기간제및단시간근로자보호등에관한법률'로 인하여 저부가가치 업무 및 저숙련 업무에 대하여 대다수의 기업에서는 2년 이내의 기간에서 근로자를 사용한 후 계약을 종료할 것으로 보여진다.

> 계약직 근로자 중 정규직 전환자는 5명 중 1명에 불과하며 대부분 계약직들은 차별 대우와 낮은 임금으로 인해 계약직 취업에 대해 후회하는 것으로 조사됐다. 채용정보 업체 리크루트가 구직자 1천212명을 대상으로 조사해 2일 밝힌 결과에 따르면 '계약직 으로 취업한 경험이 있느냐'는 질문에 응답자의 48%, 585명이 '그렇다'고 답했다. 계 약직 경험자 중 정규직 전환자는 21%에 지나지 않았으며 나머지 79%는 정규직으로 전 환되지 못한 것으로 나타났다. 계약직으로 취업한 이유로는 '계약직으로라도 취업해야 이직이 쉽다고 판단했기 때문' (50%), '돈을 벌기위해' (26%), '취업 시기를 놓치면 취 업이 어렵다고 판단해' (24%) 등을 들었다. 하지만 '계약직으로 취업한 것을 후회하느 냐'는 질문에는 73%가 '그렇다'고 답해 계약직 근로자들의 직업만족도가 극히 낮은 것 으로 조사됐다. 계약직 취업에 대해 후회하는 이유로는 '정규직과 처우가 달라 소외감 을 느껴' (42%), '정규직보다 임금이 낮아' (30%), '업무를 배우는 데 한계를 느껴' (15%), '계약직 근무경험이 이직에 도움이 되지 않아' (13%) 등을 들었다.[5]

2. 기간제근로자와 차별적 처우

기간제근로자의 경우에는 파견근로자, 임시직 근로자의 경우와 달리 사실상 정규 직 근로자와 동일한 업무를 수행하는 경우가 많다. 이러한 경우에 기간제근로자라 는 이유로 동일한 업무를 수행하고 있음에도 불구하고 합리적인 이유 없이 정규직 근로자와 임금 등 근로조건에서 차별이 발생하는 경우가 많았는데, 문제점에 대하여 노동계에서는 고용형태에 따른 차별금지 조항을 명문화하여 동일노동에 대하여는

---

5) 조선일보, 2003.6.2.

정규직 여부와 관계없이 동일한 임금을 지급하여야 한다고 주장하였다.[6]

이에 대하여 정부에서도 근로기준법 제6조 균등한 처우의 조항에 비정규직과 정규직에 대한 차별금지 원칙을 명문화하고, 차별시정 전담기구 설치 또는 부당차별 시정명령제도 도입을 통한 실효성 있는 구제절차 등에 대한 입법을 검토하였으며, '06년 12월 제정된 법에서 임금 그 밖의 근로조건 등에 있어서 합리적인 이유(업무의 난이도, 생산성, 책임의 정도) 없이 불리하게 처우하지 못하게 규정하였다.

임금 그 밖의 근로조건에는 복지, 근로시간, 휴일·휴가, 교육훈련, 안전보건, 재해보상, 해고 등 근로관계에서 발생하는 근로조건을 포함한다. 예를 들면 정규직과 동일직무를 수행하고 있음에도 불구하고 비정규직에 대하여 낮은 임금을 지급하거나, 비정규직이라는 이유로 성과급, 복리후생비 등을 지급하지 않는 경우 이에 해당된다. 그러나 현실적으로 차별적 처우 여부의 판단에 대하여는 향후 많은 논란이 있을 것으로 보이는데, 노동위원회의 판정이나 판례 등이 축적된 후 구체적인 판단기준이 형성될 것으로 보인다.

한편 동종 또는 유사한 업무에 종사하는 정규직 근로자와 비교하여 차별적 처우를 하지 못하게 하였으므로, 직군분리 등을 통하여 동종 또는 유사한 업무에 종사하는 정규직 근로자가 없는 경우에는 차별적 처우에 해당될 여지가 없는 등 많은 문제점이 남아 있는 것으로 보인다.

3. 기간제근로자의 정규직 전환

2006년 12월 제정된 비정규직 관련 법안에서는 기간제근로자의 사용기간을 2년으로 제한하여, 사용자가 2년을 초과하여 사용할 때에는 기간의 정함이 없는 근로계약을 체결한 근로자로 간주하게 하였다. 따라서 기간제근로자를 2년을 초과하여 사용한 후 계약기간의 종료를 이유로 고용을 종료하는 경우에는 해고에 해당하므로

---

6) 독일의 경우에는 2000년 비정규직에 관한 법률을 제정하여 계약직 근로자와 정규직 근로자에 대하여 동등한 처우를 할 것을 규정하고 있다.

근로기준법 제23조의 해고의 정당한 이유가 있어야 한다. 또한 기간제근로자임을 이유로 임금 그 밖의 근로조건 등에 있어서 합리적인 이유 없이 차별적 처우를 금지하는 조항을 신설하여, 비정규직 사용의 남용을 방지하고 이에 대한 처벌을 강화하여 비정규직 사용에 대한 장점이 많이 희석되어, 기간제근로자를 정규직근로자로 전환하는 움직임이 나타나기 시작했다.

우리은행이 금융권 최초로 내년 3월부터 비정규직 행원을 전원 정규직으로 전환시켜 비정규직을 철폐하기로 했다. 대신 정규직원의 내년 임금은 올해 수준으로 동결키로 했다. 우리은행 황영기 행장과 마호웅 노조위원장은 20일 본점 강당에서 공동 기자회견을 열어 정규직 직원의 내년 임금을 동결하는 대신 내년 3월 1일부터 비정규직 직원들을 정규직으로 전환하기로 합의했다고 밝혔다. 그동안 은행들이 별도 시험을 통해 일부 비정규직을 정규직으로 전환한 사례는 있으나, 시험 없이 비정규직 전체를 정규직으로 전환하는 것은 이번이 처음이다. 우리은행의 비정규직은 정규직 1만1천여 명의 28% 수준인 현재 3천100여 명으로 대부분 영업점 창구에서 마케팅 업무를 담당하고 있으며 내년 3월부터는 비정규직이 정규직에 포함돼 복리후생이 정규직과 같아진다. 우리은행은 내년부터 비정규직의 신규 채용을 실시하지 않을 계획이라 비정규직은 사실상 내년부터 철폐된다. 급여는 매스마케팅, 고객만족(CS), 사무직군 등 직군별로 차등해 적용한 뒤 순차적으로 정규직 수준으로 끌어올릴 계획이다. 변호사 등 고액 연봉을 받는 전문 계약직 120명은 정규직 전환 대상에서 제외됐다. 황 행장은 "이번 합의가 정규직원들의 임금동결이라는 양보를 전제로 이뤄졌기 때문에 직원 간 결속력을 더욱 다질 수 있게 됐다"며 "비정규직 직원들이 고용불안에서 벗어날 수 있게 돼 생산성과 영업력이 더욱 강화될 것"이라고 말했다. 이어 "영업이익을 정규직 숫자로 나눈 1인당 조정영업이익에서 예금보험공사와의 경영이행약정(MOU)상 목표와 숫자적 괴리가 생길 수 있다"며 "이 부분은 경영실적 문제가 아니라 산술적 문제인 데다 사회적 문제를 선제적으로 해결한 면이 있는 만큼 예보가 이해해 줄 것을 희망한다"고 강조했다. 마 위원장은 "다른 지부 위원장과 협의는 없었지만 3개월 전 공동 임·단협에서 논의가 많이 됐던 부분"이라며 "우리은행 사례가 다른 여러 직장들에서 비정규직의 정규직 전환이 붐을 일으키는 데 초석이 되기를 바란다"고 말했다.[7]

---

7) 연합뉴스, 06.12.20.

그러나 이러한 법률의 제정에도 불구하고 대한상공회의소가 '06년 1월 2일 발표한 조사결과에 따르면 82.1%의 기업에서 근로계약을 해지하거나 아웃소싱을 하겠다고 답했으며, 비정규직 근로자에 대한 차별이 금지되므로 정규직 채용을 늘리겠다는 기업이 19.1%에 불과하였고, 공공부문에서도 '06년 12월 31일 비정규직 입법에 대비하여 대부분의 비정규직에 대하여 재계약을 거부하는 등 비정규직 보호 입법이 오히려 비정규직 고용을 불안하게 하거나 비정규직 일자리 자체를 없애는 효과가 있을 것으로 보인다.[8]

이랜드 노사가 17일 오후 비정규직 문제 등을 놓고 홈에버 및 뉴코아 법인별로 대표자급 협상을 재개했으나 끝내 합의점을 찾지 못하고 협상 테이블을 접었다. 특히 이랜드 사측은 이날 교섭 결렬 직후 "노조가 매장 점거를 해제하지 않을 경우 특단의 자구조치를 할 수밖에 없다"고 경고하고 나서 양측의 대립이 공권력 투입이나 매장 폐쇄 등 사측의 강경 대응과 노조의 점거 농성 확대 등 극한 상황까지 치달을 가능성이 커지고 있다. 뉴코아 노사는 이날 오후 1시 30분, 홈에버 노사는 오후 2시부터 서울노동청 관악지청에서 각각 협상에 들어갔으나 외주화 중단과 비정규직의 정규직 전환 등 사안에서 의견이 엇갈려 정회를 거듭한 끝에 7시간여 만인 오후 9시께 협상 결렬을 선언했다. 홈에버 노사도 사측은 24개월 이상 근무자의 경우 별도의 직무급제를 적용해 정규직화하고 18개월 이상 연속 근무자는 고용을 보장하겠다는 입장을 고수한 반면 노조는 2년 이상 근무자는 직무급제가 아닌 일반 정규직으로 전환하고 3개월 이상 근무자의 고용도 보장해야 한다고 계속 주장해 합의점을 찾지 못했다.[9]

---

8) 비정상적인 근로조건을 노동법의 적용 또는 입법적 개선을 통하여 각각의 비전형 근로형태의 개성에 부합하도록 정상화하는 것이 노동법의 과제이며 비전형 근로형태를 전형적인 근로형태로 전환하는 것이 노동법의 과제가 아니다. 다시 말하면 비전형 근로형태에 관한 노동법의 과제는 각각의 근로형태가 갖는 법적 의미와 노동법의 적용관계를 명확히 하고, 비전형 근로형태가 지니고 있는 근로조건상의 위험성을 가능한 한 감소시키는 데 있는 것이지 비전형 근로 자체를 배제하는 데 있는 것이 아니다. 김형배, 노동법, 박영사, 2007, 1024쪽.
9) 연합뉴스, 07.7.17.

2장 : 기간제근로자와 근로조건

Ⅰ. 근로기준법 적용의 원칙[10]

1. 원칙

근로기준법에서 근로자란 직업의 종류와 관계없이 임금을 목적으로 사업이나 사업장에 근로를 제공하는 자를 말하므로, 기간제근로자에게도 당연히 근로기준법이 적용된다. 단지, 정규직 근로자와 비교하여 계약기간만 명시적으로 정하여져 있을 뿐이다. 판례에서도 임금, 근무일수 등 근로조건에 관한 일부의 사정이 정규직 근로자와 다르다고 하여 그러한 이유만으로 근로기준법상의 근로자가 아니라고 할 수는 없다고 하고 있다.[11]

특히 기간제근로자의 경우에는 다른 비정규직 근로자와는 달리 정규직 근로자와 근로시간, 직무 등 근로조건에 차이가 없는 경우가 많아 근로기준법 적용에 있어

---

10) 기간제근로자도 당연히 근로기준법이 적용되므로 2장에서는 기간제근로자에게 별도로 적용되거나 중요한 사항에 대하여만 중점적으로 설명하기로 하며, 근로기준법의 일반적인 내용은 2부 근로기준법 해설 부분 참조.
11) 2001.7.13, 대법 2000도 6086.

별다른 문제점은 없으나, 다만 계약기간의 종료에 따른 계약해지를 둘러싸고 많은 분쟁이 발생하였다. 즉 사용자는 계약기간의 종료에 따른 계약해지를 주장하고, 반면에 근로자는 재계약 거부가 사실상의 해고라고 주장하는 경우인데, 2006년 '기간제근로자및단시간근로자보호등에관한법률'의 제정으로 인하여 많은 문제점이 많이 해소되었다.

2. 차별적 처우

1) 제도 도입의 취지

현행 근로기준법 6조에서는 국적, 성별, 신앙, 기타 사회적 신분을 이유로 근로조건에 관한 차별적인 처우를 못하도록 하고 있으며, 남녀고용평등법(제7조~11조)은 채용과 모집, 임금, 임금 외의 금품, 승진, 정년, 해고 등에 있어서 남녀차별을 금지하고 있다. 그러나 고용형태를 이유로 하는 차별적 처우를 금지하는 규정이 없었다.

따라서 인건비 절감을 목적으로 주로 사용되는 비정규직에 대하여, 무분별한 비정규직 사용의 남용을 방지하기 위하여 비정규직근로자임을 이유로 하는 불합리한 차별을 금지하는 제도가 도입되었다.

2) 차별적 처우의 개념

기간제법 및 파견법에서 차별적 처우란 비정규직 근로자가 정규직 근로자에 비하여 합리적인 이유 없이 임금, 그 밖의 근로조건들에 있어서 불리하게 처우하는 것을 말한다.[12] 즉 차별적 처우란 불리한 처우를 함에 있어 합리적인 이유가 없는 것을 말한다.

---

12) 기간제및단시간근로자보호등에관한법률 제2조 (정의) 3. "차별적 처우"라 함은 임금 그 밖의 근로조건 등에 있어서 합리적인 이유 없이 불리하게 처우하는 것을 말한다.

합리적인 이유가 인정되는 사례로는 첫째, 기간제근로자라는 고용형태, 즉 단기고용이라는 특성에 따른 임금 및 근로조건 등에서의 차이는 합리적인 이유가 있는 것으로 볼 수 있다. 즉 장기고용 및 계속근로를 전제로 지급하는 임금 및 근로조건, 예컨대 장기근속수당, 장기근속 퇴직자에 대한 공로보상적 특별지급금품 등에서 기간제근로자를 배제하는 것은 합리적인 이유가 있는 것으로 볼 수 있다.

또한 사용자가 불리한 처우를 정당화하는 합리적 이유로서 채용조건·기준(경력 및 자격 등의 요건)이 다른 경우에는 채용조건·기준이 당해 사업장의 임금결정 요소이거나, 채용조건·기준이 업무수행과 관련이 있고 이에 근거해 근로조건을 달리한 경우에도 합리적인 이유로 인정될 수 있을 것이다.

그 외에 업무의 범위가 다르거나 업무의 책임·권한 등이 다른 경우에도 합리적인 이유로 인정될 수 있으며, 노동생산성이 비교대상 근로자보다 낮다는 것이 객관적으로 입증되는 경우에는 합리적 이유가 인정될 것이다.

3) 요건

(1) 비정규직 근로자임을 이유로

기간제근로자의 경우에는 무기계약 근로자, 단시간근로자의 경우에는 전일제근로자(통상근로자), 파견근로자의 경우에는 직접고용 근로자를 비교대상으로 하여 근로자의 기술, 능력 등이 아닌 고용형태상의 차이를 이유로 한 차별처우를 불합리한 차별로 본다. 이러한 비정규직 고용형태와 차별적 처우 사이에 인과관계가 있을 것을 요구한다. 이 경우 인과관계는 객관적 인과관계를 의미한다. 즉 사용자의 주관적인 차별의사 존재 여부와 관계없이 객관적으로 차별이 있고 그 차별이 비정규직이란 점에서 기인한 것으로 볼 수 있다면 객관적 인과관계가 있는 것으로 인정될 수 있을 것이다.

(2) 당해 사업 또는 사업장

차별시정제도는 상시 5인 이상의 근로자를 사용하는 사업 또는 사업장에 적용되며, 비교 대상 근로자는 당해 사업 또는 사업장 안의 동일한 사용자에게 고용되어 근로하는 근로자로 한정된다. 같은 산업 또는 지역 차원의 동종·유사 업무에 종사하는 정규직 근로자는 비교 대상이 아니다.

(3) 동종 또는 유사한 업무 종사자

동종 또는 유사한 업무란 직종, 직무 및 작업내용이 동일성과 유사성을 가진 업무를 말한다. 동종 또는 유사한 업무에 종사하는 정규직 근로자는 하나의 부서가 아니라 당해 사업 또는 사업장 전체를 고려하여 파악하여야 한다. 동종 또는 유사성에 대한 구체적인 판단기준으로는 해당 업무에 있어서 각 근로자 집단의 상호대체 가능성, 각 근로자 집단이 수행하는 해당 업무의 성격적 유사성 그리고 해당업무 가치의 유사성 등이 제시될 수 있을 것이다.13) 다만, 유사업무에 대한 구체적인 판단은 노동위원회 및 법원의 판결이 축적되어야 비교대상 정규직의 범위가 정립될 것으로 보인다.

한편 직군분리 등을 통하여 동종 또는 유사한 업무에 종사하는 정규직 근로자가 없는 경우에는 비교대상 정규직 근로자가 없으므로 차별적 처우에 해당될 여지가 없어지게 된다.

(4) 차별적 처우의 대상

기간제법에서 금지하고 있는 차별처우란 임금, 그 밖의 근로조건이다. 임금이란 사용자가 근로의 대가로 근로자에게 임금, 봉급, 그 밖에 어떠한 명칭으로든지 지급하는 일체의 금품을 말한다. 그 밖의 근로조건으로는 채용 이후 근로관계에서 발생하는 근로시간, 휴일, 휴가, 복지후생, 교육훈련 등의 근로조건이 포함될 수 있다. 다만, 파견근로자의 경우에는 직접 고용한 근로자 신분에 기하여 지급되는 가족수당 등은 임금 그 밖의 근로조건에 포함된다고 볼 수 없을 것이다.

---

13) 김형배, 노동법, 박영사, 2007, p.1039.

3. 적용제외

기간제법은 상시 5인 이상의 근로자를 사용하는 사업장에 적용되며, 4인 이하의 근로자를 사용하는 사업 또는 사업장은 기간제법과 근로기준법의 일부 규정만이 적용된다.[14]

---

14) 기간제및단시간근로자보호등에관한법률시행령 별표 1.

표 19. 차별시정제도 요약도

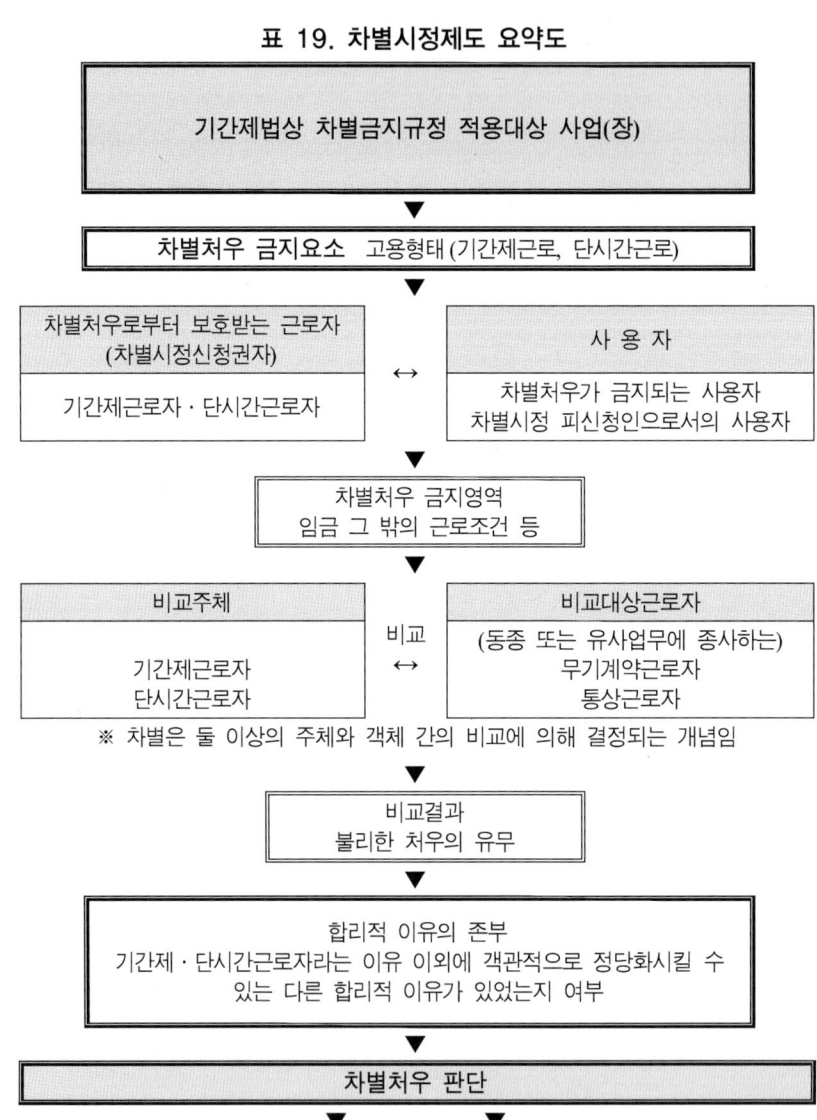

기간제법상 차별금지규정 적용대상 사업(장)

▼

차별처우 금지요소   고용형태 (기간제근로, 단시간근로)

▼

차별처우로부터 보호받는 근로자 (차별시정신청권자)	↔	사 용 자
기간제근로자 · 단시간근로자		차별처우가 금지되는 사용자 차별시정 피신청인으로서의 사용자

▼

차별처우 금지영역 임금 그 밖의 근로조건 등

▼

비교주체	비교	비교대상근로자
기간제근로자 단시간근로자	↔	(동종 또는 유사업무에 종사하는) 무기계약근로자 통상근로자

※ 차별은 둘 이상의 주체와 객체 간의 비교에 의해 결정되는 개념임

▼

비교결과 불리한 처우의 유무

▼

합리적 이유의 존부 기간제 · 단시간근로자라는 이유 이외에 객관적으로 정당화시킬 수 있는 다른 합리적 이유가 있었는지 여부

▼

차별처우 판단

▼

불리한 처우에 합리적인 이유가 있는 경우 차별처우에 해당하지 않음	불리한 처우에 합리적인 이유가 없는 경우 차별처우에 해당함

Ⅱ. 근로계약

1. 근로계약의 체결

근로계약을 체결할 때 사용자는 임금, 근로시간 등에 대한 근로조건을 명시하여야 한다. 특히 제정된 법 제17조에서는 기간제근로자 또는 단시간근로자 권리보호를 강화하기 위해서 임금에 관한 사항 이외에 다음의 사항을 서면으로 명시하도록 하고 있다.

> ➤ 근로계약기간에 관한 사항
> ➤ 근로시간·휴게에 관한 사항
> ➤ 임금의 구성항목·계산방법 및 지불방법에 관한 사항
> ➤ 휴일·휴가에 관한 사항
> ➤ 취업의 장소와 종사하여야 할 업무에 관한 사항
> ➤ 근로일 및 근로일별 근로시간

만일 근로계약 체결 시 명시한 근로조건이 사실과 다를 경우에 근로자는 근로계약을 즉시 해지하거나 손해배상을 청구할 수 있다. 특히 사용자가 근로자를 기간제근로자나 임시직으로 채용할 경우에는 그 사실을 명시하여야 하고, 기간제근로자가 정식사원으로 알고 입사하는 경우 계약기간의 만료를 이유로 근로계약을 종료할 수 없다.

서식 4. 단기계약근로자 근로계약서 양식

1년 미만 단기계약근로자 표준근로계약서

_____(이하 "갑"이라 함)과 _____(이하 "을"이라 함)은 다음과 같이 근로계약을 체결한다.

1. 근로계약기간: 년   월   일부터   년   월   일까지
2. 근무 장소:
3. 업무의 내용(직종):
4. 근로시간: _____시_____분부터 _____시_____분까지 (휴게시간: ○시○분~○
   시○분)
5. 근무일 / 휴일: 매주 ○일(또는 매일단위) 근무, 주휴일 매주 ○요일
6. 임금
 ─ 시간(일, 월)급: _____원(해당 사항에 ○표)
 ─ 기타급여(제수당 등): 없음( )
                     있음: _____원(내역별 기재)
 ─ 가산임금률(연장, 야간, 휴일근로 등): _____%(내역별 기재)
 ─ 임금지급일: 매월(매주 또는 매일) _____일(공휴일의 경우는 전일)
 ─ 지급방법: 을에게 직접지급 또는 예금통장에 입금
7. 기타
 ─ 이 계약에 정함이 없는 사항은 근로기준법에 의함

                                                      년   월   일

        (갑) 사업체명: 주소: (전화:)
            대 표 자: (서명)
        (을) 주   소: 주민등록번호: (전화:)
            성   명: (서명)

2. 근로계약의 기간

1) 기간제근로자의 사용기간 제한

기간제근로자의 경우 통상 1년의 근로계약기간으로 근로계약을 체결하고 있으나, 1년을 초과하는 근로계약기간을 정하였을 경우 어떻게 될까? 1년을 초과하는 근로계약기간을 정하여 근로계약을 체결하였다 하더라도 그 계약기간의 정함 자체는 유효하므로 약정기간 범위 내에서는 사용자는 근로자에게 1년이 경과하였다는 이유만으로 근로관계의 종료를 주장할 수 없고, 다만 근로자로서는 1년이 경과한 후에는 언제든지 근로계약을 해지할 수 있다.[15] 그리고 "근로계약기간을 정한 경우에 있어서 기간제근로자의 계약기간이 종료되는 경우에는 근로계약 당사자 사이의 근로관계는 특별한 사정이 없는 한 그 기간이 만료됨에 따라 사용자의 해고 등 별도의 조치를 기다릴 것 없이 근로자로서의 신분관계는 당연히 종료된다"[16]고 하고 있다. 즉 근로기준법상 해고의 제한 규정은 적용되지 않는다. 그러나 2년을 초과하여 근로자를 사용할 경우에는 기간의 정함이 없는 근로계약을 체결한 근로자(정규직 근로자)로 간주된다.[17] 따라서 근로계약기간의 만료를 이유로 고용을 종료하려면 근로기준법 제23조의 해고의 정당한 이유가 있어야 한다.

2) 사용기간 제한의 예외

전문성과 직업능력이 높은 전문직종 등에 대하여는 기간제한을 통해 보호할 필요성과 당위성이 상대적으로 낮은 것으로 보아 2년을 초과하여 기간제근로자로 사용할 수 있도록 예외를 규정하고 있다.[18]

---

15) 1996.8.29, 대법 95다 5783.
16) 1998.1.23, 대법 97다 42489.
17) 기간제 근로의 사용기간 제한에 관한 규정은 법 시행일 이후에 근로계약이 체결・갱신되거나 기존의 근로계약을 연장하는 경우부터 적용된다.
18) 기간제및단시간근로자보호등에관한법률 제4조 (기간제근로자의 사용).

(1) 사업의 완료 또는 특정한 업무의 완성에 필요한 기간을 정한 경우[19]

건설공사 등 유기사업, 특정 프로그램 개발 또는 프로젝트 완수를 위해 고용하는 경우 등을 고려하였다.

(2) 휴직·파견 등으로 결원이 발생하여 당해 근로자가 복귀할 때까지 그 업무를 대신할 필요가 있는 경우

(3) 근로자가 학업, 직업훈련 등을 이수함에 따라 그 이수에 필요한 기간을 정한 경우

(4) 고령자고용촉진법의 고령자(만 55세 이상)와 근로계약을 체결하는 경우

연령 때문에 재취업이 어려운 조기퇴직자의 고용촉진을 위해 고령자에 대한 예외를 허용하였다.

(5) 전문적 지식·기술의 활용이 필요한 경우와 정부의 복지정책·실업대책 등에 의하여 일자리를 정하는 경우로서 대통령령이 정하는 경우

박사학위를 소지하고 해당 분야에 종사하는 경우, 국가기술자격법 제9조 제1항 제1호에 따른 기술사 등급의 국가기술자격을 소지하고 해당 분야에 종사하는 경우 및 전문자격을 소지하고 해당 분야에 종사하는 경우의 전문직종에 대해서는 기간제한을 통해 보호할 필요성과 당위성이 상대적으로 낮아 보호 보호대상에서 제외되었다.

박사학위 소지자 등이 해당 분야에 종사하는지 여부는 한국표준직업분류의 업무 내용을 바탕으로 한국고용정보원 및 한국직업능력개발원의 직업전문가의 자문 등을 통하여 판단될 수 있을 것이다.

---

19) 일정한 사업완료에 필요한 기간을 정한 근로계약의 경우 근로계약 당사자는 근로계약기간을 준수해야 한다. 다만, 3년 이상의 근로계약기간을 정한 경우라도 민법 제659조에 의해 근로자는 3년을 경과한 후 언제든지 근로계약을 해지할 수 있다. 이 경우 계약해지를 통고한 날로부터 3월이 경과하면 계약해지의 효력이 생긴다. 그러나 사용자는 계약기간 만료 전까지 정당한 사유 없이 근로계약을 해지할 수 없다. 사업완료에 필요한 기간을 정한 근로계약은 사업완료로 별도의 해고조치 없이 근로관계는 종료된다.

정부의 복지정책·실업대책 등에 의하여 일자리를 정하는 경우로서 대통령령이 정하는 경우란 고용정책기본법, 고용보험법 등 다른 법령에 따라 국민의 직업능력 개발, 취업촉진 및 사회적으로 필요한 서비스 등을 위하여 일자리를 제공하는 경우, 제대군인지원에관한법률 제3조에 따라 제대군인의 고용증진 및 생활안정을 위하여 일자리를 제공하는 경우, 국가보훈기본법 제19조 제2항에 따라 국가보훈대상자에 대한 복지증진 및 생활안정을 위하여 보훈도우미 등 복지지원 인력을 운영하는 경우를 말한다.

◆ 전문자격의 종류(제3조제1항제3호 관련)

1. 「건축사법」 제7조에 따른 건축사
2. 「공인노무사법」 제3조에 따른 공인노무사
3. 「공인회계사법」 제3조에 따른 공인회계사
4. 「관세사법」 제4조에 따른 관세사
5. 「변리사법」 제3조에 따른 변리사
6. 「변호사법」 제4조에 따른 변호사
7. 「보험업법」 제182조에 따른 보험계리사
8. 「보험업법」 제186조에 따른 손해사정사
9. 「부동산가격공시 및 감정평가에 관한 법률」 제23조에 따른 감정평가사
10. 「수의사법」 제2조제1호에 따른 수의사
11. 「세무사법」 제3조에 따른 세무사
12. 「약사법」 제3조에 따른 약사
13. 「약사법」 제4조에 따른 한약사
14. 「약사법」 제45조에 따른 한약업사
15. 대통령령 제14319호 약사법 시행령 일부개정령 부칙 제2조에 따른 한약조제사
16. 「의료법」 제5조에 따른 의사
17. 「의료법」 제5조에 따른 치과의사
18. 「의료법」 제5조에 따른 한의사
19. 「중소기업진흥 및 제품구매촉진에 관한 법률」 제46조에 따른 경영지도사

20. 「중소기업진흥 및 제품구매촉진에 관한 법률」 제46조에 따른 기술지도사
21. 「항공법」 제26조에 따른 사업용조종사
22. 「항공법」 제26조에 따른 운송용조종사
23. 「항공법」 제26조에 따른 항공교통관제사
24. 「항공법」 제26조에 따른 항공기관사
25. 「항공법」 제26조에 따른 항공사

(6) 그 밖에 위의 사유((1)~(5))에 준하는 합리적인 사유가 있는 경우로서 대통령령이 정하는 경우

1. 다른 법령에서 기간제근로자의 사용기간을 법 제4조 1항과 달리 정하거나 별도의 기간을 정하여 근로계약을 체결할 수 있도록 한 경우
2. 국방부 장관이 인정하는 군사적 전문적 기술을 가지고 관련 직업에 종사하거나 고등교육법 제2조 제1호에 따른 대학에서 안보 및 군사학 과목을 강의하는 경우
3. 특수한 경력을 갖추고 국가안전보장, 국방·외교 또는 통일과 관련된 업무에 종사하는 경우
4. 고등교육법 제14조에 따른 조교의 업무에 종사하는 경우
5. 통계법 제22조에 따라 고시한 한국표준직업분류의 대분류 0과 대분류 1직업에 종사하는 자의 소득세법 제20조 제1항에 따른 근로소득(최근 2년간 연평균근로소득)이 노동부 장관이 최근 조사한 임금구조기본통계의 한국표준직업분류 대분류 1직업에 종사하는 자의 근로소득 상위 25%에 해당하는 경우
6. 근로기준법 제18조 제3항에 따른 1주 동안의 소정근로시간이 뚜렷하게 짧은 단시간근로자를 사용하는 경우
7. 국민체육진흥법 제2조 제4호에 따른 선수와 동조 6호에 따른 체육지도자 업무에 종사하는 경우

3) 연봉제와 근로계약기간

연봉제란 임금의 전부 또는 상당부분을 근로자의 능력·실적 및 공헌도 등을 평가하여 연단위로 결정하는 임금제도를 말한다. 이러한 연봉제는 통상 임금액이 매년 새롭게 결정되기 때문에 외형상으로는 해마다 새로운 근로계약이 체결되는 것과 유사하다. 그러나 연봉제 계약은 근로계약의 기간과 관계없이 임금액의 산정을 연단위로 하기로 하고 그 금액을 매년 변경하는 것에 불과하다. 따라서 연봉제의 실시와 별개로 근로자의 근로계약의 기간을 정하는 별도의 계약을 체결하지 않는 한, 연봉계약 기간의 종료가 근로계약기간의 종료를 의미하는 것은 아니다. 즉 근로자를 해고하고자 하는 경우에는 근로기준법에 규정한 해고의 제한 규정이 적용된다.

Ⅲ. 임금

1. 임금의 지급

기간제근로자에 대하여도 근로기준법상의 통화불, 직접불, 전액불, 정기불의 임금지급 원칙을 준수하여야 한다. 1개월 이상의 계속근로를 예정하고 있는 경우에는 매월 1회 이상 일정한 기간을 정하여 임금을 지급하여야 할 것이며, 각종 수당 등에 대해서는 취업규칙 또는 근로계약 등으로 정하는 바에 의하여 지급하여야 한다.

2. 연차휴가수당

구근로기준법에서 기간제근로자의 1년 미만의 근로에 대하여는 연차유급휴가나 연차휴가수당이 발생하지 않는다.[20][21] 따라서 1년의 계약기간으로 근로한 후 계약 직 근로자가 퇴직할 때 연차유급휴가수당은 발생하지 않는다. 즉 근로기준법의 연 차휴가는 1년이 경과된 시점에서 발생되어 행사할 수 있는 것이므로 1년 근무 후 퇴직하는 경우에도 연차휴가 청구권이 없으므로,[22] 연차수당이 발생하지 않는다. 그 러나 개정된 근로기준법에서는 근속기간이 1년 미만인 근로자에 대하여도 1월간 개 근 시 1일의 유급휴가를 부여하게 되어 있으므로 근로자가 휴가를 사용하지 않은 경우 연차수당이 발생한다. 그리고 1년 미만 근속기간 중에 발생하는 연차휴가는 사용자의 적극적인 사용권유에도 불구하고 근로자가 휴가를 사용하지 않는 경우 사 용자의 보상의무가 면제되는 휴가사용촉진조치의 대상이 아니므로, 휴가를 사용하지 않은 경우 금전보상을 받을 수 있다.

3. 퇴직금

근로기준법에 의하면 사용자는 계속근로연수 1년에 대하여 30일분 이상의 평균임 금을 퇴직금으로 지급하여야 한다. 따라서 기간제근로자라고 하더라도 1년 이상 근 로한 경우에는 퇴직금 지급대상이 되며, 기간제근로자에 대하여 1년 이상 근무하더 라도 퇴직금을 지급하지 않는다는 근로계약은 근로기준법에 위반된다.[23]

---

20) 1982.11.23, 대법 다카 1272.
21) 1년 미만을 근로하다 퇴직한 근로자는 근로기준법의 규정에 의한 연차유급휴가수당 지 급대상이 되지 않는다. 1987.8.31, 근기 01254-14029.
22) 1984.6.18, 해지 125-13815.
23) 1987.6.22, 근기 01254-10002.

Ⅳ. 휴가

1. 연차유급휴가

 사용자는 1년간 8할 이상 출근한 근로자에게 15일의 유급휴가를 주어야 한다.[24]

 근로기준법에서 연차유급휴가는 근속기간 1년이 경과된 이후부터 발생하는 것으로서 휴가의 청구도 근속 1년 경과 이후에만 가능하다.[25]

 1년 미만의 근로에 대하여는 연차유급휴가나 연차휴가수당이 발생하지 않으므로,[26][27] 기간제근로자가 1년의 계약기간으로 근로한 후 근로기준법 제60조의 연차유급휴가는 발생하지 않는다. 즉 근로기준법의 연차휴가는 1년이 경과된 시점에서 발생되어 행사할 수 있는 것이므로 1년 근무 후 퇴직하는 경우에도 연차휴가 청구권이 없다.[28] 그러나 개정 근로기준법에서는 1년 미만 근속자에 대해서도 매 1월간 개근 시 1일의 연차휴가를 부여하게 하였는데,[29] 개정법에서 월차휴가가 폐지되면서 1년 미만 근속자에게는 휴가가 전혀 부여되지 않을 수 있으므로 이를 고려하여 신설된 조항이다.[30]

 이 경우에도 근로계약 마지막 달의 경우 1월을 개근하였더라도 근로관계가 종료되어 연차유급휴가를 사용할 수 없으므로 사용자는 미사용한 휴가에 대한 보상인 연차휴가근로수당 지급의무가 없다.[31] 즉 계약기간이 3월일 경우 휴가 미사용 시 2일

---

24) 근로기준법 제60조 (연차유급휴가) ① 사용자는 1년간 8할 이상 출근한 근로자에게 15일의 유급휴가를 주어야 한다.
25) 1984.11.3, 해지 125-22101.
26) 1982.11.23, 대법 다카1272.
27) 1년 미만을 근로하다 퇴직한 근로자는 근로기준법의 규정에 의한 연차유급휴가수당 지급대상이 되지 않는다. 1987.8.31, 근기 01254-14029.
28) 1984.6.18, 해지 125-13815.
29) 근로기준법 제60조 (연차유급휴가) ② 사용자는 계속하여 근로한 기간이 1년 미만인 근로자에게 1개월 개근 시 1일의 유급휴가를 주어야 한다.
30) 개정법에서 명칭은 연차휴가로 하였으나 사실상 구법의 월차휴가의 성격을 가진다.

의 연차휴가근로수당이 발생하게 된다.

2년째 근무하게 되는 근로자의 휴가일수는 다음과 같이 산정한다. 근로자가 최초 1년간 8할 이상 출근한 경우 1월당 1일의 휴가를 포함하여 총 15일의 연차휴가가 발생하는데, 1년 미만의 근속기간 중에 1월당 1일씩 발생하는 휴가를 사용한 근로자에게는 그 사용한 휴가일수만큼 15일에서 공제하여 부여한다. 예를 들면 2004.7.1. 개정법이 적용되는 사업장에서 '05.1.1. 입사한 근로자의 경우 각 1월간 개근하면 2.1.부터 12.1.까지 총 11일의 연차휴가가 발생하며 다음연도 1.1.에 그 11일을 포함한 15일의 휴가가 발생한다. 그러나 1년 미만 근속기간 내에 6일의 휴가를 사용하였다면 다음연도 1.1.에 9일의 연차휴가가 발생한다.

3년 이상 근무하는 근로자의 경우에는 근로기준법 제60조 ④항에 의하여 계속 근로연수 매 2년에 대하여 1일을 가산한 유급휴가가 주어진다.[32]

2. 산전·산후 휴가

산전·산후 휴가는 계약직, 임시직, 시간제 등 근로계약의 형태와 관계없이 근로기준법이 적용되는 모든 여성근로자에 대해 유급 보호휴가를 부여하여야 한다. 다만, 근로형태와 관계없이 산전·산후 휴가를 부여받을 수 있으나, 휴가기간 중 계약기간이 만료되면 사업주의 의무도 함께 종료되므로 산전·산후 휴가는 종료된다.[33]

---

31) 2005.8.22, 근로기준과-4373.
32) 자세한 내용은 이 책의 제2부 연차휴가에 관한 부분 참조.
33) 2003.3.31, 평정 68240-116.

V. 근로계약의 종료

1. 원칙

기간제근로자도 근로계약기간 중에는 근로기준법 제23조의 규정에 따라 정당한 이유가 없으면 근로자를 해고할 수 없다. 따라서 사용자는 근로자와 맺은 근로계약 (2년 한도)에 따라 근로계약 기간 중에는 함부로 근로자를 해고할 수 없다. 다만, 근로계약기간이 종료된 경우에는 사정이 없는 한 그 기간의 종료로 사용자의 해고 등의 조치가 없어도 기간의 만료에 의하여 근로계약은 종료되는 것이 원칙이다.34) 즉 1년 단위의 계약기간으로 근로조건을 정하는 경우 그 기간이 만료됨에 따라 근로관계가 종료되는 것은 당연하고, 사용자가 다음연도 재계약 대상 근로자에 대한 적부심사 결과 부적격 판정을 받은 근로자를 계약기간 만료시점에서 근로관계를 종료시키는 것은 정당한 인사권의 행사이다.35)36)

판례에서도 근로계약기간을 정한 경우에 있어서 근로계약 당사자 사이의 근로관계는 특별한 사정이 없는 한 그 기간이 만료됨에 따라 사용자의 해고 등 별도의 조치를 기다릴 것 없이 근로자로서의 신분관계는 당연히 종료된다고 본다.37)38)39)40)41)

---

34) 근로계약이 2회 갱신되었고 그동안 계약기간이 만료된 다른 특정 직원들은 대부분 계약 갱신이 이루어졌다는 사정만으로 근로계약에서 계약기간을 정한 것이 단지 형식에 불과하여 실질적으로 기간의 정함이 없는 근로자의 지위에 있었다고 볼 수 없다. 2003.9.4, 서울행법 구합 12417.

35) 2001.6.28, 중노위 2001부해 179.

36) 직무수행 성적이 불량하다고 인정된 결과 계약갱신을 거절당하여 고용관계가 종료된 것은 해고에 해당되지 않는다. 2004.9.16, 서울행법 2004구합 8484.

37) 1998.1.23, 대법 97다 42489.

38) 계약기간을 1년으로 하고 회사에 채용된 경우, 비록 계약기간 종료 시 계약 당사자가 이의를 제기하지 않을 경우 계약기간을 1년 단위로 갱신하기로 약정하였으나, 회사에게 계약기간을 갱신하여야 할 의무가 있는 것은 아니고, 그 전에 계약기간이 갱신된 바도 없으며, 그 밖에 원고 회사가 촉탁사원제도를 도입하게 된 취지와 그 운용실태 등을 보면, 회사가 근로자를 고용하면서 고용기간을 1년으로 약정한 것은 형식에 불과하고 그

    또한 파견근로자로 2년간 사용한 후 근로자와 직접 단기간의 근로계약을 체결한 후 계약기간의 종료를 이유로 한 계약해지의 경우에도 근로기간이 적법하게 종료된 것으로 본다.[42]

실질은 기간의 정함이 없는 근로계약을 체결한 것이라고 보기는 어렵다. 그렇다면 회사가 갱신계약의 체결을 거절한 것은 근로기준법상 해고에 해당하지 않는다. 1997.10.28, 서울고법 96구 36380.

39) 처음으로 근로계약을 체결하면서 기간을 정한 근로계약서를 작성한 경우 그 근로계약이 계약서의 문언에 반하여 기간의 정함이 없는 근로계약이라고 하기 위해서는 계약서의 내용과 근로계약이 이루어지게 된 동기 및 경위, 기간을 정한 목적과 당사자의 진정한 의사, 동종의 근로계약 체결방식에 관한 관행 그리고 근로자보호법규 등을 종합적으로 고려하여 그 기간의 정함이 단지 형식에 불과하다는 사정이 인정되어야 하는데, 참가인들보다 먼저 채용된 촉탁사원들은 계약기간이 만료되고서 모두 원고 회사와 계약을 갱신한 사실이 있다고 하여 원고 회사와 처음 이 사건 근로계약을 체결한 참가인도 계약이 갱신되어 계속 근무할 수 있다는 기대관계가 형성되어 있다거나 원고 회사에 의한 계약갱신 거절로 근로계약이 종료되지 않는다는 관행이 성립되어 있다고 볼 수 없고, 원고 회사에게 계약갱신의 의무가 있다고 단정할 수도 없으므로, 이 사건 근로계약에서 고용기간의 정함이 형식에 불과하다고 할 수 없다. 한편 근로계약기간을 정한 경우에는 특별한 사정이 없는 한 그 기간이 만료됨에 따라 별도의 조치를 기다릴 것 없이 근로계약 당사자 사이의 근로관계는 당연히 종료되는 것이므로 계약기간 만료 전에 원고 회사가 참가인에게 한 계약기간 만료일 및 계약갱신 거절의사의 통지는 근로계약의 해약, 즉 해고라고 할 수 없다. 1998.5.29, 대법 98두 625.

40) 시간제 근로자가 동일 회사 내의 계약직 공채시험에 합격하여 기존의 시간제 근로관계를 종료하는 사직원을 제출하고 퇴직금을 수령한 후 근로관계 양태가 전혀 다른 계약제 근로계약을 체결하여 연수행 신분으로 일정기간 연수를 거쳐 신규 채용되었고 이 후 계약제 근로계약기간 만료에 따라 근로관계가 종료되었다면, 기존의 시간제 근로계약과 새로운 계약제 근로계약은 근로관계 양태가 본질적으로 다르고, 사직원 제출 후 채용 시까지 근로관계의 단절이 있었으며, 새로운 근로관계 성립을 의도하는 공채절차가 있는 점 등을 고려할 때, 계약제 근로계약을 시간제 근로계약과 연장선상에 위치한 동일한 근로계약의 반복갱신으로 볼 수 없고, 이 후 사용자가 계약기간 만료로 재계약을 하지 않아 근로관계가 종료되었다고 하더라도 이를 해고로 볼 수 없다. 2002.3.21, 중노위 2001부해 898.

41) 근로계약이 2회씩 갱신되었고 계약직 사원 중 20% 정도를 회사의 인력 수급 필요에 따라 정규직 사원으로 채용했다는 사정만으로, 위 계약기간의 정함이 형식에 불과하여 원고 등이 사실상 기간의 정함이 없는 근로자의 지위에 있었다고 볼 수는 없다. 따라서 약정한 계약기간이 만료됨으로써 원고 등과 회사 사이의 근로관계는 유효하게 종료되었다 할 것이다. 2002.4.11, 서울행법 2001구 45429.

42) 원고는 근로자파견업체를 통해 파견근무를 하다가 파견법상 최장 파견기간인 2년이 경과한 후 1년을 기간으로 하는 새로운 근로계약을 체결하였다. 따라서 1년 계약기간 만료를 이유로

한편, 계약기간이 종료된 후에도 근로자가 계속하여 근로를 제공하고 사용자가 상당한 기간 내에 이의를 제기하지 않았다면 전 근로계약과 동일한 조건으로 갱신된 것으로 본다.[43]

2. 재계약 거부와 해고

근로계약기간을 정한 경우에는 기간의 만료로 근로관계는 종료되는 것이 원칙이다. 그러나 기간제근로자의 경우 업무의 연속성 등을 이유로 계약을 수차례 반복하여 갱신하는 경우가 많다. 이러한 경우 정규직으로 전환시키지 않고 수년 후에 재계약 거부를 하는 것이 해고에 해당하는지? 아니면 근로계약이 계약기간의 만료로 당연히 종료되는 것인지에 대하여 논란이 많았으며, 이에 대하여 노동부 행정해석[44]은 다음과 같이 해석하였다.

"근로계약기간을 정한 경우 기간의 만료로 근로관계는 종료함이 원칙이나, 장기간에 걸쳐 그 기간의 갱신이 반복되어 그 정한 기간이 단지 형식에 불과하게 된 경우에는 사실상 기한의 정함이 없는 근로계약과 다를 바 없게 되며, 이 경우 계약기간 만료에 따른 계약갱신(재계약)의 거부는 사실상 해고에 해당하므로 근로기준법에 의한 정당한 이유가 있어야 한다. 이때 몇 차례 계약이 반복갱신되어야 사실상 기간이 정함이 없는 근로계약으로 볼 수 있게 되는지에 대하여는 일률적으로 규정할 수 없으며, 근로계약을 특별히 유기계약으로 할 필요성 여부, 기간을 정한 목적과 당사자의 진정한 의사, 반복갱신에 따라 갱신계약에 대한 합리적이고 상당한 기대가 형성되었는지 여부, 당해 사업장의 계약관행 등을 종합적으로 고려하여 판단하여야 한

원고를 퇴직 처리한 것은 부당해고라고 주장하였다. 그러나 참가인 회사가 파견업체를 통해 원고를 2년간 사용한 후 그 기간이 만료되자 원고와 1년을 계약기간으로 하는 새로운 근로계약을 체결하여 그 기간이 만료되었다면 이는 근로계약서에 기재된 근로기간이 적법하게 종료된 것이다. 2005.11.11, 서울행법 2004구합 29955.

43) 민법 662조 (묵시의 갱신).

44) 2001.5.30, 근기 68207-1756.

다. 일정기간을 정한 특정 사업이나 프로젝트를 위해 일시적으로 유기계약으로 채용한다는 것을 당사자가 인식하고 있는 경우라면 동 사업이나 프로젝트가 종료되면 사용자가 계약갱신을 하지 않을 수 있다고 사료된다. 다만, 사회통념상 근로자가 계약갱신에 대한 합리적이고 상당한 기대가 형성되었다고 인정할 수 있는 경우에는 정당한 이유 없이 계약갱신을 거부하지 못할 것이다."라고 하고 있다.

또한 판례에서도 "장기간에 걸쳐 계약이 갱신되어 계약기간이 단지 형식에 불과한 경우에는 사실상 기한의 정함이 없는 근로계약과 동일시된다."45)고 보고 있다. 따라서 계약기간 만료에 따른 재계약 거부는 사실상 해고에 해당되어 근로기준법 제23조에 의한 정당한 이유가 있어야 한다. 이때 그 근로계약이 계약서의 문언에 반하여 기간의 정함이 없는 근로계약이라고 하기 위해서는 계약서의 내용과 근로계약이 이루어지게 된 동기 및 경위, 기간을 정한 목적과 당사자의 진정한 의사, 동종의 근로계약 체결방식에 관한 관행 그리고 근로자보호법규 등을 종합적으로 고려하여 그 기간의 정함이 단지 형식에 불과하다는 사정이 인정되어야 할 것이다.46)

예를 들면 1년의 계약기간으로 근로계약을 체결하여 3~4회 이상 계약을 갱신하여 근무하고 있는 경우에는 기한의 정함이 없는 근로계약으로 판단될 소지가 다분하며, 재계약 거부는 해고에 해당되어 정규직 근로자와 동일하게 근로기준법 제23조의 해고요건을 충족시켜야 재계약 거부가 가능하다.

이러한 법적인 문제점으로 인하여 기업에서는 계약직 근로자를 2~3년간 근무하게 한 후 일부 정규직으로 전환을 시키는 경우 이외에는 재계약을 하지 않는 경우가 많았다. 즉 동일한 직무에 대하여 근로자를 2~3년 단위로 계속 교체해 가면서 사용하는 경우가 많았다.

정부에서도 이러한 무분별한 기간제(계약직)근로자 남용을 방지하기 위하여 2006년 12월 "기간제및단시간근로자보호등에관한법률"을 제정하면서 기간제근로자를 2

---

45) 단기의 근로계약이 장기간에 걸쳐서 반복하여 갱신됨으로써 그 정한 기간이 단지 형식에 불과하게 된 경우에는 비록 기간을 정하여 채용된 근로자일지라도 사실상 기간의 정함이 없는 근로자와 다를 바가 없게 된다. 1998.1.23, 대법 97다 42489.
46) 1998.5.29, 대법 98두 625.

년 이상 사용하고 있는 경우에는 기간의 정함이 없는 근로계약이 체결된 것으로 보아 기간제근로자의 남용을 방지할 수 있는 입법적 단초를 마련하였다.

3. 해고의 예고

사용자는 근로자를 해고하려면 적어도 30일전에 예고를 하여야 하며 30일 전에 예고를 하지 아니하였을 때에는 30일분 이상의 통상임금을 지급하여야 한다.[47] 그러나 2개월 이내의 기간을 정하여 사용된 자, 월급근로자로서 6개월이 되지 못한 자, 계절적 업무에 6개월 이내의 기간을 정하여 사용된 근로자는 해고예고의 대상이 되지 않는다.[48]

---

47) 근로기준법 제26조 (해고의 예고).
48) 근로기준법 제35조 (해고예고의 적용 제외).

3장 : 노동위원회법(차별시정절차)

Ⅰ. 차별적 처우의 시정신청

1. 차별신정신청

차별금지원칙이 명문화됨에 따라 노동문제에 전문성이 있는 노동위원회에 차별시정위원회를 설치하여 차별시정의 판단·명령을 하도록 하였다.

차별적 처우를 받은 기간제근로자는 차별적 처우가 있은 날부터 3월 이내에 노동위원회에 차별신청을 하여야 하며, 그 기간이 경과하면 권리구제를 신청할 권리가 소멸된다.

2. 신청방법

차별시정의 신청은 신청서를 관할 노동위원회에 제출함으로써 개시되며, 신청인의 성명·주소, 피신청인의 성명·주소, 차별적 처우의 내용, 신청일 등을 신청서에 기재하여 신청하여야 한다. 이때 신청인은 비교대상 근로자에 비하여 임금 그 밖의 근로조건 등에서 받은 차별적 처우의 내용을 구체적으로 명시하여야 한다.

3. 사용자의 입증책임 부담

제정된 법률은 차별시정절차의 실효성을 높이기 위해 차별금지와 관련된 분쟁에 있어서 입증책임을 사용자가 부담하도록 규정하고 있다. 근로자보다 사용자가 차별적 처우 여부 판단에 관련된 정보를 많이 보유하고 있어 근로자가 입증하는 데 어려움이 많을 것이라는 점을 고려하였다. 다만, 입증책임이 사용자에게 있다고 하더라도 근로자는 차별신청 시 차별적 처우의 내용을 구체적으로 명시하여야 하며, 쟁송 과정에서 자신의 주장을 입증할 만한 증거자료를 충분히 제시하여야 할 것이다.

4. 불이익 처우 금지

사용자는 근로자에 대하여 차별시정신청을 이유로 해고 및 그 밖의 불리한 처우를 하지 못하며, 불이익 처우를 한 사용자는 2년 이하의 징역형 또는 1천만 원 이하의 벌금형에 처해진다.

Ⅱ. 조정 · 중재

비정규직 차별의 경우 차별 여부를 판정하기 쉽지 않은 경우가 많을 것이며, 이 경우 법적 판단을 거치는 것이 합리적이지 않을 수 있으므로, 차별시정의 실효성을 높이기 위하여 차별 여부의 법적판단에만 의존할 것이 아니라 조사·심문 과정에서 조정·중재절차를 활용하는 등 당사자 간의 자율적 해결이 촉진될 필요가 있어 제정되었다.

1. 개시 요건

조정·중재는 노동위원회의 심문과정에서 관계 당사자 또는 일방의 신청 또는 직권에 의하여 개시할 수 있고, 관계 당사자가 미리 노동위원회의 중재 결정에 따르기로 합의하여 중재를 신청한 경우에 중재를 할 수 있다.

2. 효력

당사자 쌍방이 조정안을 수락하여 조정이 성립하거나, 노동위원회의 중재결정이 내려진 경우 그 이행의 실효성을 담보하기 위하여 조정 및 중재결정에 재판상 화해와 동일한 효력이 부여된다.

Ⅲ. 시정명령

1. 시정명령의 내용

노동위원회는 조사·심문을 종료하고 차별적 처우에 해당된다고 판정한 때에는 사용자에게 시정명령을, 차별적 처우에 해당하지 아니한다고 판정한 때에는 기각결정을 하게 된다. 차별시정명령의 경우 차별적 행위의 중지, 임금 등 근로조건의 개선 및 적절한 금전보상 등이 포함될 수 있다.

2. 이의 제기

차별시정명령 및 기각결정에 대하여 불복하는 관계 당사자는 결정서를 송달받은 날부터 10일 이내에 중앙노동위원회에 재심을 신청할 수 있다.

중앙노동위원회의 재심결정에 대하여 불복하는 경우에는 결정서를 송달받은 날부터 15일 이내에 행정소송을 제기할 수 있다. 재심신청기간(10일) 또는 행정소송 제기기간(15일) 내에 재심을 신청하지 않거나, 행정소송을 제기하지 아니한 때에는 시정명령·기각결정 또는 재심결정은 확정된다.

3. 시정명령 이행상황의 제출요구 등

노동부 장관은 확정된 시정명령에 대하여 사용자에게 이행상황을 제출할 것을 요구할 수 있다. 정당한 이유 없이 이행상황 제출요구에 불응한 자에 대하여 500만 원 이하의 과태료가 부과되며, 확정된 시정명령을 정당한 이유 없이 불이행한 것으로 확인될 경우 1억 원 이하의 과태료가 부과된다.

한편 시정을 신청한 근로자는 사용자가 확정된 시정명령을 이행하지 아니하는 경우 이를 노동부장관에게 신고할 있으며, 시정명령 불이행을 신고한 근로자에 대하여 사용자의 불이익 처우는 금지된다.

표 20. 차별시정절차 요약도

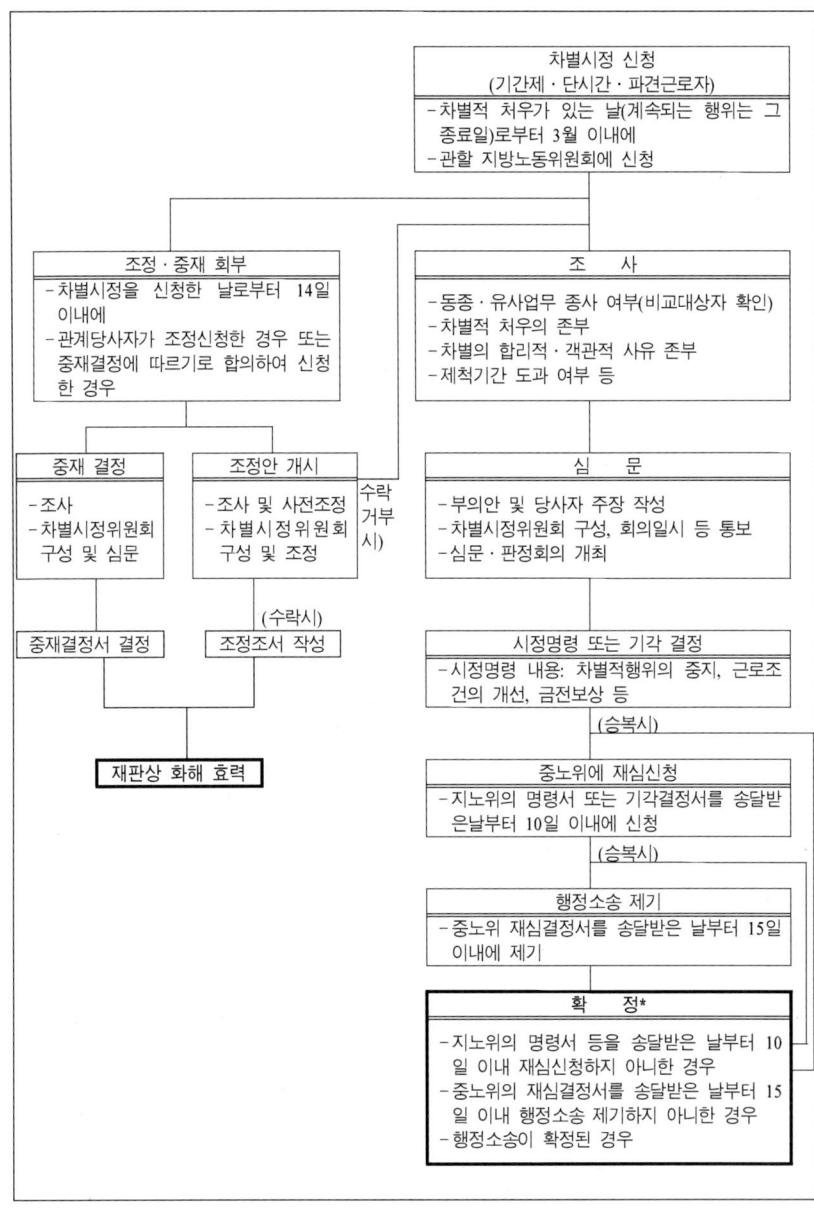

차별시정 신청
(기간제·단시간·파견근로자)
- 차별적 처우가 있는 날(계속되는 행위는 그 종료일)로부터 3월 이내에
- 관할 지방노동위원회에 신청

조정·중재 회부
- 차별시정을 신청한 날로부터 14일 이내에
- 관계당사자가 조정신청한 경우 또는 중재결정에 따르기로 합의하여 신청한 경우

조 사
- 동종·유사업무 종사 여부(비교대상자 확인)
- 차별적 처우의 존부
- 차별의 합리적·객관적 사유 존부
- 제척기간 도과 여부 등

중재 결정
- 조사
- 차별시정위원회 구성 및 심문

조정안 개시
- 조사 및 사전조정
- 차별시정위원회 구성 및 조정

(수락 거부 시)

심 문
- 부의안 및 당사자 주장 작성
- 차별시정위원회 구성, 회의일시 등 통보
- 심문·판정회의 개최

중재결정서 결정

(수락시)

조정조서 작성

시정명령 또는 기각 결정
- 시정명령 내용: 차별적행위의 중지, 근로조건의 개선, 금전보상 등

(승복시)

재판상 화해 효력

중노위에 재심신청
- 지노위의 명령서 또는 기각결정서를 송달받은날부터 10일 이내에 신청

(승복시)

행정소송 제기
- 중노위 재심결정서를 송달받은 날부터 15일 이내에 제기

확 정*
- 지노위의 명령서 등을 송달받은 날부터 10일 이내 재심신청하지 아니한 경우
- 중노위의 재심결정서를 송달받은 날부터 15일 이내 행정소송 제기하지 아니한 경우
- 행정소송이 확정된 경우

4장 : 기간제근로자와 기타 노동관계법 적용

I. 고용보험법[49]

고용보험은 적용제외 사업을 제외하고 근로자 1인 이상을 사용하는 모든 사업 또는 사업장에 적용되므로 기간제근로자에게도 고용보험법이 적용된다.[50] 따라서 기간제근로자가 실직한 경우에도 고용보험법에 의한 실업급여, 재취직훈련비용 지원 등의 지원을 받을 수 있으며, 재직근로자인 경우 수강장려금 지원, 근로자학자금 등을 지원받을 수 있다. 그러나 65세 이상인 자, 1월간의 소정근로시간이 60시간 미만인 자(1주간의 소정근로시간이 15시간 미만인 자를 포함한다)의 경우에는 고용보험법이 적용되지 않는다.[51]

---

49) 자세한 내용은 제8부의 고용보험법 관련 내용 참조.
50) 교육공무원법에 의한 기간제교원이라 하더라도 고용보험법 제8조에 규정된 적용제외 근로자에 해당되지 않는 한 고용보험의 피보험자격취득대상이 된다. 2000.11.25, 실업 68430-949.
51) 고용보험법 제10조 (적용제외 근로자).

Ⅱ. 산재보험법[52]

산재보험도 상시 근로자 1인 이상을 고용하는 모든 사업에 적용되는데, 상시 근로자는 상용·일용 등 고용형태를 불문하고 사실상 고용된 모든 자를 말하므로 기간제근로자에게도 산재보험이 적용된다.

Ⅲ. 최저임금법 등

1. 최저임금법

기간제근로자에게도 최저임금법은 적용이 배제되지 않는다. 다만, 수습사용 중에 있는 자로서 수습사용한 날부터 3월 이내인 자에 대하여는 10%를 감액하여 정한다. 그리고 최저임금을 계산할 때 고정상여금, 연월차휴가수당, 연장근로 및 휴일근로와 야간근로 등에 대한 가산임금 등은 최저임금에 산입하지 아니한다.

2. 국민연금·건강보험법

18세 이상 60세 미만인 근로자는 당연히 국민연금[53]의 가입대상이 되며, 건강보

---

52) 자세한 내용은 제8부의 산재보험법 관련 내용 참조.
53) 국민연금법 제8조 (사업장 가입자) ① 사업의 종류, 근로자의 수 등을 고려하여 대통령령이 정하는 사업장(이하 "당연적용사업장"이라 한다)의 18세 이상 60세 미만인 근로자와 사용

험의 경우도 소재지가 일정하지 않은 경우 등을 제외하고는 당연가입자로서 적용이 배제되지 않는다.

⊙ 기간제근로자 및 차별적 처우 관련 Q&A[54][55]

1. 기간제교사가 기간제법 적용대상인지 여부?

기간제교사와 관련하여 기간제법에 대하여 특별법적 지위에 있는 교육공무원법, 사립학교법, 사립학교교직원연금법 등의 규정이 우선 적용된다. 즉 교육공무원법 제32조 3항(기간제교원에 대하여는 임용기간이 만료된 때에는 당연히 퇴직한다)의 적용을 받는 국·공립학교 기간제교사는 사용기간 제한 규정의 적용이 배제된다.[56]

2. 계약직 공무원이 기간제법 적용대상인지 여부?

계약직 공무원은 국가공무원법에 의한 국가공무원에 해당되어 특별법인 국가공무원법이 우선 적용되므로 기간제법의 적용이 배제된다.[57]
  ※ 계약직 공무원 규정 제6조 1항: 계약직 공무원의 채용기간은 5년의 범위 안에서 당해 사업의 수행에 필요한 기간으로 한다.

3. 사용기간 2년을 초과하면 기간의 정함이 없는 근로계약을 체결한 것(정규직)으로 간주되는데 이때 기산일은?

근로계약기간이 2007.1.1.~2007.12.31.인 근로계약을 체결한 뒤 2008.1.1. 기간제 근로

자는 당연히 사업장 가입자가 된다.
54) 노동부, 비정규직법령 문답풀이, 2007.
55) 노동부, 비정규직법 질의회시집, 2007.
56) 2007.4.4, 비정규대책팀-1057.
57) 법원의 계약직 속기사도 원칙적으로 기간제법의 적용대상이나, 법원계약직 공무원은 기간제법에 우선하여 국가공무원법 및 법원계약직공무원 등의 적용을 받게 되며, 법령에서 정하지 않은 사항이나 명시적인 배제규정이 없는 사항에 대해서는 그 성질에 반하지 아니하는 한 기간제법 등 노동관계법이 적용된다. 2007.2.13, 비정규대책팀-495.

계약을 갱신하는 경우, 기간제 사용기간의 기산일은 2008.1.1.부터 2년을 초과하여 계속 근로할 경우 정규직으로 간주된다.

4. 법 시행일 이전에 수차 계약이 반복·갱신된 기간제근로자도 법 시행 이후 계약이 체결·갱신된 시점부터 기산해서 2년이 지나야 무기계약근로자로 전환되는가?

기간제법은 법 시행 후 근로계약이 체결·갱신되거나 기존의 근로계약을 연장하는 경우부터 적용되므로, 법 시행일 이후 계약이 체결·갱신·연장된 시점부터 기산해서 2년이 지나야 한다.

5. 수차례에 걸쳐 근로계약이 갱신되어 기간을 정한 것이 단지 형식에 불과하여 기간의 정함이 없는 근로자로 변경된 경우 기간제법이 적용되는지 여부?

수차례에 걸쳐 근로계약이 갱신되어 기간을 정한 것이 단지 형식에 불과하게 되어 기간의 정함이 없는 근로자로 변경되었다면, 사용자가 정당한 이유 없이 계약갱신을 거부할 경우 부당해고에 해당되어 쟁송 등의 방법으로 권리구제를 받을 수 있다. 따라서 기간제법의 시행으로 인해 이러한 권리가 부인되는 것은 아니다.

※ 기간의 정함이 없는 계약인가의 판단은 근로기간을 특별히 유기계약으로 할 필요성이 있었는지 여부, 사용자가 근로계약기간을 일정한 기간으로 정하고자 하는 진의가 있었는지 여부, 근로계약이 계속적으로 반복 갱신되어 근로자가 계약갱신에 대한 합리적이고 상당한 기대를 가지고 있었는지 여부를 종합적으로 고려하여 판단하여야 한다.

6. 한 부서 전체를 기간제근로자 또는 단시간근로자로 사용하는 경우 차별적 처우 금지 규정이 적용되는지?

차별 여부의 판단에 있어 비교대상이 되는 자는 당해 사업 또는 사업장에서 동종 또는 유사한 업무에 종사하는 정규직 근로자이므로, 이러한 비교대상이 되는 정규직 근로자가 없는 경우에는 적용할 수 없다.

7. 기간제근로자가 임신을 한 경우 산전후휴가 90일이 지나기 전에 계약기간이 만료

되는 경우 계약기간은 산전후휴가기간이 종료할 때까지 연장되는 것인지?

산전후휴가기간 중이라 하더라도 근로계약기간이 만료되면 근로계약이 자동 종료된다.

8. 비정규직 근로자가 회사에서 정하는 시험을 거쳐 또는 기간제법에서 정하는 2년 계약 직후 무기계약 근로자로 전환되었을 때 기존의 정규직근로자와 임금이 크게 차이가 나는 것도 비정규직 차별이라고 볼 수 있는지?

정규직은 기간제법 등 비정규직법상의 차별시정 규정의 적용대상이 아니므로 기간제법 등에 의한 차별시정 신청을 할 수 없다. 단, 회사의 취업규칙 등에서 남녀 또는 사회적 신분을 이유로 근로조건에 관한 차별적 처우가 이루어지는 경우에는 근로기준법 제6조(균등한 처우) 또는 남녀고용평등법 등에 반하는 것으로 해석될 수 있다.[58]

9. 정부 산하기관에서 근무하고 있는 비정규직인데 자격증 수당과 경영평가 성과급을 비정규직이라는 이유만으로 지급하지 않고 있는데 차별적 처우에 해당하는지 여부?

사용자가 자격증수당 및 경영평가성과급을 별도의 합리적 이유 없이 단지 기간제근로자(또는 단시간근로자)라는 것을 이유로 해당 근로자에 대해 지급을 거부하였다면 차별적 처우로 판단될 수 있다.[59]

10. 2007년 7월 비정규직법 시행과 관련, 새로 도입된 차별시정제도의 동일사업장 범위를 어디까지 보아야 하는지? 예를 들면 본사가 있고 지사 및 지점이 있을 때 각각의 사업장을 말하는 건지 아니면 전체를 하나로 보는 건지 알고 싶으며, 또한 동일 사업장 내에 동일·유사업무라고 했는데, 이때 동일 사업장 내에 각각의 부서가 다르고 업무 내용이 다르다면 비교대상자를 어떻게 보아야 하는지?

동일사업장의 판단기준은 아래의 관련 노동부 지침(근기 01254-13559, '90.9.26)에 따른다.

---

58) 2007.6.26, 비정규대책팀-2420.
59) 2007.2.22, 비정규대책팀-582.

가. 본사, 지점, 출장소, 공장 등이 동일한 장소에 있는 경우에는 원칙적으로 분할하지 않고 1개의 사업으로 본다. 다만, 동일 장소에 있더라도 현저하게 근로의 형태가 다른 부문이 있고 그러한 부문이 주된 부문과 비교하여 노무관리, 회계 등이 명확하게 구분되는 동시에 주된 부문과 분리하여 취급하는 것이 보다 적절한 법 적용을 가능케 한다면 그러한 부문을 독립된 사업으로 본다.

나. 본사, 지점, 출장소, 공장 등이 장소적으로 분산되어 있을 경우에는 원칙적으로 각각 별개의 사업으로 본다. 다만, 장소적으로 분산되어 있다 할지라도 지점, 출장소, 공장 등의 업무처리 능력 등을 감안할 때 하나의 사업이라고 말할 정도의 독립성이 없으면 상위 조직과 일괄하여 하나의 사업으로 본다.

다. 본사와 장소적으로 분사되어 있는 지점, 출장소, 공장 등이 다음 각 호에 해당하는 경우는 독립성이 있는 것으로 보고 별개의 사업장으로 본다.

－한국표준산업분류상 산업(대분류)이 다른 경우
－서로 다른 단체협약 또는 취업규칙을 적용받는 경우
－노무관리, 회계 등이 명확하게 독립적으로 운영되는 경우

제 4 부

파견근로자

미국의 기업들은 영구 풀타임의 핵심 직원과 파트타임이나 조건부 노동자 등의 주변 인력으로 구성되는 이중고용 시스템을 만들어 냈다. 멤피스에 위치한 나이키사의 배급소에는 시간당 13달러 이상의 임금 및 부가급부를 받는 120명의 영구직 직원들이 60명에서 255명에 달하는 임시직 직원과 함께 일하고 있다. 임시직 인력은 미국 최대의 임시직 서비스 회사인 노렐 서비스에 의해 공급이 된다. 임시직 서비스 회사는 직원 1명당 6.5달러의 시간급을 받아 이 중 일부를 노렐에서 챙기고 나머지가 각 노동자에게 돌아가게 되는데 이는 나이키 영구직 직원의 시간당 보상액의 약 절반에 해당한다. 영구직 직원이 임시직 직원과 똑같은 일을 함에도 불구하고 커다란 임금 격차가 존재한다.

- New York Times, 1993.5.10.기사 중에서 -

1장 : 근로자파견이란?

I. 파견법의 도입배경

파견근로자는 노사정위원회가 파견법의 제정에 합의하여 1998년 2월 7일 "파견근로자보호등에관한법률"이 제정된 후 급속하게 증가하기 시작하였다. 이러한 파견법에 대하여 정부는 입법취지로 노동시장의 여건변화에 따라 자기가 고용한 근로자를 타인에게 파견하여 근로하게 하는 파견근로가 빠르게 확산되고 있으나, 이에 대한 법규의 미비로 파견근로자의 권익보호가 제대로 이루어지 아니하고, 기업의 탄력적인 인력관리에 제약요인이 되고 있어 근로자파견제를 법제화함으로써 파견근로자의 근로조건을 개선하고 기업의 탄력적인 인력관리에 신축성을 제고하기 위하여 법을 제정한다고 밝혔다. 그러나 오랫동안 파견법 제정을 반대하던 노동계가 노사정위원회에서의 파견법 제정에 대하여 합의를 한 것은 당시의 IMF 체제라는 경제적 위기 상황과 맞물려 불가피한 측면이 없지는 않았지만, 노조전임자에 대한 급여지급을 5년간 연장하는 등 노사정 간의 정치적 타협의 결과였던 측면이 없지 않았다.

Ⅱ. 파견근로자 현황

파견법이 도입됨에 따라 이전에 청소, 경비 등 한정적으로 사용되던 파견근로자가 입법 후 일반사무직, 비서, 콜센터 텔레마케터, 채권회수를 위한 수금원 등의 직종에서는 일반적인 고용 형태로 나타나고 있다.

특히 저숙련, 저임금 분야에 집중되어 정규직 고용을 대체하는 수단으로 진행되고 있다. 정부에서도 이에 대한 문제점을 인식하고 특정 일자리에 대하여 파견근로자를 교체해 계속 사용하는 것을 제한하려는 입법을 추진하려고 하였으나, 이에 대한 이해 당사 간의 타협이 이루어지 않았다. 그러나 2006년 12월 개정된 법에서는 파견근로자에 대한 차별금지 및 시정에 관한 규정이 도입됨에 따라 정규직 근로자와 합리적인 이유 없이 불리하게 처우하는 것을 금지하고 있다.

표 21에서는 노동부에서 발표한 2002년 하반기 주요 직종별 파견근로자 현황으로 파견근로자가 6만여 명을 약간 상회하는 것으로 나타나고 있으나, 통계청의 경제활동인구 부가조사에 따르면 2004년 8월 11만7천 명, 전체 근로자의 0.8%, 2006년 8월 약 13만1천 명, 전체근로자의 0.9%, 임금수준은 126여만 원에 이르는 것으로 나타나고 있다.

표 21. 2006년 주요직종별 파견근로 현황[1]

(단위: 명)

업 무 의 내 용	근로자 수	비 율	순위
비서, 타자원 및 관련사무원 (자료입력기 조작원과 계산기조작원의 업무 제외)	20,046	37.2	1
전화외판원의 업무	8,154	15.1	2
수금원 및 관련근로자의 업무	4,002	7.4	3
자동차운전원의 업무 (시행령 제2조 제2항제5호 및 제6호의 업무 제외)	3,451	6.4	4
간병인의 업무(간호조무사의 업무제외)	3,017	5.6	5
기타	15,172	28.2	
계	53,842		

※ 일시·간헐적 사유 등에 의한 파견근로자를 포함하면 약 68,562명

Ⅲ. 파견근로의 개념

　근로자파견이란 A이라는 파견사업주가 인력이 필요한 B기업에 근로자를 파견하면, 근로자가 B기업에서 지휘와 통제를 받으며 근무하는 형태를 말한다.

　파견법 제2조에서는 근로자파견을 "근로자파견이란 파견사업주가 근로자를 고용한 후 그 고용관계를 유지하면서, 근로자파견계약의 내용에 따라, 사용사업주의 지휘·명령을 받아 사용사업주를 위한 근로에 종사하게 하는 것을 말한다." 라고 규정하고 있으며, 판례[2]에서는 근로자파견을 파견사업주가 근로자를 고용한 후 그 고용관계를 유지하면서 사용사업주와 사이에 체결한 근로자파견계약에 따라 사용사업

---

1) 비정규직 보호 법률 해설, 노동부, 2006 참조.
2) 2003.10.9, 2001다 24655.

주에게 근로자를 파견하여 근로를 제공하게 하는 것이라고 하고 있다.

　이러한 파견근로자에 대한 근로기준법상 사용자는 원칙적으로 파견사업주이며, 사용사업주는 파견근로자의 근로시간, 휴게, 휴일, 안전보건 등 예외적인 사항만을 책임진다. 업무의 내용, 근무장소, 근무시간, 휴일, 휴가 등 파견근로자의 근무내용은 파견 이전에 파견사업주와 사용사업주 간에 체결하는 근로자파견계약으로 정해진다.

　또한 사용사업주는 근로자파견계약에 따라서 파견근로자를 지휘·명령하여 사용할 뿐이며 선발을 위한 면접, 징계권 등에 관한 권한이 없다.

그림 2. 근로자파견계약의 형태

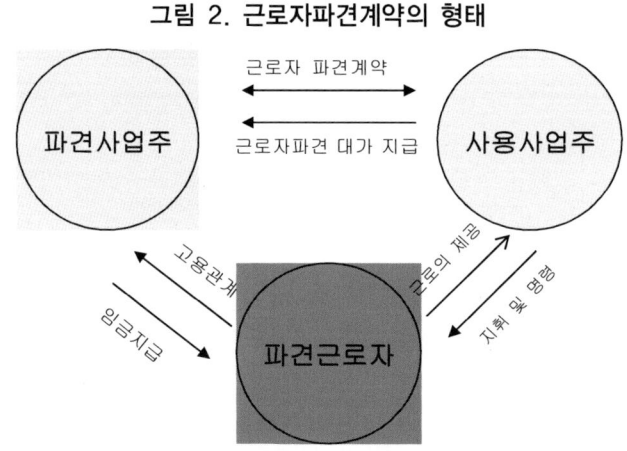

　그러나 현실적으로는 A라는 파견사업주가 근로자를 고용하고 있으면서 B라는 기업의 요구에 따라 근로자를 파견하는 것이 아니라, A기업의 인력충원에 대한 요구를 받고, B파견사업주가 A기업 근무자를 위한 모집공고를 낸 후, 지원자를 A기업에 보내면 A기업에서 면접 및 선발 등의 절차를 거쳐 채용하는 방식으로 운용되고 있다. 그리하여 형식적으로는 A파견사업주 소속으로 B기업에서 근로를 하고 있으나, 실제 운용되는 방식은 B기업의 근로자와 다를 바가 없다.

Ⅳ. 근로자파견과 도급

1. 도급이란?

도급이라 하면 당사자 일방이 어느 일을 완성할 것을 약정하고 상대방이 그 일의 결과에 대하여 보수를 지급하는 것을 말한다.[3] 이러한 도급은 사실상 파견근로이면서도 도급계약의 형태로 불법적으로 운용하는 경우가 많은데 다음과 같은 이유로 편법적으로 이용되고 있다.

첫째, 파견근로자로 고용할 경우 최장 2년이 지난 후 사용자가 직접 고용을 하든지 아니면 근로관계를 중단하여야 하므로 업무의 단절이 없이 근로자를 계속적으로 사용하기 위하여 이용되고 있다.

둘째, 파견근로의 대상 업무가 한정되어 있으므로 파견근로의 대상 업무에 해당되지 않는 업무에도 인건비 절감 등의 이유로 비정규직을 투입하기 위하여 사용된다.

2. 도급과 근로자파견의 구별

도급은 근로자파견과는 달리 수급인(이하 용역회사)이 직접 고용한 근로자를 용역회사가 직접 지휘·명령하여 특정한 업무를 수행하는 것이며, 근로자의 지휘·명령권은 용역회사가 있고, 도급인(발주회사)은 용역회사의 근로자를 지휘·명령하지 않는다.

근로자파견에 해당하지 않고 도급에 의한 사업이 되기 위해서는 사업주로서의 실체를 갖추고 있어야 하며, 사업주로서의 실체가 인정되는 경우에는 당해 근로자가 사용사업주의 지휘·명령을 받는지 여부에 따라 판단한다.[4]

---

3) 민법 제664조 (도급의 의의).

1) 파견사업주 등에 대한 사업주로서의 실체 판단

사용사업주 등과 파견사업주 등 사이에 체결된 계약의 명칭·형식 등에도 불구하고, 파견사업주 등에게 다음 각 호의 권한이나 책임이 존재하지 않는 경우에는 파견사업주 등의 실체가 인정되기 어려우므로 법 제2조 제1호의 근로자파견의 정의 중에서 "파견사업주가 근로자를 고용한 후 그 고용관계를 유지"하는 것으로 보지 아니한다. 다만, 아래의 (4), (5)는 단순히 육체적인 노동력을 제공하는 경우에는 적용되지 아니한다.

(1) 채용·해고 등의 결정권

채용면접표, 취업규칙, 근로계약서, 신규채용자 안전교육, 기타 해고 관련 서류 등을 확인

(2) 소요자금 조달 및 지급에 대한 책임

사무실 임대차 계약서, 사업체 설립비용 부담여부, 주식회사의 경우 주금 납입 경위 및 주식 소유비율, 기성금 및 수당 지급방법 등을 확인

(3) 법령상 사업주로서의 책임

4대보험 가입증명서, 주민세 및 사업소세 등 각종 세금관련 자료, 근로소득 원천징수 관련 자료, 사용사업주 등과 파견사업주 등 사이에 체결된 계약서·임원 간 순환근무 여부, 기타 단체교섭 관련 서류 등을 확인

(4) 기계, 설비, 기자재의 자기 책임과 부담

사용사업주 등이 지급하는 기계나 설비, 기자재의 내역과 유·무상 여부를 확인하고, 무상으로 제공할 경우 그 필요성 및 정당성을 확인

---

4) 근로자파견의 판단기준에 관한 지침, 2007.4.20, 노동부.

(5) 전문적 기술·경험과 관련된 기획 책임과 권한

기획 관련 작성서류, 사용사업주 등과 파견사업주 등 사이에 체결된 계약서 및 동 계약이 단순 노무제공인지 여부, 사업계획서, 파견사업주 등의 업무수행능력 및 소속 근로자 자격증 유무 등을 확인

2) 사용사업주 등의 지휘·명령에 대한 판단

사용사업주 등과 파견사업주 등 사이에 체결된 계약의 명칭·형식 등에도 불구하고, 사용사업주 등이 당해 근로자에 대하여 다음 각 호의 권한을 행사하는 경우에는 법 제2조 제1호의 근로자파견의 정의 중에서 "파견사업주가 …… 사용사업주의 지휘·명령을 받아 사용사업주를 위한 근로에 종사하게 하는 것"으로 판단한다.

(1) 작업배치·변경 결정권

작업계획서, 인력배치 계획서, 관련 회의자료, 기타 작업배치 관련 서류 및 관행 등을 확인

(2) 업무 지시·감독권
- 일일 작업지시서, 안전교육 일지, 조회 개최 여부, 업무관련 지시 전달 방법 등을 확인
- 특히 직접 고용한 근로자와 혼재하여 같거나 유사한 업무에 종사토록 하는 경우에는 업무 지시·감독권 행사 여부를 보다 신중히 검토
- 계약서상 업무의 목적이나 내용이 지나치게 추상적이어서 사용사업주 등의 지시를 통해 비로소 구체화되는 불확정한 상태에 놓여 있거나 또는 업무 전반을 망라하는 것으로 되어 있어 특정 업무에 한정되지 않는 경우에는 업무 지시·감독권이 인정될 수 있음에 유의

(3) 휴가, 병가 등의 근태 관리권 및 징계권

휴가, 결근, 조퇴, 외출, 지각원, 출근부, 기타 징계관련 서류 등의 확인

(4) 업무수행에 대한 평가권

업무수행 및 실적에 대한 평가서, 파견사업주 등의 직원이 현장에서 감독·평가하는지 여부, 잘못된 업무수행이 발견된 경우에 있어서의 조치 관행 등을 확인

(5) 연장·휴일·야간근로 등의 근로시간 결정권(다만, 작업의 특성상 일치시켜야 하는 경우에는 제외한다)

연·월차 유급휴가 사용내역, 일일 근무현황, 기타 근로시간 관련 서류 등을 확인

3) 판단 방법

근로자파견에 해당하는지 여부는 사업주로서의 실체와 사용사업주로서의 지휘·명령에 대한 판단을 종합적으로 고려하여 판단하되 그중 작업배치·변경 결정권, 업무지시·감독권, 휴가, 병가 등의 근태관리권 및 징계권이 근로자파견인지를 판단하는 주요한 기준이다.

3. 위장도급

1) 위장도급이란?

위장도급이란 실질적으로는 근로자파견사업을 하면서 파견사업이 아닌 것처럼 꾸미기 위하여 도급계약 등의 계약을 체결하고 근로자를 사용하는 것을 말한다. 따라서 내용이 형식적으로는 도급계약에 해당될지라도 그 사업의 형태가 실질적으로 근로자파견사업에 해당하는 경우에는 근로자파견사업을 행한 것으로 본다.

   대법원 판례에서도 사업주와 도급업자(용역회사)가 업무도급계약을 체결하였으나 사실상 사업주가 용역회사의 소속근로자에게 업무지시 등의 제반 인사관리를 직접 행한 경우 사업주와 용역회사간의 업무도급계약은 진정한 의미의 업무도급이 아닌 위장도급에 해당하며, 위장도급인 경우 사업주는 용역회사의 소속 근로자를 직접 채용한 것과 마찬가지로 근로계약관계가 존재하므로 정당한 이유 없이 해고 등의 조치를 취할 수 없다고 판결하였다.5)

   파견대상업무가 아닌 경우에는 파견사업체 및 사용사업체 모두를 파견대상업무 위반으로 3년 이하의 징역 또는 2천만 원 이하의 벌금에 처해지며, 2년을 초과하여 파견근로자를 사용하는 경우에는 사용사업주가 당해 파견근로자를 직접 고용하여야 한다.

2) 위장도급 관련 대법원 판례6)

   A사가 B사와 업무도급계약을 체결하면서 B사 소속의 근로자들을 전국에 소재한 A사의 11개 물류센터에서 근무하게 하였는데, 위 업무도급계약상 B사는 자신이 고용하는 종업원을 관리하고 직접 지휘·감독하기 위하여 현장 대리인을 선임하여야 하고, A사는 계약의 이행에 관한 지시를 현장대리인이 아닌 종업원에게는 직접 행하지 아니하도록 되어 있음에도 불구하고, A사는 원고들을 포함한 B사 소속근로자에 대하여 현장대리인을 경유하지 아니하고 업무지시, 직무교육실시, 표창, 휴가사용 승인 등 제반 인사관리를 하였고, B사는 A사의 자회사인 C사가 주식을 100%를 소유하고 있는 회사라면 A사와 B사 사이에 체결된 업무도급계약은 진정한 의미의 업무도급이 아니고 '위장도급'에 해당한다. 이러한 사정을 종합하여 보면 A사는 위장도급의 형식으로 근로자를 사용하기 위하여 B사를 이용한 것에 불구하고, 실질적으로는 A사가 근로자들을 직접 채용한 것과 마찬가지로 A사와 근로자들 사이에 근로계약이 존재한다고 보아야 할 것이다.

---

5) 2003.9.2, 대법 2003다 4815, 4822, 4839.
6) 2003.9.23, 대법 2003두 3420.

4. 위장도급의 효과

도급계약을 체결하였지만 사실상 근로자파견사업에 해당하는 위장도급(불법파견)
의 경우에는 사용사업주가 근로자들을 직접 채용한 것과 마찬가지로 근로계약이 존
재한다고 보아야 한다.

2장 : 근로자파견의 대상업무

파견법에서는 근로자파견의 대상이 되는 업무를 정하여 적용대상업무에 한하여 파견근로를 허용하고 있으며, 또한 금지되는 업무를 정하여 파견근로의 지나친 남용을 막고 있다. 다만, 결원이 생기거나 일시적·간헐적으로 인력이 필요한 경우에는 절대금지업무를 제외하고 파견근로자를 사용할 수 있다.

I. 상시 허용 대상업무

근로자파견사업에서 상시적으로 허용이 되는 대상업무는 제조업의 직접생산공정업무를 제외하고 전문지식·기술·경험 또는 업무의 성질 등을 고려하여 적합하다고 판단하는 업무로서 파견법 시행령 제2조 1항의 별표 1에 규정되어 있다. 이러한 업무에 대하여는 파견사업주가 상시적으로 근로자파견사업을 행할 수 있고, 사용사업주 역시 기간제한의 범위 내에서 파견근로자를 상시적으로 사용할 수 있는 업무이다.

일반적으로 기업체에서는 파견대상업무로 비서, 사무지원, 운전사, 콜센터 텔레마케터, 수위 등의 업무에 대해서 파견근로자를 많이 사용하고 있다. 그러나 파견대상 업무로 허용이 되지 않는 업무에 파견근로자를 사용하기 위하여 파견계약서상에 근로자파견이 허용되는 업무를 명시하고 실제로는 파견근로자가 종사하는 업무가 다른 경우가 많다.

파견근로대상업무를 구체적으로 살펴보면 아래의 표와 같다.

표 22. 근로자파견대상업무7)

한국표준직업 분류	대상업무	비 고
120	컴퓨터 관련 전문가의 업무	
16	행정, 경영 및 재정 전문가의 업무	행정 전문가(161)의 업무를 제외한다.
17131	특허 전문가의 업무	
181	기록 보관원, 사서 및 관련 전문가의 업무	사서(18120)의 업무를 제외한다.
1822	번역가 및 통역가의 업무	
183	창작 및 공연예술가의 업무	
184	영화, 연극 및 방송 관련 전문가의 업무	
220	컴퓨터 관련 준전문가의 업무	
23219	기타 전기공학 기술공의 업무	
23221	통신 기술공의 업무	
234	제도 기술 종사자, 캐드 포함의 업무	
235	광학 및 전자장비 기술 종사자의 업무	보조업무에 한한다. 임상병리사(23531), 방사선사(23532), 기타 의료장비 기사(23539)의 업무를 제외한다.
252	정규교육 이외 교육 준전문가의 업무	
253	기타 교육 준전문가의 업무	
28	예술, 연예 및 경기 준전문가의 업무	
291	관리 준전문가의 업무	
317	사무 지원 종사자의 업무8)	

7) 파견근로자보호등에관한법률 시행령 제2조 (근로자파견의 대상 및 금지업무) ①의 별표 1.
8) '사무 지원 종사자'(한국표준직업분류 소분류 317)의 업무는 동 표준직업분류에 따라 '일반 사무직원을 보조하여 문서정리 및 수발, 워드프로세스, 자료집계, 자료복사 등의 일을 수행하는 자'를 말하며, 細분류인 '일반사무지원종사자'(3171), '자료입력사무종사자'(3172), '비

한국표준직업 분류	대상업무	비 고
318	도서, 우편 및 관련 사무 종사자의 업무	
3213	수금 및 관련 사무 종사자의 업무	
3222	전화교환 및 번호안내 사무 종사자의 업무	전화교환 및 번호안내사무 종사자의 업무가 당해 사업의 핵심 업무인 경우를 제외한다.
323	고객 관련 사무 종사자의 업무	
411	개인보호 및 관련 종사자의 업무	
421	음식 조리 종사자의 업무	「관광진흥법」 제3조에 따른 관광 숙박업의 조리사 업무를 제외한다.
432	여행안내 종사자의 업무	
51206	주유원의 업무	
51209	기타 소매업체 판매원의 업무	
521	전화통신 판매 종사자의 업무	
842	자동차 운전 종사자의 업무	
9112	건물 청소 종사자의 업무	
91221	수위 및 경비원의 업무	「경비업법」 제2조제1호에 따른 경비업무를 제외한다.
91225	주차장 관리원의 업무	
913	배달, 운반 및 검침 관련 종사자의 업무	

Ⅱ. 일시적으로 사용가능한 경우

출산·질병·부상 등으로 결원이 생긴 경우 또는 일시적·간헐적으로 인력을 확보하여야 할 필요가 있는 경우에는 절대금지 업무를 제외하고 파견근로자를 사용할 수 있다. 출산·질병·부상 등 그 사유가 객관적으로 명백한 경우에는 그 사유의 해소에

서'(3173) 등을 포함하는 것이다. 2007.6.5, 비정규대책팀-2066.

필요한 기간 동안 사용할 수 있으며, 일시적·간헐적으로 인력을 확보할 필요가 있는 경우에는 3월 이내의 기간 동안 사용할 수 있다. 다만 그 사유가 해소되지 아니하고 파견사업주·사용사업주·파견근로자 간의 합의가 있는 경우에는 1회에 한하여 3월의 범위 안에서 그 기간을 연장할 수 있다.

일시적으로 사용자가 파견근로자를 사용하고자 할 경우 사용사업주는 근로자의 과반수로 조직된 노동조합이 있는 경우에는 그 노동조합, 근로자의 과반수로 조직된 노동조합이 없는 경우에는 근로자의 과반수를 대표하는 자와 사전에 성실하게 협의하여야 한다.

한편 명예퇴직이나 희망퇴직을 실시하고 업무상 공백이 발생할 경우 파견법에서 규정한 일시적·간헐적 사유로 보아 파견근로자를 사용할 수 있는가? 파견법에서 규정하고 있는 일시적·간헐적으로 인력을 확보할 필요가 있는 경우라 함은 일시적 또는 계절적 요인에 의한 업무의 폭증 등으로 인력을 확보하기 어려운 경우를 의미하므로 명예퇴직 또는 희망퇴직 등을 실시하여 업무의 공백이 발생하였다 할지라도 일시적 사유로 보기는 어렵다.[9]

Ⅲ. 파견근로가 금지되는 업무

1. 파견금지업무[10]

▶ 건설공사 현장에서 이루어지는 업무
▶ 각종 법규에 의한 하역업무
▶ 선원법에 따른 선원의 업무

---

9) 1998.9.11, 고관 68640 – 824.
10) 파견근로자보호등에관한법률 제5조 (파견대상업무 등).

▶ 산업안전보건법의 규정에 따른 유해하거나 위험한 업무
▶ 그 밖에 근로자 보호 등의 이유로 근로자파견사업의 대상으로는 적절하지 못하
  다고 인정하여 대통령령으로 정하는 다음의 업무
  − 진폐의예방과진폐근로자의보호등에관한법률의 규정에 의한 분진작업 업무
  − 산업안전보건법 44조의 규정에 의한 건강관리수첩교부 대상업무
  − 의료법에 의한 의료인 및 간호조무사의 업무
  − 의료기사등에관한법률에 의한 의료기사의 업무
  − 여객자동차운수사업법에 의한 여객자동차운송사업의 운전업무
  − 화물자동차운수사업법에 의한 화물자동차운송사업의 운전업무

2. 파견금지업무에 파견근로자를 사용하는 경우

파견금지업무에 파견근로자를 사용하는 경우에는 파견기간이 2년을 초과하지 않
아도 즉시 고용의무가 발생한다. 금지업무의 경우 파견중단 외에 마땅한 시정방법
이 없으므로 근로자 보호차원에서 즉시 고용의무를 부과하였다.

Ⅳ. 근로자파견의 제한

파견사업주는 쟁의행위 중인 사업장에 그 쟁의행위로 중단된 업무의 수행을 위하
여 근로자를 파견하지 못한다.[11] 또한 사용자는 근로기준법에 의한 정리해고를 한
후 당해 업무에 파견근로자를 2년간 사용할 수 없다. 다만, 당해 사업 또는 사업장에

---

11) 파견근로자보호등에관한법률 제16조 (근로자파견의 제한).

근로자의 과반수로 조직된 노동조합이 있는 경우에 그 노동조합(근로자의 과반수로
조직된 노동조합이 없는 경우에는 근로자의 과반수를 대표하는 자를 말한다)의 동
의가 있는 때에는 정리해고 후 6개월 후에는 파견근로자를 사용할 수 있다.[12]

V. 근로자파견 대상업무 위반 시 제재조치

적용대상 이외의 업무에 대해서 근로자파견사업을 하는 것은 금지되며, 이를 위
반할 경우 3년 이하의 징역 또는 2000만 원 이하의 벌금 또는 허가취소·영업정지
명령의 대상이 된다.

⊙ 파견대상업무관련 Q&A

Q. 근로자파견대상업무로 지정된 업무는 근로자파견형태로만 사업을 해야 하는가?

A. 근로자파견대상으로 지정된 업무라 할지라도 민법상 도급 형태로 사업운영이 가능
합니다. 다만 당해 사업이 도급으로 인정되기 위해서는 사업으로서의 독립성, 즉
노무관리상의 독립성과 사업경영상의 독립성이 갖추어져야 할 것입니다.

Q. 제조 현장에는 파견근로자 활용이 법적으로 안 된다고 하는 것이 맞는지?

A. 파견법 제5조 1항 및 2항에 따라 제조업의 직접생산공정업무는 원칙적으로 근로자파
견대상업무에서 제외된다. 그러나 이 경우도 출산·질병·부상 등으로 결원이 생긴 경
우 또는 일시적·간헐적으로 인력을 확보하여야 할 필요가 있는 경우에는 파견근로

---

12) 파견근로자보호등에관한법률 시행령 제4조 (파견근로의 사용제한).

자 사용이 가능하다.[13]

Q. 대형할인마트 내 '물품판매원'의 업무가 파견대상업무에 해당하는지?

A. 대형할인마트 내의 '물품판매원'은 소매업체에서 일반소비자에게 상품을 판매하는 자로서 한국표준직업분류(통계청 고시 제2000-2호)의 '소매업체 판매종사자'(512)에 속하는 것으로 보이는바, 파견대상업무를 규정하고 있는 파견법시행령 별표 1에는 동 직업분류의 '소매업체 판매 종사자'(512) 중에서 '종합 소매판매원'(51201), '음식료품 및 담배 소매판매원'(51202), '의복, 신발 및 관련제품 소매판매원'(51203), '가정용 기기, 가구 및 장비 소매판매원'(51204), '서적, 문구 및 사무 정밀기기 소매판매원'(51205)에 대해서는 파견을 허용하지 않고, 주유원(51206), 기타 소매업체 판매원(51209)의 업무에 대해서는 파견을 허용하고 있다. 대형할인마트 내 물품판매원이 슈퍼마켓, 편의점 등과 같이 각종 상품을 종합적으로 소매하는 자에 해당하는 경우에는 동 직업분류의 '종합소매판매원'(51201)에 해당되어 파견이 허용되지 않는바, 백화점이나 대형할인마트 등의 경우에도 물품의 구매, 판매 및 재고 등 경영관리가 백화점·대형할인마트의 독자적인 책임 아래 이루어지는 매장(직영매장)으로서 '종합소매판매원'(51201)에 해당하는 경우에는 파견법상의 근로자파견이 허용되지 않는다. 다만, 백화점 또는 대형마트의 경우에도 ① 특정업체와 계약을 맺고 마진율만큼 수수료를 받는 매장으로서, 상품판매 등 거래에 대한 장부관리와 판매직원의 복무관리는 백화점·대형할인마트에서 수행하지만 상품에 대한 소유, 판매수익, 재고책임 및 판매직원의 임금 지급 등은 특정업체에서 수행하는 매장(특정매입매장), ② 임대보증금을 받고 임대한 매장으로 물품의 구매, 판매, 재고관리 등이 임차한 매장의 영업주 책임 아래 이루어지는 매장 ③ 임대보증금과 매월 매출액의 일정 비율만큼 수수료를 받고 임대한 매장으로 판매관리는 백화점·대형할인마트에서 이루어지나 구매 및 재고관리 등은 임차한 매장의 영업주 책임 아래 운영되는 매장의 경우에는 각 판매되는 상품에 따라 위 직업분류의 51202~52109에 해당할 수 있으며, 이 중 51202~51202에 해당하지 않은 상품(51206, 51209)의 경우에는 파견법상 근로자파견이 허용된다.[14]

---

13) 2007.7.19, 비정규대책팀-2928.
14) 2007.7.30, 비정규대책팀-3048.

3장 ⋮ 파견근로자의 근로조건

Ⅰ. 근로자파견계약

1. 근로자파견계약의 체결

근로자파견계약의 당사자는 다음 사항이 포함되는 근로자파견계약을 서면으로 체결하여야 한다.[15]

▶ 파견근로자의 수
▶ 파견근로자가 종사할 업무의 내용
▶ 파견사유
▶ 파견근로자가 파견되어 근로할 사업장의 명칭 및 소재지 기타 파견근로자의 근로장소
▶ 파견근로 중인 근로자를 직접 지휘·명령할 자에 관한 사항
▶ 근로자파견기간 및 파견근로 개시일에 관한 사항

---

15) 파견근로자보호등에관한법률 제20조 (계약의 내용 등).

▶ 시업 및 종업의 시각과 휴게시간에 관한 사항
▶ 휴일·휴가에 관한 사항
▶ 연장·야간·휴일근로에 관한 사항
▶ 안전 및 보건에 관한 사항
▶ 근로자파견의 대가

2. 정보의 제공

사용사업주는 파견법에 따라 근로자파견계약을 체결하는 때에는 파견사업주에게 21조 제1항의 차별적 처우 금지의 규정을 준수하도록 하기 위하여 파견근로자와 같은 업무 또는 유사한 업무를 수행하는 근로자에 대한 정보를 서면으로 제공하여야 한다.

▶ 근로자 유무 및 근로자의 수
▶ 임금 및 임금의 구성항목
▶ 시업(始業) 및 종업(終業)의 시각과 휴게시간에 관한 사항
▶ 휴일·휴가에 관한 사항
▶ 연장·야간·휴일근무에 관한 사항
▶ 안전 및 보건에 관한 사항
▶ 복리후생시설의 이용에 관한 사항
▶ 법 제2조제7호에 따른 차별적 처우의 대상이 되는 근로조건 중 제2호부터 제7호까지의 규정에 포함되지 아니한 사항

Ⅱ. 균등한 처우[16]

1. 차별적 처우의 금지

차별적 처우란 임금 그 밖의 근로조건 등에 있어서 합리적인 이유 없이 불리하게 처우하는 것을 말하는데, 파견사업주와 사용사업주는 파견근로자가 사용사업주의 사업 내의 동일한 업무를 수행하는 동종근로자와 비교하여 파견근로자임을 이유로 부당하게 차별적 처우를 받지 아니하도록 하여야 한다.[17]

2. 차별적 처우의 시정[18]

파견근로자가 차별적 처우를 받은 경우에는 노동위원회에 그 시정을 신청할 수 있다.

3. 적용제외

차별적 처우의 금지 및 시정 등에 관한 규정은 상시 4인 이하의 근로자를 사용하는 사업장에는 적용되지 않는다.

---

16) 제4부의 기간제근로자와 차별적 처우 부분 참조.
17) 파견근로자보호등에관한법률제21조 (차별적 처우의 금지 및 시정 등) ① 파견사업주와 사용사업주는 파견근로자임을 이유로 사용사업주의 사업 내의 동종 또는 유사한 업무를 수행하는 근로자에 비하여 파견근로자에게 차별적 처우를 하여서는 아니 된다.
18) 시정신청 및 절차 등에 관해서는 '기간제및단시간근로자보호등에관한법률'을 준용하므로 제4부의 노동위원회법의 차별시정제도 참조.

4. 과태료

시정명령을 정당한 이유 없이 이행하지 아니한 자는 1억 원 이하의 과태료에 처한다.

Ⅲ. 파견기간

1. 원칙

근로자파견의 기간은 출산·질병·부상 등으로 결원이 생긴 경우 또는 일시적·간헐적으로 인력을 확보하여야 할 필요가 있는 경우를 제외하고는 1년을 초과하지 못한다. 그러나 파견사업주, 사용사업주, 근로자 간의 합의가 있는 경우에는 1년의 범위 안에서 그 기간을 연장할 수 있다. 즉 파견근로자를 동일한 사업장에서 2년을 초과하여 사용하지 못한다.

2. 출산·질병·부상 등

출산·질병·부상 등으로 결원이 생긴 경우의 근로자파견기간은 그 사유의 해소에 필요한 기간으로 한다. 따라서 출산·질병·부상 등 그 사유가 객관적으로 명백한 경우에는 2년을 초과하더라도 그 사유가 존속하는 한 직접 고용의무는 발생하지 않는다.

3. 일시적·간헐적으로 인력을 확보하여야 할 필요가 있는 경우

일시적·간헐적으로 인력을 확보하여야 할 필요가 있는 경우에는 3월 이내의 기간이어야 한다. 다만, 그 사유가 해소되지 아니하고 파견사업주·사용사업주·파견근로자 간의 합의가 있는 경우에는 3월의 범위 안에서 그 기간을 연장할 수 있다.

4. 예외

만 55세 이상의 고령자에 대하여는 2년을 초과하여 근로자파견기간을 연장할 수 있다. 재취업이 어려운 고령층의 노동시장 퇴출을 막기 위하여 만 55세 이상의 고령자에 대하여는 파견기간의 제한을 적용하지 않는다. 다만, 이 경우에도 1회의 파견기간은 1년을 초과하지 못한다.

Ⅳ. 고용의무

사용사업주는 고용의무의 발생요건에 해당하는 경우 파견근로자를 직접 고용하여야 한다. 이전의 고용의제[19] 규정이 당사자의 의사와는 관계없이 법률에 의해 고용관계를 직접 규정하는 방식으로 많은 분쟁을 야기하였으며, 사용사업주가 고용하지 않을 경우 근로자는 부당해고 구제신청·종업원지위확인소송 등 민사소송을 제기해야 하는 등의 부담이 있었다. 이에 따라 2006년 개정법에서는 고용의제 규정의 문

---

19) 고용이 의제된다는 것은 고용관계가 성립된 것으로 간주하여 고용관계 성립의 효과를 부여하는 것을 말한다.

제점을 감안하여 2년을 초과하여 계속적으로 파견근로자를 사용하는 경우 고용의제를 고용의무로 변경하고 불법파견 시에도 적용됨을 명시하여 파견근로자의 정규직화를 촉진하고, 무분별한 파견근로의 확산을 방지하기 위하여 법을 개정하였다.

따라서 행정관청의 적발·근로자의 소송제기 등에 의하여 고용의무가 발생하는 것은 아니며, 요건이 충족되면 법 규정에 의해 사용자의 직접 고용의무가 발생된다.

1. 고용의무의 요건

1) 2년을 초과하여 계속적으로 파견근로자를 사용하는 경우

2년을 초과하여 계속적으로 파견근로자를 사용하는 경우란 파견연장기간(1년) 및 총파견기간(2년)제한을 초과하여 파견근로를 사용하였거나, 일시사용 사유(제5조 2항)에 해당되나 그 기간을 초과하여 파견근로를 사용한 경우를 의미한다. 즉 파견기간을 위반하고 총파견기간이 2년을 초과하여 파견근로자를 사용한 경우에는 파견기간 위반에 따른 벌칙과 동시에 고용의무도 부과된다.

법을 회피하기 위하여 사업주가 동일한 파견근로자를 2년간 사용 후 일정한 공백기간을 두고 다시 동일한 파견근로자를 사용하였다고 하더라도 사업주는 새로이 사용하는 시점부터 동 근로자에 대해 파견근로자로서 사용하는 것이 아니라 근로기준법상 사용자로서 근로자를 직접 채용한 것으로 보아야 한다.[20] 또한 사용사업주가 파견근로자를 사용한 이후에 파견근로자의 소속이 변경되었다 하더라도, 파견기간은 사용사업주가 파견근로자를 최초로 사용한 시점을 기준으로 산정되며 업체변경은 파견기간 산정에 아무런 영향을 미치지 못한다.[21]

---

20) 1999.11.22, 근기 68207 - 683.
21) 1998.4.4, 고관 68400 - 219.

2) 파견대상 금지업무에 파견근로자를 사용한 경우

파견대상 금지업무에 파견근로자를 사용한 경우 당해 파견근로자를 직접 고용하여야 한다. 금지업무의 경우 파견근로 사용 자체가 법적으로 불가능하여 파견중단 외에 마땅한 시정방법이 없으므로 근로자 보호 차원에서 즉시 고용의무를 부과한 것이다.

3) 일시적인 파견근로자 사용사유를 위반하여 파견근로자를 사용한 경우

파견법 제5조 1항에 의하여 시행령에서 규정하고 있는 파견대상업무가 아닌 업무로서 일시적인 파견근로를 사용할 수 있는 사유가 없음에도 불구하고 파견근로를 사용하면서 파견기간이 2년을 초과하는 경우 고용의무가 발생한다.

4) 무허가 파견사업주로부터 역무를 제공받는 경우

사용사업주는 무허가 파견사업을 하는 자로부터 근로자파견의 역무를 제공받아서는 아니 되며, 무허가 파견사업주로부터 2년을 초과하여 계속적으로 근로자파견의 역무를 제공받은 경우 당해 근로자를 직접 고용하여야 한다. 무허가 파견사업주로부터 근로자파견의 역무를 제공받은 경우에는 3년 이하의 징역형 또는 2천만 원 이하의 벌금에 처해진다.

2. 직접고용 시 근로조건

사용사업주가 파견근로자를 직접 고용하는 경우에는 사용사업주의 근로자 중 당해 파견근로자와 동종 또는 유사업무를 수행하는 근로자가 있는 경우에는 그 근로자에게 적용되는 취업규칙 등에서 정한 근로조건에 따르고, 당해 파견근로자와 동종 또는 유사업무를 수행하는 근로자가 없는 경우에는 당해 파견근로자의 기존 근로조건의 수준보다 저하되어서는 아니 된다.

3. 고용의무의 예외

사용사업주의 직접고용의무는 당해 파견근로자가 명시적인 반대의사를 표시하거나, 대통령령이 정하는 정당한 이유가 있는 경우에는 적용되지 않는다.

대통령령이 정하는 정당한 이유에는 임금채권보장법 시행령 제4조의 어느 하나에 해당하는 경우이거나, 천재·사변 기타 부득이한 사유로 사업의 계속이 불가능한 경우를 말한다.

V. 계약의 해지

사용사업주는 파견근로자의 성별·종교·사회적 신분 등이나 파견근로자의 정당한 노동조합의 활동 등을 이유로 근로자파견계약을 해지하여서는 아니 된다. 또한 파견계약의 중도해지를 근로계약종료의 사유로 정한 경우 정당한 이유가 있어야 해고할 수 있다.[22]

---

22) 2002.12.17, 근기 68207-3365.

VI. 우선적 고용 노력

사용사업주가 파견근로자를 사용하고 있는 업무에 근로자를 직접 고용하고자 하는 경우에는 당해 파견근로자를 우선적으로 고용하도록 노력하여야 한다.[23]

⊙ 파견기간 등 근로조건 관련 Q&A

Q. 파견근로자의 소속 파견업체는 변경되었으나 동일근로자가 동일사업장에 계속 근무하는 경우 파견기간 산정 기산일은 최초 사업장 투입일로 산정하는 것인가? 아니면 파견업체 변경 시 새로이 기간산정을 하는 것인가?

A. 파견기간은 사용사업주가 파견근로자를 최초로 사용한 시점을 기준으로 산정되며, 파견근로자의 소속이 변경되었다 하더라도 별개로 산정하는 것이 아니다.
   따라서 사용사업주는 소속 파견업체의 변경이나 업무를 변경하여 사용하였다 할지라도 2년을 초과하여 계속적으로 사용한 경우에는 직접 고용한 것으로 보아야 한다.

Q. 2년의 파견기간 만료 후 파견근로자를 계속 사용하고자 하는 경우 반드시 정규직으로 채용하여야 하는지?

A. 사용사업주가 2년을 초과하여 파견근로자를 사용하는 경우에는 파견근로자를 직접 고용하여야 하는 것으로 반드시 정규직으로 채용하여야 하는 것은 아니며, 당사자의 의사에 따라 계약직 또는 임시직으로 채용할 수도 있다.

Q. 동일근로자를 2년 이상 파견근로로 사용할 경우 직접 고용하여야 하는데, 만약에 2년의 파견계약 만료 후 1개월 동안 휴식을 취하고 다시 파견계약을 체결한 경우에도 직접 고용한 것으로 간주되는지?

---

23) 파견근로자보호등에관한법률 제6조의 2(고용의무).

A. 파견근로자를 2년 이상 사용한 경우 직접 고용한 것으로 간주하는 것은 파견근로 자의 정규직화를 촉진하고, 무분별한 파견근로의 확산을 방지하는 데 있다. 따라서 파견근로자를 2년 계약만료 후 정규직 근로자로 고용함을 피하기 위하여 1개월 동 안의 임시직 등으로 고용한 후 다시 동 근로자를 파견근로자로 사용한 경우에는 동 근로자를 직접 고용한 것으로 보아야 한다.

Q. 2년의 파견기간 만료 후 동일 직무에 다른 근로자를 파견으로 활용할 수 있는가?

A. 파견법에서 파견근로자를 2년 이상 사용하는 경우 직접 고용한 것으로 간주하고 있는데, 이것은 동일 파견근로자를 2년 이상 사용하는 경우를 의미하므로, 2년의 파견기간 만료 후 동일직무에 대하여 다른 파견근로자로 대체하는 것은 가능하다.

Q. 파견사업주가 사용사업주로부터 받는 파견대가 중 상당부분을 중간에서 착취하는 것으로 알고 있는데 공제비율의 상한선은 없는가?

A. 근로자파견사업체는 사용사업체와 근로자파견계약을 체결하여 그 파견계약에 따른 업무를 수행하고 그 대가를 받아 근로자 임금 및 제세공과금, 관리비용 등을 지급 하고 있으며, 공제할 수 있는 비율에 대해 법으로 규정된 것은 없다.

Q. 2년간 파견근로자를 사용한 자를 다시 기간제근로자로 2년간 채용할 수 있는지 여 부와 이 경우 당해 근로자의 퇴직금 산정을 위한 계속근로연수는 2년이 되는 것인 지 아니면 4년이 되는지의 여부?

A. 파견근로자로 2년간 사용한 후 파견근로자를 사용사업주가 직접 채용한 경우 고용 형태에 대한 제한은 없으므로 기간제근로자로 채용할 수 있다. 또한 퇴직금산정을 위한 계속근로연수는 사용사업주가 직접 채용한 시점부터 새로이 근로관계가 개시 된다고 보아야 하므로 근로관계는 단절된다. 따라서 사용사업주가 직접 채용한 시 점부터 계산하여 계속근로연수는 2년으로 보아야 한다.[24]

---

24) 2001.7.11, 근기 68207-2231.

Q. 출산·질병·부상 등으로 인한 근로자파견에 있어, 그 사유해소에 필요한 기간이 2년을 넘을 경우 사용사업주에게 언제부터 직접 고용의무가 발생하는지?

A. 출산·질병·부상 등 그 사유가 객관적으로 명백한 경우에는 그 사유의 해소에 필요한 기간 동안 파견근로자를 사용할 수 있으므로, 이 경우 2년을 초과하더라도 그 사유가 존속하는 한 직접고용의무는 발생하지 않는다.

4장 ⋮ 파견사업주의 조치사항

I. 파견근로자의 복지증진

파견사업주는 파견근로자의 희망과 능력에 적합한 취업 및 교육훈련기회의 확보, 근로조건의 향상 기타 고용안정을 기하기 위하여 필요한 조치를 강구함으로써 파견근로자의 복지증진에 노력하여야 한다.

II. 파견근로자에 대한 고지의무

파견사업주는 근로자를 파견근로자로서 고용하고자 할 때에는 미리 당해 근로자에게 그 취지를 서면으로 알려주어야 한다. 특히 파견근로자를 모집할 때 모집대상이 파견근로자임을 명시하여야 한다.[25] 파견근로자임을 알았더라면 모집에 응하지

---

25) 파견법 시행규칙 제8조 (파견사업주 등의 준수사항) 파견사업주 및 파견사업관리책임자

아니하였을 것이나, 일반 대기업에서 근무하는 것으로 알고 채용된 후 파견근로자인 것을 알게 되어 포기하는 경우 시간과 비용 등의 손실을 입는 등 피해를 보는 경우가 많다. 이렇게 근로자파견업체가 정규직근로자를 모집하겠다고 광고를 하고서 실제로는 파견근로자를 모집하는 것은 고용형태가 완전히 다른 허위구인광고에 해당되어 직업안정법 제47조의 규정에 의하여 5년 이하의 징역 또는 2천만 원 이하의 벌금 등의 처벌을 받게 된다.

Ⅲ. 취업조건의 고지

1. 취업조건의 서면 고지

파견사업주는 파견근로자에게 파견법 20조에서 노동부령이 정하는 다음의 사항을 서면으로 알려주어야 한다.

- ▶ 파견근로자의 수
- ▶ 파견근로자가 종사할 업무의 내용
- ▶ 파견사유
- ▶ 파견근로자가 파견되어 근로할 사업장의 명칭 및 소재지 기타 파견근로자의 근로장소
- ▶ 파견근로 중인 근로자를 직접 지휘·명령할 자에 관한 사항
- ▶ 근로자파견기간 및 파견근로 개시일에 관한 사항

는 다음 각 호의 사항을 준수하여야 한다.
1. 파견근로자를 모집하고자 하는 때에는 모집대상이 파견근로자임을 명시할 것.
2. 사무소의 보기 쉬운 곳에 허가증을 걸어둘 것.

▶ 시업 및 종업의 시각과 휴게시간에 관한 사항
▶ 휴일 · 휴가에 관한 사항
▶ 연장 · 야간 · 휴일근로에 관한 사항
▶ 안전 및 보건에 관한 사항
▶ 근로자파견의 대가

2. 파견대가의 내역 제시

파견근로자가 파견사업주에게 제20조 제1항에 따른 근로자파견의 대가에 관하여 그 내역의 제시를 요구할 수 있으며, 요구가 있을 경우 파견사업주는 지체 없이 그 내역을 서면으로 제시하여야 한다. 파견의 대가에 대하여 파견근로자가 그 내역제시를 요구할 수 있도록 함으로써 과도한 중간공제 가능성을 예방하고 파견사업의 투명성을 제고하기 위하여 2006년 신설된 규정이다.

표 23. 파견근로계약 산출내역서(예시)

구 분		금 액	비 고
직접비	기본급	991,660	
	연장근로 수당	47,440	
	중식대	80,000	
	교통보조비	50,000	
	월지급액	**1,169,040**	
	퇴직적립금	97,420	
소계(A)		1,266,460	월지급액 + 퇴직적립금
공제내역	국민연금	46,760	(월지급액 − 중식대 − 교통비) × 4.5%
	건강보험	24,780	(월지급액 − 중식대 − 교통비) × 2.385%
	고용보험	12,860	월지급액 × 1.1%
	산재보험	9,350	월지급액 × 0.8%
	복리후생비	6,330	

구분	금액	비고
소계(B)	100,080	
일반관리비	54,660	
이익준비금	28,420	
부가가치세	144,960	
계약금액	**1,594,580**	

Ⅳ. 파견근로자에 대한 고용제한의 금지

파견사업주는 정당한 이유 없이 파견근로자 또는 파견근로자로서 고용되고자 하는 자와 그 고용관계의 종료 후 사용사업주에게 고용되는 것을 금지하는 내용의 근로계약을 체결하여서는 아니 된다. 또한 파견사업주는 사용사업주가 파견근로자를 고용하는 것을 금지하는 내용의 근로자파견계약을 체결하지 못한다.

5장 : 사용사업주의 조치사항

I. 근로자파견계약에 관한 조치

사용사업주는 파견법 제20조의 규정에 의한 근로자파견계약에 위반되지 않도록 필요한 조치를 강구하여야 한다.[26]

II. 고충의 처리

사용사업주는 파견근로자로부터 파견근로에 관한 고충의 제시가 있는 경우에는 그 고충의 내용을 파견사업주에게 통지하고 신속하고 적절하게 고충을 처리하도록 하여야 한다.[27]

---

26) 파견근로자보호등에관한법률 제30조 (근로자파견계약에 관한 조치).
27) 파견근로자보호등에관한법률 제31조 (적정한 파견근로의 확보).

Ⅲ. 적정한 파견근로의 확보

사용사업주는 파견근로가 적정하게 행하여지도록 필요한 조치를 강구하여야 한다.[28]

Ⅳ. 사용사업관리대장

사용사업주는 사용사업관리대장을 작성하고 3년간 보존하여야 한다. 파견사업관리대장에 기재하여야 할 사항은 다음과 같다.

1. 파견근로자의 성명
2. 사용사업주 및 사용사업관리책임자의 성명
3. 파견근로자가 파견된 사업장의 명칭 및 소재지
4. 파견근로자의 파견기간
5. 파견근로자의 업무내용

---

28) 파견근로자보호등에관한법률제31조 (적정한 파견근로의 확보).

6장 : 파견사업주와 사용사업주의 근로기준법상의 의무

Ⅰ. 파견사업주의 근로기준법상의 의무

파견사업주는 파견근로자를 고용하는 자이므로 근로기준법의 대부분의 조항에 대하여 사용자 책임을 진다.[29] 즉 파견근로자와의 근로관계에서 파견사업주는 근로기준법의 근로계약, 해고, 임금, 근로시간과 휴식, 연장·야간·휴일근로에 대한 가산임금지급, 연차유급휴가, 재해보상 등에 대하여 근로기준법상의 사용자의 의무를 진다.[30]

한편 사용사업주가 파견사업주에게 파견료를 지불하지 않아 근로자가 임금을 받

---

[29] 파견근로자는 사용사업주의 사업장에서 그의 지시·감독을 받아 근로를 제공하기는 하지만 사용사업주와의 사이에는 고용관계가 존재하지 아니하는 반면, 파견사업주는 파견근로자의 근로계약상의 사용자로서 파견근로자에게 임금지급의무를 부담할 뿐만 아니라, 파견근로자가 사용사업자에게 근로를 제공함에 있어서 사용사업자가 행사하는 구체적인 업무상의 지휘·명령권을 제외한 파견근로자에 대한 파견명령권과 징계권 등 근로계약에 기한 모든 권한을 행사할 수 있으므로 파견근로자를 일반적으로 지휘·감독해야 할 지위에 있게 되고, 따라서 파견사업주와 파견근로자 사이에는 민법 제756조의 사용관계가 인정되어 파견사업주는 파견근로자의 파견업무에 관련한 법률행위에 대하여 파견근로자의 사용자로서의 책임을 져야 하는 것이다. 2003.10.9, 대법 2001다 24655.
[30] 파견근로자보호등에관한법률 제34조 (근로기준법의 적용에 관한 특례).

지 못하게 될 경우에도 파견사업주는 사용사업주와 연대하여 책임을 지게 되므로 파견근로자는 파견사업주 및 사용사업주 모두에게 임금지급을 청구할 수 있다.

Ⅱ. 사용사업주의 근로기준법상의 의무

　파견근로자는 파견사업주에게 고용되었지만 실제로는 사용사업주의 사업장에서 사용사업주의 지휘·명령하에 근로를 하게 되므로 사용사업주에게도 근로기준법상의 의무가 부과되는데 근로시간, 휴일, 시간외근로, 생리휴가, 산전후휴가,31) 산업안전보건법의 적용 등에 대하여는 사용자책임을 지게 된다.

　위장도급의 경우에는 실질적으로는 사용사업주가 근로자들을 직접 채용한 것과 마찬가지이므로 파견법이 아니라 근로기준법상의 사용자책임을 부담하게 된다. 또한 사용사업주는 파견근로자의 성별·종교·사회적 신분이나 파견근로자의 정당한 노동조합의 활동 등을 이유로 근로자파견근로계약을 해지하여서는 아니 된다.

---

31) 파견법 제34조에서 사업주는 산전·산후휴가를 부여할 의무가 있으며, 휴가기간 동안 발생하는 임금에 대해서는 파견사업주가 지급하도록 규정되어 있으므로, 산전·산후 휴가 기간 동안 임금을 지급하지 아니하는 경우에는 법위반이 된다. 그러나 사실상 비정규직의 대부분은 출산을 위해 직장을 그만두는 것이 현실이다.

◇ 파견근로자 유의사항

파견업체는 영세사업장이 대부분으로 사용사업체에 대하여 종속적인 관계를 가지고 있으며, 파견업체의 난립으로 인하여 재정상태가 열악한 경우가 많다. 그리하여 사용사업주에게서 받는 용역비(파견료)에 포함되어 있는 4대보험료로 건강보험, 국민연금, 고용보험, 산재보험 등의 전부 또는 일부에 가입하지 않고 중간에서 착복하는 경우가 많은데, 이 경우 근로자가 의료보험, 국민연금, 실업급여, 산재보상 등의 혜택을 받기 어려운 경우가 발생할 수 있으므로 파견근로자는 반드시 가입 여부를 확인해 보아야 할 것이다.

※ 고용보험의 경우 사업주가 채용일로부터 14일 이내(근로자 채용 시마다)에 피보험자 자격취득 신고를 하지 않을 경우 300만 원 이하의 과태료가 부과됨.

제 5 부

단시간근로자(시간제 근로자, 아르바이트)

1993년 2월 미국에서 두 번째로 큰 뱅크 아메리카사는 1,200개의 풀타임 일자리를 시간제 고용으로 전환할 것을 발표하였다. 이 은행은 가까운 장래에 회사 직원의 19% 이하만이 풀타임 일자리를 가지게 될 것이라고 추정한다. 10명의 뱅크아메리카 직원 중 약 6명은 주당 20시간이 안 되는 시간을 일하고 어떤 부가 급부도 받지 못할 것이다. 지난 2년간 기록적인 이익을 경험한 이 회사는 좀 더 많은 일자리를 시간제로 돌린 것은 회사를 보다 탄력성 있게 만들고 경비를 줄일 목적이었다고 말한다.

— Wall Street Journal, 1993. 3.10. 기사 중에서 —

1장 : 단시간근로자란?

I. 단시간근로자의 정의

1. 단시간근로자의 정의

단시간근로자란 1주 동안의 소정근로시간이 그 사업장에서 같은 종류의 업무에 종사하는 통상 근로자의 1주 동안의 소정근로시간에 비하여 짧은 근로자를 말한다.[1) 일반적으로 '시간제근로자'라고 불리며 종래 행정지침에서도 "시간제근로자"로 칭하였다. 흔히 말하는 파트타임 근로자나 아르바이트가 단시간근로자에 해당된다.

취업난이 장기화되면서 구직자 10명 중 3명 이상이 정식 취업 대신 아르바이트를 하고 있는 것으로 조사됐다. 20일 인터넷 취업포털 잡링크가 구직회원 1천572명을 대상으로 조사한 결과 전체 응답자 중 36.5%가 '취업 대신 아르바이트를 하고 있다'고 답했다. 이 중 26.7%는 '생계유지를 위해 2개의 아르바이트를 하고 있다'고 답했으며, '3개 이상'하고 있다는 응답자도 4.5%나 됐다. 취업 대신 아르바이트를 하는 이유로는 66.5%가 '심각한 취업난을 피하기 위해'라고 답했으며 '구직활동 시간을 효율적으로 활용하기 위해'(17.1%),

---

1) 근로기준법 제2조 (정의).

'직장생활로 받는 스트레스가 싫어서'(9.1%) 등의 응답이 뒤를 이었다. 한편 구직자 998명에게 '구직활동이 1년 이상 장기화되면 어떻게 하겠는가'를 물은 결과 36.5%가 '아르바이트를 하겠다'고 밝혔다. 잡링크 한현숙 사장은 "취업이 어려워지면서 취업 대신 아르바이트를 하는 비자발적 프리터족이 늘고 있다"면서 "2~3년간의 아르바이트가 자칫 취업을 더욱 어렵게 만들 수도 있어 구직자들의 신중한 자세가 필요하다"고 덧붙였다.[2]

2. 단시간근로자와 근로기준법

단시간근로자에 대해서도 원칙적으로 근로기준법의 관련규정이 적용된다. 따라서 해고에 관한 규정이 적용되며 유급주휴일, 연월차휴가, 생리휴가, 출산휴가 등이 주어진다. 다만, 근로조건은 그 사업장의 같은 종류의 업무에 종사하는 통상 근로자의 근로시간을 기준으로 산정한 비율에 따라 결정되어야 한다.[3]

2006년 12월 제정된 "기간제근로자및단시간근로자보호등에관한법률"에서는 단시간근로자임을 이유로 통상근로자에 비하여 차별적 처우를 하지 못하게 명시하였으며, 단시간근로자로 고용 후 과도한 연장근무를 통하여 사실상 정규직 근로자와 유사하게 풀타임으로 사용하는 폐단을 시정하기 위하여, 법정근로시간 이내라도 초과근로를 12시간 이내로 제한하였다.

Ⅱ. 단시간근로자 현황

노동연구원의 2002년 6월을 기준으로 6만 개의 표본사업체를 대상으로 한 "비정

---

2) 2005.4.20, 연합뉴스.
3) 근로기준법 제18조 (단시간근로자의 근로조건).

규직실태조사"에 따르면 시간제근로자는 전체 비정규직 중에서 일용근로자 26.8%, 단기계약근로자 25%에 이어 시간제근로자가 18.3%의 비중을 차지하는 것으로 나타났는데, 월평균임금이 56만8천 원으로 비정규직 근로자 중에서도 가장 적은 것으로 나타났다. 주당 총근로시간은 31.7시간, 시간당 임금은 평균 5,926원이었다. 사회보험 가입율도 20~40%로 나타나 계약직 근로자, 파견근로자의 70%에 비해 낮았다.[4]

통계청의 '경제활동인구부가조사결과'에서는 단시간(시간제)근로자의 주당 평균근로시간이 2004년 22.6시간, 2005년 22.2시간, 월평균임금은 2003년 49만9천 원, 2004년 53만9천 원, 2005년 52만2천 원, 2006년 55만1천 원으로 전체 임금근로자 월평균임금의 3분이 1수준에도 미치지 않고 있는 실정이다.

특히 이러한 단시간근로자는 아르바이트생, 파트타이머 등으로 일하는 만 18세 미만의 미성년자의 경우가 많은데, 연소근로자의 경우 오후 10시 이후의 야간근로와 휴일근로가 제한되며, 보건상 유해 위험한 업종에 종사하지 못한다.

유명 패스트푸드 업체들이 아르바이트생을 고용하면서 법정근로시간을 지키기 않거나 주휴수당 등 각종 급여를 지급하지 않다가 무더기로 적발됐다. 노동부는 2004년 7월 6개 유명업체 패스트푸드업체 직영점을 대상으로 연소근로자 고용실태를 점검한 결과, 이들 업체가 지난해 1월부터 올 5월까지 모두 1만4천53명의 아르바이트생에게 연장근로수당, 주휴수당, 퇴직금 등 21억7천92만 원을 미지급한 사실을 적발했다고 11일 밝혔다. 노동부는 또 15세 미만 연소근로자에게 법정근로시간 이상 근로를 시키거나 심야근로를 시키는 등 근로기준법을 위반한 4천2백65건을 적발했다. 현행 근로기준법은 만 18세 미만 청소년을 고용한 경우 정부의 인가 없이 하루 7시간, 주당 42시간 초과근무나 야간·휴일 근로를 시킬 수 없도록 규정하고 있다. 노동부 관계자는 "패스트푸드점들이 아르바이트생을 쓰면서 각종 수당을 지급하지 않거나 법정근로시간 이상 근로를 시키는 것은 아직 연소근로자에 대한 보호의식이 부족하고 조금이라고 싸게 부려 먹으려는 속셈 때문"이라며 "앞으로 지속적인 점검을 벌여 이러한 풍토를 바꾸겠다"고 말했다.[5]

---

4) 조선일보, 2003.3.25.
5) 한국경제신문, 2004.8.12.

표 24. 2004년도 연소근로자 고용사업장 지도·점검 현황[6]

(단위: 개소, 건)

점검 사업장	법위반 업체수	위반 건수	법위반유형별					
			최저연령과 취직인허증	연소자 증명서	근로 시간	야업 금지	최저 임금	기타
1,241	727	1,485	8	354	73	136	60	854

※ 사법처리 7개소 21건
　(연소자증명서 미비치 4개소 6건, 근로계약 미작성 2개소 3건, 최저임금 위반 2개소 6건, 근로
　시간 위반 1개소 1건, 야간 및 휴일근로 미인가 2개소 2건, 임금 미지급 3개소 3건).

Ⅲ. 개정법 주요 내용

　기업에서는 비용 절감 등의 이유로 단시간근로자를 고용하지만 사실상 정규직 근로자와 비슷한 시간의 근로를 시키는 경우가 많다. 이에 따라 '06년 12월 제정된 기간제및단시간근로자보호등에관한법률에서는 단시간근로자의 초과근로를 1주간에 12시간으로 제한하고, 당초 근로자와 사용자 간에 정한 근로시간을 초과하여 근로하게 하는 경우에는 근로자의 동의를 얻게 하였다. 또한 단시간근로자임을 이유로 정규직 근로자에 비하여 차별을 하는 것을 금지하였으며, 근로시간 등 근로조건에 대한 서면 근로계약 체결을 의무화하여 근로조건에 대한 분쟁을 사전에 방지할 수 있게 하였다.

---

6) 노동백서, 노동부, 2005.

2장 : 단시간근로자와 근로기준법[7][8]

I. 근로기준법의 적용 원칙[9]

　단시간근로자도 원칙적으로 근로기준법이 적용된다.[10] 근로기준법 제18조에서는 단시간근로자의 근로조건에 대하여 규정하고 있는데, 단시간근로자의 근로조건은 그 사업장의 같은 종류의 업무에 종사하는 '통상 근로자'(full time 근로자로서 정규직 근로자)의 근로시간을 기준으로 산정한 비율에 따라 결정되어야 한다.

---

7) 단시간근로자에 대한 근로기준법 적용방법 지침, 노동부, 2000 참조.

8) 이 장에서는 편의상 근로기준법과 기간제및단시간근로자보호에관한법률을 통칭하여 근로기준법이라고 지칭한다.

9) 단시간근로자에게 차별 없이 근로기준법이 적용되므로 자세한 사항은 제2부 근로기준법을 참조.

10) 근로기준법에서 규정하고 있는 근로자란 "직업의 종류를 불문하고 사업 또는 사업장에서 임금을 목적으로 근로를 제공하는 자"를 말하므로 근로시간이 일반 근로자보다 짧거나 다르게 계약하고 근로관계가 1일로서 종료되는 일용근로자도 근로기준법상 근로자로서 일반 근로자와 같이 근로기준법이 적용된다. 1988.6.7, 근기 01254-8898.

1. 같은 종류의 업무

여기서 '같은 종류의 업무' 여부는 그 업무의 수행방법, 작업의 조건, 업무의 난이도 등을 종합적으로 고려하여 판단해야 하며, 특히 업무의 이질성으로 인해 근로조건이 현저하게 구별되어 규정되는지 여부가 중요하다. 예를 들면, 제조업의 경우 생산직·사무직, 판매업의 경우 관리직·영업직, 운수업의 경우 관리직·운전직, 학교의 경우 교원과 행정직 등으로 같은 종류의 업무를 구분해 볼 수 있을 것이다.[11]

2. 통상 근로자

'통상 근로자' 여부는 소정근로시간뿐만 아니라 그 사업장의 고용형태(계약기간), 임금체계 등을 종합적으로 고려해 볼 때 통상적으로 근로할 것이 예정되어 있는 정규직 근로자를 말하는데, 취업규칙 등에 채용 및 계약기간(정년 등)·임금·호봉·승진 등 중요한 근로조건 대부분이 직접 규율되고 있는 근로자로 볼 수 있을 것이다. 동종업무에 통상 근로자가 없는 경우에는 그 업무에 종사하는 가장 일반적인 형태의 근로자를 잠정적으로 통상 근로자로 볼 수 있을 것이다.[12]

2006년 12월 제정된 '기간제및단시간근로자보호등에관한법률' 제8조 2항에서는 기간제근로자에 대한 차별금지규정과 동일한 방식으로 통상 근로자에 대한 단시간 근로자의 차별을 금지하고 있다.[13]

---

11) 2002.3.26, 근기 68207-1248.
12) 2002.3.26, 근기 68207-1248.
13) 3부 기간제근로자의 2장 근로기준법 적용의 원칙에서 '차별적 처우' 부분 참조.

3. 비례적 결정의 원칙

단시간근로자의 근로조건은 통상 근로자의 근로시간을 기준으로 산정한 비율에 따라 결정되어야 한다. 따라서 단시간근로자의 근로시간이 통상 근로자의 근로시간의 2/3에 해당하는 경우라면, 휴일, 휴가 등의 근로조건은 이에 비례하여 부여되어야 한다.

Ⅱ. 균등한 처우[14)

1. 차별적 처우의 금지

차별적 처우란 임금 그 밖의 근로조건 등에 있어서 합리적인 이유 없이 불리하게 처우하는 것을 말하는데, 파견사업주와 사용사업주는 파견근로자가 사용사업주의 사업 내의 동일한 업무를 수행하는 동종근로자와 비교하여 부당하게 차별적 처우를 받지 아니하도록 하여야 한다.

2. 차별적 처우의 시정

단시간근로자가 차별적 처우를 받은 경우에는 노동위원회에 그 시정을 신청할 수 있다.

---

14) 상세한 내용은 제4부의 기간제근로자와 차별적 처우 부분 참조.

3. 적용제외

차별적 처우의 금지 및 시정 등에 관한 규정은 상시 4인 이하의 근로자를 사용하는 사업장에는 적용되지 않는다.

4. 과태료

시정명령을 정당한 이유 없이 이행하지 아니한 자는 1억 원 이하의 과태료에 처한다.

Ⅲ. 근로계약의 체결

사용자는 단시간근로자를 고용하고자 할 때에는 임금, 근로시간, 기타의 근로조건을 명시한 근로계약서를 작성하여 이를 근로자에게 교부하여야 한다.

기간제및단시간근로자보호등에관한법률 제17조에서는 근로조건의 서면 명시를 규정하고 있으며, 동법 제17조의 규정을 위반하여 근로조건을 서면으로 명시하지 아니한 경우에는 500만 원 이하의 과태료에 처해진다.

1. 근로조건의 명시(근로기준법)

근로기준법 제17조(근로조건의 명시), 제18조(단시간근로자의 근로조건) 및 같은 법 시행령 제8조(명시하여야 할 근로조건)에서는 근로조건을 명시하게 하고 있다.

▶ 임금의 결정·계산·지급방법, 지급시기에 관한 사항
▶ 근로시간(업무의 시작과 종료 시각)과 휴게시간, 근로일 및 휴일 등에 관한 사항
▶ 취업의 장소와 종사하여야 할 업무에 관한 사항을 명시
▶ 계약기간 기타 근로조건에 관한 사항

2. 근로조건의 서면명시
(기간제 및 단시간근로자보호등에 관한 법률)

근로기준법에서 사용자가 근로계약을 체결할 때에 근로자에 대하여 임금, 근로시간 기타의 근로조건을 명시하도록 하고 있으나, 2006년 제정된 "기간제및단시간근로자보호등에관한법률" 제17조에서는 기간제근로자와 단시간근로자의 권리보호를 강화하기 위하여 근로계약기간, 근로시간·휴게 등의 근로조건에 대해서도 서면으로 명시하게 하였다.

1) 서면명시의 내용

▶ 근로계약기간에 관한 사항
▶ 근로시간·휴게에 관한 사항
▶ 임금의 구성
▶ 임금의 구성항목·계산방법 및 지불방법에 관한 사항을 명시
▶ 휴일·휴가에 관한 사항
▶ 취업의 장소와 종사하여야 할 업무에 관한 사항
▶ 근로일 및 근로일별 근로시간

2) 서면명시의 방법

서면명시의 방법은 근로계약서에 명시하거나, 주요 근로조건이 취업규칙에 명시되어 있을 경우 근로계약서는 개별 근로자에 해당하는 것만 기재하고 그 외 사항은 취업규칙의 내용을 주지하는 방법 등이 있다.

IV. 임금의 지급 및 계산

단시간근로자의 임금산정 단위는 시간급을 원칙으로 하며, 근로기준법 제43조의 통화불, 직접불, 전액불, 정기불의 임금지급 원칙을 준수하여야 한다. 각종 수당 등에 대해서는 취업규칙 또는 근로계약 등으로 정하는 바에 의하여 지급하고, 계속근로연수 1년에 대해 30일분 이상의 평균임금을 퇴직금으로 지급하여야 한다.

V. 근로시간

1. 소정근로시간

단시간근로자의 1주간의 소정근로시간도 주당 40시간 이내에서 정하며,[15] 단시간

---

15) 개정된 근로기준법이 적용되지 않는 사업장은 적용되기 전까지 주당 44시간 이내에서 정하여야 한다.

근로자로 하여금 소정근로일이 아닌 날에 근로하게 하거나 소정근로시간을 초과하여 근로하게 하고자 할 경우에는 근로계약서 및 취업규칙 등에 그 내용 및 정도를 명시하여야 한다.

2. 연장근로

▶ 근로자가 동의한 경우에 한해서 연장근로할 수 있음

▶ 법내연장근로에 대해서는 사용자가 가산임금의 지급여부 및 지급률 등을 정할 수 있음.16)

※ 법내연장근로란 소정근로시간(ex: 예를 들면 하루에 4시간 근로하기로 정하였다면 4시간)을 초과하여 법정근로시간(1일 8시간, 1주 40시간)까지 근로시간을 연장하는 것을 말하는데, 법내연장근로는 근로기준법상 시간외근로의 제한을 받지 않으며, 할증임금을 지급하지 않아도 된다.

▶ 가산임금을 지급하기로 한 경우에는 그 지급률을 근로계약서나 취업규칙 등에 명시하여야 함(근로기준법 시행령 별표 1의 2 제3호)

▶ 그러나 소정근로시간에 연장근로시간을 더한 총근로시간이 1주 또는 1일의 법정한도를 초과하는 경우에는 반드시 통상임금의 100분의 50 이상을 가산하여 지급하여야 함.

▶ 야간·휴일근로에 대해서는 반드시 통상임금의 100분의 50 이상을 가산하여 지급하여야 함.

---

16) 사용자가 법내연장근로시간까지 근로를 시키더라도 가산임금을 지급하여야 할 의무는 없다.

3. 연장근로의 제한

기업에서는 비용 절감 등의 이유로 단시간근로자를 고용하지만 사실상 정규직 근로자와 비슷한 시간의 근로를 시키는 경우가 많다. 이에 따라 '06년 12월 제정된 "기간제및단시간근로자보호등에관한법률"에서는 단시간근로자의 초과근로시간을 1주 12시간 이내로 제한하고 사용자의 부당한 연장근로 지시에 대한 거부권을 명시하였다. 만약 사용자가 동의를 얻지 아니하고 연장근로를 하게 하는 경우 단시간근로자는 이를 거부할 수 있으며, 연장근로 지시를 거부한 것을 이유로 해고 및 그 밖의 불리한 처우를 하지 못한다.[17]

4. 미성년자의 야간근로 및 휴일근로의 제한

단시간근로자가 15세 이상 18세 미만인 경우 근로시간은 1일에 7시간, 1주일에 40시간을 초과하지 못한다. 다만, 당사자 사이의 합의에 따라 1일에 1시간, 1주일에 6시간을 한도로 연장할 수 있다. 또한 18세 미만자는 오후 10시부터 오전 6시까지의 사이에 근로시키지 못하며, 또 휴일근로에 종사시키지 못한다. 그러나 회사 사정상 꼭 필요해서 연소근로자 본인이 동의하고 노동부장관이 인가한 경우에는 가능하다.

---

17) 불이익 처우를 한 사용자에 대해서는 2년 이하의 징역형 또는 1천만 원 이하의 벌금형에 처해진다.

VI. 휴게 · 휴일 · 휴가

1. 휴게

1일 근로시간이 4시간인 경우에는 30분 이상, 8시간인 경우에는 1시간 이상의 휴게시간을 근로시간 도중에 주어야 한다.

2. 휴일

1주간의 소정근로일수를 개근한 단시간근로자에게도 1주일에 평균 1회 이상의 유급휴일을 주어야 한다.

※ 1일의 소정근로시간 수는 4주간의 소정근로시간(통상 근로자의 총소정근로일수)을 그 기간의 총일수로 나누어 산출된 시간수로 함

⇨ 1주에 6일, 각 6시간을 일하는 단시간근로자가 시간급을 3,000원으로 정했다면 주휴수당은 3,000원 × 6시간 = 18,000원

⇨ 1주간에 월, 수, 금요일 각 6시간을 일하는 근로자가 시간급을 3,000원으로 정했다면 주휴수당은 3,000원 × (18시간 × 4주 ÷ 24일) = 9,000원

1주간에 휴무일이 2일 이상인 사업장의 경우에는 휴무일중 1일은 유급으로 주고, 나머지는 무급으로 부여할 수 있다.

3. 휴가

주40시간제가 적용되지 않는 사업장의 경우 1월간의 소정근로일수를 개근한 경우

에는 월차유급휴가[18]를 부여하고, 1년간 소정근로일수를 개근(또는 9할 이상 출근) 한 자에 대하여는 연차유급휴가를 부여하고, 수당은 시간급을 기준으로 지급한다. 주40시간제를 적용받는 경우 1년 미만 근속기간 동안은 1개월 개근 시 1일의 연차 휴가를 부여하여야 하고, 1년을 계속하여 소정근로일수의 8할 이상을 출근한 경우 연차휴가 15일(1월당 1일씩 부여한 휴가를 포함), 이후 2년당 1일씩 가산(총 25일 한도)한 휴가를 부여하여야 한다.

⇨ 단시간근로자의 연·월차 휴가 산정방식＝통상근로자의 월차 또는 연차휴가일 수 × (단시간근로자의 소정 근로시간 / 통상근로자의 소정 근로시간) × 8시간

Ex) 일일 4시간씩 근로하는 근로자의 경우 연차휴가시간은 위의 산식에 대입하면, 15 × (20 / 40) × 8 ＝ 60(시간)

☞ 이러한 경우에 근로자의 연차휴가일수는 어떠한 방법으로 부여하여야 하는지?

단시간근로자의 연차휴가는 시간단위로 산정(1시간 미만은 1시간으로 간주)하며, 연차유급휴가는 '1일' 단위로 소정근로일에 부여하되, 동일의 소정근로시간만큼 연차휴가를 사용한 것으로 한다. 즉 1주간 1일 5시간씩 6일 근무하는 근로자의 경우 15 × (30 / 40) × 8 ＝ 90(시간)

월, 화, 수, 목 4일을 휴가로 사용하였다면 20시간을 사용한 것이므로 90시간에 서 20시간을 공제한 70시간이 잔여 연차휴가 시간이다.[19]

여자인 단시간근로자에 대해서는 통상근로자와 동등하게 산전·산후휴가를 일단 위로 부여하여야 한다.

---

18) 개정근로기준법이 적용되는 사업장에는 월차휴가가 폐지됨.
19) 2002.12.17, 근기 68207－3373 참조.

Ⅶ. 취업규칙

1. 취업규칙의 작성

사용자는 단시간근로자에게 적용되는 취업규칙을 별도 작성할 수 있다. 단시간근로자에 대한 취업규칙을 작성 또는 변경하고자 하는 경우에는 적용대상이 되는 단시간근로자 과반수의 의견을 들어야 하며, 불이익하게 변경하는 경우에는 그 동의를 얻어야 한다.

2. 취업규칙이 없는 경우

단시간근로자를 대상으로 하는 별도의 취업규칙이 없을 경우에는 그 성질이 허용되는 한 통상 근로자에게 적용되는 취업규칙이 적용되는 것으로 본다. 다만, 취업규칙에서 명시적으로 단시간근로자에 대하여 적용이 배제된다는 규정을 두거나 달리 적용한다는 규정을 둔 경우에는 이에 따른다.

Ⅷ. 해고[20]

1. 해고의 제한

계약기간 중 단시간근로자를 해고하고자 하는 경우에도 해고의 정당한 사유가 있

---

20) 제2부 근로기준법 8장 참조.

어야 하며, 단시간근로자의 사용기간이 2년을 초과하는 경우에는 기간제근로자의 범위에 포함되어 사용기간이 2년을 초과한 시점부터 기간의 정함이 없는 근로계약을 체결한 것으로 간주된다.

2. 정리해고

사용자가 긴박한 경영상의 이유로 근로자를 해고하는 경우 비정규직 직원들을 우선적으로 해고하는 것은 객관적이지 않다거나 합리성을 일탈한 기준에 의하여 해고하였다고 보기 어렵다.[21]

IX. 퇴직금[22]

1주간의 소정근로시간이 15시간 이상인 단시간근로자의 경우 근속연수가 1년을 초과할 경우에는 퇴직금을 지급하여야 한다.

---

21) 2006.2.4, 대법 2005두 16499.
22) 제2부 9장 퇴직금 부분 참조.

X. 통상근로자로의 전환 등

1. 통상근로자로의 전환

사용자는 통상근로자를 채용하고자 하는 경우에는 당해 사업 또는 사업장의 동종 또는 유사한 업무에 종사하는 단시간근로자를 우선적으로 고용하도록 노력하여야 한다.

2. 단시간근로자로의 전환

사용자는 가사, 학업 그 밖의 사유로 근로자가 단시간근로를 신청하는 때에는 당해 근로자를 단시간근로자로 전환하도록 노력하여야 한다.

XI. 근로기준법 중 적용이 되지 않는 사항

1. 적용제외자

1주 동안의 소정근로시간이 뚜렷하게 짧은 단시간근로자는 근로기준법의 일부규정을 적용하지 아니할 수 있다. 이때 소정근로시간이 뚜렷하게 짧은 단시간근로자는 4주 동안(4주 미만으로 근무한 경우에는 그 기간)을 평균하여 1주 동안의 소정근로시간이 15시간 미만인 근로자를 말한다.

2. 적용 제외 규정

   소정근로시간이 15시간 미만인 단시간근로자에게는 퇴직금, 주휴일, 연차유급휴가에 대한 규정이 적용되지 않는다.[23]

---

23) 근로기준법 시행령 제9조 (단시간근로자의 근로조건 기준 등)

3장 : 노동위원회법(차별시정제도)

I. 차별적 처우의 시정신청

1. 차별신정신청

차별금지원칙이 명문화됨에 따라 노동문제에 전문성이 있는 노동위원회에 차별시정위원회를 설치하여 차별시정의 판단·명령을 하도록 하였다.

단시간근로자가 당해 사업 또는 사업장의 동종 또는 유사한 업무에 종사하는 통상근로자를 비교대상으로 하여 차별적 처우를 받은 경우, 단시간근로자는 차별적 처우가 있은 날부터 3월 이내에 노동위원회에 차별신청을 할 수 있다. 단, 근로자는 차별적 처우의 내용을 구체적으로 명시하여 신청하여야 한다.

2. 신청절차·방법24)

3. 사용자의 입증책임 부담

제정된 법률은 차별시정절차의 실효성을 높이기 위해 차별금지와 관련된 분쟁에

---

24) 제3부 기간제근로자의 차별시정제도 참조.

있어서 입증책임을 사용자가 부담하도록 규정하고 있다. 근로자보다 사용자가 차별적 처우 여부 판단에 관련된 정보를 많이 보유하고 있어 근로자가 입증하는 데 어려움이 많을 것이라는 점을 고려하였다. 다만, 입증책임이 사용자에게 있다고 하더라도 근로자는 차별신청 시 차별적 처우의 내용을 구체적으로 명시하여야 하며, 쟁송 과정에서 자신의 주장을 입증할 만한 증거자료를 충분히 제시하여야 할 것이다.

4. 불이익 처우 금지

사용자는 근로자에 대하여 차별시정신청을 이유로 해고 및 그 밖의 불리한 처우를 하지 못하며, 불이익 처우를 한 사용자는 2년 이하의 징역형 또는 1천만 원 이하의 벌금형에 처해진다.

Ⅱ. 조정·중재

단시간근로자 차별의 경우 차별 여부를 판정하기 쉽지 않은 경우가 많을 것이며, 이 경우 법적 판단을 거치는 것이 합리적이지 않을 수 있으므로, 차별시정의 실효성을 높이기 위하여 차별 여부의 법적판단에만 의존할 것이 아니라 조사·심문 과정에서 조정·중재절차를 활용하는 등 당사자 간의 자율적 해결이 촉진될 필요가 있어 제정되었다.

1. 개시 요건

조정·중재는 노동위원회의 심문과정에서 관계 당사자 또는 일방의 신청 또는 직권에 의하여 개시할 수 있고, 관계 당사자가 미리 노동위원회의 중재 결정에 따르기로 합의하여 중재를 신청한 경우에 중재를 할 수 있다.

2. 효력

당사자 쌍방이 조정안을 수락하여 조정이 성립하거나, 노동위원회의 중재결정이 내려진 경우 그 이행의 실효성을 담보하기 위하여 조정 및 중재결정에 재판상 화해와 동일한 효력이 부여된다.

Ⅲ. 시정명령

1. 시정명령의 내용

노동위원회는 조사·심문을 종료하고 차별적 처우에 해당된다고 판정한 때에는 사용자에게 시정명령을, 차별적 처우에 해당하지 아니한다고 판정한 때에는 기각결정을 하게 된다. 차별시정명령의 경우 차별적 행위의 중지, 임금 등 근로조건의 개선 및 적절한 금전보상 등이 포함될 수 있다.

2. 이의 제기

차별시정명령 및 기각결정에 대하여 불복하는 관계 당사자는 결정서를 송달받은 날부터 10일 이내에 중앙노동위원회에 재심을 신청할 수 있다. 중앙노동위원회의 재심결정에 대하여 불복하는 경우에는 결정서를 송달받은 날부터 15일 이내에 행정소송을 제기할 수 있다. 재심신청기간(10일) 또는 행정소송 제기기간(15일) 내에 재심을 신청하지 않거나, 행정소송을 제기하지 아니한 때에는 시정명령·기각결정 또는 재심결정은 확정된다.

3. 시정명령 이행상황의 제출요구 등

노동부 장관은 확정된 시정명령에 대하여 사용자에게 이행상황을 제출할 것을 요구할 있다. 정당한 이유 없이 이행상황 제출요구에 불응한 자에 대하여 500만 원 이하의 과태료가 부과되며, 확정된 시정명령을 정당한 이유 없이 불이행한 것으로 확인될 경우 1억 원 이하의 과태료가 부과된다. 한편 시정을 신청한 근로자는 사용자가 확정된 시정명령을 이행하지 아니하는 경우 이를 노동부장관에게 신고할 있으며, 시정명령 불이행을 신고한 근로자에 대하여 사용자의 불이익 처우는 금지된다.

4장 : 단시간근로자와 기타 노동관계법

Ⅰ. 고용보험

1. 원칙

단시간근로자에 대해서도 원칙적으로 고용보험법이 적용된다.

2. 적용제외

1월간의 소정근로시간이 60시간 미만인 단시간근로자(1주간의 소정근로시간이 15시간 미만인 자를 포함)에 대해서는 고용보험법이 적용되지 않는다.[25] 다만, 1주간의 소정근로시간이 15시간 미만이더라도 생업을 목적으로 3월 이상 계속 고용되는 자는 적용이 된다. 종전에는 80시간 미만인 단시간근로자를 고용보험법의 적용에서 제외시켰으나, 2003.12.31. 개정된 고용보험법은 60시간 미만인 단시간근로자를 고용보험법에서 적용이 제외되는 근로자로 규정하여 고용보험법의 적용대상이 확대되었다.

---

[25] 고용보험법 시행령 제3조 (적용제외 근로자) ① 법 제8조 제2호에서 "소정근로시간이 대통령령이 정하는 시간 미만인 자"라 함은 1월간의 소정근로시간이 60시간 미만인 자(1주간의 소정근로시간이 15시간 미만인 자를 포함한다)를 말한다. 다만, 생업을 목적으로 근로를 제공하는 자 중 3월 이상 계속하여 근로를 제공하는 자 및 법 제2조 제5호의 규정에 의한 일용근로자를 제외한다.

Ⅱ. 최저임금법

1. 최저임금제란?

　최저임금제란 국가가 노사 간의 임금결정과정에 개입하여 임금의 최저수준을 정하고, 사용자에게 그 이상의 임금을 지급하도록 법으로 강제함으로써 저임금 근로자를 보호하는 제도이다.

2. 최저임금법의 적용대상

　1인 이상 근로자를 사용하는 모든 사업 또는 사업장의 근로자에게는 최저임금법이 적용된다. 그러나 수습사용 중에 있는 자로서 수습사용한 날부터 3월 이내인 자에 대하여는 최저임금액[26)](에서 100분의 10을 감한 금액을 당해 근로자의 시간급 최저임금으로 한다. 그리고 감시 또는 단속적 근로에 종사하는 자 등에 대해서도 노동부장관의 승인을 얻은 자에 대하여는 받아 최저임금 적용을 제외할 수 있는데, 노동부장관의 승인을 받은 경우에는 시간급 최저임금액에서 100분의 20을 감한 금액을 그 근로자의 시간급 최저금액으로 한다.[27)]

3. 최저임금 산정방법

　사업장에서 지급하는 임금이 최저임금에 위반되는지 여부를 판단하려면 지급받는 임금에서 최저임금에 포함되는 임금만을 가려서 이를 시간당 임금으로 환산하여 고시된 최저임금과 비교하면 된다.

4. 최저임금에 포함되지 않는 임금

　최저임금을 계산할 때 고정상여금, 연월차휴가수당, 연장근로 및 휴일근로와 야간

---

26) 2008년의 시간급 최저임금은 3,770원이다.
27) 최저임금법 시행령 제3조 (수습사용 중에 있는 자 등에 대한 최저임금액).

근로 등에 대한 가산임금 등은 최저임금에 산입하지 아니한다.

상여금은 통상지급액 등이 연간을 단위로 정하여지고 1임금 산정기간을 넘어서 지급되는 등의 성격을 가지고 있기 때문에 비록 매월 분할 지급되더라도 당초의 상여금 성격을 가지고 있는 한 최저임금 산입을 위한 임금에는 포함되지 않는다. 또한 시간외 수당이 실제 시간외근로 여부와 관계없이 일정액이 고정적으로 지급되더라도 시간외 수당이 만들어진 배경, 그 명칭이 갖는 의미 등을 종합적으로 고려할 때 최저임금 산입을 위한 임금에 포함하기는 어렵다. 그러나 직무수당의 경우 미리 정하여진 지급조건에 따라 일률적으로 매월 1회 이상 정기적으로 지급되고 있다면 최저임금 산입을 위한 임금에 포함된다.[28]

Ⅲ. 근로기준법의 재해보상과 산업재해보상보험법

1. 근로기준법의 재해보상

근로기준법에서 재해보상은 근로자가 업무상 재해를 입은 경우 사용자가 근로자 또는 유족에게 일정한 금액을 보상하는 것을 말하는데, 업무상 부상 또는 질병으로 인해 요양하고 있는 기간 중에 근로계약이 해지되어도 당해 부상, 질병이 완쾌되거나 일시보상을 행할 때까지는 근로기준법에 의한 요양보상, 휴업보상 등을 행하여야 한다.

2. 산업재해보상보험법의 재해보상

산재법상의 재해보상은 근로복지공단에서 사용자로부터 보험료를 징수하여 산재 사고가 발생한 경우 근로복지공단에서 근로자에게 보상을 하는 것을 말하는데, 단

---

28) 2001.12.13, 임금 68200−850.

시간근로자에 대해서도 원칙적으로 산업재해보상보험이 적용된다.29)30) 다만, 총공사 금액이 2천만 원 미만인 건설공사, 가사서비스업, 5인 미만의 농업·임업 등의 경우에는 적용이 되지 않는데,31) 산업재해보상보험법이 적용되지 않는 범위 내에서는 근로기준법상의 재해보상 규정이 적용된다. 그리고 산재보험은 사회보험의 성격을 가진 것으로 원칙적으로 사용자가 보험료를 납부하지 않았다고 하더라도, 근로자가 업무상 재해를 입은 경우에는 보상을 받을 수 있다.

Ⅳ. 국민연금

1. 가입대상

1인 이상의 근로자를 사용하는 사업장에서 18세 이상 60세 미만의 근로자는 근로계약 내용과 관계없이 고용기간이 1개월 이상이고 근로시간이 월 80시간 또는 주당 평균 18시간 이상인 경우에는 국민연금의 사업장 가입자가 된다.32)

2. 가입대상에서 제외되는 경우

1월 미만의 기한부로 사용되는 근로자, 1월간의 근로시간이 80시간 미만인 시간제 근로자와 사업장에서 상시근로에 종사할 목적으로 사용되는 근로자가 아닌 경우에는 국민연금법상의 가입대상 근로자에서 제외된다.33)

---

29) 산재법에서 근로자라 함은 근로기준법에 규정된 근로자를 말한다. 1986.4.8, 대법 85다카 2429.
30) 산업재해보상보험법 제5조 (정의).
31) 산업재해보상보험법 시행령 제3조 (법의 적용제외사업).
32) 국민연금법 제8조 (사업장 가입자) ① 사업의 종류, 근로자의 수 등을 고려하여 대통령령이 정하는 사업장(이하 "당연적용사업장"이라 한다)의 18세 이상 60세 미만인 근로자와 사용자는 당연히 사업장 가입자가 된다.
33) 국민연금법 시행령 제2조 (근로자에서 제외되는 자).

단시간근로자에 대한 노동관계법 Q&A

1. 어떤 사람들이 단시간근로자인지 궁금합니다.

단시간근로자는 일반적으로 시간제 근로자라고도 불립니다. 근로기준법상으로는 1주간의 소정근로시간이 해당 근로자가 속한 사업장 내에서 같은 업무에 종사하는 통상근로자에 비해 짧은 근로자를 말합니다.

2. 단시간근로자에 대해서도 근로기준법이 적용되나요?

단시간근로자에 대해서도 원칙적으로 근로기준법의 관련 규정이 적용됩니다. 다만, 단시간근로자에 대해서는 근로기준법상 특별 규정이 있는데, 단시간근로자의 근로조건은 해당 사업장의 같은 업무에 종사하는 통상근로자의 근로시간을 기준으로 하여 산정한 비율에 따라 결정됩니다. 그리고 1주간의 소정근로시간이 15시간 미만인 단시간근로자에 대해서는 근로기준법상의 퇴직금, 주휴일, 연·월차휴가 규정이 적용되지 않습니다.

3. 단시간근로자는 근로계약서를 작성하지 않아도 되나요?

단시간근로자를 고용하고자 할 때도 임금, 근로시간 기타의 근로조건을 명시한 근로계약서를 작성하고, 이를 근로자에게 교부하여야 하며, 이를 위반할 경우에는 500만 원 이하의 벌금을 받게 됩니다.

4. 단시간근로자를 1일에 6시간씩, 14일간을 고용할 경우에도 근로자명부를 작성해야 하나요?

단시간근로자를 1일에 6시간, 14일간을 고용하는 경우에는 근로자 명부를 작성, 보관하지 않아도 무방하다고 봅니다. 다만, 이 경우에도 보다 효과적인 노무관리를 위해서는 근로자 명부를 작성하고, 이를 보관해 놓는 것이 도움이 될 것으로 봅니다.

5. 단시간근로자에게 임금은 어떻게 주어야 하나요?

---

1. 일용근로자 또는 1월 미만의 기한부로 사용되는 근로자. 다만, 1월 이상 계속 사용된 경우에는 그러하지 아니하다.
2. 소재지가 일정하지 아니한 사업장에 종사하는 근로자
3. 삭제
4. 비상임이사, 1월간의 근로시간이 80시간 미만인 시간제 근로자 등 사업장에서 상시근로에 종사할 목적으로 사용되는 자가 아닌 자.

단시간근로자의 임금은 시간급으로 산정하는 것이 원칙이며, 시간급을 일급으로 산정할 경우에는 1일 소정근로시간 수에 시간급 임금을 곱하면 됩니다. 예를 들어, 단시간근로자의 시간급을 5,000원으로 정한 경우 1일 소정근로시간이 6시간이라면

☞ 일급: 5,000원 × 6시간＝30,000원이 됩니다.

6. 1주간 소정근로시간이 15시간 미만인 근로자를 시간급 3,500원으로 1개월 사용하면서 총 56시간을 근로시켰을 경우 최저임금법상 최저임금 미달이 아닌지요?

2008년 현재 최저임금액은 시간급 3,770원입니다. 한 달간의 임금총액이 얼마인지에 무관하게 시간급 3,770원 이상을 받게 된다면 이를 최저임금법 위반으로 볼 수 없습니다.

7. 단시간근로자의 임금을 정할 때 통상근로자의 임금을 기준으로, 단시간근로자가 일하는 시간에 비례하여 정하면 되는지요?

"단시간근로자의 근로조건은 통상근로자의 근로시간을 기준으로 산정한 비율에 따라 결정되어야 한다"(근로기준법 제18조 제1항)는 규정은 단시간근로자의 임금 자체를 통상근로자의 근로시간에 비례하여 책정하라는 의미는 아닙니다.

단시간근로자의 임금(제수당 포함)은 동종업무에 종사하는 통상근로자와 업무수행능력, 근속기간, 업무의 난이도 등을 비교하여 결정하는 것이 바람직할 것입니다.

8. 단시간근로자도 연장근로를 할 수 있나요?

단시간근로자가 합의하는 경우에는 연장근로를 할 수 있습니다. 다만, 소정 근로일이 아닌 날에 일하도록 하거나, 연장근로를 하도록 할 때에는 근로계약서 또는 취업규칙 등에 그 내용과 정도를 명시하여야 하며, 연장근로에 대해 가산임금을 지급하기로 한 경우에는 그 지급률을 함께 명시하여야 합니다.

9. 1주간에 6일을 일하고 각 일의 근로시간이 6시간인(시간급3,000) 단시간근로자 갑에게 주휴일을 부여할 경우, 주휴수당은 어떻게 산정하나요?

갑의 시간급에 1일의 소정근로시간을 곱하여 주면 됩니다. (날짜별 소정근로시간이 일정하지 않은 경우 1일 소정근로시간은 4주간의 소정근로시간을 그 기간의 총일수로 나누어 산출)

갑의 시간급 임금이 3,000원이라면 주휴수당은

18,000원 (3,000원 × 36시간 × 4주 ÷ 24일)이 됩니다.

갑이 1주간에 월, 수, 금요일 각 6시간을 일하는 근로자라면 주휴수당은 9,000원 (3,000원 × 18시간 × 4주 ÷ 24일)이 됩니다.

10. 1주간에 6일을 일하는 여자인 단시간근로자 을에게 생리휴가 또는 산전후휴가를 줄 때도 연월차 휴가와 같이 통상근로자의 근로시간에 비례해서 주면 되나요?

생리휴가 및 산전·산후 휴가는 근로기준법의 규정에 따라 통상근로자와 동등하게, 일단위로 부여하여야 합니다. 생리휴가일은 실제 생리현상이 있는 날 중 을이 신청한 하루가 되고, 휴가수당은 그날의 실제 소정근로시간과는 무관하게 통상의 근로일에 지급하는 임금을 주면 됩니다.

(4주간 소정근로시간을 그 기간의 총일수로 나누어 1일의 소정근로시간을 산출하고 이에 시간급 임금을 곱하여 산출)

을의 시간급이 3,000원이고, 위의 방식으로 산출한 1일 소정근로시간이 5시간인 경우의 유급수당은

유급수당: 3,000원 × 5시간 = 15,000원을 지급.

산전·산후휴가는 산전·산후를 통하여 90일을 주되, 최초 60일에 대하여는 유급으로 하고 있으므로 시간급에 1일의 소정근로시간을 곱하고 이에 60일을 곱한 금액을 산전·산후휴가수당으로 지급해야 됩니다. 나머지 30일분은 고용보험법에서 정한 바에 따라 산전·산후 휴가급여를 받을 수 있습니다.(단, 고용보험 적용 제외자는 받을 수 없음)

을의 시간급이 3,000원이고, 1일 소정근로시간이 5시간인 경우,

▶ 유급수당: 3,000원 × 5시간 × 60일 = 900,000원을 지급

▶ 산전·산후휴가급여: 3,000원 × 5시간 × 60일 = 450,000원을 지급

11. 단시간근로자에 대한 취업규칙 적용관계를 알고 싶습니다.

먼저 단시간근로자를 사용하는 사업주는 단시간근로자에게 적용되는 취업규칙을 별도로 작성할 수 있습니다.

단시간근로자에게 적용되는 취업규칙을 별도로 만들거나 변경하고자 할 때는 적용 대상인 단시간근로자 과반수의 의견을 들어야 하며, 불이익하게 변경하고자 할 때는 그 동의를 얻어야 합니다. 별도의 취업규칙이 없을 경우에는 그 성질이 허용하는 한 통상근로자에게 적용되는 취업규칙을 적용하면 됩니다. 다만, 취업규칙에서 단시간근로

자에 대해 적용을 배제한다는 명시적 규정을 두거나 달리 적용한다는 규정을 둔 경우에는 그에 따르면 됩니다.

12. 단시간근로자에 대해서도 산재보험이 적용됩니까? 산재보험이 적용되지 않는 경우는 어떻게 하나요?

단시간근로자에 대해서도 원칙적으로 산재보험이 적용됩니다. 다만, 산재보험이 적용되지 않는 경우는 근로기준법상의 재해보상 규정이 적용되게 됩니다. 한편, 업무상 부상 또는 질병으로 요양하고 있는 기간 중에 근로계약이 해지되어도 당해 부상 또는 질병이 완쾌되거나 일시보상을 행할 때까지는 요양보상, 휴업보상을 하여야 합니다.

13. 단시간근로자는 자유롭게 해고할 수 있습니까?

단시간근로자도 정당한 이유 없이는 해고할 수 없습니다.(근로기준법 제23조 1항)

또한 정당한 이유가 있는 경우에도 해고일 30일전에 그 예고를 하여야 하며, 30일전에 예고하지 않은 때에는 30일분 이상의 통상임금을 지급하여야 합니다.(근로기준법 제26조)

14. 단시간근로자의 사용기간이 2년을 초과하는 경우 단시간근로자도 정규직으로 자동 전환이 되는 것인지 여부?

단시간근로자도 기간의 정함이 없는 근로계약을 체결한 경우에는 기간제근로자의 범위에 포함되어 사용기간이 2년을 초과한 시점부터 기간의 정함이 없는 근로계약(단시간 근로계약)을 체결한 것으로 간주됩니다.[34]

---

34) 2007.4.25, 비정규 대책팀-1370.

서식 5. 단시간근로자 표준근로계약서

단시간근로자 표준근로계약서

_____(이하 "갑"이라 함)과 _____(이하 "을"이라 함)은 다음과 같이 근로계약을 체결한다.

1. 근로계약기간: 년   월   일부터   년   월   일까지
2. 근무 장소:
3. 업무의 내용(직종):
4. 근로시간: _____시_____분부터 _____시_____분까지
   (휴게시간:○시 ○분~○시 ○분)
5. 근무일 / 휴일: 매주 ○일(또는 매일단위)근무, 주휴일 매주 ○요일
6. 임금
   시간(일, 월)급: _____원 (해당 사항에 ○표)
   기타급여(제수당 등): 없음( )
                         있음: _____원(내역별 기재)
   가산임금률(연장, 야간, 휴일근로 등): _____%(내역별 기재)
   임금지급일: 매월(매주) _____일(공휴일의 경우는 전일)
   지급방법: 을에게 직접지급 또는 예금통장에 입금 등
7. 기타
   이 계약에 정함이 없는 사항은 근로기준법에 의함

                                           년   월   일

       (갑) 사업체명: 주소: (전화:)
            대 표 자: (서명)
       (을) 주   소: 주민등록번호: (전화:)
            성   명: (서명)

단시간근로자의 근로조건 결정기준 등에 관한 사항
(제9조 제1항 관련)[35]

1. 근로계약의 체결
가. 사용자가 단시간근로자를 고용할 경우에는 임금·근로시간 기타의 근로조건을 명확히 기재한 근로계약서를 작성하여 근로자에게 교부하여야 한다.
나. 단시간근로자의 근로계약서에는 계약기간, 근로일, 근로시간의 시작과 종료시각, 시간급임금 기타 노동부장관이 정하는 사항이 명시되어야 한다.

2. 임금의 계산
가. 단시간근로자의 임금산정 단위는 시간급을 원칙으로 하며, 시간급임금을 일급통상임금으로 산정할 경우에는 근로계약서의 규정에 의한 1일 소정근로시간수에 시간급임금을 곱하여 산정한다.
나. 단시간근로자의 1일 소정근로시간수는 4주간의 소정근로시간을 그 기간의 총일수로 나눈 시간수로 한다.

3. 초과근로
가. 사용자는 단시간근로자에 대하여 소정근로일이 아닌 날에 근로시키거나 소정근로시간을 초과하여 근로시키고자 할 경우에는 근로계약서·취업규칙 등에 그 내용 및 정도를 명시하여야 하며, 초과근로에 대하여 가산임금을 지급하기로 한 경우에는 그 지급률을 명시하여야 한다.
나. 사용자는 근로자와의 합의가 있는 경우에 한하여 초과근로를 시킬 수 있다.

4. 휴일·휴가의 적용
가. 사용자는 단시간근로자에 대하여 법 제55조의 규정에 의한 유급휴일을 주어야 한다.
나. 사용자는 단시간근로자에 대하여 법 제60조의 규정에 의한 연차유급휴가를 주어야 한다. 이 경우 유급휴가는 각각 다음의 방식으로 계산한 시간단위로 하며, 1시간 미만은 1시간으로 본다.

---

35) 근로기준법 시행령 별표 1의 2.

$$통상근로자의연차휴가일수 \times \frac{단시간근로자의소정근로시간}{통상근로자의소정근로시간} \times 8시간$$

다. 사용자는 여성인 단시간근로자에 대하여 법 제73조의 규정에 의한 생리휴가 및 법 제74조의 규정에 의한 산전후휴가를 주어야 한다.

라. 가목 및 다목의 경우에 사용자가 지급하여야 하는 임금은 제2호 가목의 규정에 의한 일급통상임금을 기준으로 한다.

마. 나목의 경우에 사용자가 지급하여야 하는 임금은 시간급을 기준으로 한다.

5. 취업규칙의 작성 및 변경

가. 사용자는 단시간근로자에게 적용되는 취업규칙을 통상근로자에게 적용되는 취업규칙과 별도로 작성할 수 있다.

나. 가목의 규정에 의하여 취업규칙을 작성하거나 이를 변경하고자 할 경우에는 적용대상이 되는 단시간근로자 과반수의 의견을 들어야 한다. 다만, 취업규칙을 단시간근로자에게 불이익하게 변경하는 경우에는 그 동의를 얻어야 한다.

다. 단시간근로자에게 적용될 별도의 취업규칙이 작성되지 아니한 경우에는 통상근로자에게 적용되는 취업규칙이 적용된다. 다만, 취업규칙에서 단시간근로자에 대하여 적용이 배제되는 규정을 두거나 달리 적용한다는 규정을 둔 경우에는 이에 따른다.

라. 가목 및 다목의 규정에 의하여 단시간근로자에게 적용되는 취업규칙을 작성 또는 변경하는 경우에는 법 제18조 제1항의 취지에 반하는 내용이 포함되어서는 아니 된다.

제 6 부

일용직 근로자

상이한 직업의 노동임금은 취업의 안정성과 불안정성에 따라 다르다. 벽돌공과 석공은 매우 추운 날이나 날씨가 매우 나쁜 날에는 일할 수 없으며, 그들의 취업은 언제나 고객의 우연한 주문에 달려 있다. 따라서 그들은 일하지 않는 날이 자주 있다. 그러므로 그들이 취업 시에 버는 것은 그들이 놀 때의 생활을 유지할 수 있도록 해야 할 뿐만 아니라, 이처럼 불확실한 상태가 때때로 야기하게 되는 불안 초조에 대해 일정하게 보상해야 할 것이다. 벽돌공·석공의 보수는 일반적으로 보통 일꾼의 그것보다 50% 내지 두 배 높다. 벽돌공·석공의 높은 임금은 그들의 숙련에 대한 보상이라기보다는 그들의 취업의 불안정성에 대한 보상이다.

- 애덤 스미스의 "국부론" 중에서 -

---

* 이것은 노동공급이 초과되지 않는 수급관계의 균형상태에서 일어날 수 있는 것으로, 현재와 같이 노동의 초과공급이 이루어지는 상태에서는 노동의 자연가격(자연임금률) 이하에서 노동의 시장가격(임금)이 정해질 수 있는 것이다.

1장 : 일용직 근로자란?[1]

I. 일용직 근로자의 정의

일용직 근로자[2][3]란 명시적 또는 묵시적으로 근로계약을 1일 단위로 체결하고 그날의 근로가 끝나는 경우 계속 고용이 보장되지 않는 근로자를 말하며, 3개월 이내의 기간을 정하여 고용되는 자이다.

건설현장의 근로자, 일당을 받는 아르바이트 등이 대표적인 일용적인 근로자[4]이

---

1) 여기에서의 일용직 근로자란 법률적 용어로 통일적으로 정의되어 있지 않은 것으로, 일상적으로 사용하는 일용직의 개념에 따라 설명의 편의상 별도의 장으로 구분하여 설명한 것임. 따라서 일용직 근로자가 동시에 "기간제및단시간근로자보호등에관한법률"에서 정의하는 단시간근로자 또는 기간제근로자에 해당될 수 있으며 그러한 경우 그에 상응하는 법적보호를 받을 수 있을 것임.
2) 노동부 노동용어 해설에 다르면 일용근로자란 일일 고용되는 자 또는 3개월 이내의 기간을 정하여 고용되는 자를 말함. 다만 3월을 초과하여 계속 고용하는 자는 제외함.
3) 일용근로자라 함은 고용기간이 1일로서 그날의 근로종료에 따라 사용종속관계가 일단 종료되고 필요에 따라 하루하루를 그 기간으로 하여 사용하는 근로자를 말한다. 1983.5.12, 근기 1451－12200.
4) 노동부의 일용직 근로자 고용보험 해설에서는 일용직 근로자를 1월 미만의 기간 동안 고용되는 근로자로 주로 건설 근로자(비계공, 벽돌공, 목수, 용접공 등)가 해당되며, 그 외에 중국집 배달원, 급식조리원, 식당 주방 보조원, 백화점 세일기간 동안 고용된 사람 등이 해당된다고 하고 있다.

다. 그러나 서비스업뿐만 아니라 제조업 등에서도 3개월 이상의 장기간으로 사용하면서 임금을 일당으로 계산하거나 지급하면서 일용직으로 부르는 경우가 많다.

Ⅱ. 일용직 근로자 현황

일용직 근로자도 다른 비정규직 근로자와 마찬가지로 1997년 이후 전체 근로자에서 차지하는 비중이 높아지며 인원도 증가하고 있다.

통계청의 고용동향 자료에 의하면 전체 임금 근로자에서 차지하는 비중이 1997년 14.1%에 불과하였으나 1999년 12월에는 18.3%를 정점으로 2003년 이후에는 14%대를 유지하고 있다. 인원수를 살펴보면 1999년 200만 명을 돌파한 후 250만 명 미만을 유지하고 있다. 그러나 통계에 반영되지 않은 일용직의 규모가 포함하면 이를 훨씬 능가할 것으로 판단된다. 이러한 일용직의 취업자 수는 경기변동과 양(+)의 관계를 가지는 데 경기가 좋아지는 경우에는 일용직의 고용을 늘리고, 반대로 경기가 하락하는 경우 고용조정이 가장 쉬운 일용직에 대하여 인력조정을 하게 된다.

한국노동연구원이 2002년 6월을 기준으로 6만여 개의 표본사업체를 대상으로 '비정규직의 근로실태'를 조사 분석한 자료에 따르면 전체 비정규직 중 일용근로자가 차지하는 비율은 26.8%, 주당 총근로시간은 35.6시간, 사회보험 적용률은 20~40% 정도로 나타났다.[5] 임금 수준은 "2001년 통계청의 경제활동인구 부가조사"에 의하면 정규직의 159만9천 원에 비하여 일용직의 월평균임금은 71만6천 원으로 상용직의 44.8%에 불과하였으며, 2005년의 조사에서는 정규직 월평균임금의 159만3천 원의 54% 수준인 86만 원, 2006년에는 정규직 월평균임금 165만6천 원의 52.7%인 87만3천 원으로 조사됐다.

---

5) 조선일보, 2003.3.25.

표 25. 일용직 근로자 취업자 수와 비율[6)]

(단위: 천 명)

구 분	1998.12	1999.12	2000.12	2001.12	2002.12	2003.12	2004.12.	2005.12
임금 근로자	12,280	13,195	13,548	13,996	14,405	14,624	15,109	15,436
일용 근로자	1,954	2,413	2,294	2,331	2,489	2,166	2,258	2,148
비율(%)	16.2	18.3	16.9	16.7	17.3	14.8	14.9%	14.1%

6) 통계청의 "종사상 지위별 취업자" 1998~2005년 통계자료 참조.

2장 : 일용직 근로자와 근로기준법

I. 근로기준법 적용의 원칙

일용직 근로자에 대해서도 원칙적으로 근로기준법의 관련조항이 적용된다.7) 근로기준법에서 규정하고 있는 근로자란 직업의 종류와 관계없이 임금을 목적으로 사업이나 사업장에 근로를 제공하는 자를 말하므로, 근로시간이 일반근로자보다 짧거나 다르게 계약하고 근로관계가 1일로서 종료되는 일용근로자도 근로기준법상 근로자로서 일반근로자와 같이 근로기준법이 적용된다.8)

종속적인 관계가 있는지 여부를 판단함에 있어서는 근로자가 담당하는 업무의 내용이 사용자에 의하여 정하여지고 취업규칙, 복무규정, 인사규정 등의 적용을 받으며 업무수행 과정에 있어서도 근로자가 사용자로부터 구체적이고 직접적인 지휘·감독을 받는지 여부 등이 종합적으로 고려하여야 한다.9) 이 경우 노무를 제공한 일수에 따라 일당을 정산하여 받으며, 사용종속관계하에서 임금을 목적으로 근로를 제

---

7) 근로기준법상 근로자라 함은 직업의 종류를 불문하고 사업 또는 사업장에서 임금을 목적으로 근로를 제공한 자를 말하는 것인바, 일용근로자의 경우도 당연히 근로기준법이 적용됨. 1983.1.21, 근기 1456-1697.
8) 1988.6.7, 근기 01254-8898.
9) 근로자성 인정여부에 대한 기준은 제2부 2장의 근로자의 개념 부분 참조.

공하는 근로자로 보기 어려운 경우, 즉 서로 대등한 당사자로서 일회적으로 일정기간 일의 완성을 목적으로 한 노무도급계약을 체결한 것으로 보이는 경우에는 근로자로 보기는 부족하다고 보는 판례의 입장도 있다.[10]

그리고 상시 4인 이하의 근로자를 사용하는 사업 또는 사업장은 근로기준법의 일부 규정만이 적용되므로 이 부분에 대해서는 일용직 근로자에게도 마찬가지로 적용이 배제된다.

Ⅱ. 근로계약

사용자는 근로자에 대하여 임금의 구성항목·계산방법·지급방법, 소정근로시간, 휴일, 연차유급휴가에 관한 사항에 대하여는 서면으로 명시하고 근로자의 요구가 있는 때에는 이를 그 근로자에게 교부하여야 한다.[11]

Ⅲ. 임금

1. 임금의 지급

일단위로 근로계약을 체결하는 일용직 근로자의 경우는 매일 근로계약서상의 근무시간 종료 직후에 임금을 지급하여야 한다.

---

10) 2000.12.13, 춘천지법 2000노 407.
11) 근로기준법 17조 (근로조건의 명시).

2. 임금의 계산

일용직 근로자의 임금산정은 원칙적으로 시간급 또는 일급 단위를 원칙으로 하며, 시간급 임금을 일급의 통상임금으로 산정할 경우에는 1일의 소정근로시간수에 시간급 임금을 곱하여 산정한다.[12]

한편, 1일의 소정근로시간이 연장 또는 야간근로를 예정하고 있어 근로계약상 연장 또는 야간근로에 대한 가산임금을 포함한 금액을 1일의 임금으로 하고 있는 경우에는 일급통상임금을 포괄역산방식에 의해 산출할 수 있다.

1일 근로에 대해 17,100원을 주기로 하고 당해일 오전 9시부터 오후 7시까지 9시간(휴게 시간은 12:00부터 13:00까지) 근로하기로 계약한 경우의 임금은 다음과 같다.

> ➤ 시급: 17,100 ÷ (8 + 1.5) = 1,800원
> ※ 1일 8시간을 초과하는 연장근로시간 1시간에 대하여 50%의 할증이 부과됨
> ➤ 일급 통상임금: 1,800원 × 8시간 = 14,400원

일용직 근로자가 당해일에 근로계약을 체결하고 근로를 개시한 이후에 사용자의 귀책사유로 인해 휴업을 하게 된 때에는 당해일 휴업 이전의 근로시간에 대해서는 시간급으로 산정한 임금을 지급하되, 휴업한 시간에 대해서는 근로를 제공하였을 경우 받기로 한 금액의 100분의 70을 근로자에게 지급하여야 한다.[13]

1일 근로에 14,400원 주기로 하고 당해일에 오전 9시부터 오후 6시까지(휴게 시간은 12:00부터 13:00까지)근로하기로 계약한 경우, 오전 9시부터 오후 2시까지 근로하고 휴업하였다면 시급과 근로자 수령액은 다음과 같다.

---

12) 근로기준법 시행령 제6조 (통상임금).
13) 근로기준법 제45조 (휴업수당) ① 사용자의 귀책사유로 인하여 휴업하는 경우에는 사용자는 휴업기간 중 당해 근로자에 대하여 평균임금의 100분의 70 이상의 수당을 지급하여야 한다.

➤ 시급: 14,400 ÷ 8 = 1,800원
➤ 근로자 수령액:(1,800원 × 4) + (1,800원 × 4 × 0.7) = 12,240원

Ⅳ. 근로시간

일용직 근로자에게도 근로기준법 제49조 등 근로시간에 관한 규정이 적용되는데, 1주간의 근로시간은 휴게시간을 제하고 40시간을 초과할 수 없으며, 1일의 근로시간을 휴게시간을 제외하고 8시간을 초과할 수 없다. 당사자 간에 합의하면 1주간에 12시간을 한도로 연장근로를 할 수 있으며, 연장·야간·휴일 근로에 대하여는 통상임금의 100분의 50 이상을 가산하여 지급하여야 한다.

Ⅴ. 휴게·휴일·휴가

1. 휴게

근로시간이 4시간인 경우에는 30분 이상, 8시간인 경우에는 1시간 이상의 휴게시간을 근로시간 도중에 주어야 한다.

2. 휴일

일단위로 근로계약을 체결하는 일용직 근로자의 경우도 근로계약을 반복적으로 체결하여 6일간을 계속 근로한 경우에는 주휴일을 유급으로 주어야 한다.[14] 그러나 6일간을 계속 근로함으로써 유급주휴 부여 요건을 충족한 경우에도, 주휴일을 부여해야 할 날 직전일에 근로관계가 종료된 때에는 주휴일을 부여하지 않을 수 있다.

1주 5일 근무제를 채택한 사업장의 경우에는 일용직 근로자가 1주 5일을 계속 근로한 경우에는 1일의 유급휴일과 1일의 무급휴일이 부여되면 된다.

3. 휴가

1) 연차유급휴가

계속근로연수가 1년 미만인 일용직 근로자가 1월간 개근한 경우에는 연차휴급휴가가 부여된다. 다만, 1월간 소정근로일수를 개근한 경우에도 휴가 발생일 당일에 근로관계가 종료되었다면 휴가를 부여하지 않을 수 있다. 그리고 일용직 근로자도 1년간 8할 이상 출근한 경우에는 15일의 연차유급휴가가 부여된다.

2) 생리휴가, 산전·산후 휴가

여자인 근로자에 대하여는 월 1일의 생리휴가가 부여되는데 개정된 근로기준법에

---

14) 일용근로자가 계속적으로 근로를 한다면 이때에는 소정근로일수 대신 실근로일수를 기준으로 하여 1주일에 6일을 개근하였다면 주휴일을 부여하여야함. 한편, 일용근로자의 경우 주휴수당을 포함하여 임금을 지급받기로 사전에 약정하지 않은 한 주휴수당은 임금과는 별도로 지급되는 것이므로 주휴일이 부여된 일용근로자에게는 임금과는 별도로 주휴수당을 지급하여야 함. 1997.4.2, 근기 68207-424.

서는 유급에서 무급으로 변경되었다. 다만, 근로계약을 1일 단위로 체결하고 그날의 근로가 끝남에 따라 사용종속관계가 종료되는 실질적인 의미의 일용직 근로자라면 현실적으로 생리휴가를 사용하기가 불가능할 것이나, 사실상 상시 근로하면서 임금만을 일일단위로 산정한다는 의미의 일용직 근로자는 생리휴가를 사용할 수 있다.[15] 또한 산전·산후 휴가의 경우에도 사실상 상시 근로하는 경우에는 산전·산후 휴가가 보장되어야 한다.[16]

VI. 퇴직금

1. 퇴직금의 지급 요건

근로기준법에서 사용자는 계속근로연수 1년에 대하여 30일분의 평균임금을 퇴직금으로 지급하게 되어 있는데, 형식상으로는 비록 일용직 근로자로 되어 있다고 하더라도 일용관계가 중단되지 않고 계속되어 온 경우에는 상용근로자로 보아야 할 것이고 1년 이상 근로한 경우에는 퇴직금을 지급하여야 한다.[17][18] 또한 퇴직금은 퇴직이라는 근로관계의 종료를 요건으로 비로소 발생하는 것이므로 매일 지급받는 일당 속에 퇴직금이란 명목으로 일정한 금원을 지급하였다고 하여도 그것은 근로기준법에서 정하는 퇴직금으로서의 효력은 없다.[19]

---

15) 2002.5.14, 여원 68240-234.
16) 2001.11.16, 여원 68240-508.
17) 1996.4.19, 서울지법 95가합 1509.
18) 일용근로자라고 하더라도 사실상 근로관계가 중단되지 않고 계속된 경우에는 상용근로자로 보아 퇴직금을 지급하여야 하는 것이므로 1년에 13일 정도만 결근하고 1년 이상 계속 근로한 경우에는 사실상 상용근로자로서 당연히 퇴직금 지급대상자라고 할 것이다. 1998.3.24, 대법 96다 24699.

2. 건설근로자 퇴직공제제도

1) 퇴직공제금의 지급

납부월수가 12개월 이상인 피공제자가 건설업에서 퇴직·사망한 경우나 60세에 이른 경우에는 공제부금으로 납부한 원금에 이자를 붙여 퇴직공제금을 지급하여야 한다.[20)

피공제자가 둘 이상의 공제계약 사업주에게 고용되어 근로한 경우에는 각각의 사업주에게 고용되어 근로한 날을 합산한다.[21)

2) 건설근로자퇴직공제제도의 가입

건설산업기본법법 제87조 제1항의 규정에 의한 건설공사 및 대통령령이 정하는 건설공사를 행하는 사업주는 그 건설공사의 사업 시작일부터 당연히 퇴직공제의 가입자가 된다.[22) 대통령령이 정하는 건설공사는 전기공사법에 의한 전기공사, 정보통신공사법에 의한 정보통신공사, 소방법에 의한 소방시설공사, 문화재보호법에 의한 문화재 수리공사로서 다음에 해당하는 공사를 말한다.

① 국가 또는 지방자치단체가 발주하는 공사로서 공사예정금액이 5억 원 이상인 공사
② 국가 또는 지방자치단체가 출자 또는 출연한 법인이 발주하는 공사로서 공사예정금액이 5억 원 이상인 공사[23)

---

19) 1998.3.24, 대법 96다 24699.
20) 건설근로자의고용개선등에관한법률 제14조 (퇴직공제금의 지급).
21) 건설근로자의고용개선등에관한법률 제14조 (퇴직공제금의 지급).
22) 건설근로자의고용개선등에관한법률 제10조 (퇴직공제의 가입).
23) 건설근로자의고용개선등에관한법률 시행령 제6조의 2 (퇴직공제의 당연가입대상).

　　그러나 기간의 정함이 없이 고용된 상용근로자, 1년 이상의 기간을 정하여 고용
된 근로자,[24] 1일의 소정근로시간이 4시간 미만이고, 1주간의 소정근로시간이 15시
간 미만인 근로자[25]는 피공제자가 될 수 없다.

Ⅶ. 해고

1. 원칙

　　일용직 근로자의 경우 원칙적으로 1일 단위의 근로계약을 체결하게 되므로 당일
근로가 종료되면 계약이 해지되어 해고의 문제는 발생하지 않는 것이 원칙이다. 그
러나 당해일의 근로시간 중에 즉시 해고하고자 하는 경우에는 정당한 사유가 있어
야 한다.

2. 해고의 예고

　　일용근로자가 계속 근로하여 3개월 이상 근로하고 해고되는 경우에는 근로기준법
의 규정에 의하여 해고예고를 하거나 해고수당을 지급하여야 한다.[26] 그러나 일용

---

24) 건설근로자의고용개선등에관한법률 시행령 제11조 (피공제자가 될 수 없는 자의 범위).
25) 건설근로자의고용개선등에관한법률 시행규칙 제12조 (피공제자가 될 수 없는 자의 범위).
26) 일용근로자라 함은 1일 근로할 것을 약정하여 근로하는 자를 말하며 같은 형태로서 계속
　　반복하여 사용하였을 때에는 상용근로자와 같이 주휴일과 월차가 발생한다. 물론 위와 같
　　이 일용근로자가 계속 근로하여 주휴일에 근로하였다면 당연히 주휴수당을 지급하여야
　　한다. 그리고 일용근로자가 계속 근로하여 3개월 이상 근로하고 해고되는 경우에는 근로
　　기준법의 규정에 의하여 해고예고를 하거나 해고수당을 지급하여야 한다. 다만, 3개월 미

직 근로자가 근로계약을 계속적 반복적으로 갱신한다고 하더라도 3월을 계속 근무하지 않은 경우에는 해고예고의 대상이 되지 않는다.[27]

만인 경우에는 해고예고의 적용이 제외된다. 1982.4.2, 근기 1455-9231.
[27] 근로기준법 제35조 (해고예고의 적용 예외).

3장 : 일용직 근로자와 기타 노동관계법

I. 고용보험법[28]

1. 고용보험 적용의 의의

일용근로자는 실업의 위험이 상대적으로 높아 실제로 고용보험의 필요성이 가장 큰 계층임에도 적용대상에서 제외되어 왔으나, 2004.1.1.부터는 고용기간이 1월 미만인 일용근로자에 대하여도 실업급여를 지급할 수 있도록 고용보험법이 개정되어 사실상 모든 근로자가 고용보험의 적용을 받을 수 있게 되었다. 즉 종전에는 1월 미만 일용근로자는 월 80시간(주18시간) 이상인 경우 고용안정사업 및 직업능력개발사업에만 적용되고 실업급여는 적용되지 않았다. 그러나 법 개정으로 1월 미만 여부에 관계없이 고용보험법의 실업보험사업, 고용안정사업, 직업능력개발사업의 3사업 모두에 당연 적용이 된다.

---

28) 노동부의 "2004.1.1.부터 시행되는 일용근로자 고용보험제도 이렇습니다" 참조.

2. 일용근로자의 정의

1) 고용보험법의 일용근로자란?

고용보험법에서 말하는 일용근로자는 근로기준법상의 근로자와 개념과 차이가 있는데, 고용보험법에서의 일용근로자란 1개월 미만 동안 고용되는 자를 말한다.[29][30] 대부분 건설현장 근로자(비계공, 벽돌공, 목수, 용접공)는 일용근로자에 해당된다. 다만, 경리·현장감독·경비 등 당해 건설현장과 관련하여 고용의 상시성과 지속적으로 사업주의 관리·감독이 이루어지는 근로자는 상용근로자로 간주된다. 건설업 이외의 업종으로서 새벽 인력시장이나 직업소개소 등을 통해 필요에 따라 일시적으로 고용되는 자도 일용근로자로 간주되며, 그 외에 중국집 배달원, 급식조리원, 식당 주방보조원, 백화점 세일기간 동안 고용된 사람 등이 해당된다.

'1월 미만의 기간 동안 고용된다'는 것은 현실적으로 1월 미만 고용된 경우를 말하는 것이 아니며, 근로계약기간이 1일 단위 또는 1월 미만인 경우에 해당되는 경우를 말한다. 따라서 임금의 산정이나 지급형태가 일단위로 이루어진다 하여 일용근로자로 분류되는 것은 아니다. 또한 여기에서의 근로계약은 명시적인 계약은 물론 묵시적인 계약을 포함한다.

일용근로자는 근로시간에 관계없이 당일 근로를 제공한 사실이 있는 경우에는 단시간근로(1주 15시간, 1월 60시간 미만 근로)인 경우에도 당연 적용 대상이다. 그러나 근로계약 기간이 1월 이상이거나 기간의 정함이 없는 경우에 당해 근로자가 1월 미만의 근로만을 제공하고 이직하는 경우일지라도 일용근로자로 분류되는 것은 아니며, 또한 일일단위 근로계약 형태로 채용되었으나 계속하여 1월 이상 근로를 제공하였다 할지라도 상용근로자로 볼 수는 없다.

---

29) 고용보험법 제2조 (정의) 6. "일용근로자"란 1개월 미만 동안 고용되는 자를 말한다.

30) 고용보험법 시행령 제3조 (적용제외 근로자) ① "소정근로시간이 대통령령이 정하는 시간 미만인 자"라 함은 1월간의 소정근로시간이 60시간 미만인 자를 말한다. 다만, 생업을 목적으로 근로를 제공하는 자 중 3월 이상 계속하여 근로를 제공하는 자 및 법 제2조 제5호의 규정에 의한 일용근로자를 제외한다.

2) 고용보험법의 일용근로자와 상용근로자의 구별

　일용근로자는 실업급여 지급요건 등에 있어 특례가 인정되고, 일용근로자가 아닌 자와 피보험자격 신고방식이 다르다. 즉 수급요건, 급여기초임금일액 산정방식, 근로내역확인신고서에 의한 피보험 자격신고, 실업인정의 특례, 신고방식의 다양화, 피보험자격의 취득·상실의 신고 등에서 일용근로자가 아닌 상용근로자와 비교하여 차이가 있는데 이를 살펴보면 다음과 같다.

표 26. 상용근로자와 일용근로자의 비교

구　　분		상용근로자	일용근로자
주 15시간 미만인 자 적용여부		생업을 목적으로 3월 이상 계속 근로를 제공하는 자에 한하여 적용	근로시간에 관계없이 모두 적용
피보험 자격의 신고	주기	월 1회	월 1회
	서식	피보험자격의 취득·상실, 이직확인서의 제출	근로내역확인신고서(별지 제14호의2)의 제출(신고항목 간소화)
	방법	서면, 인터넷(EDI)	서면, 인터넷(EDI), 전자카드
피보험자 관리		근로기간(취득 시부터 상실 시까지)	근로일수
피보험 자격 확인통지	서식	확인통지서	가입내역통지서
	통지기간	제한 없음	제한 없음
수급요건		▷ 피보험단위기간 180일 이상 ▷ 비자발적으로 이직 ▷ 실업상태에 있을 것	▷ 피보험단위기간 180일 이상 ▷ 비자발적으로 이직 ▷ 실업상태에 있을 것 ▷ 1월 근로일수 10일 미만 ▷ 일용근로자로 90일 이상 근로 　(자발적 이직이 있는 경우)
피보험단위기간		피보험자격의 취득일로부터 상실일까지 기간 (임금지급의 기초)	근로일수
피보험기간		피보험자격의 취득일로부터 상실일까지 기간	근로일수
피보험단위기간과 피보험기간		피보험단위기간 ≤ 피보험기간	피보험단위기간 = 피보험기간
급여기초임금일액		▷ 평균임금: 최종이직 전 3월 ▷ 통상임금이 평균임금보다 높은 경우 통상임금으로 산정	▷ 평균임금: 최종이직 전 4월중 최종 1월 제외한 3월 ▷ 통상임금 적용제외(평균임금으로만 산정)
실업급여를 지급하지 않는 근로제공 의 범위		1주 15시간 이상 근로제공 또는 근로제공을 통해 노동부장관이 정하는 금품이상 수령	1일 4시간 이상 근로제공 또는 근로제공을 통해 노동부장관이 정하는 금품이상 수령

3. 고용보험 가입

1) 원칙

일용근로자는 고용보험 적용 사업장에 고용된 날로부터 피보험자격을 얻게 되며, 사업주가 고용안정센터에 피보험자격을 신고를 함으로써 고용보험에 가입이 된다.

일용근로자에 대한 피보험자격 신고는 사업주가 근로내역확인신고서를 매월 15일까지 사업장 관할 고용안정센터에 제출하면 되고, 사업주가 신고를 하지 않거나 허위로 신고하는 경우에는 300만 원 이하의 과태료 처분을 받게 된다. 피보험자격신고는 원칙적으로 사업주가 하여야 하지만, 사업주가 신고하지 않을 경우 근로자가 직접 고용안정센터에 신고할 수 있다.

2) 건설사업장의 피보험자격 신고체계

건설사업장은 다양한 하도급의 형태로 이루어지는 등 그 특수성으로 인해 별도의 규정이 요구되는데 그 내용을 살펴보면 다음과 같다.

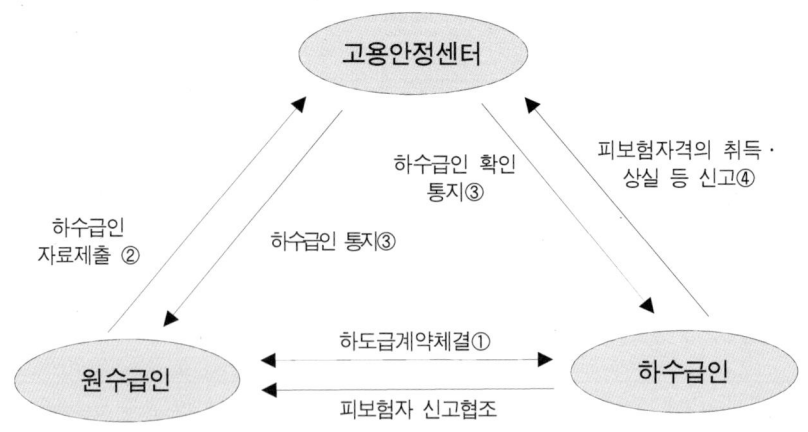

그림 3. 건설사업장의 피보험 자격 신고체계

① 원수급인과 하수급인이 하도급계약을 체결
② 원수급인은 하도급계약 체결일로부터 14일 이내에 사업의 소재지 관할 직업안
  정기관에 하수급인 내역을 하도급계약서 사본을 첨부하여 제출
③ 직업안정기관의 장은 하수급인 관리번호 등을 기재한 고용보험 하수급인확인
  서를 원수급인 및 하수급인에게 통보
④ 하수급인은 부여받은 하수급인 관리번호를 통해 고용안정센터에 매월 15일까
  지 고용하고 있는 일용근로자의 근로자의 근로내역확인 신고서를 제출
※ 원수급인은 하수급인이 피보험자격에 관한 신고를 제대로 할 수 있도록 협조

4. 일용근로자 실업급여 지급

1) 실업급여 수급자격

① 수급자격인정 신청일 이전 18개월 동안 일한 날이 180일 이상이어야 한다.
② 수급자격인정 신청일 이전 1개월간 근로한 일수가 10일 미만이어야 한다.
③ 근로할 의사 및 능력이 있음에도 불구하고 취업하지 못한 상태에서 적극적으
  로 재취업 활동을 하여야 한다.
※ 전직·자영업을 위하여 스스로 그만두었거나, 자신의 중대한 귀책사유로 해고
  된 경우에는 실업급여를 지급받을 수 없음

2) 실업급여 수급금액 및 수급기간

실업급여는 퇴직당시 연령과 고용보험 가입기간에 따라서 짧게는 90일에서 길게
는 240일의 범위 내에서 퇴직 전 평균임금의 50%를 받을 수 있다.

$$일용근로자평균임금 = \frac{이직일이전4개월중최종1개월을제외한3개월간의임금총액}{이직일이전4개월중최종1개월을제외한3개월간의총일수}$$

표 27. 실업급여 수급금액

연 령 / 피보험기간	1년 미만	1년 이상 3년 미만	3년 이상 5년 미만	5년 이상 10년 미만	10년 이상
30세 미만		90일	120일	150일	180일
30세 이상~50세 미만	90일	120일	150일	180일	210일
50세 이상 및 장애인		150일	180일	210일	240일

3) 실업급여 수급절차

① 실업급여를 수령하려면 수급자격이 갖춰진 즉시 신분증을 가지고 관할 고용안정 센터에 방문하여 실업신고를 하여야 한다.

② 실업신고 시에는 구직신청과 수급자격인정신청을 하면 되고, 실업신고 후 2주 이내에 실업급여를 받을 수 있는지를 통지받게 된다.

③ 수급자격이 인정된 경우, 실업신고일로부터 매 2주마다 지정된 날에 직접 고용안정센터에 출석하여 실업인정을 받으면 실업급여를 받을 수 있다.

※ '실업인정'이란 실직근로자가 2주의 기간 동안 실업상태에 있었음과 재취업활동을 하고 있다는 것을 직업안정기관의 장이 인정하는 것을 말한다.

Ⅱ. 근로기준법과 산업재해보상보험법[31]의 재해보상

1. 근로기준법의 재해보상

근로기준법에서 재해보상은 근로자가 업무상 재해를 입은 경우 사용자가 근로자

---

31) 자세한 내용은 제8부의 산재보험 참조.

또는 유족에게 일정한 금액을 보상하는 것을 말하는데 일용직 근로자에게도 적용이 될 수 있다.

근로기준법 제86조에서는 보상을 받을 권리는 퇴직으로 인하여 변경되지 아니하며 양도 또는 압류하지 못한다고 규정하고 있으므로, 계약기간을 정하여 근로한 근로자(일용근로도 포함)가 요양기간 중에 근로계약기간이 만료되었다고 하더라도 당해 질병, 부상 등이 완쾌되거나 근로기준법 제84조의 규정에 따라 일시보상을 행할 때까지는 요양보상, 휴업보상 등을 하여야 한다.[32]

2. 산업재해보상보험법

산업재해보상보험법의 재해보상은 근로복지공단에서 사용자로부터 보험료를 징수하여 산재사고가 발생한 경우 근로복지공단에서 근로자에게 보상을 하는 것을 말하는데, 산재법은 1인 이상의 근로자를 사용하는 모든 사업 또는 사업장에 적용되므로 원칙적으로 일용직 근로자에게도 산재법이 적용된다.[33] 즉 산재보험은 사업종류에 따라 적용 여부가 결정되는 것이므로, 일용근로자라고 하여 산재보험의 적용이 배제되지는 않는다.[34] 다만, 총공사공업이 2천만 원 미만인 건설공사, 가사서비스업, 5인 미만의 농업·임업 등의 경우에는 적용이 되지 않는다.[35]

그리고 일용근로자의 경우에는 사용자가 가입신고를 하지 않는 경우가 많은데, 산재보험은 사회보험의 성격을 가진 것으로 원칙적으로 사용자가 보험료를 납부하지 않았다고 하더라도, 근로자가 업무상 재해를 입은 경우에는 보상을 받을 수 있다.

---

32) 1991.12.20, 근기 01254-18376.
33) 단, 산재법 시행령 제3조에 규정된 적용제외 사업장에는 산재법이 적용되지 않는다.
34) 1986.6.27, 징수 01254-10518.
35) 산업재해보상보험법 시행령 제3조 (법의 적용제외사업).

Ⅲ. 최저임금법

1. 최저임금법의 적용대상

최저임금법에서의 근로자란 근로기준법에 규정된 근로자를 말하므로 근로기준법 상의 근로자에 해당되는 경우에는 최저임금법이 적용된다. 그러나 수습사용 중에 있는 자로서 수습사용한 날부터 3개월 이내인 근로자에 대해서는 최저임금액[36]에서 100분의 10을 감한 금액을 당해 근로자의 시간급 최저임금으로 하며, 정신 또는 신 체의 장애로 근로능력이 현저히 낮은 자, 감시 또는 단속적 근로에 종사하는 자 등 에 대해서도 노동부 장관의 인가를 받아 최저임금 적용을 제외할 수 있다.

2. 최저임금 산정방법

상여금은 통상지급액 등이 연간을 단위로 정하여지고 1임금 산정기간을 넘어서 지급되는 등의 성격을 가지고 있기 때문에 비록 매월 분할 지급되더라도 당초의 상 여금 성격을 가지고 있는 한 최저임금 산입을 위한 임금에는 포함되지 않는다. 또 한 시간외 수당이 실제 시간외근로 여부와 관계없이 일정액이 고정적으로 지급되더 라도 시간외 수당이 만들어진 배경, 그 명칭이 갖는 의미 등을 종합적으로 고려할 때 최저임금 산입을 위한 임금에 포함하기는 어렵다. 그러나 직무수당의 경우 미리 정하여진 지급조건에 따라 일률적으로 매월 1회 이상 정기적으로 지급되고 있다면 최저임금 산입을 위한 임금에 포함된다.[37]

---

36) 2008년의 시간급 최저임금은 3,770원이다.
37) 2001.12.13, 임금 68200−850.

Ⅳ. 국민연금

　1인 이상의 근로자를 사용하는 사업장에서 18세 이상 60세 미만의 근로자는 당연히 국민연금의 사업장 가입자가 된다.[38][39]

　그러나 일용근로자 또는 1월 미만의 기한부로 사용되는 근로자는 국민연금법의 근로자에서 제외되지만, 일용근로자의 경우에도 1월 이상 계속 사용된 경우에는 국민연금법상의 근로자에서 제외되지 않는다.[40]

---

38) 국민연금법 제8조 (사업장 가입자) ① 사업의 종류, 근로자의 수 등을 고려하여 대통령령이 정하는 사업장(이하 "당연적용사업장"이라 한다)의 18세 이상 60세 미만인 근로자와 사용자는 당연히 사업장 가입자가 된다. 다만 다음 각 호의 1에 해당하는 자를 제외한다.
　　1. 공무원연금법·사립학교교직원연금법·또는 별정우체국법에 의한 퇴직연금·장해연금 또는 퇴직연금 일시금이나 군인연금법에 의한 퇴역연금 또는 퇴역연금일시금의 수급권을 취득한 자.
39) 국민연금법 시행령 제18조 (당연적용사업장) ① 법 제8조 1항의 규정에 의한 당연적용사업장은 다음 각 호의 1에 해당하는 사업장으로 한다.
　　1. 1인 이상의 근로자를 사용하는 사업장
　　2. 주한 외국기관으로서 1인 이상의 대한민국 국민인 근로자를 사용하는 사업장
40) 국민연금법 시행령 제2조 (근로자에서 제외되는 자).
　　1. 일용근로자 또는 1월 미만의 기한부로 사용되는 근로자. 다만, 1월 이상 계속 사용된 경우에는 그러하지 아니하다.
　　2. 소재지가 일정하지 아니한 사업장에 종사하는 근로자.
　　3. 삭제.
　　4. 비상임이사, 1월간의 근로시간이 80시간 미만인 시간제 근로자 등 사업장에서 상시근로에 종사할 목적으로 사용되는 자가 아닌 자.

◆ 건설일용근로자 보호지침[41]

Ⅰ. 건설일용근로자에 대한 근로기준법 적용

1. 근로기준법 적용일반
○ 건설일용근로자에 대해서도 원칙적으로 근로기준법의 관련조항이 적용됨
- 상시 4인 이하의 근로자를 사용하는 사업 또는 사업장은 근로기준법의 일부 규정만이 적용되므로 그 범위 내에서 이 지침의 적용을 제외

2. 근로기준법의 구체적 적용방법
가. 근로계약 체결
○ 사용자는 건설일용근로자를 고용하고자 할 때에는 임금, 근로시간, 기타의 근로조건을 명시해야 함
- 특히 임금의 구성항목, 계산방법 및 지불방법에 관한 사항은 서면으로 작성해야 함 (근로기준법 제17조 및 동법 시행령 제8조)
○ 건설일용근로자에 대해서도 근로자명부, 임금대장 등 근로계약에 관한 중요한 서류를 작성하며 이를 3년간 보관(근로기준법 제41조 및 제42조)
- 근로자 명부에는 근로자의 성명, 생년월일, 이력과 종사하는 업무, 고용 또는 고용갱신 연월일, 계약기간을 정한 경우에는 그 기간 기타 고용에 관한 사항을 기재(근로기준법 시행령 제20조)
- 사용기간이 30일 미만인 건설일용근로자에 대해서는 근로자 명부를 작성하지 않을 수 있음(근로기준법 시행령 제21조)
※ 다만, 사용기간이 30일 미만인 건설일용근로자에 대해서는 임금대장 작성 시 성명, 주민등록번호, 기능 및 자격, 고용연월일, 종사업무 등을 반드시 기재하도록 행정지도 강화

나. 임금의 지급 및 계산
○ 근로기준법의 통화불, 직접불, 전액불, 정기불의 임금지급원칙을 준수(근로기준법

---

41) 2004.8.30, 근로기준과-4532.

제43조)

- 일단위로 근로계약을 체결하는 건설일용근로자의 경우에는 매일 근무시간 종료 직후에 임금을 지급

○ 각종 수당 등에 대해서는 취업규칙 또는 근로계약 등으로 정하는 바에 의하여 지급

○ 일용근로자의 임금산정은 원칙적으로 시간급 또는 일급 단위를 원칙으로 하며, 시간급 임금을 일급의 통상임금으로 산정할 경우에는 1일의 소정근로시간수에 시간급 임금을 곱하여 산정함(근로기준법시행령 제6조)

- 한편, 1일의 소정근로시간이 연장 또는 야간근로를 예정하고 있어 근로계약상 연장 또는 야간근로에 대한 가산임금을 포함한 금액을 1일의 임금으로 하고 있는 경우에는 일급 통상임금을 포괄역산방식에 의해 산출할 수 있음.

ex) 1일 근로에 대해 47,100원을 주기로 하고, 당해일 오전 7시부터 오후 5시까지 (휴게시간은 12:00부터 13:00까지) 근로하기로 계약한 경우

▶ 시급: 47,100 ÷ (8+1.5시간)=5,000원

▶ 일급통상임금: 5,000원 × 8시간=40,400원

※ 개정 근로기준법을 적용받는 경우에는 개정법 시행 후 3년간은 1주간의 연장근로 중 최초 4시간에 대하여는 25% 할증률을 적용할 수 있음.

○ 건설일용근로자의 경우 당해일에 근로계약을 체결하고 근로를 개시한 이후에 사용자의 귀책사유(예: 자재공급 중단, 공공요금 체납 등으로 인한 단전, 단수)로 인해 휴업을 하게 된 때에는?

- 당해일 휴업 이전의 근로시간에 대해서는 시간급으로 산정한 임금을 지급하되, 휴업한 시간에 대해서는 근로를 제공하였을 경우 받기로 한 금액의 100분의 70을 근로자에게 지급

ex) 1일 근로에 40,000원 주기로 하고 당해일에 오전 7시부터 오후 4시까지 (휴게시간 12:00부터 13:00까지)근로하기로 계약한 경우, 오전 7시부터 오전 11시까지 근로하고 휴업하였다면?

▶ 시급: 40,000원 ÷ 8시간=5,000원

▶ 근로자 수령액:(50,000원 × 4)+(50,000원 × 4 × 0.7)=34,000원

※ 악천후 등으로 당해 건설현장이 공사를 할 수 없게 된 경우에는 기왕의 근로시간에 대한 임금만 지급하면 됨. 이 경우 사용자의 귀책사유로 인한 휴업수당 지

급 사유는 해당되지 아니함

다. 근로시간

○ 휴게시간을 제하고 1주간 근로시간은 40시간을, 1일의 근로시간은 8시간을 초과
할 수 없음

－실근로시간은 휴게시간을 제외하고 계산

－당사자 간 합의에 의한 경우 1주 12시간을 한도로 연장 근로할 수 있음

○ 연장, 야간, 휴일 근로에 대해서는 통상임금의 100분의 50 이상을 가산하여 지급
하여야 함

라. 휴게·휴일·휴가

○ 근로시간이 4시간인 경우에는 30분 이상, 8시간인 경우에는 1시간 이상의 휴게
시간을 근로시간 도중에 주어야 함

○ 일단위로 근로계약을 체결하는 건설일용근로자의 경우도 근로계약을 반복적으로
체결하여 6일간을 계속 근로한 경우에는 주휴일을 유급으로 주어야 한다.
다만, 유급주휴 부여 요건을 충족한 경우에도, 주휴일을 부여해야 할 날 직전일
에 근로관계가 종료된 때에는 주휴일을 부여하지 않을 수 있음.
1주 5일근무제를 채택한 사업장의 경우에 건설일용근로자가 1주 5일을 계속 근
로한 경우에는 1일의 유급휴일과 1일의 무급휴일을 부여하면 됨

※ 개정법에는 월차유급휴가를 부여하지 않아도 되나 1년 미만 근속기간 동안은 매 1
월간 개근 시 1일의 연차휴가를 부여하여야 함

마. 해고 등

○ 일용직 근로자의 경우 원칙적으로 1일 단위의 근로계약을 체결하게 되므로 당일
근로가 종료되면 계약이 해지되어 해고의 문제는 발생치 않는 것이 원칙이나, 당
해일의 근로시간 중에 즉시 해고하고자 하는 경우에는 정당한 사유가 있어야 함.

○ 일용직 근로자는 근로계약을 계속적, 반복적으로 갱신한다 해도 3월을 계속 근무
하지 않은 경우에는 해고예고의 대상이 되지 않음(근로기준법 제35조)
2월 이내의 기간을 정하여 사용하거나, 계절적 업무에 6월 이내의 기간을 정하여
사용하는 근로자도 해고예고의 대상이 되지 않음

바. 재해보상

○ 건설일용 근로자에게도 원칙적으로 산재보험이 적용됨

○ 산재보험이 적용되지 않는 범위 내에서 근로기준법상의 재해보상 규정이 적용되며 근로자가 업무상 부상 또는 질병으로 인해 요양하고 있는 기간 중에 근로계약기간이 만료되어도 당해 부상, 질병이 완쾌되거나 일시보상을 행할 때까지는 요양보상, 휴업보상 등을 행하여야 함.

II. 건설일용근로자에 대한 기타 노동관계법

1. 산재보험의 적용

건설공사 중 총공사금액이 2천만 원 이상인 사업장에서 근무 중 업무상 재해를 당하였다면 고용기간에 관계없이 적용

※ 2005년부터는 2천만 원 미만 건설공사라 하더라도 면허업자가 시행하는 건설공사에 대해서도 산재보험 적용

○ 요양신청

－업무상 부상 또는 질병치료를 위해 의료기관에서 4일 이상의 요양이 필요할 때 의료기관 및 사업주의 확인을 받아 근로복지공단 관할 지사로 신청

※ 업무상 다쳤을 때: 최초요양신청

　　치료기간을 연장하려 할 때: 요양 연기 신청

　　치료종결 후 상병이 재발했을 때: 재요양 신청

　　새로운 상병이 추가되었을 때: 추가 상병신청

○ 보험급여 청구

－요양·치료 종결 또는 사망 등 보험급여 지급사유 발생 시 해당 보험급여 신청서를 작성하여 근로복지공단 관할지사로 제출

○ 산재보험급여의 종류

－요양급여: 질병이 치유될 때까지 의료보험 진료비수가 기준 내에서 요양비 전액지급

－휴업급여: 요양으로 취업하지 못한 기간에 대하여 평균임금의 70% 지급

－장해급여: 치료종결 후 잔존 장해상태에 따라 1~14등급으로 세분하여 연금 또는 일시금 지급

－유족급여: 근로자 사망 시 유족에게 평균임금의 47~67%를 연금으로 지급하되, 사

망 당시 연금수급 자격자가 없는 경우에는 1300일분의 일시금을 지급
- 장의비: 근로자 사망 시 평균임금의 120일분 지급
- 간병급여: 치료종결 후에도 장해로 인하여 간병이 필요한 경우 1일 3만 원 내외를 지급

2. 고용보험의 적용

○ 건설공사 중 총공사금액이 2,000만 원 이상인 건설공사에 종사하는 모든 일용근로자에 대하여 고용보험 적용(2004.1.1.부터)

3. 최저임금의 적용

○ 최저임금은 2000.11.24. 법개정으로 전 사업장에 적용되므로 매년 고시되는 최저임금이 적용됨

4. 건설근로자 퇴직공제제도

가. 공제제도의 개요

○ 건설업을 영위하는 사업주가 퇴직공제회와 건설일용근로자를 피공제자로 하는 공제계약을 체결한 후 건설근로자공제회에 공제부금을 납부하면 공제회는 당해 건설일용근로자가 건설업에서 퇴직·사망한 때 또는 60세에 이른 때에 사업주가 납부한 공제부금에 소정의 이자를 더하여 퇴직공제금을 지급하는 제도임.

나. 퇴직공제의 가입

○ 건설사업주는 운영하는 건설공사 전부 또는 개별 건설공사에 대하여 공제계약을 임의로 체결할 수 있으나, 다음 공사는 가입이 강제됨[42]
➤ 국가·지방자치단체가 발주하는 공사로서 공사예정금액이 5억 원 이상인 공사
➤ 국가 또는 지방자치단체가 출자 또는 출연한 법인이 발주하는 공사로서 공사예정금액이 5억 원 이상인 공사
➤ 주택법 제16조 1항의 규정에 의한 사업계획의 승인을 얻어 건설하는 200호 이상인 공동주택의 건설공사
➤ 사회간접자본시설에 대한 민간투자법에 의한 민간투자사업으로 시행되는 공사로서

---

42) 건설산업기본법시행령 제83조(건설근로자퇴직공제 가입대상 공사).

공사예정금액이 10억 원 이상인 공사

○ 건설사업주는 퇴직공제의 가입대상이 되는 건설공사의 사업 시작일부터 당연히 퇴직공제의 가입자가 된다.

다. 건설근로자 복지수첩의 발급, 교부 및 취급 안내

○ 퇴직공제에 가입된 사업 또는 사업장의 사업주는 건설근로자공제회로부터 퇴직공제가입자증을 교부받은 날(근로자를 새로이 고용한 때에는 그 고용일)이 속한 달의 다음달 15일까지 공제회에 피공제자별로 복지수첩 발급을 신청하여야 함

○ 퇴직공제 가입 사업주가 복지수첩의 발급을 신청하지 아니한 경우에는 퇴직공제 피공제자의 자격을 갖춘 건설근로자가 공제회에 복지수첩 발급을 직접 신청할 수 있음

○ 공제계약 사업주는 건설현장에 종사하는 일용근로자로부터 개별공제가입 동의를 받은 후 복지수첩발급신청서를 대행기관에 제출

－ 대행기관은 사업주에게 일용근로자 개인별로 복지수첩을 발급함

－ 공제계약 사업주는 복지수첩이 발급되면 지체 없이 피공제자에게 교부하여야 하며, 수첩의 분실, 훼손 우려와 관리의 편의 등으로 피공제자가 요청한 때에는 사업주가 일괄 보관할 수도 있음

라. 근로자에 대한 공제계약내용 고지 의무

○ 공제계약사업주는 공제계약 체결 시 교부받은 퇴직공제사업장 표지를 모든 근로자가 보기 쉬운 장소에 부착하고 아울러 다음 사항을 서면으로 게시하여야 함

－피공제자의 범위, 건설근로자별 공제부금 납부명세, 퇴직공제금의 지급방법 등

마. 공제부금의 납부 : 전월 근로자들의 총근로일수 × 4,100원

바. 퇴직공제금의 지급

○ 공제회는 공제부금의 납부월수가 12월 이상인 피공제자(근로자)가 건설업에서 퇴직·사망한 때 또는 60세에 이른 때에 납부한 공제부금에 이자를 합산하여 퇴직공제금을 지급

※ 퇴직의 의미: 퇴직공제금의 청구 사유가 되는 "퇴직"이란 개념은 피공제자가 몸담

고 일했던 건설업 생활을 청산하고 영원히 떠나게 된 때(사망 포함)를 의미하는
것임. 따라서 당해 건설공사 완공 등으로 근로관계가 종료된 것만으로는 건설업
에서 퇴직한 것으로 보기 어려움

제 7 부

도급근로자 및 기타 특수형태 근로자

기업체들은 전통적으로 사내에서 취급되었던 재화와 용역을 외부 공급업자와 계약함으로써 인건비를 절감하고 있다. 외부용역화(out-sourcing)로 회사들은 노조를 회피할 수 있다. 외부용역 공급업체의 대부분은 저임의 소규모 회사로 그들의 노동자에게 부가급부를 거의 제공하지 않는다. 외부용역화는 일본 경제의 영원한 특징으로 미국과 유럽에서 더욱더 대중화되고 있다. 크라이슬러는 완제품 가치의 70% 이상을 외부 공급자로부터 조달했다. 웨버가 실시한 한 연구에 의하면 철강산업 노동력의 18% 이상이 하청 계약자의 인력으로 구성되어 있다 한다. 전형적인 것이 미국 철강회사(U.S.Steel)가 고용한 전직 파이프 조립공의 예이다. 과거 그는 시간당 13달러를 벌었고 꽤 괜찮은 부가급부를 받고 있었다. 해고 후 그는 시간당 5달러를 받고 아무런 부가급부를 제공하지 않는 한 소규모 하청업체에서 일자리를 구할 수 있었다. 그가 새로 가진 일이란 과거에 자기가 다녔던 회사를 위해 부품을 만드는 것이었다.

- 제레미 리프킨의 "노동의 종말" 중에서 -

1장 ┊ 도급 · 하청 근로자

Ⅰ. 도급 · 하청 근로자란?

1. 도급 · 하청 근로자의 개념

　도급 · 하청근로자란 업무를 도급받은 도급회사, 하청회사에 고용된 근로자가 업무를 발주한 기업(원청기업)의 업무를 위하여 독립사업장 또는 발주한 기업의 사업장 내에서 근무하는 자를 말한다. 일반적으로 용역, 사내하청(사업장 내 도급), 소사장, 사무도급 등 여러 가지 명칭으로 불리워지고 있다.

　사내하청, 소사장 등은 제조업체에서 많이 사용되고 있으며, 사무도급은 콜센터 텔레마케터 등을 고용하여 발주기업의 전화응대 업무에 대하여 도급을 받아 처리하는 경우를 예를 들 수 있다. 그리고 용역의 경우에는 주로 경비 · 청소 업무 등에 대하여 많이 이루어지고 있다.

　이러한 도급은 도급업체가 노무관리상의 독립성과 사업관리상의 독립성을 가지고 업무를 수행하는 경우에는 업무를 발주한 기업의 근로자로는 인정되지 않으며, 따라서 도급을 준 기업에서 근로기준법상의 의무를 부담하지는 않는다. 그러나 도급회사의 사용자는 자신이 고용한 근로자에 대하여 당연히 근로기준법상의 의무를 부담한다. 또한 형식적으로 도급계약이 되어 있다 하더라도 계약형식에 관계없이 실질적으로 근로자가 업무를 발주한 기업의 사용자에게 종속적인 관계에서 근로를 제공하는 경우에는 근로기준법상의 근로자에 해당된다.[1][2][3]

그러나 산업현장에서 다양한 형태로 운용되는 도급은 사용종속관계의 유무[4][5]를 판단하기가 쉽지 않으므로 관련 전문가의 도움이 필요할 것으로 보인다.

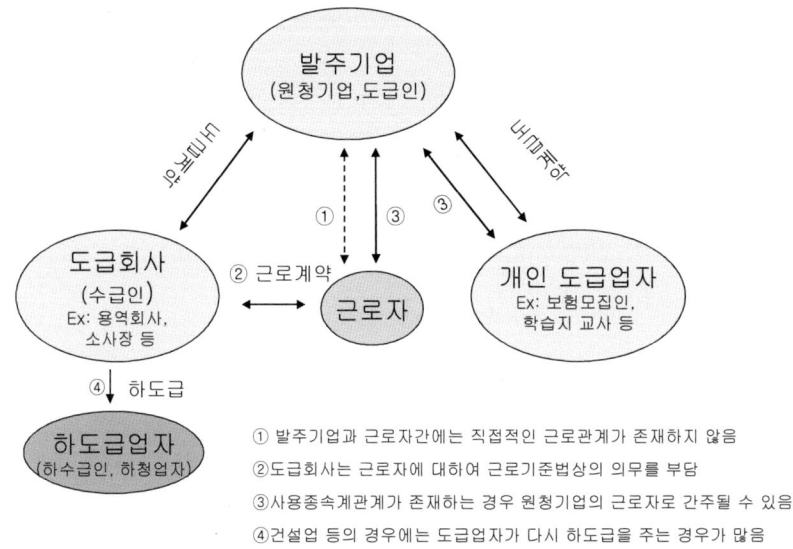

그림 3. 도급 · 하청 근로자 플로우

---

1) 도급계약의 형식을 취했다 하더라도 작업내용 및 수행과정이 사용자에 의하여 결정되고 근무시간 및 근무장소에 구속받으며, 사용자가 제공한 시설과 기구를 이용하고 사용자의 지휘명령을 거부할 경우 제제가 뒤따르는 등 사용종속성이 인정되는 상태에서 근로를 제공하고 그 대가로 임금을 지급받는 경우라면 근로기준법상 근로자로 보아야 한다. 1992.5.28, 근기 01254 – 760.
2) 형식적으로는 노무도급계약의 외관을 띠고 있는 용역계약 체결자도 근로자에 해당한다. 1991.7.26, 대법 90다 20251.
3) 생활정보지 배포요원이 용역계약 형태를 취하였다 하더라도 근로형태가 사용종속관계를 유지하면서 구체적인 지휘감독을 받아 업무를 수행하고 있다면 근로자로 볼 수 있다. 2000.6.8, 근기 68207 – 1733.
4) 제2부 2장 "근로자와 사용자의 개념" 참조
5) 제4부 1장 "도급과 근로자파견과의 구별" 참조

한편 얼마 전 물류대란과 관련되어 논란이 되었던 도급의 한 형태로 개인도급근로자와 민법상의 고용의 범주를 들 수 있는데, 학습지교사, 캐디, 운전기사, 지입차주, 보험모집인, 채권추심역 등 여러 업종에서 다양한 형태로 도급(용역)계약직 또는 위임계약직 등의 형태로 운용되고 있다. 그러나 이러한 학습지 교사, 보험모집인, 채권추심역 등의 개인도급근로자6)는 판례나 행정에서 대부분 근로기준법상의 근로자로 인정되지 않고 있으며, 통계상으로도 자영업자로 분류되고 있는 상황이다.

2. 도급·하청 근로자 현황과 문제점

도급업체는 대부분 영세하고 원청업체와의 관계에서 종속적인 경우가 많아 원청업체의 근로자와 비슷한 업무를 수행하는 경우에도 임금 등의 근로조건이 열악하며, 원청업체가 대금을 지급하지 않거나 도산하는 경우에는 임금을 받지 못하는 경우도 많다. 게다가 인력운용의 효율화와 비용절감을 위하여 도급업체가 원청업체의 사실상의 자회사이거나 위장계열사의 형태로 운용되는 경우에는 고용불안에 시달리는 등 근로조건이 열악한 경우가 많다. 실제로 최근에는 정규직 근로자뿐만 아니라 기간제근로자 및 파견근로자가 도급근로자로 대체되고 있는 추세이며 최근에 여러 가지 형태로 나타나고 있다. 특히 대기업의 경우 인력의 구조조정과 비용절감을 위하여 분사 및 아웃소싱이라는 형태로 조직을 슬림화시킨 후 사실상 모기업의 100% 하청 내지 도급업체로 전락되는 경우가 많으며, 도급과 아웃소싱이 비정규직관련보호법의 제정에 따른 차별금지 규정과 정규직 전환을 회피하기 위한 방법으로 광범위하게 사용될 것으로 보인다.

이렇게 모기업에서 분리된 분사업체나 아웃소싱업체의 근로자는 사실상 모기업의 업무를 수행하면서도 임금과 복지 등의 근로조건에서 모기업의 근로자와 많은 차이가 있게 마련이고, 경기변동과 업무량의 변동에 따른 고용불안에 직접적으로 노출

---

6) 입사 시 기업 측에서는 사전에 근로자성 여부에 대한 논란의 소지를 없애기 위하여 근로자에게 사업자등록증을 소지하게 한 후 개인 사업자로 근무하게 하는 경우가 많다.

되어 있다.

　　한국노총 중앙연구원 윤정향 책임연구원과 한국비정규노동센터 손정순 정책부장은 7일 오후 연세대 동문회관에서 열린 비정규직 토론회에서 면접조사를 통해 제조, 금융 등 12개 산업별 비정규직 고용형태에 대한 사례를 발표했는데, 제조업을 중심으로 광범위하게 퍼져 있는 사내하청 노동자의 임금수준은 정규직노동자의 2분의 1 정도였으며 제조업 금속부문 사내하청 노동자의 임금은 월 146만 원으로 정규직 260만 원에 비해 56% 수준에 불과했다.[7]

Ⅱ. 도급 · 하청 근로자와 근로기준법

1. 도급이란?

　　도급은 용역, 업무위탁, 사무위탁 등 여러 가지 명칭으로 불리고 있으며, 그 운용방법에서도 여러 가지 형태로 나타나고 있어 일률적으로 규정하기는 쉽지 않다.

　　도급에 대하여 민법에서는 도급을 당사자 일방이 어느 일을 완성할 것을 약정하고 상대방이 그 일의 결과에 대하여 보수를 지급할 것을 약정함으로써 효력이 생기는 계약이라고 한다.[8] 즉 도급은 민법상의 계약의 한 형태로 근로기준법 등 노동관계법이 적용되지는 않는다.[9]

---

7) 조선일보, 2003.2.7.
8) 민법 제664조 (도급의 정의).
9) 피라미드식 판매회사에 입사한 후 개인사업자등록을 한 상태에서 부업으로 1주일에 한두 번 출근하여 전화판매를 하며 고정급이 없이 실적급만 지급받는 형태라면 동 회사와의 사용종속관계가 인정된다고 볼 수 없으므로 근로기준법상의 근로자에 해당한다고 보기 어렵다. 1992.12.4, 근기 01254-1953.

한편 도급은 일의 완성에 그 목적을 두며, 일의 성질이나 당사자의 의사에 의하여 금지되지 않는 한 맡은 일의 전부나 일부를 제3자에게 맡길 수 있는데, 이를 하도급 또는 하청이라고 한다.

2. 근로기준법의 적용 기준

민법상의 도급계약은 근로기준법이 적용되지 않지만, 도급계약의 형식을 빌렸다 하더라도 그 계약내용이 사용자와의 사이에 사용종속관계[10])를 유지하면서 도급인의 사업 또는 사업장에 특정한 노무제공만을 그 목적으로 하고 있고 그 노무제공에 대하여 능률급 내지 성과급을 지급받기로 하는 것이라면 근로기준법상의 근로자에 해당된다.[11)12)13)]

근로기준법이나 기타 노동관계법의 적용을 받는 근로관계와 그렇지 아니한 도급 등과 같은 노무제공관계의 구별은 다음과 같다.[14)]

계약의 형식적 명칭 여하에 불구하고 첫째, 전자는 노무제공의 결과보다 그 과정 자체에 중점이 있으나, 후자는 일정업무의 처리결과에 중점이 있다.

둘째, 전자는 노무제공의 과정에 있어서 사용자의 개별적 구체적인 지휘 명령이나 감독을 받는 결과 근로자의 노무제공이 사용자의 의사에 따라야 하는 종속적 요소가 있게 되지만, 후자는 사전에 일반적 또는 추상적인 지휘감독을 받고 구체적

---

10) 제2부 2장 근로자와 사용자의 정의 부분 참조.

11) 1987.5.26, 대법 87도 604.

12) 근로기준법은 비독립적으로 사용자의 지휘·명령하에서 임금을 목적으로 근로를 제공하는 근로자 보호를 목적으로 하고 있으며, 일정한 근로의 결과 또는 성과에 의하여 임금을 수령, 생활을 영위하는 도급제 근로자는 근로기준법에 의한 근로자인바, 하청공이 능률급 임금을 받고 생활활동에 필요한 작업지시 등 지휘·감독을 받으며, 출퇴근 의무가 부과되어 있다면 동 하청공은 사용자와 사용종속관계가 있는 것이며, 근로기준법상 퇴직금 청구권도 있다. 1985.9.29, 근기 01254-15926.

13) 근로자가 도급계약의 형식을 빌려 근로를 제공하였다 하더라도 그 근로형태가 사용자와의 사이에 있어서 특정한 노무제공만을 하는 것이라면 근로기준법의 근로자에 해당한다. 1991.10.25, 대법 91도 1685.

14) 1968.5.9, 법부 810-81421.

개별적인 지휘는 거의 받지 않는 결과 노동제공의 구체적 수행방법이 주로 근로자의 의사에 따라 결정되는 것과 같이 독립적 요소가 강하다.

셋째, 전자의 경우에 보수는 근로제공과정의 대가라는 측면에서 생활보장과 관련하여 보수의 기준을 결정하는 데 비하여, 후자의 경우는 노무제공의 성과에 대응하는 보수액을 정하는 결과 기본급여가 전무할 수 있다는 점 등에서 차이가 있다. 판례에서도 "원고용주에게 고용되어 제3자의 사업장에서 제3자의 업무에 종사하는 자를 제3자의 근로자라고 할 수 있으려면 원고용주는 사업주로서의 독자성이 없거나 독립성을 결하여 제3자의 노무대행기관과 동일시할 수 있는 등 그 존재가 형식, 명목적인 것에 지나지 아니하고, 사실상 당해 피고용인은 제3자와 종속적인 관계에 있으며, 실질적으로 임금을 지급하는 자도 제3자이고, 또 근로제공의 상대방도 제3자이어서 당해 피고용인과 제3자 간에 묵시적 근로계약 관계가 성립되어 있다고 평가할 수 있어야 할 것이다"[15]라고 한다.

사례 1)[16]

Q: 원청업체인 갑이 아파트 건축의 일부 분야를 하청업체인 을에게 제1차 도급을 주고 을은 일부 분야를 작업팀에게 도급을 주기도 하고, 개인하청업자 병에게 다시 하도급을 주어 병이 작업팀에게 다시 하도급을 주기도 함. 을 및 병으로부터 도급을 받는 작업팀은 보통 5~7명으로 구성되며 세부 분야별로 도급받은 작업을 하는데, 정해진 전체 작업물량에 대하여 평당 금액으로 미리 계산된 총공사금액을 지급받아 각자가 근로일수, 숙련도 등에 따라 내부적으로 정한 기준에 따라 분배하는 경우 작업팀의 집단 노임도급 및 분배형태도 근로로 보아야 하는지 여부?

A: 작업팀이 건설현장에서 하수급인(을 또는 병)으로부터 공사의 일부를 재하도급받아 업무를 수행함에 있어 하수급인의 구체적인 지휘나 감독을 받지 아니하고, 작업팀 구성원의 임금 등 근로조건에 대해서도 하수급인이 직접 결정하지 않고 작업팀 구성

---

15) 1999.11.12, 대법 97누 19946.
16) 2003.2.5, 근기 68207-146.

원끼리 자체적으로 숙련도, 근무일수 등에 따라 결정(분배)하였다고 한다면, 작업팀의 구성원은 하수급인과의 관계에 있어서 근로기준법상의 근로자로 보기는 어렵다.

사례 2)[17]

Q: 철골 및 철근공으로 다년간 일한 경험이 있는 근로자 A는 건설회사의 작업반장으로 회사대표와 구두약정하고 현장에서 같이 일했던 동료를 데려와서 함께 일하였다. 작업지시는 회사대표를 포함하여 현장 책임자로부터 직접적으로 지시를 받았으며 일의 대가인 노임은 식대와 장비사용료를 포함하여 현장책임자로부터 1,300만 원을 지급받았다. 이 경우 근로자 A가 근로기준법의 근로자에 해당되는지?

A: 작업반장이 건설현장에서 공사의 일부분을 하도급받은 하도급업자로서 하도급 공사를 진행하기 위하여 작업반장이 직접 근로자를 채용하고 임금 등 근로조건을 결정하였다면 원칙적으로 근로기준법상의 근로자로 보기 어렵다고 사료된다.

3. 도급·하청 근로자의 근로조건

1) 원칙

도급업자(개인도급업자 포함), 하청업자, 소사장 등은 원칙적으로 원청업체의 근로자라고 할 수 없다.[18] 그러나 도급계약을 맺었더라도 원청업체와 종속적인 관계[19]

---

17) 2002.5.21, 근기 68207-1980.
18) 원고용주에게 고용되어 제3자의 업무에 종사하는 자를 제3자의 근로자라고 할 수 있으려면, 원고용주는 사업주로서의 독자성이 없거나 독립성을 결여하여 제3자의 노무대행기관과 동일시할 수 있는 등 그 존재가 형식적·명목적인 것에 지나지 아니하고, 사실상 당해 피고용인은 제3자와 종속적인 관계에 있으며, 실질적으로 임금을 지급하는 자도 제3자이고, 또 근로제공의 상대방도 제3자이어서 당해 피고용인과 제3자 간에 묵시적 근로계약관계가 성립되어 있다고 평가될 수 있어야 한다고 할 것인바, ○○기업은 사업경영 전반에 대하여 법률상으로나 실질적으로 독립성을 가진 사업주로서, 피신청인과 체결한 도급계약

에서 근로를 제공하는 경우에는 원청업체의 근로기준법상의 근로자로 볼 수 있다. 또한 도급업자나 하청업자가 직접 고용한 근로자의 경우에는 도급업자나 하청업자가 근로기준법상의 사용자 책임을 지게 되므로, 근로자에게는 근로기준법이 적용된다. 이 경우 도급업자나 하청업자가 직접 근로자를 고용하였다고 하더라도 사업주로서의 독자성이 없거나 독립성을 결하는 경우에, 근로자는 원청기업과 묵시적인 근로계약관계가 성립되었다고 볼 수 있으므로 원청기업이 사용자로서의 의무를 부담한다.[20][21]

구체적으로 다음과 같은 경우를 예로 들 수 있을 것이다.

첫째, 원청기업이 도급업자나 하청업자가 고용한 근로자를 사업장 내에서 직접 근태관리를 하는 등의 지휘·감독을 하는 경우에는 도급업자나 하청업자가 사업주로서의 독자성이 없거나 독립성을 결하는 경우라고 볼 수 있다.

둘째, 원청업체가 도급업자와 도급계약을 체결할 경우 통상적으로 보수는 일정 금액으로 약정하는 것이 보통이다. 즉 A라는 일을 도급으로 주면서 예컨대 1천만원의 보수를 계약으로 정하는 것이 도급의 일반적인 경우라고 볼 수 있는데, 원청업체가 도급업자나 하도급업자와 일정금액으로 약정하지 않으면서, 도급업자나 하도급업자의 근로자에게 직접 임금을 지급하거나, 투입된 인원수에 비례하여 보수를 지급하거나, 시간당 임금, 임금의 인상률 등의 지급기준을 결정하는 등의 근로조건에 개입하는 경우에는 원청업체가 근로기준법상의 사용자에 해당될 수 있다.

에 의거 독자적으로 사업을 운영하고 있으며, 신청인은 ○○기업 대표와 근로조건 전반에 관하여 근로계약을 체결하고 아무런 문제없이 근무하여 온 점과 신청인과 피신청인 사이에 근로계약관계가 성립되었다고 인정할 만한 사정이 없으므로 신청인과 피신청인 사이에 사용종속관계를 인정하기 어렵다 할 것이다. 2005.8.25, 중노위 부해 1007.

19) 제2부 2장 근로자의 개념 참조.
20) 1999.11.12, 대법 97누 19946.
21) 회사가 하도급업자에 고용된 근로자에 대한 사업주로서 그 근로자를 산업재해보험에 가입시키고, 매월 2회씩 계속적으로 임금을 지급하여 왔으며, 공사에 필요한 제반장비 및 시설을 제공함은 물론, 위 하도급업자를 통하여 작업을 지휘 감독하여온 경우 비록 회사와 그 근로자 사이에 도급업자가 개재되어 있다 하더라도 그 근로자는 실질적으로 그 회사와 고용계약을 맺은 것이다. 1986.8.19, 대법 83다카 657.

2) 수차의 도급과 연대책임

사업이 수차의 도급에 의하여 행하여지는 경우 하도급업자가 도급업자의 귀책사유로 근로자에게 임금을 지급하지 못하는 경우에는 근로자에 대하여 연대하여 임금지급의 의무를 책임을 진다.[22] 이 경우 귀책사유의 범위[23]는 다음과 같다.

1. 정당한 사유 없이 도급계약에 의한 도급 금액 지급일에 도급 금액을 지급하지 아니한 경우
2. 정당한 사유 없이 도급 계약에 의한 원자재 공급을 지연하거나 공급을 하지 아니한 경우
3. 정당한 사유 없이 도급 계약의 조건을 이행하지 아니함으로써 하수급인이 도급사업을 정상적으로 수행하지 못한 경우

4. 도급과 불법파견

1) 도급과 불법파견이란?

사용자가 실질적으로는 파견근로의 형태로 근로자를 사용하면서 근로자파견법의 각종 규제사항을 피하기 위하여 도급계약의 형태로 근로자를 사용하는 것이 불법파견이다. 그러나 현실적으로 도급은 다양한 업종에서 다양한 형태로 행해지고 있기 때문에 불법파견에 해당하는지, 적법한 도급에 해당하는지에 대한 구별이 용이하지 않다는 데 문제점이 있다.

---

22) 근로기준법 제44조 (도급 사업에 대한 임금지급) ① 사업이 여러 차례의 도급에 따라 행하여지는 경우에 하수급인이 직상 수급인의 귀책사유로 근로자에게 임금을 지급하지 못한 경우에는 그 직상 수급인은 그 하수급인과 연대하여 책임을 진다.
23) 근로기준법 시행령 제24조 (직상 수급인의 귀책사유).

2) 불법파견의 사용 이유

이러한 불법파견이 사용되는 이유는 첫째, 파견근로자를 사용하는 경우 2년 후 직접 채용하여야 하는 고용의무 조항을 회피하기 사용된다.

둘째로 파견법에 의한 파견대상업무가 아닌 경우, 즉 제조업의 직접생산공정업무, 하역, 건설공사 현장의 업무 등의 경우에는 파견근로가 금지되므로 불법파견이 활용되는 경우가 많다. 특히 제조업의 경우 사내하도급은 작업장소가 원도급 업체의 사업장 내에서 원도급 업체의 생산시설을 사용하여 업무를 수행하기 때문에 도급계약을 체결하였다고 하더라도 인사노무관리상의 독립성과 사업경영상의 독립성을 인정하기 어려운 경우가 많다. 실제로 하도급 근로자의 전부 또는 일부가 원도급 업체의 작업지시를 받아 원도급업체의 소속 근로자들과 동일한 장소에서 혼재되어 작업을 하는 경우가 비일비재하다. 서비스 업종의 경우에는 하도급 업체가 포장, 상·하차 등 특정분야를 도급받아 수행하거나 원도급업체의 관리하에 업무를 수행하는 경우이다.

최근에는 분사 후 모기업과 도급 계약을 체결하는 경우가 많은데, 직접고용된 계약직으로 수년간 계약을 반복 갱신하며 일하다 용역직(도급)으로 전환된 경우에 사용자가 계속하여 실제적인 노무관리를 행사하며 작업지시를 하고 인사권을 행사하는 경우에는 도급을 가장한 불법파견에 해당된다.

3) 불법파견의 효과

불법파견 형태로 고용된 근로자들은 사용사업주가 파견근로자를 처음부터 고용한 것으로 판단한다. 따라서 계약의 명칭·형식 등을 불문하고 근로관계의 실질이 근로자파견에 해당하는 경우에 근로자가 2년 이상 근무하였다면 사용사업주는 근로자를 직접 고용하여야 한다.

표 28. 도급계약 유형별 불법파견 가능성[24]

구 분	내 용	해당업무(예)	특 징
물량도급	생산물량 비례도급방식		전형적 도급
임률도급	임률과 작업시간 기준	생산공정	불법파견 소지
단위도급	임률과 계약시간 기준	청소, 경비	불법파견 가능성 낮음
보전도급	임률과 표준시간 기준	수리, 보전	불법파견 가능성 낮음
일용도급	임률도급과 유사	돌발작업, 한시투입	불법파견 소지

Ⅲ. 근로기준법의 재해보상과 산재법의 산재보상

1. 원칙

　근로기준법에서 재해보상은 근로자가 업무상 재해를 입은 경우 사용자가 근로자 또는 유족에게 일정한 금액을 보상하는 것을 말하며, 산업재해보상보험법의 재해보상은 근로복지공단에서 사용자로부터 보험료를 징수하여 산재사고가 발생한 경우 근로복지공단에서 근로자에게 보상을 하는 것을 말한다.

　근로기준법은 5인 이상의 근로자를 사용하는 모든 사업 또는 사업장에, 산업재해보상보험법은 1인 이상의 근로자를 사용하는 모든 사업 또는 사업장에 적용이 되므로,[25] 도급·하청 근로자도 재해를 당한 경우에는 보상을 받을 수 있다. 다만, 산재법의 경우 총공사공업이 2천만 원 미만인 건설공사, 가사서비스업, 5인 미만의 농업·임업 등의 경우에는 적용이 되지 않는다.[26]

---

24) 권병희, 사내하도급 실태와 개선대책, 노동법률 9월호, 2004, 64쪽.
25) 단, 산재법 시행령 제3조에 규정된 적용제외 사업장에는 산재법이 적용되지 않는다.
26) 산업재해보상보험법 시행령 제3조 (법의 적용제외사업).

그리고 사용자가 가입신고를 하지 않는 경우가 있는데, 산재보험은 사회보험의 성격을 가진 것으로 원칙적으로 사용자가 보험료를 납부하지 않았다고 하더라도, 근로자가 업무상 재해를 입은 경우에는 산재법에 의한 보상을 받을 수 있다.

2. 수차의 도급과 사업주

사업이 수차의 도급에 의하여 행하여지는 경우에는 최초의 도급업자(원수급인)가 산재법상의 사업주가 된다.[27]

---

27) 근로기준법 제90조 (도급사업에 대한 예외) ① 사업이 여러 차례의 도급에 의하여 행하여지는 경우에는 재해보상에 대하여는 원수급인을 사용자로 본다.
② 제1항의 경우에 원수급인이 서면상 계약으로 하수급인에게 보상을 담당하게 하는 경우에는 그 수급인도 또한 사용자로 본다. 다만, 2인 이상의 하수급인에게 동일한 사업에 대하여 중복하여 보상을 담당하게 하지 못한다.

근로자파견의 판단기준에 관한 노동부 지침('07.4.)[28]

1. 목적

이 지침은 파견근로자보호등에관한법률에 위반한 고용형태를 효과적으로 단속함으로써 근로자파견제도의 적정한 운영을 기하기 위하여 법 제2조 제1호의 규정에 의한 '근로자파견'과 근로자파견이 아닌 것을 구분함에 있어 그 판단의 기준을 정하는 것을 목적으로 한다.

2. 구성주체

법 제2조 제1호에 의한 '근로자파견'은 근로자파견사업을 행하는 자인 '파견사업주'와 근로자파견계약에 의하여 파견근로자를 사용하는 '사용사업주' 및 파견사업주가 고용한 근로자로서 근로자파견의 대상이 되는 '파견근로자'라는 삼자관계로 구성된다.

【근로자파견의 관계】

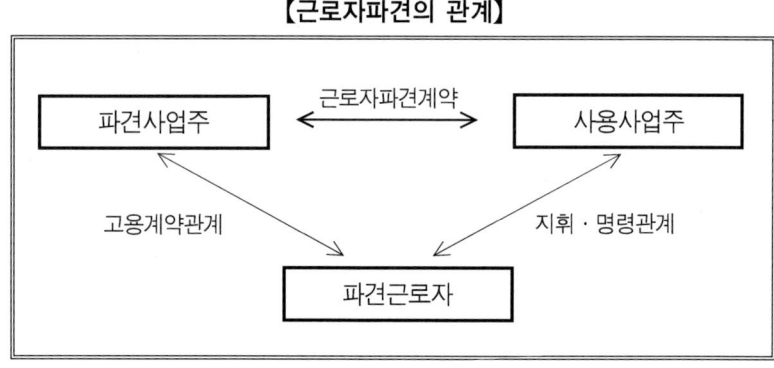

---

28) 지침은 노동부의 내부기준에 지나지 않으며, 법규명령으로서의 효력을 가지고 있지 않기 때문에 법원의 판결을 구속하지 못한다는 점에서 한계가 있다.

3. 판단의 체계

가. 판단순서
○ 법 제2조 제1호의 '근로자파견'에 해당하는지의 여부는 근로자와 고용계약을 체
   결한 파견사업주, 수급인, 수임인 등(이하 '파견사업주'라 한다)에 대하여 사업주
   로서의 실체를 인정할 수 있는지를 먼저 판단한다.
○ 파견사업주가 사업주로서 실체가 인정되지 않는 경우에는 당해 근로자를 고용하
   지 않고 사용하는 사용사업주, 도급인, 위임인 등(이하 '사용사업주'라 한다)이
   당해 근로자를 직접 고용한 것으로 추정하여 노동관계법 위반 여부를 판단한다.
○ 파견사업주가 사업주로서 실체가 인정되는 경우에는 당해 근로자가 사용사업주
   의 지휘·명령을 받는지 여부를 조사하여 당해 고용관계가 '근로자파견'에 해당
   하는지를 판단한다.

나. 판단방법(종합적 판단)
○ 법 제2조 1호의 근로자파견에 해당하는지 여부는 아래 4의 가 및 나의 각 호를
   종합적으로 고려하여 판단한다. 이 경우 나의 1), 2), 3)은 근로자파견인지를 판
   단하는 주요 기준으로 본다.

4. 판단의 기준

가. 파견사업주 등에 대한 사업주로서의 실체 판단
○ 사용사업주와 파견사업주 사이에 체결된 계약의 명칭·형식 등에도 불구하고, 파
   견사업주에게 다음 각 호의 권한이나 책임이 존재하지 않는 경우에는 파견사업
   주의 실체가 인정되기 어려우므로 법 제2조 제1호의 근로자파견의 정의 중에서
   "파견사업주가 근로자를 고용한 후 그 고용관계를 유지"하는 것으로 보지 아니
   한다. 다만, 4), 5)는 단순히 육체적인 노동력만을 제공하는 경우에는 적용되지
   아니한다.

1) 채용·해고 등의 결정권
➤ 채용면접표, 취업규칙, 근로계약서, 신규채용자 안전교육, 기타 해고 관련 서류

등을 확인

2) 소요자금 조달 및 지급에 대한 책임

➤ 사무실 임대차 계약서, 사업체 설립비용 부담여부, 주식회사의 경우 주금 납입 경위 및 주식 소유비율, 기성금 및 수당 지급방법 등을 확인

3) 법령상 사업주로서의 책임

➤ 4대보험 가입증명서, 주민세 및 사업소세 등 각종 세금관련 자료, 근로소득 원천징수 관련 자료, 사용사업주와 파견사업주 사이에 체결된 계약서·임원 간 순환근무 여부, 기타 단체교섭 관련 서류 등을 확인

4) 기계, 설비, 기자재의 자기 책임과 부담

➤ 기획관련 작성서류, 사용사업주와 파견사업주 사이에 체결된 계약서 및 동계약이 단순 노무제공인지 여부, 사업계획서, 파견사업주의 업무 수행능력 및 소속 근로자 자격증 유무 등을 확인

나. 사용사업주의 지휘·명령에 대한 판단

○ 사용사업주와 파견사업주 사이에 체결된 계약의 명칭·형식 등에도 불구하고, 사용사업주가 당해 근로자에 대하여 다음 각 호의 권한을 행사하는 경우에는 법 제2조 제1호의 근로자파견의 정의 중에서 "파견사업주가 …… 사용사업주의 지휘·명령을 받아 사용사업주를 위한 근로에 종사하게 하는 것"으로 판단한다.

1) 작업배치·변경 결정권

➤ 작업계획서, 인력배치 계획서, 관련 회의자료, 기타 작업배치 관련 서류 및 관행 등을 확인

2) 업무 지시·감독권

➤ 일일 작업지시서, 안전교육 일지, 조회개최 여부, 업무관련 지시 전달 방법 등을 확인

➤ 특히 직접 고용한 근로자와 혼재하여 같거나 유사한 업무에 종사토록 하는 경우에는 업무 지시·감독권 행사 여부를 보다 신중히 검토

➢ 계약서상 업무의 목적이나 내용이 지나치게 추상적이어서 사용사업주의 지시를 통해 비로소 구체화되는 불확정한 상태에 놓여 있거나 또는 업무 전반을 망라하는 것으로 되어 있어 특정 업무에 한정되지 않는 경우에는 지시・감독권이 인정될 수 있음에 유의

3) 휴가, 병가 등의 근태 관리권 및 징계권
※ 휴가, 결근, 조퇴, 외출, 지각원, 출근부, 기타 징계관련 서류 등의 확인

4) 업무수행에 대한 평가권
➢ 업무수행 및 실적에 대한 평가서, 파견사업주의 직원이 현장에서 감독・평가하는지 여부, 잘못된 업무수행이 발견된 경우에 있어서의 조치 관행 등을 확인

5) 연장・휴일・야간근로 등의 근로시간 결정권(다만, 작업의 특성상 일치시켜야 하는 경우에는 제외한다)
➢ 연・월차 유급휴가 사용내역, 일일 근무현황, 기타 근로시간 관련 서류 등을 확인

'근로자파견'의 판단기준에 관한 지침 관련 사업장 점검요령('07.6.)[29]

Ⅰ. 근로자파견과 도급 등의 구별

1. 근로자파견과 도급 등의 개념

가. 근로자파견

○ '근로자파견'이라 함은 파견사업주가 근로자를 고용한 후 그 고용관계를 유지하면서 근로자파견계약의 내용에 따라 사용사업주의 지휘·명령을 받아 사용사업주를 위한 근로에 종사하게 하는 것
- '파견사업주라' 함은 근로자파견사업을 행하는 자를 말함
- '사용사업주라' 함은 근로자파견계약에 의하여 파견근로자를 사용하는 자를 말함
- '근로자파견계약'이라 함은 파견사업주와 사용사업주 간에 근로자파견을 약정하는 계약을 말함

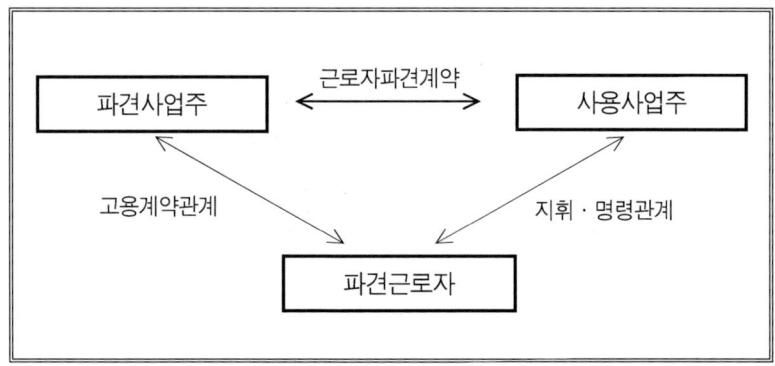

---

29) 사업장 점검요령은 사내하도급 등 근로자파견과 유사한 근로형태의 확산에 따라 파견과 도급 등의 구별 필요성이 증가하는 상황에서, 불법파견 여부를 점검함에 있어서의 점검요령, 판단기준 및 사후조치에 관한 내용을 정함으로써 효율적인 점검을 도모하고, 지방 관서 간 업무처리의 일관성을 확립하는 데 목적이 있음.

나. 도급·위임 등의 개념

1) 근로자공급

○ 근로자를 공급하는 공급사업주가 자신의 지배하에 있는 근로자를 타인이 사용하게 하는 것[30]

※ 파견법 제정 이후 고용계약관계 근로자를 타인에게 사용하게 하는 것은 파견법의 적용을 받으므로, 직업안정법상 근로자공급은 "사실상 지배하에 있는 근로자"를 사용사업주에게 공급하는 경우로 한정

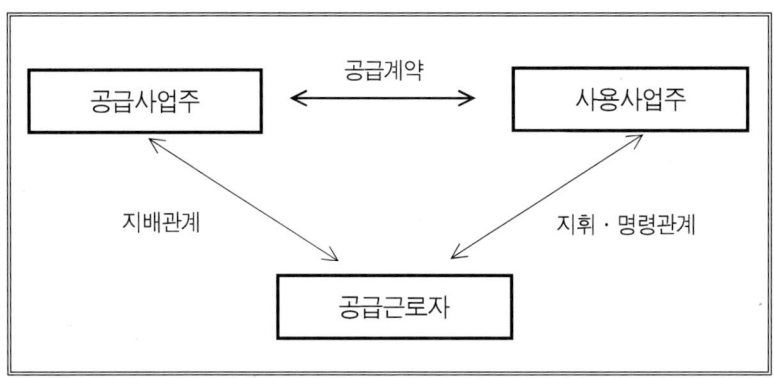

2) 도급

○ 당사자 일방(수급인)이 어떤 일을 완성할 것을 약정하고, 상대방(도급인)은 그 일(유·무형)의 결과에 대하여 보수를 지급할 것을 약정함으로써 성립하는 계약(민법 제644조)

－수급인 스스로의 재량과 책임하에서 자기가 고용한 근로자를 사용하여 일을 완성

※ 사내하도급(사내하청)은 원도급업체가 자기 사업장 내에서 이루어지는 업무의 일부를 하도급업체로 하여금 수행토록 하는 도급 유형

---

30) 국내 근로자공급사업의 경우 노조법상 노조만이 허가를 받을 수 있고, 항운노조가 그 대표적 예.

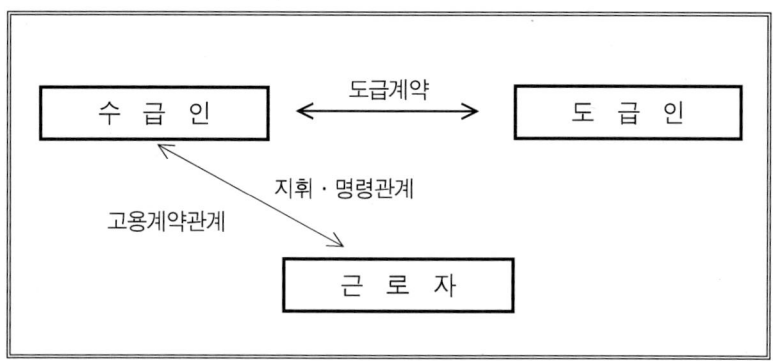

3) 위임

○ 당사지 일방이 상대방에 대하여 사무처리를 위탁하고 상대방이 이를 승낙함으로써 성립하는 계약(민법 제680조)

4) 용역

○ 거래의 대상이 상품이 아닌 서비스(용역)로 용역업체에 일정한 업무를 맡겨 수행하도록 하는 형태로서, 계약내용에 따라 민법상 도급, 위임 등에 해당할 수 있음

※ 예: 경비용역사업(경비업법), 청소용역사업(공중위생관리법). 기술용역사업(엔지니어링기술진흥법)

다. 근로자파견과 도급·위임 등의 구별

1) 구별의 필요성

○ 실제로는 근로자파견 관계이나 파견법상 규제(대상업무, 파견기간, 사업주 책임 등)를 회피하기 위해 도급·위임 등으로 위장하는 사례 발생

－이에 당사자 간 노무를 제공하고 사용하는 형태가 근로자파견에 의한 것인지 도급 등에 의한 것인지 구별 필요

2) 근로자파견과 도급·위임 등의 차이

○ 파견은 사용업체가 직접 사업을 수행하면서 근로자만 파견업체로부터 파견받아 사용

○ 도급(위임)은 수급인(수임인)의 책임하에 도급(위임)받은 사업을 수행하는 것으로,

　　　필요한 근로자도 수급인(수임인)이 직접 고용하고 사용
→ 양자 간 구별의 핵심은 전반적인 사업수행 과정에서 근로자에 대한 지휘·명령권
　을 누가 행사하는지에 있음
① 파견사업주의 실체가 인정되지 않는 경우에는 사용사업주가 당해 근로자를 직접
　고용한 것으로 추정
② 파견사업주의 실체가 인정되고, 사용사업주가 파견사업주의 근로자에 대하여 지
　휘·명령권을 행사한다면 파견근로관계
③ 파견사업주의 실체가 인정되고, 사용사업주가 파견사업주의 근로자에 대하여 지휘
　·명령권을 행사하지 않는다면 도급, 위임·위탁, 용역 등의 관계

2. 구별의 원칙

1) 검토순서
○ 삼자[31]관계의 형성 여부를 판단하기 위해 먼저, 파견사업주의 실체 존재 여부를
　파악
○ 파견사업주의 실체가 확인되면, 근로자에 대한 지휘·명령권의 행사주체가 사용
　사업주인지 파견사업주인지를 파악

2) 사실관계에 따른 판단
○ 계약의 명칭·형식 등 외견상 양태나 현상에 기초하기보다는 구체적인 사실관계
　에 따라 판단
3) 종합적 검토
○ 파견사업주의 실체, 지휘·명령권 행사주체를 판단함에 있어
－업종이나 업무 완수에 요구되는 특성 등을 고려하면서, 근로제공과 관련한 여러 기
　준들을 종합적·전체적으로 검토
※ ① 작업배치·변경 결정권, ② 업무지시·감독권, ③ 휴가, 병가 등의 근태관리권 및
　징계권은 근로자파견인지를 판단하는 주요 기준

---

31) 도급인(위임인)－수급인(수임인)－수급인(수임인)의 근로자 또는 사용사업주－파견사업주
　　－파견근로자.

3. 판단의 기준 설명[32]

가. 파견사업주의 실체 판단을 위한 고려요소
→ 삼자관계 성립여부를 확인하기 위한 징표

1) 채용·해고 등의 결정권
※ 채용면접표, 취업규칙, 근로계약서, 신규 채용자 안전교육, 기타 해고 관련 서류 등을 확인
○ 실체 인정을 위해서 마땅히 파견사업주가 수급·수임인의 근로자, 파견근로자의 채용, 해고 등을 독자적으로 실시하여야 하며, 만일 사용사업주의 지시를 받거나 사실상 사용사업주가 결정하는 경우는 실체 인정에 부정적 징표가 될 것임

<실체 인정의 부정적 징표>
▲ 법원은 원도급자가 하도급자의 근로자 채용과정에 직접 참여하여 채용여부를 결정하거나, 사실상 직접적으로 해고 또는 징계를 결정한 사실을 하도급자의 실체를 부정하는 요소의 하나로 예시함(SK − 인사이트코리아 사건, 경기화학 소사장 사건 등)
<실체 인정의 중립적 징표>
▲ 사내하도급과 같이 동일 사업장에서 도급 업무를 수행하는 경우, 도급계약의 목적 달성을 위해 원도급자가 하도급 근로자의 일정한 자격을 요구하는 것은 도급인의 정당한 지시권의 범위에 포함되는 것으로 하도급자의 실체를 부정하는 요소로 보기 어려움

2) 소요자금 조달 및 지급에 대한 책임
※ 사무실 임대차 계약서, 사업체 설립비용 부담 여부, 주식회사의 경우 주금 납입 경위 및 주식 소유 비율, 기성금 및 수당 지급방법 등을 확인

---

32) 이하 기술된 징표들은 현실에서는 각각이 속하여 사용된 판단요소별로 엄격하게 구별되는 것이 아니며, 다른 판단요소에도 영향을 미치고 다른 요소의 판단을 위해서도 사용될 수 있으며, 또한 개별 징표의 존재 여부는 전부 또는 전무(all or nothing)의 형태가 아니라 강약(strong or weak)의 형태, 즉 정도로서 나타날 것임.

○ 소요자금 조달 및 지급에 대한 책임은 금전적 측면에서 파견사업주의 실체가 있
  는지 여부를 판단하기 위한 것임
─ 파견사업주가 사업 수행에 필요한 자금을 자기 책임하에 조달하고 조직을 구성할
  수 있는 규모나 관리능력을 갖추고 있어야 함

<실체 인정의 부정적 징표>
▲ 사업실적과 무관하게 매월 파견사업주 등에게 일정액을 보장하여 임금부족분 등
  을 보전하여 주는 경우
▲ 파견사업주가 근로자 임금인상을 결정함에 있어 사실상 사용사업주의 소속 근로
  자들의 인상분과 연동으로 도급비의 인상을 산정하는 경우는 실체 부인의 한 요
  소가 될 수 있으므로 다른 요소들과 종합적으로 고려할 필요

<실체 인정의 중립적 징표>
▲ 성과급 등 일시적, 돌발적 지급 금품을 파견사업주(또는 그 단체)대표와 협의를
  통해 기준을 결정하고, 파견사업주에게 지급 후 파견사업주가 근로자에게 지급하
  는 경우
▲ 회사 창립일이나 명절 등에 선물을 원·하도급 근로자 구분 없이 사내에 근로하
  는 모두에게 지급하는 경우
▲ 사용사업주의 복지시설을 이용하도록 하거나 사내근로복지기금 수혜자로 적용하
  는 경우
▲ 기타 파견사업주의 근로자 복리후생 증진을 위한 것

3) 법령상 사업주로서의 책임
※ 4대보험 가입 증명서, 주민세 및 사업소세 등 각종 세금관련 자료, 근로소득 원
  천징수 관련 자료, 사용사업주 등과 파견사업주 등 사이에 체결된 계약서, 임원
  간 순환근무 여부, 기타 단체교섭 관련 서류 등을 확인
○ 파견사업주는 사업자 등록이 있어야 하고, 자신의 명의하에 파견근로자 등을 4대
  보험에 가입[33]시켜야 하며, 노동관계법상 사용자로서의 의무(취업규칙 작성, 노사

---

33) 용인기업 사건에서 원도급자가 하도급자가 납부할 건강보험, 국민연금, 고용보험금 등을
    하도급자에게 기성금과 함께 지급하였고, 산재보험은 원도급자의 명의로 가입하였으며,

협의회 구성·운영, 체불 등 민원이나 노사분쟁 발생 시 처리)를 이행하여야 함

▲ 계약상 당사자로서의 책임(계약의 사실성)은 사실관계를 확인

※ ① 계약이행을 위한 하도급자의 이행보증 제출 여부, ② 위약금·공사지연 등의 지체 상금과 실제 발생 사례, ③ 하자보증에 관한 내용과 발생사례, ④ 기타 계약과 관련한 원도급자와의 분쟁 유무 등

▲ 사내하도급은 계약 후 공사추가 등 변경이 빈번한 점을 감안하여 변경사유 등을 통해 계약의 사실성을 확인

4) 기계, 설비, 기자재의 자기책임과 부담

※ 사용사업주가 지급하는 기계나 설비, 기자재의 내역과 유·무상 여부를 확인하고, 무상으로 제공할 경우 그 필요성 및 정당성을 확인

※ 다만, 단순히 육체적인 노동력을 제공하는 경우에는 적용되지 아니한다.

○ 기계, 설비, 기자재의 자기책임과 부담의 판단은 소유의 개념보다는 당해 업무특성, 사용사업주의 기계·시설 등의 사용 필요성과 사용에 따른 파견사업주의 부담과 책임 등을 고려

－사용사업주가 지급하는 기계나 설비, 기자재 내역과 유·무상 여부를 확인하고, 무상으로 제공한 경우 도급계약 내용과 무상제공의 필요성 및 정당성에 중점을 두어 판단

※ 사용사업주는 계약으로 목적물의 품질 유지·개선이나 작업의 효율성 등, 정당한 사유가 있는 경우 자재·금형 등을 제공할 수 있도록 업종별 표준하도급계약서에 예시되어 있음

－기자재 등에 대한 명세와 대장 등 관리현황, 분실 또는 훼손 시 변상규정, 공사완료 후 반납 등의 절차에 관한 내용을 확인

<실체 인정의 중립적 징표>

▲ 서비스분야에서 수급(수임)업무 수행 시 특정 복장을 착용할 필요가 있어 사용사업주가 작업복 등을 지원하는 것은, 업무수행의 특성에 따른 계약조건으로 파견사업주의 실체를 부정한다고 보기 어려움

사용자책임배상보험은 원·하도급자가 공동 가입한 후 보험료를 분담하였음에도 다른 요소들과 함께 종합적으로 고려하여 하도급자의 실체를 부인하지 않았음.

5) 전문적 기술·경험과 관련된 기획 책임과 권한

※ 기획관련 작성서류, 사용사업주와 파견사업주 사이에 체결된 계약서 및 동계약이 단순 노무제공인지 여부, 사업계획서, 파견사업주의 업무 수행능력 및 소속 근로자 자격증 유무 등을 확인

※ 다만, 단순히 육체적 노동력을 제공하는 경우에는 적용되지 아니한다.

○ 파견사업주가 계약의 내용을 수행하기 위한 전문적 기술이나 경험을 보유하고, 자기 책임과 권한 아래 사용한다면 실체 인정에 유리한 징표라고 할 수 있음

－전문적 기술·경험과 관련한 기획 책임과 권한은 파견사업주를 기준으로 판단하여야 하며 개별 근로자가 소유하는 기술, 기능 여부를 판단하는 것이 아님

나. 지휘·명령권 행사의 주체 판단을 위한 고려 요소

→ 사용사업주와 파견근로자 간 지휘·명령관계 여부를 확인하기 위한 징표

1) 작업 배치·변경 결정권

※ 작업계획서, 인력배치 계획서, 관련 회의자료, 기타 작업배치 관련 서류 및 관행 등을 확인

○ 사용사업주가 파견근로자의 작업 배치·변경에 대한 결정권을 가지고 업무를 수행하는 경우는 사용사업주의 지휘·명령관계 인정의 주요 징표가 됨

2) 업무 지시·감독권

※ 일일 작업지시서, 안전교육 일지, 조회 개최 여부, 업무관련 지시 전달 방법 등을 확인

※ 특히 직접 고용한 근로자와 혼재하여 같거나 유사한 업무에 종사토록 하는 경우에는 업무 지시·감독권 행사 여부를 보다 신중히 검토

※ 계약서상 업무의 목적이나 내용이 지나치게 추상적이어서 사용사업주의 지시를 통해 비로소 구체화되는 불확정한 상태에 놓여 있거나 또는 업무 전반을 망라하는 것으로 되어 있어 특정 업무에 한정되지 않는 경우에는 업무 지시·감독권이 인정될 수 있음에 유의

○ 사용사업주가 파견근로자에 대하여 직접적·구체적으로 업무 수행방법, 수행속도, 근로의 장소 및 시간 등을 지시하고 감독하는 경우는 사용사업주의 지휘·명령권 인정의 주요 징표가 됨

<지휘·명령관계 인정의 부정적 징표>

▲ 파견사업주가 그의 근로자에 대한 업무지시와 감독을 자신의 관리자를 통해 자체적으로 이행한다면 사용사업주의 지휘·명령권을 부정하는 주요 징표가 될 수 있음

<지휘·명령관계 인정의 중립적 징표>

▲ 사용사업주가 계약에 반하는 파견사업주의 업무수행에 대하여 계약내용을 알려주거나 시정을 요구하는 것은, 사용사업주의 지시권 범위에 포함된다고 볼 수 있으며, 파견사업주의 지휘·명령권을 침해한다고 보기 어려움

▲ 계약의 목적 달성을 위해 일정 수준 이상의 자재를 사용하거나 일정 수준 이상의 업무수행이 필요한 경우, 파견근로자가 계약내용과 다른 제품의 자재를 사용하거나, 다른 방법을 사용하여 업무를 수행하는 것에 대하여, 사용사업주가 이를 지적하고 시정을 요구하는 것은 계약의 목적 달성을 위한 지시권 범위에 포함된다고 볼 수 있음

▲ 계약을 통해 파견사업주(파견근로자)가 수행해야 할 업무가 사전에 확정되어 사용사업주의 파견사업주에 대한 업무 전달방법으로 내부 전산망이 활용되며, 파견근로자가 그 내용에 따라 통상의 절차에 따라 업무를 수행하고, 사용사업주의 별도 지시나 감독 또는 사용사업주에 대한 결과보고 등의 조치가 없다면 파견사업주의 지휘·명령권을 침해한다고 보기 어려움

▲ 특정 제품의 생산이나 규격의 통일, 사업내용의 획일성을 위해 사용사업주가 제시한 주문서, 시방서, 설계도면 등에 의해 업무를 수행하는 것이 파견사업주의 지휘·명령권을 침해한 요소로 보기 어려움

▲ 산업안전보건법 제29조에 의한 도급인의 작업장 순회점검 등 안전·보건관리, 하도급 근로자의 안전·보건교육에 대한 지도와 지원 등 가능

3) 휴가, 병가 등의 근태관리권 및 징계권

※ 휴가, 결근, 조퇴, 외출, 지각원, 출근부, 기타 징계 관련 서류 등을 확인

○ 사용사업주가 파견근로자의 전반적인 근태를 관리하고, 징계를 결정하고 있는 경우 사용사업주의 지휘·명령관계 인정의 주요 징표가 됨(SK 와이번스 사건, 한국마사회 사건)

<지휘·명령관계 인정의 중립적 징표>

▲ 휴가기간 동안 파견사업주의 자체적 업무수행이 가능하지 않다면, 사용사업주의 근로자 휴가 시 파견근로자에게 휴가를 적용하는 것이 반드시 파견사업주의 지휘·명령권을 침해하는 것은 아니라고 할 수 있음

▲ 사용사업주가 단순히 파견사업주의 근로자 출·퇴근시간을 파악하여 파견사업주에 통보함으로써 파견사업주로 하여금 근태관리를 할 수 있도록 한 것이 반드시 파견사업주의 지휘·명령권을 침해하는 것은 아니라고 할 수 있음

▲ 사용사업주가 사업장 질서유지를 위해 파견사업주에게 퇴거·근태시정을 요구하는 것은 도급인의 정당한 지시권의 범위에 포함되는 것으로 반드시 파견사업주의 지휘·명령권을 침해하는 것은 아니라고 할 수 있음

나-4) 업무수행에 대한 평가권

※ 업무수행 및 실적에 대한 평가서, 파견사업주의 직원이 현장에서 감독·평가하는지 여부, 잘못된 업무수행이 발견될 경우에 있어서의 조치 관행 등을 확인

○ 업무수행 과정에서 사용사업주의 공정이나 기술지도 등의 양태와 업무수행결과에 대해 검사, 평가가 어떻게 이루어지는지를 현장 점검을 통해 확인

○ 파견근로자의 업무 수행 결과에 대한 사용사업주의 개별·구체적 평가가 상시적으로 이루어진다면 사실상 직접적인 지휘·명령권 행사에 해당

<지휘·명령관계 인정의 중립적 징표>

▲ 업종 및 공정의 특성상 사용사업주의 업무수행방법의 유지가 필요한 경우, 사용사업주가 입회하여 공정검토, 기술지도 및 업무수행결과를 검사하는 것이 파견사업주의 지휘·명령권을 침해한다고 보기 어려움

5) 연장·휴일·야간근로 등의 근로시간 결정권(다만, 작업의 특성상 일치시켜야 하는 경우에는 제외한다)

※ 연·월차 유급휴가 사용내역, 일일 근무현황, 기타 근로시간 관련 서류 등을 확인

○ 사용사업주가 파견근로자의 연장·휴일·야간근로 등의 근로시간 결정권을 직접 행사하는 경우 양자 간 지휘·명령관계 인정의 징표로 활용될 수 있음

<지휘·명령관계 인정의 중립적 징표>

▲ 작업 특성상 사용사업주와 파견사업주 간 작업시간, 휴게시간을 일치시키는 것이, 반드시 파견사업주의 지휘·명령권을 침해하는 것은 아니라고 할 수 있음

▲ 연장·야간·휴일근로 등 시간외근로의 경우, 사용사업주와 파견사업주 간 사전협의가 있었고, 그 필요성이 인정된다면, 파견사업주의 지휘·명령권을 침해하는 것은 아니라고 할 수 있음

Ⅱ. 사업장 점검 요령

1. 점검순서 및 요령

◈ ① 자료수집·검토 등 예비조사, ② 근로자 설문, ③ 현장점검 등의 순서로 진행
◈ 계약의 명칭, 외형보다는 실제 이행과정에서 나타나는 사실관계를 밝히는 데 중점을 두고 점검

가. 예비조사

○ 근로자 설문 및 현장조사 이전에 도급계약서 등 자료를 면밀히 검토하여 현장점검 시의 중점 착안사항을 결정

<사전 검토 사례(예)>

- 하도급업체 관리규정, 도급계약서 및 단가산출자료
- 파견사업주의 근로자 명부, 단체협약, 취업규칙, 근로계약서
- 체불 등 민원 및 노사분쟁 발생 시 처리내역, 노사협의회 운영실태 등
- 법률에 규정된 사업주 의무이행 관련 자료(고용·산재보험 가입 등)
- 파견사업주의 이력, 도급사업 경력 등

나. 근로자 설문(붙임 2 설문지 활용)

○ 예비조사 시 파견사업주의 근로자명부를 제출받아 대상근로자(3~5)를 선정하되 보안에 유의

※ 노조가 있는 경우 업무단위별로 노조원과 비노조원을 적정하게 배분

○ 객관적인 설문이 이루어지도록 비밀유지가 가능한 장소를 이용하거나, 필요한 경우 전화·우편 등을 활용하고,

-설문의 내용은 업종 등에 따라 조정하여 시행

다. 현장점검
○ 조사자가 노동조합 또는 노사협의회 근로자위원을 면담, 근무실태 및 불법파견 등에 대하여 의견을 청취하고 필요한 자료 등을 확인

<현장 확인 자료(예)>
-채용면접표, 취업규칙, 근로계약서, 신규채용자 안전교육 서류 등
-사무실 임대차 계약서, 사업체 설립비용 부담 여부, 주금 납입 경위 및 주식 소유 비율, 기성금 및 수당 지급방법, 사업계획서
-사용사업주가 지급하는 기계나 설비, 기자재의 내역과 유·무상 여부
-기획관련 작성서류, 사용사업주와 파견사업주 사이에 체결된 계약서, 파견사업주 와 소속 근로자의 자격증 유무 등
-작업계획서, 인력배치 계획서, 작업공정도, 기타 작업배치 관련 서류 등
-일일작업지시서, 안전교육 일지, 업무관련 지시 전달 방법 등
-휴가·결근·조퇴·외출·지각 등 근태관리부, 징계관련 서류 등
-연·월차 유급휴가 사용내역, 일일 근무현황, 기타 근로시간 관련 서류 등
-업무수행 및 실적에 대한 평가서, 사용사업주의 직원이 현장에서 감독·평가하는 지 여부, 잘못된 업무수행이 발견된 경우의 조치 관행 등
○ 파견근로자에 대한 작업감독 및 지시자, 파견사업주의 사업 수행에서의 독자성 정도, 파견사업주와 사용사업주의 근로자 혼재작업 여부, 업무의 동질성 여부 등 을 점검표를 이용하여 확인

라. 종합적 판단
○ 어느 하나의 징표가 아니라 위에서 언급된 여러 징표들을 종합적·전체적으로 검토하여 파견·도급 등 여부를 검토
-이 경우 ① 작업배치·변경 결정권, ② 업무지시·감독권, ③ 휴가·병가 등 근태 관리 및 징계권 등은 다른 징표에 비해 우선적으로 고려

III. 점검결과 조치

1. 직접 고용지도
※ 불법파견 판정 시 파견근로자의 고용안정을 최우선적으로 조치

가. 파견사업주의 실체가 부인되는 경우
○ 사용사업주가 직접 고용하도록 지도하고,
－사용사업주가 직접 고용에 응하지 않은 경우에는 파견법 이외의 다른 노동관계법 적용 여지를 검토하여 조치
※ 근로자파견관계가 성립하지 않으므로 파견법 적용은 어려움

○ 최종적으로는 민사절차에 의한 권리구제 지도
나. 불법파견의 경우
○ 동일한 사용사업주가 2년 이상 사용한 파견근로자는 당사자의 명시적인 반대나 대통령령으로 정하는 정당한 사유가 없는 한, 법 제6조의 2 제1항의 규정에 의거 사용사업주가 직접 고용토록 지도
※ 절대 파견금지 업종은 근속기간과 무관하게 직접고용 지도

다. 직접고용 시의 근로조건
○ 직접 고용하는 파견근로자의 근로조건은 당해 근로자와 동종 또는 유사업무를 수행하는 사용사업주 근로자와 동일하게 하되
－동종 또는 유사업무를 수행하는 근로자가 없을 경우 당해 근로자의 기존 근로조건보다 저하되지 않도록 지도

2. 시정지시·사법처리 등
※ 근로감독관 집무규정에 의거 조치

가. 시정지시
○ 적법도급·파견전환 또는 직접 채용 등을 통하여 파견근로자의 고용안정이 우선적으로 확보되도록 지도

※ 고용안정 조치는 사실상 사용사업주의 결정에 달려 있음을 감안하여 지도

○ 파견사업주와 사용사업주에게 근로자 고용안정에 대한 개선계획서를 제출토록
요구(25일 이내)하여, 타당성이 인정되는 경우 시정지시

- 개선계획서는 불법상태 해소 방법, 내용, 시기, 파견근로자의 고용안정에 관한 사
항 등 포함

- 개선기한: 2월 이내(파견·사용사업주의 노사 간 합의서가 제출되고, 필요성이 인
정되는 경우 2개월까지 기한 연장 가능)

나. 사법처리

○ ① 처벌을 요구하는 진정 등 민원이 제기된 경우, ② 사용사업주가 고용안정 조
치 없이 도급계약을 해지함으로써 파견근로자의 실직이 예상되는 경우, ③ 불법
상태의 해소 가능성이 없거나 개선계획서 미제출 등 개선의지가 없거나 개선기
한 내 시정되지 않은 경우, ④ 불법파견으로 사회적 물의 발생, 노사 간 분쟁 장
기화 등, 필요하다고 판단되는 경우 사법처리 절차를 진행

○ 불법파견 여부가 불분명하거나 당사자 간 다툼이 있는 등의 경우에는 특별사법
경찰관의 직무를 행함에 있어 검사의 지휘를 받아 사법처리 절차를 진행

붙임 1

수급(수임)업체 운영실태 점검표

1. 사업체 개요

구 분	수 급(수 임) 업 체	도 급(위 임) 업 체
사업체명		
소재지		
사업종류		
대표자(근로자 수)		
전화번호		

2. 도급(위임)계약의 내용

계약일		계약기간	
도급금액		업무내용	
작업장소		현장책임자	

3. 점검결과

구 분	점검항목	확인결과
수급·수임인의 실체	채용·해고 등의 결정권	
	사업수행에 필요한 자금조달·지급 책임	
	법령상 사업주로서의 책임 부담	
	기계, 설비, 기자재의 자기 책임과 부담	
	전문적 기술 또는 경험과 관련된 기획 책임과 권한	
지휘명령권의 행사주체	작업배치·변경 결정권자	
	업무 수행에 대한 지시·감독권자	
	휴가, 병가 등의 근태 관리 및 징계권자	
	업무 수행에 대한 평가권자	
	연장·야간·휴일근로 등 근로시간 결정권자	

조사자 소 속
직 책
성 명   (인)

붙임 2

근로자 설문지

> 이 조사는 당해 사업장 근로자의 업무수행실태를 파악하여 도급 또는 파견 여부 판단에 참고하기 위한 것이므로, 아래의 질문내용에 따라 사실대로 적어 주시기 바랍니다.

1. 인적사항

성 명		소속회사명(부서)	
입사일자		담당업무	

2. 귀하를 채용하고 임금을 결정한 사람은 누구입니까?

① 도급업체(원청) 관계자   ② 소속회사 사장 또는 관계자

3. 귀하에 대한 작업배치 또는 변경의 결정은 누가 합니까?

① 도급업체(직책, 이름):   ② 소속회사(직책, 이름):

4. 귀하의 업무수행과 관련하여 필요한 기계, 설비, 기자재는 누구로부터 제공받습니까?

① 도급업체(원청) 관계자   ② 소속회사 관계자

5. 귀하는 도급업체 근로자와 같은 장소에서 같이(함께) 작업을 하고 있습니까?

① 예   ② 아니오

5-1. (5번 문항에 ①로 답한 경우) 도급업체 근로자를 포함하여 같이 일하는 근로자는 하루에 보통 몇 명입니까?

○ 도급업체(원청) 근로자: ○ 소속회사 근로자:

5-2. (5번 문항에 ①로 답한 경우) 도급업체 근로자와 귀하의 업무내용에 차이가 있습니까?

① 같음   ② 비슷함   ③ 전혀 다름

5-3. (5-2번 문항에 ③④로 답한 경우) 도급업체 근로자와 귀하의 업무내용을 기재하십시오.
  ○ 도급업체(원청) 근로자: ○ 귀하:

6. 귀하는 도급업체(원청) 근로자의 업무를 대신 수행한 적이 있습니까?
① 예   ② 아니오

6-1. (6번에서 ①로 답한 경우) 업무를 대신 수행한 이유는 무엇입니까?
① 도급업체(원청) 근로자가 갑자기 결근하거나 휴가 갔기 때문
② 작업물량이 늘어났기 때문
③ 기타(이유   )

7. 작업내용을 구체적으로 지시하고 감독하는 사람은 누구입니까?
① 도급업체(원청) 관계자   ② 소속회사 관계자
○ 지시, 감독자 인적사항
－소속회사와 직위: －성명:

8. 귀하가 수행한 업무에 대한 평가는 누가 합니까?
① 도급업체(원청) 관계자   ② 소속회사 관계자
○ 지시, 감독자 인적사항
－소속회사와 직위: －성명:

9. 잔업이나 휴일근무는 누가 결정하고 지시합니까?
① 도급업체(원청) 관계자   ② 소속회사 관계자
○ 지시자 인적사항
－소속회사와 직위: －성명:

10. 귀하에 대한 휴가·병가 등 근태관리나 징계를 결정하는 사람은 누구입니까?

① 도급업체(원청) 관계자   ② 소속회사 관계자
○ 지시, 감독자 인적사항
－소속회사와 직위: －성명:

11. 귀하는 임금, 퇴직금, 상여금, 휴업수당 등 금품을 도급업체(원청)로부터 직접 지
    급받은 적이 있습니까?
① 예   ② 아니오
11－1. (11번에 ①로 답한 경우) 지급받은 금품과 시기를 기재하십시오.
○ 금품 이름: ○ 받은 시기:

                              년   월   일   작성자: (인)

2장 : 특수형태 근로자[34]

I. 특수형태 근로자란?

1. 특수형태 근로자의 정의

2003년 논란이 되었던 화물연대 파업에서의 지입차주의 경우와 같이 개인 사업자와 근로자의 성격을 절반씩 띠고 있는 골프장 캐디, 학습지 교사, 보험설계사, 지입차주, 채권 추심역 등을 통상 '특수형태 근로자'라고 한다. 즉 독자적인 사무실, 점포 또는 작업장을 보유하지 않았으면서 비독립적인 형태로 업무를 수행하면서도, 다만 근로제공의 방법, 근로시간 등은 독자적으로 결정하면서, 개인적으로 모집·판매·배달·운송 등의 업무를 통해 고객을 맞이하여 상품이나 서비스를 제공하고 그 일을 한 만큼 소득을 얻는 근로형태를 갖는 근로자를 말한다. 일반적으로 기업에서는 이러한 근로자에 대하여 '사업자등록증'을 소지하게 한 후 근무하게 하는 경우가 많은데, 사업자등록증을 소지한 근로자라는 모순적인 형태를 띠게 된다.

---

34) 제2부 2장 근로자의 개념 참조.

2. 특수형태 근로자 현황

특수형태 근로자는 통계청의 경제활동인구 부가조사에 따르면 2002년 77만2천 명, 2003년 60만 명, 2004년 71만 명, 2005년 63만 명, 2006년 62만여 명으로 나타나고 있으나, 관련 부처자료나 연구기관의 조사에 따르면 90여만 명에 이르기도 한다.

표 29. 특수형태 근로자 업종별 현황35)

	보험설계사	학습지교사	골프장 경기보조원	레미콘기사	화물기사	덤프기사	대리운전자	퀵서비스 배달원
종사자(명)	19만5천	10만	1만4천	2만3천	35만	5만	8만3천	10~13만
기준시점	'06.2	'04	'04	'06.6	'06.8	'06.6	'06	'05

통계청의 경제활동인구부가조사에 따르면 월평균 임금은 2005년 142만 원, 2006년 132만 원 수준으로 나타나고 있으며, '06년 노동연구원의 조사결과에 따르면 보험설계사의 월평균 임금은 156~277만 원, 골프장 경기보조원 180~200만 원, 학습지교사 150~180만 원, 레미콘기사 230~280만 원에 이르고 있다. 그러나 이러한 특수형태 근로자는 "자영업자와 근로자의 중간적 성격"이라는 대법원 판례36)에 따라 현재 근로기준법상의 근로자로 인정받지 못하고 있으며, 공정거래법, 약관법, 보험업법 등 경제법과 개별법의 보호도 미흡한 실정이다.

'06년 경제활동인구부가조사에 따르면 노조 가입자 수는 5천 명, 가입률은 0.8% 수준으로 주요 직군에 노조가 조직되어 있다.

---

35) 특수형태근로종사자 보호대책 참조, 관계부처 합동, 2006.
36) 대법원은 골프장경기보조원, 학습지교사, 보험설계사, 레미콘자차기사 등에 대하여 노동관계법상의 근로자로 인정하지 않고 있다.

표 30. 특수형태 근로자의 규모[37]

(단위: 천명, %)

	임금 근로자		파견근로		용역근로		특수고용		가정 내		일일(단기)
	전 체		구성비		구성비	형태	구성비	근로	구성비	근로	구성비
2002. 8.	14,030	94	0.7	332	2.4	772	5.5	235	1.7	412	2.9
2003. 8.	14,149	98	0.7	346	2.4	600	4.2	166	1.2	589	4.2
2004. 8.	14,584	117	0.8	413	2.8	711	4.9	171	1.2	666	4.6
2005. 8.	14,968	118	0.8	431	2.9	633	4.2	141	0.9	718	4.8
2006. 8.	15,351	131	0.9	499	3.2	617	4.0	175	1.1	667	4.3

3. 문제점

특수형태 근로자는 근로자로 인정되지 않으므로 고용보험이 적용되지 않아 직업능력개발훈련의 기회가 제한되고, 실업급여를 받지 못하고 있다. 그러나 무엇보다도 가장 큰 문제점으로는 특수형태근로자는 계약 상대방에 대한 경제적 종속관계로 인하여 불공정한 내용의 계약에 대해서도 이의를 제기하기도 못하고, 이를 시정할 수 있는 방법이 없으며, 과다한 실적강요에 따라 자기계약이나 대납을 하기도 하며, 회사 측의 일방적인 계약해지에 따라 신분이 불안정하여 생계유지에도 많은 곤란을 느끼고 있는 등 대책 마련이 시급한 상황이다.

4. 입법추진 현황

산재보험과 관련하여서 노동부는 현행 근로기준법 체계 내에서는 특수고용직 근로자들을 근로자로 규정할 수 없기 때문에 산재보험 적용이 불가능하다고 보았으나,

---

37) 2006 경제활동 부가조사, 통계청, 2005.

산재보험을 통한 보호의 필요성이 제기됨에 따라, 관련 법률을 개정하여 '08.7.1.부터 이들에게 산재보험은 적용되게 되었다.

그 외의 문제점에 대해 '03년 9월부터 정부는 특수형태 근로자에게 단체교섭이나 단체결성권 등을 보장하며, 부당행위 금지, 산업재해 등에 대해서는 노동관련법상의 관계조항을 준용하여 구체적인 방안을 마련하였으나, 경영계에서 근로자 개념을 확대 적용할 경우 기업경영에 큰 차질을 빚는다고 주장하고 있는 등, 이해관계 당사자 간의 견해 차이가 첨예하여 노사 간 회의가 중단되기도 하였다. 또한 공정거래위원회에서는 노동법으로는 보호하기 힘든 특수형태 근로자의 고용관계를 표준약관을 통해 보호하는 방안을 추진하고 있다고 밝혔다.

보험설계사나 골프장 캐디, 학습지 교사처럼 전형적 근로자도, 사업자도 아니어서 노동법 사각지대로 남아 있던 특수직 근로자를 표준 약관을 통해 보호하는 방안이 정부 차원에서 추진된다. 공정거래위원회 관계자는 21일 "노사정위에서 제시된 방향에 따라 노동법만으로는 보호하기 힘든 특수직 근로자의 고용관계 보호기능을 할 수 있는 표준약관을 개발하기로 하고 이를 위한 작업을 시작했다"고 밝혔다. 앞서 지난해 노사정위 비정규직 특별위원회는 노동법의 보호를 받지 못해 온 캐디나 학습지 교사 등 특수형태 근로자 보호를 위해 "유사근로자의단결활동등에관한법률"을 만들어 사회보험 적용이나 협약체결권 등을 부여하는 동시에 공정거래법과 약관규제법 등 경제법상 보호를 강화하는 방안을 채택한 바 있다. 특수직 근로자 문제가 사회적 이슈로 떠오르면서 그간 법학계 등에서는 이들의 보호를 위해 약관법 외에 ▲ 공정거래법상 거래상 지위 남용금지 등 조항 ▲하도급법에 따른 부당 하도급 거래 적용을 통한 통제 등의 방안이 꾸준히 제시돼 왔다. 또 특수직 근로자의 업무계약에 적용되는 약관이 존재할 것으로 보고 불공정 약관 신고가 들어올 경우 지금이라도 적극적으로 심사를 실시한다는 방침이다. 공정위 관계자는 "강제성을 갖는 법률과 달리 표준약관은 하나의 계약이라는 점에서 특수직 근로자 보호의 모든 기능을 떠맡을 수는 없다"고 강조하고 "제도 정착을 위해서는 꾸준한 사회적 합의와 지지가 필요하며 실제 약관 제정까지는 상당한 시간이 소요될 것"으로 내다봤다.[38]

---

38) 연합뉴스, 2004.3.21.

학습지교사나 보험설계사 등 특수형태 근로종사자와 관련된 표준약관의 제정작업도 추진된다. 공정거래위원회는 21일 이런 내용을 담은 표준약관 제·개정 추진 계획을 발표했다. 특수형태 근로종사자와 관련해서는 노동부나 금감위, 건교부 등 관계부처에서 표준계약서 제정을 추진하고 있으며 협의를 거쳐 내용을 확정할 예정이다. 특수형태 근로종사자들에 대해서는 일단 이들의 고용불안에 따른 불이익을 줄이기 위해 사업자가 일방적으로 계약해지나 해촉하지 못하도록 기준을 마련하고 일방적인 계약내용 변경 금지 조항 등도 담길 것으로 예상된다. 이 중 보험설계사와 화물기사는 적정한 손해배상 예정 조항이, 골프장경기보조원은 고객의 물건 분실 시 보조원이 전적으로 책임지지 않고 고의·과실이 있을 경우에만 배상책임을 지도록 하는 규정이 각각 포함될 전망이다. 이 밖에 학습지교사는 회비대납이나 체납회비를 수수료에서 공제하는 것을 금지하는 조항이, 덤프트럭기사는 천재지변이나 안전사고 시 책임소재 등의 내용이 논의되고 있다. 김병배 공정위 부위원장은 "현재 소비자단체 등과 공동으로 표준약관의 신규 제정이 필요한 분야와 기존약관의 개정 수요를 조사 중"이라면서 "오는 7월까지 종합적인 표준약관 개정계획을 수립하고 3~5년마다 정기적인 개정작업도 추진할 방침"이라고 말했다.[39]

2007년 6월에는 근로자와 자영인의 중간영역에 종사하는 자를 '특수형태 근로자'라 정의하고 근로자의 지위를 부여하며, 그에 관한 보호입법의 형태로 '특수형태근로자보호등에관한법률안'이 의원입법의 형태로 발의되었으나, 경영계와 노동계 양측으로부터 심한 반발을 사는 등 통과여부가 불확실한 상황이다.

개인사업자로 분류돼 근로자로서 권리를 인정받지 못하고 있는 보험설계사와 골프장 캐디 등 특수고용직 종사자들이 앞으로 노동조합은 아니지만 단체를 결성해 사업주와 계약조건 등을 협의할 수 있게 된다. 또 사업주의 지휘, 감독을 받는 등 일정 조건을 충족하면 노동조합법상 근로자로 간주돼 단결권과 단체교섭권, 단체행동권(파업권) 등 노동3권을 모두 인정받을 수 있게 된다. 노동부는 이런 내용을 골자로 한 "특수형태근로종사자보호등에관한법률"을 국회에 제출, 의원입법 형식으로 입법화를 추진하겠다고 15일 밝혔다. 법안에 따르면 근로자와 자영인의 중간영역으로 '특수형태근로

39) 연합뉴스, 2007.5.21.

종사자'(특고종사자)라는 새로운 영역을 만들어 이들에게 노동조합이 아닌 단체결성권과 협의권을 부여키로 했다. 특고종사자로 인정받기 위해서는 ▲계약의 형식에 관계없이 근로자와 유사하게 노무를 제공하면서 ▲ 주로 하나의 사업 또는 사업장에 그 운영에 필요한 노무를 상시적으로 제공하고 보수를 받아 생활하고 ▲ 노무를 제공할 때 다른 사람을 사용하지 않아야 한다. 특수고용직 종사자는 보험설계사(19만5천 명)와 학습지 교사(10만 명), 골프장 경기보조원(1만4천 명), 레미콘 기사(2만3천 명), 화물기사(35만 명), 덤프기사(5만 명) 등 총 90여만 명으로 추정된다. 이들 가운데 사업주로부터 직, 간접적인 지휘감독을 받고 노무제공 시간과 장소 및 업무내용이 사업주에 의해 결정되는 경우 노동조합법상 '간주근로자'로 인정돼 노동3권을 모두 인정받을 수 있다. 노동부는 현재 보험설계사와 학습지교사, 골프장 경기보조원, 레미콘 기사 등 4개 직종이 특고종사자로 지정될 가능성이 있고 골프장 캐디는 '간주근로자'로 인정돼 노동3권까지 보장받을 수 있을 것으로 보고 있다. 다만 특고종사자를 지정하는 당시의 노동시장 현실을 감안해 사회적으로 지정이 어렵거나 해당자들이 원하지 않으면 특고종사자로 지정되지 않는다. 또 특고종사자들은 앞으로 단체를 결성, 사업주와 노무제공에 대한 계약조건에 대해 협의할 권한을 가지며 이 단체의 대표자가 특정사업장의 특고종사자 중 과반수가 해당 단체에 소속돼 있음을 증명할 경우 사업주는 단체의 협의 요청에 의무적으로 응해야 한다. 아울러 사업주와 특고종사자는 노무제공에 관한 계약을 서면으로 작성하도록 하고, 특고종사자는 계약 부당해지 등과 관련해 분쟁이 발생했을 때 노동위원회 내 특수근로종사자위원회를 통해 구제를 받을 수 있다. 그러나 특고종사자에 대한 노동3권 완전 보장을 주장하고 있는 노동계는 물론 경영계도 정부 방안에 거세게 반발하고 있고 대선정국을 앞두고 있어 현 정부 임기 내에 입법이 이뤄질지는 불투명하다. 이상수 노동부 장관은 "이 법이 제정되면 근로자와 유사하게 노무를 제공하면서도 노동관계법의 사각지대에 놓여 있었던 특고종사자들의 권익보호에 많은 도움이 될 것"이라고 말했다.40)

이상수 노동부 장관은 15일 골프장 캐디에게 노조설립 · 단체교섭권 · 파업권(노동3권)을 보장하는 내용을 담은 "특수형태근로종사자보호등에관한법률안"을 발표했다. 캐디는 물론 보험설계사, 학습지 교사, 레미콘 기사 같은 특수직 종사자를 보호하자는 취지다. 그런데 법안에 대해 노사 모두 반발하는 일이 벌어지고 있다. 캐디들은 "법을

---

40) 연합뉴스, 2007.6.15.

만들지 말고 우리를 지금처럼 놔두라"는 요구까지 하고 있다. 이 장관은 "캐디가 노조 설립신고서를 제출하면 받아줄 것"이라고 말했다. 정작 캐디들은 이 법을 반대하고 있다. 경기도 여주군 남여주 CC의 캐디들은 이달 초 "법이 캐디를 대량 실업자로 바꾸는 결과를 낳을 수 있다"는 내용의 탄원서를 작성했다. 이 탄원서는 청와대와 국회의장, 국회 환경노동위원회, 노동부·문화부·여성부 장관, 국가인권위원회, 각 정당 대표에게 전달됐다.[41]

II. 골프장 경기보조원(캐디)

1. 골프장 경기보조원의 근로형태

골프장 경기보조원은 회사가 캐디희망자들로부터 이력서, 주민등록등본, 건강진단서 등을 제출받아 신상명세서를 파악한 후, 경기과장의 면접을 통하여 캐디로서의 자질을 심사하여 선발하는 방법으로 캐디를 모집한 후, 일단 선발된 캐디에 대하여는 경기과장이나 캐디마스터(캐디들 중에서 선발하여 채용하거나 회사의 직원들이 그 업무를 수행하기도 하는데, 캐디들의 교육, 골프장 관리, 캐디들 간의 업무조정, 각종 분규의 조정업무 등을 수행한다)를 통하여 골프장의 코스 안내와 코스의 보호를 위한 조치, 내장객들에 대한 서비스 예절 등 경기보조업무에 대한 실무교육을 시킨 뒤에 근무하도록 하고 있으며, 회사와 캐디 사이에 근로계약·고용계약 등의 노무공급계약이 체결되지 않고 업무를 수행하게 된다.

경기보조업무를 수행한 대가로 경기종료 후 내장객으로부터 캐디피라는 명목으로 한 경기당 일정한 금액의 봉사료를 지급받으며, 회사로부터는 임금이나 급료를 지급받지 않는다.

---

41) 중앙일보, 2007.6.16.

2. 골프장 경기보조원의 근로자성 여부

일반적으로 골프장에서 일하는 캐디는 골프장 시설운영자와의 사이에 근로계약, 고용계약 등의 노무공급계약을 전혀 체결하고 있지 않고, 내장객의 경기보조업무를 수행한 대가로 내장객으로부터 캐디피라는 명목으로 봉사료만을 수령하고 있으므로, 사용종속관계하에서 임금을 목적으로 근로를 제공하는 근로기준법 소정의 근로자로 보지 않고 있다. 따라서 현재 근로자임을 전제로 한 부당해고 및 부당해고구제신청 은 받아들여지지 않고 있다.

3. 판례와 행정해석

그동안 골프장 경기보조원에 대하여는 사용종속관계와 근로의 대가로서 임금을 지급받고 있는지 여부를 가지고 사례별로 판단하여 일부 골프장의 경기보조원에 대하여 근로기준법상 근로자로 인정하였다. 그러나 대법원은 YJ CC에서 경기도중 쓰러져 사망한 경기보조원에 대하여 유족이 청구한 유족급여청구소송에서 근로기준법상의 근로자로 볼 수 없다고 근로자성을 부정하였으며, 노동부 행정해석[42]에서도 골프장 경기보조원(캐디)에 대하여 더 이상 근로자성을 인정하기가 어렵다고 입장을 변경하였다. 또한 행정법원에서도 근로자성 여부가 다투어지고 있으나 당사자 사이에 질서유지를 비롯한 기타의 사유로 다소간의 제약이 가해지는 관계가 있는 점을 인정하면서도 경기보조원이 사용종속관계에서 임금을 목적으로 근로를 제공하는 근로기준법상의 근로자로 볼 수 없다고 일관되게 부인되고 있다.

<서울행법 2000구30598, 2001.8.21, G컨트리클럽사건>
<서울행법 2001구20079, 2001.11.2 및 서울행법 2001구19932, HY컨트리클럽사건>

---

42) 2003.4.8, 근기 68207-418.

<서울행법 2001구33013, 2002.2.7, D관광개발사건>
<서울행법 2002구합20886, 2003.1.10.>[43]

그러나 캐디의 노무관리에 관하여 일정한 책임과 권한을 부여받은 캐디마스터(회사 직원)가 경기보조원(캐디)자치회의 규칙[44]을 통하여 캐디에 대하여 휴가 부여권을 가지고 있으며, 징계권도 행사하는 등 직·간접적으로 규제를 하는 경우에는 회사 측과 캐디 간에는 실질적으로 사용 종속관계에서 임금을 목적으로 근로를 제공하는 근로자에 해당한다고 보는 것이 타당할 것으로 보여진다.[45]

---

43) 캐디가 근로자에 해당하는가라는 점은 골프장 운영자와 캐디 그리고 내장객 이상 3자 간의 관계가 어떠한 것인가의 문제와 바로 직결되어 있다고 할 것인바, 캐디가 근로자에 해당한다고 보는 견해는 골프장 운영자와 내장객 사이에 골프장 이용 및 그에 부수하는 경기보조업무 제공에 관한 포괄적인 계약이 체결되고, 캐디는 골프장 운영자가 내장객에 대해 부담하는 이러한 경기보조업무의 수행을 위하여 용역을 제공하는 자라고 보는 반면, 캐디가 근로자에 해당하지 아니한다고 보는 견해는 골프장 운영자와 내장객 사이에는 골프장 이용에 관한 계약만이 체결될 뿐이고, 경기보조업무의 제공을 위하여는 내장객과 캐디 사이에 별도의 계약이 체결되는 것이며 캐디와 골프장 운영자는 내장객에 대한 관계에 있어서는 별도의 계약 주체인 것이므로, 이와 같이 독자적인 사업주체라 할 수 있는 캐디는 참가인에 대해 사용종속관계에 있는 근로자에 해당하지 않는다고 보고 있다. 살피건대, 위 인정사실을 비롯하여 이 사건에 나타난 제반 정황을 종합하여 보면, 골프장 운영자와 내장객 사이에 이 사건 골프장의 시설이용에 관한 계약을 체결함으로써 내장객에게 시설이용권을 부여하고, 이에 대한 대가로 소정의 사용료를 받을 뿐이며, 내장객 중 캐디의 배치를 희망하는 사람들을 위하여 일정한 수의 캐디를 확보해 두고, 이러한 내장객에 대해서는 일정한 순번에 따라 정해진 캐디를 배치해 줌으로써 내장객과 캐디 사이에 경기보조업무의 용역제공에 관한 계약이 체결되는 것을 알선 내지 중개해 주는 역할을 한다고 봄이 상당하므로, 캐디가 참가인과 사이에 사용종속의 관계에 놓인 근로자에 해당한다고는 볼 수 없다. 결국, 캐디들은 임금을 목적으로 사용종속적인 관계에서 골프장 운영자에게 근로를 제공하는 근로기준법상의 근로자에 해당한다고 볼 수 없으므로, 부당해고구제신청을 할 적격 자체가 없다고 할 것이다. 2003.1.10, 서울행법 2002구합 20886.

44) 골프장에서의 자치회의 규칙이란 일반적으로 캐디마스터와 자치회의 회장 또는 조장 등이 참석하여 결정하는데, 자치회의 규칙에 따라 캐디피가 결정되기도 하며, 지각, 조퇴, 무단결근 등을 하는 경우 벌금이나 제명 등의 제재를 받는다. 이때 자치회에서 제명되는 경우 사실상 해고를 의미하게 된다.

45) 2000.5.13, 근기 68207-1451.

표 31. ○○골프장의 행정해석 및 GCC의 판례 비교[46]

구 분	○○골프장 행정해석	GCC 판례
사용종속 관계	캐디의 모집 및 자율수칙은 정식직원인 캐디마스터와 캐디조장이 협의하여 모집·결정하며, 불성실근무에 대한 제재를 가하고, 자율수칙 위반 시 캐디마스터가 자율수칙에 따라 벌칙을 가함.	정식직원인 캐디마스터가 캐디의 모집·관리 등의 업무를 총괄하며, 업무해태 등 불성실 근무에 대해 자율수칙(경기과장, 캐디마스터, 캐디조장이 협의제정)에 의거 불이익은 주나, 복무질서 위반 등을 이유로 징계를 하지는 않음.
캐디피의 임금성	캐디피의 결정시 캐디마스터와 캐디조장이 협의 결정	캐디피는 회사에서 일정한 액수를 정하고 이를 초과하는 캐디피 수수금지
판단근거	자율수칙의 제정 및 캐디피의 결정에 있어 정규직원인 캐디마스터가 관여하고, 자율수칙 위반 시 캐디마스터가 제재를 가하는 등 사용자측이 회사의 정규직원인 캐디마스터를 통하여 직·간접적으로 규제하고 있음을 이유로 사용종속관계가 있다고 보았음	캐디마스터에 의한 모집은 내장객의 편의를 위한 경기보조업무의 용역제공에 불과하고, 캐디마스터의 지휘·감독 및 경기과장이 면접과정에 관여하고 교육과정의 일부를 담당한 것은 업무수행에 관한 구체적이고 직접적인 지시가 아니라 고객의 편의를 도모하는 차원에서 용역제공자에게 일정한 규제(교육)가 불가피한 사항이며, 캐디피의 액수를 정한 것은 캐디피 차등에 따른 상호 간의 위화감 조성 및 고객과의 불미스러운 사태 발생을 사전에 방지하기 위한 조치로서 인근골프장 캐디피 액수와 비교하여 현저하게 균형을 잃지 않는 범위 내라면 캐디피를 정한 사정만으로 경제적 종속관계에 있었다고 보기 어렵다고 판단.

---

46) 2002 노동부 행정해석 질의회시 참조.

Ⅲ. 학습지 교사

1. 학습지 교사의 계약형태

약 10만 명 정도로 추산되고 있는 학습지 교사는 학습지 회사의 회원을 위탁받아 학습관리용역을 제공하고, 회사는 학습지 교사에게 용역제공에 대한 수수료를 지급하기로 하는 학습지회원 위탁관리계약을 체결하고 그 위탁받은 업무를 수행하게 된다. 국민연금과 의료보험에 자기부담으로 가입하고, 재해나 사고에 대한 보상은 회사별로 가입된 상해보험을 통해 해결하고 있다. 이러한 경우 학습지 교사에 대한 근로기준법의 적용 및 노동조합법상의 부당노동행위 등을 둘러싸고 많은 논란이 발생되고 있다.

2. 학습지 교사의 근로자성 여부

학습지 등을 제작 판매하는 회사와 위탁업무계약을 체결한 교육상담교사의 경우, 회사로부터 지급받는 수수료는 신규 회원의 증가나 월회비의 등록에 따른 회비의 수금 실적이라는 객관적으로 나타난 위탁업무의 이행 실적에 따라서만 그 지급 여부 및 지급액이 결정되는 것이어서 종속적인 관계에서의 근로제공의 대가로서의 임금이라 보기 어려우며, 업무수행의 시간이 정함이 없는 등의 이유로 근로자로 보지 않는다.[47)48)49]

---

47) 1996.3.8, 대법 94누 15639.
48) 1996.4.26, 대법 95다 20348.
49) 학습지교사는 위탁업무의 수행과정에서 업무의 내용이나 수행방법 및 수행시간 등에 관하여 회사로부터 구체적이고 직접적인 지휘·감독을 받고 있지 아니하는 점, 학습지 교사는 회사의 정사원과 달리 그 채용부터 소속지국의 결정, 출퇴근시간, 겸업의 자유, 위

행정해석에서도 회사와 관리교사 사이에 회사의 교재로써 회원의 학습진도에 맞추어 계속 공부하도록 교재의 배분과 판매알선 및 학습진도에 대한 관리를 위탁하고 그에 대한 소정의 수수료를 지급하는 위탁계약 형식으로 계약을 체결하였고, 회원 학습진도 관리 시 업무수행방법·시간 등에 있어서는 회사로부터 구체적이고 직접적인 지휘감독을 받지 아니하고 관리교사가 자율적으로 관리일정을 정하여 관리하였으며, 고정급이 책정되어 있지 않고 회원들에게 판매한 교재비의 일정비율을 판매수당으로 지급받고, 이에 따라 관리교사의 월별 수입이나 관리교사의 월별수입이 상이하다면, 근로제공의 대가로 보기 어렵고 위탁업무 수행에 대한 수수료 성격이 강하므로 근로기준법상 근로자로 보기 어렵다고 한다.[50]

3. 학습지 교사와 노동조합

판례에서 근로기준법상의 근로자로는 인정이 되지 않았지만, 1999.12.17. ○○교육의 학습지 교사들이 제출한 노조설립신고서가 노동부에서 받아들여져 노동조합이 설립된 후, 현재 전국학습지노조가 결성되어 기업별로 노동조합지부가 조직되어 있다.[51] 이후 2000년 단체협약이 체결되었으며, 2002년 노조에서 회사 측을 단체협약 위반 등으로 고소하였지만 검찰에서 회사 측의 단체협약 위반사실은 인정되지만 근로자 단체로 볼

탁관계의 종료에 이르기까지 그 제한이 거의 없는 점, 회사로부터 지급받는 수수료 및 수당은 그 위탁업무 수행을 위하여 학습지 교사가 제공하는 근로의 내용이나 시간과는 관계없이 회비의 수금 실적이라는 객관적으로 나타난 위탁업무의 이행 실적에 따라서만 그 지급 여부 및 지급액이 결정되는 것이어서 근로제공의 대가로서의 임금이라고 보기 어려운 점 등, 학습지교사는 사용·종속관계하에서 임금을 목적으로 근로를 제공하는 근로자라고 볼 수 없다. 2003.6.12, 서울행법 2003구합 357.

50) 2001.11.14, 근기 68207-3901.

51) 근로기준법상의 근로자와 노동조합및노동관계조정법상의 근로자의 개념이 일치하지는 않는다. 근로기준법상의 근로자는 '사업 또는 사업장에서' 임금을 목적으로 종속적인 관계에서 근로를 제공하는 자를 말하는 데 반하여, 노동조합및노동관계조정법상의 근로자는 임금을 목적으로 종속적인 관계에서 근로를 제공하는 자로 보고 있다.

수 없고 단체협약이라 할 수 없으므로 혐의가 없다고 무혐의 처리한 바 있다.

Ⅳ. 지입차주

1. 지입차주 관련 현황

'06년 6월 레미콘자차기사는 건교부의 자료에 의하면 약 2만3천 명, 화물자차기 사는 약 35만 명, 덤프자차기사는 5만1천 명에 이르는 것으로 추정되고 있다. 이 중 대부분을 차지하는 화물자차기사는 화물자동차운송사업자와 경영위탁계약(전속계약) 또는 지입관리계약을 체결하여 순번제로 배차지시를 받고, 주당 총 80시간 이상을 근무하여 월평균 150~200만 원 정도의 수입을 올리고 있다.

2. 지입차주의 근로자성 여부

화물자동차 1대를 운수회사에 지입한 후 차주 겸 운전사로서 자동차를 운전하면 서 고정된 업무를 처리하는 것이 아니고 그때그때 주문에 따라 화물을 실어 나르는 업무에 종사하는 지입차주의 경우 회사로부터 급여를 받는 일이 없고 자신의 계산 하에 운송수입금 전액을 자신의 수입으로 하되, 다만, 회사에 대하여는 지입료 및 제세공과금만을 납부하고 회사는 보험 등 행정적 업무를 대신 처리하여 주는 방식 으로 자동차를 운행하여 왔다면 근로기준법 소정의 근로자에 해당한다고 할 수 없 다.[52][53] 그러나 운송수입금 전액을 회사에서 관리하고 회사로부터 임금협정서에 의

---

52) 1989.10.24, 대법 89누 4888.

해 매월 고정적 임금을 지급받거나, 출퇴근의 구속을 받고 회사에서 정한 배차시간
과 노선에 따라 운행하며, 업무수행·명령에 지휘감독을 거부할 때 복무위반에 대
한 제재가 있다면 근로기준법에 의한 근로자로 볼 수 있다.[54][55]

3. 지입차주가 고용한 근로자의 근로기준법상 지위

차주가 직접 고용한 근로자에 대하여는 원칙적으로 차주가 사업주로서 근로기준법
상 사용자이다. 회사는 차주에 대해 행정적 업무만을 담당하고 있어, 차주가 직접 고
용한 근로자와 회사와의 사이에 근로관계가 없다고 볼 수 있다. 그러나 차주 중에서
실질적인 사업주가 아닌 경우가 있을 수 있는데, 이 경우에는 근로계약 체결형태, 구
체적인 노무지휘권의 행사 주체, 보수의 지급주체 등을 구체적으로 살펴 차주가 고
용한 근로자와 회사와의 사용종속관계를 개별 사안별로 판단하여야 할 것이다.

4. 화물자동차 운수사업자의 근로기준법상 지위에 대한 판례 및 행
정해석

▲ 개별화물자동차운송사업의 등록을 한 운송사업자[56]
→차주개인이 사업주로 근로기준법상의 사용자가 된다.
▲ 화물운수회사에 현물출자한 지입차주 겸 운전자[57]
→화물자동차를 구입하여 운수회사에 지입한 후 본인명의로 사업자등록을 하고,

---

53) 1996.11.29, 대법 96누 11181.
54) 2001.9.29, 근기 68207 − 3301.
55) 2002.3.15, 근기 68207 − 1062.
56) 2000.3.10, 근기 68201 − 695.
57) 2000.3.10, 근기 68201 − 695.

자신의 계산하에 수입금 전액을 자신의 수입으로 하되 회사에는 지입료와 제세
공과금만을 납부하고, 자동차의 운행에 관하여는 전적으로 자신의 책임 아래
운전기사를 고용하고 자신도 차주 겸 운전자로 그 자동차를 운전하면서 화물운
송사업에 종사하는 경우에는 근로기준법상의 근로자로 볼 수 없으며, 아울러
지입차주가 직접 고용한 근로자에 대하여는 지입차주가 사업주로서 근로기준법
상의 사용자이다.

▲ 택시 등의 지입차주 겸 운전자에 대한 법적용[58]

지입차주에 관하여 대법원은 운송사업장에서의 차주이면서 운전업무에 종사하는
자는 근로의 대상으로 금품을 받는 것을 목적으로 근로를 제공하는 자가 아니므로
근로기준법의 적용을 받는 근로자라 할 수 없다고 판시하고 있으나,[59] 지입차주 겸
운전자가 사실상의 자동차 소유자로서 자기의 계산으로 사업을 행한다 하더라도 이
러한 사업경영방법은 회사와 차주의 합의에 의한 내부적인 관행에 불과하며, 대외
적으로 회사가 사업의 경영주체인 근로기준법상의 사업주이므로 차주 겸 운전자는
근로기준법상 근로자라 할 것이다.

▲ 레미콘 운송사업주

레미콘 운송사업주는 취업규칙이나 복무규정, 인사규정의 적용이 없고, 예정물량
·근무장소에 엄격한 구속을 받는 편이 아니다. 또한 제3자를 고용하여 업무를 대행
하는 것이 불가능하지 않고, 차량의 명의와 소유권이 있어 그 책임하에 차량관리를
할 뿐만 아니라 각자 사업자등록을 하여 사업소득세 및 부가가치세를 납부하는 등
근로기준법상의 근로자에 해당한다고 할 수 없다.[60][61][62]

---

58) 2000.3.10, 근기 68201-695.
59) 1989.10.24, 대법 89누 4888, 대법 72도 334.
60) 1997.2.14, 대법 96누 1795.
61) 2002.5.31, 서울행법 2002구 47197.
62) 2002.7.4, 서울행법 2002구합 1779.

V. 보험설계사

1. 보험설계사 현황

보험설계사는 '06년 2월 금감위의 자료에 의하면 19만5천 명에 이르는 것으로 추산되고 있는데, 보험회사는 보험설계사와 민법상 위임·위탁관계로 위촉계약서를 체결하고 활동시간·지역 모집대상에 대한 회사 측의 직접 감독 없이 보험계약 체결을 중개하고, 모집실적에 따라 모집수당과 계약유지수당을 받고 있다.

'06년 한국노동연구원의 실태조사에 의하면 보험설계사의 1년차 평균소득은 대기업 230만 원, 중소기업 156만 원, 외국기업은 277만 원에 이르는 것으로 나타나고 있다.

2. 보험설계사의 근로자성 여부

일반적으로 보험설계사는 보험회사와 위임에 가까운 관계에 있어 회사의 직접적 지휘감독을 받지 않으며, 취업시간 및 장소에 대한 제한이 없는 등 임금에 의한 노무지휘관계에 있는 근로자로 보지 않는다.[63] 판례에서도 보험모집인은 제공한 근로의 내용이나 시간과는 관계없이 보험모집인 제수당 지급규정에 의하여 오로지 자신의 노력으로 체결된 보험계약의 계약고, 수급액 등 실적에 따라 그 지급항목 및 지급액이 결정되는 수당을 받고 있는 등 근로시간 및 근로내용이 회사에 의하여 지배, 관리된다고 볼 수 없으므로 종속적인 관계에서 근로를 제공하였다고 할 수 없어 근로기준법상의 근로자에 해당되지 아니한다고 판단한다.[64][65]

---

63) 1981.1.23, 법무 811-2351.
64) 2001.1.28, 대법 98두 9219.

3. 보험모집인과 노동조합

보험모집인들은 현재까지 노조설립 신고증을 교부받지 못하였는데 이는 지방노동위원회와 중앙노동위원회에서 사용종속관계가 부인되어 기각되었기 때문이며, 2002년 행정법원에서도 노동조합법상으로도 회사에 대한 종속적인 관계가 인정되지 않아 노동조합을 설립할 수 없다는 판결이 내려지기도 하였다. 그러나 현재 노조설립 신고증은 교부받지 못하였지만 보험모집인노조가 조직되어 활동 중에 있다.

Ⅵ. 대리운전기사 · 퀵서비스 배달원

1. 대리운전기사

한국교통연구원에 따르면 '06년 약 8만3천 명이 종사하는 것으로 추정되며, 계속 증가할 것으로 전망되고 있다. 대리운전기사는 운전업체와 업무위탁서비스계약이라는 도급계약을 체결하고 동업자적인 입장에서 업무를 수행하고, 회사로부터 근무시간 · 장소 등에 대한 통제를 거의 받지 않으며, 중개수수료, 보험료, 이동 간 교통비, 휴대폰 사용비 등 부대비용은 대리운전기사가 부담하고 있다. 이러한 대리운전기사는 운전보험 미가입, 산재보험 미적용으로 손해보상, 재해보상이 미흡한 상항이어서 대리운전업에 대한 법제화를 통하여 대리운전기사에 대한 보호대책이 마련되어야 함에도 불구하고 아직 법제화되지 않고 있다.

---

65) 2001.4.16, 중노위 부해 637 · 638, 부노 166 · 167.

2. 퀵서비스 배달원

3천여 개 업체에 10~13만 명 정도가 종사할 것으로 추정되며, 앞으로도 확대될 전망이지만 근거법령이 없어 관리·감독이 전혀 이루어지지 않고 있으며 법적보호도 없는 상태이다. 이러한 퀵서비스 배달원은 업체와 위탁계약을 체결하고, 고객으로부터 받은 배송료에서 알선료·부대비용(유류비, 차량유지비, 핸드폰 사용비)을 제외한 금액을 소득으로 받고 있는데, 본인 소유의 오토바이를 가지고, 회사에 알선료를 선납하고 수주받은 배송물량을 배달하는 체계로 운영되고 있다. 그러나 퀵서비스 배달원에 대하여 통상 근로자성[66]이 인정되지 않으며, 이로 인한 산재보험 미적용으로 재해보상이 미흡한 실정이다.

표 32. 특수형태근로종사자별 보호대책(2006년)[67]

직군	애로사항	보호대책	추진시기
보험 설계사	• 부당해촉 및 불법상품 판매강요	• 보험업법 개정 • 공정거래법·관법 적용 • 표준위촉계약서 제정·보급	연내추진
	• 자기계약 및 보험료 대납	• 보험업법 개정 및 점검강화	
	• 재해보상 미흡	• 산재보험 적용	
	• 성희롱	• 성희롱예방교육실시 등	
	• 성희롱, 모성보호제도 부재	• 남녀고용평등법 적용	향후검토
	• 퇴직 시 유지수당 미지급	• 수당지급체계 개선 검토	
골프장 경기보 조원	• 고객물품분실에 대한 부당한 책임	• 업무협약서 작성·권장 • 공정거래법·약관법 적용	연내추진
	• 열악한 후생복지		
	• 출전제약, 벌당 등 불이익제공		
	• 계약서면 미교부		
	• 고객에 의한 성희롱 등 인격모독	• 골프장 이용질서 개선	
	• 재해보상 미흡	• 산재보험 적용	
	• 정년단축 및 채용·해고 시 차별, 근로자성 불인정	• 남녀고용평등법 적용 등	향후검토

---

66) 자기 소유의 오토바이를 이용하여 택배 업무에 종사하는 배달원이 근로기준법상의 근로자에 해당한다. 2004.3.26, 대법 2003두 13939.

직군	애로사항	보호대책	추진시기
학습지 교사	• 재해보상 미흡	• 산재보험 적용	연내추진
	• 직업능력개발 기회 부재	• 영세자영업자 훈련포함 • 근로자수강지원제도 활용	
	• 출근강제, 홍보강요, 강제교실분리, 대납강요	• 공정거래법·관법 적용 • 표준위탁계약서 제정	
	• 모성보호제도 부재, 근로자성 불인정		향후검토
레미콘 자차 기사	• 불공정한 차량배치·출근시간 지정	• 공정한 배차질서 확립지도 • 거리별 출하시스템 도입	연내추진
	• 재해보상 미미	• 산재보험 적용	
	• 보수지급 약정일 미준수, 부당노무수령 거절, 부당 계약해지	• 공정거래법·약관법 적용 • 표준계약서 보급	
	• 공급과잉, 유가인상, 운반비 덤핑으로 인한 수입 감소	• 공동판매제 도입 검토	향후검토
		• 허가제 도입 검토	
		• 유가보조금 지급	반영곤란
	• 근로자성 불인정		향후검토
화물자 차기사	• 부당한 과적 압력	• 명예과적단속요원제 도입	운송업공급과잉대책 (연내추진)
	• 불공정한 계약관행	• 표준위·수탁계약서 보급 • 공정거래법·약관법 적용	
	• 휴식여건 확보 필요	• 전용휴게소 확충	
	• 수급 불균형	• 신규허가 금지 ('07년까지)	
	• 운송료 현실화 및 다단계 알선구조에 의한 운반비 인하	• 주선료 상한제, 표준요율제 검토	향후검토
	• 적재물 배상보험 부담	• 표준계약서에 보험료 전가행위 금지 포함하도록 지도	
	• 근로자성 불인정		
	• 유가보조금 미흡	• 면세유 지급·유류세 인하	반영곤란
덤프자 차기사	• 과적단속에 따른 부담	• 명예과적단속요원제 도입	운송업공급과잉대책 (연내추진)
	• 공급과잉에 따른 수급 불균형	• 허가제 전환, '건설기계수급조절위원회'(가칭) 구성	
	• 불공정한 계약관행	• 공정거래법·관법 적용 • 표준 대여계약서 제정·보급	연내추진

67) 특수형태근로종사자 보호대책, 2006.10.25, 관계부처합동.

직군	애로사항	보호대책	추진시기
차기사	• 다단계 알선, 덤핑에 따른 운반비 저하	• 주선료 상한제, 표준요율제 검토	향후검토
	• 재해보상 미흡	• 산재보험 적용	
	• 노동3권 불인정		
	• 유가 미보조	• 유가보조금 지급	반영곤란

법률 제8694호

산업재해보상보험법

제125조(특수형태근로종사자에 대한 특례) ① 계약의 형식에 관계없이 근로자와 유사하게 노무를 제공함에도「근로기준법」등이 적용되지 아니하여 업무상의 재해로부터 보호할 필요가 있는 자로서 다음 각 호의 모두에 해당하는 자 중 대통령령으로 정하는 직종에 종사하는 자(이하 이 조에서 "특수형태근로종사자"라 한다)의 노무(勞務)를 제공받는 사업 또는 사업장은 제6조에도 불구하고 이 법의 적용을 받는 사업 또는 사업장으로 본다.

1. 주로 하나의 사업 또는 사업장에 그 운영에 필요한 노무를 상시적으로 제공하고 보수를 받아 생활할 것

2. 노무를 제공함에 있어서 타인을 사용하지 아니할 것

② 특수형태근로종사자는 제5조제2호에도 불구하고 이 법을 적용할 때에는 그 사업 또는 사업장의 근로자로 본다. 다만, 특수형태근로종사자가 제4항에 따라 이 법의 적용 제외를 신청한 경우에는 근로자로 보지 아니한다.

③ 사업주는 특수형태근로종사자로부터 노무를 제공받거나 제공받지 아니하게 된 경우에는 이를 대통령령으로 정하는 바에 따라 공단에 신고하여야 한다.

④ 특수형태근로종사자는 이 법의 적용을 원하지 아니하는 경우 보험료징수법으로 정하는 바에 따라 공단에 이 법의 적용 제외를 신청할 수 있다. 다만, 사업주가 보험료를 전액 부담하는 특수형태근로종사자의 경우에는 그러하지 아니하다.

⑤ 제4항에 따라 이 법의 적용 제외를 신청한 경우에는 신청한 날의 다음날부터 이 법을 적용하지 아니한다. 다만, 처음 이 법의 적용을 받은 날부터 70일 이내에 이 법의 적용 제외를 신청한 경우에는 처음 이 법의 적용을 받은 날로 소급하여 이 법을 적용하지 아니한다.

⑥ 제4항과 제5항에 따라 이 법의 적용을 받지 아니하는 자가 다시 이 법의 적용을 받기 위하여 공단에 신청하는 경우에는 다음 보험연도부터 이 법을 적용한다.

⑦ 제1항에 따라 이 법의 적용을 받는 특수형태근로종사자에 대한 보험 관계의 성립・소멸 및 변경, 법 적용 제외 및 재적용의 신청, 보험료의 산정・신고・납부, 보험료나 그 밖의 징수금의 징수에 필요한 사항은 보험료징수법에서 정하는 바에 따른다.

⑧ 특수형태근로종사자에 대한 보험급여의 산정 기준이 되는 평균임금은 노동부장관이 고시하는 금액으로 한다.

⑨ 특수형태근로종사자에 대한 보험급여 지급사유인 업무상의 재해의 인정 기준은 대통령령으로 정한다.

⑩ 제9항에 따른 업무상의 재해가 보험료 체납기간 중에 발생한 경우에는 대통령령으로 정하는 바에 따라 그 업무상의 재해에 따른 보험급여의 전부 또는 일부를 지급하지 아니할 수 있다.

3장 : 아파트 종사 근로자(감시·단속적 근로자)

Ⅰ. 아파트 종사 근로자란?

주로 파견업체나 도급업체에 소속되어 아파트의 각종 관리업무를 수행하는 아파트 종사 근로자에 대하여 근로기준법의 적용을 둘러싼 법적인 논란과 분쟁이 많이 발생하였는데 이의 논점을 살펴보면 다음과 같다

첫째, 아파트 종사근로자는 근로기준법 제63조의 감시 또는 단속적으로 근로에 종사하는 자[68]로서 노동부 장관의 승인을 얻은 경우 근로기준법상의 근로시간, 휴게에 관한 규정이 적용되지 않는데, 근로시간 및 임금과 관련하여 분쟁이 많이 발생하였다.

둘째, 아파트 종사 근로자의 관리주체에 따라 아파트 자치회와 주택관리업체의 위탁관리가 있을 수 있는데, 아파트 종사 근로자의 퇴직금·해고 등과 관련한 분쟁이 발생하였을 때, 사용자를 아파트 자치회로 볼 것인지, 아니면 주택관리업체로 볼 것인지의 근로기준법상의 책임소재를 둘러싸고 분쟁이 빈발하였는데 이와 관련된 내용을 살펴보면 다음과 같다.

---

[68] 감시 또는 단속적으로 근로에 종사하는 자에는 경비, 수위, 청원경찰 등이 해당된다.

Ⅱ. 아파트 종사 근로자 등 감시·단속적 근로자의 근로기준법 적용

1. 감시·단속적 근로자란?

감시적 근로에 종사하는 근로자란 감시업무를 주 업무로 하며 상태적으로 정신적·육체적 피로가 적은 업무에 종사하는 자를 말하는데,[69] 수위, 경비, 청경, 물품 감시원 등이 해당된다.

단속적 근로에 종사하는 근로자란 근로가 간헐적·단속적으로 이루어져 휴게시간 또는 대기시간이 많은 업무에 종사하는 근로자를 말한다.[70] 보일러공, 수위 등이 해당될 수 있는데 평소의 업무는 한가하지만 기계 고장수리 등 돌발적인 사고발생에 대비하여 대기하는 업무로서 실근로시간이 8시간 이내이고 대기시간의 반 정도이며 대기시간을 근로자가 자유로이 이용할 수 있도록 수면 또는 휴게시설이 확보되어 있을 경우에 해당된다고 볼 수 있다.[71] 다만, 구체적인 사실관계의 판정은 노동위원회의 승인을 받아야 한다.

2. 근로기준법이 적용되지 않는 규정

사용자가 노동부장관의 승인을 얻은 경우 감시·단속적 근로자에게는 근로기준법 제4장, 5장의 근로시간, 휴게와 휴일에 관한 규정이 적용되지 않으므로 시간외근로수당 및 휴일근로수당은 지급받을 수 없다.[72] 그러나 야간근로에 대하여 가산임금

---

69) 근로기준법 시행규칙 제10조 (근로시간 등의 적용제외 승인 신청 등).
70) 근로기준법 시행규칙 제10조 (근로시간 등의 적용제외 승인 신청 등).
71) 1990.5.18, 근기 01254-7119.

을 지급받을 수 있으며, 기타 근로기준법 사항도 적용이 된다.[73]

3. 임금

1) 포괄임금 계약

감시·단속적 근로자의 근로계약에서 기본임금을 별도로 정하지 않고 시간외, 야간 및 휴일수당 등 제수당을 미리 합산한 일정금액을 근로자의 승낙하에 월급여액을 지급하는 것은 무효라 할 수 없다.

2) 최저임금

감시·단속적 근로자로서 사용자가 근로기준법 규정에 의하여 노동부장관의 승인을 얻은 경우에는 시간급 최저임금의 100분의 80을 적용할 수 있다.

감시 단속적 근로자의 근로기준법 적용[74]

1. 감시·단속적 근로자의 휴게시간 부여
○ 24시간 격일제 근무 감시·단속적 근로자의 근로시간은 근로자가 잠시라도 자리를 비울 수 없는 형태라면 24시간 전체를 근로시간으로 보아야 함

---

72) 근로기준법 제61조 (적용의 제외) 이 장과 제5장에서 정한 근로시간, 휴게와 휴일에 관한 규정은 다음 각 호의 1에 해당하는 근로자에 대하여는 적용하지 않는다.
 3. 감시 또는 단속적으로 근로에 종사하는 자로서 사용자가 노동부장관의 승인을 얻은 자.
73) 근로자의 날은 근로자의날제정에관한법률에 따라 유급휴일이 되는 날로서 근로기준법의 제4장과 5장에서 정한 휴일이 아니므로 근로자의 날에 근로한 경우에는 유급휴일에 대하여 당연히 지급되는 임금과 당해일의 근로에 대한 임금이 지급된다. 1991.5.9, 근기 01254-6550.
74) 최저임금제도 업무처리지침 참조, 임금근로시간정책팀-3848, 2006.

○ 휴게(휴식)시간을 부여하고자 하는 경우에도

- 취업규칙 등(단체협약·근로계약)에 명시하고

- 근로자에게 충분히 인식(필요시는 공동주택·건물 입주자 등에게 이를 고지)

- 사용자의 지휘·감독에서 벗어나 근로자가 이를 자유롭게 이용하는 것을 보장

- 긴급 상황 발생 등 비상연락체계 유지를 위해서는 최소한의 범위 내에서 사업장 밖으로 나가는 것을 제한할 수 있음

※ 사용자가 근로자의 휴게장소를 동일 근무 장소(경비초소 등)로 특정하는 경우에는 근로 및 휴게(휴식)시간으로 볼 수 없는 것이 원칙이나, 근로자가 직접 선택하는 경우에는 이를 인정

☞ 근로자가 작업시간의 도중에 현실로 작업에 종사하지 않은 대기시간이나 휴식·수면시간이라 하더라도 그것이 휴게시간으로서 근로자에게 자유로운 이용이 보장된 것이 아니고 실질적으로 사용자의 지휘·감독하에 놓여 있는 시간이라면 이는 근로시간에 포함된다.(대법 92다 24509, 1993.5.27.)

☞ 1일 실제 근로시간을 산정함에 있어 휴식시간은 점심시간 1시간과 저녁시간 1시간이며, 야간에는 3~4시간 정도 수면을 취하고 있는 실정이라는 일부 경비원들이 작성한 확인서를 근거로 하였으나, 원고들이 이러한 사실을 부인하고 있고, 관리사무소가 작성한 관리원근무수칙에는 '야간근무 중 계속 수면을 취하다 동대표, 관리소장, 관리반장에게 적발 시는 책임자 조치에 따른다'라고 규정하고 관리반장이 주간에는 수시로, 야간에는 23시부터 다음날 05시까지 관리원들의 근무초소를 순찰하면서 감시·감독을 실행한 사실이 있다면, 이는 사용자의 지휘·명령으로부터 완전히 해방되어 근로자들의 자유로운 이용이 보장된 것이 아니다. (대법 2006다 41990, 2006.11.23.)

2. 종전의 임금수준 저하 및 구성항목의 조정·변경

○ 종전의 임금수준은 임금, 상여금 등 임금총액을 기준으로 판단

○ 임금총액을 그대로 유지하면서 임금구성 항목의 조정·변경이 이루어진 때에는 종전의 임금수준을 저하시킨 것으로 볼 수 없음

☞ 그러나 '기본임금은 매년 결정·고시되는 최저임금수준으로 한다'라는 명문규정이 있는 경우에는 그에 따라 기본임금을 최저임금 수준으로 조정하여야 함

☞ 최저임금이 적용되는 2007년도 이후부터는 임금구성 항목의 조정·변경이 근로

자에게 유·불리한지 여부는 근로기준법 제97조 제1항에 따라 판단

※ 다만, 최저임금 범위에 포함되지 않는 금품을 최저임금 범위로 통합하는 경우, 야간근로가산수당의 기초가 되는 임금액이 높아지기 때문에 이를 근로자에게 불이익한 변경이라고 볼 수 없음

○ 임금체계를 변경하는 경우, 관련규정(단체협약·취업규칙·근로계약 등) 모두를 변경하는 것이 바람직

○ 근로자의 근로조건·근로형태·직종 등의 특수성에 따라 별개의 취업규칙을 작성할 수 있으며, 이 경우 상여금의 차등지급도 가능

○ 감시·단속적 근로자에 대한 최저임금 감액적용에 대한 유효기간은 2011년 12월 31까지 효력을 가짐

- 이는 감시·단속적 근로자에게 적용되는 최저임금 감액비율을 적용하는 과정에서 노동시장의 변화추이 등을 감안하여 최저임금 감액비율 수준을 조정하거나 또는 감액비율을 계속 존치할 필요성이 있는지에 대한 검토를 하기 위해서임

Ⅲ. 아파트 종사 근로자의 사용자[75]

아파트 관리업무 종사 근로자에 대하여는 퇴직금, 해고 등과 관련한 분쟁이 발생하였을 때 근로기준법상의 사용자 책임을 부담하는 자가 누구인지에 대하여 많은 논란이 있었다. 즉 아파트 등 공동주택관리의 관리형태는 관리주체에 따라 ① 주택건설업자 등 사업주체에 의한 관리, ② 입주자에 의하여 구성된 자치관리기구에 의한 자치관리, ③ 입주자(입주자대표회의)가 선정한 주택관리업자에 의한 위탁관리가 있으나, 최근 아파트 관리형태 변경 시 또는 주택관리업자 변경 시 아파트 관리업무 종사자의 퇴직금, 해고 등과 관련한 분쟁이 빈발하였다. 따라서 노사 간 분쟁해소를 위해 아파트 관리형태별 사실관계에 따라 근로기준법상 책임소재를 분명히 할

---

75) '아파트 종사근로자의 근로조건 보호에 관한 지침', 근기 68206-564, 1999.

필요성이 제기되었다.

1. 기본원칙

관리형태 자체를 변경하는 경우(예: 자치관리 → 위탁관리, 위탁관리 → 자치관리)에는 업무의 동질성이 유지되고 근로자의 인수를 배제하는 특약이 없는 한 영업의 양도, 양수로 보아 고용이 승계된다고 본다. 주택관리업자를 변경하는 경우에는 다음의 2가지로 구분할 수 있다.

① 수탁받은 주택관리업자가 입주자대표회의로부터 독립하여 근로자에 대한 인사 노무관리의 전권을 행사하는 경우에는 원칙적으로 고용승계 의무가 없다.

② 수탁받은 주택관리업자는 근로자에 대해 근로계약 체결 등 형식적 사용자의 지위를 가질 뿐, 입주자대표회의가 사실상의 사용자로서 근로자의 인사, 노무 관리에 직접 관여하는 경우에는 입주자대표회의가 사용자로서의 지위를 가지므로 특별한 사유가 없는 한 고용은 유지되어야 할 것이다.

2. 구체적 판단기준

1) 관리형태 변경의 경우

업무의 동질성이 유지되고 근로자의 인수를 배제하는 특약이 없으면 영업의 양도, 양수로 보아 고용은 승계되는 것으로 본다. 영업양도라 하더라도 당사자 사이에 근로관계 일부를 고용승계의 대상에서 제외하기로 한 특약이 있는 경우에는 그에 따라 근로관계의 승계가 이루어지지 않을 수 있으나, 그러한 특약은 실질적으로 해고나 다름이 없으므로 근로기준법의 정당한 이유가 있어야 유효하다. 단, 영업의 양도, 양수 시 당해 기업의 소속 근로자가 자유의사에 의해 사직서를 제출하고 퇴직금을 수령한 후 양수기업에 새로이 입사하는 것은 가능하다.

2) 주택관리업자 변경의 경우

(1) 원칙적으로 고용승계 의무가 없는 경우

주택관리업자가 아파트 입주자대표회의로부터 아파트 관리업무를 수탁받아 관리직원의 임면, 노무관리, 보수 및 퇴직금 지급 등 업무수행에 관하여 전권을 행사하는 경우로서 위·수탁 계약이 해지되어 관리업무를 행하지 않게 되고 새로운 주택관리업자가 다시 입주자대표회의로부터 아파트 관리업무를 수탁받아 관리하게 되면 두 업체 간에 고용승계에 관한 별도의 약정이 없는 한 원칙적으로 새로운 업체가, 종래업체와 근로자 간에 맺어진 근로관계를 승계하여야 할 법적의무는 없다.

◆ 판단기준
① 주택관리업자가 관리업무 종사자의 채용, 해임, 승진, 배치전환, 징계 등 인사조치에 관하여 전권을 행사하는 경우
② 주택관리업자가 매월 관리비, 사용료 및 특별수선충당금 등의 징수, 사용, 보관 및 예치에 관하여 전권을 행사하는 경우
※ 이러한 경우에 해당하는 때에는 주택관리업자를 근로기준법상 사용자로 봄. 다만, 일반관리비 중에서 퇴직급여 충당금을 주택관리업자가 관리하지 아니하고 입주자대표회의가 직접 관리할 경우에는 퇴직금 부분에 관한 한 입주자대표회의에 대해 근로기준법 제44조 1항의 직상수급인의 연대 책임 규정

(2) 원칙적으로 고용이 유지되어야 하는 경우

주택관리업자가 비록 외형상으로는 아파트 입주자대표회의로부터 아파트 관리업

무를 수탁받아 관리하고 있을지라도 입주자대표회의가 관리직원의 급여를 직접 지급하거나, 관리직원의 급여수준을 직접 결정한 경우, 관리직원의 임면 등 인사, 노무관리에 직접 관여한 경우에는 주택관리업자 변경 시에도 고용은 유지되어야 한다.

◆ 판단기준
① 관리업무 종사자에게 정기적으로 지급되는 임금, 퇴직금 등의 지급, 결정에 있어서 최종 결재권을 행사하는 경우
② 입주자대표회의가 관리업무 종사자의 채용, 해임, 승진, 배치전환, 징계 등 인사조치와 관련하여 위탁관리업체에게 지시하거나 최종적으로 결재하는 경우
③ 입주자대표회의가 외형상 위탁관리 방식을 취하면서도 관리업무 전반에 사실상의 집행권을 행사하는 경우
※ 이러한 경우에 해당하는 때에는 입주자대표회의를 근로기준법상의 사용자로 본다.

3. 유권해석 및 사례

1) 위탁관리업체 변경 시 고용승계 여부[76]

아파트 입주자대표회의가 아파트를 주택관리업자에게 위탁하여 관리하다가 주택관리업자를 변경하는 경우에는 원칙적으로 고용승계가 되지 않으나 입주자대표회의가 사실상 사용자로서의 권한을 행사하는 경우에는 고용승계가 된다고 본다. 즉 위탁관리의 경우 입주자대표회의는 위탁관리업체와 위탁계약만 체결하고 아파트관리 종사 근로자들은 위탁관리업체가 채용하여 근로계약을 체결하고 교육, 감독도 하게 되므로 위탁관리업체가 변경되는 경우 위탁관리 업체 상호 간에 영업양도, 양수 등 특별

---

76) 1987.7.29, 법심61010-477.

한 사정이 없다면 법률적인 근로자 고용승계 의무는 없다. 다만, 근로기준법상 사용자로서의 지위가 근로계약의 존재여부 등 법형식에 의해서만 결정되는 것은 아니며 개별적이고 실질적인 관점에서 결정되는 것이므로 근로계약의 당사자가 아니라 하더라도 인사, 급여 등 근로조건의 결정, 근로실시에 관한 명령, 감독권의 사실상 행사 여부 등으로 인하여 근로종속관계가 인정된다면 사용자로서의 지위가 결정될 것임. 따라서 아파트 위탁관리의 경우에도 입주자대표회의가 채용, 해임, 승진, 징계, 급여 등 근로조건의 결정에 직접적으로 개입하고 사실상 근로자를 사용하며 지휘, 감독하였다면 입주자대표회의를 사용자로 볼 수 있으며 이러한 경우에는 위탁관리업체는 입주자대표회의의 노무지휘권한을 수임받은 자에 불과하다고 볼 것이므로 위탁관리업체가 변경되어도 정당한 사유가 없다면 고용은 유지되어야 할 것이다.

2) 관련 사례

(1) 은마아파트 사건(1999.3.10, 중노위 98부노 160·98부해 623)

입주자대표회의가 아파트관리를 위탁하였다 할지라도 근로자의 인사 노무관리에 관여하여 지도감독 차원을 벗어나 집행권이라고 할 만한 최종적인 의사결정권을 행사한 경우라면 입주자대표회의는 사용자의 지위에 있다고 볼 것이고 아울러 자치관리라고 할 수 있으므로, 비록 위탁관리업체가 변경되더라도 이는 입주자대표회의의 노무지휘권을 수임받은 자의 변경에 불과하다 할 것이므로 특별한 사유가 없는 한 근로자의 고용관계는 유지되어야 할 것이다. 따라서 위탁자의 변경을 이유로 고용관계의 유지가 이루어지지 않은 것은 부당한 해고에 해당한다.

(2) 목동 10단지 아파트 사건(1999.4.29, 중노위 98부노 135·98부해 550)

신청인들은 관리업체가 변경되어도 근로조건의 변동 없이 근무하여 왔고 근속기간도 단절되지 아니하였으며, 관리업체가 계약만료 또는 해지될 때는 신청인들은 입주자대표회의의 소속으로 환원되도록 되어 있는 점과 입주자대표회의가 아파트관리를 위탁하였다 할지라도 근로자의 인사, 노무관리에 직간접적으로 관여하였으므로 입주자대표회의는 사용자의 지위에 있다고 볼 것이고, 아울러 자치관리와 다름 없다고 할 수 있으므로 비록 위탁관리업체가 변경되더라도 이는 입주자대표회의의 노무지휘권을 수임받은 자의 변경에 불과하다 할 것이어서 특별한 사유가 없는 한 근로자의 고용관계는 유지되어야 할 것이다.

제 8 부

사회보험제도

이자율과 자신의 수명을 아는 합리적인 행위자라면 편안한 노후를 위해 수입에서 최적의 비율을 저축해야 한다. 사회보장제도나 국민연금제도는 불필요할 뿐 아니라 해롭기까지 할 것이다. 그런 제도는 선택의 여지를 없애고 따라서 현재를 위한 소비와 미래를 위한 저축을 가장 적절히 배분할 기회를 빼앗아 가기 때문이다. 그러나 사람들이 자신의 돈을 주정뱅이 뱃사람들처럼 쓴다는 것은 경제학자들만 아는 사실이 아니다.* 사람들은 마치 몇 년 안에 죽을 것처럼 또는 미래가 완전히 불투명한 것처럼 행동하는데, 그것은 오늘날의 현실보다는 우리의 먼 조상들이 살았던 현실에 더 가까워 보인다. 그렇다면 사람들에게 그들 자신의 돈을 관리하게 하는 것은 그들의 이익에 위배될 것이다. 사이렌이 사는 섬에 접근하는 오디세우스처럼 사람들 입장에서는 고용주나 정부에게 자신들을 강제저축이라는 돛에 묶으라고 강요하는 것이 합리적일 것이다.

－ 스티븐 핑커의 "빈서판" 중에서 －

만일 우리가 기린의 행복을 마음 깊이 간직하고 있다면 아사(餓死)하는 목이 짧은 기린의 수난을 간과해서는 안 되고, 땅에 떨어져 싸움에 짓밟히는 잎사귀나 목이 긴 기린의 과식이나 동물의 온화한 얼굴을 흐리게 하는 불안, 투쟁적인 탐욕 등의 추잡성을 간과해서는 안 된다.

－ J.M. 케인즈의 "자유방임의 종말" 중에서 －

---

* 경제학자 프랭크에 의하면 사람들은 선천적으로 지위에 대한 열망을 품고 있다는 것이다. 즉 사람들의 1차적인 충동은 그들만이 아는 것(건강관리, 연금, 안전)에 돈을 쓰는 것보다는 이웃들보다 돋보이는 일(집, 자동차, 옷, 예술 등의 취미활동)에 돈을 쓴다고 본다. 스티븐 핑커, 빈서판, 사이언스 북스, 2004, 530쪽.

1장 : 사회보험제도

Ⅰ. 사회보험제도란[1]?

　사회보험제도란 국민에게 발생하는 사회적 위험을 보험방식에 의하여 대처함으로써 국민건강과 소득을 보장하는 제도로 국가가 법에 의해 가입을 의무화하고 있다. 즉 질병, 장애, 사망, 실업 등 사회적 위험에 대처하는 사회안전망으로서 소득과 의료, 재활, 고용기회를 보장하기 위하여, 국가가 법에 의해 가입을 강제화하여 시행하는 공적인 보험제도이다.

Ⅱ. 사회보험제도의 종류

　사회보험제도에는 노동부에서 관장하는 고용보험, 산재보험과 보건복지부에서 관

---

1) 국민건강보험공단, '건강보험제도 개요', 2004 참조.

장하는 국민연금, 건강보험의 4대 사회보험이 있다. 각각 노동부, 근로복지공단, 국민연금공단, 국민건강보험공단에서 업무를 집행하고 있다.

표 33. 사회보험제도의 종류

구분	고용보험	산재보험	국민연금	건강보험
관장부처	노동부		보건복지부	
근거 법률	고용보험법	산업재해보상보험법	국민연금법	국민건강보험법
집행기구	노동부	근로복지공단	국민연금공단	국민건강보험공단
대상	상시 1인 이상 근로자		• 18세~60세의 근로자와 사용자 • 18세~60세의 자영업자	전 국민
성격	장기보험	단기보험	장기보험	단기보험

※ 고용보험의 경우 사업장관리, 보험료는 근로복지공단에서 업무를 수행.

2장 : 고용보험

Ⅰ. 고용보험제도

1. 고용보험이란?

고용보험은 실직근로자에게 실업급여를 지급하는 전통적인 의미의 실업보험사업 외에 산업구조조정의 촉진 및 실업예방, 고용촉진 등을 위한 고용안정사업, 근로자의 생애 직업능력개발을 위한 직업능력개발사업을 상호 연계하여 실시하는 사회보장제도이다. 즉 고용보험제도란 실업을 예방하고 실직한 근로자의 생활안정과 재취업을 촉진하는 것을 목적으로 하는 적극적인 노동시장정책의 핵심수단으로 1995년 7월 1일부터 도입하여 시행되고 있다. 특히 1997년 경제위기로 인하여 기업의 도산, 구조조정 등으로 실업자가 대량 발생함에 따라 실업의 사회적 충격을 완화하고 실직자의 최소생활을 보호하는 한편, 실업극복을 위한 사회안전망의 구축 차원에서 신속히 확대 적용되어 1인 이상 모든 사업장에 적용되기 시작했으며, 2004년부터는 일용직 근로자에게도 적용이 확대되었다.

2. 고용보험제도의 특징

민간보험회사 등이 영리를 목적으로 보험가입자의 희망에 따라 임의로 가입하는 사적인 보험제도와는 달리 국가가 고용정책을 수행하기 위하여 보험의 원리와 방식을 도입하여 법률에 의하여 보험의 가입과 보험료의 납부가 강제되고, 실업이라는 보험사고에 대하여 근로자와 사업주를 지원하는 공적인 사회보험제도이다.[2]

3. 고용보험법의 적용대상

고용보험법의 피보험자란 고용보험에 가입된 근로자를 말하는데, 고용보험법의 근로자란 근로기준법상의 근로자를 의미하는 것이라고 볼 수 있다.[3] 2004년부터는 1월 미만의 기간 동안 고용되는 일용근로자, 60세 이후 새로이 고용된 자 및 국내 파견 외국인 근로자도 고용보험법을 적용받게 되었다. 다만, 65세 이상인 자, 1월간의 소정근로시간이 60시간 미만인 자는 고용보험법이 적용되지 않는다.[4]

4. 고용보험사업의 내용

고용보험은 3사업으로 구성되어 있으며 주요 사업으로는 크게 고용안정사업, 직업능력개발사업, 실업급여로 대별된다.

첫째, 고용안정사업은 경기의 변동, 산업구조의 변화과정에서 기업의 고용조정이 실업을 최소화하면서 원활하게 이루어질 수 있도록 지원함으로써 근로자의 실업을 예방하고 고용안정을 도모하는 고용조정지원사업과 고령자·여성 등 노동시장 취약

---

2) 고용보험은 사업주와 근로자 모두가 보험가입자가 된다.
3) 2001.11.9, 서울행법 2001구 26749.
4) 고용보험법 제10조 (적용제외 근로자).

계층에 대한 고용촉진지원사업으로 대별할 수 있다.

둘째, 직업능력개발사업은 사업 내 직업훈련 등을 지원함으로써 기업 내에서의 근로자에 대한 직업능력개발이 지속적으로 이루어질 수 있도록 여러 가지 인센티브를 제공하는 것을 주요 내용으로 한다. 직업능력개발사업은 근로자들의 직업수행능력이 직장생활을 통하여 지속적으로 이루어지게 함으로써 직장이 일하는 곳일 뿐 아니라, 배움의 터전이 되게 하여 노동생산성을 향상시키고 근로자의 임금수준의 향상을 도모함은 물론 기업의 경쟁력을 강화하는 역할을 수행한다.

셋째, 실업급여는 실직근로자에게 일정기간 실업급여를 지급하여 실직자의 생활 안정은 물론 실직자의 조기재취업을 유도하기 위한 것이다. 우리나라의 실업급여는 전통적인 실직기간 동안의 기본급여뿐만 아니라 실직자의 직업훈련수강을 용이하게 하기 위하여 직업훈련기간 동안 기본급여를 연장해 주는 등 직업훈련 수강을 유인하기 위한 인센티브제도를 두고 있고 조기재취업 시에는 조기재취직수당을 지급함으로써 실직자가 기본급여에 안주하여 재취업활동을 게을리 하지 않도록 특별한 배려를 하고 있다.[5]

Ⅱ. 실업급여[6]

실업급여는 고용보험제도의 핵심이 되는 제도로, 근로자가 '실업'이라고 하는 보험사고가 발생한 때 보험자인 정부가 피보험자인 근로자에게 지급하는 급여를 말한다. 이러한 실업급여는 크게 구직급여와 취업촉진수당으로 구별되며, 취업촉진수당은 다시 조기재취업수당, 직업능력개발수당, 광역구직활동비 및 이주비로 세분된다.

---

5) 노동부, 고용보험백서, 2004, 59~60쪽 참조.
6) 노동부 발간자료 "문답으로 보는 실업급여" 발췌 및 참조.

1. 구직급여 지급대상

1) 구직급여는 누가 받을 수 있나요?[7]

실업급여는 고용보험 적용사업장에서 퇴직 전 18개월 중 180일(피보험 단위기간) 이상 근무하다 경영상 해고, 권고사직, 계약기간 만료 등 불가피한 사유로 직장을 그만둔 근로자가 근로의 의사와 능력을 가지고 적극적으로 재취업활동을 하는 경우에 지급됩니다. 즉 구직급여는 일정한 해당사실의 발생만으로 요건이 충족됨으로써 별다른 조치 없이 자동적으로 성립·확정되는 것이 아니라, 실업, 근로의 의사와 능력, 구직활동이라는 기초사실의 발생, 위 기초사실의 직업안정기관에 대한 신고 이외에 직업안정기관의 신고에 대한 인정이라는 별도의 조치가 있어야 비로소 성립·확정되는 것입니다.[8]

일용근로자는 근로형태의 특성상 취업과 실업을 반복하는 경우가 많아 일반근로자와는 다른 요건을 두고 있습니다. 일용근로자는 수급자격 신청일 이전 1개월간 일한 날수가 10일 미만이고, 최종 이직일 이전 기준기간의 피보험 단위기간 180일 중 다른 사업에서 제58조에 따른 수급자격의 제한 사유에 해당하는 사유로 이직한 사실이 있는 경우에는 그 피보험 단위기간 중 90일 이상을 일용근로자로 근로하였을 경우에 실업급여를 받을 수 있습니다. 그러나 전직·자영업을 위하여 스스로 직장을 그만두었거나 본인의 중대한 귀책사유[9]로 해고된 경우에는 실업급여를 받을 수 없으며,[10][11] 퇴직금·퇴직위로금 등 명칭여하를 불문하고 이직 당시 총액 1억 원

---

7) 고용보험법 제40조 (구직급여의 수급요건).

8) 2002.5.16, 부산지법 2001구 8742.

9) 본인의 중대란 귀책사유라 함은 사업에 막대한 지장을 초래하거나 재산상 손해를 끼친 경우로서, 고의성이 수반된 불법행위에 한정하여 중대한 귀책사유에 해당하는 것으로 보고 있다. 2003.7.21 사건번호 2003-97.

10) 고용보험법 제58조 (이직사유에 따른 수급자격의 제한).

11) 고용보험시행규칙 제57조의 2의 규정에 의하여 사업에 막대한 지장을 초래하거나 재산상 손해를 끼친 경우 및 기타 노동부 장관이 정하여 고시하는 사유의 구체적인 기준은 아래의 노동부 고시 구직급여수급자격제한기준 제2002-1 참조.

이상의 금품을 퇴직금으로 수령한 자에 대하여는 실업의 신고일로부터 3개월 동안
은 구직급여의 지급을 유예될 수 있습니다.[12]

   ☞ 중대한 귀책사유로 해고된 경우
  ① 형법 또는 직무와 관련된 법률을 위반하여 금고 이상의 형을 선고받고 해고된
    경우
  ② 공금횡령, 회사기밀 누설, 기물파괴 등으로 회사에 막대한 재산상의 손해를 끼
    쳐 해고된 경우
  ③ 정당한 사유 없이 장기간 무단결근하여 해고된 경우

2) 사업주가 고용보험에 가입하지 않으면 구직급여를 받을 수 없나요

  근로자가 1인 이상인 사업장은 고용보험에 의무적으로 가입하여야 합니다. 사업
주가 고용보험에 가입하지 않은 경우에는 근로자가 고용안정센터에 그 사실을 신고
하여 소급하여 고용보험에 가입할 수 있고, 사업장이 폐업되어 영업을 하지 않는
경우에도 근로자가 그 직장에서 근무하였음을 증명할 수 있는 월급명세서 등 증명
자료를 제출하면 조사하여 고용보험에 소급가입이 인정되는 경우 구직급여를 받을
수 있습니다. 근로자가 근무하였음을 증명할 수 있는 자료는 건강보험증, 근로계약
서, 월급지급명세서, 채용통지서, 국민연금자료, 근로소득원천징수 영수증 등이 있습
니다.

   ☞ 사업주가 고용하고 있는 근로자의 피보험자격 취득 및 상실신고를 하지 않는
     경우 근로자가 직접 신고할 수 있습니다.

---

12) 고용보험법 제59조 (고액 금품 수령에 따른 구직급여의 지급유예).

3) 구직급여를 받다가 재취업을 하면 더 이상 받을 수 없나요?

구직급여는 수급자격자가 실업상태에서 적극적인 재취업활동을 하여 실업인정을 받은 경우 지급되므로 재취업을 하게 되면 원칙적으로 구직급여를 받을 수 없습니다. 다만, 수급자격자가 소정급여일수 기간 중에 6개월 이상 고용될 것이 확실한 직장에 재취직하거나 또는 6개월 이상 계속 자영업을 하는 것이 확실한 경우에는 미지급 금액의 1/2를 조기재취업수당이라 하여 일시금으로 받을 수 있습니다.

☞ 특히 제조업, 건설업, 어업의 기능원 및 기계조작·조립종사자 등 우대직종의 중소기업에 재취직하는 경우에는 미지급 금액의 전액을 지급받을 수 있습니다.

4) 본인이 사표를 쓰면 구직급여를 받을 수 없나요?

전직·자영업을 위해 사표를 쓰거나 학업 등 개인적인 사유로 사표를 쓰는 경우에는 구직급여를 받을 수 없으나, 아래에 제시된 사유로 사직한 경우에는 정당한 사유로 인정되어 실업급여를 지급받을 수 있습니다.

▲ 정당한 사유에 해당되는 경우
- 도산·폐업, 인원감축 등 회사의 경영사정에 의해 퇴직한 경우
- 1월 이상 임금체불이나 임금지급이 지연되어 그만둔 경우
- 2달 이상 휴업이 계속되어 그만둔 경우
- 회사이전이나 원거리 발령으로 가족과 별거하게 되거나 통근이 곤란하여 그만둔 경우
- 신기술·신기계 도입으로 새 업무에 적용할 수 없어 그만둔 경우
- 체력부족, 심신장애, 질병·부상 등으로 업무수행이 곤란하여 그만둔 경우
- 초등학교 입학 이전의 영유아의 보육(이용 가능한 보육시설이 있는 경우 등을 제외한다.)이나 30일 이상 간호를 요하는 가족의 간병으로 그만둔 경우

- 결혼, 임신, 출산, 병역법에 의한 의무복무로 인한 퇴직이 관행인 사업장에서 그 관행에 따라 퇴직한 경우
- 이직 전 3월간의 임금이 최저임금법에 의한 최저임금보다 낮거나 이직 전 3월 간 주당 평균근로시간이 56시간 이상인 달이 계속되어 퇴직한 경우
- 정년의 도래, 계약기간 만료로 회사를 계속 다니는 것이 불가능하여 퇴직한 경우
- 기타 객관적으로 정당하다고 인정되는 경우

◆ **구직급여 수급자격 제한기준[13]**

고용보험법시행규칙 제57조의 규정에 의하여 피보험자가 '사업에 막대한 지장을 초래하거나 재산상 손해를 끼친 경우' 및 '기타 노동부 장관이 정하여 고시하는 사유'의 구체적인 기준은 다음과 같다.

1. 구직급여를 받을 수 없는 경우
① 회사기물을 고의로 파손하여 생산에 막대한 지장을 초래함으로써 해고된 경우
② 직책을 이용하여 회사공금을 유용·착복·횡령하거나 배임함으로써 해고된 경우
③ 인사·경리·회계담당 직원이 허위사류 작성 등으로 재산상 손해를 끼침으로써 해고된 경우
④ 회사의 기밀을 경쟁관계의 타 회사 등 외부에 제공하여 사업에 상당한 지장을 초래함으로써 해고된 경우
⑤ 납품업체로부터 금품 또는 향응을 제공받고 불량품을 납품받아 생산에 차질을 초래함으로써 해고된 경우
⑥ 회사제품·원료 등을 절도 또는 불법 반출함으로써 해고된 경우
⑦ 기타 고의로 사업에 막대한 손해를 끼침으로써 해고된 경우

2. 구직급여를 받을 수 있는 경우
① 채용 시 제시된 근로조건 또는 채용 후 일반적으로 적용받던 임금·근로시간과 실제 임금·근로시간이 2할 이상 차이가 있거나 기타 근로조건이 현저하게 낮아지게 되

---

13) 2004.12.31, 노동부 고시 제2004-90호 참조.

어 이직하는 경우(임금을 비교하는 경우에는 초과근로의 대가로 지급받는 임금은 제외한다). 다만, 피보험자가 근로조건 변경에 동의하여 근로조건이 낮아지게 된 경우에는 이에 해당하지 아니한다.

② 임금을 지급받지 못하거나 지급이 지연되어 이직하는 경우로서 다음에 해당하는 경우

⑴ 이직 전 1년 이내에 월임금액의 3할 이상을 지급받지 못한 달이 2월 이상 되어 이직하는 경우

⑵ 이직 전 6월 이내에 임금의 전액이 소정의 지급일보다 1월 이상 지급이 지연되는 달이 2월 이상 되어 이직하는 경우

⑶ 이직 전 1년 이내에 월임금액의 3할 이상이 소정의 지급일보다 1월 이상 지급이 지연되는 달이 3월 이상 되어 이직하는 경우

③ 상사나 동료 등으로부터 종교, 성별, 신체장애, 노조활동 등을 이유로 불합리한 차별대우를 받은 사실에 의해 이직하는 경우

④ 상사나 동료 등으로부터 본인의 의사에 반하여 성희롱, 성폭력, 기타 성적인 괴롭힘을 당하여 이직하는 경우

⑤ 사업장의 전일 휴업이 월중 5일 이상이거나 부분휴업이 월중 통산하여 40시간 이상인 달이 3월 이상 계속되어 이직하는 경우

⑥ 사업주의 강제휴직 조치로 휴직한 후 휴직상태가 2월 이상 계속되어 이직하는 경우

⑦ 경영상 이유에 의한 휴업이 2월 이상(휴직 전 평균임금의 70% 이상의 금품을 받은 기간 제외) 계속되고 생계곤란 및 조만간 복직할 가능성이 없어 이직하는 경우

⑧ 사업장의 도산·폐업이 확실하거나, 대량의 감원이 예정되어 있어 이직하는 경우로서 다음에 해당하는 경우

⑴ 사업장이 파산·청산절차 개시신청이 이루어짐으로써 이직하는 경우

⑵ 부도어음이 발생하여 금융기관과의 거래가 정지되는 등 사업장의 도산이 거의 확실시되어 이직하는 경우

⑶ 사실상 당해 사업장과 관련된 사업 활동이 정지되어 재개될 전망이 없어 이직하는 경우

⑷ 사업장이 생산설비의 자동화·신설 또는 증설, 사업규모의 축소·조정 등으로 인하여 고용정책기본법시행령 제20조의 규정에 의한 대량고용변동신고 요건에 해당되어 이직하는 경우

⑸ 감원 등 사업장의 고용조정계획이 확정·발표됨으로써 이직하는 경우

⑨ 다음에 해당하는 사정으로 사업주로부터 퇴직을 권고받거나, 인원감축이 불가피하여 고용조정계획에 따라 실시하는 퇴직희망자의 모집에 의하여 이직하는 경우

⑴ 사업의 양도·인수·합병

⑵ 일부 사업의 폐지 또는 업종전환

⑶ 직제개편에 따른 조직의 폐지·축소

⑷ 신기술의 도입, 기술혁신 등에 의한 작업형태의 변경

⑸ 경영의 악화, 인사적체 등 기타 위의 사항에 준하는 경우

⑩ 사업장이 다른 곳으로 이전되어, 통근이 곤란(통근 시 이용할 수 있는 통상의 교통수단으로는 사업장으로의 왕복소요시간이 3시간 이상인 경우를 말한다)하게 되어 이직하는 경우, 다만 사업주가 통근편의 제공 등의 보완조치를 하여 통근 시 왕복소요시간이 3시간 미만이 되는 경우를 제외한다.

⑪ 통근이 불가능 또는 곤란한 사업장으로 전근되어 배우자 또는 부양해야 될 동거친족(배우자, 3촌 이내의 혈족 또는 인척을 말한다)과 부득이하게 별거하게 되었기 때문에 이직하는 경우

⑫ 동거를 위한 주소이전, 육아, 노약자의 간호 등 가정사정의 변화를 이유로 이직하는 경우로서 다음에 해당하는 경우

⑴ 배우자(사실상 혼인관계에 있는 자를 포함) 또는 부양해야 할 친족과의 동거를 위하여 주소를 이전하게 됨으로써 통근이 곤란하게 되어 이직하는 경우

⑵ 자녀의 양육(초등학교 입학 이전의 연령에 해당하는 영유아 보육을 말한다)을 위하여 보육시설을 이용하거나 친족 등에게 자녀의 양육을 맡김으로써 사업장으로의 통근이 불가능 또는 곤란하게 되어 이직하는 경우

⑶ 부·모의 사망 또는 30일 이상 본인의 간호를 필요로 하는 부·모 또는 동거친족의 질병·부상 등으로 인하여 부득이하게 이직하는 경우

⑬ 신기술 또는 신기계가 도입되어 본인의 지식·기능으로는 적응이 불가능하여 이직하는 경우로서 다음 요건을 모두 갖춘 경우

⑴ 신기술 또는 신기계가 도입되어 피보험자가 당해 기술 또는 기계를 활용·취급하게 됨으로써 피보험자가 가지고 있던 전문지식 또는 기능을 충분히 발휘할 기회를 잃게 되었을 것

⑵ 피보험자가 당해 기술 또는 기계를 활용·취급하는 업무 또는 이러한 업무와 관

련된 지식·기술에 관한 교육훈련 등에의 적응이 곤란할 것
⑭ 이직 전 6월 이내에 산업안전보건법 제2조의 규정에 의한 "중대재해"가 발생한 사업장으로서 당해 재해와 관련된 노동부장관의 안전보건상의 시정명령을 받고도 시정기간 내에 이를 시정하지 않아 이직하는 경우(다만, 당해 사업장에서 동일 재해위험에 노출된 경우에 한한다)
⑮ 체력의 부족, 심신장애, 질병, 부상, 시력·청력·촉각의 감퇴 등으로 인하여 피보험자에게 부여된 업무를 수행하는 것이 불가능 또는 곤란하게 되어 이직하는 경우
⑯ 결혼, 임신, 출산, 병역법에 의한 의무복무 등으로 인한 퇴직이 관행인 사업장에서 그 관행에 따라 이직하는 경우
⑰ 이직 전 3월간 소정근로시간의 임금이 최저임금법에 의한 최저임금보다 낮거나 이직 전 3월간 주당 평균근로시간이 56시간 이상인 달이 계속되어 이직하는 경우
⑱ 사업주의 사업내용이 법령에 위반하여 이직하는 경우로서 다음에 해당하는 경우
 ⑴ 취직당시와는 달리 현재의 사업내용이 법령에서 금지하는 재화 또는 용역을 제조하거나 판매하는 등의 이유로 이직하는 경우
 ⑵ 법령의 제·개정으로 종전의 사업내용이 위법하게 되어 이직하는 경우
⑲ 정년의 도래 또는 계약기간 만료로 회사를 계속 다닐 수 없게 되어 이직하는 경우
⑳ 기타 위에 준하는 사유로서 피보험자 및 사업장 등의 사정에 비추어 그러한 여건에서는 통상의 다른 근로자도 이직했을 것이라고 객관적으로 인정되는 경우

2. 구직급여 지급액

1) 구직급여는 얼마나 받을 수 있나요?

구직급여는 퇴직당시 연령과 고용보험 가입기간에 따라 90~240일의 범위 내에서 퇴직 전 평균임금의 50%가 지급됩니다.
▶ 최고액: 1일 40,000원
▶ 최저액: 1일 소정근로시간 × 최저임금법상 시간급 최저임금액의 90%

표 34. 구직급여 지급일수(소정급여일수)

연령＼피보험기간	1년 미만	1년 이상 3년 미만	3년 이상 5년 미만	5년 이상 10년 미만	10년 이상
30세 미만	90일	90일	120일	150일	180일
30세 이상~50세 미만		120일	150일	180일	210일
50세 이상 및 장애인		150일	180일	210일	240일

ex) '99.7.1.부터 고용보험에 가입된 40세의 A근로자가 2002.1.1.부터 월임금 100만 원씩 받다가 2002.9.1.자로 이직한 경우에 받을 수 있는 실업급여는?

➢ 가입기간이 3년 2월, 연령이 40세이므로 실업급여를 받을 수 있는 소정급여일수는 150일이고 1일 평균임금은
32,608원(300만 원÷92일)이므로 구직급여일액은 1일 평균임금의 50%인 16,304원임

➢ A수급자가 받을 수 있는 구직급여 최대액은
16,034원 × 210일＝3,367,140원

2) 구직급여를 연장하여 받을 수 있나요?

취직이 특히 어렵고 생활이 곤란한 경우와 같이 특별한 사유가 있을 때는 실업급여를 연장하여 받을 수 있는데, 이를 연장급여라고 합니다. 연장급여에는 훈련연장급여, 개별연장급여, 특별연장급여 3가지가 있으며, 구직급여일액의 70%가 지급됩니다.

(1) 훈련연장급여
- 지급요건: 직업안정기관의 장이 수급자격자의 연령·경력 등을 고려하여 재취업을 위한 직업능력개발훈련이 필요하다고 인정하여 훈련지시를 한 경우(최근 1년

간 직업능력개발훈련을 받은 경우는 제외)
- 지급기간: 최대 2년

(2) 개별연장급여
- 지급요건: 취직이 특히 곤란하고 생활이 어려운 수급자격자로서 다음 요건을 모두 맞춘 경우
  - 직업안정기관의 장의 직업소개를 3회 이상 받았으나 취업이 되지 못한 경우
  - 부양가족 중 18세 미만이나 65세 이상자 또는 장애인이나 1월 이상 치료를 요하는 환자가 있을 것
  - 직업능력개발훈련을 받지 못하였을 것
  - 급여기초임금일액이 4만 원 이하일 것
  - 본인 및 배우자의 재산이 노동부장관이 고시한 기준 이하일 것
- 지급기간: 60일 이내

(3) 특별연장급여
- 지급요건: 매월의 실업률이 연속하여 3월간 6%를 초과하는 등 실업이 급증한 상황에서는 노동부장관이 정한 기간 내에만 지급
  ☞ 퇴직 시 5,110만 원 이상의 금품을 받은 자는 제외
- 지급기간: 60일 이내

3) 구직급여는 언제까지 신청해야 하나요?

구직급여는 수급자격이 있더라도 퇴직한 다음날부터 12개월이 경과하면 지급받을 수 없으며, 이 12개월을 수급기간이라고 합니다. 수급기간이 경과하면 원칙적으로 실업급여가 지급되지 않기 때문에, 퇴직 후 지체 없이 거주지 관할 고용안정센터에 실업신고를 하여야 합니다.

　　☞ 다만, 수급기간 중 다음의 사유로 취업할 수 없는 경우에는 본인 또는 대리인

이 수급기간 내에 그 사실을 고용안정센터에 신고하면, 그 취직할 수 없는 기간만큼 수급기간이 연장(최대 4년)됩니다. 30일 이상 취직할 수 없는 사유를 신고하는 것을 수급기간 연장신고라 하고, 병역법에 의한 의무복무의 경우에는 당해 사유가 종료된 날로부터 30일 이내 수급기간 연장신고를 하여야 합니다.

☞ 수급기간연장사유
- 본인의 질병·부상(상병급여를 지급받는 경우는 제외)
- 배우자 또는 직계존비속의 질병·부상
- 병역법에 의한 의무복무
- 범죄혐의로 인한 구속 또는 형의 집행
- 임신·출산·육아(육아의 경우 생후 3년 미만의 영아에 한함)

4) 재취업활동을 위해서는 비용이 드는데 그럴 경우 지원은 없나요?

구직급여 수급자가 지방노동관서장의 소개에 따라 거주지로부터 50Km 이상 떨어진 곳에 이사한 경우 이동거리와 가족 수에 따라 이사비용(43,150~348,790원)을 지급받을 수 있습니다.

5) 수급요건을 갖추지 못한 경우에는 어떻게 되나요?

구직급여는 근로자가 재직 중에 보험료를 납부하였더라도 일정한 요건을 갖춘 경우에만 급여를 지급받을 수 있습니다. 그러나 실직근로자가 구직급여 수급요건을 갖추지 못한 경우에도 보험료를 납부한 실적이 모두 없어지는 것이 아니고 3년 이내에 재취직하는 경우에는 다음에 구직급여를 받을 때 이전에 납부한 실적까지 합산하여 소정급여일수가 산정되므로 보다 많은 급여를 받을 수 있습니다.

3. 구직급여 지급절차

1) 구직급여를 지급받으려면 어떻게 해야 하나요?

구직급여를 지급받으려면 실직 즉시 주민등록증이나 운전면허증 등 본인임을 증명할 수 있는 신분증을 가지고 거주지 관할 고용안정센터에 방문하여 실업신고를 하여야 합니다. 실업신고는 고용안정센터에 구직신청을 하여 구직등록필증을 받은 후 수급자격신청서를 작성하여 제출하면 되고, 직업안정기관의 장은 원칙적으로 접수 후 14일 이내에 수급자격인정여부를 결정하여 통지합니다. 수급자격을 불인정할 경우에는 14일 이내에 전화 또는 문서로 불인정 통지를 하게 되며, 수급자격이 인정된 경우에는 실업신고일로부터 1주에서 4주의 범위에서 직업안정기관의 장이 지정한 날(이하 '실업인정일'이라 한다)에 출석하여 '실업인정'을 받으시면 됩니다. 최초 7일간은 대기기간이므로 실업인정과 근로사실의 신고의무가 없습니다.[14)]

2) '실업인정'이란 무엇인가요?

실업인정이란 퇴직근로자가 구직급여를 받을 수 있는 수급자격인정을 받은 경우, 실업인정대상기간 중에 실업상태에서 적극적으로 재취업 활동을 하고 있다는 것을 직업안정기관의 장이 인정하는 것을 말합니다. 수급자격자가 실업인정을 받고자 하는 때에는 실업인정일에 거주지 관할 직업안정기관에 출석하여 '실업인정신청서'에 직전 실업인정일의 다음날부터 당해 실업인정일까지의 재취업활동을 기재한 후 수급자격증을 첨부하여 제출하여야 합니다. 한편 수급자격자가 실업의 인정을 받으려 하는 기간 중에 근로를 제공한 경우에는 그 사실을 직업안정기관의 장에게 신고하여야 합니다.[15)]

---

14) 고용보험법 제49조 (대기기간).
15) 고용보험법 제47조 (실업인정대상기간 중의 근로의 신고).

3) 지정된 실업인정일에 출석하지 않으면 어떻게 되나?

수급자격자가 지정된 날에 출석을 하지 않아 실업인정을 받지 못하면 구직급여를 지급받을 수 없습니다. 특히 지정된 실업인정일에 출석하지 않는 경우, 단순히 구직급여 지급이 연기되는 것이 아니라, 실업인정을 받지 못한 일수만큼 소정급여일수가 줄어든다는 점을 유의하시기 바랍니다. 다만, 수급자격자가 질병이나 부상, 직업안정기관의 직업소개에 따른 구인자와의 면접, 천재지변이나 그 밖에 부득이한 사유로 출석할 수 없었던 경우[16]에는 출석할 수 없었던 사유를 적은 증명서를 14일 이내에 제출하여 실업의 인정을 받을 수 있으며, 고용보험법 제45조의 취업 또는 구인자와의 면접 기타 부득이한 사유가 있는 경우 등에는 실업인정일의 변경을 신청할 수 있습니다.[17]

4) 직업능력개발훈련 등을 받는 경우 실업인정을 어떻게 하나요?

수급자격자자 28일 이상의 직업훈련을 받는 경우로서, 노동부 장관의 인·지정을 받은 훈련과정 또는 국가·지방자치단체에서 훈련비용을 지원하는 훈련과정을 수강하는 경우에는 당해 훈련기관을 관할하는 직업안정기관에서 월 1회 지정한 날에 실업인정을 받을 수 있습니다. 이 경우 수급자격자는 당해 훈련기관에서 발행한 수강증명서를 제출하여야 하며 훈련으로 인하여 출석이 어려운 경우에는 대리인(훈련기관직원)으로 하여금 실업인정 신청관련 서류를 제출하게 할 수 있고 별도의 구직활동은 면제됩니다.

5) 재취업활동이란 무엇인가?

수급자격자가 실업인정을 받기 위해서는 재취업활동을 하여야 하는데, 재취업활동

---

16) 고용보험법 제44조 (실업의 인정).
17) 고용보험법 시행령 제65조 (실업인정의 특례자).

이란 입사원서 제출·면접 등 재취직 활동과 자영업을 준비하는 활동을 말합니다.

우편이나 팩스, 전자메일을 이용하여 구인처에 입사원서를 제출하거나 채용박람회 등에 참석하여 구인자와 면접을 본 경우, 직업안정기관에서 행하는 직업지도 프로그램에 참가하는 경우 등도 적극적 구직 활동으로 인정됩니다. 그러나 지역신문 등을 보고 사업장에 전화로만 구인문의를 하거나, 특정직종과 임금만을 고집하며 동일사업장만을 반복하여 구직활동을 하는 경우 등은 재취업활동으로 인정되지 않습니다.

☞ 재취업활동의 인정기준[18]
▪ 구인업체에 방문하거나 우편·인터넷 등을 이용하여 구인에 응모한 경우
▪ 채용관련행사에 참여하여 구인자와 면접을 본 경우
▪ 직업능력개발훈련 등을 받는 경우 중 노동부장관이 정한 경우
▪ 직업안정기관에서 행하는 직업지도프로그램에 참여한 경우
▪ 당해 실업인정일부터 30일 이내에 취업하기로 확정된 경우
▪ 근로자직업능력개발법에 의한 직업능력개발훈련시설 또는 학원의설립·운영및과외교습에관한법률에 의한 학원 등에서 재취업을 위하여 수강 중인 경우로서 별도의 재취업활동이 필요하지 아니하다고 직업안정기관의 장이 인정하는 경우 등

6) 몸이 아파서 구직활동을 할 수 없으면 어떻게 하나요?

구직급여를 신청하기 이전부터 질병·부상으로 인하여 구직활동을 할 수 없는 경우에는 앞에서 본 바와 같이 수급기간을 연장할 수 있습니다. 실업신고(수급자격신청) 이후 7일 이상의 질병·부상으로 인하여 구직활동을 할 수 없는 경우에는 구직급여에 갈음하여 구직급여액과 동일한 상병급여를 받을 수 있습니다.[19] 이 경우 수급자격자는 본인이 질병·부상으로 인해 구직활동을 할 수 없는 상태에 있는 것을

---

18) 고용보험법 시행규칙 제87조(재취업활동의 인정기준).
19) 고용보험법 제63조(질병 등의 특례).

증명하는 서류를 제출해야 합니다.

4. 부정수급

1) 부정수급이란 무엇인가요?

구직급여는 퇴직근로자가 직업안정기관의 장으로부터 수급자격을 인정받고 실업인정 대상기간 중에 실업상태에서 재취업 활동을 하는 경우 받을 수 있는데 기타 부정한 방법으로 실업급여를 받았거나 받고자 하는 경우에는 부정 수급이 됩니다. 대표적인 부정수급 사례로는 재취업사실을 신고하지 않거나 허위로 신고한 경우, 이직 사유 또는 임금 등을 허위로 신고하는 경우 등을 들 수 있습니다.

2) 부정수급을 하면 어떤 제재를 받나요?

부정한 방법으로 구직급여를 지급받은 경우에는 부정수급액의 반환뿐만 아니라, 실업급여 지급중지·부정수급액만큼의 추가징수 등의 불이익을 받습니다. 다만, 실업과정에서 1회의 경미한 부정행위(취업사실 미신고, 구직활동 허위신고 등)를 한 경우에는 당해 실업인정대상기간 동안의 급여만 지급하지 아니합니다.

사업주가 부정행위에 개입한 경우에는 사업주도 연대하여 책임을 집니다. 특히 부정수급의 반환독촉을 받고도 이행하지 않은 경우, 2회 이상 부정수급을 한 경우, 2인 이상이 공모하여 부정수급을 한 경우에는 형사처벌을 받을 수 있습니다.

3) 취업한 사실은 반드시 신고해야 하나요?

수급자격자가 실업인정대상기간 중에 취업한 사실이 있는 경우에는 반드시 실업인정일에 취업사실을 신고하여야 합니다.[20]

☞ 취업으로 보는 범위[21]

1. 1월간의 소정근로시간을 60시간 이상(1주간의 소정근로시간을 15시간 이상으로 정하는 경우를 포함한다)으로 정하고 근로를 제공하는 경우

1-2. 생업을 목적으로 3월 이상 계속하여 근로를 제공하는 경우

1-3. 법 제2조 제6호[22]의 규정에 의한 일용근로자로서 근로를 제공하는 경우

2. 근로제공의 대가로 임금 등 명칭 여하를 불문하고 노동부장관이 정하는 금액 이상을 수령하는 경우

3. 상업·농업 등 사업에 종사하거나 다른 사람의 사업에 참여하여 근로를 제공함으로써 다른 사업에 상시 취직하기가 곤란하다고 인정되는 경우

4. 세법의 규정에 의하여 사업자등록을 한 경우

5. 그 밖에 사회통념상 취업을 하였다고 인정되는 경우

4) 부정수급은 어떻게 확인하나요?

고용안정센터에서는 실업급여 부정수급자를 가려내기 위하여 노동부의 고용보험 전산망을 비롯하여, 국민연금공단, 건강보험공단, 국세청, 근로복지공단 및 지방자치단체 전산자료를 주기적으로 조회하고 있습니다. 뿐만 아니라, 인터넷을 이용한 제보, 탐문확인 등 다양한 방법으로 부정수급 검색을 실시하고 있습니다. 따라서 부정수급 행위가 일시적으로 발각되지 아니하여 구직급여가 지급된 경우라도 추후 국가 전산망 등에 의해 적발되거나 제보, 탐문 등에 의해 반드시 발각되어 제재를 받게 됨을 각별히 유념하시기 바랍니다.

---

20) 실업인정대상기간 중의 근로제공 또는 근로소득 발생 신고의무에 있어서 그 근로시간의 장단이나 액수의 다과는 문제되지 않는다. 2002.1.18, 서울행정법원 2001구 34825.

21) 고용보험법 시행규칙 제92조(취업의 인정기준).

22) 고용보험법 제2조 (정의) 6. "일용근로자"란 1개월 미만 동안 고용되는 근로자를 말한다.

5) 부정수급을 자진신고하면 어떤 혜택이 있나요?

구직급여를 부정수급하면 앞에서 본 바와 같이 부정수급액의 반환, 지급중지, 추가징수,[23] 형사고발 등의 불이익을 받습니다. 그러나 수급자격자가 부정수급한 사실을 자진 신고할 경우에는 추가징수를 면제받을 수 있습니다. 부정수급은 우선 하지 말아야겠지만 본의 아니게 부정수급에 이르게 된 경우에는 하루빨리 자진 신고하여 더 큰 불이익을 받지 않도록 하여야 합니다.

5. 심사 및 재심사청구

1) 권리구제를 위한 이의신청은 어떻게 하나요?

피보험자격의 취득, 상실확인, 수급자격 불인정, 실업자격 불인정, 실업급여의 지급제한, 반환명령 등의 처분에 이의가 있는 사람은 관할 지방 고용보험심사관에게 심사를 청구할 수 있으며, 그 결정에 이의가 있는 사람은 고용보험심사위원회에 재심사를 청구할 수 있습니다. 심사청구는 직업안정기관의 확인 또는 처분이 있음을 안 날로부터, 재심사청구는 심사청구에 대한 결정이 있음을 안 날로부터 각각 90일 이내에 원처분을 행한 직업안정기관에 제출하시면 됩니다.

---

23) 고용보험법 시행규칙 제105조(부정행위에 따른 추가징수 등) ① 추가징수액은 허위 기타 부정한 방법에 의하여 지급받은 구직급여액의 100분의 100으로 한다.

Ⅲ. 고용안정사업

1. 고용안정사업이란?

고용안정사업이란 노동부장관이 국내외 경기의 변동, 산업구조의 변화 기타 경제상의 이유 등으로 인력이 부족하게 되거나 고용기회가 감소하여 고용상태가 불안하게 되는 경우에 피보험자(근로자) 및 피보험자이었던 자 등의 실업의 예방, 재취업의 촉진, 고용기회의 확대 기타 고용안정을 위하여 실시하는 사업을 말한다.[24]

2. 고용안정사업의 종류

1) 고용창출 지원

고용창출 지원사업은 근로시간 단축, 근무환경 개선 등으로 고용기회 확대를 통한 고용창출을 지원하는 사업으로 중소기업근로시간단축지원금, 교대제전환지원금, 중소기업고용환경개선지원금, 중소기업인력활용지원금, 중소기업신규업종진출지원금 등이 있다.

2) 고용조정 지원

고용조정의 지원이란 경기의 변동, 산업구조의 변화 등에 따른 사업규모의 축소, 사업의 폐지 또는 전환으로 인하여 고용조정이 불가피하게 된 사업주에게 근로자에 대한 휴업, 전직전환에 필요한 직업능력개발훈련, 인력의 재배치 등의 실시 기타 근

---

24) 고용보험법 제19조 (고용안정·직업능력개발사업의 실시).

로자의 고용안정을 위한 조치를 취하는 경우에 사업주에 대하여 지원하는 것을 말하는데,[25] 고용유지지원금, 전직지원장려금, 재고용장려금 등이 있다.

3) 고용촉진 지원

고용촉진 지원사업은 노동시장의 통상적인 조건하에서는 취업이 특히 곤란한 고령자·장기실업자·여성 등의 고용촉진을 지원하는 사업을 말한다.

고용촉진 지원사업에는 고령자고용촉진장려금, 임금피크제보전수당, 신규고용촉진장려금, 중장년훈련수료자채용장려금, 육아휴직장려금, 임신·출산후계속고용지원금 등이 있다.

육아휴직장려금은 근로자에게 30일 이상 육아휴직을 부여하고 휴직 종료 후 30일 이상 계속 고용한 사업주에게 육아휴직기간 동안 1인당 월 20만 원, 대체인력 1인당 월 20만 원(우선지원대상기업의 경우에는 월 30만 원)이 지급된다.

임신·출산후계속고용지원금은 근로계약기간이 1년 이하인 자 또는 파견근로자로서 산전후휴가 중이거나, 임신 16주 이상인 여성 근로자와 근로계약기간 또는 파견계약기간 종료 즉시 1년 이상의 근로계약을 체결한 사업주에게 인센티브가 지급된다. 지원수준은 기간의 정함이 없이 계속 고용할 경우 6개월간 매월 60만 원이 지급되고, 1년 이상의 기간을 정하여 계속 고용하는 경우에는 6개월간 매월 40만 원이 지급된다.

4) 고용촉진시설의 지원

고용촉진시설 지원사업은 직장보육시설의 보육교사 인건비와 설치 운영비를 지원함으로써 여성의 경제활동을 촉진하기 위하여 지원하는 사업을 말한다.

---

25) 고용보험법 제21조 (고용조정의 지원).

5) 건설근로자 등의 고용안정 지원

건설근로자고용안정의 지원이란 건설(일용)근로자의 고용보험 적용 등을 유도하기 위하여 피보험자 관리비용의 일부를 지원하고, 퇴직금 성격인 퇴직공제부금 일부를 지원하여 건설근로자의 고용안정을 위한 사업을 실시하는 사업주에 대하여 지원하는 것을 말한다.

(1) 건설근로자 퇴직공제부금 지원

건설근로자 퇴직공제 임의가입자로서 건설근로자 퇴직공제회에 가입하여 공제부금을 납부한 사업주에게는 납부한 공제부금의 1 / 3이 지원된다.

(2) 건설근로자 고용안정지원금 지원

건설(일용)근로자의 원활한 고용보험 적용 및 고용관리체계 개선을 유도하기 위하여 피보험자 관리비용의 일부를 지원하는 것으로, 건설사업주가 고용관리책임자를 선임하여 일용근로자 피보험자격의 취득·상실 신고 등 고용보험 사무처리를 한 경우 지원된다.

Ⅳ. 직업능력개발사업

직업능력개발사업이란 보험자에게 직업생활의 전 기간을 통하여 자신의 직업능력을 개발·향상시킬 수 있는 기회를 제공하고 지원하기 위한 사업을 말한다.

1. 사업주에 대한 직업능력개발훈련의 지원

피보험자 등의 직업능력을 개발·향상시키기 위하여 직업능력개발훈련을 실시하는 사업주에 대하여 그 훈련에 필요한 비용을 지원하는 것을 말한다. 특히 근로계약기간이 1년 이하인 자, 근로기준법상의 단시간근로자, 파견근로자, 일용근로자 등 비정규직을 대상으로 직업능력개발훈련을 실시하는 사업주에 대하여는 1월당 훈련생 1인당 최저임금액에 의하여 월단위로 환산한 최저임금액(우선 지원대상기업은 월 단위로 환산한 최저임금액의 100분의 120)을 지원하고 있다.[26]

2. 근로자 수강지원금[27][28]

1) 지급대상

수강지원금이란 아래에 해당하는 근로자가 자비로 근로자직업능력개발법 제2조의 규정에 의하여 직업능력개발훈련을 수강한 경우에 필요한 비용의 전부 또는 일부를 지원하는 것을 말한다.

① 이직예정인 피보험자로서 훈련 중 또는 훈련수료 후 1월 이내에 이직한 자. 다만, 이직사유가 법 제58조의 규정에 의한 수급자격의 제한사유에 해당하는 경우를 제외한다.
② 40세 이상의 피보험자
③ 상시 사용하는 근로자 수가 300인 미만인 사업에 고용된 피보험자
④ 근로계약기간이 1년 이하인 자

---

26) 고용보험법 시행령 제41조 (사업주에 대한 직업능력개발훈련비용의 지원).
27) 고용보험법 시행령 제43조 (근로자 수강지원금의 지원).
28) 고용보험법 시행규칙 제61조 (근로자 수강지원금의 지원).

⑤ 근로기준법 제21조의 규정에 의한 단시간근로자
⑥ 파견근로자보호등에관한법률에 의한 파견근로자
⑦ 일용근로자[29]

2) 지원금액

직종별 훈련비용 고시단가의 100% 범위 이내에서 수강비용의 80% (외국어 과정은 50%)가 1인당 연간 100만 원(재직기간 5년간 300만 원) 한도로 지급된다. 다만, 계약직 등 비정규직에 대하여는 특별히 우대하여 일반과정 100%, 외국어 과정 80%가 지원된다.

3. 근로자능력개발카드에 의한 수강지원

고용보험에 가입한 근로계약기간이 1년 이하인 자, 단시간근로자, 파견근로자, 일용근로자가 근로자능력개발카드를 발급받고 노동부의 인정을 받은 훈련과정을 수강하는 경우 필요한 비용의 전부 또는 일부가 지원된다.[30] 지원금액은 1인당 연간 100만 원(재직기간 5년간 300만 원)을 한도로 각 훈련과정의 실수강료 전액이 지원된다.[31] 단, 지원한도액은 근로자수강지원금과 합산된다.

---

29) 고용보험법에서의 "일용근로자"란 1개월 미만 동안 고용되는 자를 말한다.
30) 고용보험법 시행령 제44조 (근로자능력개발카드에 의한 수강지원).
31) 고용보험법 시행규칙 제62조 (근로자능력개발카드 시행에 따른 수강지원금액).

3장 : 산재보험[32]

Ⅰ. 산재보험이란?

1. 산재보험의 개념

산재보험은 공업화가 진전되면서 급격히 증가하는 산업재해 근로자를 보호하기 위하여 1964년에 도입된 우리나라 최초의 사회보험제도이다.

산재보험은 산재근로자와 그 가족의 생활을 보장하기 위하여 국가가 책임을 지는 의무보험으로 사용자의 근로기준법상의 재해보상책임을 보장하기 위하여 국가가 의무적으로 사업주로부터 보험료를 징수하여 그 기금으로 재해가 발생하는 경우에 산재근로자에게 보상을 해 주는 제도이다.

---

32) 고용·산재보험 실무편람, 노동부, 2007 참조.

2. 산재보험의 특성

▪ 산재보험은 업무상 재해에 대하여 사용자에게는 고의·과실의 유무를 불문하는 무과실 책임주의이다.
▪ 보험사업에 소요되는 재원인 보험료는 원칙적으로 사업주가 전액 부담한다.
▪ 자진신고 및 자진납부를 원칙으로 한다.
▪ 재해보상과 관련되는 이의신청을 신속히 하기 위하여 심사 및 재심사청구제도를 운영한다.
▪ 타 사회보험과는 달리 산재보험은 사업장 중심의 관리가 이루어진다.

Ⅱ. 산재보험의 적용

1. 산재보험 적용사업장

산업재해보상보험법은 근로자를 사용하는 모든 사업 또는 사업장에 적용된다.[33] 다만, 대통령령이 정하는 아래의 사업에 대해서는 적용되지 않는다.[34]

▪ 공무원연금법 또는 군인연금법에 의하여 재해보상이 행하여지는 사업
▪ 선원법 또는 어선원 및 어선재해보상보험법, 사립학교교원연금법에 의하여 재해보상이 행하여지는 사업
▪ 건설공사 중 건설업자 등이 아닌 자가 시공하는 총공사금액이 2천만 원 미만인

---

33) 산업재해보상보험법 제6조 (적용범위).
34) 산업재해보상보험법 시행령 제3조 (법의 적용제외사업).

공사와 연면적이 330제곱미터 이하인 건축물의 건축 또는 대수선에 관한 공사
- 주택법에 의한 주택건설사업자, 건설산업기본법에 의한 건설업자, 정보통신공사업법에 의한 공사업자, 소방법에 의한 소방시설공사업자 또는 문화재보호법에 의한 문화재수리업자가 아닌 자가 시공하는 다음에 해당하는 공사
  - 총공사금액이 2천만 원 미만인 공사
  - 연면적이 330제곱미터 이하인 건축물의 건축 또는 대수선에 관한 공사
- 가사서비스업
- 위의 사업외의 사업으로서 상시근로자의 수가 1인 이상이 되지 아니하는 사업
- 농업·임업·어업·수렵업 중 법인이 아닌 자의 사업으로서 상시근로자 수가 5인 미만인 사업

한편 산재보험은 사업주가 임의로 가입하는 보험이 아니라 가입이 강제되는 사회보험이므로, 사업주가 가입을 하지 않았다고 하더라도 산재보험이 적용되는 사업장인 경우에 근로자는 산재보상을 청구할 수 있다.

2. 적용 근로자

산재보험은 원칙적으로 1인 이상의 근로자를 사용하는 모든 사업장에 적용되는데 산재법에서의 근로자란 근로기준법에 의한 근로자를 말한다.[35] 따라서 일용근로자 등 비정규직 근로자에게도 산재법이 당연히 적용된다. 근로기준법상의 근로자로 인정되지 않았던 보험설계사, 학습지교사, 골프장캐디 등에 대하여도 '08.7.1.부터 산재법 특례규정에 따라 산재보험이 적용된다.

---

35) 산업재해보상보험법 제5조 (정의).

Ⅲ. 산재보험 급여

1. 산재보험 급여란?

산재보험급여란 산업재해보상보험법의 적용을 받는 사업 또는 사업장 소속 근로자가 업무상 사유로 인하여 부상·질병·장해 또는 사망한 경우에 이를 회복시키거나 소득을 보장하고 그 가족의 생활보호를 위하여 지급되는 급여를 말한다. 이러한 보험급여에는 요양급여, 휴업급여, 장해급여, 유족급여, 장의비 등이 있는데 이를 구체적으로 살펴보면 다음과 같다.

2. 요양급여

1) 개념

요양급여는 근로자가 업무상의 사유에 의하여 부상을 당하거나 질병에 걸린 경우에 해당근로자에게 지급되는 요양비(치료비)를 일컫는 것으로 요양비의 전액으로 하며, 원칙적으로 근로복지공단이 설치한 보험시설 또는 공단이 지정한 의료기관에서 요양을 하게 함으로써 현물로 지급된다. 다만, 비지정의료기관에서 요양을 받은 경우나 산재환자가 자비로 실시한 요양 등 부득이한 경우에는 요양비가 지급된다.

2) 지급요건

- 산업재해보상보험법이 적용되는 사업장의 근로자일 것
- 업무상 사유에 의한 부상 또는 질병에 걸렸을 것

- 당해 부상 또는 질병이 4일 이상의 요양기간을 요할 것

3) 청구자: 의료기관, 약국 및 근로자

4) 청구시기: 업무상 재해로 인한 사유 발생 시

5) 급여범위

진찰, 약제 또는 진료재료와 의지 기타 보철구의 지급, 처치·수술 기타의 치료, 의료시설에의 수용, 간병, 이송, 기타 노동부장관이 정하는 사항으로 치료에 필요한 제반 비용을 말한다.

3. 휴업급여

1) 개념

휴업급여는 업무상 재해를 당하거나 업무상 질병에 걸린 근로자가 요양으로 인하여 취업하지 못한 기간에 대하여 피재근로자와 그 가족의 생활보호를 위하여 지급하는 보험급여이다.

2) 지급요건

- 업무상 재해로 인한 요양으로 4일 이상 취업하지 못할 것
- 임금을 받지 못할 것

3) 청구자: 산재근로자, 사업주(수급권 대위 시)

4) 청구시기: 매월 1회 이상(통상적으로 1월 1회 청구가 상례임)

5) 급여내용

미취업기간 1일에 대하여 평균임금의 70% 상당액을 지급한다. 단, 65세 이상 재해자에 대하여는 평균임금의 65%를 휴업급여로 감액하여 지급된다.

6) 청구절차

▪ 휴업급여청구서 3부를 작성하여 공단, 의료기관, 회사에 제출
(1회분은 사업주와 재해자 확인, 2회분부터는 재해자 확인 후 제출)
▪ 신청서 제출지사
－1회분: 사업장의 주소지를 관할하는 공단 지역본부 또는 지사
－2회분부터: 의료기관 주소지를 관할하는 공단 지역본부 또는 지사
※ 휴업급여를 최초로 청구하는 경우에는 평균임금 산정 및 지급을 위하여 근로
    계약서, 재해 전 3개월간의 임금대장 및 본인 통장사본 등을 제출

4. 장해급여

1) 개념

장해급여란 업무상 재해를 당한 근로자가 요양 후 치료되었으나 정신적 또는 신체적 결손이 남게 되는 경우 그 장해로 인한 노동력손실전보를 위하여 지급되는 보험급여이다.

2) 지급요건

- 업무상 재해로 인한 부상 또는 질병의 치유 후 신체에 장해가 잔존하여야 한다.
- 장해가 당해 업무상 부상 또는 질병과 상당인과관계가 있어야 한다.

3) 청구자: 산재근로자, 사업주(수급권 대위 시)

4) 지급사유, 시기 및 내용

구분	지급사유	청구시기	급여내용
일시금	업무상 장해가 치유된 후 장해등급 제4~14급 장해 잔존 시	치유 후	장해 정도에 따라 평균임금의 1,012일분부터 55일분 상당액
연금	업무상 장해가 치유된 후 장해등급 제1~7급 장해 잔존 시 • 제1~3급: 연금 • 제4~6급: 연금 또는 일시금 중 선택가능	치유 후	장해정도에 따라 평균임금의 329일분부터 138일분 상당액

5) 청구 및 지급방법

① 장해보상 청구서를 작성하여 공단에 제출
② 장해심사 통보
③ 장해심사 등급결정
④ 장해급여 입금조치

5. 간병급여

요양을 종결한 산재근로자가 치유 후 의학적으로 상시 또는 수시로 간병이 필요하여 실제로 간병을 받는 자에게 보험급여로서 간병급여를 지급하여 주는 제도로 상시간병급여와 수시간병급여가 있다.

6. 유족급여

1) 개념

근로자가 업무상 사유로 사망 또는 사망으로 추정되는 경우 그에 의하여 부양되고 있던 유족들의 생활보장을 위하여 지급되는 보험급여이다.

2) 지급요건: 업무상 사망 또는 사망으로 추정되는 경우

3) 지급방법

유족급여는 연금지급이 원칙이며 평균임금의 52~67% 상당금액을 매월 지급한다. 다만, 연금수급권자가 원하는 경우에는 유족일시금의 50%를 일시금으로 지급하고 유족보상연금은 50%를 감액하여 지급한다.

4) 청구자: 유족, 사업주(수급권 대위 시)

5) 유족보상연금 수급자격자

근로자 사망 당시 그에 의하여 부양되고 있던 자 중 처(사실혼 포함) 및 근로자 사망 당시 다음 ①~⑤에 해당하는 자

① 남편(사실혼 포함), 부모, 조부모에 있어서는 60세 이상
② 자녀, 손에 있어서는 18세 미만
③ 형제자매에 있어서는 18세 미만이거나 60세 이상
④ ①~③에 해당하지 아니하는 남편, 자녀, 부모, 손, 조부모, 또는 형제자매로서 장애인복지법 제2조의 규정에 의한 장애인 중 노동부령이 정하는 장애등급 이상에 해당한 자
⑤ 근로자 사망 당시 태아인 자는 출생 시부터 자격을 취득
※ 수급권 순위: 배우자(사실혼 포함), 자녀, 부모, 손, 조부모, 및 형제자매의 순

7. 상병보상연금

상병보상연금이란 요양 개시 후 2년이 경과하여도 치유되지 아니하고 요양이 장기화됨에 따라 해당 피재근로자와 그 가족의 생활안정을 도모하기 위하여 휴업급여 대신에 보상수준을 향상시켜 지급하게 되는 보험급여이다.

8. 장의비

근로자가 업무상 사유로 사망한 경우 그 장제에 소요되는 비용으로 평균임금의 120일분 상당액을 장의비로 지급하는 보험급여이다.

IV. 이의신청

1. 산재보험 급여 처분에 대한 구제 제도

근로복지공단 각 지역본부(지부)에서 행한 산업재해보험법상의 보험급여에 대한 결정에 불복이 있는 자는 권리구제를 위해 심사청구를 제기할 수 있다.

2. 심사 청구

보험급여 지급에 불복이 있는 자는 그 결정이 있음을 안 날부터 90일 이내 공단의 지역본부(지사)를 거쳐 공단본부에 심사청구를 할 수 있다.

3. 재심사 청구

심사결정에 불복이 있는 경우에는 결정이 있음을 안 날로부터 90일 이내에 공단의 지역본부(지사)를 거쳐 노동부 산업재해보상보험심사위원회에 재심사청구를 하여야 한다.

4장 : 국민연금[36]

I. 국민연금이란?

가입자인 국민이 노령, 장애 또는 사망으로 소득능력이 상실 또는 감퇴된 경우 본인이나 그 유족에게 일정액의 급부를 행하여 안정된 생활을 할 수 있도록 국가가 운영하는 장기적인 소득보장제도이다.

'07 개정된 국민연금법에서는 연금재정의 안정을 도모하기 위하여 내는 보험료는 현행수준을 유지(소득액의 9%)하되, 소득대체율은 40년 가입 시 현행 60%에서 2008년에는 50%, 2009년부터 매년 0.5%씩 조금씩 단계적으로 낮춰 2028년부터 40%가 되도록 변경되었다.

이전의 국민연금은 내는 보험료의 2배 이상을 받을 수 있도록 설계되어 2047년경 기금소진이 예상되고 출산율 저하로 인하여 미래세대 부담이 가중되는 등 장기적인 연금재정의 안정을 위하여 연금지급률이 하향 조정되었으며, 표준소득월액의 등급제가 폐지되어 실제소득을 기준으로 연금보험료를 부과하게 하였다.

---

36) 국민연금관리공단, 알기 쉬운 국민연금, 2007 참조.

Ⅱ. 국민연금의 가입대상

1. 가입대상

국민연금의 가입대상에는 크게 나누어 사업장가입자와 지역가입자로 구분할 수 있는데, 1인 이상의 사업장에 종사하는 18세 이상 60세 미만의 근로자와 사용자는 사업장가입자로서 국민연금의 가입대상이 된다.[37)38)]

국민연금법상의 근로자란 직업의 종류에 불구하고 사업장에서 노무를 제공하고 그 대가로 임금을 받아 생활하는 자(법인의 이사 기타 임원을 포함한다)를 말한다.[39)]

2. 적용제외

국민연금법의 근로자에서 제외되는 자는 다음과 같다.[40)]

---

37) 국민연금법 제8조 (사업장 가입자) ① 사업의 종류, 근로자의 수 등을 고려하여 대통령령이 정하는 사업장(이하 "당연적용사업장"이라 한다)의 18세 이상 60세 미만인 근로자와 사용자는 당연히 사업장 가입자가 된다. 다만 다음 각 호의 1에 해당하는 자를 제외한다.
   1. 공무원연금법·사립학교교직원연금법 또는 별정우체국법에 의한 퇴직연금·장해연금 또는 퇴직연금 일시금이나 군인연금법에 의한 퇴역연금·상이연금 또는 퇴역연금일시금의 수급권을 취득한 자.
   2. 국민기초생활보장법에 의한 수급자.
38) 국민연금법 시행령 제18조 (당연적용사업장) ① 법 제8조 1항의 규정에 의한 당연적용사업장은 다음 각 호의 1에 해당하는 사업장으로 한다.
   1. 1인 이상의 근로자를 사용하는 사업장.
   2. 주한 외국기관으로서 1인 이상의 대한민국 국민인 근로자를 사용하는 사업장.
   ② 사업장 상호 간에 본점과 지점, 대리점 또는 출장소 등의 관계에 있고 그 사업경영이 일체로 되어 있는 경우에는 이를 하나의 사업장으로 보아 제1항의 규정을 적용한다.
39) 국민연금법 제3조 (정의 등).

▶ 일용근로자 또는 1월 미만의 기한부로 사용되는 근로자[41]

※ 1월 이상 계속 사용된 일용근로자는 적용대상이며, 건설현장의 일용근로자는 20일 이상 근무하면 국민연금 가입대상이 된다.

▶ 소재지가 일정하지 아니한 사업장에 종사하는 근로자

▶ 비상임 이사

▶ 1월간의 근로시간이 80시간 미만인 시간제근로자 등 사업장에서 상시근로에 종사할 목적으로 사용되는 자가 아닌 자

3. 적용사례

➢ 일용근로자, 시간제근로자인 경우, 근로계약 여부 또는 근로계약 내용과 관계없이 고용기간이 1개월 이상이고, 근로시간이 월 80시간 또는 주당 평균 18시간 이상인 경우에는 가입대상임

➢ 근로계약 내용이 1월 이상(기간을 정하지 않은 경우 포함)이고, 월 80시간 이상인 자는 실제 근로시간 · 고용기간에 관계없이 적용

※ 근로계약 내용이 1월 이상이고 월 80시간 미만인 자는 적용 제외

➢ 근로계약이 없거나 또는 근로계약 내용이 1월 미만(근로시간 불문)인 자가 '실제 고용기간'이 1월 이상이고 '실제 근로시간'이 월 80시간 이상인 경우 적용

※ 실제 근로시간의 계산은 근로 개시일부터 다음 달 전일까지의 근로시간을 월 단위로 계산

※ 근로계약의 단위를 월로 정하지 아니하고 근로시간을 월로 환산하기가 곤란한 경우에는 주당 평균 18시간의 기준을 적용하여 실제 근로시간이 주당 평균 18시간 이상인 경우에는 월 80시간 이상으로 간주

---

40) 국민연금법 시행령 제2조 (근로자에서 제외되는 자).
41) 1월 이상 계속 사용하는 경우에는 자격취득 신고대상이 된다.

Ⅲ. 연금보험료

1. 연금보험료의 특징

연금보험료는 연금급여를 지급하기 위한 재정 마련을 목적으로 법률에 근거하여 납부되는 것으로서 국민연금의 주된 재원이 된다.

법에 근거하기 때문에 연금보험료를 납부기간 내에 납부하지 않으면 다른 공과금과 마찬가지로 연체금(연금보험료의 3~9%)이 가산되며, 또한 일정기간 납부하지 않을 경우는 국세체납처분의 예에 따라 납부의무자의 재산에 압류처분 등 강제징수를 통하여 연금보험료로 충당하게 되므로 재산상의 불이익이 가해질 수도 있다.

2. 연금보험료 납부 금액

연금보험료[42] = 가입자의 기준소득월액 × 연금보험료율

이전에는 표준소득월액, 즉 연금보험료 및 급여의 산정을 위하여 근로자의 근로소득 중 비과세 근로소득을 제외한 표준소득월액[43]을 기초로 1등급(22만 원)부터 45등급(360만 원)까지 구분한 등급표에 따라 적용된 금액을 기초로 연금보험료를 산정하였으나, '08.1.1.부터 표준소득월액의 등급제를 폐지하고 실제소득을 기준으로 연금보험료를 부과하고 있다.

---

42) 연금보험료는 사용자와 근로자가 1 / 2씩 부담한다.
43) 표준소득소득월액은 전년도 중 당해 사업장에 근무한 기간 동안 받은 소득총액을 근무월수로 나누어 결정하며, '08.1.1.부터 표준소득월액은 기준소득월액으로 명칭이 변경된다.

3. 사업장가입자의 연금보험료 = 기여금 + 부담금

사업장 사용자는 가입자가 부담하는 기여금 및 사업장 사용자 본인이 부담하는 부담금을 합산하여 해당 월의 다음 달 10일까지 연금보험료를 납부하여야 한다.

▲ 기여금: 사업장가입자(근로자)가 부담하는 금액→(기준소득월액의 4.5%)
▲ 부담금: 사업장사용자(사용자)가 부담하는 금액→(기준소득월액의 4.5%)

4. 벌칙

정당한 사유 없이 납부 기한 내에 연금보험료를 납부하지 않은 사용자에게는 1년 이하의 징역 또는 500만 원 이하의 벌금이 부과된다.[44]

Ⅳ. 국민연금 급여의 종류

연금급여는 연금을 받는 동안 매년 전국소비자물가변동률을 반영하여 연금액을 조정함으로써 물가가 인상되더라도 항상 연금액의 실질가치가 보장되며, 수급권자에게 지급된 급여로서 120만 원 이하의 금액에 대해서는 압류하지 못하도록 되어 있다.

---

44) 국민연금법 제104조 (벌칙).

1. 노령연금

1) 노령연금이란?

노령연금은 가입기간이 10년 이상이면 60세(소득이 없을 경우 55세) 이후부터 평생 동안 매월 지급받을 수 있는 국민연금의 기초가 되는 급여이다. 가입기간, 연령, 소득활동 유무에 따라 완전노령연금, 감액노령연금, 재직자노령연금, 조기노령연금으로 구분되며, 파생급여로 분할연금이 있다.

2) 노령연금의 수급요건

노령연금을 받을 수 있는 연령은 현재 60세(조기노령연금은 55세)이나 2013년부터 5년마다 단계적으로 1세씩 연장되어 2033년 이후에는 65세(조기노령연금은 60세)가 된다. 단, 노령연금의 청구는 수급권(받을 수 있는 권리)이 발생한 때로부터 5년 안에 청구하지 않으면 소멸시효가 완성되어 받을 수 없게 됩니다.

표 35. 노령연금 수급요건

구 분	수 급 요 건
완전노령연금	• 가입기간 20년 이상, 60세에 도달한 자 (65세 이전까지는 소득이 없을 경우에 한함)
감액노령연금	• 가입기간 10년 이상 20년 미만으로 60세에 도달한 자 (65세 이전까지는 소득이 없을 경우에 한함)
재직자노령연금	• 완전노령연금수급권자 또는 감액노령연금수급권자가 65세 이전에 소득이 있는 업무에 종사하는 경우 (소득 있는 업무에 종사 하지 않으면 완전노령이나 감액노령연금으로 전환)
조기노령연금	• 가입기간 10년 이상, 연령 55세 이상인 자가 소득이 있는 업무에 종사하지 아니하고, 60세 도달 전에 청구한 경우(65세 이전에 소득 있는 업무 종사 시 그 기간 동안 지급정지)
분할연금	• 가입기간 중 혼인기간이 5년 이상인 노령연금수급권자의 이혼한 배우자가 60세 이상이 된 경우

2. 장애연금

장애연금이란 가입 중에 발생한 질병 또는 부상으로 인해 완치된 후에도 장애가 남았을 때 장애정도(1급~4급)에 따라 지급하는 연금이다.

3. 유족연금

1) 유족연금이란?

유족연금이란 노령연금수급권자, 가입기간이 10년 이상인 가입자이었던 자, 가입자, 장애등급 2급 이상에 해당하는 장애연금수급권자가 사망한 때 그 유족에게 지급되는 연금을 말한다.

2) 수급요건

- 노령연금 수급권자가 사망한 경우
- 가입자가 사망한 경우(단, 가입기간이 1년 미만인 경우는 가입 중에 발생한 질병이나 부상으로 사망한 경우)
- 장애등급 2급 이상의 장애연금 수급권자가 사망한 경우
- 가입기간 10년 이상 가입자이었던 자가 사망한 경우
- 가입기간 10년 미만의 가입자이었던 자가 가입 중에 발생한 질병이나 부상으로 가입 중 초진일 또는 가입자 자격상실 후 1년 이내의 초진일로부터 2년 이내에 사망한 경우

3) 유족의 범위

사망자에 의하여 생계를 유지하고 있던 가족으로 아래의 요건을 충족하는 배우자, 자녀, 부모, 손자녀, 조부모 순위 중 최우선 순위자에게 유족연금을 지급한다.

표 36. 유족의 범위

배우자	(남편의 경우 60세 이상)	(남편의 경우 장애등급 2급 이상)
자녀	18세 미만	또는 장애등급 2급 이상
부모(배우자의 부모 포함)	60세 이상	
손자녀	18세 미만	
조부모(배우자의 조부모 포함)	60세 이상	

4. 반환일시금

1) 반환일시금이란?

반환일시금이란 연금급여를 받을 수 있는 요건을 충족하지 못하였거나 공무원연금 등 다른 공적연금의 가입 또는 국외이주 등으로 더 이상 국민연금의 보호가 필요하지 않을 경우 납부한 연금보험료에 이자를 더해 일시에 지급받을 수 있는 급여를 말한다.

2) 수급요건

- 가입기간 10년 미만인 사람이 60세가 된 경우
  (단, 특례노령연금수급권자는 해당되지 않음)

- 가입자 또는 가입자이었던 자가 사망하였으나 유족연금에 해당되지 않는 경우
- 국적을 상실하거나 국외에 이주한 경우
- 공무원 등 다른 공적연금의 가입자가 된 경우
- '99.4.1. 전에 공무원퇴직연금 등 다른 공적연금을 받았거나 받고 있는 사람이 사업장 또는 지역가입자 자격을 상실한 경우

5. 사망일시금

사망일시금은 가입자 또는 가입자이었던 사람이 사망하였으나 유족연금 또는 반환일시금을 지급받을 수 있는 유족범위에 해당하는 자가 없는 경우 사망자에 의하여 생계를 유지하고 있던 배우자, 자녀, 부모, 손자녀, 조부모, 형제자매 또는 4촌 이내의 방계혈족 순위 중 최우선 순위자에게 장제부조비 성격으로 지급하는 급여이다.

V. 급여의 지급

연금 급여는 기본연금액과 가급연금액을 합산한 금액으로 받게 된다.

1. 기본연금액

기본연금액이란 가입기간이 20년 이상인 사람이 받을 수 있는 연금액을 말하며, 20년 초과 시에는 1년마다 5%씩 지급률이 증가한다. 이러한 기본연금액은 고소득자

와 저소득자 간 급여수준 격차를 줄여주며, 물가변동률과 임금상승률을 반영하여 항상 실질가치를 보장해 준다는 특징이 있다.

2. 부양가족연금액

부양가족연금액이란 연금급여를 지급받고 있는 수급자가 일정한 가족을 부양하고 있는 경우 가족수당 성격으로 지급하는 부가급여를 말한다.

표 37. 가급연금의 요건과 지급액

지급대상	요 건	가급연금액
배우자	(사실혼 포함)	연 200,220원
자녀	18세 미만 또는 장애등급 2급 이상에 해당하는 자녀	연 133,470원 / 1인당
부모 (배우자 부모 포함)	60세 이상 또는 장애등급 2급 이상에 해당하는 부모	연 133,470원 / 1인당

※ '07년 4월~'08년 3월까지 적용되는 부양가족연금액이며 매년 물가변동률에 따라 조정.

VI. 수급기간 및 수급방법

1. 수급기간

연금급여는 수급사유가 발생한 날이 속하는 달의 다음 달부터 수급권이 소멸한 날이 속하는 달까지 지급받을 수 있다. 노령연금의 경우 수급사유 발생일은 60세 생일이며(조기노령연금의 경우 청구일), 장애연금의 경우 완치일 또는 1년 6개월 경과일, 유족연금의 경우 사망일이다. 연금급여 수급권은 수급권자의 사망으로 소멸하며, 유족연금의 경우 배우자인 수급권자의 재혼, 자녀 또는 손자녀인 수급권자의 입양 또는 파양, 18세 도달, 장애 2급 이상 미해당 등으로 소멸한다.

2. 수급일

연금급여는 매월 말일에 그달의 연금액을 지급받게 되는데, 다만, 말일이 토요일 또는 공휴일이면 그 전일에 지급받게 된다. 반환일시금(사망일시금)의 경우에는 수급요건이 확인되고 구비서류 등이 갖추어진 경우 청구 즉시 지급받을 수 있다.

3. 수급방법

연금급여는 수급권자가 희망하는 금융기관 또는 체신관서의 예금계좌로 지급받게 된다.

5장 : 건강보험[45][46]

Ⅰ. 건강보험이란?

1. 건강보험제도의 개념

건강보험이란 국민의 질병·부상에 대한 예방·진단·치료·재활과 출산·사망 및 건강증진 대하여 보험급여를 실시함으로써 국민보건 향상 및 사회보장 증진을 목적으로 하는 공적인 보험제도를 말한다. 이러한 의료보장제도로써 국민건강보험법에서는 건강보험제도에 관한 국민의 수급권 등 권리보장, 적용대상 및 보험료 부담 의무 등을 규정하고 있다.

2. 건강보험의 특성

▶ 강제적용: 법률에 의한 강제가입

---

45) 국민건강보험공단, 건강보험제도 개요, 2004 참조.
46) 국민건강보험공단, 사업장 업무 편람, 2007 참조.

▶ 단기보험: 1년 단위 재정수지 상등(회계연도를 기준으로 수입과 지출을 예정하
여 보험료 계산), 지급기간 단기
▶ 부담능력에 따른 보험료 차등 부담
▶ 보험료 부담·징수의 강제성

3. 건강보험의 주요 용어 정의

▶ 근로자: 직업의 종류에 불구하고 근로의 대가로서 보수를 받아 생활하는 자(법
인의 이사 기타 임원을 포함)로서 공무원과 교직원을 제외한 자
▶ 상용근로자: 일정기간 또는 기간의 정함이 없이 고용이 보장되는 근로자
▶ 일용근로자: 고용기간의 보장 없이 1일 단위로 고용되어 그날로 고용계약이 종
료되는 자로, 즉 다음날의 고용이 확정되지 아니한 상태로 근무하는 근로자
▶ 시간제근로자: 통상 근로자와 근무형태는 동일하나 소정근무시간이 상대적으로
짧은 자
▶ 공공근로자: 행정자치부의 '공공근로사업 종합지침'에 의하여 중앙부처·지방자
치단체·사업수탁기관(민간단체 위탁사업)에서 시행하는 공공근로사업에 참여하
는 자
▶ 비상근자: 사용자의 구체적인 지휘·감독이 없고, 근무일수·시간·장소 등에
제한이 없으며, 일비·활동비·수수료 등의 실비 변상적 금품을 지급받는 자

Ⅱ. 건강보험의 적용대상

1. 직장가입자

1) 가입대상

상시 1인 이상의 근로자를 사용하는 사업장에 고용된 모든 근로자 및 사용자와 공무원 및 교직원은 직장가입자가 된다.

2) 직장가입자에서 제외되는 자[47)48)]

- ▶ 1월 미만의 기간 동안 고용되는 일용근로자
- ▶ 비상근 근로자 또는 1월간의 근로시간이 80시간 미만인 시간제 근로자
- ▶ 비상근 교직원 또는 1월간의 근로시간이 80시간 미만인 시간제 공무원 및 교직원
- ▶ 소재지가 일정하지 아니한 사업장의 근로자 및 사용자
- ▶ 근로자가 없거나 비상근 근로자 또는 1월간의 근로시간이 80시간 미만인 시간제 근로자 등 사업장에서 상시 근로에 종사할 목적으로 고용되지 아니한 근로자만을 고용하고 있는 사업장 사업주
- ▶ 병역법의 규정에 의한 현역병

3) 피부양자

피부양자란 직장가입자에 의하여 주로 생계를 유지하는 자로서 보수 또는 소득이 없는 자로 다음 사항에 해당하는 자는 건강보험의 적용대상이 된다.[49)]

---

47) 국민건강보험법 제6조 (가입자의 종류).
48) 국민건강보험법 시행령 제10조 (직장가입자에서 제외되는 자).

▸ 직장가입자의 배우자

▸ 직장가입자의 직계존속(배우자의 직계존속 포함)

▸ 직장가입자의 직계비속(배우자의 직계비속 포함) 및 그 배우자

▸ 직장가입자의 형제·자매

4) 자격취득 시기 및 신고

근로자는 적용사업장에 고용된 날 또는 근로자가 근무하고 있는 사업장이 적용사업장으로 된 날 자격을 취득하며, 사용자는 자격취득일부터 14일 이내에 신고하여야 한다.

2. 지역가입자

직장가입자·피부양자를 제외한 농·어민, 도시자영업자 등 지역주민은 지역가입자의 범위에 속한다.

Ⅲ. 건강보험료

1. 보험료

직장가입자의 보험료 = 보수월액 × 보험료율(4.77%)

※ 보수월액: 연간 총보수 / 근무월수 = 평균보수월액

---

49) 국민건강보험법 제5조 (적용대상 등).

직장보험료의 보수월액은 상·하한선이 있는데, 하한선은 가입자의 보수월액이 28만 원 미만은 28만 원으로, 가입자의 보수월액이 6,579만 원 초과할 경우는 6,579만 원으로 한다. 보수월액이 상·하한선에 속하지 아니한 가입자는 실제 보수월액을 기준하여 위의 식에 대입하여 보험료를 산정하면 된다.

2. 부담주체

보험료는 근로자와 사용자가 각각 50%씩 부담한다.
※ 1인 총보험료(가입자부담 50% + 사용자부담 50%) = 가입자부담 보험료 × 2

표 38. 건강보험료 산정방법

보수월액 범위	보험료율(근로자 부담)	월보험료 산정
28만 원 미만	2.385%	28만 원 × 2.385%
28만 원 이상~6,579만 원	2.385%	실제 보수액 × 2.385%
6,579만 원 이상	2.385%	6,579만 원 × 2.385%

3. 징수방법

건강보험료는 사용자가 원천징수하여 익월 10일에 납부한다.

Ⅳ. 보험급여

1. 현물급여

요양기관(병·의원 등)으로부터 본인이 직접 제공받는 의료 서비스 일체를 말한다.

1) 요양급여

요양급여란 가입자 및 피부양자의 질병·부상·출산 등에 대하여 진찰·검사, 약제·치료재료의 지급, 처치·수술·기타의 치료, 예방·재활, 입원·간호·이송에 대한 급여를 말한다.[50]

2) 건강검진

건강검진은 질병의 조기발견으로 가입자의 건강유지를 도모하고, 공단에서는 질병의 조기발견을 통한 조기치료로 재정지출을 최소화하기 위한 목적으로 실시되고 있다. 실시대상은 직장가입자, 지역세대주, 만 40세 이상의 피부양자 및 세대원이며, 사무직 근로자, 지역가입자, 직장피부양자는 2년마다 1회 실시하고, 사무직 근로자를 제외한 직장가입자는 매년 실시하고 있다. 이러한 건강검진의 비용은 1차 및 2차 검진비용을 전액 공단에서 부담하며 특정 암검사에 대해서만 공단과 수검자가 각각 50%씩 부담한다.

3) 본인부담상한제

본인부담상한제는 고액·중증 질환자의 진료비 부담으로 인한 가계의 경제적 부

---

50) 국민건강보험법 제39조 (요양급여).

담을 경감하기 위하여 6월간 보험적용 본인부담금이 300만 원을 초과할 경우 그 초과한 금액을 수납단계에서 사전에 면제받거나, 사후에 그 금액을 환급받을 수 있는 제도이다.

2. 현금급여

가입자 및 피부양자의 신청에 의하여 공단에서 현금으로 지급하는 것을 말한다.

표 39. 보험급여의 종류와 내용

급여종류	급여내용
요양비 (출산비 포함)	가입자 또는 피부양자가 긴급, 기타 부득이한 사유로 인하여 요양기관에서 제외되는 의료기관 등에서 질병, 부상, 출산 등에 대하여 요양을 받거나 출산을 한 경우 지급 단, 해외에서 진료 받은 경우에는 지급대상에서 제외 • 요양비: 요양급여에 상당하는 금액 • 출산비: 25만 원
장제비	가입자 또는 피부양자가 사망한 경우에 그 장제를 행한 자에게 지급 • 지급금액: 250,000원
본인부담액 보상금	병·의원에서 진료 받고 납부한 법정 본인부담금이 매30일에 120만 원을 초과한 경우, 그 초과금액의 50%를 보상
장애인 보장구 급여비	장애인복지법에 의하여 등록한 장애인 가입자 및 피부양자에게는 보장구에 대하여 보험급여 실시 • 보장구 구입금액이 유형별 기준액 이내: 실구입액의 80% • 보장구 구입금액이 유형별 기준액 초과: 기준액의 80%

제 9 부

비정규 노동의
정치경제학

정치경제학은 정치가나 입법자의 과학의 한 분야로, 두 개의 별개의 목적을 가지고 있다. 첫째, 국민들에게 풍부한 수입이나 생활자료를 제공하는 것, 좀 더 정확히 말하면 국민들로 하여금 스스로 충분한 수입 또는 생활자료를 얻을 수 있도록 하는 것이다. 둘째, 공공서비스를 공급하는 데 충분한 수입을 국가에 제공하는 것이다, 즉 정치경제학은 국민과 국가 모두를 부유하게 하려는 것이다.

- 애덤 스미스의 "국부론"중에서 -

경제학 분야의 자유로운 과학적 연구는 다른 모든 분야에서도 부딪칠 수 있는 그러한 적들과 부딪치는 것만은 아니다. 경제학이 취급하는 문제의 독특한 성격 때문에, 사람의 마음 중에서 가장 맹렬하고 가장 저열하며 가장 추악한 감정 -즉 사리사욕이라는 복수의 여신 - 이 자유로운 과학적 연구를 저지하는 투쟁의 마당에 들어오게 된다.

- k. 마르크스의 "자본론" 중에서 -

세계의 본질과 관련한 문제는 그 세계를 지각하는 우리의 심리적 기관을 무시할 경우 하나의 공허한 추상개념에 불과하다. 아니, 우리의 과학은 결코 환상이 아니다. 그러나 과학이 우리에게 줄 수 없는 것을 다른 데서 얻을 수 있으리라고 생각하는 것은 환상이다.

만약 일부 구성원의 만족이 일부 다른(숫자가 훨씬 많은) 구성원의 압박을 의미하는 그런 단계를 문명이 벗어나지 못했다면 - 이것이 오늘날의 문화가 처한 상황이지만 - 압박받는 사람들은 자신의 노동으로 만든 문화, 그러나 부의 분배를 별로 허용해 주지 않는 문화에 대한 강한 적개심을 가질 것이다. 이들 계급의 문명에 대한 적개심은 너무 강렬하여, 좋은 형편 덕분에 별로 위협적이지 않은 다른 사회계층의 잠재적인 적개심까지도 야기하게 된다.

- 프로이트의 "환상의 미래" 중에서 -

1장 : 비정규 노동의 정치경제학

비정규직 근로자가 사회적 차별을 받는 근본적인 이유는 무엇일까? 단순히 비정규직 근로자를 위한 새로운 법률의 제정을 통해서 근로조건의 개선이 가능한 것일까? 그렇지 않다면 지속적인 경제성장이나 사회의 민주화 또는 비정규직 근로자의 정치세력화를 통해서 해결이 가능한 것일까?

이러한 근본적인 문제에 대하여 노동문제와 관련된 사회구조와 정치경제학[1]적인 접근방법을 살펴보고 이에 대한 대안을 모색하고자 한다. 즉 비정규직 문제의 원인을 보호법규의 미비 및 저임금과 열악한 근로조건으로 분석하고 파악하는 것은 현상과 본질을 호도하는 것에 지나지 않으므로, 본질인식의 방법으로 실제적이며 구체적인 것으로부터, 현실적인 전제로부터 시작하는 것이 아니라, 분석적으로 단순화되고 추상화된 개념에서 출발점인 구체적 현실적 문제로 되돌아가는, 즉 추상적인 것으로부터 구체적인 것으로 상승하는 방법을 사용하고자 한다. 그렇게 하는 경우 전체에 대한 혼돈스러운 표상으로서의 구체적인 대상이 아니라 많은 규정들과 관계들을 포함한 총체로서의 구체적인 대상에 도달할 수 있을 것이다.[2]

---

1) 마르크스는 "사물의 내적인 현실적 모습은 흔히 현상에서 전도되어 나타날 수 있고, 현상형태는 현실적 관계를 보이지 않게 하거나 정반대로 나타낼 수 있다. 사물의 현상형태와 본질이 직접적으로 일치한다면 과학이란 불필요할 것이다."라고 지적한 바 있는데 이 장에서는 비정규직 문제의 본질을 정치경제학적인 방법과 비판을 통하여 파악하는 것을 목적으로 하고자 한다.

이 장에서는 비정규직 문제를 객관적인 진리, 엄정한 과학으로서의 인간의 이성을 신뢰하는 다윈,[3] 마르크스, 프로이트 등의 사상적 토대에서 사회의 기본구조를 추상적인 차원에서 검토할 수 있음을 보여주고자 한다.[4]

그리하여 잡다한 형태의 관념론적이며 허위적으로 인본주의적인 휴머니즘과 윤리적 기획이라는 즐거운 가면을 벗어버리고, 위선적인 정치적 구호를 단호히 배격하며, 사회·경제적 토대에 대한 과학적 인식과 개념을 정립한 후에라야 비정규직 문제에 대한 해법을 둘러싸고 벌어지고 있는 계급적 갈등과 사회적 혼란에 대하여 훨씬 더 구체적이고 효과적인 현실적 방안들을 도출할 수 있을 것이다.

계급모순뿐만 아니라 신체와 권력 등 극명한 모순들의 극히 잡다한 혼합물이 혼재되어 나타나는 비정규 노동의 추상적 현상형태들을 분석하기 위하여 다음과 같은 접근방법과 분석틀을 사용하고자 한다.

---

2) 김세균, "정치경제학 비판을 위하여 서설", 칼 맑스 프리드리히 엥겔스 저작선집 2, 박종철출판사, 1992, 460~462쪽 참조.
3) 신다윈주의자와 프로이트의 관점은 인간을 이성적인 존재로만 파악하지는 않는다. 심지어 다윈주의자들은 인간의 뇌에 일반적 의미에서의 이성은 존재하지 않는다고 한다. 그럼에도 불구하고 사회문제를 해결할 수 있는 방법으로 인간의 이성과 과학을 신뢰한다는 점에서는 마르크스주의의 사상적 전통과 일치하고 있다.
4) 미시적으로는 인간의 마음과 정신의 구조를 고려하는 프로이트의 정신분석학과 거시적으로는 마르크스주의의 사회 및 경제구조를 다윈주의의 계통발생적(시간)인 생물학적 토대 위에서 비판적으로 구축하는 것을 목적으로 한다. 역사유물론을 정신분석학의 토대 위에서 구축하려는 논의는 알튀세르 등에 의하여 언급된 바 있으며, 프로이트-마르크스주의라는 형태로 프롬, 마르쿠제 등의 주요 사상적 배경으로 나타나고 있다. 프로이트는 정신분석학을 생물학적 사실들 위에서 전개하려고 하였고, 촘스키도 심리학적 사실들과 인간본성을 시간(진화)의 흔적을 포함한 적응과 생물학적 토대에서 찾으려 하였다. 니체도 인간의 인식능력은 오랫동안 생물학적인 발전과정을 거쳐 형성된 것이라고 보았다. 그 외에 개체이익을 중시하는 신다윈주의적 전통의 사회생물학적 관점으로 스티븐 핑커, 데이비드 M 버스 등의 진화심리학적 접근방법 등을 참고하였다.

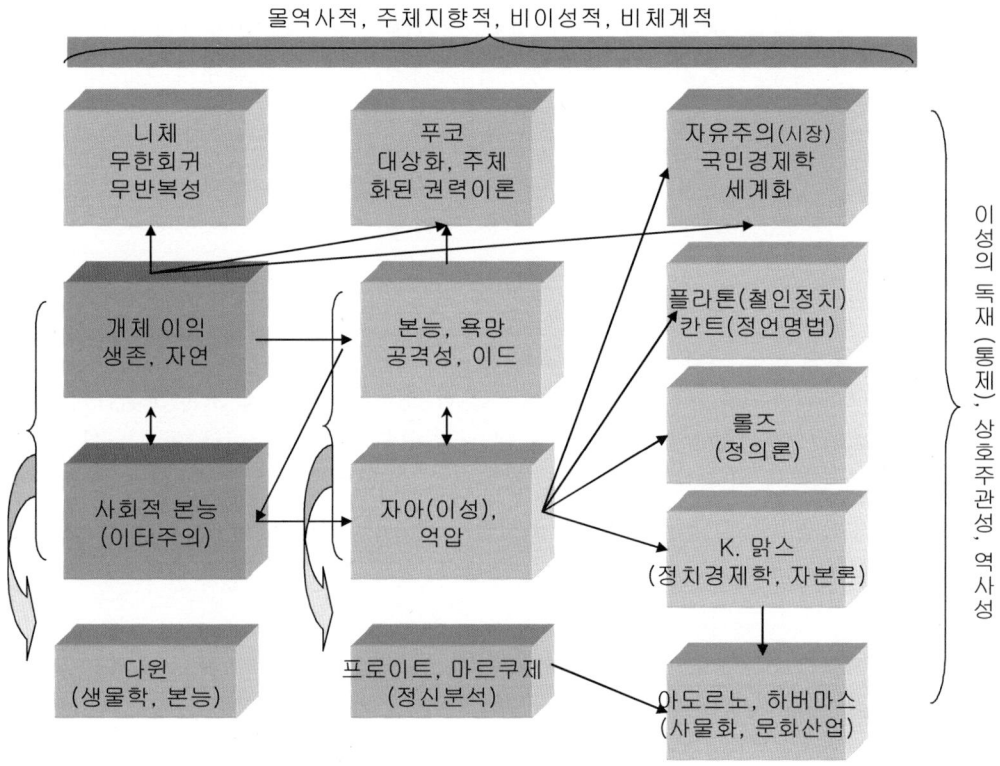

그림 4. 접근방법 개념도

Ⅰ. 비정규 노동과 가치(value)

1. 사용가치와 교환가치

생산물이 시장에서 팔린다는 것은 그 생산물이 타인의 욕망을 충족시켜 주는 유용성을 가지고 있다는 것을 가리키며, 이런 의미에서 상품은 사용가치를 가진다고 말한다. 이러한 상품의 가치는 교환과정에서 자기의 모습을 드러내게 되는데, 예컨대 신발 두 켤레와 보리 한 말이 등가로서 교환될 때 이러한 가치의 현상형태를 교환가치라고 부른다.

애덤 스미스는 국부론에서 가치(value)라는 용어를 사용가치와 교환가치로 구분하여 다음과 같이 정의하고 있다.

> 재화를 화폐 또는 다른 재화와 교환할 때 사람들이 자연적으로 준수하는 규칙이 무엇인지를 고찰하려고 한다. 이 규칙들이 이른바 재화의 상대가치 또는 교환가치를 결정한다. 여기서 주의해야 할 것은 '가치'라는 단어가 두 개의 상이한 의미를 가진다는 것이다. 즉 때로는 어떤 특정한 물건의 유용성을 표시하고, 때로는 그 물건의 소유가 제공하는 기타 물건들에 대한 구매력을 표시한다. 전자를 '사용가치(value in use)' 후자를 '교환가치(value in exchange)'라 부를 수 있다.[5]

이러한 사용가치와 교환가치는 공기와 같이 가장 큰 사용가치를 가진 물건들이 때때로 교환가치를 거의 가지지 않거나 전혀 가지지 않으며, 이와 반대로 다이아몬드와 같이 희소성으로 인하여 가장 큰 교환가치를 가진 물건들이 사용가치를 거의 가지지 않거나 전혀 가지지 않는 경우가 있을 수 있는데, 노동시장에도 희소성 여부에 따라 사용가치와 교환가치의 이격이 나타난다.

2. 노동력과 가치의 결정

자본주의 사회에서는 노동력[6]이라는 상품도 보통의 상품[7]과 마찬가지로 존재하

---

5) 애덤 스미스, 국부론(상), 비봉출판사, 2003, 32쪽.
6) 노동력은 인간 자신이 가지고 있는 정신적 육체적 노동능력을 의미하는데, 자본주의하에서는 하나의 상품으로 타인에게 판매된다는 점에 특징이 있다. 정치경제학 원론, 김수행, 비봉출판사, 1988, 64~65쪽 참조.

는 상태에 따라 가치를 가지고 상품으로 매매된다.[8]

　다른 모든 상품들과 마찬가지로 하나의 상품이므로 그 가격은 다른 모든 상품들이 가지고 있는 법칙들과 똑같은 법칙들에 의해서 결정된다.

　기업에서는 이윤을 창출하기 위하여 근로자로부터 노동력을 구매하게 되는데 이 과정에서 사회적인 구조와 조건들이 노동과 화폐(임금)의 교환비율에 영향을 미치게 된다. 즉 실업자의 수, 법적인 규제와 제도, 노동조합, 경기변동, 기타 대내외적인 사회 경제적 상황에 의하여 기업에서는 노동력을 그 가치 이하로 구매할 수 있게 된다.

　특히 1차 노동시장에 진입하지 못한 비정규직 근로자의 풀(Pool)이 많은 경우, 기업은 우월한 지위에서 협상력이 약한 비정규직 근로자의 노동력을 그 가치 이하로 현격하게 절하시켜 교환할 수 있게 되며, 경우에 따라서 교환가치(임금)는 최저생계비 수준에서 결정될 수도 있다.

　현재 우리나라에서 비정규직의 임금은 최저생계비 수준 또는 그 이하에서 결정되고 있는데, 그 결과 한국의 노동시장에서 비정규직의 비율이 계속 증가할 수 있는 여지가 있는 것이다. 즉 노동력의 사용가치(유용성)와 교환가치(임금)의 괴리가 비정규직에서 더 두드러지게 유지되고 있는 상황에서, 기업은 당연히 "싸게 구입해서 많이 남길 수 있는" 비정규직의 노동력을 선호하게 되고 이에 따라 비정규직의 비율을 늘리는 것이다. 이러한 상황은 18세기 영국에서 생산과정의 지적 요소들을 육체적 노동으로부터 분리시키고 전자를 노동에 대한 자본의 지배력으로 전환시키는 산업혁명의 과정과 유사하다고 볼 수 있는데, 당시 영국에서 성인노동자가 값싼 여성노동과 아동노동으로 대체되기 시작하면서 기계제 대공업이 새로운 활력을 띠기 시작한 것과 유사하다고 볼 수 있을 것이다.[9]

---

7) 단, 노동력이라는 상품은 다른 상품과는 달리 저장하거나 비축하는 것이 불가능하다는 점에서 차이가 존재한다.

8) 사유재산과 자유경쟁이 지배하는 자본주의 사회에서는 사회적 총노동이 무정부적인 개별적 노동으로 나타나고 분배는 생산물의 사적 교환이라는 형식을 통하여 이루어진다. 고영복 편, 사상사 개설, 사회문화연구소, 1992, 189쪽.

9) 남성노동을 여성노동으로, 또 특히 성인노동을 아동노동으로 교체하는 것이 강화됨에 따라 노동자의 수가 대단히 증가하였다. 1주일에 6내지 8실링의 임금을 받는 13세의 소녀 3명은 18 내지 45실링의 임금을 받는 성인 1명을 대신하였다. K. 마르크스, 자본론 I (下), 비봉출판

그런 이유에서 재계와 경영계는 정부의 비정규직의 정규직 전환과 비정규직특별법의 제정 등 시장에 대한 개입을 반대하고 시장(자본운동)의 자유를 계속적으로 주장하였던 것이다.[10]

정부가 '공공부문 비정규직 대책'을 발표하자 재계는 향후 민간부문에 미칠 파장을 우려하여 잔뜩 긴장하고 있다. 경영계는 무엇보다 460만 명(정부 추산)에 달하는 민간부문의 비정규직을 한꺼번에 정규직으로 전환하거나, 정규직에 준하는 처우 개선을 해 줄 경우 기업경영에 심각한 타격을 받을 것으로 우려하고 있다. 한국금융연구원은 정규직 임금의 54% 수준인 비정규직 임금을 정규직의 85%까지 높이려면 20조 6000억 원의 추가비용이 발생한다고 지적하였다.[11]

3. 잉여가치와 자본축적의 일반법칙

1) 잉여가치의 생산

노동력은 하나의 상품이며, 다른 모든 상품과 마찬가지로 사용가치를 가진다. 그것의 가치는 노동자가 살아가는데, 그리고 자신을 대체할 자녀를 양육하는 데 요구되는 사회적으로 필요한 노동시간에 의해 결정된다.

노동력의 사용가치는 노동이며, 따라서 노동자가 일단 고용되면, 자본가는 노동자의 노동을 통하여 그가 노동력을 구매한 임금보다 더 많은 가치를 창조한다. 자본가에게 중요한 것은 이 상품의 독특한 사용가치, 즉 단지 가치의 원천일 뿐만 아니

사, 1990, 504쪽.

10) 공장법의 일반화에는 다음과 같은 두 가지의 사정이 결정적인 역할을 한다. 그 하나는 자본은 사회의 어떤 한 지점에서 국가의 통제를 받게 될 때에는 다른 모든 지점들에서 더욱 더 무모하게 보상을 받으려고 한다는 끊임없이 반복되는 경험적인 사실이며, 또 다른 하나는 자본가 자신이 경쟁조건의 평등, 즉 노동착취에 대한 규제의 균등화를 요구하고 있다는 사정이다. K. 마르크스, 자본론 I (下), 비봉출판사, 1990, 617~618쪽.

11) 조선일보, 2004.5.19.

라 자신이 가지고 있는 것보다 더 많은 가치의 원천으로 된다는 이 노동력 상품의 독특한 사용가치이다. 그리하여 자본주의적 생산은 상품생산일 뿐만 아니라 그것은 본질적으로 잉여가치의 생산이다. 노동자는 자신을 위하여 생산하는 것이 아니라 자본을 위하여 생산한다. 그러므로 그가 무엇인가를 생산한다는 것만으로는 충분하지 못하며, 그는 잉여가치를 생산하지 않으면 안 되는 것이다.[12]

2) 자본의 축적과 노동자 계급

노동력은 구매자(자본가) 자신의 욕망을 충족시키기 위하여 구매되는 것이 아니다. 구매자의 목적은 그의 자본의 가치증식이며, 그가 지불한 것보다 더 많은 노동이 포함되어 있는 상품의 생산이다. 이러한 잉여가치의 생산 또는 이윤의 획득이 자본주의적 생산양식의 절대적 법칙이다. 즉 자본주의적 축적의 법칙이 실제로 표현하고 있는 것은, 자본관계의 끊임없는 확대재생산을 위태롭게 할 수 있는 노동착취의 어떤 감소도 그리고 노동가격의 어떠한 등귀도 자본주의적 축적의 성격 그것에 의하여 배제되고 있다는 점이다. 그것은 물질적 부가 노동자의 자기발전 욕망을 충족시키기 위하여 존재하는 것이 아니라, 도리어 노동자가 현존가치의 증식욕망을 충족시키기 위하여 존재하는 그러한 생산양식하에서는 그렇게 될 수밖에 없다. 종교에서는 인간 자신의 두뇌의 산물이 인간을 지배하듯이, 자본주의적 생산양식에서는 인간 자신의 손의 산물이 인간을 지배하는 것이다.[13]

그리하여 자본주의 체제 내에서는 사회적 노동생산력을 제고하기 위한 모든 방법은 개별 노동자들의 희생 위에서 이루어진다. 생산을 발전시키는 모든 수단들은 생산자를 지배하고 착취하는 수단으로 전환되며, 노동자를 불완전한 인간으로 불구화하며, 노동자를 기계의 부속물로 떨어뜨리며, 그의 노동의 실제 내용을 파괴함으로써 노동을 혐오스러운 고통으로 전환시키며, 과학이 독립적인 힘으로써 노동과정에 도입되는 정도에 비례하여 노동과정의 지적 잠재력을 노동자로부터 소외시킨다. 또

---

12) K. 마르크스, 자본론 Ⅰ(下), 비봉출판사, 1990, 640쪽 참조.
13) K.마르크스, 자본론 Ⅰ(下), 비봉출판사, 1990, 784~785쪽.

한 노동생산성을 제고시키는 모든 방법들은 노동자의 노동조건을 개악하며, 노동과정에서 노동자를 독재에 굴복시키며, 그의 전체 생활시간을 노동시간으로 전환시키며, 그의 처자를 자본이라는 자거노트의 수레바퀴 밑으로 질질 끌고 간다. 그러나 잉여가치를 생산하는 모든 방법은 동시에 축적의 방법이며, 그리고 축적의 모든 확대는 다시 이 방법을 발전시키는 수단으로 된다. 이로부터 자본이 축적됨에 따라 노동자의 상태는 악화되지 않을 수 없다는 결론이 나온다.[14]

Ⅱ. 물신적(物神的)성격 · 사물화

1. 개념

상품생산사회(자본주의 사회)에서는 사회적 생산관계가 물건과 물건의 관계로 나타난다. 즉 사람과 사람의 관계로 나타나지 않고 반드시 물적 형태를 통해 나타난다. 더욱이 본래 인간이 만들어 낸 산물에 불과한 상품이나 화폐 등이 일단 생산되고 나면 독자적인 생명을 가진 독립적 형태로 보이게 된다. 이것은 인간두뇌의 산물인 신이 자립적인 형태로 인간을 지배하는 것과 마찬가지이며, 상품이나 화폐 등에 나타나는 이러한 독특한 성격을 물신적(物神的)성격, 물신성(物神性), 또는 인간이 하나의 상품으로, 하나의 사물로 전화(轉化)된다는 의미에서 사물화 또는 물상화라고 부른다.[15] 이러한 물신적 성격은 상품의 물신적 성격, 화폐의 물신적 성격, 자본의 물신적 성격 등으로 나타나게 되는데,[16] 상품생산사회에서는 인간은 자신들이 상품으로서, 인간관계가 상품과 상품의 교환이라는 형식으로 나타나게 된다. 즉 개

---

14) K.마르크스, 자본론 Ⅰ(下), 비봉출판사, 1990, 813쪽.
15) 조영범 · 박현채 감수, 경제학사전, 도서출판 풀빛, 1988.
16) 조영범 · 박현채 감수, 경제학사전, 도서출판 풀빛, 1988.

인들의 사회적 관계가 사물들의 사회적 관계로서 표현되는데 이러한 인간들의 사회
적 관계들의 물질화는 자본주의적 상품생산사회의 단순한 결과가 아니라 이 사회의
내재적 논리 속에 들어 있는 특유하면서도 필연적인 속성이다.

2. 상품물신주의의 효과

상품형태가 사회 전체에 보편화됨으로써 사회의 전 과정은 계산 또는 계산 가능
성을 목적으로 하는 합리화의 원리에 지배되고, 인간과 사회의 질(質)은 모두 교환
가치에 의해 양적인 개념으로 전이되게 된다.

> 교환원칙으로서 시민적 지성은 자신과 통분할 수 있는 것으로 만들고 동일시하려
> 했던 것을, 비록 잠재적으로는 살인적이지만 점진적인 성과를 거두면서 실제로 체계들
> 에 접근시켰다. 이로써 체계 바깥에 방임되는 것은 점점 줄어들었다.[17]

여기에서 이성 자체는 모든 것을 포괄하는 경제기구의 단순한 보조수단이 되며,
이성은 계산적 사유의 기관이 되는데 이러한 사유는 자기유지[18]라는 목적을 위해
세계를 조정하며 단순한 감각적인 재료들을 복속되는 재료들로 만들기 위해 대상을
마련하는 기능 이외에는 아무것도 알지 못한다. 존재는 조작과 관리의 측면에서 포
착된다. 모든 것은 동물은 말할 것도 없고 사람까지도 반복가능하고 대체가능한 과
정이 되며, 체계라는 개념장치의 단순한 실례가 된다.[19]

이렇게 물화(物化)가 보편화된 사회에서 개인은 자율성과 질적인 의미를 상실하

---

17) TH.W 아도르노, 부정변증법, 한길사, 1999, 79쪽.
18) 자기유지는 살아남으려는 생명의 본능이나 생명의 원죄로서 그것 또한 자연의 일부이다.
    인간은 자기유지를 위해 자연으로부터 일탈하여 자신을 주체로, 자연을 객체로 정립하려
    하며 나아가 제2의 자연이 된 사회에서는 자신을 주체로, 타인을 객체로 만들려 한다. 이
    과정 속에서 빚어지는 폭력의 끝없는 확대재생산은 자기유지를 자기파괴로 전환시켜버린
    다. M. 호르크하이머 / TH.W 아도르노, 계몽의 변증법, 문예출판사, 1995, 36쪽 참조.
19) TH.W 아도르노, 부정변증법, 한길사, 1999, 60쪽, 126쪽.

여 조작가능한 양적인 객체로 전락한다. 즉 세계는 원자화한 주체와 양화(量化)한 객체의 세계, 즉 교환가치에 의해 전면적으로 물화(物化)한 세계라는 것이다.[20]

이에 대해 아도르노[21]는 시민사회가 등가원칙에 의해 지배되며 동일하지 않은 것을 추상적인 크기로 환산함으로써 비교가능한 것으로 만들고, 질(質)을 상실한 자연은 양에 의해 분할된 혼란스러운 단순한 소재로 격하되며, 결국은 '주체의 소멸'로 이어진다고 본다.[22]

> 정신의 진정한 속성은 물화에 대한 부정이다. 정신이 문화상품으로 고정되고 소비를 위한 목적으로 팔아넘겨질 때 정신은 소멸할 수밖에 없다.[23]

그리고 이러한 주체가 사물로서 파악되는 사물화 현상은 '문화산업'에 의해 더욱 심화된다고 주장하는데, 문화산업에 의해 생산된 의식의 총체적 사물화는 소비자의 욕구를 더욱 더 능란하게 다룰 수 있게 되며, 이렇게 사물화가 진행된 사회에서 모든 사람은 다른 사람에 의해 대체 가능하며 교체 가능한 대상에 불과하게 되는 것이다.

상품세계의 물신화와 유사하게 인간사고의 생산물도 자립적인 권력으로 사물화된다. 즉 상품물신주의는 직접적으로 허위적 일상의식으로 모든 계급에게서 무의식적으로 재생산되는데, 모든 개인은 상품생산의 관계에 사로잡혀 있는 사람들이므로 이들 개인들의 의식 속에는 습관적으로 행해지는 사고형태로서 물신주의가 직접적이고 자발적으로 재생산된다.

---

20) 최종욱, "동일성의 해체주의자 아도르노", 이론 15호, 새길, 1996, 250쪽.
21) 독일의 사상가(1988~1969)로 호르크하이머와 함께 프랑크푸르트 학파의 대표적 인물이다. 그는 인간의 이성이 도구화되어 서구문명을 타락시켰다고 보았는데, 그것을 극복하기 위하여 이성의 자기지각과 계몽을 강조하였고, 인간의 반자유적인 지배를 합리화하는 과학과 기술의 이데올로기 및 문화산업에 대하여 통렬히 비판하였다. 주요 저서로는 계몽의 변증법(1947), 부정변증법(1967) 등이 있다.
22) 예를 들면 '세계의 중심은 나'라는 상품이데올로기의 형태는 주체가 타자를 끊임없이 대상화한다는 의미에 지나지 않는다. 즉 세계의 중심은 나라고 한다면 나 역시 타자에게 욕망과 이용의 대상일 뿐이다.
23) M. 호르크하이머 / TH.W 아도르노, 계몽의 변증법, 문예출판사, 1995, 19쪽.

이러한 물신주의와 문화산업의 효과로 인한 대중의 퇴행적(regredient)[24][25]과정을 마르쿠제는 '일차원적 인간'에서 다음과 같이 묘사하고 있기도 하다. "사람들은 그들의 재화에서 자신을 인식한다. 그들은 그들의 자동차에서, 레코드 플레이어에서, 초현대식 주거시설에서 자신의 정신을 발견한다. 그리하여 일차원적 사고와 행동이 발생한다."

3. 사물화와 노동

사물화가 진행된 사회에서 개인은 하나의 객체로 전락하게 되며, 자신의 노동력을 상품으로 객관화하도록 강요받게 된다. 즉 생활세계에서 기술과 과학[26]은 인간과 사회를 수량과 단위로 통일된 지배의 대상으로 파악하게 되며, 노동은 "만인에 의한 만인의 대체가능성"이라는 교체 가능한 교환원리에 따라 객체화되게 된다.[27] 그리하여 가능한 한 많은 이익을 내고 가능한 한 적은 비용이 드는 생산도구[28]들로

---

24) 정신분석학에서 일반적으로 심리적 활동은 내적이나 외적인 자극이 감각조직을 통하여 지각되며, 지각조직은 감각적 특질을 우리의 의식(무의식 및 전의식)에 제공하는 과정으로 진행되는 데 반하여, '퇴행'은 그 역의 과정으로 심리적 활동이 진행되는 것을 말한다. 이러한 퇴행에는 지형학적 퇴행, 시간상의 퇴행, 형식적인 퇴행의 세 가지 종류로 구분할 수 있다. 프로이트, 꿈의 해석, 열린책들, 2003, 636쪽 참조.
25) 여기에서의 퇴행은 시간상의 퇴행으로 자아발달의 능력이 저하된 유아기적 상태를 지칭하는 것으로 볼 수 있으며, 감각과 인식능력의 결핍을 의미한다.
26) 테크놀로지는 자기 유지를 목적으로 하는 인간에게 외적 자연에 대한 기술적 처리와 적응에 봉사한다. 따라서 주체와 객체의 분리가 전제되고 객체는 주체의 목적에 복종된다. 즉 통제와 지배의 논리인 것이다. 전태국, 지식사회학, 사회문화연구소, 1994, 381쪽.
27) 모든 사람은 다른 사람에 의해 대체가능하다. 그는 교체가능한 복제물에 불과하다. 하나의 개인으로서 각자는 절대적으로 대체가능한 절대적인 무(無)다. M. 호르크하이머/ TH.W 아도르노, 계몽의 변증법, 문예출판사, 1995, 202쪽.
28) 전통적인 경제학에서도 자본과 노동은 이윤 획득을 위하여 서로를 대체하여 투입할 수 있는 생산요소중의 하나로 고려될 뿐이다. 또한 K. 마르크스도 자본론에서 "자본가 자신에게 있어서 상품의 생산비를 규정하며, 경쟁의 강제를 통하여 그에게 영향을 주는 것은 오직 기계의 가격과 기계가 대체하는 노동력의 가격 사이의 차이뿐이다"라고 하였다. K. 마르크스, 자본론 I (하), 비봉출판사, 1990. 502쪽 참조.

만 간주되게 된다.

이러한 상황하에서도 정규직은 근로기준법상 해고가 제한되므로 어느 정도 안전판이 확보되어 있으나, 비정규직의 경우에는 거의 언제든지 교체가 가능하다는 점에서 비정규직에 대한 제반 문제점이 발생하는 것이다.

이에 대한 예는 한국의 노동시장에서도 38선, 오륙도 등과 같은 용어에서도 그 구체적 사례를 찾아볼 수 있을 것이며, 비정규직 근로자의 경우에 조금 더 직접적이고 노골적인 형태로 자본의 노동에 대한 통제와 관리가 미시적인 시간의 단위로 이루어지고 있다.

> 임금이나 고용상태는 정규직과 비교할 수 없을 정도로 열악하지만 영업실적에 대한 압박은 정규직원 이상이다. ㅅ은행 창구 텔러로 근무하고 있는 김 아무개(21) 씨는 이를 간단하게 "계약직의 비애"라고 말했다. "정규직과 똑같이 일해요. 상품도 같이 팔고요. 모두에게 실적에 대한 압력이 들어오지요. 그러나 실적이 저조할 때 정규직은 욕 한번 들으면 되지만 비정규직은 쫓겨날 수 있다는 겁니다. 실적 압박으로 하루하루가 긴장의 연속입니다."29)

게다가 정규직의 경우에도 정규직은 기한의 정함이 없는 근로계약으로 이론적으로는 정년까지 고용이 보장되어야 한다. 그러나 장기근속자의 경우 근속연수가 짧은 직원과 비교할 때 생산성에 비하여 상대적으로 많은 임금을 받고 있는 상황에서 사용자는 기업의 외부에서 신규 인력으로 대체하여 투입하려는 욕구를 가질 수밖에 없으며, 이에 따라 근로기준법상 해고가 거의 불가능한 상황에서 명예퇴직 등의 우회적인 방법을 통하거나 신규채용을 줄이고 비정규직 근로자의 비중을 높이는 방법으로 인력의 구조조정을 하고 있는 것이다.30)31)

---

29) 오마이뉴스, 2005.12.5.
30) 그렇다면 장기 근속자의 고용을 보장하기 위하여 임금수준을 하향하여 조정하는 방법을 생각할 수 있는데 '임금피크제'가 이러한 방법 중의 하나이다. 그러나 근로기준법에서 근로조건의 불이익 변경은 근로자 집단 과반수의 동의를 받게 되어 있으므로 사실상 취업규칙의 개정을 통한 근로조건의 하향 조정(임금피크제)은 전체 직원의 공감대가 형성되지 않으면 도입되기 어려울 것으로 보인다.

대규모 감원 등으로 다시 거세지는 구조조정 바람 속에서 직장인들의 체감정년이 매우 낮은 것으로 조사됐다. 온라인 채용정보업체 잡링크가 직장인 3천126명을 대상으로 실시한 설문조사에 따르면 응답자들이 느끼는 체감정년은 평균 36.5세인 것으로 집계됐다. '정년까지 일한 직원이 어느 정도 있느냐'는 질문에는 응답기업의 48.8%가 거의 없다고 답했고 약간 있다는 응답이 24.4%로 뒤를 이었던 반면 '대다수가 정년까지 일한다는 응답은 2.3%에 불과해 대부분 기업의 실제 퇴직연령이 정년보다 낮은 것으로 나타났다.'[32]

그리고 이러한 사물화가 사회 전체적으로 보편화된 경우에 사물화 현상은 개인 간 또는 근로자 사이에서도 나타날 수 있는데, '계산 가능성'과 '유용성'의 척도가 인간관계에까지 침투하여 주체(각자)는 타자를 끊임없이 대상화시키며, 물적 관계로 파악하게 된다.[33] 예를 들면 노동시장에서 근로자는 개인의 질적인 특성과 도덕성, 인간적 존엄성과는 관계없이 개인의 직급과 임금이 그 개인의 가치를 반영하는 것처럼 보이게 되는 것이며, 비정규직 근로자가 정규직 근로자와 비슷한 업무를 수행하더라도 가치가 폄하되는 이유가 여기에 있는 것이다.

수도권의 한 놀이공원에서 음향 관리일을 맡은 강 모(40) 씨는 10년 동안 '평사원'으로 일했다. 그가 놀이공원에 입사한 1992년 당시엔 기술 경력을 인정받아 다른 직원들보다 월급을 15% 정도 더 받았다. 하지만 지금은 다른 직원들에 비해 직급도, 임금도 역전됐다. 현재 강 씨의 연봉은 2300만 원 수준. 강 씨가 입사한 지 3년 뒤 같은 부서에 들어온 직원들의 직급은 계장으로 올랐고, 연봉도 3000만 원 수준이다. 강 씨는 "이 사람들이 처음엔 '선배'라고 부르더니 시간이 조금 지나자 '○○ 씨'라고 했다"며 씁쓸해 했다. 이런 상황이 발생한 이유는 정규직과 비정규직의 격차 때문이다. 강 씨는 비정규직(계약직), 후배들은 정규직으로 입사했다는 한 가지 사실이 이런 엄청난

---

31) 경제적 토대에 대한 상부구조로서의 노동력 재생산을 위한 이데올로기적인 국가장치가 자본의 운동에 질곡으로 작용하는 것에 대한 기업 측의 반작용이 이와 같은 형태로 드러나는 것으로 볼 수 있다.
32) 조선일보, 2003.10.9.
33) 즉 상품생산양식이 보편화되고 전면화된 사회에서 주체 없는 주체의 과잉결정화는 이러한 과정을 통하여 주체의 소멸을 야기할 수 있는 것이다.

차이를 낳게 했다. 강 씨는 "사표를 늘 지니고 다니지만 타 회사들도 비슷한 상황이라 힘들어도 그냥 참고 있다"고 말했다.[34)

이들의 비애는 임금·복리후생의 차이만이 아니다. 음식점·상점은 물론, 포장마차에서 소주 한 잔을 기울일 때도 그들은 '하류 인생'으로 취급받는다. "미팅 나가도 차별받아요. 작년에 친구가 과시하듯 '정규직 점퍼'를 입고 시내를 활보하는 모습을 볼 때마다 수치스런 기분이 들었습니다." 비정규직 여직원 김 모 씨의 말이다. 취재팀이 만난 비정규직의 외침은 하나였다. "우리도 인간다운 처우를 받으며 일하고 싶다."[35)

Ⅲ. 신체와 권력(신체의 미시정치학)

1. 권력의 이론

푸코는 법의 체계나 지배의 형태와 관련이 없는 분석의 원칙을 권력에 적용하여 권력에 관한 이론과 전략을 다음과 같이 설명하였다.[36)

권력이란 국가권력뿐 아니라 사회 속에서 다양한 경로와 형태 및 제도들을 통해 작동하는 권력까지 모두 포함하는 것[37)으로, 푸코는 권력은 도처에 있는데, 이는 권력이 모든 것을 포괄하기 때문이 아니라 권력이 도처에서 발생하기 때문이라고 보았다.

권력은 손에 넣거나 빼앗거나 공유하는 것, 간직하거나 멀어지게끔 내버려두는 것이 아니고, 무수한 지점으로부터, 불평등하고 유동적인 관계들의 상호작용 속에서 행

34) 조선일보, 2003.9.8.
35) 조선일보, 2005.3.24.
36) 미셸푸코, 성의 역사 1 앎의 의지, 나남출판, 2004, 111~115쪽.
37) 미셸푸코, 푸코의 맑스, 갈무리, 2004, 139쪽.

사된다. 권력관계는 다른 유형의 관계(경제과정, 인식관계, 성관계)에 대해 외재성의 위치에 있는 것이 아니라 다른 유형의 관계에 내재하고, 거기에서 생겨나는 분할, 불평등, 불균형의 직접적 결과이며, 역으로 그러한 차별화의 내부적 조건일뿐더러, 금지나 추방의 단순한 역할과 함께 상부구조의 위치를 점하는 것이 아니라 작용하는 거기에서 직접적으로 생산적 역할을 맡는다. 권력관계는 지향성과 동시에 비주관성을 갖는다. 이것은 권력이 개별 주체의 선택 또는 결정에서 유래한다는 것을 의미하지 않는다. 권력의 합리성을 주재하는 참모본부를 찾으려 하지 말자. 통치하는 카스트도, 국가의 여러 기구를 통제하는 집단도, 가장 중요한 경제적 결정을 내리는 사람들도 사회에서 작동하는 권력망 전체를 관리하지 못한다. 그러한 전술을 구상할 사람도 더 이상 없고 그러한 전술을 표명할 사람도 거의 없게 되는 가운데, 여러 전술을 통괄하는 익명의 거의 말없는 광범위한 전략이 암묵적으로 행사된다.[38]

2. 신체와 권력

푸코는 신체를 매우 치밀한 권력의 그물 안으로 포착되는 것으로, 권력의 대상이자 표적이라는 측면에서 신체란 만들어지고, 교정되고, 복종하고, 순응하고, 능력이 부여되는 것으로 인식한다. 권력은 의식보다는 신체를 작용지점으로 하여 직접적 영향력을 가하게 되는데, 푸코에 의하면 우리의 신체는 성, 인종, 지적 능력, 등으로 분할되어 감시되고 관리되는 권력[39]의 대상이자 표적인 것이다.

> 복종의 기술을 통해서 새로운 객체가 만들어지고 있는 것이다. 서서히 그 객체는 기계적인 신체의 외양을 갖춘다. 그 새로운 객체란 힘을 가지고 있으면서 지속적인 근거

---

38) 미셸 푸코, 성의 역사1 앎의 의지, 나남출판, 2004. 113~115쪽.

39) 푸코에게 있어서 권력은 하나의 소유물로서가 아니라, 하나의 전략으로서 이해되어야 하며, 그 권력지배의 효과는 소유에 의해서가 아니라 배열, 조작, 전술, 기술, 작용 등에 의해서 이루진다고 본다. 미셸 푸코, 감시와 처벌, 나남출판, 2003, 57쪽.

가 되는 자연 그대로의 신체이고, 그 자체의 질서, 시간, 내적 조건 및 구성요소를 갖춘 특정한 작업을 영위할 수 있는 신체이다. 신체는 새로운 권력기구들의 표적이면서, 동시에 지식의 새로운 형식대상이 된다.[40]

이러한 측면에서 비정규 노동이라는 것은 '신체의 경제적 활용'과 연결되는 신체에 대한 자본의 전략으로서 권력이 행사되는 하나의 '사회적 시간'으로서의 전략적 지점이라고 볼 수 있을 것이다.

> 신체는 직접적으로 정치의 영역 속에 들어가 있어서 권력관계는 신체에 직접적인 영향력을 가하게 되었다. 그리하여 신체를 공격하고, 그것에 낙인을 찍고, 훈련시키고, 고통을 주고, 노역을 강제하고, 의식을 강요하고, 그것에 여러 가지 '기호'를 부여한다. 신체에 대한 이러한 공격은 복합적이고 상호적인 여러 관계에 따라서 신체의 경제적 활용과 연결된다.[41]

이러한 사회에서 신체는 그 신체를 파헤치고 분해하며 재구성하는 권력장치 속으로 들어가게 된다. 하나의 권력의 역학이기도 한 '정치 해부학'이 탄생하고 있는 것이다. 그 해부학은 어떻게 그들의 신체를 장악할 수 있는가 하는 방법을 규정하며, 규율은 복종되고 훈련된 신체, '순종하는' 신체를 만들어 낸다. 경제적 착취가 노동력과 노동생산물을 분리한다면, 규율에 의한 강제력은 증가되는 소질과 확대되는 지배 사이의 구속관계를 신체를 통해 확립해 두는 것이며,[42] 이제 신체는 세분화한 권력의 억압적인 효과를 이루는 섬세하고 전술적인 바둑판 모양의 분할 속에서 분석되고 '비정규직'이라는 이름으로 배치되는 것이다.

> 개인을 규제하는 모근 기관들은 이중적인 양식에 따라 행동한다. 즉 이원론적인 구분과 이름붙이기(미친 / 제정신인, 위험한 / 무해한, 정상적인 / 비정상적인 등)의 이중양

---

40) 미셸 푸코, 감시와 처벌, 나남출판, 2003, 245~246쪽.
41) 미셸 푸코, 감시와 처벌, 나남출판, 2003, 56쪽.
42) 미셸 푸코, 감시와 처벌, 나남출판, 2003, 217쪽.

식에 따라 움직이는 것이다. 나아가 강제적 할당의 양식, 차등적 배분의 양식(그가 누구인가, 그는 어디에 있어야 하는가, 그는 어떻게 특징지어져야 하는가, 그는 어떻게 인식될 수 있는가, 어떻게 해야 그를 개인적 방식으로 꾸준히 감시할 수 있는가 등등)으로 움직이는 것이다.[43]

그리하여 근대인은 규제라는 그물 속에서 태어난다. 갖가지 규칙과 세칙, 까다로운 검사, 삶과 신체에 속속들이 가해지는 자질구레한 통제, 특히 학교, 병원, 작업장 등의 환경에서 이루어지는 그물 속에서 태어난다.[44]

이제 영혼은 신체의 감옥[45]이라고 주장하는 푸코는 교도소, 군대, 기업, 병원 등의 사회를 하나의 거대한 원형감옥으로, 이제 모든 곳에서 감시와 관찰이 행해진다. 공리주의 철학자 제레미 벤담이 고안해 낸 원형감옥은 간수, 의사, 교사, 감독 등이 행동을 감시하고 샅샅이 들여다볼 수 있는 탑이다. 이는 신체를 공간 속에, 서로서로에 대한 관계 속에 놓는다. 감시당하고 있는 주체들은 자신들이 언제 감시당하는지를 결코 알지 못하며, 따라서 아주 효과적으로 스스로를 규율하게 된다.[46]

현대사회는 거창한 구경거리의 사회가 아니라 감시의 사회이다. 여러 가지 이미지의 허울 속에서 우리들의 신체는 심층적인 공격대상이 된다. 대대적인 교환의 추상화한 체계 뒤에는 유용한 힘을 얻기 위한 정밀하고 구체적인 훈육이 계속되며, 정보 소통의 경로는 지식의 축적과 집중화의 지주가 되고, 기호들의 작용은 권력이 어느 곳에 축적과 집중화의 지주가 되고, 기호들의 작용은 권력이 어느 곳에 닻을 내려야 하는지를 규정한다. 사회질서 속에서 힘과 신체에 관한 전술에 의거하여 개인은 세밀한 의도로 만들어 지는 것이다.[47]

---

43) 미셸 푸코, 감시와 처벌, 나남출판, 2003, 308쪽.
44) J.G. 메르키오르, 푸코, 시공사, 1998, 146쪽.
45) 사람들이 말하고 있는 그 인간, 그리고 사람들이 해방시키도록 노력하고 있는 그 인간의 모습이야말로 이미 그 자체에서 그 인간보다도 훨씬 깊은 곳에서 행해지는 복종화의 성과인 것이다. 한 영혼이 인간 속에 들어가 살면서 인간을 생존하게 만드는 것이고, 그것은 권력이 신체에 대해 행사하는 지배력 안의 한 부품인 것이다. 영혼은 신체의 해부술의 성과이자 도구이며, 또한 신체의 감옥이다. 미셸 푸코, 감시와 처벌, 나남출판, 2003. 62쪽.
46) 크리스 호록스, 푸코, 김영사, 2003, 122쪽.

이제 새로운 형태의 감시는 노동의 전 과정을 따라다닌다. 그것은 생산을 목표로 삼는 것이 아니라 사람들의 활동, 수완, 행동방법, 속도, 열성, 품행을 두루두루 고려하는데, 생산장치가 한층 더 대규모화하고 복잡하게 됨에 따라, 감시는 분명한 기능을 갖게 되고 '생산과정의 일부'로서 완전히 통합되게 된다.[48]

3. 권력과 지식

푸코에게는 권력과 관련하여 지식의 문제가 필연적으로 대두하게 되는데, 지식의 생산과 축적은 권력의 메커니즘과 분리될 수 없는 것으로, 지식의 형식 및 내용의 발달이 인간본성의 해방을 보장하는 요소가 아니라, 거대한 지식체계의 형성이 예속화와 지배의 효과와 기능을 함께 가지고 있다고 보았다.[49] 즉 근대의 인간과학이 신체를 대상화하고 분류하며 통제하기 위하여 생겨났다는 것이다. 바꾸어 말하면 이해 가능한 인간(영혼, 행동, 의식 등)은 이러한 분석적 투자, 이러한 관찰의 효과라고 하는 것이다.

여러 인간과학이 형성될 수 있고 인식구조에서 모든 대변동 효과를 초래할 수 있었다면, 그것은 인간과학이 특수하고 새로운 권력양태, 이를테면 신체에 관한 어떤 정책, 다시 말해서 축적된 사람들을 순종적이고 유용한 것으로 만드는 어떤 방법에 의해 유도되었기 때문이다. 그러한 방법으로 인하여, 권력관계 안으로 지식의 명확한 관계를 끌어넣는 일이 필요했고, 예속화와 객관화를 교차시키기 위한 기술이 요구되었으며, 개인화에 따른 새로운 절차들이 구성될 수 있었다. 인식 가능한 대상으로서의 인간(영혼, 개성, 의식, 행실 중에서 어느 것이든 여기에서는 중요하지 않다)은 이러한 분석적 시각의 포위와 지배 ─ 관찰의 결과이자 대상이다.[50]

---

47) 미셸 푸코, 감시와 처벌, 나남출판, 2003, 333~334쪽.
48) 미셸 푸코, 감시와 처벌, 나남출판, 2003, 276쪽.
49) 미셸 푸코, 푸코의 맑스, 갈무리, 2004, 157쪽 참조.
50) 미셸 푸코, 감시와 처벌, 나남출판, 2003, 461쪽.

더 나아가 우리가 인정해야 할 것은 권력은 어떠한 지식을 창출한다는 점이며, 권력과 지식은 상호 직접 관여한다는 점이고, 또한 어떤 지식의 영역과의 상관관계가 조성되지 않으면 권력적 관계는 존재하지 않으며, 동시에 권력적 관계를 상정하거나 구성하지 않는 지식은 존재하지 않는다는 점이다.[51]

4. 규율과 권력의 효과

규율은 개인을 권력행사의 객체와 도구로 간주하는 특정한 기술이며, 다수의 인간을 질서정연하게 배치하기 위한 기술이라고 말할 수 있다.

> 규율은 다수의 인간을 질서정연하게 배치하기 위한 기술이라고 말할 수 있다. 이러한 규율의 특성은 첫째, 권력의 행사를 가능한 한 경비가 들지 않게 할 것, 그 결과로 신체로부터 최대한의 시간과 힘을 추출하기 위하여 시간표, 집단훈육, 연습, 총괄적인 동시에 상세한 감시 등 전체적 방안이 마련된다. 둘째 사회적 권력의 효과가 최대한의 힘으로 파급되도록 하고, 실패나 결함 없이 가능한 한 멀리 확산되도록 할 것, 셋째, 권력의 이러한 경제적인 증대와 권력이 행사되는 기관(교육, 군대, 산업)의 성과를 결부시킬 것 등이다.[52]

즉 규율은 신체의 힘을 가장 값싼 비용의 정치적인 힘으로 환원시키고, 또한 유용한 힘으로서 극대화시키는 단일화한 기술과정으로 볼 수 있는데, 자본주의 경제의 확장은 규율중심적인 권력이라는 특유한 양식을 초래했으며, 그것의 일반적 양식, 힘과 신체를 복종시키는 방법, 한마디로 말해서 그러한 정치 해부학은 아주 다양한 정치체제나 기구, 혹은 제도를 통해서 사용할 수 있게 되었다.

---

51) 미셀 푸코, 감시와 처벌, 나남출판, 2003, 59쪽.
52) 미셀푸코, 감시와 처벌, 나남출판, 2003, 335쪽.

말하자면 규율은 신체의 힘을 가장 값싼 비용의 정치적인 힘으로 환원시키고, 또한 유용한 힘으로서 극대화시키는 단일화한 기술과정이라고 볼 수 있다. 공장에서의 규율은 더 중요한 것이다. 더욱이 법률체계가 보편적 규범에 의거하여 법적 주체를 규정하는 반면에 규율은 사람들을 특징짓고, 분류하며 특정화한다. 어떤 척도에 따라 배분하고, 어떤 기준을 삼아서 분할하며, 개개인을 상호비교해서 서열화하고, 극단적인 경우에는 자격을 박탈하고 무효로 만든다. 즉 이러한 규율 중심적 관계는 계약적인 관계를 대립시키고, 계약적인 관계가 규율의 메커니즘을 갖게 되는 순간부터 그 관계를 체계적으로 부정하게 만든다. 예를 들면, 얼마나 많은 현실적 방법들이 노동 계약의 법률적 약속과 다르게 이루어지는가를 우리는 잘 알고 있다.[53]

푸코가 규율권력과 생체권력이라고 부르는 이러한 권력 메커니즘들의 특징은 개인들의 관념이나 이해관계보다는 그들의 신체를 그 중요한 작용대상으로 삼는다는 데 있다. 즉 이 새로운 형태의 권력은 개인들의 동의에 기초를 둔 주권적인 권력과는 별개로 행사되는, 지속적이며 주도면밀한 대항법적 강제의 기술로서, 거대한 금지 · 억압 장치들을 통해서가 아니라 지극히 특정적인 감시와 정상화의 기술과 절차들을 통해서 행사된다. 푸코에 의하면 규율권력과 생산력은 법과 권리의 주관적 영역을 점차 잠식해 왔으며, 그 결과 오늘날 권력은 더 이상 국가와 국가장치들의 불연속성 및 특권적 지점들에만 집중되어 있는 것이 아니라 연속적이며 더 효과적인 방법으로 사회 전체의 구석구석에까지 순환되고 있다.

간단히 말해 근대의 권력관계는 주권과 법의 체제로 축소 환원될 수 없으며, 그것은 "사회의 위로부터가 아니라 그 안에서" 행사되고 있다는 것이다. 권력은 법이나 국가장치와는 다르며 그보다 더 복잡하고 더 밀도 높으며 더 널리 퍼져 있다. 요약하자면, 푸코는 근대에 진정한 권력은 주권과 법 계약의 법적-정치적 세계를 벗어났으며, 그것은 이제 사회 전체와 동일한 공간에 걸쳐 존재한다고 본다.[54]

실제 기업의 예를 들어 노동판례를 살펴보더라도 상대적으로 근로조건이 좋으며, 법규를 잘 준수하고 있다고 볼 수 있는 공기업, 은행 등 소유주가 없거나 대주주가 모

---

53) 미셸 푸코, 감시와 처벌, 나남출판, 2003, 339~341쪽.
54) 이구표, "미셸 푸코", 이론14호, 새길, 1996.

호한 기업의 근로자나 강성인 노동조합이 있는 기업의 근로자가 법적분쟁이나 권리구제를 신청하는 건수가 규율의 메커니즘을 조금 더 체계적이고 과학적으로 운용하고 있는 일반 대기업에 비하여 압도적으로 많은 것이 이를 증명하고 있다고 하겠다.

하물며 시간을 단위로 신체에 대하여 권력의 섬세한 통제가 이루어지고 있는 비정규직에 대해서야 더 말할 나위가 없을 것이며, 결국 권력이 도처에 존재한다는 푸코의 권력이론은 비정규직 문제에 대한 해법이 국가의 법적인 제도와 규제만으로는 해결되지 않는다는 것을 시사하고 있다고 하겠다.

Ⅳ. 비정규 노동의 정신분석학과 과잉억압

1. 노동과 문명

프로이트는 삶을 영위하는 방법 가운데, 노동에 중점을 두는 것만큼 개인을 현실에 단단히 붙들어 매는 것은 없다고 보았는데, 노동은 적어도 개인에게 현실의 일부분-인간공동체-에 안전한 자리를 확보해 주기 때문이다. 이러한 노동은 사회에서 생계를 유지하고 자신의 존재를 정당화하는 데 불가결한 것으로서 가치를 갖고 있지만, 자기애적이거나 공격적이거나 관능적인 리비도[55])의 구성요소 가운데 상당 부분을 전문적인 일이나 그 일과 관련된 인간관계로 돌릴 수 있게 해 준다는 점에서도 그에 못지않은 가치를 갖는다고 보았다. 그러나 사람들은 노동을 행복의 수단으로 높이 평가하지 않으며,[56]) 다른 만족의 원천을 추구하는 것만큼 열심히 노동을

---

55) 리비도는 우리가 사랑이라는 낱말 속에 포함될 수 있는 것과 관련된 본능들의 에너지를 지칭한다.

56) 마르쿠제는 에로스와 문명에서 "개인의 생활시간의 대부분을 차지하고 있는 노동시간은 고통스러운 시간이다. 왜냐하면 소외된 노동이란 만족의 부재이며, 쾌락원칙의 부정이기

추구하지 않는다. 대다수 사람들은 필요성 때문에 어쩔 수 없이 일할 뿐이고, 일하기를 싫어하는 이 타고난 기질은 가장 해결하기 어려운 문제를 일으킨다.

그러나 본능을 자제하고 열심히 일하도록 강제하는 것이 모든 문명[57][58]의 기반이며, 따라서 이런 요구를 받은 사람들의 저항을 필연적으로 불러일으킨다고 하였다.[59]

현대로 접어들면서 노동의 세계가 귀족화되었는데 이것은 자기기만이다. 그 이유는 어떤 사람에게는 기계적인 일을 주고 다른 뛰어난 사람들에게는 창조적인 행위를 허락한 공정하지 못한 운명하에서는 노동의 존엄이라는 허구개념을 통해서 변하는 것이 없기 때문이다. 노예제도를 갖고 있는 사회는 이러한 운명의 불공정함을 잔인할 정도로 공개하는 것이다. 반면에 현대사회는 문화의 기초가 되는 착취구조를 포기할 의사도 없으면서 운명의 불공정함을 감추고 있다.[60]

마르쿠제도 '에로스와 문명'에서 문명의 물질적 기초를 창조하고 확대하는 작업은 주로 소외되고, 고통스럽고, 비참한 노동이며, 그것은 현재에도 여전히 그렇다고 하였는데, 그러한 작업의 수행은 개인의 욕구와 성향을 거의 만족시키지 못하며, 그것은 맹목적인 필연과 맹목적인 세력에 의해서 인간에게 부과된 것이라고 보았다.

그 억압은 물질적 문화의 범위를 고양하고, 생활필수품의 조달을 용이하게 하고, 안락과 사치를 값싸게 하고, 매우 광대한 영역을 산업의 궤도로 이끌어 들이지만, 한편 동시에 노고와 파괴를 존속시키는 것이라고 하였다. 그리하여 개인의 본능은 그의 노동력을 사회적으로 이용할 수 있도록 제어된다. 그는 살기 위해서 일해야

때문이다. 리비도는 그 지신의 능력과 욕망과는 대부분 일치하지 않는 활동에 속박되어, 산업의 장치를 위하여 일하는 한에서만 사회적으로 유용한 수행으로 전환한다."고 하였다.

57) 문명의 역사는 희생이 내면화되는 역사다. 다른 말로 하면 체념의 역사다. 체념하는 자는 자신에게 돌아오는 것보다 더 많은 것을 삶에서 내주어야 하며 자신이 보호해야 할 삶보다 더 많은 것을 포기해야 한다. TH.W 아도르노, 부정변증법, 한길사, 1999, 91쪽.
58) 마르쿠제는 프로이트의 이러한 문명의 개념 자체를 현실원칙으로부터 자유로운 억압 없는 문명이라는 성숙한 문명의 조건 아래에서 해방시키고자 하였다.
59) 지그문트 프로이트, 문명속의 불만, 열린책들, 2003, 253쪽.
60) 뤼디거 자프란스키, 니체, 문예출판사, 2003. 113쪽.

되며, 이러한 노동은 매일 여덟, 열두 시간을 요구하고 활동력의 적절한 전환을 요구할 뿐만 아니라, 일하는 시간과 나머지 시간 중에도 수행원칙의 기준과 윤리에 일치하는 행동을 하도록 요구한다.[61]

2. 무의식과 공격본능

비정규 노동은 우리의 무의식에서 공격성[62]과 지배성향이 투사된 하나의 추상화된 대상이라고 볼 수 있을 것이다. 즉 비정규 노동은 타자에 대한 지배가능성이라는 측면에서 타율적으로는 억압의 대상이면서, 주체에 의해 자율적으로 행해지는 공격성의 외부적 투사(projection)의 대상이다. 프로이트는 '문명속의 불만'에서 인간은 강력한 공격본능[63]을 타고난 것으로 추정하였다.

이웃은 그들에게 잠재적인 협력자일 뿐 아니라, 그들의 공격본능을 자극하는 존재이기도 하다. 인간은 이웃을 상대로 자신의 공격본능을 만족시키고, 아무 보상도 주지 않은 채 이웃의 노동력을 착취하고, 이웃의 재물을 강탈하고 싶은 유혹을 느낀다. 인생 경험과 역사에 대한 진실 앞에서 누가 감히 이 주장을 반박할 수 있겠는가? 공격본능을 발휘하기에 유리한 상황, 즉 평소에 공격 본능을 억누르는 정신적 억제력이 작용하지 않는 상황에서는 공격 본능이 자연스럽게 표출되어, 인간의 본래 모습은 같은 종족을 존중하는 마음이 전혀 없는 야수임을 폭로한다. 그래서 문명은 인간의 공격본능을 제한하고 정신적 반응 형성을 통해 공격본능의 표출을 저해하기 위하여 최대한의 노력을 기울여야 한다. 그러나 이런 노력에도 불구하고 문명의 노력은 지금까지는 별로 많은 성과를 거두지 못했다.[64][65]

---

61) 허버트 마르쿠제, 에로스와 문명, 나남출판, 2004. 115쪽.
62) 현실에서 공격본능은 검열의 과정을 통하여 억압 또는 순치된다.
63) 리비도는 파괴적 본능을 해롭지 않은 것으로 만드는 책무를 띠고 있고, 그 본능을 대부분 외부로 돌림으로써, 즉 그것을 외부세계에 있는 대상을 향하게 함으로써 그 책무를 수행한다. 그렇다면 그 본능은 파괴적 본능이나 지배본능, 혹은 권력에의 의지라고 부를 수 있을 것이다. 지그문트 프로이트, 정신분석학의 근본개념, 열린책들, 2003, 423쪽.

마르쿠제도 "인간적 환경과 자연적 환경의 합리적 변형을 담당하는 자아는 본질적으로 공격적이고 침략적인 주체로 나타났고, 그 주체의 사상과 행동은 객체들을 정복하기 위하여 설계되었다. 그것은 객체에 대립하는 주체였다. 이 선험적으로 적대적인 경험이 행동하는 자아뿐 아니라 생각하는 자아도 규정하였다. 자연은 외부 세계만이 아니라 자연 그 자체가 투쟁하고 정복하고 유린해야 할 어떤 것으로 자아에게 주어졌고, 그것이 자기보존과 자기발전의 전제조건이었다"고 보았다.[66]

> 사회적 현실이라는 점에서 모든 변화에도 불구하고 '인간에 의한 인간의 지배'는 여전히 지속되고 그것은 기술 이전의 이성과 기술적인 이성을 결합하는 역사적인 연속체를 형성한다. 그러나 기술에 의한 자연의 변형을 계획하고 실행하는 사회는 인격적인 종속관계를 점진적으로 사물의 객관적 질서(경제법칙, 시장 등)로의 종속관계로 대치하고, 그것에 의해 지배의 토대를 바꾼다. 확실히 사물의 객관적 질서는 그 자체가 지배의 결과이지만, 그럼에도 불구하고 현재 지배는 전보다 고도의 합리성을 만들어내고 있다는 것도 사실이다. 그것은 한편으로 자연적·정신적인 자원을 더욱 능률적으로 개발하고 이 개발의 이익을 대규모로 분배하면서 또 한편으로 그 계층구조를 유지하는 사회의 합리성이다.[67]

객체의 세계에 대한 공격적 태도라고 할 수 있는 자연의 지배는 결국 인간에 의한 지배를 노린다. 그것은 다른 주체들을 향한 공격성이다. 그 공격성은 특정한 사회제도와 법률체계 및 경제환경에서 비정규 노동이라는 아주 손쉬운 목표물을 발견한 것이다.

프로이트는 이렇게 인간의 본성 속에 있는 사악함을 강조하는 까닭도 실은 사람들이 그것을 부정하려고만 하기 때문이며, 그렇게 하여 인간의 정신생활이 개선되

---

64) 지그문트 프로이트, 문명속의 불만, 열린책들, 2003, 289쪽.
65) 단, 프로이트는 '집단심리학과 자아분석'에서 고도로 조직화된 인위적인 집단의 개인이 지도자 및 구성원들과 리비도적 결합으로 강하게 결속되어 있는 경우에는 사랑의 운명의 공동체가 가능하다고 보았다.
66) 허버트 마르쿠제, 에로스와 문명, 나남출판, 2004, 135쪽.
67) H. 마르쿠제, 일차원적 인간, 한마음사, 1986, 173쪽.

는 것이 아니라 더욱 이해하기 어렵게 되기 때문이라고 보았으며, 우리가 편협한 윤리적 평가를 포기하기만 한다면 인간의 본성 속에 있는 악과 선의 관계에 대한 더욱 정확한 공식을 발견하게 될 것이라고 하였다.[68]

그리하여 프로이트는 인간사회의 근본적인 문제가 인간성보다 사회제도에 있다고 보는 그런 믿음은 대단히 위험하고 또 잘못된 것이라는 견해를 피력했다. 사회제도의 개혁은 아무리 그 효과가 원대한 것일지라도 그것이 만병통치약인 것처럼 취급되면, 환상을 불러일으킨다는 것이다. 이러한 해석은 공격성이 순전히 사회적 수단만으로는 통제될 수 없다는 사실에서 비롯된다. 그러나 이러한 개인의 공격성은 초자아에 투사되어 내면화될 수 있으며,[69] 이상적인 상황에서 자신의 본능을 이성의 독재[70][71]에 종속시킨 사람들의 공동체[72]를 통하여 해결의 실마리를 찾을 수 있다고 보았다.[73]

3. 비정규 노동의 과잉억압과 집단심리

프로이트는 이렇게 문명의 성격 자체를 억압적인 것으로 보았는데, 이러한 우리의 공격성은 손쉬운 지배와 공격의 대상으로 우리의 이웃인 비정규직 근로자라는 구체적인 대상에 잉여가치 착출이라는 문명자체에 내재하는 기본억압을 넘어선 이중적 착취의 대상으로 과잉억압을 부과하게 된다.

---

68) 지그문트 프로이트, 정신분석 강의, 열린책들, 2003, 201쪽 참조.
69) 리처드 월하임, 프로이트, 시공사, 1999, 386쪽.
70) 프로이트에게 이성의 독재란 인간의 마음을 고려한 객관적이고 합리적인 과학의 원칙에 따라 지배되는 문명의 상태를 지칭한다고 할 것이다.
71) '이성의 독재'의 형태에 대해서 플라톤은 국가론에서 철인통치를, 칸트는 정언명법을, 마르크스는 프롤레타리아 독재의 형태를 제시하였으나, 여기에서는 1장의 마지막 부분에서 도덕철학인 존 롤즈의 '정의론'을 중심으로 다루기로 한다.
72) 지그문트 프로이트, 문명속의 불만, 열린책들, 2003, 350쪽.
73) 이러한 측면에서 프로이트의 사상은 객관적인 진리, 과학으로서의 이성을 전적으로 신뢰하는 칸트, 헤겔, 마르크스, 하버마스 등으로 이어지는 계몽주의의 전통에 포함된다.

마르쿠제는 '에로스와 문명'에서 과잉억압을 인류의 영속을 위하여 필요한 본능의 수정인 기본억압[74]과 구별되는 개념으로 특정한 역사적 제도와 지배의 특정한 이익은 문명된 인간의 공동생활에 피할 수 없는 억압적 조정 위에 부가적 조정을 다시 도입하는데, 특정한 지배체계에 기인하는 부가적 조정을 우리는 바로 과잉억압이라고 하는 것이다. 즉 과잉억압은 특수한 사회조건의 결과로서 지배계급의 특수한 이익 속에서 유지되는 부분으로, 과잉억압의 범위가 작으면 작을수록 문명의 단계는 덜 억압되어 있다고 볼 수 있다.

소외된 계층에 부과되는 과잉억압은 집단 구성원의 유대관계를 파괴하고, 만인에 대한 만인의 투쟁관계를 부추기는 극단적인 자기애(나르시시즘)[75]로 나타나게 되는데, 이러한 상태에서 인간은 증오와 공격성을 여과 없이 사회에 드러낼 준비가 되어 있다.[76] 이런 나르시시즘의 제한은 오직 한 가지 요인에 의해서만 생겨날 수 있다. 그것은 타인들과의 리비도적 결합이다. 자신에 대한 사랑을 가로막는 장애물은 타인에 대한 사랑, 즉 대상애뿐이다. 프로이트는 이러한 집단심리의 과정을 '집단심리학과 자아분석'에서 다음과 같이 설명하였다.

지속적이고 고도로 조직화된 인위적 집단에서는 구성원 모두에게 평등한 사랑이 베풀어진다는 환상이 통용되어야 하는데, 이러한 집단에서 리비도적 결합이 느슨해지게 되면 걷잡을 수 없이 공황의 상태로 빠지게 되는데, 모든 개인이 나머지 사람

---

74) 프로이트는 '환상의 미래'에서 기본적인 억압은 문명에 내재하는 것으로 문명의 존속은 지속적인 생산활동과 본능의 자제에 달려 있으며, 일정 수준의 강제가 있어야만 문명이 유지될 수 있다고 보았다. 지그문트 프로이트, 문명속의 불만, 열린책들, 2003 참조.

75) 프로이트는 나르시시즘 서론에서 리비도를 자아리비도와 대상리비도로 구분하였는데, 자아리비도란 리비도가 자아를 향하는 것을 말하며, 대상리비도란 리비도가 외부의 대상을 향하는 것을 말하는데, 어느 한쪽의 리비도가 많이 발현되면 다른 쪽을 향한 리비도는 그만큼 부족하게 된다. 사람의 성숙단계에서 대상리비도가 가장 크게 발현되는 시기는 사랑을 할 때이다. 말하자면 그때가 자기 자신을 포기하고 대상을 향해 리비도를 집중시키는 시기인 것이다. 한편 외부세계에 등을 돌린 리비도는 자아에게로 방향을 돌려 '나르시시즘'이라 불릴 수 있는 태도를 발생하게 한다. 지그문트 프로이트, 정신분석학의 근본개념, 열린책들, 2003, 47~51쪽 참조.

76) 프로이트는 현실적인 조직은 지나친 나르시시즘(자기애)이 해체되어야 유지될 수 있다고 보았다.

들은 조금도 고려하지 않고, 각자 자기 자신만 염려하는 것이다.[77] 집단 구성원들을 서로 묶어 주는 상호 관계는 더 이상 존재하지 않게 되고 더 이상 공동체라고 부를 수 없는 상태로 나아가게 된다.[78]

또한 프로이트는 '환상의 미래'에서 "사회적으로 소외된 계층이 혜택받은 계층을 부러워하고 자신들이 당하고 있는 여분의 박탈에서 벗어나기 위해 온갖 노력을 기울이리라는 것은 당연히 예상할 수 있다. 이것이 불가능하면 그 문명 내부에는 항구적인 불만이 존재하게 되고, 이것은 위험한 반란으로 이어질 수 있다. 그러나 현존하는 문명들 가운데 다수 계층을 억압해야만 소수 계층에 만족을 줄 수 있는 단계를 벗어난 문명은 하나도 없다. 게다가 문명은 억압당한 계층의 노동을 통해서만 존립할 수 있음에도, 그 문명이 소유하고 있는 부에서 그 계층이 차지하고 있는 몫은 너무나 적다. 상황이 이렇다면 억압당한 자들이 문명에 대해서 적의를 품는 것은 충분히 이해할 만하다. 그들은 금지를 부정하고, 문명 자체를 파괴하는 데 열중하며, 문명의 토대인 각종 전제들을 제거하는 데 몰두할 수 있다. 그렇게 많은 구성원들의 불만을 방치함으로써 그들을 반란으로 몰고 넣는 문명은 두말할 필요도 없이 존속할 가능성도 없고 그럴 가치도 없는 것이다."[79]라고 하였다.

4. 에로티시즘과 문명

프로이트는 '전쟁과 죽음에 대한 고찰'에서 악한 본능을 변화시키는 것은 같은 방향으로 작용하는 두 가지 요인이라고 보았는데, 내적 요인은 에로티시즘(사랑에 대한 욕망)이 악한(이기적인) 본능에 행사하는 영향력이다. 에로틱한 요소가 혼합되면 이기적 본능은 사회적 본능[80]으로 바뀐다. 우리는 남에게 사랑받는 것을 커다란

---

77) 비정규직에 대하여 부당한 차별이 이루어지는 경우 이에 대하여 노동조합, 정규직 근로자 등 집단의 구성원들과 사회집단이 표명하는 정치적 입장의 차이를 집단 속에 존재하는 리비도적 결합에 의하여 이와 같이 설명할 수 있을 것이다.
78) 지그문트 프로이트, 문명속의 불만, 열린책들, 2003, 101~105쪽.
79) 지그문트 프로이트, 문명속의 불만, 열린책들, 2003, 175~176쪽.

이익으로 평가하는 법을 배우고, 사랑받기 위해서라면 다른 이익은 기꺼이 희생해도 좋다고 생각하게 된다.

외적 요인은 가정교육이 행사하는 강박이다. 가정교육은 문화적 환경의 요구를 나타내며, 성장한 뒤에는 그 환경의 직접적인 압력이 계속해서 외적 요인을 이룬다. 개인이 평생을 살아가는 동안, 외적강박은 끊임없이 내적강박으로 대치된다. 문명의 영향은 이기적 경향에 에로틱한 요소를 첨가하여 그것을 이타적이고 사회적인 경향으로 바꾸고, 그런 변화는 계속 늘어난다. 오늘날 태어나는 사람은 이기적 본능을 사회적 본능으로 바꾸는 경향을 어느 정도는 유전적 소질[81]로 갖고 있다. 이런 소질은 조금만 자극을 주어도 이기적 본능을 '사회적 본능'으로 바꾼다. "본능"[82]을 더 많이 변화시키는 것은 개인이 인생을 살아가면서 이룩해야 할 일이다. 이처럼 인간은 당면한 문화적 환경의 영향을 받을 뿐만 아니라, 조상들의 문화적 역사에도

---

80) 종교, 도덕, 그리고 사회적 감정은 원래 동일한 것이었다. 이것들은 계통발생적으로 습득된 것이었다. 자아의 경험이 처음에는 유전에는 못 미치는 것처럼 보인다. 그러나 그것이 연속되는 세대를 통해 많은 사람들에 의해서 충분한 강도를 가지고 자주 반복되다 보니 그것이 이드의 경험으로 변형되고 이것의 인상이 유전에 의해서 보존되는 것이다. 그러므로 이드-이것은 유전될 수 있다-속에는 무수히 많은 자아의 존재적 잔재물들이 숨겨져 있다. 지그문트 프로이트, 정신분석학의 근본개념, 열린책들, 2003, 379~381쪽.

81) 마음은 각자 자신만의 규칙을 지니고 있는 많은 특수 목적 프로그램의 집합이며, 이러한 특수목적 프로그램을 모듈이라고 한다. 모듈로 구성된 마음은 생물학적 기관처럼 자연스럽게 발달하는 내재적인 구조를 가지고 있는데, 진화생물학에 따르면 이러한 특징들은 자연선택의 결과로서만 나타날 수 있다. 상호이타주의도 진화의 과정을 거치면서 집단 내에서 동맹이나 우호관계를 유지하는 상호이타주의의 전략이 생존에 유리하게 작용하면서 형성된 모듈의 하나라고 본다. 딜런 에번스, 진화심리학, 김영사, 2001, 40~45쪽 참조.

82) 습성은 한번 몸에 베어 버리면 일생 동안 변화하지 않는 수도 왕왕 있다. 만일 습관적 행위가 유전되는 경우-나는 그런 경우가 있다는 것을 제시할 수 있다고 생각한다-를 상상한다면, 본래부터 습성이었던 것과 본능과의 유사점은 구별할 수 없을 정도로 밀접한 것이다. 만일 본능이 조금이라도 변화할 수 있는 것으로 증명된다면, 자연도태가 본능의 변이를 이익이 되는 한에서 보존하고 축적해 나간다고 인정하는 데 대하여 나는 아무런 곤란을 찾아내지 못한다. 지극히 복잡하고도 놀랄 만한 본능은 모두가 이와 같이 발생했다고 여겨진다. 신체적 구조의 변화는 사용, 즉 습성에서 생기고 또한 그것에 의하여 증대하며 불용에 의해 감소 또는 소멸되는데, 본능도 마찬가지라고 나는 생각한다. 찰스 다윈, 종의기원, 홍신문화사, 1988, 240~241쪽.

영향을 받고 있다.

>아이의 초자아는 부모의 초자아와 똑같은 내용으로 채워지며, 전통과 이런 식으로 세대를 넘어 이어져 내려온 모든 시간을 뛰어넘는 가치의 계승자가 됩니다. 유물론적인 역사관은 인간의 이데올로기를 그들의 현실적인 경제적 관계의 결과이고 상부구조일 뿐이라고 간단히 언명함으로써 그 문제를 처리하고 말았습니다. 그것은 진실입니다. 그러나 완전히 옳은 진실은 아닐 것입니다. 인류는 완전히 현재 속에만 사는 것이 아니라 초자아의 이데올로기 속에는 과거와, 각 종족과 민족의 전통들이 계속해서 살아 있으며, 그것들은 현재나 새로운 변화의 영향력에 의해서 서서히 자리를 비켜 줄 뿐입니다. 유물론적인 역사관의 오류는 아마도 바로 이런 중요한 요소를 평가절하했다는 데 그 원인이 있을 것입니다.[83]

우리는 가정교육과 환경이 인간의 본능적 삶을 선한 쪽으로 더 많이 변화시킨다는 사실-이기주의를 이타주의로 바꾼다는 사실-을 알았다. 가정교육과 환경은 이타적인 사람에게 이익을 줄 뿐만 아니라, 당근과 채찍이라는 또 다른 종류의 장려책도 이용한다. 이런 식으로 하면, 가정교육과 환경의 영향을 받는 사람은 본능이 전혀 고상해지지 않았다 해도, 문화적 의미에서 선하게 행동하는 쪽을 택할 것이다. 그리하여 수많은 사람들이 자신의 본성에 따라서가 아니라 이기적인 목적을 위해서 문명사회에 복종했다. 자신의 본능적 성향에 맞지 않는 지시에 따라 행동해야 하는 사람은 심리학적으로 말하면 분수에 어긋난 생활을 하고 있는 셈이고, 그가 그 부조화를 분명히 깨닫고 있든 아니든 간에 객관적으로는 위선자라고 할 수 있을 것이다. 문명을 유지하기 위해서는 어느 정도의 문화적 위선이 필요하지 않을까 하는 점은 사실 진지하게 논의해 볼 필요가 있다. 그러나 다른 한편으로는 그토록 불안한 토대 위에서도 문명이 유지되고 있다는 사실은 세대가 바뀔 때마다 인간의 본능이 점점 더 광범위하게 변화되어 더 나은 문명의 매체가 될 수 있으리라는 전망을 제공해 준다.[84]

---

83) 지그문트 프로이트, 새로운 정신분석 강의, 열린책들, 2003, 92~93쪽.
84) 지그문트 프로이트, 문명속의 불안, 열린책들, 2003. 46~49쪽.

프로이트는 '전쟁과 죽음에 대한 고찰'에서 인간의 본성 속에 있는 공격성과 사악함을 지적하였지만, 인간의 악한 본능이 이타적인 사회적 본능으로 전화되거나, 가정교육의 영향이나 환경의 영향을 받아 선하게 행동할 수 있다고 보아 더 나은 문명의 가능성에 대한 여지를 남겨 놓았는데, 문명은 과잉억압의 범위를 줄이기 위하여 개별 자본의 노동에 대한 과잉착취를 사회적 규모에서의 잉여가치의 재전유[85]를 위한 다양한 방법의 이타적 전략[86]의 모색을 통하여 문제를 해결할 여지는 있는 것이다.

　　인간의 뇌는 다른 동물보다 뛰어나기만 한 것이 아니라 전혀 다르다는 것이다. 무엇이 다른가? 인간의 뇌에는 호혜주의를 구사해 사회를 이루며 살아가는 이점을 충분히 활용하는 특별한 재능이 있다. 도덕감정이란 고도로 사회적인 생명체들이 유전자의 장기적인 이익을 위해 여러 사회적 관계를 효과적으로 활용할 수 있도록 고안된 문제해결 장치이다. 그것은 단기적 사리추구와 장기적 타산 사이에 갈등이 존재할 때 후자쪽으로 갈등을 해결하기 위한 하나의 방책이다. 감정이란 인간이라는 사회적 동물이 서로 호혜성을 주고받으며 살아가기 위한 정교한 도구이며, 이타주의가 궁극적으로 이익이 될 때 그것을 향해 행동하도록 우리를 인도한다.[87]

---

85) 인간은 수년, 수십 년 또는 한평생 동안 지속될 수 있는 광범위한 호혜적 관계를 보여줄 수 있는 유일한 영장류인 것 같다. 커다란 사냥감으로부터 얻은 고기는 사냥꾼 혼자서 먹을 수 있는 양보다 훨씬 많다. 게다가 사냥에 성공하는 것은 유동적이어서 한 주에 성공적인 사냥을 했더라도 그다음 주에는 실패할 수 있는데 이런 조건들이 사냥으로부터 얻은 고기를 나누도록 만들었다. 데이비드 M 버스, 마음의 기원, 나노미디어, 2005.
86) 이타성은 인류가 집단을 이루어 생활하기 시작하면서 호혜적 상호주의와 협동의 이익, 혈연선택 등을 통하여 진화된 적응의 산물이다.
87) 매트 리들리, 이타적 유전자, 사이언스북스, 2001, 185, 192~193쪽.

V. 비정규 노동과 사회정의의 원칙[88]

1. 정의의 원칙

프로이트는 '문명속의 불만'에서 "문명의 첫 번째 필수조건은 정의다. 다시 말해서 일단 만들어진 법률은 모든 사람에게 평등하게 적용되고, 특정한 개인에게 유리하도록 바뀌거나 효력이 정지되지 않는다는 보장이다. 문명은 법률이 더 이상 소수 집단의 뜻을 대변하지 않도록 하는 방향으로 발전하는 경향이 있는 것 같다. 그 최종결과는 '법의 지배'일 것이다."라고 하였다.

이러한 문명의 유지를 위한 정의의 원칙을 우리는 어떠한 방법으로 정할 수 있을까? 여기에서는 20세기의 탁월한 도덕철학자인 존 롤즈의 '정의론'을 중심으로 비정규직 문제를 해결하기 위한 정의의 원칙을 도출해보기로 한다.

사회는 상호 간의 이익을 위한 협동체이기는 하지만, 그것의 이해관계의 상충이라는 특성도 갖는다. 그러므로 이러한 이득의 분배[89]를 결정해 줄 사회체제를 선정하고 적절한 분배의 몫에 합의하는 데 필요한 어떤 원칙들의 체계가 요구된다. 이러한 원칙들이 바로 사회정의의 원칙으로서 그것은 기본적인 사회제도 내에서 권리와 의무를 할당하는 방식을 제시해 주며 사회 협동체의 이득과 부담의 적절한 분배를 결정해 준다. 그러면 어떤 사회가 그 성원들의 선을 증진해 줄 뿐만 아니라 공공적 정의관에 의해 효율적으로 규제되는 경우, 그 사회를 질서정연한 사회라 해보자. 즉 그것은 첫째, 다른 사람도 모두 동일한 정의의 원칙을 받아들인다는 것을 모든 이가 인

---

88) 존 롤즈, 정의론, 이학사, 2003. 참조.
89) 정신활동과 육체활동, 향유와 노동, 생산과 소비가 상이한 개인들에게 귀속될 가능성 및 그 현실성까지 분업과 함께 주어져 있기 때문에 이 세 가지 계기, 즉 생산력, 사회적 상태 및 의식이 서로서로 모순에 빠질 수 있으며 모순에 빠질 뿐이라는 결론을 얻을 수 있다. 내부에 이런 모순들이 주어져 있는 이 분업과 동시에 '분배' 그것도 양적으로뿐만 아니라 질적으로도 불균등한 노동 및 노동 생산물의 분배가 주어진다. 김세균, 칼 맑스 프리드리히 엥겔스 저작선집 1, 박종철출판사, 1992, 212쪽 참조.

정하고 있고, 둘째, 사회의 기본제도가 일반적으로 이러한 원칙을 충족하고 있으며, 그 사실 또한 널리 주지되어 있는 그러한 사회를 말한다. 각자 서로 다른 목적과 의도를 가진 개인들 간에 공유되는 정의관은 동료 시민으로서의 유대를 공고히 해 주며, 정의에 대한 일반적 욕구가 다른 목적들의 추구에 한계를 정해 준다.

여기에서는 정의의 주제를 사회구조의 기본구조, 보다 더 정확히 말하면 사회의 주요제도가 권리와 의무를 배분하고 사회협동체로부터 생긴 이익의 분배를 정하는 방식에 한정하여 고찰할 것이다.

2. 정의의 두 원칙

사회의 기본구조에 대한 정의의 원칙들은 원초적 합의의 대상으로 자신의 이익 증진에 관심을 가진 자유롭고 평등한 최초의 입장에서 그들 조직체의 기본조건을 규정하는 것으로 채택하게 될 원칙들이다. 이러한 원칙은 합리적인 인간들이 평등하고 자유로운 가상적 상황에서 행하게 될 선택으로 일단 이러한 선택문제가 해결된다고 생각될 경우에는 정의의 원칙들을 결정해 줄 것이다.

우선 공정으로서의 정의에 있어서의 평등한 원초적 입장이라는 것은 실재하는 상태가 아니라 순수한 가상적 상황으로, 아무도 정규직이나 비정규 여부, 노조원이거나 비노조원인지의 여부, 상속재산의 유무 등 자신의 사회적 지위나 계층상의 지위를 모르며, 누구도 자기가 어떤 세대에 속하고 있는지에 대해서도 정보를 갖고 있지 않으며, 어떠한 소질이나 능력, 지능, 체력 등을 천부적으로 타고났는지를 모른다는 점이다. 심지어 당사자들은 자신의 가치관이나 특수한 심리적 성향까지도 모른다고 가정한다. 그리하여 정의의 원칙들은 무지의 베일(veil of ignorance) 속에서 선택된다. 그 결과 원칙들을 선택함에 있어서 아무도 타고난 우연의 결과나 사회적 여건의 우연성으로 인해 유리하거나 불리해지지 않는다는 점이 보장된다. 따라서 거기에서 도달하게 된 기본적 합의는 공정한 것이다. 이로 인해서 공정으로서의 정의란 말이 적합하다는 것을 알게 되는데, 그것은 바로 정의의 원칙이 공정한 최초의 상황에서 합의된 것이라는 생각을 담고 있기 때문이다.

그리하여 원초적 입장에서 사람들은 다음과 같은 상이한 두 원칙을 채택할 것이다. 첫째 기본적인 권리와 의무의 할당에 있어 평등을 요구하는 것이며, 둘째, 사회적·경제적 불평등을 허용하되 그것이 모든 사람, 그중에서도 특히 사회의 최소 수혜자에게 그 불평등을 보상할 만한 이득을 가져오는 경우에만 정당한 것으로, 즉 모든 사람들의 이익이 되리라는 것이 합당하게 기대되고, 모든 사람들에게 개방된 직위와 직책이 결부되게끔 편성되어야 한다.

제2원칙은 우선 소득 및 재산의 분배와 권한, 책임 및 명령 계통 등에 있어서 차등을 두는 조직들의 기획에 적용된다. 재산 및 소득의 분배가 반드시 균등해야 할 필요는 없으나, 그것은 모든 사람에게 이익이 되도록 이루어져야 하며 동시에 권한을 갖는 직위와 명령을 내릴 수 있는 직책은 누구나 접근 가능한 것이어야 한다. 우리는 직위를 개방함으로써 제2원칙을 적용하게 되며 이러한 조건 아래서 사회적·경제적 불평등을 모든 사람에게 이익이 되도록 편성되게 할 수 있다. 그러나 제2원칙이 내세우는 것은 모든 사람은 그 기본 구조 내에 허용될 수 있는 불평등으로부터 이익을 얻는 경우에 한하여 채택될 수 있다. 이것은 이 구조가 규정하고 있는 합당한 한 각각의 대표적인 사람이 사회구조를 영업 중인 회사로 생각한다면, 불평등이 없을 때의 전망보다 불평등이 있을 때의 전망을 선택하는 것이 합당해야 함을 의미한다. 단, 이러한 원칙들은 제1원칙이 제2원칙보다 우선하는 서열적 순서로 배열되어야 한다. 이렇게 순위를 매기는 것은 제1원칙이 요구하는 평등한 기본적 자유에 대한 침해가 보다 큰 사회적·경제적 이득에 의하여 정당화되거나 보상될 수 없다는 것을 뜻한다.

이리하여 정의의 원칙은 서로에게 이익이 되도록 차등을 배정하고 평등한 자유체제 내에서 자연적·사회적 우연성을 이기적으로 이용하지 못하도록 함으로써 사람들은 그들 사회의 구조 속에서 상호 간의 존경심을 표현할 수 있게 되고, 이렇게 해서 그들은 자신들의 자존감을 확보하게 된다. 결국 정의의 두 원칙은 사회의 기본구조 속에 사람들이 서로를 단지 수단으로서가 아니라 목적 그 자체로서 대할 수 있게 하는 것이다.

3. 분배적 정의(distributive justice)

1) 세대들 간의 정의 문제

정의의 원칙은 자신들이 어느 세대에 속하게 되는지에 관한 세대들 간의 정의문제에도 적용될 수 있다. 자신이 어느 세대에 속하게 될지, 사회의 문명과 경제적 수준이 어떤지를 모르는 상태에서 아무도 자기가 어느 세대에 속하는지를 모르는 까닭에 시간이 갖는 우연성에 대해서 자신과 후손들을 보호하는 것은 합리적인 정의의 원칙으로 채택될 수 있다. 개인들이나 세대들에 있어 시간상의 위치가 다르다고 해서 그들을 서로 달리 취급한다는 것은 그 자체로서 정당화될 수 없기 때문이다.

따라서 특정한 세대에서 비정규직이 과도하게 양산되거나, 청년실업이 과도하게 존재하는 상태에서 최근 일부 노조에서 협상안으로 제시하고 있는 정년연장 등의 단체협약안과 노동부의 고령자 고용안정을 지원하기 위한 임금피크제보전수당 등은 사람들이 순수한 시간선호(time preference)를 갖지 않는다는 원초적 입장에서의 공정으로서의 정의의 원칙에 위배되는 것이다. 개인들이나 세대들에 있어 시간상의 위치가 다르다고 해서 그들을 서로 달리 취급한다는 것은 정당화될 수 없기 때문이다.

미래세대는 일자리에도 '기성세대의 기득권'이 높은 장벽을 치고 있다고 믿고 분노한다. 서울 모 대학 졸업반 한완희(25·행정학) 씨는 공무원이 되는 게 꿈인 평범한 '공시생'(공무원 시험준비생) 올해 8곳에 응시했다가 번번이 낙방한 그는, 지난 10월 각 지방경찰청에서 실시한 10급 기능직 공무원 시험마저 떨어진 뒤 분노가 폭발하고 말았다. 발표된 합격자 명단을 보니 말 그대로 '경력자들 잔치'였던 것이다. 18~40세를 대상으로 필기 없이 면접만으로 치러진 시험. 합격자의 87%(77명)는 2003년까지 경찰에서 사무보조 등의 일을 하다 직제 폐지로 그만둔 경력자들이었다. 전직(前職) 직원들을 우선적으로 뽑은 결과, 신규 채용은 10명 내외에 불과했다. 한 씨는 "정부마저 퇴직자나 경력자의 재취업만 우대한다면 사회에 첫발을 딛는 우리 세대는 도대체 어떻게 경력을 쌓아 취직하라는 말이냐"고 목소리를 높였다. 한 씨와 같이 낙방한 500여명은 인터넷 카페('전국 경찰청 응시 들러리들의 모임방')를 만들어 항의 중이다. 한 씨는 "앞으로 1인 시위와 행정소송을 진행할 계획"이라고 말했다.

노조는 기성세대의 보호막이다. 일부 대기업의 강성 노조는 기성세대의 '일자리 기득권'을 보호해 주지만, 젊은 세대에게는 일자리 진입을 막는 장벽에 다름 아니다. 입사(入社) 때 수천만 원씩의 '뒷돈'이 오간 일도 있는 현대·기아차 생산직 부문. 공고(工高)를 갓 졸업한 신세대에게 이곳은 이미 진입 불가능한 직장이 되고 있다. 울산 A공고 취업반 담당 양모 교사는 "현대차에 실습 나가는 학생은 있어도 입사하는 예는 없다"며 "예전엔 많이 뽑았는데 그 시절이 언젠지 기억도 안 난다"고 했다. 작년 이 학교 졸업생 중 재벌 계열사에 입사한 학생은 1명. 그것도 지방기능경시대회 입상자에 대한 특례로 채용됐을 뿐이다. 현대차 생산직 근로자(정규직)의 평균 연령은 38세(작년 기준). 10년 전보다 7세 높아졌다. 정년을 채우는 근로자는 늘어난 반면 정규직으로 입사하는 인력은 상대적으로 적기 때문이다. 반면 사내 하도급 작업은 대부분 젊은 세대 몫이다. 현대차 비정규직노조 관계자는 "비정규직 일의 절대 비중을 차지하는 조립라인의 경우 20대 후반에서 30대 초반이 주류"라고 말했다. 철강·조선 등 이른바 정통 수출 주력업종의 생산현장에서는 대부분 비슷한 구조다.[90]

2) 합법적 기대치와 정의

개인이 그의 노동에 의해 기여하는 것은 그의 기술에 대한 기업의 수요에 의해 달라지며 나아가서 이것은 다시 그 기업의 생산물의 수요에 따라 달라진다. 개인의 기여는 또한 얼마나 많은 사람이 유사한 기능을 제공하는가에 의하여도 영향을 받는다. 그런데 기본적인 시장의 추세나 거기에 반영되고 있는 기회들의 가용성이 적절하게 규제되지 않는 한 기여의 신조를 따른다고 해서 정의로운 결과가 생긴다고 추정할 수는 없다. 그런데 정의로운 체제는 사람들이 당연히 받을 권리가 있는 것을 만족시켜 주는데, 즉 그것은 사회체제에 기초한 그들의 합법적인 기대치를 만족시켜 주는 것이다. 따라서 수요공급에 따라 결정되는 시장의 불완전성으로 인하여 불공정한 분배가 이루어지는 경우에 정의의 원칙은 전체 구조를 통제하며, 각자에게 마땅히 돌아갈 것을 할당한다는 것이다. 예를 들면 누진율로 상속과 소득에 과

---

90) 조선일보. 2005.11.8.

세하고, 증여세를 부과하는 등의 징세와 규제 및 소득재분배 정책의 목적은 세입을 증대시키는 데 있는 것이 아니고, 점진적·계속적으로 부의 분배를 바로잡고 정치적 자유의 공정한 가치와 공정한 기회균등 등을 해치는 힘의 집중을 막는 데 있는 것이다.

4. 합리성으로서의 선(the good)

어떤 대상이 합리적으로 원하게 될 성질을 가졌음을 확인하게 되면 우리는 그것이 그에게 좋은 것임이 증명이 되며, 만일 어떤 종류의 사물이 인간 일반에 대해서 이러한 조건을 만족시킨다면 그러한 사물은 인간적인 선(the good)이라고 할 수 있다. 결국 우리는 자유와 기회 및 우리 자신의 가치감이 이러한 범주에 속한다는 확신을 가질 수 있을 것이다.

1) 인생계획과 선

어떤 사람에게 합리적인 계획은 그의 선을 결정하게 된다. 선에 대한 정의(定意)는 인생계획에 적용할 수 있는데, 롤즈는 사람이란 계획에 따라 생활하는 로이스의 견해를 채택하여, 한 개인은 그의 목적이나 명분, 그가 자신의 생활 속에서 하고자 의도하는 것을 서술함으로써 자기가 어떤 존재인가를 말하게 된다고 한다.

첫째로 어떤 사람의 인생계획이 다음과 같다면, 오직 그 때에만 합리적이라는 것이다. 즉 그것은 합리적인 선택원칙들을 그의 처지와 관련된 모든 측면에 적용했을 때 그 원칙들에 부합하는 계획들이며, 그것은 이러한 조건을 만족시키는 계획 가운데서 충분히 숙고된 합리성에 의해서, 즉 관련된 사실들에 대한 충분한 인지와 더불어 결과에 대한 세심한 고려를 거친 후에 그가 선택하게 될 그러한 계획이라는 것이다.

둘째로 사람의 관심이나 목적들이 합리적인 경우는 그것들이 그에게 합리적인 계획에 의해서 제시되고 권장되는 그러한 것일 때 오직 그때에 한해서이다.

한 개인이 자기가 어떤 존재가 될 것인지 어떤 직업이나 전문직에 종사할 것인지를 결정할 경우 그는 특정한 인생계획을 채택하게 된다. 어느 정도 시간이 지나게 되면 그는 자신이 선택한 것으로 인해서 특정한 양식의 욕구와 포부를 갖게 될 것인데, 그것들의 어떤 측면들은 그에게 특유한 것이고 다른 측면들은 그가 선정한 직업이나 생활방식을 나타낸다.

그러나 한 개인이 자신의 숙고된 합리성에 따라 인생계획을 채택할 수 없는 비정규직의 경우에는 장기적인 인생계획을 채택할 수 없으며, 다른 조건이 같은 경우 인간들은 그들의 능력이 실현되어 행사되는 것을 즐기며, 그 능력이 보다 많이 실현되거나 그 복잡성이 증대될수록 즐거움도 증가한다는 아리스토텔레스의 원칙91)도 충족시킬 수 없을 것이다.

2) 기본적인 선과 자존감

기본적인 선이란 일반적으로 합리적인 인생계획을 작성하고 실현함에 있어서 필요한 것이므로 다른 어떤 것을 원하든 간에 이러한 선을 원하는 것은 합리적이다. 원초적 입장에 있는 사람들은 선에 대한 이러한 입장을 받아들일 것으로 생각되며, 따라서 그들은 자신들이 보다 큰 자유 및 기회 그리고 그들의 목적을 달성하기 위한 보다 광범위한 수단들을 원하리라는 것을 인정할 것이다.

이러한 목표들과 더불어 자존감은 가장 중요한 기본적인 선의 목록에 포함시킬 수 있는데, 그것은 첫째로 인간이 갖는 자기 자신의 가치가 자신의 선에 대한 자신의 관점 및 자신의 인생계획이 실현할 만한 가치가 있다는 데 대한 자신의 관점 및 자신의 인생계획이 실현할 만한 가치가 있다는 데 대한 자신의 확고한 신념 등을

---

91) 아리스토텔레스의 원칙이 의미하는 것은 어떤 사람의 능력이 나이가 들면서 증가함에 따라, 그가 이러한 능력을 훈련시키고 그것을 행사하는 방식을 배우게 됨에 따라 그는 적당한 시기가 되면 최근에 개발된 그의 능력을 요구하는, 즉 그가 현재 종사하고 있는 더욱 복잡한 활동을 선택하게 될 것이라는 점이다. 그가 과거에 즐긴 보다 단순한 일은 더 이상 그다지 흥미롭거나 매력적인 것이 못된다. 존 롤즈, 정의론, 이학사, 2003, 553쪽.

포함한다. 둘째로 자존감은 자신의 의도를 성취하는 것이 자신의 힘에 닿는 것인 한에서 자신의 능력에 대한 자신감을 내포한다. 우리의 계획이 보잘것없다고 느낄 경우에 우리는 그것을 즐겁게 추구할 수 없으며 그 실현에 기쁨을 가질 수 없다. 실패와 자기불신을 걱정한 나머지 우리의 노력을 계속해서 기울일 수 없다. 그래서 자존감이 기본 선이 되는 이유가 명백해진다. 그것이 없이는 어떤 것도 할 가치가 없는 것으로 보이며, 또는 비록 어떤 것이 우리에게 가치가 있는 것일지라도 우리는 그것을 추구하고자 하는 의지를 갖지 못하게 된다. 모든 욕구와 활동은 공허하게 되고 우리는 무감각과 냉소에 빠지게 된다.[92][93]

따라서 원초적 입장에 있는 당사자들은 어떤 대가를 치르더라도 자존감을 침해하는 사회적인 조건들은 피하려 하게 될 것이다. 공정으로서의 정의가 다른 원칙들에 비해서 자존감을 더 지지해 준다는 사실은 그것을 채택하게 되는 강력한 근거가 된다.[94]

---

92) 지위의 추락은 사회적 불안이나 수치심, 질투, 우울 같은 기분과 정서를 유발한다. 사회적 불안은 아마도 지위의 상실을 피하도록 유발하는 기능을 하는 것 같다. 수치심도 이와 연관된 정서로 수치심은 공적인 평가를 받을 때 조롱이나 비웃음의 대상이 됨으로써 지위가 낮아질 위험이 있을 때 유발된다. 수치심에 빠진 사람은 자신을 작고, 열등하며, 멸시당하는 존재로 지각한다. 분노도 지위 상실에 대한 반응으로 가정될 수 있다. 분노는 지위상실의 원인을 제공한 사람에게 복수하고자 하는 동기를 유발하는 것 같다. 우울감 역시 정서적 유대의 상실과 같은 여러 가지 다양한 요인들에 의해 유발되지만 지위 상실에 대한 정서적 반응으로 촉발되기도 한다. 데이비드 M 버스, 마음의 기원, 나노미디어, 2005, 517~518쪽.
93) 심리학자인 스티븐 핑커는 '빈서판'에서 "무엇보다도 만약 사람들의 행복감이 사회적 지위에 대한 평가에서 나오고 사회적 지위가 상대적인 것이라면, 극단적인 불평등은 가난한 사람들로 하여금 그들이 대다수의 인류보다 나은 생활을 누림에도 자기 자신을 패배자로 느끼게 만들 수 있을 것이다. 그것은 단지 감정적 상처의 문제가 아니다. 사회적 지위가 낮은 사람들은 건강이 나쁘고 수명이 짧으며, 경제적 불평등이 심한 사회 역시 건강이 나쁘고 평균수명 짧다. 경제적 불평등을 줄이면 수백만의 사람들이 더 행복하고 안전하고 오래 살 것이라는 의학자 윌킨슨의 말을 다시금 되새길 필요가 있을 것이다." 라고 하고 있다. 스티븐 핑커, 빈서판, 사이언스북스, 2004, 532~533쪽 참조.
94) 롤즈는 정의론을 심리학적 법칙들에 근거하여 정의의 원칙들의 안정성을 논의하였는데 정의감에의 능력과 도덕적 감정은 인간이 자연에서의 그의 지위에 대한 적응방식이라고 본다.

5. 비정규 노동과 정의의 원칙

위에서 살펴본 존 롤즈의 정의론을 중심으로 비정규 노동에 대하여 다음과 같은 정의의 원칙을 도출할 수 있을 것이다.

첫째, 비정규 노동에 대하여 생산물 또는 서비스에 부가한 기여에 합당하는 분배가 이루어져야 할 것이다. 비정규 노동은 직무의 특성상 과잉공급의 우려가 상존하는데, 수요공급에 따라 결정되는 시장의 불완전성으로 인하여 불공정한 분배가 이루어지는 경우에 정의의 원칙은 전체 구조를 통제하며, 각자에게 마땅히 돌아갈 것을 할당하여야 할 것이다.

둘째, 세대 간의 분배 정의의 원칙이다. 세대별로 정규직과 비정규직으로 구분되거나, 우연한 시간상의 위치[95]로 인하여 그들이 서로 달리 취급된다는 것은 그 자체로서 정당화될 수 없기 때문이다.

따라서 현재 청년실업률이 높게 유지되고 비정규직이 과도하게 양산되는 상황에서 정부에서 기업체에 독려하고 있는 정년연장과 최근 일부 노조에서 제시하고 있는 정년연장 등의 단체협약안은 사람들이 무지의 베일 속에서 순수한 시간선호(time preference)를 갖지 않는다는 원초적 입장에서의 공정으로서의 정의의 원칙에 위배되는 것이므로 정의의 원칙에 따라 다시 고려되어야 할 것이다.

셋째, 비정규직에 대하여도 인생계획의 선(the good)의 원칙에 따라 한 개인이 자신의 숙고된 합리성에 따라 인생계획을 설계할 수 있도록 하여야 할 것이다. 비정규직으로 인한 평생소득의 예측불가능성을 줄이기 위하여 최소 수준의 복지정책과 정책적인 차원의 직업재교육 등의 제도적 측면이 구비되어야 할 것이다.

넷째, 비정규직 근로자가 자신에 대하여 자존감을 가질 수 있도록 배려되어야 할 것이다. 비정규직 근로자도 자신의 가치가 선에 대한 자신의 관점 및 인생계획이 실현할 만한 가치가 있다고 확고한 신념을 가질 수 있도록 배려되어야 할 것이다.

---

95) 현재 비정규직은 IMF 외환기환 이후 신규로 노동시장에 진입한 세대들에 집중되어 있는데, 급격한 경기변동이나 노동관련 입법의 전후 등 시간적 우연에 따라 비정규직이 특정한 시점에서 불균등하게 양산되고 있다.

이러한 자존감은 우선적으로 비정규 근로자의 경제적 지위를 개선하여 사회경제적 격차를 해소하며, 자신의 필요와 선호에 따라 정규노동과 비정규 노동을 선택할 수 있는 사회적 분위기가 성숙되는 데에서 해결점을 찾을 수 있을 것으로 보인다.

2장 ⋮ 한국의 노동시장과 비정규직 근로자

I. 한국의 노동시장과 교육제도

1. 한국 노동시장 구조와 교육정책의 문제점

우리나라의 노동시장은 교육제도 및 시스템과 구조적으로 관련이 되어 있다. 즉 교육제도와 관련하여 직접적으로 노동의 질과 공급량이 결정되고, 이에 따라 노동시장에서의 노동의 수요에 의하여 임금과 고용형태(정규직 또는 비정규직 여부)가 결정된다. 따라서 지나치게 노동이 공급과잉인 경우에는 노동의 공급자에게는 협상력이 떨어지게 되어 불리한 고용형태를 감수하여야 하는 상황이 발생하게 된다. 현재 우리나라에서는 과도한 고등교육의 확대로 인하여 전반적으로 대졸자 노동시장 전체가 공급과잉인 상태이다.[96] 이러한 상황에서 대졸자가 불리한 근로조건을 감수하고 비정규직으로 취업을 하고 있으며, 실제로 비정규직 취업자의 상당부분을 대졸자가 차지하고 있다. 일부 전공의 경우에는 노동공급이 과도하게 초과되어 있는 상태이며, 최근에는 이공계도 노동공급의 초과로 인하여 상당수가 비정규직으로 흡수되고 있는 상황이다.

---

96) 교육부의 2005년 교육통계연보에 따르면 대학진학율의 급격한 증가로 '95~'04년간 대학 졸업자의 수가 17만 명 증가하였다.

전국과학기술노조는 지난해 말 현재 과학기술계 27개 정부출연기관의 비정규직 인원이 6390명으로 전체직원 1만2,916명의 49.5%에 이른다고 21일 밝혔다. 이런 비율은 2000년 33.8%, 2001년 40.4%에 비해 각각 15.7%, 9.1% 높아진 것이다. 직종별로는 연구직 83.1%, 기능·행정직 16.9%였으며, 근무형태별로는 △학생 연구보조 27.9% △위촉직 22.2% △계약직 10.8% △파견 5.6% △박사 뒤 연수 4.5% 등 순이었다. 기관별로는 생명공학연구원(67.6%)과 과학기술연구원(65.4%), 생산기술연구원(63.7%), 과학기술단체총연합(63.3%), 화학연구원(61.2%) 등이 60%를 넘었다. 과기노조는 정규직 연구원과 같은 업무를 수행하는 '전일제, 기한부·연수연구원'은 학위를 받은 고급 인력인데도 의료비 보조 및 시간외 수당 등 후생복리 혜택을 받지 못하고 있으며, 월급도 정규직의 절반 수준인 130만~170만 원에 불과하다고 지적했다. 또 비정규직 대부분이 국민연금 및 산재보험 등 4대보험 혜택은 물론 정기건강진단과 학자금을 지원받지 못하는 등 복지 혜택을 받지 못하고 있는 것으로 조사됐다. 과기노조 관계자는 "정부출연 연구기관에서조차 비정규직 비중이 크게 늘고 있어[97] 이공계 기피현상과 연구 분위기를 깨는 원인이 되고 있다"[98]며 "정부 차원의 대책이 마련되지 않으면 국가 과학기술이 돌이킬 수 없는 파국을 맞게 될 것"이라고 말했다.[99]

한편 최근에 두드러지게 나타나는 이공계 기피 현상은 역설적으로 정부의 이공계 지원책인 BK21이 기여한 부분이 상당히 크다. 정부는 BK21을 추진하면서 지방 모대학의 ○○○학부의 입학정원이 1,000명에 이르게 되는 등 전국적으로 이공계 인력을 대폭적으로 늘린 바 있다.[100]

---

97) 국회 싸이언텍 포럼과 한국과학기술인연합이 2004년 8월 11일 개최한 '과학기술계 연구개발인력 비정규직 현황과 대책 공청회'에서 과학기술인연합은 지난 3년간 17개 국책연구소에서 신규채용한 1만5백14명 가운데 정규직은 1천4백67명으로 14%에 그쳤다고 밝혔다. 이날 공청회에서 과학기술인 연합은 "석·박사급 인력의 비정규직 확산은 이공계 공동화와 국가 R&D 경쟁력 저하의 요인이 되고 있다"고 지적했다.

98) 과기노조의 주장과 같이 비정규직 비중이 크게 늘어났기 때문에 이공계 기피현상이 나타나는 것이 아니라, 산업구조의 변화와 기술의 급격한 변화가 직무자체의 성격 및 노동시장의 수급 조건과 맞물려 이공계 기피현상과 산업공동화 현상이 나타나는 것이다.

99) 한겨레 신문. 2003.2.21.

100) 정부는 이공계 인력의 노동의 공급량 증가를 통하여 제조업의 경쟁력을 유지할 수 있다는 생각을 한 듯하다.

물론 이공계 기피현상이 인력의 공급과잉에 의해서만 촉발된 현상은 아니며, 서비스 산업의 비율 증대, 제조업 공동화 현상 등의 산업구조의 변화와 관련된 수요 측 요인이 복합적으로 작용한 것으로 보여진다.[101] 게다가 이공계 인력은 직무 자체의 성격이 노동시장에서 비정규직 근로자와 유사한 지위와 속성을 가지는데, 생산기술의 급격한 변화와 산업 사이클의 변화는 기업에서 이공계 인력에 대하여 계속적인 고용을 보장할 필요를 감소시켰으며, 인력풀이 충분한 상태에서 이공계 인력을 정규직으로 채용할 이유가 없어졌다.

이러한 상황에서 한국 노동시장의 구조적인 문제점과 산업구조의 변화를 감안하지 않은 채 이공계 기피현상을 해결하기는 쉽지 않을 것으로 보인다.

2. 소득분배와 교육문제

한국 노동시장의 구조적 문제와 이에 직결되는 소득배분의 문제는 다시 노동의 공급자(학생 및 예비 근로자)에게 영향을 미치게 된다. 즉 교육이 인성과 자아 형성 등 교육 자체의 순수한 목적보다, 미래의 소득수준을 결정짓기 위한 사회적 권력의 구조 속에 편입되어 자본과 시장의 논리에 의하여 지배되기 시작하였다.

그리하여 공교육의 파탄, 사교육비 증가 등으로 인한 교육문제가 발생하였으며, 의대·한의대, 고시열풍 등 교육이 미래 근로자들의 분배 투쟁의 양상으로까지 전화되었다.[102][103]

---

101) 이공계 기피현상을 해소하기 위하여 노동시장의 구조적 문제점은 도외시한 채 이공계 인력에 대한 각종 혜택(Ex: 업무의 속성은 도외시한 채 이공계 인력에게 행정관료의 일정 비율을 할당하거나 각종 보조금을 지급)을 부여하는 것은 또 다른 형태의 부작용을 낳을 뿐이며, 국가적인 차원에서 산업구조의 변화와 노동시장의 수요를 예측한 기술정책과 교육정책의 조화가 필요한 것이다. 이러한 방법이 사회적으로 투하된 인적자본의 매몰비용을 최소화시키는 것일 것이다.

102) 푸코는 마르크스의 계급중심적 투쟁개념보다 더 파편화하고 분산된 갈등관계로 근대적 사회관계를 파악하면서 홉스와 일견 유사한 논리로 오늘날의 사회는 '만인의 만인에 대한 투쟁'의 상태에까지 놓여 있다고까지 말한다. 이구표, "미셸 푸코", 이론 14호, 새

문제는 이러한 상황들을 교육 자체의 내재적인 부실 문제로 파악하고 있다는 것인데, 교육제도 자체의 문제라기보다는 한국사회 특유의 과도한 경쟁체제와 물신만능주의의 팽배로 인한 사물화된 사회적 관계가 교육의 영역과 노동시장에 반영된 것으로 볼 수 있을 것이다. 따라서 이러한 부작용을 최소화시키기 위해서는 교육제도의 개혁과 병행하여, 소득분배의 공정성과 임금근로자로서의 미래에 대한 불확실성[104]을 해소하지 않으면 쉽게 해결되지 않을 것으로 보인다.

II. 한국의 노동시장과 노동법의 한계

1. 시장경제의 논리와 노동법의 이념

노동법은 국가가 근로자 보호를 위하여 근로관계에 개입하여 근로조건의 최저기준을 정한 법률이다. 그리고 근로기준법은 근로자의 생존권을 보장하기 위하여 "근로조건의 기준은 인간의 존엄성을 보장하기 위하여 법률로 정한다"라고 규정한 헌법 제32조[105][106]에 그 근거를 두고 있다. 그러나 이러한 노동법의 이념은 현실적으

길, 1996, 104쪽 참조.

103) 우리 모두는 서로에 대항해 싸우고 있다. 일단의 일시적인 연합형태는 존재하겠지만, 그것의 기본적인 요소는 개인들 또는 개인을 이루는 요소가 될 것이다. 미셀 푸코, 푸코의 맑스, 갈무리, 2004, 177쪽.

104) 기업이 경제상황 등 미래가 불확실할 경우 투자를 하지 않듯이, 노동시장에서의 시장참여자(미래의 근로자 또는 근로자)들도 임금근로자로서의 신분이 불안정할 경우 임금근로자보다는 전문직 등 다른 형태의 직종을 선호하게 마련이다.

105) 헌법 제32조 ③ 근로조건의 기준은 인간의 존엄성을 보장하도록 법률로 정한다.

106) 마르크스는 '루이 보나빠르뜨의 브뤼메르 18일'에서 "헌법은 일반적 문구에서는 자유를, 단서 조항에서는 자유의 폐기를 담고 있다. 따라서 자유라는 명목은 존중되었고 그의 실제적 행사만이 방해받았을 뿐인데, 그것은 물론 법률에 따라 이루어졌다"고 하여

로는 기업들 간의 경쟁과 시장경제의 논리에 의하여 그 취지가 상당히 퇴색되어 나타나게 되는데,[107][108] 기업의 입장에서는 법의 규정을 정확하게 지키는 것보다 효율적으로 인력을 운용하는 것에 중점을 두게 마련이다. 즉 법을 정확하게 준수하는 것보다 법을 위반하는 것이 경제적으로 이익이 되는 경우에는 후자의 전략을 선택할 여지가 있는 것이다.

최근의 예를 보더라도 일부 대기업에서 상시적으로 구조조정을 하고, 심지어는 30대 명예퇴직도 실시하는 등 사실상 근로기준법의 여러 규정들이 무의미해지는 부분이 없지 않다. 이에 따라 충실하게 근로기준법의 보호를 받게 되는 근로자는 강력한 노동조합이 있는 대기업 노조와, 상대적으로 경쟁에서 자유로운 독과점 부문 및 소유주가 존재하지 않는 공공부문의 근로자 등 상대적으로 과보호를 받고 있는 정규직 근로자라는 역설적인 결과가 나타나게 된다.

2. 자본의 세계화와 신자유주의

1) 자본의 세계화[109]와 신자유주의

사물화와 함께 진행되는 자본주의적 생신양식으로의 변화는 한 국가 내에서만 일

이데올로기적 국가장치로서의 헌법의 제도적 측면의 한계를 지적한 바 있다. 김세균, 칼 맑스 프리드리히 엥겔스 저작선집 2, 박종철출판사, 1992, 301쪽 참조.

107) 노동법은 사실상 개별자본의 임의적이고 우연적인 노동규율의 조건들을 노동력 재생산을 담보하는 한도 내에서, 노동에 대한 자본의 지배력을 관료제화의 진전에 따라 합리적으로 제도화시키는 과정이라고 보아야 할 것이다.

108) 사회의 구조는 여전히 1차적으로 경제적인 요인에 의하여 주로 결정된다.

109) 세계화가 의미하는 것은 기본적으로 다음과 같은 것이다. 시장이 경제의 규제자로서 점점 더 보편화되었다. 시장의 범위가 확대함에 따라 민주적 권력의 범위는 축소한다. 시장이 경제의 규제자로서 점점 더 보편화되면 될수록 민주주의는 그만큼 더 일정한 순전히 형식적인 권리에 국한되게 된다. 그레고리 엘보, "세계경제 지상의 명령 그리고 대안들", 이론 17호, 208쪽 참조.

어나는 현상이 아니며 전 세계적으로 진행된다.

교통, 통신 등 과학기술의 발달과 함께 진행되는 현재의 WTO 체제하에서는 기존의 상품이나 재화뿐만 아니라 서비스(인력 포함)부문까지 포함되어 자유무역이 활발해지고 있고, 이렇게 전 세계적으로 진행되는 시장의 자유화와 신자유주의[110]는 국가들 간의 경쟁, 기업들 간의 무한경쟁을 강요하게 되며,[111] 더 이상 과거의 높은 임금수준과 양호한 근로조건을 보장할 수 없게 만든다.

> 프랑스의 생산관계들은 프랑스의 대외무역에 의해, 세계시장에서 프랑스가 차지하는 지위에 의해, 그리고 세계시장의 법칙들에 의해 조건 지어져 있다.[112]

즉 자본의 세계화와 신자유주의는 상품, 노동, 자본 등에서 국가들 간의 총체적인 경쟁구도로 접어들었다는 것을 의미하는 것이다. 최근에 우리나라에서도 급격하게 진행되는 산업공동화와 글로벌 아웃소싱은 더 이상 한국의 근로자가 국내에서의 근로자와 사용자 간의 소득배분의 문제가 아니라, 사용자에게 타국을 비교대상으로 하여 보다 높은 생산성과 이윤율을 보장해 주어야 한다는 것을 의미하는 것이다.[113] 얼마 전 경제자유특구에서 근로기준법의 일부조항에 대한 적용을 배제하려던 정책이 추진되기도 하였던 이유이기도 하다.

2) 신자유의의 영향

전 세계적으로 진행되는 자본의 세계화는 세계 각국의 경제정책을 신자유의적인

---

110) 신자유주의는 원칙적으로 국가의 개입이나 통제를 반대하며, 경제에 있어서 자유로운 시장활동을 강조하는데 그 결과 규제철폐, 노동시장의 유연화 및 복지제도의 축소 등을 그 정책적 특징으로 한다.
111) 기업은 세계화 전략을 주도하는 당사자이지만 동시에 세계화의 영향을 감내하여야 하는 수동적 존재이기도 하다. 이환식, 세계화의 최종단계로서의 지구화, 이론, 1997년 여름호, 183쪽 참조.
112) 김세균, 칼 맑스 프리드리히 엥겔스 저작선집 2, 박종철출판사, 1992, 14쪽.
113) 기업에게 중요한 것은 근로자의 국적이 아니라 이윤 추구이다.

보수적 경제정책으로 선회하게 하였다. 즉 국가의 기능을 최소화하는 대신 시장의 경쟁적 원리를 전사회적으로 도입하게 되었는데, 노동시장에서는 노동의 유연화라는 노동력의 관리형태의 변화로 인하여 임시직 및 파견근로가 확대되어 비정규직이 증가하게 되었다.[114)

이러한 신자유주의적 경제정책의 영향으로 실제로 우리나라뿐만 아니라 일본과 유럽 등에서도 1990년대를 거치면서 비정규직의 비율이 급격하게 증가하였다.

또한 복지부문에서도 국가의 경제정책에 대한 자율성이 약화되어 신자유주의적 경제정책의 폐해로 나타나는 실업과 소득불균형에 대한 사회안정망으로서의 복지제도의 축소가 뒤따르게 되었다. 즉 자유주의적 경제질서를 근간으로 단일한 시장으로 통합되어 가는 WTO 체제하에서는 초국적 기업으로 대변되는 거대자본에 대하여 개별 국가에서 기업하기 좋은 환경을 조성하기 위하여 규제를 철폐하고 세율을 낮춰야 하며 사회간접자본에 대한 지원이 충분히 이루어져야 한다. 법인세 감면 등으로 나타나는 이러한 투자유인 정책들은 정부의 재정수입 감소를 유발하여 복지비용을 감당할 재원이 충분히 마련되지 않는다는 것을 의미하며, 결국 국가가 더 이상의 복지정책을 펴기가 쉽지 않게 되었다.

현재 서구에서 진행되는 복지국가의 위기[115)는 다름 아닌 세계적으로 진행되는 자본의 세계화와 신자유주의의 영향으로 나타나는 것으로, 국가가 더 이상 근로자들의 복지와 노후를 책임질 능력(재정적 여건)과 의사가 없으며, 노동시장의 폐해를 줄이기 위하여 시장에 개입할 여지가 없다는 것을 의미한다.[116)

---

114) 제라르 뒤메닐과 도미니크 레비는 "자본의 반격"에서 노동시장은 신자유주의의 주요 표적으로 신자유주의로의 전환은 고용, 해고, 합병에 관해 갖고 있는 경제계의 자의적인 권한을 제한하는 법률을 파기하는 것을, 그리고 과거의 사회적 연합을 보장하는 수단을 국가로부터 탈취하는 것을 의미한다고 본다. 제라르 뒤메닐·도미니크 레비, 자본의 반격, 필맥, 2006 참조.
115) 우리나라는 아직 복지국가의 위기를 거론할 정도의 복지정책을 펴고 있지는 않다.
116) 노동계급을 포함한 자국 시민들과 고비용의 사회협약을 유지하려는 국가는 최상의 수익을 찾아 세계를 누비는 투자가들에게 통째로 외면당할 위험을 감수해야 한다. 이렇게 보면 '바닥을 향한 경주'는 필연적으로 국가를 압박해 사회복지의 공여와 국경 내에서 자본의 이윤극대화를 막는 여타 굴레들을 철폐하게끔 만들 수밖에 없다. 비버리 J 실버, 노동의 힘, 그린비, 2005.

3. 노동법상의 문제점

우리나라의 노동법은 비정규직 근로자와 관련하여 구체적으로 어떠한 문제점을 가지고 있는 것일까? 현재의 노동관계법은 법이 제정될 당시 정규직을 전제로 법이 만들어진 것으로 산전후휴가[117)118)]와 퇴직금제도, 연차휴가, 주휴일 등 현실적으로 노동시장에서 비정규직에게 적용하기 곤란한 부분이 많으며, 기업 측에서도 이에 대한 부담을 꺼리고 있는 상황이다. 그리하여 사실상 보호가 더 절실한 비정규직에게 법이 적용되지 않고 있는 모순적인 상황이 발생하고 있는 것이다.

"임신자 해고는 불법이니 실적 미달에 의한 권고사직으로 처리하는 것으로 하죠. 실업급여는 받을 수 있게 해줄게요." 파견노동자 김다은(28, 가명) 씨는 소속 파견업체 관리자로부터 이런 말을 듣고 나니 기가 막혔다. 그것도 마치 선심 쓰듯 말하는 것이었다. 속으로 치솟는 화를 겉으로 표현하자니 후환이 두려웠고, 관리자의 말을 그냥 받아들이자니 한없이 억울했다. '임신한 게 죄인가?' 하고 속으로만 되뇌었다. 금융회사에서 5년째 일하고 있는 김 씨는 맡은 일을 잘 해 왔고, 퇴사를 종용받을 만한 행위를 한 적도 없다. 김 씨는 7개월 전에 파견업체 A사와 6개월간의 계약을 맺고 B사로 파견됐다. B사에서는 김 씨의 일하는 모습을 보고 따로 1년간의 계약을 맺자고 요청한 적도 있다. 그러나 김 씨가 임신하자마자 두 업체의 태도가 달라졌다. 두 업체는 서로 책임 미루기에 급급했다. 파견업체 A사는 "다른 회사에서 파견직에게 출산휴가를 준 사례가 있긴 하지만 B사에서는 그런 일이 없었다. 출산휴가기간 중의 급여 문제와 관련해 B사에서 협조해 주면 모를까, 그렇지 않다면 출산휴가를 절대로 줄 수 없다"고 했고, B사는 먼 산만 바라보며 모른 체했다. 이런 변화는 지난 10여 년 사이에 여성의 경제활동 참가가 확대돼 온 결과이기도 하다. 1990년대 이후 여성발전기본법(1995년)

---

117) 현실적으로 비정규직 근로자에게 산전후휴가는 사실상의 해고를 의미한다.
118) '06.7.1.부터 노동부는 비정규직 근로자가 출산을 이유로 사실상 해고되는 문제점을 해소하기 위하여 사업주가 임신 34주 또는 산전후휴가 중인 계약직 및 파견근로자를 계약기간 종료 즉시 다시 고용한 경우 그 사업주에게 휴가에 따른 임금 등 고용유지 비용을 지원하여 비정규직 근로자를 계속 고용하도록 장려하는 제도를 실시하고 있으나, 근본적인 해결방안이라고 보기는 어렵다.

과 남녀차별금지법(1999년)이 제정됐고, 여성의 대학 진학률이 크게 상승했으며, 서비스업이 확대되면서 여성의 고용기회가 늘어난 것이다. 그런데 직장의 현실은 여성 노동자들의 모성을 보호해 주는 것과는 여전히 거리가 멀다.[119]

또한 근로기준법의 경직성이 비정규직 근로자를 양산하는 효과를 가져오기도 한다. 예를 들면 현재의 근로기준법에서 취업규칙[120]을 불이익하게 변경하려면 노동조합이 있는 경우에는 노동조합, 노동조합이 없는 경우에는 근로자 과반수의 동의를 받게 되어 있다.[121][122] 그러나 사실상 근로조건이 불리하게 변경되는 경우에는 사용자가 노동조합이나 근로자 과반수의 동의를 받는 것이 쉽지 않으므로, 기간제근로자나 임시직 등의 비정규직 근로자에게 적용되는 새로운 취업규칙을 만들어 비정규직을 활용하는 방법을 택하고 있는 것이다.

4. 분쟁비용

비정규직 근로자는 사용자와 단기간의 근로계약을 맺고 있으므로 실제 불합리한 대우를 받더라도 근로자가 이에 대한 이의를 제기하는 것은 합리적인 의사결정이 아닌 경우가 대부분이다. 즉 잔여 계약기간이 6개월 또는 3개월이 남아 있는 근로자의 경우 미래가치(미래임금)가 크지 않으므로 사용자가 임금을 체불하거나 해고를

---

119) 프레시안, 2005.11.1.
120) 취업규칙이란 사업장 내 근로자의 복무규율과 근로조건에 관해 사용자가 작성한 규범을 말하며, 흔히 사규, 사칙, 복무규정 등으로 불리고 있다.
121) 근로기준법 제97조(규칙의 작성, 변경의 절차) ① 사용자는 취업규칙의 작성 또는 변경에 관하여 당해 사업 또는 사업장에 근로자의 과반수로 조직된 노동조합이 있는 경우에는 그 노동조합, 근로자의 과반수로 조직된 노동조합이 없는 경우에는 근로자의 과반수의 의견을 들어야 한다. 다만, 취업규칙을 근로자에게 불이익하게 변경하는 경우에는 그 동의를 얻어야 한다.
122) 근로기준법의 취업규칙 불이익 변경은 사회 경제적 상황의 변동에 따라 기존의 규정이 불합리한 경우에도 이러한 절차상의 어려움으로 인하여 변경이 곤란한 경우가 많이 발생하게 된다.

하면 이직을 하고 새로운 일자리를 찾는 것이, 소송을 제기하거나 노동청에 구제신
청을 하는 것보다 훨씬 효율적인 것이다. 법정까지 가느니 그대로 당하는 것이 오
히려 이익이 된다는 역설적인 상황에 직면하는 것이다.

어떤 농사꾼이 이웃의 소떼가 밀밭을 자꾸 망쳐서 그것을 막고 싶은데 소떼 주인에
게 고소를 하겠다고 위협해 봐야 소용이 없다. 손해보상에 비해 소송비용이 더 많이
들기 때문이다. 이것은 무슨 비밀스러운 수수께끼나 난센스 퀴즈가 아니다. 우리가 일
상생활에서 늘 부딪치는 문제이다. 법정까지 가느니 그대로 그냥 당하는 것이 오히려
이익이기 때문이다.[123)

더 심각한 문제는 개별 근로자의 이러한 행동에 대하여 사용자가 전략적으로 이
를 반복하여 악용할 수 있다는 것인데 실제로 많이 일어나고 있는 형편이다.

중소기업 직장인 5명 중 2명가량이 임금 체불 경험을 갖고 있으며 이들 가운데 절
반 정도는 체불 임금을 한 푼도 받지 못한 것으로 나타났다. 30일 취업포털 IT 잡피아
에 따르면 최근 중소기업 직장인 1천659명을 대상으로 조사한 결과, '임금 체불을 당
한 적이 있다'는 응답자가 38.2%로 집계됐다. 또 이들 가운데 46.7%는 체불 임금을
'끝내 전액 받지 못했다', 34.7%는 '일부만 받았다'고 각각 답한 반면 '전액 다 받았
다'는 응답은 18.6%에 불과했다.
　평균 체불 기간은 '3개월 이하' 65.9%, '3~6개월' 20.3%, '6개월~1년' 8.7%, 체불
금액은 '300만 원 이하' 51.7%, '300만~500만 원' 29.5%, '500만~1천만 원' 11.9% 순으
로 각각 조사됐다. 그러나 '1년 이상'의 장기 체불과 '1천만 원 이상'의 고액 체불도
각각 5.1%, 6.9%를 차지했다. 이 밖에 현재 직장에서 임금이 체불될 경우 32.3%는 '회
사를 그만두겠다', 30.8%는 '일단 줄 때까지 기다린다', 28.6%는 '관련기관에 고발하겠
다'는 반응을 보였고 '파업 등 집단행동도 불사한다'는 2.4%에 불과했다.[124)125)

---

123) 매트 리들리, 이타적유전자, 2001, 사이언스북스, 190~191쪽 참조.
124) 연합뉴스, 2005.5.30.
125) 중소기업 근로자보다 열악한 지위에 있는 비정규직의 경우는 임금체불의 정도가 덜하
　　　지는 않을 것이다.

5. 노동법의 구축효과 또는 잠식효과(crowing out effect)

노동시장의 유연화라는 요구에 대하여 비정규직을 보호한다는 명분으로 관련 법규가 제정되었다고 하더라도, 시장(기업)에서의 고용유연성 확보를 위한 효율화 전략은 또 다른 형태의 비정규직을 더욱더 억압적인 방식으로 양산하게 된다. 칼 마르크스도 자본은 사회의 어떤 한 지점에서 국가의 통제를 받게 될 때에는 다른 모든 지점들에서 더욱더 무모하게 보상을 받으려고 하는 끊임없이 반복되는 경험적 사실을 지적한 바 있다.[126]

우리나라에서도 파견근로자를 보호한다는 명목으로 "파견근로자보호에관한법률"을 제정하였지만 2년 후 직접채용에 대한 부담을 회피하기 위하여 대부분의 기업에서는 분사 및 도급 등의 형태로 전환하기도 하였다.

분사나 도급으로 전환된 경우 비정규직 근로자는 형식적으로는 분사나 도급된 기업의 정규직의 외양을 띠기도 하지만, 사실상 모기업에 구조적으로 종속되어 고용불안에 시달리게 된다. 게다가 기업이 분사를 하는 경우에는 모기업의 일부 정규직까지 구조조정의 차원에서 분사된 기업으로 근로관계가 이전되기도 한다.

그리고 비정규직 근로자를 보호하기 위한 법률이 오히려 실업률을 상승시킬 수 있다. 독일에서도 비정규직 근로자 보호를 위한 법률이 실업률을 상승시킨 사례가 있기도 하다. 대한상의에서도 '04년 3월 29일 비정규직에 대한 동일노동 동일임금을 강제할 경우 기업 인건비 부담으로 비정규직의 일자리만 줄어들 것이라는 분석자료를 발표하기도 하였다. 현재 국내기업도 인건비 절감을 위하여 생산기지를 이전하고 있는 중이며, 심지어는 콜센터의 경우에도 국외이전을 추진하고 있는 상황이다.

실제로 2006년 새로 제정된 비정규직관련법으로 인해 아웃소싱이나 도급 등의 형태를 통한 간접고용이 사회적으로 확산될 것으로 예상된다.

---

126) 자본은 사회의 어떤 한 지점에서 국가의 통제를 받게 될 때에는 다른 모든 지점들에서 더욱 더 무모하게 보상을 받으려고 한다는 것이 끊임없이 반복되는 경험적인 사실이다. 칼 맑스, 자본론 Ⅰ(하), 비봉출판사, 1989, 618~619쪽.

일부 시중은행이 공석이 된 비정규직 행원 자리를 용역업체 직원으로 채우기 시작하면서 유통업계의 아웃소싱(외주용역화) 바람이 은행권으로 확산될 기미가 엿보이고 있다. 그러나 비정규직 행원들은 이에 반발해 단체 행동에 나설 태세여서 은행과 마찰이 우려된다. 9일 은행권에 따르면 ○○은행은 최근 기존 사무직 직원의 정규직 전환으로 공석이 된 자리에 비정규직 직원을 새로 채용하는 대신 인력파견 업체로부터 21명을 아웃소싱했다. ○○은행은 또 이달부터 계약기간이 만료되는 사무직 직원 자리도 용역 직원으로 채워 넣을 계획이다. 특히 은행 측이 공문을 발송하지도 않은 채 이달 계약기간이 만료되는 일부 비정규직 직원들에게 인력파견 업체로 이직토록 개별 권고하고 있는 데다 정규직 전환 시험의 폐지설까지 제기되면서 비정규직 직원들이 고용 불안에 떨고 있다. 사무직과 같은 비정규직인 창구전담 텔러들 역시 이달부터 정규직 전환 기회가 없는 빠른 창구의 시급제 직원과 같은 업무만 처리할 수 있게 되면서 외주용역화 가능성을 우려하고 있다. ○○은행은 이달부터 시행된 비정규직법상 차별 금지를 피하기 위해 창구 업무 분리를 실시하고 창구전담 텔러들은 기존 업무 가운데 상품 안내나 환율조회, 카드발급 등을 제외한 입출금 업무 등 기본 업무만 처리토록 했다. ○○은행 비정규직 직원은 "이달부터 은행이 공식 발표도 없이 사무직을 아웃소싱으로 전환하고 있어 시급제 수준의 업무만 처리하고 있는 창구전담 텔러들도 2년 내 차례차례 계약 해지되거나 용역으로 대체될 것을 우려하고 있다"며 "최근 행장이 비정규직에서 정규직으로 전환된 직원들에게 정규직 전환 시험을 더 이상 실시하지 않겠다고 말했다는 얘기까지 전해지면서 비정규직 직원들이 더욱 불안해하고 있다"고 말했다.[127]

이랜드 그룹은 12일 오후부터 홈에버 목동점, 방학점, 뉴코아 아울렛 평촌점, NC백화점 평촌점 등 4개 매장의 영업을 중단했다고 밝혔다. 노조는 비정규직보호법 시행을 앞두고 사측이 뉴코아 소속 비정규직 노동자 350여 명을 용역업체 직원으로 전환하고 홈에버 소속 350여 명의 비정규직 노동자와 계약을 해지하면서 2년 이상 근무한 비정규직 노동자들의 정규직화를 편법으로 막았다며 지난달 30일부터 농성에 들어갔다. 노조는 계약해지 된 노동자의 복직, 비정규직의 용역 전환 철회, 직무급제 적용 금지, 임금인상 및 처우개선 등을 요구하고 있지만 사측은 홈에버 월드컵점과 뉴코아 강남점에서 농성을 푸는 걸 조건으로 현안을 논의하자고 맞서고 있어 사태 해결의 실마리를 찾지 못하고 있다.[128]

---

127) 연합뉴스, 2007.7.9.

6. 시장교섭력과 작업장 교섭력

사회적 분업의 구조에서 전략적 위치에 있지 않은 미숙련 또는 비숙련부문의 근로자들은 시장교섭력이 취약하기 때문에 채용시점부터 시간제 또는 임시직으로 고용되었으며, 고용된 이후에도 다른 근로자로의 대체가능성 등으로 인하여 작업장 교섭력129)이 취약하여 상시적으로 계약 갱신 거부, 용역회사 교체 후 계약 파기, 일방적 해고 통보 등의 해고 위협과 고용불안에 시달리게 되며, 비공식적이며 임의적인 작업관행을 받아들일 수밖에 없게 된다.130)

> 3개월 전 전국에서 처음으로 비정규직 차별시정을 신청, 지난 10일 일부 차별 판정을 받아낸 농협 경북 고령축산물 공판장의 비정규직 노동자들이 중앙노동위원회에 재심을 신청한다. 이들 노동자는 "경북지노위는 임금 및 복리후생 규정은 단체협약을 통해 결정된 사항이라 합리적인 이유가 있는 차별이라 봤지만 실제 비정규직들은 단체협약의 당사자조차 되지 못한다"며 반발하고 있다. 이들은 "비정규직이 배제된 정규직과 사용자만의 단체협약으로 차별이 정당화될 수 있다면 차별 시정 제도 자체가 무의미해진다고 판단, 재심을 신청하기로 결정했다"고 밝혔다. 이들은 또 "현행 차별시정 제도가 회사 측의 보복성 인사를 막을 장치를 마련해 놓지 않아 12월 초까지 신청자의 절반 이상이 해직될 상황"이라며 "내달 7일부터 서울 농협중앙회 앞에서 항의집회를 진행하는 등 고용보장을 위해 싸울 것"이라고 덧붙였다. 경북지노위는 지난 10일 농협중앙회측이 기간제근로자라는 이유만으로 각 개인의 업무숙련도나 경력을 무시한 채 합리적인 기준도 없이 배치전환한 것은 차별처우에 해당된다고 판정했지만 임금 및 복리후생 규정 적용은 합리적인 이유가 있는 차별이거나 차별처우가 발생하지 않은 것으로 판정했다.131)

---

128) 연합뉴스, 2007.7.12.
129) 상대적 교섭력은 노사 당사자에 의해 단기적으로 변동시킬 수 없는 정치·법률제도, 생활수준, 노동시장 상황 및 경기국면, 기업주의 자본구성 및 기술수준, 제품시장의 형태 및 기업주의 전략적 위치, 작업과 직장의 성질, 노무구조 및 관리, 단체교섭구조 및 조합의 인적, 재정적 능력 등 제 요인에 의해 결정된다. 김유배, 노동경제학, 박영사, 2006, 427쪽.
130) 비버리 J 실버, 노동의 힘, 그린비, 2005. 179~180쪽 참조.

이러한 시장교섭력과 작업장교섭력의 취약성은 필요한 기능을 갖춘 다른 근로자들로 대체하기가 쉬워지는 실업률이 높은 상황에서 증가하게 되며, 해고위협에 기초한 자본의 통제장치라는 규율실업(disciplinary unemployment)의 역할을 수행하게 함으로써 임금교섭 시 임금을 낮추거나 또는 생산과정에서 노동강도를 강화시킬 수 있는 원인으로 작용할 수 있는 것이다.

---

131) 연합뉴스, 2007.10.27.

3장 : 비정규 노동의 전망과 과제

Ⅰ. 비정규직 근로자 보호에 대한 쟁점과 대안

1. 비정규직 근로자에 대한 쟁점

비정규직 근로자에 대한 문제는 이제 더 심각한 사회문제로 발전하기 전에 해결이 되어야 할 사안으로 판단되어 각계의 반대를 무릅쓰고 2006년 비정규직관련노동법이 제정되었으나, 아직 근본적인 문제점이 해결된 것으로 보기는 어려울 것이다.

그동안 노동계 및 경영계 등에서 제시된 여러 가지 대안을 살펴보면, 그 내용으로는 첫째, 동일노동·동일임금 제도와 관행을 정착시키거나, 둘째, 단체협약 등을 통하여 노동조합과 기업 측에서 적극적으로 비정규직을 정규직으로 전환시키는 방법 등이 제시되었으며, 노조에서 비정규직 근로자를 위한 연대기금이 요구되기도 하였다.

또한 정부에서도 비정규직 근로자의 남용을 방지하기 위한 법률의 추가적인 제·개정을 통하여 비정규직에 대한 차별을 점진적으로 완화하려는 움직임을 보이고 있다.

표 40. 비정규직 근로자 문제의 쟁점과 대안[132]

구 분	민주노총	경 총	노동연구원
대립구도	노 / 사	노 / 사 및 노 / 노	노 / 사 및 노 / 노
핵심원인	정규직 일자리까지 비정규직을 남발	정규직 근로자에 대한 대기업의 과보호	진정한 경쟁력 결여
주요 책임	과도한 이윤 추구	대기업 노조 욕심	대기업 노사 관계
하청 기업	추가 이윤 수취 원인	대기업 인건비 전가	하청 단가 삭감
비정규직 임금	단계적 상승	지불능력 고려	10년 정도 장기과제로
정규직 임금	인건비 고정 불가	직무급 임금 도입	비정규직과의 격차 완화
연대기금	노조의 책임감 발휘	비난 완화 전략	실효성 의문
정부 역할	적극 개입	납세자 부담 고려	정부 혁신부터

2. 비정규직 근로자 보호의 방법적 대안과 평가

1) 균등처우(동일노동 · 동일임금)

고용형태(정규·비정규)를 이유로 한 차별 금지를 명문화하면 비정규직의 처우에 관한 차별이 완화될 수 있을까? 다음의 기사[133]에서 전문가들은 이를 위해서는 두 가지 문제가 해결돼야 한다고 주장한다.

첫째로 정규직들이 양보해야 한다는 것이다.[134][135] 직무 형태의 차별이 사라지면 같

---

132) 중앙일보, 2004.6.11.
133) 조선일보, 2003.9.8.
134) 현실적으로 정규직이 비정규직 근로자를 위하여 기득권을 포기하지는 않을 것이며, 단지 노동조합이 있는 사업장의 경우 비정규직 근로자의 처우 개선을 요구하거나, 비정규직 채용의 비율을 줄이며 정규직으로의 전환을 유도하는 선에서 타협될 것으로 보인다.
135) 금융산업노조는 2004년 임단협 교섭에서 정규직 임금 동결을 통한 비정규직 차별철폐 등의 방안을 제시하였다. 구체적인 내용을 살펴보면 5% 임금인상을 양보해 이 가운데 2.5%를 신규채용에 배분하고, 1%를 비정규직의 정규직 전환에 배분하면 3,314명을 정

은 일을 하는 사람들은 같은 임금을 받아야 하는데, 이 경우 정규직이 임금을 삭감하지 않으면 비정규직 임금 인상을 감당해낼 기업은 거의 없다. 이상윤 연세대 교수는 "실제로 독일이 비정규직 보호를 강화하는 법안(독일의 경우 비정규직 근로자가 증가하자 2000년 11월 입법화 되었는데 주요 내용으로는 계약직 근로자와 정규직 근로자에 대한 동등한 처우, 근로계약의 기간은 특정한 기간, 특정한 과업 또는 객관적인 조건에 따라서 만들어져야 한다는 등의 내용을 포함)을 만들었다가 기업이 해고를 늘려 실패했다"고 말했다. 둘째, 급여체계의 통일이다. 일반적으로 정규직은 연공급(입사연도가 지날수록 임금이 높아지는 것), 비정규직은 직무급(직무에 따라 임금이 다른 것) 적용을 받는다. 급여체계가 다르면 하는 일이 똑같다고 같은 임금을 줄 수는 없다. 연공급은 같은 일을 해도 나이든 직원에게 더 많은 임금을 주기 때문이다. 김정태 경영자총협회 상무는 "정규직 급여체계가 직무급[136]으로 바뀌면[137] 비정규직 임금 문제는 저절로 해결될 것"이라고 말했다. 정규직의 양보는 근로자 간 타협에 달려 있고, 급여체계 역시 노사 스스로 결정해야 할 문제다. 이런 문제의 해결 없이 '동일노동·동일임금'을 법에 명시할 경우 기업에 혼란만 야기될 것이란 우려다.[138]

그러나 일부 예외적인 사례를 제외하고는 2004년 금융산업노조의 사례에서도 보듯이 정규직이 비정규직의 처우개선을 위하여 임금삭감을 수용하고 있지는 않고 있으

규직으로 전환할 수 있다고 제시했다. 그리고 나머지 1.5%를 비정규직 임금인상에 배분하면 연간 1인당 179만 833원의 임금을 인상시킬 수 있다고 설명하였다. 그러나 지부에서 현장 분위기가 무르익지 않았다는 이유 등으로 거의 만장일치로 부결시키는 등 정규직들의 의미 있는 양보는 일어나지 않았다. 즉 한국에서의 대부분의 노동조합은 합리적이고 이기적인 경제 주체 내지는 정치 블록의 기능을 수행하는 데 그치고 있다.

136) 동일노동에 대한 동일임금이라는 직무급은 외견상으로는 합리적으로 보이며 연봉제 도입과 관련하여 국내기업에서도 많이 검토되었던 내용이지만, 비정규직 근로자의 직무와 달리 직무의 서열과 가치에 대한 분석이 용이하지 않으며, 분석이 가능하다고 하더라도 이에 대한 조직 구성원의 반발로 인하여 현재 완전한 형태의 직무급을 시행하는 기업은 거의 없다.

137) 우리나라의 노동시장에서 직무급 체계로 바뀌려면 특정 직무에 대한 시장가격이 형성되어 있어야 하지만 현재의 임금격차는 대부분 기업의 규모, 업종에 따라 발생하고 있으며, 또한 이직에 대한 사회적 편견으로 인하여 직무급 체계가 형성될 환경이 조성되지 못했다.

138) 국내 모은행에서는 동일노동 동일임금에 대비하기 위하여 창구 여직원을 모두 계약직으로 전환하는 방침을 세우기도 하였는데, 동일노동 동일임금에 대한 요구가 특정 직무에 대하여 정규직을 비정규직으로 대체하는 결과로 나타나고 있다.

며, 대부분 별개의 사안으로 비정규직에 대한 추가적인 임금인상과 처우개선을 주장
하고 있을 뿐이다. 즉 경제적 조합주의가 득세하고 있는 한국 노사관계의 현실 속에서
비정규직에 대한 보호는 아직까지 정치적 구호에만 그치고 있는 실정이다.

> 29일 대한상공회의소는 '동일노동 동일임금 적용의 문제점과 개선과제'보고서에서 동
> 일노동에 대한 통일된 기준이 없고 연공급(연공서열식 급여체계)이 일반화된 기업 노무
> 관리 관행과의 상충문제 등을 감안할 때 동일노동 동일임금은 아직 여건이 미흡해 현실
> 성이 없다고 주장했다. 대한상의는 동일노동 동일임금 적용을 위해서는 직무에 대한 적
> 절한 평가기준을 설정하고 객관적이거나 노사가 합의할 수 있는 가중치를 배분하고 평
> 가기준 및 점수배정을 주기적으로 보완하는 등 사전준비가 전제되어야 한다고 주장했
> 다. 미국 US스틸사의 경우 종업원의 훈련정도, 직무경험, 지적·정신적 기능, 책임 등
> 12개 기준을 만들어 사용하고 있다. 그러나 직무평가와 임금률 결정 과정에서 주관적
> 판단을 완전히 배제할 수는 없기 때문에 직무급만으로는 객관성을 완벽하게 보장할 수
> 없다. 이에 따라 직무급에다가 종업원의 업적에 따른 업적급, 능력급 등 부가급을 지급
> 해 임금의 공정성을 제고할 필요가 있고 구미 각국에서도 이를 차별로 간주하지 않고
> 있다고 대한상의는 지적했다. 대한상의는 또 연공서열형 임금제도하에서 동일노동 동일
> 임금 적용은 동일가치노동에 대한 평가가 곤란하고 높은 호봉을 받고 있는 직원의 상대
> 적 박탈감 증대 등 부작용이 많기 때문에 직무수당, 직책수당, 위험수당 등을 직무의 특
> 색을 반영해 개편하는 것이 현실적인 방안이라고 평가했다. 대한상의 관계자는 "성별,
> 신분 등에 따른 부당한 임금차별을 없애야 한다는 취지에는 공감하지만 동일노동 동일
> 임금을 적용하는 데 필요한 여건이 아직 마련되지 않았다는 점을 감안해야 한다."며 동
> 기부여를 통한 생산성 향상 등 경영관리의 중요한 수단인 임금결정에 관한 사항을 법에
> 서 획일적으로 규제할 경우 노동시장을 더 경직시킬 것이라고 우려했다.[139]

이러한 동일노동 동일임금을 통한 균등처우는 체계적인 직무분석과 노동시장의
경직성 등 현장의 여건이 성숙치 않아 많은 부작용이[140][141] 뒤따를 것으로 보이

---

139) edailly, 2004.3.29.
140) 동일노동·동일임금의 도입은 미국 US Steel사의 경우에도 평가기준 선정기간에만 거
    의 3년이 소요되었으며, 노조와 종업원, 사측 간에 많은 논의와 연구조사 결과 12개의
    평가기준이 채택되었다. 또한 직무 자체가 고정된 것이 아니므로 직무분석과 직무평가

는데, 장기적으로는 직군분리를 통하여 비정규직으로 운용이 가능한 직무에는 비정규직이 정규직을 대체할 것으로 보인다.

옛날에는 임금이, 처음에는 나라 전체에 걸치는 일반법에 의해, 그리고 그다음에는 각 주 치안판사의 특별명령에 의해 규정되는 것이 보통이었지만, 이 두 개의 관행은 지금은 전혀 사용되지 않는다. 번 박사는 다음과 같이 말한다. "400년이 넘는 기간의 경험에 비추어 볼 때, 그 성질상 상세하게 제한할 수 없는 것을 엄격하게 규제하려고 하는 모든 노력을 포기할 때가 온 것 같다. 왜냐하면, 동일한 종류의 작업에 종사하는 사람들은 모두 동등한 임금을 받는다면, 경쟁심도 사라지고 근면과 창의성을 발휘할 여지도 사라지기 때문이다."[142]

2) 기간제근로자의 사용 제한

현재 우리나라에서는 기간제근로자 사용을 지나치게 많이 하는 경우가 많다. 즉 상시적으로 필요한 업무에 대해서도 단순 보조적인 업무를 위주로 정규직을 사용하지 않고 기간제근로자를 사용하고 있는 것이다. 따라서 합리적이고 정당한 사유가 있는 경우에 한하여 기간제근로자를 사용하여야 한다는 주장이 계속하여 제기되었고, 국가인권위원회에서도 이를 법제정에 반영하라고 권고하였다.[143]

그러나 현실적으로는 합리적이고 정당한 사유가 어떤 경우에 해당하는지 이를 개별적으로 규정하고 판단하기가 쉽지 않을 것으로 보이며, 기업 측에서는 기간제근로자보다 더욱 고용불안정이 심한 아르바이트나(시간제근로) 일용직[144] 등 다른 형태의 비정규직을 우회적으로 사용하여 결과적으로 노동시장을 왜곡하는 결과가 도출될 가능성이

를 주기적으로 수정 및 보완하여야 한다는 난점이 있다.
141) 우리나라의 경우 대부분의 기업에서는 수행하는 직무와는 상관없이 연공에 따라 임금이 상향되는 경우가 대부분이다.
142) 애덤 스미스, 국부론(상), 비봉출판사, 2003, 166쪽.
143) 2006년 제정된 비정규직 관련법에 반영되지 않았다.
144) 일용직도 넓은 의미의 기간제(계약직)근로자에 포함시킬 수 있으나, 여기서는 통상 사용되고 있는 좁은 의미에서의 일용직을 지칭한다.

크다. 현재 많은 기업들이 보다 유연한 인력관리를 위하여 제조업체에서도 시간제근로자나 일용직 근로자를 많이 사용하고 있는 현실을 감안하여야 할 것으로 보인다.

3) 최저임금

비정규직의 처우를 개선하는 효과적인 방법으로 동일노동 동일임금을 적용하는 것이 현실적으로 어렵다면, 최저임금을 상향 조정하는 것도 검토할 수 있는 방안의 하나라고 제시되고 있다.

> 김유선 노동사회연구소 부소장은 "비정규직의 열악한 처우를 개선하려면 '최저임금제'를 현실화하는 것이 가장 근본적인 해결책"이라고 말했다. 현재 우리나라 최저임금은 월 51만4150원(시간당 2275원), 이 금액을 상향 조정해 비정규직의 최저생활을 보장해야 한다는 것이다. 2002년 8월 현재 최저임금에 못 미치는 근로자 77만4000명 중 비정규직이 73만6000명(정규직은 3만8000명)을 차지하고 있다. 하지만 최저임금 상향 조정만으론 충분치 않다는 의견도 있다. 최저임금은 18세 이상 독신 노동자를 기준으로 산출된 것이기 때문에 가족을 부양하는 근로자들의 현실에 맞춘 새로운 기준을 적용할 필요가 있다는 것이다. 윤진호 인하대 교수는 "미국처럼 식구가 3~4명 정도인 노동자 가구의 최저생활을 보장할 수 있는 '생활 임금'을 보장하도록 정부가 유도해야 한다"고 말했다. 미국의 경우 정부가 공공 공사를 할 때 생활임금 규정을 준수하는 업체와 계약하는 등 공공 부문이 근로자의 생활임금 보장을 유도하고 있다. 전문가들은 또 비정규직의 국민연금·건강보험·산재보험·고용보험 등 4대보험 가입률(20~25%)을 정규직 수준(90%)까지 끌어올릴 수 있도록 당국이 현장 근로 감독을 철저히 해야 한다고 주장했다.[145]

그러나 최저임금을 어느 정도 상향시키는 것은 바람직할 것으로 보이지만 지나칠 경우 노동시장의 기능을 왜곡하고 과소고용 등의 부작용이 나타나는 등 근본적인 문제의 해결책이라고 보기는 어려울 것이다.[146]

---

145) 조선일보, 2003.9.8.

법이 노동자 임금을 규제하려고 시도할 때는 언제나 임금을 인상시키는 것이 아니라 인하시키려고 했지만, 부목사의 경우에는 그 임금을 인상시키려고 했으며, 교구목사로 하여금 생활비 이상을 부목사에게 지불하도록 강제했다. 그런데 어느 경우에나 법은 효력이 없었던 것 같고, 부목사의 임금을 의도한 수준으로 인상시킬 수 없었다. 왜냐하면 법은 빈곤한 처지에 놓여 있는 수많은 경쟁자와 직면하고 있는 부목사들이 법정 보수 이하를 받는 것을 막을 수 없었기 때문이다.[147]

따라서 최저임금의 상향조정은 비정규직 근로자의 처우를 개선할 수 있는 근본적인 방법이라고 보기는 어려우며, 최저임금제와 병행하여 근로자 지원금이나 세제개편이 간접적인 해결방안이 될 수 있을 것이다.

4) 단체협약을 통한 비정규직의 정규직 전환

비정규직이기 때문에 발생하는 문제점들을 해결할 수 있는 또 다른 방법으로는 정규직 노조의 교섭력을 통하여 비정규직을 정규직으로 전환하는 방법이 있다.
최근 금호타이어,[148] 기아자동차, 우리은행 등에서 단체협약을 통하여 비정규직을 정규직으로 전환시키는 사례가 나타나고 있다.

비정규직 처우 개선이 사회문제화되고 있는 가운데 은행권이 비정규직의 정규직 전환에 적극 나서고 있다. 일정 기간 이상 근무한 비정규직 행원의 정규직 전환을 신규 채용보다 우선시하는 등 채용 관행에도 변화가 나타나고 있다. 14일 은행권에 따르면 외환은행은 이달 29일부터 비정규 직원인 전담 텔러를 대상으로 정규직 전환을 위한

---

146) 최저임금이 고용에 미치는 효과에 대해서는 완전한 의견의 일치를 본 것은 아니다. 그러나 실증적 분석에서 최저임금이 고용을 감소시킨다는 데에는 일반적으로 동의하고 있으며, 소득분배에 미치는 연구를 보더라도 최저임금이 소득분배의 개선에 기여했다는 가설은 지지되지 않거나 미치는 영향이 크지 않은 것으로 나타난다. 김재원, 노동경제학, 1997, 법문사, 576~585쪽 참조.
147) 애덤 스미스, 국부론(상), 비봉출판사, 2003, 154쪽.
148) 금호타이어 정규직 노조는 2004년 4월 23일 사내하청 비정규직 근로자 154명을 직접고용하기로 회사 측과 합의하였다.

지원서를 접수받을 예정이다. 외환은행은 수신과 외환, 수출입 등 업무 지식에 대한 필기시험과 인사 고과 등이 반영된 서류 전형, 임원진 면접을 통해 40~50명을 정규직으로 채용할 계획이다. 외환은행은 지난해 상반기와 하반기에 각각 40명과 15명의 비정규직 직원을 정규직으로 전환시켰다. 외환은행 관계자는 "비정규직의 정규직 전환은 직원의 능력과 개성을 존중하고 불합리한 차별을 없애 직원 간 화합과 동반 성장을 지향하는 신개념 인사 정책의 일환"이라며 "지난달 노동부로부터 남녀고용평등 우수기업으로 선정되는 등 인사 정책이 다른 기업의 모범 사례로 평가받고 있다"고 말했다. 농협은 이달 1일 비정규직 가운데 200명을 정규직으로 채용해 연수를 실시하고 있다. 하나은행은 1월에 비정규직 98명을 정규직으로 채용한데 이어 다음 달 추가로 1년 이상 근무한 비정규직 수십 명을 정규직으로 전환하기 위해 현재 면접을 진행하고 있다. 수협도 7월에 2년 이상 근무한 비정규직 150여 명 가운데 20~30명을 정규직으로 전환할 계획이다. 수협은 지난해의 경우 20명을 정규직으로 전환시켰다. 지난해 비정규직 17명을 정규직으로 전환한 기업은행은 올 하반기에 작년보다 많은 인원을 정규직으로 채용한다는 방침이다. 국민은행은 작년과 마찬가지로 9월에 80명의 비정규직을 정규직으로 채용할 예정이다. 은행들이 고객 서비스 개선을 위해 비정규직의 정규직 전환을 신규 행원 채용보다 우선시하는 등 채용 관행에도 변화가 엿보이고 있다. 농협은 일정 기간 이상 근무한 비정규직의 정규직 전환을 우선 실시하고 신입 행원 공채는 하반기에 실시키로 했다. 하나은행과 외환은행은 비정규직의 정규직 전환이 마무리된 이후 신규 채용 계획을 구체화한다는 방침이다. 하나은행 관계자는 "비정규직 행원들의 업무 능력을 향상시키고 동기 부여를 위해 정규직 전환 빈도를 높였다"며 "비정규직 비율이 다른 은행보다 낮은 편이지만 고객에게 질 높은 서비스 제공을 위해 우수한 비정규직 행원의 전환에 무게를 두고 있다"고 말했다.[149]

그러나 이러한 비정규직의 정규직으로의 전환은 긍정적인 의의를 폄하하지는 않더라도, 전향적인 몇몇 경우를 제외하고는 대부분 사업장 내 비정규직의 절대적 규모를 줄이려는 의도에서 비롯된 것이라기보다는 정규직 전환에 대한 기대가능성을 통하여 비정규직의 조직 내 몰입 및 충성도를 제고하고, 효율적으로 관리 및 통제하며, 이를 통하여 생산성을 제고하려는 목적에서 선별적으로 행해지는 것으로 근

---

149) 연합뉴스, 2006.5.14.

본적인 문제해결의 방법은 아니라고 하겠다.

5) 노동관계법의 개정 및 제정

노동부는 실업의 위험이 상대적으로 높은 일용직 근로자에 대하여 2004년부터 고용보험법을 확대 적용한 바 있다. 그리고 2006년 12월 기간제근로자, 단시간근로자, 파견근로자 등에 대한 보호법률을 제정하였으며, 특수형태 근로자에 대하여도 산재보험을 적용하기로 하였다. 주요 내용으로는 일정기간 초과고용 시 무기계약 간주, 불법파견 규제의 실효성 확보, 단시간근로자에 대한 초과근로 한도 설정 및 가산임금 지급 등에 관한 법률이 제정되었으며, 특수형태 근로종사자에 대한 법·제도 개선방선을 논의하고 있으나, 구체적인 쟁점에 대해서 노사 간 입장 차이로 합의를 보지 못하고 있다.

비정규직근로자의 보호를 위한 법률이 제정되더라고 해당되는 특정 비정규직 근로자에게는 단기적으로는 효과가 있을지 모르지만, 기업에서 또 다른 형태의 비정규직으로 전환[150]이 가능할 경우에는 사실상 효과가 미미할 것으로 보인다. 따라서 비정규직 근로자의 사용에 대한 각종 규제 법안을 제정하기보다는 현재 90일에서 최대 240일까지 지급받을 수 있는 실업급여의 지급일수를 대폭 상향 조정하는 등 비정규직 근로자의 기본적인 생활을 보장하는 적극적인 사회보장정책으로서의 사회안정망의 구축이 보다 효과적인 방법이라고 할 수 있을 것이다. 예컨대, 보험가입자(근로자)가 납부한 보험료를 재원으로 실업이라는 보험사고에 대하여 보험료를 지급하는 보험의 원리와 방법이 아니라, 별도의 기금과 재원으로 사회보장[151]이 이루어

---

150) 예컨대 계약직 근로자를 2년 이상 사용하게 하지 못한다면 사용자는 다른 형태의 고용유연화 형태인 파견, 또는 도급 등의 비정규직으로 대체하여 사용하는 것에 불과할 것이다.

151) 일본사회보장제도심의회의 사회보장의 정의에 따르면 질병·부상·분만·사망·노령·실업·기타의 원인에 대하여 보험의 방법 또는 직접 공적 부담으로서 경제보장의 길을 강구하고 생활이 빈곤한 자에 대하여 국가부조에 의해서 최저생활을 보장함으로써 공중위생 및 사회복지를 향상시키고 모든 국민으로 하여금 문화적 사회의 성원으로서 가치 있는 생활을 영위할 수 있게 하는 제도라고 규정하고 있다. 신수식, 사회보장론, 박영사, 1986, 5쪽.

지는 통합적인 복지정책의 틀 안에서 사회보장제도의 전향적인 검토가 필요하다고 보여진다. 즉 비정규직 근로자가 고용보험료를 납입한 기간에 따라 실업급여의 지급일수가 정해지는 현행의 고용보험제도는 사실상 공적사회보장제도 또는 공적부조[152])로서의 기능을 수행하고 있다고 볼 수 없을 것이다.

6) 근로감독 강화

현실적으로 비정규직 근로자와 관련 노동법률 조항이 효력을 발휘하려면 법률 위반에 대한 적절한 벌칙의 수준을 정하고 이에 따른 강력한 제제가 수반되지 않으면 안 될 것이다.

'04년도에 노동부에서 공공부문과 민간부문의 비정규직 다수고용사업장 2,331개소를 대상으로 근로기준법 등 노동관계법령 위반여부에 대한 예방점검(근로감독)을 실시한 실태결과(공공부문은 8~10월, 민간부문은 4~6월)를 보면, 점검대상 업체의 56.9%인 1,326개소에서 근로기준법 위반사례 등 2,732건을 적발되는 등 기존의 노동관계법규조차도 제대로 준수되지 않고 있는 상황이다.

표 41. 2004년도 비정규직 고용사업장 점검 결과

(단위: 개소, 건,%)

구 분	점검 업체 수	위반업체 수(위반율)	위반건수(위반율)
합 계	2,331	1,326(56.9)	2,732(117.2)
민간부문 비정규직 다수고용사업장	1,780	994(55.8)	2,137(120.1)
공기업·출연·보조기관	307	144(46.9)	247(80.5)
지방자치단체	244	188(77.0)	348(142.6)

---

152) 사회보장의 범위에는 공적부조, 사회복지, 사회보험, 의료보장, 고용(실업)대책 등이 포함된다. 공적부조는 사회보험과 더불어 사회보장의 2대 지주를 형성하고 있는 것으로서, 자력으로 생계를 유지할 수 없는 자들의 생활을 그들이 자력으로 생활할 수 있을 때까지 국가가 재정자금으로 보호하여 주는 구빈제도이다. 신수식, 사회보장론, 박영사, 1986, 9~15쪽 참조.

법위반 유형은 금품체불 603건, 근로시간·휴일·휴가 미준수 596건, 근로조건 미명시 403건, 취업규칙 미작성 318건, 성희롱 예방교육 미실시 262건, 노사협의회 미설치·미개최 등 167건, 임금대장 등 각종 대장 미작성 95건, 최저임금 미준수 93건 등이었으며 근로기준법 위반사건이 전체 법위반 사건의 약 80%를 차지한 것으로 드러났다. 점검대상별 법위반율을 보면, 지방자치단체가 77.0%로 244개소 중 188개소 민간부문 비정규직 다수고용사업장 55.8%(1,780개소 중 994개소), 공기업 46.9%(307개소 중 144개소)보다 법위반율이 상대적으로 높았는데, 지방자치단체가 노동관계법 준수에 소홀하다는 것이 확인되었다.153)154)

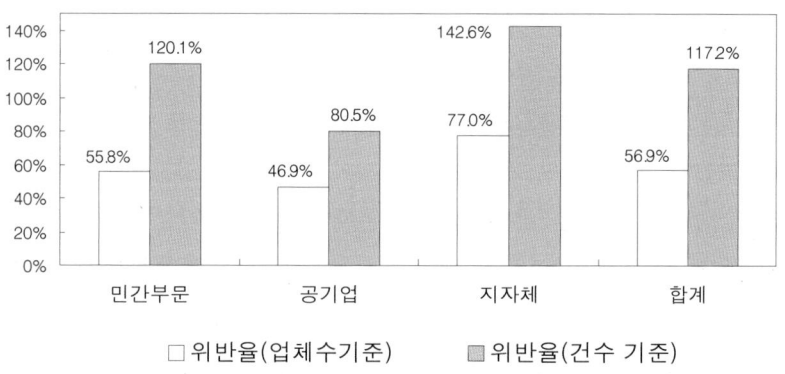

그림 5. 2004년도 비정규직 고용사업장 부문별 위반율 현황

---

153) 노동백서, 노동부, 2005, 102~103쪽 참조.
154) 공공부문의 법위반율이 높다는 것은 비정규직 문제의 원인이 계급간의 착취와 자본주의 사회의 구조적인 모순뿐만 아니라, 비정규노동에 대한 노동관계보호법의 한계에 연유하는 측면 등 복합적인 요인에 의하여 결정된다는 것을 보여주는 사례라고 하겠다.

Ⅱ. 비정규직 근로자의 미래와 전망

1. 비정규 노동의 미래

비정규직은 정부의 비정규직 억제 정책에도 불구하고 청년실업 등 실업률이 낮아지지 않고 있는 상태에서 노동시장의 수급 불균형이 해소되지 않으며, 기업의 노동에 대한 유연화 전략이 지속되는 한 당분간 증가할 것으로 보여진다.

장기적으로도 비정규직은 자본주의적 생산양식의 전면화와 더불어 진행되는 노동의 파편화로 인하여 증가할 것으로 예상된다. 다만 정부에서 추진하고 있는 비정규직 근로자 보호를 위한 법률의 내용에 따라 정규직 근로자와의 근로조건의 격차는 다소 줄어들 수 있을 것이다. 그러나 고용불안은 명목상으로 드러난 비정규직 근로자에 대한 차별과 근로조건의 개선으로 문제가 해결되는 것은 아니며, 도급, 아웃소싱, 협력업체, 중소기업 등을 통한 외부로 문제가 전이될 것으로 보인다.

또한 비정규직 근로자와 정규직 근로자 간의 긴장과 갈등관계가 향후 비정규직 근로자의 근로조건에도 영향을 미칠 것으로 보인다.

현재 비정규직은 일시적으로 생긴 업무의 공백을 메우기 위하여 고용되는 본래의 개념을 넘어, 기업의 고용유연성을 확보하기 위한 정규직의 안전판 역할과 정규직의 상대적 고임금을 유지하고 보호하며 노동시장의 불확실성을 해소하는 기능을 하고 있어,155) 기존의 정규직 노조가 비정규직 근로자의 노조가입을 봉쇄하기도 하는 등 배타적인 면이 없지 않았다. 그러나 단기적으로 비정규직이 정규직의 완충역할을 할 수 있으나, 장기적으로는 비정규직과 정규직은 대체가능한 경쟁관계에 놓여 있는데, 현재와 같은 임금격차가 유지될 경우 기업에서는 정규직을 줄이고 비정규직을 늘이는 형태로 대응할 것이며,156)157) 이로 인하여 정규직 근로자의 고용과 임

---

155) 초기에 비정규직 근로자가 정규직 근로자의 노동조합에 가입하려고 하였다가 거절되기도 하였던 이유였다. 그 이후 비정규직의 독자적인 노동조합이 많이 조직되었다.

156) 기업의 입장에서 정규직 근로자와 비정규직 근로자는 법적 제약이 없다면 대체가능한

금도 영향을 받게 된다. 이러한 명분과 이유로 정규직 노동조합도 비정규직근로자의 근로조건의 개선을 요구하고 있으나 아직까지 현장에서 조합원들에게는 제대로 인식되고 있지는 않는 것으로 보인다.

2. 정책과 대안

이제 비정규직 근로자에 대한 문제는 비단 우리나라뿐만 아니라 전 세계적으로 진행되는 신자유주의와 노동시장의 유연화[158]에 따라 노동의 파편화로 나타나는 불가피한 문제로 보인다. 다만, 이러한 과정 속에서 노동에 대한 개별기업의 단기적인 효율화 전략에 대하여 국가가 장기적으로 노동의 곡사를 예방하고, 정상적인 노동의 재생산을 가능하게 하기 위하여 일정 부분 개입이 필요한 것으로 보여진다. 즉 거시적으로 본다면 개별 기업에서는 최선의 선택이라고 하더라도 결과적으로 사회적 부의 불공평한 분배가 증가되고, 실업의 사회적 비용을 증가시키며, 임금근로자의 가처분 소득을 감소시켜 유효수요가 감소하며, 건전한 의미의 중산층이 감소하고 국민의 삶의 질이 지속적으로 저하되고 있는 등 여러 가지 부작용이 나타나고 있으므로 국가의 시장에 대한 개입이 필요한 것이다. 이에 따라 국가의 시장에 대한 개입의 정도와 조절의 수위가 문제인데 단기적·대증적 요법이 아니라, 거시적으로 산업정책과 보조를 맞추어 합리적이며 조화로운 노동정책과 분배정책만이 문제를 해결할 수 있을 것으로 보인다.

따라서 비정규직 근로자의 사용에 대한 각종 보호법안을 제정하기보다는 비정규직 근로자의 기본적인 생활을 보장하는 연금 및 사회보험 등 적극적인 사회보장정책으로서의 사회안전망의 구축이 보다 효과적인 방법이라고 할 수 있을 것이다.

보완재에 불과하다.
157) 현재 기업에서는 법적인 제한과 노동조합으로 인하여 정규직의 비율을 급격하게 감소시키지는 못하지만 장기적으로는 최적의 인력비율이 이루어지기까지 비정규직이 증가할 수 있을 것이다.
158) 노동시장의 유연화는 정규직 근로자에게도 해당된다.

그리고 기업 측에서도 지나친 고용유연화로 인하여 나타나는 조직몰입도 저하, 팀워크나 집단 생산성 저하, 잦은 입·퇴사에 따른 업무단절과 비효율 및 이에 따른 교육비용 등을 추가로 부담하게 되는 등 많은 부작용이 나타나고 있고, 게다가 기업의 사회적 책임을 고려한다면 더 이상의 유연화 전략을 추구하는 것은 바람직하지 않을 것으로 판단된다.

3. 결론

비정규 노동의 문제는 가부장제가 여성에 대한 남성의 협동적 억압의 결과물이 아니듯이, 자본과 계급 간의 1차원적인 갈등과 억압의 문제로 환원되지는 않는다.

거시적인 측면에서 강제되는 자본운동의 논리와 시장의 법칙뿐만 아니라, 사회 곳곳에서 신체를 중심으로 이루어지는 다양한 형태의 미시적인 권력과 지배의 전략은 쉽게 추출하거나 통제할 수 있는 것이 아니며, 이러한 억압구조는 이성의 관념 속에서 만들어지는 동시에 개별 주체에 의해 자율적으로 생성되고 증폭되는 것이기 때문이다.

따라서 비정규직 근로자에 대한 제반 문제가 그 의의를 폄하하지는 않는다고 하더라도 새로운 법률의 제정을 통해서 해결될 수 있는 사안이 아닐 것이다. 그것은 법률을 제정함으로써 문명의 속성과 현실을 규정할 수 있다는 손쉬운 관념적 화해나 이념적 이상형에 불과할 것이다.

문제의 해결을 위한 유일한 방법은 소득재분배 기능으로서의 국가의 역할을 강화하고, 새로운 복지국가의 모델을 구상하는 것에서 찾아야 할 것으로 보인다. 즉 법과 시장으로 통제되지 않는 부분에 관해서는 장기적으로 산업구조의 고도화를 통하여 – 저임금으로 유지되는 저부가가치 산업의 구조조정을 통하여 탈숙련노동을 탈피하는 데서 – 비정규 노동을 최소화하고, 동시에 소득재분배를 통한 최소한의 복지국가 모델의 조속한 도입을 통하여 문제점을 해결하는 것으로 관점의 전환이 필요할 것으로 보인다.

부 록

근로기준법
[일부개정 2007.5.17. 법률 제8435호, 시행일 2008.1.1.]

제1장 총 칙

제1조 (목적) 이 법은 헌법에 따라 근로조건의 기준을 정함으로써 근로자의 기본적 생활을 보장, 향상시키며 균형 있는 국민경제의 발전을 꾀하는 것을 목적으로 한다.

제2조 (정의) ①이 법에서 사용하는 용어의 뜻은 다음과 같다.

1. "근로자"란 직업의 종류와 관계없이 임금을 목적으로 사업이나 사업장에 근로를 제공하는 자를 말한다.

2. "사용자"란 사업주 또는 사업 경영 담당자, 그 밖에 근로자에 관한 사항에 대하여 사업주를 위하여 행위하는 자를 말한다.

3. "근로"란 정신노동과 육체노동을 말한다.

4. "근로계약"이란 근로자가 사용자에게 근로를 제공하고 사용자는 이에 대하여 임금을 지급하는 것을 목적으로 체결된 계약을 말한다.

5. "임금"이란 사용자가 근로의 대가로 근로자에게 임금, 봉급, 그 밖에 어떠한 명칭으로든지 지급하는 일체의 금품을 말한다.

6. "평균임금"이란 이를 산정하여야 할 사유가 발생한 날 이전 3개월 동안에 그 근로자에게 지급된 임금의 총액을 그 기간의 총일수로 나눈 금액을 말한다. 근로자가 취업한 후 3개월 미만인 경우도 이에 준한다.

7. "소정(所定)근로시간"이란 제50조, 제69조 본문 또는 「산업안전보건법」 제46조에 따른 근로시간의 범위에서 근로자와 사용자 사이에 정한 근로시간을 말한다.

8. "단시간근로자"란 1주 동안의 소정근로시간이 그 사업장에서 같은 종류의 업무에 종사하는 통상 근로자의 1주 동안의 소정근로시간에 비하여 짧은 근로자를 말한다.

② 제1항제6호에 따라 산출된 금액이 그 근로자의 통상임금보다 적으면 그 통상임금액을 평균임금으로 한다.

제3조 (근로조건의 기준) 이 법에서 정하는 근로조건은 최저기준이므로 근로관계 당사자는 이 기준을 이유로 근로조건을 낮출 수 없다.

제4조 (근로조건의 결정) 근로조건은 근로자와 사용자가 동등한 지위에서 자유의사에 따라 결정하여야 한다.

제5조 (근로조건의 준수) 근로자와 사용자는 각자가 단체협약, 취업규칙과 근로계약을 지키고 성실하게 이행할 의무가 있다.

제6조 (균등한 처우) 사용자는 근로자에 대하여 남녀의 성(性)을 이유로 차별적 대우를 하지 못하고, 국적·신앙 또는 사회적 신분을 이유로 근로조건에 대한 차별적 처우를 하지 못한다.

제7조 (강제 근로의 금지) 사용자는 폭행, 협박, 감금, 그 밖에 정신상 또는 신체상의 자유를 부당하게 구속하는 수단으로써 근로자의 자유의사에 어긋나는 근로를 강요하지 못한다.

제8조 (폭행의 금지) 사용자는 사고의 발생이나 그 밖의 어떠한 이유로도 근로자에게 폭행을 하지 못한다.

제9조 (중간착취의 배제) 누구든지 법률에 따르지 아니하고는 영리로 다른 사람의 취업에 개입하거나 중간인으로서 이익을 취득하지 못한다.

제10조 (공민권 행사의 보장) 사용자는 근로자가 근로시간 중에 선거권, 그 밖의 공민권(公民權) 행사 또는 공(公)의 직무를 집행하기 위하여 필요한 시간을 청구하면 거부하지 못한다. 다만, 그 권리 행사나 공(公)의 직무를 수행하는 데에 지장이 없으면 청구한 시간을 변경할 수 있다.

제11조 (적용 범위) ①이 법은 상시 5명 이상의 근로자를 사용하는 모든 사업 또는 사업장에 적용한다. 다만, 동거하는 친족만을 사용하는 사업 또는 사업장과 가사(家事) 사용인에 대하여는 적용하지 아니한다.
② 상시 4명 이하의 근로자를 사용하는 사업 또는 사업장에 대하여는 대통령령으로 정하는 바에 따라 이 법의 일부 규정을 적용할 수 있다.
제12조 (적용 범위) 이 법과 이 법에 따른 대통령령은 국가, 특별시·광역시·도, 시·군·구, 읍·면·동, 그 밖에 이에 준하는 것에 대하여도 적용된다.

제13조 (보고, 출석의 의무) 사용자 또는 근로자는 이 법의 시행에 관하여 노동부장관·「노동위원회법」에 따른 노동위원회(이하 "노동위원회"라 한다) 또는 근로감독관의 요구가 있으면 지체 없이 필요한 사항에 대하여 보고하거나 출석하여야 한다.

제14조 (법령 요지 등의 게시) ①사용자는 이 법과 이 법에 따른 대통령령의 요지(要旨)와

취업규칙을 근로자가 자유롭게 열람할 수 있는 장소에 항상 게시하거나 갖추어 두어 근로자에게 널리 알려야 한다.

② 사용자는 제1항에 따른 대통령령 중 기숙사에 관한 규정과 제99조제1항에 따른 기숙사규칙을 기숙사에 게시하거나 갖추어 두어 기숙(寄宿)하는 근로자에게 널리 알려야 한다.

제2장 근로계약

제15조 (이 법을 위반한 근로계약) ①이 법에서 정하는 기준에 미치지 못하는 근로조건을 정한 근로계약은 그 부분에 한하여 무효로 한다.

② 제1항에 따라 무효로 된 부분은 이 법에서 정한 기준에 따른다.

제16조 (계약기간) 근로계약은 기간을 정하지 아니한 것과 일정한 사업의 완료에 필요한 기간을 정한 것 외에는 그 기간은 1년을 초과하지 못한다.

[유효기간 2007.6.30.]

제17조 (근로조건의 명시) 사용자는 근로계약을 체결할 때에 근로자에게 임금, 소정근로시간, 제55조에 따른 휴일, 제60조에 따른 연차 유급휴가, 그 밖에 대통령령으로 정하는 근로조건을 명시하여야 한다. 이 경우 임금의 구성항목·계산방법·지급방법, 소정근로시간, 제55조에 따른 휴일 및 제60조에 따른 연차 유급휴가에 관한 사항은 서면으로 명시하고 근로자의 요구가 있으면 그 근로자에게 교부하여야 한다.

제18조 (단시간근로자의 근로조건) ①단시간근로자의 근로조건은 그 사업장의 같은 종류의 업무에 종사하는 통상 근로자의 근로시간을 기준으로 산정한 비율에 따라 결정되어야 한다.

② 제1항에 따라 근로조건을 결정할 때에 기준이 되는 사항이나 그 밖에 필요한 사항은 대통령령으로 정한다.

③ 1주 동안의 소정근로시간이 뚜렷하게 짧은 단시간근로자로서 대통령령으로 정하는 자에 대하여는 이 법의 일부 규정을 대통령령으로 정하는 바에 따라 적용하지 아니할 수 있다.

제19조 (근로조건의 위반) ①제17조에 따라 명시된 근로조건이 사실과 다를 경우에 근로자는 근로조건 위반을 이유로 손해의 배상을 청구할 수 있으며 즉시 근로계약을 해제할 수 있다.

② 제1항에 따라 근로자가 손해배상을 청구할 경우에는 노동위원회에 신청할 수 있으며, 근로계약이 해제되었을 경우에는 사용자는 취업을 목적으로 거주를 변경하는 근로자에게 귀향 여비를 지급하여야 한다.

제20조 (위약 예정의 금지) 사용자는 근로계약 불이행에 대한 위약금 또는 손해배상액을 예정하는 계약을 체결하지 못한다.

제21조 (전차금 상계의 금지) 사용자는 전차금(前借金)이나 그 밖에 근로할 것을 조건으로 하는 전대(前貸)채권과 임금을 상계하지 못한다.

제22조 (강제 저금의 금지) ①사용자는 근로계약에 덧붙여 강제 저축 또는 저축금의 관리를 규정하는 계약을 체결하지 못한다.
② 사용자가 근로자의 위탁으로 저축을 관리하는 경우에는 다음 각 호의 사항을 지켜야 한다.
1. 저축의 종류·기간 및 금융기관을 근로자가 결정하고, 근로자 본인의 이름으로 저축할 것
2. 근로자가 저축증서 등 관련 자료의 열람 또는 반환을 요구할 때에는 즉시 이에 따를 것

제23조 (해고 등의 제한) ①사용자는 근로자에게 정당한 이유 없이 해고, 휴직, 정직, 전직, 감봉, 그 밖의 징벌(懲罰)(이하 "부당해고 등"이라 한다)을 하지 못한다.
② 사용자는 근로자가 업무상 부상 또는 질병의 요양을 위하여 휴업한 기간과 그 후 30일 동안 또는 산전(産前)·산후(産後)의 여성이 이 법에 따라 휴업한 기간과 그 후 30일 동안은 해고하지 못한다. 다만, 사용자가 제84조에 따라 일시보상을 하였을 경우 또는 사업을 계속할 수 없게 된 경우에는 그러하지 아니하다.

제24조 (경영상 이유에 의한 해고의 제한) ①사용자가 경영상 이유에 의하여 근로자를 해고하려면 긴박한 경영상의 필요가 있어야 한다. 이 경우 경영 악화를 방지하기 위한 사업의 양도·인수·합병은 긴박한 경영상의 필요가 있는 것으로 본다.
② 제1항의 경우에 사용자는 해고를 피하기 위한 노력을 다하여야 하며, 합리적이고 공정한 해고의 기준을 정하고 이에 따라 그 대상자를 선정하여야 한다. 이 경우 남녀의 성을 이유로 차별하여서는 아니 된다.
③ 사용자는 제2항에 따른 해고를 피하기 위한 방법과 해고의 기준 등에 관하여 그 사업 또는 사업장에 근로자의 과반수로 조직된 노동조합이 있는 경우에는 그 노동조합(근로자의 과반수로 조직된 노동조합이 없는 경우에는 근로자의 과반수를 대표하는 자를 말한다. 이하 "근로자대표"라 한다)에 해고를 하려는 날의 50일 전까지 통보하고 성실하게 협의하여야 한다.
④ 사용자는 제1항에 따라 대통령령으로 정하는 일정한 규모 이상의 인원을 해고하려면 대통령령으로 정하는 바에 따라 노동부장관에게 신고하여야 한다.
⑤ 사용자가 제1항부터 제3항까지의 규정에 따른 요건을 갖추어 근로자를 해고한 경우에는

제23조제1항에 따른 정당한 이유가 있는 해고를 한 것으로 본다.

제25조 (우선 재고용 등) ①제24조에 따라 근로자를 해고한 사용자는 근로자를 해고한 날부터 3년 이내에 해고된 근로자가 해고 당시 담당하였던 업무와 같은 업무를 할 근로자를 채용하려고 할 경우 제24조에 따라 해고된 근로자가 원하면 그 근로자를 우선적으로 고용하여야 한다.
② 정부는 제24조에 따라 해고된 근로자에 대하여 생계안정, 재취업, 직업훈련 등 필요한 조치를 우선적으로 취하여야 한다.

제26조 (해고의 예고) 사용자는 근로자를 해고(경영상 이유에 의한 해고를 포함한다)하려면 적어도 30일 전에 예고를 하여야 하고, 30일 전에 예고를 하지 아니하였을 때에는 30일분 이상의 통상임금을 지급하여야 한다. 다만, 천재·사변, 그 밖의 부득이한 사유로 사업을 계속하는 것이 불가능한 경우 또는 근로자가 고의로 사업에 막대한 지장을 초래하거나 재산상 손해를 끼친 경우로서 노동부령으로 정하는 사유에 해당하는 경우에는 그러하지 아니하다.

제27조 (해고사유 등의 서면통지) ①사용자는 근로자를 해고하려면 해고사유와 해고시기를 서면으로 통지하여야 한다.
② 근로자에 대한 해고는 제1항에 따라 서면으로 통지하여야 효력이 있다.

제28조 (부당해고 등의 구제신청) ①사용자가 근로자에게 부당해고 등을 하면 근로자는 노동위원회에 구제를 신청할 수 있다.
② 제1항에 따른 구제신청은 부당해고 등이 있었던 날부터 3개월 이내에 하여야 한다.

제29조 (조사 등) ①노동위원회는 제28조에 따른 구제신청을 받으면 지체 없이 필요한 조사를 하여야 하며 관계 당사자를 심문하여야 한다.
② 노동위원회는 제1항에 따라 심문을 할 때에는 관계 당사자의 신청이나 직권으로 증인을 출석하게 하여 필요한 사항을 질문할 수 있다.
③ 노동위원회는 제1항에 따라 심문을 할 때에는 관계 당사자에게 증거 제출과 증인에 대한 반대심문을 할 수 있는 충분한 기회를 주어야 한다.
④ 제1항에 따른 노동위원회의 조사와 심문에 관한 세부절차는 「노동위원회법」에 따른 중앙노동위원회(이하 "중앙노동위원회"라 한다)가 정하는 바에 따른다.

제30조 (구제명령 등) ①노동위원회는 제29조에 따른 심문을 끝내고 부당해고 등이 성립한

다고 판정하면 사용자에게 구제명령을 하여야 하며, 부당해고 등이 성립하지 아니한다고 판정하면 구제신청을 기각하는 결정을 하여야 한다.

② 제1항에 따른 판정, 구제명령 및 기각결정은 사용자와 근로자에게 각각 서면으로 통지하여야 한다.

③ 노동위원회는 제1항에 따른 구제명령(해고에 대한 구제명령만을 말한다)을 할 때에 근로자가 원직복직(原職復職)을 원하지 아니하면 원직복직을 명하는 대신 근로자가 해고기간 동안 근로를 제공하였더라면 받을 수 있었던 임금 상당액 이상의 금품을 근로자에게 지급하도록 명할 수 있다.

제31조 (구제명령 등의 확정) ①「노동위원회법」에 따른 지방노동위원회의 구제명령이나 기각결정에 불복하는 사용자나 근로자는 구제명령서나 기각결정서를 통지받은 날부터 10일 이내에 중앙노동위원회에 재심을 신청할 수 있다.

② 제1항에 따른 중앙노동위원회의 재심판정에 대하여 사용자나 근로자는 재심판정서를 송달받은 날부터 15일 이내에 「행정소송법」의 규정에 따라 소(訴)를 제기할 수 있다.

③ 제1항과 제2항에 따른 기간 이내에 재심을 신청하지 아니하거나 행정소송을 제기하지 아니하면 그 구제명령, 기각결정 또는 재심판정은 확정된다.

제32조 (구제명령 등의 효력) 노동위원회의 구제명령, 기각결정 또는 재심판정은 제31조에 따른 중앙노동위원회에 대한 재심 신청이나 행정소송 제기에 의하여 그 효력이 정지되지 아니한다.

제33조 (이행강제금) ①노동위원회는 구제명령(구제명령을 내용으로 하는 재심판정을 포함한다. 이하 이 조에서 같다)을 받은 후 이행기한까지 구제명령을 이행하지 아니한 사용자에게 2천만 원 이하의 이행강제금을 부과한다.

② 노동위원회는 제1항에 따른 이행강제금을 부과하기 30일 전까지 이행강제금을 부과·징수한다는 뜻을 사용자에게 미리 문서로써 알려 주어야 한다.

③ 제1항에 따른 이행강제금을 부과할 때에는 이행강제금의 액수, 부과 사유, 납부기한, 수납기관, 이의제기방법 및 이의제기기관 등을 명시한 문서로써 하여야 한다.

④ 제1항에 따라 이행강제금을 부과하는 위반행위의 종류와 위반 정도에 따른 금액, 부과·징수된 이행강제금의 반환절차, 그 밖에 필요한 사항은 대통령령으로 정한다.

⑤ 노동위원회는 최초의 구제명령을 한 날을 기준으로 매년 2회의 범위에서 구제명령이 이행될 때까지 반복하여 제1항에 따른 이행강제금을 부과·징수할 수 있다. 이 경우 이행강제금은 2년을 초과하여 부과·징수하지 못한다.

⑥ 노동위원회는 구제명령을 받은 자가 구제명령을 이행하면 새로운 이행강제금을 부과하지 아니하되, 구제명령을 이행하기 전에 이미 부과된 이행강제금은 징수하여야 한다.

⑦ 노동위원회는 이행강제금 납부의무자가 납부기한까지 이행강제금을 내지 아니하면 기간을 정하여 독촉을 하고 지정된 기간에 제1항에 따른 이행강제금을 내지 아니하면 국세 체납처분의 예에 따라 징수할 수 있다.

⑧ 근로자는 구제명령을 받은 사용자가 이행기한까지 구제명령을 이행하지 아니하면 이행기한이 지난 때부터 15일 이내에 그 사실을 노동위원회에 알려줄 수 있다.

제34조 (퇴직급여 제도) 사용자가 퇴직하는 근로자에게 지급하는 퇴직급여 제도에 관하여는 「근로자퇴직급여 보장법」이 정하는 대로 따른다.

제35조 (예고해고의 적용 예외) 제26조는 다음 각 호의 어느 하나에 해당하는 근로자에게는 적용하지 아니한다.

1. 일용근로자로서 3개월을 계속 근무하지 아니한 자
2. 2개월 이내의 기간을 정하여 사용된 자
3. 월급근로자로서 6개월이 되지 못한 자
4. 계절적 업무에 6개월 이내의 기간을 정하여 사용된 자
5. 수습 사용 중인 근로자

제36조 (금품 청산) 사용자는 근로자가 사망 또는 퇴직한 경우에는 그 지급 사유가 발생한 때부터 14일 이내에 임금, 보상금, 그 밖에 일체의 금품을 지급하여야 한다. 다만, 특별한 사정이 있을 경우에는 당사자 사이의 합의에 의하여 기일을 연장할 수 있다.

제37조 (미지급 임금에 대한 지연이자) ①사용자는 제36조에 따라 지급하여야 하는 임금 및 「근로자퇴직급여 보장법」 제2조제5호에 따른 급여(일시금만 해당된다)의 전부 또는 일부를 그 지급 사유가 발생한 날부터 14일 이내에 지급하지 아니한 경우 그 다음날부터 지급하는 날까지의 지연 일수에 대하여 연 100분의 40 이내의 범위에서 「은행법」에 따른 금융기관이 적용하는 연체금리 등 경제 여건을 고려하여 대통령령으로 정하는 이율에 따른 지연이자를 지급하여야 한다.

② 제1항은 사용자가 천재·사변, 그 밖에 대통령령으로 정하는 사유에 따라 임금 지급을 지연하는 경우 그 사유가 존속하는 기간에 대하여는 적용하지 아니한다.

제38조 (임금채권의 우선변제) ①임금, 재해보상금, 그 밖에 근로관계로 인한 채권은 사용

자의 총재산에 대하여 질권(質權) 또는 저당권에 따라 담보된 채권 외에는 조세·공과금 및 다른 채권에 우선하여 변제되어야 한다. 다만, 질권 또는 저당권에 우선하는 조세·공과금에 대하여는 그러하지 아니하다.

② 제1항에도 불구하고 다음 각 호의 어느 하나에 해당하는 채권은 사용자의 총재산에 대하여 질권 또는 저당권에 따라 담보된 채권, 조세·공과금 및 다른 채권에 우선하여 변제되어야 한다.

1. 최종 3개월분의 임금
2. 재해보상금

제39조 (사용증명서) ①사용자는 근로자가 퇴직한 후라도 사용 기간, 업무 종류, 지위와 임금, 그 밖에 필요한 사항에 관한 증명서를 청구하면 사실대로 적은 증명서를 즉시 내주어야 한다.

② 제1항의 증명서에는 근로자가 요구한 사항만을 적어야 한다.

제40조 (취업 방해의 금지) 누구든지 근로자의 취업을 방해할 목적으로 비밀 기호 또는 명부를 작성·사용하거나 통신을 하여서는 아니 된다.

제41조 (근로자의 명부) ①사용자는 각 사업장별로 근로자 명부를 작성하고 근로자의 성명, 생년월일, 이력, 그 밖에 대통령령으로 정하는 사항을 적어야 한다.

② 제1항에 따라 근로자 명부에 적을 사항이 변경된 경우에는 지체 없이 정정하여야 한다.

제42조 (계약 서류의 보존) 사용자는 근로자 명부와 대통령령으로 정하는 근로계약에 관한 중요한 서류를 3년간 보존하여야 한다.

제3장 임금

제43조 (임금 지급) ①임금은 통화(通貨)로 직접 근로자에게 그 전액을 지급하여야 한다. 다만, 법령 또는 단체협약에 특별한 규정이 있는 경우에는 임금의 일부를 공제하거나 통화 이외의 것으로 지급할 수 있다.

② 임금은 매월 1회 이상 일정한 날짜를 정하여 지급하여야 한다. 다만, 임시로 지급하는 임금, 수당, 그 밖에 이에 준하는 것 또는 대통령령으로 정하는 임금에 대하여는 그러하지 아니하다.

제44조 (도급 사업에 대한 임금 지급) ①사업이 여러 차례의 도급에 따라 행하여지는 경우에 하수급인(下受給人)이 직상(直上) 수급인의 귀책사유로 근로자에게 임금을 지급하지 못한 경우에는 그 직상 수급인은 그 하수급인과 연대하여 책임을 진다.
② 제1항의 직상 수급인의 귀책사유 범위는 대통령령으로 정한다.

제45조 (비상시 지급) 사용자는 근로자가 출산, 질병, 재해, 그 밖에 대통령령으로 정하는 비상(非常)한 경우의 비용에 충당하기 위하여 임금 지급을 청구하면 지급기일 전이라도 이미 제공한 근로에 대한 임금을 지급하여야 한다.

제46조 (휴업수당) ①사용자의 귀책사유로 휴업하는 경우에 사용자는 휴업기간 동안 그 근로자에게 평균임금의 100분의 70 이상의 수당을 지급하여야 한다. 다만, 평균임금의 100분의 70에 해당하는 금액이 통상임금을 초과하는 경우에는 통상임금을 휴업수당으로 지급할 수 있다.
② 제1항에도 불구하고 부득이한 사유로 사업을 계속하는 것이 불가능하여 노동위원회의 승인을 받은 경우에는 제1항의 기준에 못 미치는 휴업수당을 지급할 수 있다.

제47조 (도급 근로자) 사용자는 도급이나 그 밖에 이에 준하는 제도로 사용하는 근로자에게 근로시간에 따라 일정액의 임금을 보장하여야 한다.

제48조 (임금대장) 사용자는 각 사업장별로 임금대장을 작성하고 임금과 가족수당 계산의 기초가 되는 사항, 임금액, 그 밖에 대통령령으로 정하는 사항을 임금을 지급할 때마다 적어야 한다.

제49조 (임금의 시효) 이 법에 따른 임금채권은 3년간 행사하지 아니하면 시효로 소멸한다.

제4장 근로시간과 휴식

제50조 (근로시간) ①1주간의 근로시간은 휴게시간을 제외하고 40시간을 초과할 수 없다.
② 1일의 근로시간은 휴게시간을 제외하고 8시간을 초과할 수 없다.

제51조 (탄력적 근로시간제) ①사용자는 취업규칙(취업규칙에 준하는 것을 포함한다)에서 정하는 바에 따라 2주 이내의 일정한 단위기간을 평균하여 1주간의 근로시간이 제50조제1항의 근로시간을 초과하지 아니하는 범위에서 특정한 주에 제50조제1항의 근로시간을, 특정한 날에 제50조제2항의 근로시간을 초과하여 근로하게 할 수 있다. 다만, 특정한 주의 근로시간

은 48시간을 초과할 수 없다.

② 사용자는 근로자대표와의 서면 합의에 따라 다음 각 호의 사항을 정하면 3개월 이내의 단위기간을 평균하여 1주간의 근로시간이 제50조제1항의 근로시간을 초과하지 아니하는 범위에서 특정한 주에 제50조제1항의 근로시간을, 특정한 날에 제50조제2항의 근로시간을 초과하여 근로하게 할 수 있다. 다만, 특정한 주의 근로시간은 52시간을, 특정한 날의 근로시간은 12시간을 초과할 수 없다.

1. 대상 근로자의 범위
2. 단위기간(3개월 이내의 일정한 기간으로 정하여야 한다)
3. 단위기간의 근로일과 그 근로일별 근로시간
4. 그 밖에 대통령령으로 정하는 사항

③ 제1항과 제2항은 15세 이상 18세 미만의 근로자와 임신 중인 여성 근로자에 대하여는 적용하지 아니한다.

④ 사용자는 제1항 및 제2항에 따라 근로자를 근로시킬 경우에는 기존의 임금 수준이 낮아지지 아니하도록 임금보전방안(賃金補塡方案)을 강구하여야 한다.

제52조 (선택적 근로시간제) 사용자는 취업규칙(취업규칙에 준하는 것을 포함한다)에 따라 업무의 시작 및 종료 시각을 근로자의 결정에 맡기기로 한 근로자에 대하여 근로자대표와의 서면 합의에 따라 다음 각 호의 사항을 정하면 1개월 이내의 정산기간을 평균하여 1주간의 근로시간이 제50조제1항의 근로시간을 초과하지 아니하는 범위에서 1주간에 제50조제1항의 근로시간을, 1일에 제50조제2항의 근로시간을 초과하여 근로하게 할 수 있다.

1. 대상 근로자의 범위(15세 이상 18세 미만의 근로자는 제외한다)
2. 정산기간(1개월 이내의 일정한 기간으로 정하여야 한다)
3. 정산기간의 총근로시간
4. 반드시 근로하여야 할 시간대를 정하는 경우에는 그 시작 및 종료 시각
5. 근로자가 그의 결정에 따라 근로할 수 있는 시간대를 정하는 경우에는 그 시작 및 종료 시각
6. 그 밖에 대통령령으로 정하는 사항

제53조 (연장 근로의 제한) ①당사자 간에 합의하면 1주간에 12시간을 한도로 제50조의 근로시간을 연장할 수 있다.

② 당사자 간에 합의하면 1주간에 12시간을 한도로 제51조의 근로시간을 연장할 수 있고, 제52조제2호의 정산기간을 평균하여 1주간에 12시간을 초과하지 아니하는 범위에서 제52조의 근로시간을 연장할 수 있다.

③ 사용자는 특별한 사정이 있으면 노동부장관의 인가와 근로자의 동의를 받아 제1항과 제2항의 근로시간을 연장할 수 있다. 다만, 사태가 급박하여 노동부장관의 인가를 받을 시간이 없는 경우에는 사후에 지체 없이 승인을 받아야 한다.

④ 노동부장관은 제3항에 따른 근로시간의 연장이 부적당하다고 인정하면 그 후 연장시간에 상당하는 휴게시간이나 휴일을 줄 것을 명할 수 있다.

제54조 (휴게) ①사용자는 근로시간이 4시간인 경우에는 30분 이상, 8시간인 경우에는 1시간 이상의 휴게시간을 근로시간 도중에 주어야 한다.

② 휴게시간은 근로자가 자유롭게 이용할 수 있다.

제55조 (휴일) 사용자는 근로자에게 1주일에 평균 1회 이상의 유급휴일을 주어야 한다.

제56조 (연장·야간 및 휴일 근로) 사용자는 연장근로(제53조·제59조 및 제69조 단서에 따라 연장된 시간의 근로)와 야간근로(오후 10시부터 오전 6시까지 사이의 근로) 또는 휴일근로에 대하여는 통상임금의 100분의 50 이상을 가산하여 지급하여야 한다.

제57조 (보상 휴가제) 사용자는 근로자대표와의 서면 합의에 따라 제56조에 따른 연장근로·야간근로 및 휴일근로에 대하여 임금을 지급하는 것을 갈음하여 휴가를 줄 수 있다.

제58조 (근로시간 계산의 특례) ①근로자가 출장이나 그 밖의 사유로 근로시간의 전부 또는 일부를 사업장 밖에서 근로하여 근로시간을 산정하기 어려운 경우에는 소정근로시간을 근로한 것으로 본다. 다만, 그 업무를 수행하기 위하여 통상적으로 소정근로시간을 초과하여 근로할 필요가 있는 경우에는 그 업무의 수행에 통상 필요한 시간을 근로한 것으로 본다.

② 제1항 단서에도 불구하고 그 업무에 관하여 근로자대표와의 서면 합의를 한 경우에는 그 합의에서 정하는 시간을 그 업무의 수행에 통상 필요한 시간으로 본다.

③ 업무의 성질에 비추어 업무 수행 방법을 근로자의 재량에 위임할 필요가 있는 업무로서 대통령령으로 정하는 업무는 사용자가 근로자대표와 서면 합의로 정한 시간을 근로한 것으로 본다. 이 경우 그 서면 합의에는 다음 각 호의 사항을 명시하여야 한다.

1. 대상 업무
2. 사용자가 업무의 수행 수단 및 시간 배분 등에 관하여 근로자에게 구체적인 지시를 하지 아니한다는 내용
3. 근로시간의 산정은 그 서면 합의로 정하는 바에 따른다는 내용

④ 제1항과 제3항의 시행에 필요한 사항은 대통령령으로 정한다.

제59조 (근로시간 및 휴게시간의 특례) 다음 각 호의 어느 하나에 해당하는 사업에 대해서 사용자가 근로자대표와 서면 합의를 한 경우에는 제53조제1항에 따른 주(週) 12시간을 초과하여 연장근로를 하게 하거나 제54조에 따른 휴게시간을 변경할 수 있다.

1. 운수업, 물품 판매 및 보관업, 금융보험업
2. 영화 제작 및 흥행업, 통신업, 교육연구 및 조사 사업, 광고업
3. 의료 및 위생 사업, 접객업, 소각 및 청소업, 이용업
4. 그 밖에 공중의 편의 또는 업무의 특성상 필요한 경우로서 대통령령으로 정하는 사업

제60조 (연차 유급휴가) ①사용자는 1년간 8할 이상 출근한 근로자에게 15일의 유급휴가를 주어야 한다.

② 사용자는 계속해서 근로한 기간이 1년 미만인 근로자에게 1개월 개근 시 1일의 유급휴가를 주어야 한다.

③ 사용자는 근로자의 최초 1년간의 근로에 대하여 유급휴가를 주는 경우에는 제2항에 따른 휴가를 포함하여 15일로 하고, 근로자가 제2항에 따른 휴가를 이미 사용한 경우에는 그 사용한 휴가 일수를 15일에서 뺀다.

④ 사용자는 3년 이상 계속하여 근로한 근로자에게는 제1항에 따른 휴가에 최초 1년을 초과하는 계속 근로 연수 매 2년에 대하여 1일을 가산한 유급휴가를 주어야 한다. 이 경우 가산휴가를 포함한 총 휴가 일수는 25일을 한도로 한다.

⑤ 사용자는 제1항부터 제4항까지의 규정에 따른 휴가를 근로자가 청구한 시기에 주어야 하고, 그 기간에 대하여는 취업규칙 등에서 정하는 통상임금 또는 평균임금을 지급하여야 한다. 다만, 근로자가 청구한 시기에 휴가를 주는 것이 사업 운영에 막대한 지장이 있는 경우에는 그 시기를 변경할 수 있다.

⑥ 제1항부터 제3항까지의 규정을 적용하는 경우 다음 각 호의 어느 하나에 해당하는 기간은 출근한 것으로 본다.

1. 근로자가 업무상의 부상 또는 질병으로 휴업한 기간
2. 임신 중의 여성이 제74조제1항 또는 제2항에 따른 보호휴가로 휴업한 기간

⑦ 제1항부터 제4항까지의 규정에 따른 휴가는 1년간 행사하지 아니하면 소멸된다. 다만, 사용자의 귀책사유로 사용하지 못한 경우에는 그러하지 아니하다.

제61조 (연차 유급휴가의 사용 촉진) 사용자가 제60조제1항·제3항 및 제4항에 따른 유급휴가의 사용을 촉진하기 위하여 다음 각 호의 조치를 하였음에도 불구하고 근로자가 휴가를 사용하지 아니하여 제60조제7항 본문에 따라 소멸된 경우에는 사용자는 그 사용하지 아니한 휴가에 대하여 보상할 의무가 없고, 제60조제7항 단서에 따른 사용자의 귀책사유에 해당하지

아니하는 것으로 본다.
1. 제60조제7항 본문에 따른 기간이 끝나기 3개월 전을 기준으로 10일 이내에 사용자가 근로
   자별로 사용하지 아니한 휴가 일수를 알려주고, 근로자가 그 사용 시기를 정하여 사용자
   에게 통보하도록 서면으로 촉구할 것
2. 제1호에 따른 촉구에도 불구하고 근로자가 촉구를 받은 때부터 10일 이내에 사용하지 아
   니한 휴가의 전부 또는 일부의 사용 시기를 정하여 사용자에게 통보하지 아니하면 제60조
   제7항 본문에 따른 기간이 끝나기 2개월 전까지 사용자가 사용하지 아니한 휴가의 사용
   시기를 정하여 근로자에게 서면으로 통보할 것

제62조 (유급휴가의 대체) 사용자는 근로자대표와의 서면 합의에 따라 제60조에 따른 연차
유급휴가일을 갈음하여 특정한 근로일에 근로자를 휴무시킬 수 있다.

제63조 (적용의 제외) 이 장과 제5장에서 정한 근로시간, 휴게와 휴일에 관한 규정은 다음
각 호의 어느 하나에 해당하는 근로자에 대하여는 적용하지 아니한다.
1. 토지의 경작·개간, 식물의 재식(栽植)·재배·채취 사업, 그 밖의 농림 사업
2. 동물의 사육, 수산 동식물의 채포(採捕)·양식 사업, 그 밖의 축산, 양잠, 수산 사업
3. 감시(監視) 또는 단속적(斷續的)으로 근로에 종사하는 자로서 사용자가 노동부장관의 승인
   을 받은 자
4. 대통령령으로 정하는 업무에 종사하는 근로자

제5장 여성과 소년

제64조 (최저 연령과 취직인허증) ①15세 미만인 자(「초·중등교육법」에 따른 중학교에 재학
중인 18세 미만인 자를 포함한다)는 근로자로 사용하지 못한다. 다만, 대통령령으로 정하는 기준
에 따라 노동부장관이 발급한 취직인허증(就職認許證)을 지닌 자는 근로자로 사용할 수 있다.
② 제1항의 취직인허증은 본인의 신청에 따라 의무교육에 지장이 없는 경우에는 직종(職種)
   을 지정하여서만 발행할 수 있다.
③ 노동부장관은 거짓이나 그 밖의 부정한 방법으로 제1항 단서의 취직인허증을 발급받은 자
   에게는 그 인허를 취소하여야 한다.

제65조 (사용 금지) ①사용자는 임신 중이거나 산후 1년이 지나지 아니한 여성(이하 "임산
부"라 한다)과 18세 미만자를 도덕상 또는 보건상 유해·위험한 사업에 사용하지 못한다.
② 사용자는 임산부가 아닌 18세 이상의 여성을 제1항에 따른 보건상 유해·위험한 사업 중

임신 또는 출산에 관한 기능에 유해·위험한 사업에 사용하지 못한다.

③ 제1항 및 제2항에 따른 금지 직종은 대통령령으로 정한다.

　제66조 (연소자 증명서) 사용자는 18세 미만인 자에 대하여는 그 연령을 증명하는 가족관계기록사항에 관한 증명서와 친권자 또는 후견인의 동의서를 사업장에 갖추어 두어야 한다. <개정 2007.5.17.>

　제67조 (근로계약) ①친권자나 후견인은 미성년자의 근로계약을 대리할 수 없다.

② 친권자, 후견인 또는 노동부장관은 근로계약이 미성년자에게 불리하다고 인정하는 경우에는 이를 해지할 수 있다.

　제68조 (임금의 청구) 미성년자는 독자적으로 임금을 청구할 수 있다.

　제69조 (근로시간) 15세 이상 18세 미만인 자의 근로시간은 1일에 7시간, 1주일에 40시간을 초과하지 못한다. 다만, 당사자 사이의 합의에 따라 1일에 1시간, 1주일에 6시간을 한도로 연장할 수 있다.

　제70조 (야간근로와 휴일근로의 제한) ①사용자는 18세 이상의 여성을 오후 10시부터 오전 6시까지의 시간 및 휴일에 근로시키려면 그 근로자의 동의를 받아야 한다.

② 사용자는 임산부와 18세 미만자를 오후 10시부터 오전 6시까지의 시간 및 휴일에 근로시키지 못한다. 다만, 다음 각 호의 어느 하나에 해당하는 경우로서 노동부장관의 인가를 받으면 그러하지 아니하다.

1. 18세 미만자의 동의가 있는 경우

2. 산후 1년이 지나지 아니한 여성의 동의가 있는 경우

3. 임신 중의 여성이 명시적으로 청구하는 경우

③ 사용자는 제2항의 경우 노동부장관의 인가를 받기 전에 근로자의 건강 및 모성 보호를 위하여 그 시행 여부와 방법 등에 관하여 그 사업 또는 사업장의 근로자대표와 성실하게 협의하여야 한다.

　제71조 (시간외근로) 사용자는 산후 1년이 지나지 아니한 여성에 대하여는 단체협약이 있는 경우라도 1일에 2시간, 1주일에 6시간, 1년에 150시간을 초과하는 시간외근로를 시키지 못한다.

　제72조 (갱내근로의 금지) 사용자는 여성과 18세 미만인 자를 갱내(坑內)에서 근로시키지

못한다. 다만, 보건·의료, 보도·취재 등 대통령령으로 정하는 업무를 수행하기 위하여 일시적으로 필요한 경우에는 그러하지 아니하다.

제73조 (생리휴가) 사용자는 여성 근로자가 청구하면 월 1일의 생리휴가를 주어야 한다.

제74조 (임산부의 보호) ①사용자는 임신 중의 여성에게 산전과 산후를 통하여 90일의 보호휴가를 주어야 한다. 이 경우 휴가 기간의 배정은 산후에 45일 이상이 되어야 한다.
② 사용자는 임신 중인 여성이 임신 16주 이후 유산 또는 사산한 경우로서 그 근로자가 청구하면 대통령령으로 정하는 바에 따라 보호휴가를 주어야 한다. 다만, 인공 임신중절 수술(「모자보건법」 제14조제1항에 따른 경우는 제외한다)에 따른 유산의 경우는 그러하지 아니하다.
③ 제1항 및 제2항에 따른 휴가 중 최초 60일은 유급으로 한다. 다만, 「남녀고용평등법」 제18조에 따라 산전후휴가급여 등이 지급된 경우에는 그 금액의 한도에서 지급의 책임을 면한다.
④ 사용자는 임신 중의 여성 근로자에게 시간외근로를 하게 하여서는 아니 되며, 그 근로자의 요구가 있는 경우에는 쉬운 종류의 근로로 전환하여야 한다.

제75조 (육아 시간) 생후 1년 미만의 유아(乳兒)를 가진 여성 근로자가 청구하면 1일 2회 각각 30분 이상의 유급 수유 시간을 주어야 한다.

제6장 안전과 보건

제76조 (안전과 보건) 근로자의 안전과 보건에 관하여는 「산업안전보건법」에서 정하는 바에 따른다.

제7장 기능 습득

제77조 (기능 습득자의 보호) 사용자는 양성공, 수습, 그 밖의 명칭을 불문하고 기능의 습득을 목적으로 하는 근로자를 혹사하거나 가사, 그 밖의 기능 습득에 관계없는 업무에 종사시키지 못한다.

제8장 재해보상

제78조 (요양보상) ①근로자가 업무상 부상 또는 질병에 걸리면 사용자는 그 비용으로 필

요한 요양을 행하거나 필요한 요양비를 부담하여야 한다.

② 제1항에 따른 업무상 질병과 요양의 범위는 대통령령으로 정한다.

제79조 (휴업보상) 사용자는 제78조에 따라 요양 중에 있는 근로자에게 그 근로자의 요양 중 평균임금의 100분의 60의 휴업보상을 하여야 한다.

제80조 (장해보상) 근로자가 업무상 부상 또는 질병에 걸리고, 완치된 후 신체에 장해가 있으면 사용자는 그 장해 정도에 따라 평균임금에 별표에서 정한 일수를 곱한 금액의 장해보상을 하여야 한다.

제81조 (휴업보상과 장해보상의 예외) 근로자가 중대한 과실로 업무상 부상 또는 질병에 걸리고 또한 사용자가 그 과실에 대하여 노동위원회의 인정을 받으면 휴업보상이나 장해보상을 하지 아니하여도 된다.

제82조 (유족보상) 근로자가 업무상 사망한 경우에는 사용자는 그 유족에게 평균임금 1,000일분의 유족보상을 하여야 한다.

제83조 (장의비) 근로자가 업무상 사망한 경우에는 사용자는 평균임금 90일분의 장의비를 지급하여야 한다.

제84조 (일시보상) 제78조에 따라 보상을 받는 근로자가 요양을 시작한 지 2년이 지나도 부상 또는 질병이 완치되지 아니하는 경우에는 사용자는 그 근로자에게 평균임금 1,340일분의 일시보상을 하여 그 후의 이 법에 따른 모든 보상책임을 면할 수 있다.

제85조 (분할보상) 사용자는 지급 능력이 있는 것을 증명하고 보상을 받는 자의 동의를 받으면 제80조, 제82조 또는 제84조에 따른 보상금을 1년에 걸쳐 분할보상을 할 수 있다.

제86조 (보상 청구권) 보상을 받을 권리는 퇴직으로 인하여 변경되지 아니하고, 양도나 압류하지 못한다.

제87조 (다른 손해배상과의 관계) 보상을 받게 될 자가 동일한 사유에 대하여 「민법」이나 그 밖의 법령에 따라 이 법의 재해보상에 상당한 금품을 받으면 그 가액(價額)의 한도에서 사용자는 보상의 책임을 면한다.

제88조 (노동부장관의 심사와 중재) ①업무상의 부상, 질병 또는 사망의 인정, 요양의 방법, 보상금액의 결정, 그 밖에 보상의 실시에 관하여 이의가 있는 자는 노동부장관에게 심사나 사건의 중재를 청구할 수 있다.

② 제1항의 청구가 있으면 노동부장관은 1개월 이내에 심사나 중재를 하여야 한다.

③ 노동부장관은 필요에 따라 직권으로 심사나 사건의 중재를 할 수 있다.

④ 노동부장관은 심사나 중재를 위하여 필요하다고 인정하면 의사에게 진단이나 검안을 시킬 수 있다.

⑤ 제1항에 따른 심사나 중재의 청구와 제2항에 따른 심사나 중재의 시작은 시효의 중단에 관하여는 재판상의 청구로 본다.

제89조 (노동위원회의 심사와 중재) ①노동부장관이 제88조제2항의 기간에 심사 또는 중재를 하지 아니하거나 심사와 중재의 결과에 불복하는 자는 노동위원회에 심사나 중재를 청구할 수 있다.

② 제1항의 청구가 있으면 노동위원회는 1개월 이내에 심사나 중재를 하여야 한다.

제90조 (도급 사업에 대한 예외) ①사업이 여러 차례의 도급에 따라 행하여지는 경우의 재해보상에 대하여는 원수급인(元受給人)을 사용자로 본다.

② 제1항의 경우에 원수급인이 서면상 계약으로 하수급인에게 보상을 담당하게 하는 경우에는 그 수급인도 사용자로 본다. 다만, 2명 이상의 하수급인에게 똑같은 사업에 대하여 중복하여 보상을 담당하게 하지 못한다.

③ 제2항의 경우에 원수급인이 보상의 청구를 받으면 보상을 담당한 하수급인에게 우선 최고(催告)할 것을 청구할 수 있다. 다만, 그 하수급인이 파산의 선고를 받거나 행방이 알려지지 아니하는 경우에는 그러하지 아니하다.

제91조 (서류의 보존) 사용자는 재해보상에 관한 중요한 서류를 2년간 보존하여야 한다.

제92조 (시효) 이 법의 규정에 따른 재해보상 청구권은 3년간 행사하지 아니하면 시효로 소멸한다.

제9장 취업규칙

제93조 (취업규칙의 작성·신고) 상시 10명 이상의 근로자를 사용하는 사용자는 다음 각 호의 사항에 관한 취업규칙을 작성하여 노동부장관에게 신고하여야 한다. 이를 변경하는 경우에도 또한 같다.

 1. 업무의 시작과 종료 시각, 휴게시간, 휴일, 휴가 및 교대 근로에 관한 사항
 2. 임금의 결정·계산·지급 방법, 임금의 산정기간·지급시기 및 승급(昇給)에 관한 사항
 3. 가족수당의 계산·지급 방법에 관한 사항
 4. 퇴직에 관한 사항
 5. 「근로자퇴직급여 보장법」 제8조에 따른 퇴직금, 상여 및 최저임금에 관한 사항
 6. 근로자의 식비, 작업 용품 등의 부담에 관한 사항
 7. 근로자를 위한 교육시설에 관한 사항
 8. 산전후휴가·육아휴직 등 여성 근로자의 모성 보호에 관한 사항
 9. 안전과 보건에 관한 사항
10. 업무상과 업무 외의 재해부조(災害扶助)에 관한 사항
11. 표창과 제재에 관한 사항
12. 그 밖에 해당 사업 또는 사업장의 근로자 전체에 적용될 사항

　　제94조 (규칙의 작성, 변경 절차) ①사용자는 취업규칙의 작성 또는 변경에 관하여 해당 사업 또는 사업장에 근로자의 과반수로 조직된 노동조합이 있는 경우에는 그 노동조합, 근로자의 과반수로 조직된 노동조합이 없는 경우에는 근로자의 과반수의 의견을 들어야 한다. 다만, 취업규칙을 근로자에게 불리하게 변경하는 경우에는 그 동의를 받아야 한다.
② 사용자는 제93조에 따라 취업규칙을 신고할 때에는 제1항의 의견을 적은 서면을 첨부하여야 한다.

　　제95조 (제재 규정의 제한) 취업규칙에서 근로자에 대하여 감급(減給)의 제재를 정할 경우에 그 감액은 1회의 금액이 평균임금의 1일분의 2분의 1을, 총액이 1임금지급기의 임금 총액의 10분의 1을 초과하지 못한다.

　　제96조 (단체협약의 준수) ①취업규칙은 법령이나 해당 사업 또는 사업장에 대하여 적용되는 단체협약과 어긋나서는 아니 된다.
② 노동부장관은 법령이나 단체협약에 어긋나는 취업규칙의 변경을 명할 수 있다.

　　제97조 (위반의 효력) 취업규칙에서 정한 기준에 미달하는 근로조건을 정한 근로계약은 그 부분에 관하여는 무효로 한다. 이 경우 무효로 된 부분은 취업규칙에 정한 기준에 따른다.

제10장 기숙사

제98조 (기숙사 생활의 보장) ①사용자는 사업 또는 사업장의 부속 기숙사에 기숙하는 근로자의 사생활의 자유를 침해하지 못한다.
② 사용자는 기숙사 생활의 자치에 필요한 임원 선거에 간섭하지 못한다.

제99조 (규칙의 작성과 변경) ①부속 기숙사에 근로자를 기숙시키는 사용자는 다음 각 호의 사항에 관하여 기숙사규칙을 작성하여야 한다.
1. 기상(起床), 취침, 외출과 외박에 관한 사항
2. 행사에 관한 사항
3. 식사에 관한 사항
4. 안전과 보건에 관한 사항
5. 건설물과 설비의 관리에 관한 사항
6. 그 밖에 기숙사에 기숙하는 근로자 전체에 적용될 사항
② 사용자는 제1항에 따른 규칙의 작성 또는 변경에 관하여 기숙사에 기숙하는 근로자의 과반수를 대표하는 자의 동의를 받아야 한다.
③ 사용자와 기숙사에 기숙하는 근로자는 기숙사규칙을 지켜야 한다.

제100조 (설비와 안전 위생) ①사용자는 부속 기숙사에 대하여 근로자의 건강, 풍기(風紀)와 생명의 유지에 필요한 조치를 강구하여야 한다.
② 제1항에 따라 강구하여야 할 조치의 기준은 대통령령으로 정한다.

제11장 근로감독관 등

제101조 (감독 기관) ①근로조건의 기준을 확보하기 위하여 노동부와 그 소속 기관에 근로감독관을 둔다.
② 근로감독관의 자격, 임면(任免), 직무 배치에 관한 사항은 대통령령으로 정한다.

제102조 (근로감독관의 권한) ①근로감독관은 사업장, 기숙사, 그 밖의 부속 건물에 임검(臨檢)하고 장부와 서류의 제출을 요구할 수 있으며 사용자와 근로자에 대하여 심문(尋問)할 수 있다.
② 의사인 근로감독관이나 근로감독관의 위촉을 받은 의사는 취업을 금지하여야 할 질병에 걸릴 의심이 있는 근로자에 대하여 검진할 수 있다.

③ 제1항 및 제2항의 경우에 근로감독관이나 그 위촉을 받은 의사는 그 신분증명서와 노동부 장관의 임검 또는 검진지령서(檢診指令書)를 제시하여야 한다.

④ 제3항의 임검 또는 검진지령서에는 그 일시, 장소 및 범위를 분명하게 적어야 한다.

⑤ 근로감독관은 이 법이나 그 밖의 노동관계 법령 위반의 죄에 관하여 「사법경찰관리의 직무를 행할 자와 그 직무범위에 관한 법률」에서 정하는 바에 따라 사법경찰관의 직무를 수행한다.

제103조 (근로감독관의 의무) 근로감독관은 직무상 알게 된 비밀을 엄수하여야 한다. 근로 감독관을 그만둔 경우에도 또한 같다.

제104조 (감독 기관에 대한 신고) ①사업 또는 사업장에서 이 법 또는 이 법에 따른 대통령령을 위반한 사실이 있으면 근로자는 그 사실을 노동부장관이나 근로감독관에게 통보할 수 있다.

② 사용자는 제1항의 통보를 이유로 근로자에게 해고나 그 밖에 불리한 처우를 하지 못한다.

제105조 (사법경찰권 행사자의 제한) 이 법이나 그 밖의 노동관계 법령에 따른 임검, 서류의 제출, 심문 등의 수사는 검사와 근로감독관이 전담하여 수행한다. 다만, 근로감독관의 직무에 관한 범죄의 수사는 그러하지 아니하다.

제106조 (권한의 위임) 이 법에 따른 노동부장관의 권한은 대통령령으로 정하는 바에 따라 그 일부를 지방노동관서의 장에게 위임할 수 있다.

제12장 벌 칙

제107조 (벌칙) 제7조, 제8조, 제9조, 제23조제2항 또는 제40조를 위반한 자는 5년 이하의 징역 또는 3천만 원 이하의 벌금에 처한다.

제108조 (벌칙) 근로감독관이 이 법을 위반한 사실을 고의로 묵과하면 3년 이하의 징역 또는 5년 이하의 자격정지에 처한다.

제109조 (벌칙) ①제36조, 제43조, 제44조, 제46조, 제56조, 제65조 또는 제72조를 위반한 자는 3년 이하의 징역 또는 2천만 원 이하의 벌금에 처한다.

② 제36조, 제43조, 제44조, 제46조 또는 제56조를 위반한 자에 대하여는 피해자의 명시적인

의사와 다르게 공소를 제기할 수 없다.

　제110조 (벌칙) 다음 각 호의 어느 하나에 해당하는 자는 2년 이하의 징역 또는 1천만 원 이하의 벌금에 처한다.

1. 제10조, 제22조제1항, 제26조, 제50조, 제53조제1항·제2항·제3항 본문, 제54조, 제55조, 제60조제1항·제2항·제4항 및 제5항, 제64조제1항, 제69조, 제70조제1항·제2항, 제71조, 제74조, 제75조, 제78조부터 제80조까지, 제82조, 제83조 및 제104조제2항을 위반한 자

2. 제53조제4항에 따른 명령을 위반한 자

　제111조 (벌칙) 제31조제3항에 따라 확정되거나 행정소송을 제기하여 확정된 구제명령 또는 구제명령을 내용으로 하는 재심판정을 이행하지 아니한 자는 1년 이하의 징역 또는 1천만 원 이하의 벌금에 처한다.

　제112조 (고발) ① 제111조의 죄는 노동위원회의 고발이 있어야 공소를 제기할 수 있다.

② 검사는 제1항에 따른 죄에 해당하는 위반행위가 있음을 노동위원회에 통보하여 고발을 요청할 수 있다.

　제113조 (벌칙) 제45조를 위반한 자는 1천만 원 이하의 벌금에 처한다.

　제114조 (벌칙) 다음 각 호의 어느 하나에 해당하는 자는 500만 원 이하의 벌금에 처한다.

1. 제6조, 제16조, 제17조, 제20조, 제21조, 제22조제2항, 제47조, 제53조제3항 단서, 제67조제1항, 제70조제3항, 제73조, 제77조, 제94조, 제95조, 제98조제2항, 제100조 및 제103조를 위반한 자

2. 제96조제2항에 따른 명령을 위반한 자

　제115조 (양벌규정) ①해당 사업의 근로자에 관한 사항에 대하여 사업주를 위하여 행위하는 대리인, 사용인, 그 밖의 종업원이 이 법의 위반행위를 하면 그 행위자를 벌할 뿐만 아니라 그 사업주에게도 각 해당 조문의 벌금형을 과(科)한다. 다만, 사업주(사업주가 법인인 경우에는 그 대표자, 사업주가 영업에 관하여 성년자와 동일한 능력을 갖지 아니하는 미성년자 또는 금치산자인 경우에는 그 법정대리인을 사업주로 한다. 이하 이 조에서 같다)가 위반 방지에 필요한 조치를 한 경우에는 그러하지 아니하다.

② 사업주가 대리인, 사용인, 그 밖의 종업원의 이 법의 위반행위와 관련하여 그 계획을 알고 그 방지에 필요한 조치를 하지 아니하는 경우, 위반행위를 알고 그 시정에 필요한 조치를 하지 아니하는 경우 또는 위반을 교사(敎唆)한 경우에는 사업주도 행위자로 처벌한다.

　제116조 (과태료) ①다음 각 호의 어느 하나에 해당하는 자에게는 500만 원 이하의 과태료

를 부과한다.

1. 제13조에 따른 노동부장관, 노동위원회 또는 근로감독관의 요구가 있는 경우에 보고 또는 출석을 하지 아니하거나 거짓된 보고를 한 자

2. 제14조, 제39조, 제41조, 제42조, 제48조, 제66조, 제91조, 제93조 및 제99조를 위반한 자

3. 제102조에 따른 근로감독관 또는 그 위촉을 받은 의사의 임검(臨檢)이나 검진을 거절, 방해 또는 기피하고 그 심문에 대하여 진술을 하지 아니하거나 거짓된 진술을 하며 장부·서류를 제출하지 아니하거나 거짓 장부·서류를 제출한 자

② 제1항에 따른 과태료는 대통령령으로 정하는 바에 따라 노동부장관이 부과·징수한다.

③ 제2항에 따른 과태료 처분에 불복하는 자는 그 처분을 고지받은 날부터 30일 이내에 노동부장관에게 이의를 제기할 수 있다.

④ 제2항에 따른 과태료 처분을 받은 자가 제3항에 따라 이의를 제기하면 노동부장관은 지체 없이 관할 법원에 그 사실을 통보하여야 하며, 그 통보를 받은 관할 법원은 「비송사건절차법」에 따른 과태료 재판을 한다.

⑤ 제3항에 따른 기간 이내에 이의를 제기하지 아니하고 과태료를 내지 아니하면 국세 체납 처분의 예에 따라 징수한다.

기간제 및 단시간근로자 보호 등에 관한 법률
[제정 2006.12.21. 법률 제8074호, 시행일 2007.7.1.]

제1장 총 칙

제1조 (목적) 이 법은 기간제근로자 및 단시간근로자에 대한 불합리한 차별을 시정하고 기간제근로자 및 단시간근로자의 근로조건 보호를 강화함으로써 노동시장의 건전한 발전에 이바지함을 목적으로 한다.

제2조 (정의) 이 법에서 사용하는 용어의 정의는 다음과 같다.

1. "기간제근로자"라 함은 기간의 정함이 있는 근로계약(이하 "기간제 근로계약"이라 한다)을 체결한 근로자를 말한다.
2. "단시간근로자"라 함은 「근로기준법」 제21조의 단시간근로자를 말한다.
3. "차별적 처우"라 함은 임금 그 밖의 근로조건 등에 있어서 합리적인 이유 없이 불리하게 처우하는 것을 말한다.

제3조 (적용범위) ①이 법은 상시 5인 이상의 근로자를 사용하는 모든 사업 또는 사업장에 적용한다. 다만, 동거의 친족만을 사용하는 사업 또는 사업장과 가사사용인에 대하여는 적용하지 아니한다.

② 상시 4인 이하의 근로자를 사용하는 사업 또는 사업장에 대하여는 대통령령이 정하는 바에 따라 이 법의 일부 규정을 적용할 수 있다.

③ 국가 및 지방자치단체의 기관에 대하여는 상시 사용하는 근로자의 수에 관계없이 이 법을 적용한다.

제2장 기간제근로자

제4조 (기간제근로자의 사용) ①사용자는 2년을 초과하지 아니하는 범위 안에서(기간제 근로계약의 반복갱신 등의 경우에는 그 계속근로한 총기간이 2년을 초과하지 아니하는 범위 안에서) 기간제근로자를 사용할 수 있다. 다만, 다음 각 호의 어느 하나에 해당하는 경우에는 2년을 초과하여 기간제근로자로 사용할 수 있다.

1. 사업의 완료 또는 특정한 업무의 완성에 필요한 기간을 정한 경우
2. 휴직·파견 등으로 결원이 발생하여 당해 근로자가 복귀할 때까지 그 업무를 대신할 필요가 있는 경우

3. 근로자가 학업, 직업훈련 등을 이수함에 따라 그 이수에 필요한 기간을 정한 경우
4. 「고령자고용촉진법」 제2조제1호의 규정에 의한 고령자와 근로계약을 체결하는 경우
5. 전문적 지식·기술의 활용이 필요한 경우와 정부의 복지정책·실업대책 등에 의하여 일자리를 제공하는 경우로서 대통령령이 정하는 경우
6. 그 밖에 제1호 내지 제5호에 준하는 합리적인 사유가 있는 경우로서 대통령령이 정하는 경우
② 사용자가 제1항 단서의 사유가 없거나 소멸되었음에도 불구하고 2년을 초과하여 기간제근로자로 사용하는 경우에는 그 기간제근로자는 기간의 정함이 없는 근로계약을 체결한 근로자로 본다.

제5조 (기간의 정함이 없는 근로자로의 전환) 사용자는 기간의 정함이 없는 근로계약을 체결하고자 하는 경우에 당해 사업 또는 사업장의 동종 또는 유사한 업무에 종사하는 기간제근로자를 우선적으로 고용하도록 노력하여야 한다.

제3장 단시간근로자

제6조 (단시간근로자의 초과근로 제한) ①사용자는 단시간근로자에 대하여 「근로기준법」 제20조의 소정근로시간을 초과하여 근로하게 하는 경우에는 당해 근로자의 동의를 얻어야 한다. 이 경우 1주간에 12시간을 초과하여 근로시킬 수 없다.
② 단시간근로자는 사용자가 제1항의 규정에 따른 동의를 얻지 아니하고 초과근로를 하게 하는 경우에는 이를 거부할 수 있다.

제7조 (통상근로자로의 전환 등) ①사용자는 통상근로자를 채용하고자 하는 경우에는 당해 사업 또는 사업장의 동종 또는 유사한 업무에 종사하는 단시간근로자를 우선적으로 고용하도록 노력하여야 한다.
② 사용자는 가사, 학업 그 밖의 이유로 근로자가 단시간근로를 신청하는 때에는 당해 근로자를 단시간근로자로 전환하도록 노력하여야 한다.

제4장 차별적 처우의 금지 및 시정

제8조 (차별적 처우의 금지) ①사용자는 기간제근로자임을 이유로 당해 사업 또는 사업장에서 동종 또는 유사한 업무에 종사하는 기간의 정함이 없는 근로계약을 체결한 근로자에 비하여 차별적 처우를 하여서는 아니 된다.

② 사용자는 단시간근로자임을 이유로 당해 사업 또는 사업장의 동종 또는 유사한 업무에 종사하는 통상근로자에 비하여 차별적 처우를 하여서는 아니 된다.

제9조 (차별적 처우의 시정신청) ①기간제근로자 또는 단시간근로자는 차별적 처우를 받은 경우 「노동위원회법」 제1조의 규정에 따른 노동위원회(이하 "노동위원회"라 한다)에 그 시정을 신청할 수 있다. 다만, 차별적 처우가 있은 날(계속되는 차별적 처우는 그 종료일)부터 3월이 경과한 때에는 그러하지 아니하다.
② 기간제근로자 또는 단시간근로자가 제1항의 규정에 따른 시정신청을 하는 때에는 차별적 처우의 내용을 구체적으로 명시하여야 한다.
③ 제1항 및 제2항의 규정에 따른 시정신청의 절차·방법 등에 관하여 필요한 사항은 「노동위원회법」 제2조제1항의 규정에 따른 중앙노동위원회(이하 "중앙노동위원회"라 한다)가 따로 정한다.
④ 제8조 및 제1항 내지 제3항과 관련한 분쟁에 있어서 입증책임은 사용자가 부담한다.
제10조 (조사·심문 등) ①노동위원회는 제9조의 규정에 의한 시정신청을 받은 때에는 지체 없이 필요한 조사와 관계당사자에 대한 심문을 하여야 한다.
② 노동위원회는 제1항의 규정에 따른 심문을 하는 때에는 관계당사자의 신청 또는 직권으로 증인을 출석하게 하여 필요한 사항을 질문할 수 있다.
③ 노동위원회는 제1항 및 제2항의 규정에 따른 심문을 함에 있어서는 관계당사자에게 증거의 제출과 증인에 대한 반대심문을 할 수 있는 충분한 기회를 주어야 한다.
④ 제1항 내지 제3항의 규정에 의한 조사·심문의 방법 및 절차 등에 관하여 필요한 사항은 중앙노동위원회가 따로 정한다.
⑤ 노동위원회는 차별시정사무에 관한 전문적인 조사·연구업무를 수행하기 위하여 전문위원을 둘 수 있다. 이 경우 전문위원의 수·자격 및 보수 등에 관하여 필요한 사항은 대통령령으로 정한다.

제11조 (조정·중재) ① 노동위원회는 제10조의 규정에 따른 심문의 과정에서 관계당사자 쌍방 또는 일방의 신청 또는 직권에 의하여 조정(調停)절차를 개시할 수 있고, 관계당사자가 미리 노동위원회의 중재(仲裁)결정에 따르기로 합의하여 중재를 신청한 경우에 중재를 할 수 있다.
② 제1항의 규정에 따라 조정 또는 중재를 신청하는 경우에는 제9조의 규정에 따른 차별적 처우의 시정신청을 한 날부터 14일 이내에 하여야 한다. 다만, 노동위원회의 승낙이 있는 경우에는 14일 이후에도 신청할 수 있다.
③ 노동위원회는 조정 또는 중재를 함에 있어서 관계당사자의 의견을 충분히 들어야 한다.

④ 노동위원회는 특별한 사유가 없는 한 조정절차를 개시하거나 중재신청을 받은 때부터 60일 이내에 조정안을 제시하거나 중재결정을 하여야 한다.

⑤ 노동위원회는 관계당사자 쌍방이 조정안을 수락한 경우에는 조정조서를 작성하고 중재결정을 한 경우에는 중재결정서를 작성하여야 한다.

⑥ 조정조서에는 관계당사자와 조정에 관여한 위원전원이 서명·날인하여야 하고, 중재결정서에는 관여한 위원전원이 서명·날인하여야 한다.

⑦ 제5항 및 제6항의 규정에 의한 조정 또는 중재결정은 「민사소송법」의 규정에 따른 재판상 화해와 동일한 효력을 갖는다.

⑧ 제1항 내지 제7항의 규정에 따른 조정·중재의 방법, 조정조서·중재결정서의 작성 등에 관한 사항은 중앙노동위원회가 따로 정한다.

제12조 (시정명령 등) ①노동위원회는 제10조의 규정에 따른 조사·심문을 종료하고 차별적 처우에 해당된다고 판정한 때에는 사용자에게 시정명령을 발하여야 하고, 차별적 처우에 해당하지 아니한다고 판정한 때에는 그 시정신청을 기각하는 결정을 하여야 한다.

② 제1항의 규정에 따른 판정·시정명령 또는 기각결정은 서면으로 하되 그 이유를 구체적으로 명시하여 관계당사자에게 각각 교부하여야 한다. 이 경우 시정명령을 발하는 때에는 시정명령의 내용 및 이행기한 등을 구체적으로 기재하여야 한다.

제13조 (조정·중재 또는 시정명령의 내용) 제11조의 규정에 따른 조정·중재 또는 제12조의 규정에 따른 시정명령의 내용에는 차별적 행위의 중지, 임금 등 근로조건의 개선 및 적절한 금전보상 등이 포함될 수 있다.

제14조 (시정명령 등의 확정) ① 지방노동위원회의 시정명령 또는 기각결정에 대하여 불복이 있는 관계당사자는 그 명령서 또는 기각결정서의 송달을 받은 날부터 10일 이내에 중앙노동위원회에 재심을 신청할 수 있다.

② 제1항의 규정에 따른 중앙노동위원회의 재심결정에 대하여 불복이 있는 관계당사자는 재심결정서의 송달을 받은 날부터 15일 이내에 행정소송을 제기할 수 있다.

③ 제1항에 규정된 기간 이내에 재심을 신청하지 아니하거나 제2항에 규정된 기간 이내에 행정소송을 제기하지 아니한 때에는 그 시정명령·기각결정 또는 재심결정은 확정된다.

제15조 (시정명령 이행상황의 제출요구 등) ① 노동부장관은 확정된 시정명령에 대하여 사용자에게 그 이행상황을 제출할 것을 요구할 수 있다.

② 시정신청을 한 근로자는 사용자가 확정된 시정명령을 이행하지 아니하는 경우 이를 노동

부장관에게 신고할 수 있다.

제5장 보 칙

제16조 (불리한 처우의 금지) 사용자는 기간제근로자 또는 단시간근로자가 다음 각 호의 어느 하나에 해당하는 행위를 한 것을 이유로 해고 그 밖의 불리한 처우를 하지 못한다.
1. 제6조제2항의 규정에 따른 사용자의 부당한 초과근로 요구의 거부
2. 제9조의 규정에 따른 차별적 처우의 시정신청, 제10조의 규정에 따른 노동위원회에의 참석 및 진술, 제14조의 규정에 따른 재심신청 또는 행정소송의 제기
3. 제15조제2항의 규정에 따른 시정명령 불이행의 신고
4. 제18조의 규정에 의한 통고

제17조 (근로조건의 서면명시) 사용자는 기간제근로자 또는 단시간근로자와 근로계약을 체결하는 때에는 다음 각 호의 모든 사항을 서면으로 명시하여야 한다. 다만, 제6호는 단시간근로자에 한한다.
1. 근로계약기간에 관한 사항
2. 근로시간·휴게에 관한 사항
3. 임금의 구성항목·계산방법 및 지불방법에 관한 사항
4. 휴일·휴가에 관한 사항
5. 취업의 장소와 종사하여야 할 업무에 관한 사항
6. 근로일 및 근로일별 근로시간

제18조 (감독기관에 대한 통고) 사업 또는 사업장에서 이 법 또는 이 법에 의한 명령을 위반한 사실이 있는 경우에는 근로자는 그 사실을 노동부장관 또는 근로감독관에게 통고할 수 있다.

제19조 (권한의 위임) 이 법의 규정에 따른 노동부장관의 권한은 그 일부를 대통령령이 정하는 바에 따라 지방노동관서의 장에게 위임할 수 있다.

제20조 (취업촉진을 위한 국가 등의 노력) 국가 및 지방자치단체는 고용정보의 제공, 직업지도, 취업알선, 직업능력개발 등 기간제근로자 및 단시간근로자의 취업촉진을 위하여 필요한 조치를 우선적으로 취하도록 노력하여야 한다.

제6장 벌칙

제21조 (벌칙) 제16조의 규정을 위반하여 근로자에게 불리한 처우를 한 자는 2년 이하의 징역 또는 1천만 원 이하의 벌금에 처한다.

제22조 (벌칙) 제6조제1항의 규정을 위반하여 단시간근로자에게 초과근로를 하게 한 자는 1천만 원 이하의 벌금에 처한다.

제23조 (양벌규정) 사업주의 대리인·사용인·그 밖의 종업원이 사업주의 업무에 관하여 제21조 및 제22조의 규정에 해당하는 위반행위를 한 때에는 행위자를 벌하는 외에 그 사업주에 대하여도 해당조의 벌금형을 과한다.

제24조 (과태료) ① 제14조의 규정에 따라 확정된 시정명령을 정당한 이유 없이 이행하지 아니한 자는 1억 원 이하의 과태료에 처한다.
② 다음 각 호의 어느 하나에 해당하는 자는 500만 원 이하의 과태료에 처한다.
1. 제15조제1항의 규정을 위반하여 정당한 이유 없이 노동부장관의 이행상황 제출요구에 불응한 자
2. 제17조의 규정을 위반하여 근로조건을 서면으로 명시하지 아니한 자
③ 제1항 및 제2항의 규정에 따른 과태료는 대통령령이 정하는 바에 의하여 노동부장관이 부과·징수한다.
④ 제3항의 규정에 따른 과태료 처분에 불복이 있는 자는 그 처분의 고지를 받은 날부터 30일 이내에 노동부장관에 이의를 제기할 수 있다.
⑤ 제3항의 규정에 따른 과태료 처분을 받은 자가 제4항의 규정에 따라 이의를 제기한 때에는 노동부장관은 지체 없이 관할법원에 그 사실을 통보하여야 하며, 그 통보를 받은 관할법원은 「비송사건절차법」에 의한 과태료의 재판을 한다.
⑥ 제4항의 규정에 따른 기간 이내에 이의를 제기하지 아니하고 과태료를 납부하지 아니한 때에는 국세체납처분의 예에 의하여 이를 징수한다.

부칙 <제8074호, 2006.12.21.>

① (시행일) 이 법은 2007년 7월 1일부터 시행한다. 다만, 제10조제5항의 규정은 2007년 1월 1일부터 시행하고, 제8조, 제9조, 제10조제1항 내지 제4항, 제11조 내지 15조, 제16조제2호·제3호 및 제24조제1항·제2항제1호의 규정의 시행일은 사업 또는 사업장(사용사업주

의 사업 또는 사업장을 말한다. 이하 같다)별로 다음 각 호와 같다.
1. 상시 300인 이상의 근로자를 사용하는 사업 또는 사업장: 2007년 7월 1일
2. 국가 및 지방자치단체의 기관, 「정부산하기관 관리기본법」 제3조의 규정에 따른 정부산하
   기관, 「정부투자기관 관리기본법」 제2조의 규정에 따른 정부투자기관, 「지방공기업법」 제49
   조 및 동법 제76조의 규정에 따른 지방공사 및 지방공단, 「정부출연연구기관 등의 설립·운
   영 및 육성에 관한 법률」 제2조 및 「과학기술분야 정부출연 연구기관 등의 설립·운영 및
   육성에 관한 법률」 제2조의 규정에 따른 정부출연연구기관 및 연구회, 「국립대학병원 설
   치법」에 따른 대학병원: 2007년 7월 1일
3. 상시 100인 이상 300인 미만의 근로자를 사용하는 사업 또는 사업장: 2008년 7월 1일
4. 상시 100인 미만의 근로자를 사용하는 사업 또는 사업장: 2009년 7월 1일
② (근로계약기간에 관한 적용례) 제4조의 규정은 이 법 시행 후 근로계약이 체결·갱신되거
   나 기존의 근로계약기간을 연장하는 경우부터 적용한다.
③ (다른 법률의 개정) 근로기준법 일부를 다음과 같이 개정한다.

제23조를 삭제한다.

제115조제1호중 "제13조, 제23조"를 "제13조"로 한다.

[시행령 별표 2]
전문자격의 종류(제3조제1항제3호 관련)
 1. 「건축사법」 제7주에 따른 건축사
 2. 「공인노무사법」 제3조에 따른 공인노무사
 3. 「공인회계사법」 제3조에 따른 공인회계사
 4. 「관세사법」 제4조에 따른 관세사
 5. 「변리사법」 제3조에 따른 변리사
 6. 「변호사법」 제4조에 따른 변호사
 7. 「보험업법」 제182조에 따른 보험계리사
 8. 「보험업법」 제186조에 따른 손해사정사
 9. 「부동산가격공시 및 감정평가에 관한 법률」 제23조에 따른 감정평가사
10. 「수의사법」 제2조제1호에 따른 수의사
11. 「세무사법」 제3조에 따른 세무사
12. 「약사법」 제3조에 따른 약사
13. 「약사법」 제4조에 따른 한약사

14. 「약사법」 제45조에 따른 한약업사

15. 대통령령 제14319호 약사법 시행령 일부개정령 부칙 제2조에 따른 한약조제사

16. 「의료법」 제5조에 따른 의사

17. 「의료법」 제5조에 따른 치과의사

18. 「의료법」 제5조에 따른 한의사

19. 「중소기업진흥 및 제품구매촉진에 관한 법률」 제46조에 따른 경영지도사

20. 「중소기업진흥 및 제품구매촉진에 관한 법률」 제46조에 따른 기술지도사

21. 「항공법」 제26조에 따른 사업용조종사

22. 「항공법」 제26조에 따른 운송용조종사

23. 「항공법」 제26조에 따른 항공교통관제사

24. 「항공법」 제26조에 따른 항공기관사

25. 「항공법」 제26조에 따른 항공사

파견근로자보호 등에 관한 법률
[일부개정 2006.12.21. 법률 제8076호, 시행일 2007.7.1.]

제1장 총 칙

제1조 (목적) 이 법은 근로자파견사업의 적정한 운영을 기하고 파견근로자의 근로조건 등에 관한 기준을 확립함으로써 파견근로자의 고용안정과 복지증진에 이바지하고 인력수급을 원활하게 함을 목적으로 한다.

제2조 (정의) 이 법에서 사용하는 용어의 정의는 다음과 같다. <개정 2006.12.21.>
1. "근로자파견"이라 함은 파견사업주가 근로자를 고용한 후 그 고용관계를 유지하면서 근로자파견계약의 내용에 따라 사용사업주의 지휘·명령을 받아 사용사업주를 위한 근로에 종사하게 하는 것을 말한다.
2. "근로자파견사업"이라 함은 근로자파견을 업으로 행하는 것을 말한다.
3. "파견사업주"라 함은 근로자파견사업을 행하는 자를 말한다.
4. "사용사업주"라 함은 근로자파견계약에 의하여 파견근로자를 사용하는 자를 말한다.
5. "파견근로자"라 함은 파견사업주가 고용한 근로자로서 근로자파견의 대상이 되는 자를 말한다.
6. "근로자파견계약"이라 함은 파견사업주와 사용사업주 간에 근로자파견을 약정하는 계약을 말한다.
7. "차별적 처우"라 함은 임금 그 밖의 근로조건 등에 있어서 합리적인 이유 없이 불리하게 처우하는 것을 말한다.

제3조 (정부의 책무) 정부는 파견근로자를 보호하고 근로자의 구직과 사용자의 인력확보를 용이하게 하기 위하여 다음 각 호의 각종 시책을 강구·시행함으로써 근로자가 사용자에게 직접 고용될 수 있도록 노력하여야 한다.
1. 고용정보의 수집·제공
2. 직업에 관한 연구
3. 직업지도
4. 직업안정기관의 설치·운영

제4조 (근로자파견사업의 조사·연구) ①정부는 필요한 경우 근로자대표·사용자대표·공익대표 및 관계전문가로 하여금 근로자파견사업의 적정한 운영과 파견근로자의 보호에 관한

주요 사항을 조사·연구하게 할 수 있다.

② 제1항의 규정에 의한 조사·연구에 관하여 필요한 사항은 노동부령으로 정한다.

제2장 근로자파견사업의 적정운영

제5조 (근로자파견대상업무 등 <개정 2006.12.21.>) ①근로자파견사업은 제조업의 직접생산공정업무를 제외하고 전문지식·기술·경험 또는 업무의 성질 등을 고려하여 적합하다고 판단되는 업무로서 대통령령이 정하는 업무를 대상으로 한다. <개정 2006.12.21.>

② 제1항의 규정에 불구하고 출산·질병·부상 등으로 결원이 생긴 경우 또는 일시적·간헐적으로 인력을 확보하여야 할 필요가 있는 경우에는 근로자파견사업을 행할 수 있다. <개정 2006.12.21.>

③ 제1항 및 제2항의 규정에 불구하고 다음 각 호의 업무에 대하여는 근로자파견사업을 행하여서는 아니 된다. <신설 2006.12.21.>

1. 건설공사현장에서 이루어지는 업무
2. 「항만운송사업법」 제3조제1호, 「한국철도공사법」 제9조제1항제1호, 「농수산물유통 및 가격안정에 관한 법률」 제40조, 「화물유통촉진법」 제2조제2호·제10호의 규정에 따른 하역업무로서 「직업안정법」 제33조의 규정에 따라 근로자공급사업 허가를 받은 지역의 업무
3. 「선원법」 제3조의 규정에 따른 선원의 업무
4. 「산업안전보건법」 제28조의 규정에 따른 유해하거나 위험한 업무
5. 그 밖에 근로자 보호 등의 이유로 근로자파견사업의 대상으로는 적절하지 못하다고 인정하여 대통령령이 정하는 업무

④ 제2항의 규정에 의하여 파견근로자를 사용하고자 할 경우 사용사업주는 당해 사업 또는 사업장에 근로자의 과반수로 조직된 노동조합이 있는 경우에는 그 노동조합, 근로자의 과반수로 조직된 노동조합이 없는 경우에는 근로자의 과반수를 대표하는 자와 사전에 성실하게 협의하여야 한다. <개정 2006.12.21.>

⑤ 누구든지 제1항 내지 제4항의 규정을 위반하여 근로자파견사업을 행하거나 그 근로자파견사업을 행하는 자로부터 근로자파견의 역무를 제공받아서는 아니 된다. <개정 2006.12.21.>

제6조 (파견기간) ①근로자파견의 기간은 제5조제2항의 규정에 해당하는 경우를 제외하고는 1년을 초과하지 못한다. <개정 2006.12.21.>

② 제1항의 규정에 불구하고 파견사업주·사용사업주·파견근로자 간의 합의가 있는 경우에는 파견기간을 연장할 수 있다. 이 경우 1회를 연장할 때에는 그 연장기간은 1년을 초과하지 못하며, 연장된 기간을 포함한 총파견기간은 2년을 초과하지 못한다. <신설 2006.12.21.>

③ 「고령자고용촉진법」 제2조제1호의 규정에 따른 고령자인 파견근로자에 대하여는 제2항 후단의 규정에 불구하고 2년을 초과하여 근로자파견기간을 연장할 수 있다. <개정 2006.12.21.>

④ 제5조제2항의 규정에 의한 근로자파견의 기간은 다음과 같다. <개정 2006.12.21.>

1. 출산·질병·부상 등 그 사유가 객관적으로 명백한 경우에는 그 사유의 해소에 필요한 기간

2. 일시적·간헐적으로 인력을 확보할 필요가 있는 경우에는 3월 이내의 기간. 다만, 그 사유가 해소되지 아니하고 파견사업주·사용사업주·파견근로자 간의 합의가 있는 경우에는 1회에 한하여 3월의 범위 안에서 그 기간을 연장할 수 있다.

　　제6조의2 (고용의무) ①사용사업주가 다음 각 호의 어느 하나에 해당하는 경우에는 당해 파견근로자를 직접 고용하여야 한다.

1. 제5조제2항의 규정을 위반하여 2년을 초과하여 계속적으로 파견근로자를 사용하는 경우

2. 제5조제3항의 규정을 위반하여 파견근로자를 사용하는 경우

3. 제6조제2항 또는 제4항의 규정을 위반하여 2년을 초과하여 계속적으로 파견근로자를 사용하는 경우

4. 제7조제3항의 규정을 위반하여 2년을 초과하여 계속적으로 근로자파견의 역무를 제공받은 경우

② 제1항의 규정은 당해 파견근로자가 명시적인 반대의사를 표시하거나 대통령령이 정하는 정당한 이유가 있는 경우에는 적용하지 아니한다.

③ 제1항의 규정에 따라 사용사업주가 파견근로자를 직접 고용하는 경우에 있어서 파견근로자의 근로조건은 다음과 같다.

1. 사용사업주의 근로자 중 당해 파견근로자와 동종 또는 유사업무를 수행하는 근로자가 있는 경우에는 그 근로자에게 적용되는 취업규칙 등에서 정하는 근로조건에 의할 것

2. 사용사업주의 근로자 중 당해 파견근로자와 동종 또는 유사업무를 수행하는 근로자가 없는 경우에는 당해 파견근로자의 기존의 근로조건의 수준보다 저하되어서는 아니 될 것

④ 사용사업주는 파견근로자를 사용하고 있는 업무에 근로자를 직접 고용하고자 하는 경우에는 당해 파견근로자를 우선적으로 고용하도록 노력하여야 한다.

[본조신설 2006.12.21.]

　　제7조 (근로자파견사업의 허가) ①근로자파견사업을 하고자 하는 자는 노동부령이 정하는 바에 의하여 노동부장관의 허가를 받아야 한다. 허가받은 사항 중 노동부령이 정하는 중요 사항을 변경하는 경우에도 또한 같다.

② 제1항 전단의 규정에 의하여 근로자파견사업의 허가를 받은 자가 허가받은 사항 중 동항 후단의 규정에 의한 중요 사항 외의 사항을 변경하고자 하는 경우에는 노동부령이 정하

는 바에 의하여 노동부장관에게 신고하여야 한다.

③ 사용사업주는 제1항의 규정을 위반하여 근로자파견사업을 행하는 자로부터 근로자파견의 역무를 제공받아서는 아니 된다. <신설 2006.12.21.>

제8조 (허가의 결격사유) 다음 각 호의 1에 해당하는 자는 제7조의 규정에 의한 근로자파견사업의 허가를 받을 수 없다.

1. 미성년자·금치산자·한정치산자 또는 파산선고를 받고 복권되지 아니한 자
2. 금고이상의 형(집행유예를 제외한다)의 선고를 받고 그 집행이 종료되거나 집행을 받지 아니하기로 확정된 후 2년이 경과되지 아니한 자
3. 이 법, 직업안정법, 근로기준법 제6조·제8조·제27조 내지 제29조·제36조·제42조 내지 제45조·제55조·제62조, 최저임금법 제6조, 선원법 제100조제3항의 규정을 위반하여 벌금이상의 형(집행유예를 제외한다)의 선고를 받고 그 집행이 종료되거나 집행을 받지 아니하기로 확정된 후 3년이 경과되지 아니한 자
4. 금고이상의 형의 집행유예선고를 받고 그 유예기간 중에 있는 자
5. 제12조의 규정에 의한 당해 사업의 허가가 취소된 후 3년이 경과되지 아니한 자
6. 법인으로서 그 임원 중 제1호 내지 제5호의1에 해당하는 자가 있는 법인

제9조 (허가의 기준) ①노동부장관은 제7조의 규정에 의하여 근로자파견사업의 허가신청이 있는 경우에는 다음 각 호의 요건에 적합한 경우에 한하여 이를 허가할 수 있다.

1. 신청인이 당해 근로자파견사업을 적정하게 수행할 수 있는 자산 및 시설 등을 갖추고 있을 것
2. 당해 사업이 특정한 소수의 사용사업주를 대상으로 하여 근로자파견을 행하는 것이 아닐 것

② 제1항의 규정에 의한 허가의 세부기준은 대통령령으로 정한다.

제10조 (허가의 유효기간 등) ①근로자파견사업의 허가의 유효기간은 3년으로 한다.

② 제1항의 규정에 의한 허가의 유효기간의 만료 후 계속하여 근로자파견사업을 하고자 하는 자는 노동부령이 정하는 바에 의하여 갱신허가를 받아야 한다.

③ 제2항의 규정에 의한 갱신허가의 유효기간은 당해 갱신전의 허가의 유효기간이 만료되는 날의 다음날부터 기산하여 3년으로 한다.

④ 제7조 내지 제9조의 규정은 제2항의 규정에 의한 갱신허가에 관하여 이를 준용한다.

제11조 (사업의 폐지) ①파견사업주는 근로자파견사업을 폐지한 때에는 노동부령이 정하는 바에 의하여 노동부장관에게 신고하여야 한다.

② 제1항의 규정에 의한 신고가 있는 때에는 근로자파견사업의 허가는 신고일부터 그 효력을 잃는다.

제12조 (허가의 취소 등) ①노동부장관은 파견사업주가 다음 각 호의 1에 해당하는 때에는 근로자파견사업의 허가를 취소하거나 6월 이내의 기간을 정하여 영업정지를 명할 수 있다. 다만, 제1호 또는 제2호에 해당하는 때에는 그 허가를 취소하여야 한다.

1. 허위 기타 부정한 방법으로 허가를 받은 때
2. 제8조의 규정에 의한 결격사유에 해당하게 된 때
3. 제9조의 규정에 의한 허가의 기준에 미달하게 된 때
4. 이 법 또는 이 법의 규정에 의한 명령 또는 처분에 위반한 때

② 노동부장관은 법인이 제8조제6호의 규정에 의한 결격사유에 해당되어 허가를 취소하고자 하는 경우에는 미리 그 임원의 개임에 필요한 기간을 1월 이상 주어야 한다.
③ 노동부장관은 제1항의 규정에 의하여 허가를 취소하고자 하는 경우에는 청문을 실시하여야 한다.
④ 제1항의 규정에 의한 근로자파견사업의 허가의 취소 또는 영업정지의 기준은 노동부령으로 정한다.

제13조 (허가취소 등의 처분후의 근로자파견) ①제12조의 규정에 의한 허가의 취소 또는 영업의 정지처분을 받은 파견사업주는 그 처분 전에 파견한 파견근로자와 그 사용사업주에 대하여는 그 파견기간이 종료될 때까지 파견사업주로서의 의무와 권리를 가진다.
② 제1항의 경우에 파견사업주는 그 처분의 내용을 지체 없이 사용사업주에게 통지하여야 한다.

제14조 (겸업금지) 다음 각 호의 1에 해당하는 사업을 하는 자는 근로자파견사업을 행할 수 없다.

1. 식품위생법 제21조제1항제3호의 규정에 의한 식품접객업
2. 공중위생법 제2조제1항제1호 가목의 규정에 의한 숙박업
3. 가정의례에관한법률 제5조의 규정에 의한 결혼상담 또는 중매행위를 하는 업
4. 기타 대통령령으로 정하는 사업

제15조 (명의대여의 금지) 파견사업주는 자기의 명의로 타인에게 근로자파견사업을 행하게 하여서는 아니 된다.

제16조 (근로자파견의 제한) ① 파견사업주는 쟁의행위 중인 사업장에 그 쟁의행위로 중단된 업무의 수행을 위하여 근로자를 파견하여서는 아니 된다.
② 누구든지 근로기준법 제31조의 규정에 의한 경영상의 이유에 의한 해고를 한 후 대통령령이 정하는 일정기간이 경과하기 전에는 당해 업무에 파견근로자를 사용하여서는 아니 된다.

제17조 (파견사업주 등의 준수사항) 파견사업주 및 제28조의 규정에 의한 파견사업관리책임자는 근로자파견사업을 행함에 있어 노동부령이 정하는 사항을 준수하여야 한다.

제18조 (사업보고) 파견사업주는 노동부령이 정하는 바에 따라 사업보고서를 작성하여 노동부장관에게 제출하여야 한다.

제19조 (폐쇄조치 등) ① 노동부장관은 허가를 받지 아니하고 근로자파견사업을 하거나 허가의 취소 또는 영업의 정지처분을 받은 후 계속하여 사업을 하는 자에 대하여는 관계공무원으로 하여금 당해 사업을 폐쇄하기 위하여 다음 각 호의 조치를 하게 할 수 있다.
1. 당해 사무소 또는 사무실의 간판 기타 영업표지물의 제거·삭제
2. 당해 사업이 위법한 것임을 알리는 게시물의 부착
3. 당해 사업의 운영을 위하여 필수불가결한 기구 또는 시설물을 사용할 수 없게 하는 봉인
② 제1항의 규정에 의한 조치를 하고자 하는 경우에는 미리 이를 당해 파견사업주 또는 그 대리인에게 서면으로 알려주어야 한다. 다만, 급박한 사유가 있는 경우에는 그러하지 아니하다.
③ 제1항의 규정에 의한 조치는 그 사업을 할 수 없게 함에 필요한 최소한의 범위에 그쳐야 한다.
④ 제1항의 규정에 의하여 조치를 하는 관계공무원은 그 권한을 표시하는 증표를 관계인에게 내보여야 한다.

제3장 파견근로자의 근로조건 등

제1절 근로자파견계약

제20조 (계약의 내용 등) ①근로자파견계약의 당사자는 노동부령이 정하는 바에 따라 다음 각 호의 사항이 포함되는 근로자파견계약을 서면으로 체결하여야 한다. <개정 2006.12.21.>
1. 파견근로자의 수
2. 파견근로자가 종사할 업무의 내용
3. 파견사유(제5조제2항의 규정에 의하여 근로자파견을 행하는 경우에 한한다)
4. 파견근로자가 파견되어 근로할 사업장의 명칭 및 소재지 기타 파견근로자의 근로장소
5. 파견근로 중인 파견근로자를 직접 지휘·명령할 자에 관한 사항
6. 근로자파견기간 및 파견근로 개시일에 관한 사항
7. 시업 및 종업의 시각과 휴게시간에 관한 사항
8. 휴일·휴가에 관한 사항
9. 연장·야간·휴일근무에 관한 사항

10. 안전 및 보건에 관한 사항

11. 근로자파견의 대가

12. 기타 노동부령이 정하는 사항

② 사용사업주는 제1항의 규정에 따라 근로자파견계약을 체결하는 때에는 파견사업주에게 제21조제1항의 규정을 준수하도록 하기 위하여 필요한 정보를 제공하여야 한다. 이 경우 제공하여야 하는 정보의 범위 및 제공방법 등에 관한 사항은 대통령령으로 정한다. <신설 2006.12.21.>

제21조 (차별적 처우의 금지 및 시정 등) ①파견사업주와 사용사업주는 파견근로자임을 이유로 사용사업주의 사업 내의 동종 또는 유사한 업무를 수행하는 근로자에 비하여 파견근로자에게 차별적 처우를 하여서는 아니 된다.

② 파견근로자는 차별적 처우를 받은 경우 노동위원회에 그 시정을 신청할 수 있다.

③ 제2항의 규정에 따른 시정신청 그 밖의 시정절차 등에 관하여는 「기간제 및 단시간근로자 보호 등에 관한 법률」 제9조 내지 제15조 및 제16조(동조제1호 및 제4호를 제외한다)의 규정을 준용한다. 이 경우 "기간제근로자 또는 단시간근로자"는 "파견근로자"로, "사용자"는 "파견사업주 또는 사용사업주"로 본다.

④ 제1항 내지 제3항의 규정은 사용사업주가 상시 4인 이하의 근로자를 사용하는 경우에는 이를 적용하지 아니한다.

[전문개정 2006.12.21.]

제22조 (계약의 해지 등) ①사용사업주는 파견근로자의 성별·종교·사회적 신분이나 파견근로자의 정당한 노동조합의 활동 등을 이유로 근로자파견계약을 해지하여서는 아니 된다.

② 파견사업주는 사용사업주가 파견근로에 관하여 이 법 또는 이 법에 의한 명령, 근로기준법 또는 동법에 의한 명령, 산업안전보건법 또는 동법에 의한 명령에 위반하는 경우에는 근로자파견을 정지하거나 근로자파견계약을 해지할 수 있다.

제2절 파견사업주가 강구하여야 할 조치

제23조 (파견근로자의 복지증진) 파견사업주는 파견근로자의 희망과 능력에 적합한 취업 및 교육훈련기회의 확보, 근로조건의 향상 기타 고용안정을 기하기 위하여 필요한 조치를 강구함으로써 파견근로자의 복지증진에 노력하여야 한다.

제24조 (파견근로자에 대한 고지의무) ① 파견사업주는 근로자를 파견근로자로서 고용하고자 할 때에는 미리 당해 근로자에게 그 취지를 서면으로 알려주어야 한다. <개정 2006.12.21.>

② 파견사업주는 그가 고용한 근로자중 파견근로자로 고용하지 아니한 자를 근로자파견의 대상으로 하고자 할 경우에는 미리 그 취지를 서면으로 알려주고 당해 근로자의 동의를 얻어야 한다. <개정 2006.12.21.>

제25조 (파견근로자에 대한 고용제한의 금지) ① 파견사업주는 정당한 이유 없이 파견근로자 또는 파견근로자로서 고용되고자 하는 자와 그 고용관계의 종료 후 사용사업주에게 고용되는 것을 금지하는 내용의 근로계약을 체결하여서는 아니 된다.
② 파견사업주는 정당한 이유 없이 파견근로자의 고용관계의 종료 후 사용사업주가 당해 파견근로자를 고용하는 것을 금지하는 내용의 근로자파견계약을 체결하여서는 아니 된다.

제26조 (취업조건의 고지) ① 파견사업주는 근로자파견을 하고자 할 때에는 미리 당해 파견근로자에게 제20조제1항 각 호의 사항 기타 노동부령이 정하는 사항을 서면으로 알려주어야 한다. <개정 2006.12.21.>
② 파견근로자는 파견사업주에게 제20조제1항제11호의 규정에 따른 당해 근로자파견의 대가에 관하여 그 내역의 제시를 요구할 수 있다. <신설 2006.12.21.>
③ 파견사업주는 제2항의 규정에 따라 그 내역의 제시를 요구받은 때에는 지체 없이 그 내역을 서면으로 제시하여야 한다. <신설 2006.12.21.>

제27조 (사용사업주에 대한 통지) 파견사업주는 근로자파견을 할 경우에는 파견근로자의 성명 기타 노동부령이 정하는 사항을 사용사업주에게 통지하여야 한다.

제28조 (파견사업관리책임자) ① 파견사업주는 파견근로자의 적절한 고용관리를 위하여 제8조제1호 내지 제5호의 규정에 의한 결격사유에 해당하지 아니하는 자 중에서 파견사업관리책임자를 선임하여야 한다.
② 파견사업관리책임자의 임무 등에 관하여 필요한 사항은 노동부령으로 정한다.

제29조 (파견사업관리대장) ①파견사업주는 파견사업관리대장을 작성·보존하여야 한다.
② 제1항의 규정에 의한 파견사업관리대장의 기재사항 및 그 보존기간은 노동부령으로 정한다.

제3절 사용사업주가 강구하여야 할 조치
제30조 (근로자파견계약에 관한 조치) 사용사업주는 제20조의 규정에 의한 근로자파견계약에 위반되지 아니하도록 필요한 조치를 강구하여야 한다.

제31조 (적정한 파견근로의 확보) ① 사용사업주는 파견근로자로부터 파견근로에 관한 고충의 제시가 있는 경우에는 그 고충의 내용을 파견사업주에게 통지하고 신속·적절하게 고충을 처리하도록 하여야 한다.

② 제1항의 규정에 의한 고충의 처리 외에 사용사업주는 파견근로가 적정하게 행하여지도록 필요한 조치를 강구하여야 한다.

제32조 (사용사업관리책임자) ① 사용사업주는 파견근로자의 적절한 파견근로를 위하여 사용사업관리책임자를 선임하여야 한다.

② 사용사업관리책임자의 임무 등에 관하여 필요한 사항은 노동부령으로 정한다.

제33조 (사용사업관리대장) ①사용사업주는 사용사업관리대장을 작성·보존하여야 한다.

② 제1항의 규정에 의한 사용사업관리대장의 기재사항 및 그 보존기간은 노동부령으로 정한다.

제4절 근로기준법 등의 적용에 관한 특례

제34조 (근로기준법의 적용에 관한 특례) ① 파견 중인 근로자의 파견근로에 관하여는 파견사업주 및 사용사업주를 근로기준법 제15조의 규정에 의한 사용자로 보아 동법을 적용한다. 다만, 동법 제22조 내지 제36조·제38조·제40조 내지 제47조·제55조·제59조·제62조·제64조 내지 제66조·제74조·제81조 내지 제95조의 규정의 적용에 있어서는 파견사업주를, 동법 제49조 내지 제54조·제56조 내지 제58조·제60조·제61조·제67조 내지 제73조 및 제75조의 규정의 적용에 있어서는 사용사업주를 사용자로 본다.

② 파견사업주가 대통령령이 정하는 사용사업주의 귀책사유로 인하여 근로자의 임금을 지급하지 못한 때에는 사용사업주는 당해 파견사업주와 연대하여 책임을 진다. 이 경우 근로기준법 제42조 및 제66조의 규정을 적용함에 있어서는 파견사업주 및 사용사업주를 동법 제15조의 규정에 의한 사용자로 보아 동법을 적용한다.

③ 근로기준법 제54조·제57조·제71조·제72조제1항의 규정에 의하여 사용사업주가 유급휴일 또는 유급휴가를 주는 경우 그 휴일 또는 휴가에 대하여 유급으로 지급되는 임금은 파견사업주가 지급하여야 한다.

④ 파견사업주와 사용사업주가 근로기준법을 위반하는 내용을 포함한 근로자파견계약을 체결하고 그 계약에 따라 파견근로자를 근로하게 함으로써 동법을 위반한 경우에는 그 계약 당사자 모두를 동법 제15조의 규정에 의한 사용자로 보아 해당 벌칙규정을 적용한다.

제35조 (산업안전보건법의 적용에 관한 특례) ① 파견 중인 근로자의 파견근로에 관하여는 사용사업주를 산업안전보건법 제2조제3호의 규정에 의한 사업주로 보아 동법을 적용한다. 이

경우 동법 제31조제2항의 규정을 적용함에 있어서는 동항 중 "근로자를 채용할 때"를 "근로자파견의 역무를 제공받은 때"로 본다.

② 제1항의 규정에 불구하고 산업안전보건법 제5조, 제43조제5항(작업장소의 변경, 작업의 전환 및 근로시간 단축의 경우에 한한다), 제43조제6항 단서, 제52조제2항의 적용에 있어서는 파견사업주 및 사용사업주를 동법 제2조제3호의 규정에 의한 사업주로 본다.

③ 사용사업주는 파견 중인 근로자에 대하여 산업안전보건법 제43조의 규정에 의한 건강진단을 실시한 때에는 동법 제43조제6항의 규정에 의하여 당해 건강진단결과를 설명하여야 하며, 당해 건강진단결과를 지체 없이 파견사업주에게 송부하여야 한다.

④ 제1항 및 제3항의 규정에 불구하고 산업안전보건법 제43조제1항의 규정에 의하여 사업주가 정기적으로 실시하여야 하는 건강진단 중 노동부령이 정하는 건강진단과 근로자를 채용할 때에 실시하여야 하는 건강진단에 대하여는 파견사업주를 동법 제2조제3호의 규정에 의한 사업주로 본다.

⑤ 파견사업주는 제4항의 규정에 의한 건강진단을 실시한 때에는 산업안전보건법 제43조제6항의 규정에 의하여 당해 건강진단결과를 설명하여야 하며, 당해 건강진단결과를 지체 없이 사용사업주에게 송부하여야 한다.

⑥ 파견사업주와 사용사업주가 산업안전보건법을 위반하는 내용을 포함한 근로자파견계약을 체결하고 그 계약에 따라 파견근로자를 근로하게 함으로써 동법을 위반한 경우에는 그 계약당사자 모두를 동법 제2조제3호의 규정에 의한 사업주로 보아 해당 벌칙규정을 적용한다.

제4장 보칙

제36조 (지도·조언 등) 노동부장관은 이 법의 시행을 위하여 필요하다고 인정할 때에는 파견사업주 및 사용사업주에 대하여 근로자파견사업의 적정한 운영 또는 적정한 파견근로를 확보하는 데 필요한 지도 및 조언을 할 수 있다.

제37조 (개선명령) 노동부장관은 적정한 파견근로의 확보를 위하여 필요하다고 인정할 때에는 파견사업주에 대하여 근로자파견사업의 운영 및 파견근로자의 고용관리 등에 관한 개선을 명할 수 있다.

제38조 (보고와 검사) ① 노동부장관은 이 법의 시행을 위하여 필요하다고 인정할 때에는 노동부령이 정하는 바에 따라 파견사업주 및 사용사업주에 대하여 필요한 사항의 보고를 명할 수 있다.

② 노동부장관은 필요하다고 인정할 때에는 관계공무원으로 하여금 파견사업주 및 사용사업

주의 사업장 기타 시설에 출입하여 장부·서류 기타 물건을 검사하거나 관계인에게 질문하게 할 수 있다.

③ 제2항의 규정에 의하여 출입·검사를 하는 공무원은 그 권한을 표시하는 증표를 관계인에게 내보여야 한다.

제39조 (자료의 요청) ① 노동부장관은 관계행정기관 기타 공공단체 등에 대하여 이 법 시행에 필요한 자료의 제출을 요청할 수 있다.

② 제1항의 규정에 의하여 자료의 제출을 요청받은 자는 정당한 사유가 없는 한 이에 응하여야 한다.

제40조 (수수료) 제7조 및 제10조의 규정에 의한 허가를 받고자 하는 자는 노동부령이 정하는 바에 따라 수수료를 납부하여야 한다.

제41조 (권한의 위임) 이 법에 의한 노동부장관의 권한은 대통령령이 정하는 바에 의하여 그 일부를 지방노동관서의 장에게 위임할 수 있다.

제5장 벌칙

제42조 (벌칙) ①공중위생 또는 공중도덕상 유해한 업무에 취업시킬 목적으로 근로자파견을 한 자는 5년 이하의 징역 또는 3천만 원 이하의 벌금에 처한다.

② 제1항의 미수범은 처벌한다.

제43조 (벌칙) 다음 각 호의 1에 해당하는 자는 3년 이하의 징역 또는 2천만 원 이하의 벌금에 처한다. <개정 2006.12.21.>

1. 제5조제5항, 제6조제1항·제2항·제4항 또는 제7조제1항의 규정을 위반하여 근로자파견사업을 행한 자

   1의2. 제5조제5항, 제6조제1항·제2항·제4항 또는 제7조제3항의 규정을 위반하여 근로자파견의 역무를 제공받은 자

2. 허위 기타 부정한 방법으로 제7조제1항의 규정에 의한 허가 또는 제10조제2항의 규정에 의한 갱신허가를 받은 자

3. 제15조 또는 제34조제2항의 규정을 위반한 자

제43조의2 (벌칙) 제21조제3항의 규정에 따라 준용되는 「기간제 및 단시간근로자 보호 등에 관한 법률」 제16조(동조제1호 및 제4호를 제외한다)의 규정을 위반한 자는 2년 이하의 징

역 또는 1천만 원 이하의 벌금에 처한다.

[본조신설 2006.12.21.]

제44조 (벌칙) 다음 각 호의 1에 해당하는 자는 1년 이하의 징역 또는 1천만 이하의 벌금에 처한다. <개정 2006.12.21.>

1. 삭제 <2006.12.21.>
2. 제12조제1항의 규정에 의한 영업의 정지명령을 위반하여 근로자파견사업을 계속한 자
3. 제16조 또는 제26조제1항의 규정을 위반한 자

제45조 (양벌규정) 법인의 대표자나 법인 또는 개인의 대리인·사용인 기타 종업원이 그 법인 또는 개인의 업무에 관하여 제42조 내지 제44조의 위반행위를 한 때에는 그 행위자를 벌하는 외에 그 법인 또는 개인에 대하여도 해당 각조의 벌금형을 과한다.

제46조 (과태료) ① 제21조제3항의 규정에 따라 준용되는 「기간제 및 단시간근로자보호 등에 관한 법률」 제14조제2항 또는 제3항의 규정에 따라 확정된 시정명령을 정당한 이유 없이 이행하지 아니한 자는 1억 원 이하의 과태료에 처한다. <신설 2006.12.21.>

② 제6조의2제1항의 규정을 위반하여 파견근로자를 직접 고용하지 아니한 자는 3천만 원 이하의 과태료에 처한다. <신설 2006.12.21.>

③ 제21조제3항의 규정에 따라 준용되는 「기간제 및 단시간근로자보호 등에 관한 법률」 제15조제1항의 규정에 따른 노동부장관의 이행상황 제출요구에 정당한 이유 없이 불응한 자는 500만 원 이하의 과태료에 처한다. <신설 2006.12.21.>

④ 다음 각 호의 1에 해당하는 자는 300만 원 이하의 과태료에 처한다. <개정 2006.12.21.>

1. 제11조제1항의 규정에 의한 신고를 하지 아니하거나 허위의 신고를 한 자
2. 제18조 또는 제38조제1항의 규정에 의한 보고를 하지 아니하거나 허위의 보고를 한 자
   2의2. 제26조제3항의 규정을 위반한 자
3. 제27조·제29조 또는 제33조의 규정을 위반한 자
4. 제35조제3항 또는 제5항의 규정을 위반하여 당해 건강진단결과를 송부하지 아니한 자
5. 제37조의 개선명령을 위반한 자
6. 제38조제2항의 규정에 의한 검사를 정당한 이유 없이 거부·방해 또는 기피한 자

⑤ 제1항 내지 제4항의 규정에 의한 과태료는 대통령령이 정하는 바에 따라 노동부장관이 부과·징수한다. <개정 2006.12.21.>

⑥ 제5항의 규정에 의한 과태료처분에 불복이 있는 자는 그 처분의 고지를 받은 날부터 30일 이내에 노동부장관에게 이의를 제기할 수 있다. <개정 2006.12.21.>

⑦ 제5항의 규정에 의한 과태료처분을 받은 자가 제6항의 규정에 의하여 이의를 제기한 때에

는 노동부장관은 지체 없이 관할법원에 그 사실을 통보하여야 하며, 그 통보를 받은 관할 법원은 비송사건절차법에 의한 과태료의 재판을 한다. <개정 2006.12.21.>

⑧ 제6항의 규정에 의한 기간 내에 이의를 제기하지 아니하고 과태료를 납부하지 아니한 때에는 국세체납처분의 예에 의하여 이를 징수한다. <개정 2006.12.21.>

부칙 <제5512호, 1998.2.20.>

① (시행일) 이 법은 1998년 7월 1일부터 시행한다.

② (다른 법률의 개정) 직업안정법 중 다음과 같이 개정한다.

제4조제7호에 단서를 다음과 같이 신설한다.

다만, 파견근로자보호등에관한법률 제2조제2호의 규정에 의한 근로자파견사업을 제외한다.

부칙 <제8076호, 2006.12.21.>

① (시행일) 이 법은 2007년 7월 1일부터 시행한다. 다만, 제20조제2항, 제21조, 제43조의2 및 제46조제1항·제3항의 개정규정의 시행일은 사업 또는 사업장(사용사업주의 사업 또는 사업장을 말한다. 이하 같다)별로 다음 각 호와 같다.

1. 상시 300인 이상의 근로자를 사용하는 사업 또는 사업장: 2007년 7월 1일

2. 국가 및 지방자치단체의 기관, 「정부산하기관 관리기본법」 제3조의 규정에 따른 정부산하기관, 「정부투자기관 관리기본법」 제2조의 규정에 따른 정부투자기관, 「지방공기업법」 제49조 및 동법 제76조의 규정에 따른 지방공사 및 지방공단, 「정부출연연구기관 등의 설립·운영 및 육성에 관한 법률」 제2조 및 「과학기술분야 정부출연연구기관 등의 설립·운영 및 육성에 관한 법률」 제2조의 규정에 따른 정부출연연구기관 및 연구회, 「국립대학병원 설치법」에 따른 대학병원: 2007년 7월 1일

3. 상시 100인 이상 300인 미만의 근로자를 사용하는 사업 또는 사업장: 2008년 7월 1일

4. 상시 100인 미만의 근로자를 사용하는 사업 또는 사업장: 2009년 7월 1일

② (파견기간에 관한 적용례) 제6조의 개정규정은 이 법 시행 전에 체결되고 이 법 시행당시 종료되지 아니한(파견기간이 연장된 경우를 포함한다) 근로자파견계약에 대하여도 적용한다.

③ (고용의제에 관한 경과조치) 이 법 시행당시 종전의 제6조제3항의 규정이 적용되는 파견근로자에 대하여는 이 법 시행 후에도 종전의 규정을 적용한다.

④ (벌칙에 관한 경과조치) 이 법의 시행 전의 행위에 대한 벌칙의 적용에 있어서는 종전의 규정에 의한다.

참고문헌

고영복 편, 사상사 개설, 사회문화연구소, 1992.

권병희, "사내하도급 실태와 개선대책", 노동법률 9월호, 2004.

그레고리 엘보, "세계경제 시장의 지상명령 그리도 대안들", 이론 17호, 사회평론, 1997.

김세곤 외, 알기쉬운 근로자파견제도, 중앙경제, 2001.

김세균, 칼 맑스 프리드리히 엥겔스 저작선집 1, 1991.

김세균, 칼 맑스 프리드리히 엥겔스 저작선집 2, 1992.

김세균, 칼 맑스 프리드리히 엥겔스 저작선집 3, 1993.

김수복, 채용에서 퇴직까지 노사문제, 중앙경제, 2002.

김수행, 정치경제학 원론, 비봉출판사, 1988.

김유배, 노동경제학, 박영사, 2006.

김재원, 노동경제학, 박영사, 1997.

김주일, "비정규 노동의 인사노무관리", 임금연구 제11권 2호, 경총, 2003.

김준호, 민법강의, 법문사, 2002.

김형배, 노동법, 박영사, 2007.

데이비드 M. 버스, 마음의 기원, 나노미디어, 2005.

딜런 에번스, 진화심리학, 김영사, 2001.

뤼디거 자프란스키, 니체, 문예출판사, 2003.

리처드 도킨스, 이기적 유전자, 을유문화사, 2002.

리처드 윌하임, 프로이트, 시공사, 1999.

매트 리들리, 이타적 유전자, 사이언스북스, 2001.

미셀 푸코, 감시와 처벌, 나남출판, 2003.

미셀 푸코, 성의 역사 1, 나남출판, 2004.

미셀 푸코, 푸코의 맑스, 갈무리, 2004.

배무기, 노동경제학, 경문사, 1987.

비버리 J 실버, 노동의 힘, 그린비, 2005.

스티븐 핑커, 빈서판, 사이언스북스, 2004.

신수식, 사회보장론, 박영사, 1986.

애덤 스미스, 국부론(상), 비봉출판사, 2003.

안국신, 현대거시경제학, 박영사, 1995.

윤욱현, 새노동법 해설, 한국경제신문, 2002.

이구표, "미셀 푸코", 이론 14호, 새길, 1996.

이병태, 최신노동법 해설, 중앙경제, 2007.

이환식, 세계화의 최종단계로서의 지구화, 이론 17호, 사회평론, 1997.

전태국, 지식사회학, 사회문화연구소, 1994.

제라르 뒤메닐·도미니크 레비, 자본의 반격, 필맥, 2006.

제레미 리프킨, 노동의 종말, 민음사, 1996.

조영범·박현채 감수, 경제학 사전, 도서출판 풀빛, 1988.

존 라이언스, 촘스키, 시공사, 1999.

존 롤즈, 정의론, 이학사, 2003.

지그문트 프로이트, 꿈의 해석, 열린책들, 2003.

지그문트 프로이트, 문명속의 불만, 열린책들, 2003.

지그문트 프로이트, 새로운 정신분석 강의, 열린책들, 2003.

지그문트 프로이트, 정신분석 강의, 열린책들, 2003.

지그문트 프로이트, 정신분석학의 근본개념, 열린책들, 2003.

찰스 다윈, 종의 기원, 홍신문화사, 1988.

최종욱, "동일성의 해체주의자 아도르노", 이론 15호, 새길, 1996.

최종태, 현대인사관리론, 박영사, 2000.

테오도르 아도르노, 계몽의 변증법, 문예출판사, 1995.

테오도르 아도르노, 부정변증법, 한길사, 1999.

프리드리히 니체, 선악의 저편·도덕의 계보, 책세상, 2002.

프리드리히 니체, 차라투스라는 이렇게 말했다, 민음사, 2004.

칼 마르크스, 자본론 Ⅰ(上), 비봉출판사, 1989.

칼 마르크스, 자본론 Ⅰ(下), 비봉출판사, 1990.

크리스 호록스, 푸코, 김영사, 2003.

하갑례, 근로기준법, 중앙경제, 2000.

한승수, 경제정책론, 동아출판사, 1994.

J.G. 메르키오르, 푸코, 시공사, 1998.

H. 마르쿠제, 에로스와 문명, 나남출판, 2004.

H. 마르쿠제, 일차원적 인간, 한마음사, 1986.

고용보험심사위원회, 고용보험·재결 판례 요약집, 2004.

국민연금관리공단, 알기 쉬운 국민연금, 2007.

관계부처 합동, 특수형태근로종사자 보호대책, 2006.

국민건강보험공단, 국민건강보험개요, 2004.

국민건강보험공단, 2007년 사업장 업무 편람, 2007.

노동부, "개정 근로기준법 시행지침", 2003.

노동부, 고용보험백서, 2004.

노동부, "근로자파견의 판단기준에 관한 지침", 2007.

노동부, "근로자파견의 판단기준에 관한 지침 관련 사업장 점검 요령", 2007.

노동부, "비정규직 보호 법률 해설", 2006.

노동부, "비정규직법 이해", 2007.

노동부, "비정규직법 질의회시집", 2007.

노동부, 월간고용포커스 8월호, 2005.

노동부, "지연이자제·반의사불벌죄 무료법률구조서비스 제도 해설", 2005.

노동부, "차별시정제도를 알려드립니다.", 2007.

노동부, "2003 노동백서", 2003.

노동부, "2004 노동백서", 2004.

노동부, "2005 노동백서", 2005.

노동부, "2006 노동백서", 2006.

노동부·근로복지공단, 산재·고용보험실무편람, 2007.

중앙노동위원회, 차별시정제도 참고자료, 2007.

중앙노동위원회, 고용차별의 이해, 2006.

통계청, KOSIS.

통계청, 경제활동인구 조사, 각 연도.

통계청, "경제활동인구 부가조사", 2001.

통계청, "경제활동인구 부가조사", 2004.

통계청, "경제활동인구 부가조사", 2005.

통계청, "경제활동인구 부가조사", 2006.

통계청, "경제활동인구 부가조사", 2007.

Ben Fine, Labor market theory, ROUTLEDGE, 1998.

Kaufman·Hotchkiss, The Economics of labor markets, THOMSON, 2006.

Krippner, Greta R "The financializatoin of the American economy", Socio-Economic
        Review, Vol.3, 2005.

김남훈

진주고와 서울시립대 경제학과를 졸업하고, 7회 공인노무사(1998)시험에 합격하였다. 현대캐피탈, 기술신용보증기금, CJ홈쇼핑, 국방과학연구소에서 인사관리, 지식경영, 기업금융 등의 업무를 담당하였다.

➢ E－mail: turnover@dreamwiz.com
➢ cafe: cafe.daum.net/PoliticalEconomy

비정규직 노동자를 위한 노동법 해설

- 초판 인쇄   2008년 6월 15일
- 초판 발행   2008년 6월 15일

- 지 은 이   김남훈
- 펴 낸 이   채종준
- 펴 낸 곳   한국학술정보(주)
             경기도 파주시 교하읍 문발리 513-5
             파주출판문화정보산업단지
             전화   031) 908-3181(대표) · 팩스   031) 908-3189
             홈페이지   http://www.kstudy.com
             e-mail(출판사업부)   publish@kstudy.com
- 등   록   제일산-115호(2000. 6. 19)
- 가   격   39,000원

ISBN   978-89-534-9323-0 93360 (Paper Book)
          978-89-534-9324-7 98360(e-Book)